"博学而笃志，切问而近思。"

（《论语》）

博晓古今，可立一家之说；
学贯中西，或成经国之才。

主编简介

葛家澍　男，1921年3月生。生前曾任厦门大学文科资深教授、博士生导师、中国会计学会副会长、财政部会计准则委员会委员及会计理论专业委员会主任。是我国国务院学位委员会(经济)学科评议组第一届和第二届成员，我国经国家批准的第一批经济学(会计学)博士生导师(仅两位)之一，也是国务院批准的、享受专家津贴的第一批专家之一。1989年获全国先进工作者(全国劳模)光荣称号，2004年获得“福建省杰出人民教师”光荣称号。葛家澍教授迄今共培养了51名会计学博士，其中包括我国自己培养的第一个会计学博士，第一个会计学女博士，第一个审计方向的博士，第一个我国台湾省籍的会计学博士，以及第一位经济学博士后等。

葛家澍教授几十年来科研成果累累，著述等身。葛家澍教授发表论文150篇左右，已经出版了四部个人论文集。其著作及教材多次获得教育部的优秀教材一等奖，教育部、福建省人文社会科学优秀成果一等奖，并获得国家社会科学基金项目优秀成果三等奖(全国专著类唯一的会计学奖项)。20世纪90年代以来，葛家澍教授致力于财务会计概念框架和会计准则的研究，发表了一系列相关的研究论文，受到了国家会计准则制定机构和广大会计工作者的重视，他因此也成为了我国会计理论界促进并参与企业会计准则制定的一位有影响的人物。

杜兴强　男，1974年生，现为厦门大学会计系教授、博士生导师，会计学系主任，教育部首届新世纪优秀人才、福建省优秀青年社会科学工作者、全国青联委员、财政部会计准则委员会会计准则咨询专家。1991—2001年先后求学于吉林大学和厦门大学，分别获得理学学士、经济学硕士与管理学(会计学)博士学位。2001年8月进入厦门大学会计系任教，并于2001年9月至2003年9月进行了应用经济学(统计学)的博士后研究；2002年晋升为副教授，2004年先后被厦门大学聘任为博士生导师(时为副教授)和教授。

目前主要从事“财务会计与会计理论”、“资本市场会计问题研究”等领域内的教学与科研工作，先后主持国家自然科学基金、教育部人文社科基地重大研究项目、国家软科学基金、教育部人文社科博士点基金等多项课题的研究；在《会计研究》、《审计研究》等刊物上发表专业论文多篇，出版过专著《会计信息的产权问题研究》等；博士论文获得福建省优秀博士论文一等奖(全国优秀博士论文提名论文)，科研成果获省部级社会科学优秀成果一等奖(合作)、二等奖，中国会计协会优秀论文一等奖等，教学成果曾获福建省优秀教学成果一等奖和高等教育国家级教学成果二等奖(第二)。

教育部人文社科基地重大项目(05JJD630004)资助
福建省优质硕士学位课程“财务会计理论研究”资助

21世纪高等院校会计专业主干课系列

会计理论

葛家澍 杜兴强 等著

Accounting Theory

復旦大學出版社

内容提要

会计理论是会计学的重要组成部分，规范研究和实证研究在财务会计理论学科研究的进程中各自起着自己应当承担的作用。以研究财务会计与报告的基本概念为重点的会计理论对准则的制定者、编报者及报告的信息使用者来说，有着特殊的意义与价值。本书阐述以会计概念框架为中心议题的会计理论，分三篇十八章讲述会计与市场及与公司治理的关系及当代会计理论的发展；以较大篇幅讲述财务会计概念框架的内涵，如财务会计概念框架的发展及国际比较，财务会计的基本概念如会计假设、会计目标、会计要素、会计计量、财务报告体系及财务业绩报告的改进等；基于目前对高质量会计准则的迫切需求，书中另辟一篇专门讲述会计准则相关问题。

书中资料翔实，篇章安排虽以专题形式出现，但彼此间逻辑紧密，非常适合会计专业高年级本科及研究生课堂教学，同时，本书也可望成为理论界深入研究会计理论问题的一本经典著作。

前　言

会计理论是会计学的重要组成部分。它是对会计实务进行解释、预测，并指导会计实务应该如何发展的一套知识体系。但是，会计理论现在已经成为一个多义词。马克思主义对理论的定义不同于西方学者。即使在西方，当前也不存在单一的、可以支配一切的理论。早在1966年，美国会计学会(AAA)曾把会计理论定义为“前后一致地、将假定的、概念上的和实用的诸原理结合在一起，以构成会计研究领域基本框架的参照原则”①。在此之前，会计理论基本上是规范的。大约20世纪70年代左右，即ASOBAT发表10年之后，美国传统的研究发生了根本性的变化。虽然规范研究仍然、也必然对会计实务的发展起着主导作用，但运用新思维和新工具进行会计研究日益成为以美国为代表的西方国家会计学界新秀的主流研究方向。他们的会计理论则是经验的、实证的(experience-positive)。正如AAA在1977年发表的“会计理论与理论的认可报告”(SOATATA)②中指出的：“当前和今后，不存在单一、支配性的财务会计理论，其内容丰富到可以有效地涵盖使用者——环境的全部范围。在财务会计文献中，所存在的是可以表述使用者——环境各种差异的一种理论集合(a collection of theories)。”③

当代财务会计理论，以规范会计理论和实证会计理论为主。后者通常利用会计数据，立足于资本市场，研究与投资者决策和期望，如会计政策的变化，股票价格的变化等变量之间的相关性，并加以证实或证伪。实证会计理论并不研究会计信息如何形成，如何完成财务报告的目标并保证会计信息高质量，而是对会计及其相关现象进行解释与预测；试图描述经济、财务和建立模型，预示财务变化或不同政策的经济后果。概括地说，实证会计理论试图回答“是什么”。规范会计理论则不同，它不仅解释与预测会计实务，而且要制订用于规范、指导较佳或最佳实务的标准，它需要评价不同会计准则的优缺点。除学术界外，对会计工作者、尤其是对会计实务工作者而言，以研究财务会计与报告的基本概念为重点的会计理论对准则的制订者、编报者、报告使用者的经济决策可能最为有用。概括地讲，规范会计理论回答“应该是什么？”

本书着重阐述以概念框架(及相关问题)为中心的会计理论，以专题的形式进行讲

---

① 参阅AAA, A Statement of Basic Accounting Theory(ASOBAT), 1966。

② 全称为Statement on Accounting Theory and Theory Acceptance。

③ 见AAA, SOATAT, 1977,第1章。

解，各个专题之间既存在逻辑上的相互继起性，各个专题之间又相对具有独立性。各个专题之间篇幅不一、详尽不一，为了避免各个专题之间相互参照引起的不必要的麻烦，各个专题之间可能存在些许的重复，但我们认为这样可以更好地说明所要论述的问题，使教材更为适合教学的需要。

本书是教育部人文社科基地重大项目（05JJD630004）的阶段性研究成果，主体部分由葛家澍教授与杜兴强教授执笔完成，孙丽影博士和胡念梅博士参与了部分章节的写作，章永奎博士、陈守德博士、程春辉博士等为本书的写作提供了重要的资料，翁健英硕士参加了本书部分章节的编辑工作。全书由葛家澍教授最后进行审定。同时感谢徐跃、张金若博士生对本书校对付出的辛勤劳动。

本书各个专题章节的具体分工如下：

葛家澍教授执笔第一、二、四、五、八、九、十、十一、十四、十五、十六章；

杜兴强教授执笔第三、四、六、七、九、十一、十二、十三、十五、十六、十七章[①]；

胡念梅博士执笔第二、十八章；

孙丽影博士执笔第十、十四章。

限于编著者的水平和时间方面的原因，错漏和不妥之处在所难免，敬请读者不吝指正。

葛家澍

2005年8月

① 葛家澍教授参与了审校和补充工作。

目　　录

第一篇　概　　论

第二篇　财务会计概念框架

第三篇　会计准则相关问题

第一篇 概 论

- 第一章 制度·市场·企业·会计
- 第二章 当代会计理论的发展

第一章

制度·市场·企业·会计

第一节 制度·市场·企业

一、市场与企业同资源配置的有效性

会计,主要指财务会计,是一个经济信息系统。它立足于企业,面向证券市场,成为资本交易的媒介。现在,市场和企业以及同财务会计的关系,已经获得了许多共识。

首先,人们看到市场同企业之间的关系。两者是资源配置的不同而又相互补充的方式,把市场和企业联系在一起。20 世纪初,意大利经济学家社会学家帕累托(Pareto)①做出了重要贡献。在谈到资源配置怎样才是最优(有效率)时,他提出一条重要原理,即对于某种经济资源的配置,如果不存在比当前配置更好的配置,使得该经济所有的人至少和他们初始情况一样良好,而且至少一个人的情况比初始时严格地更好,那么,这个资源配置就是最优的(最有效率的)(Pareto optimality and efficiency)。帕累托认为,最有效的资源配置是竞争性均衡。1959 年,德布勒(Debreu G., *The theory of value*)把它发展为两个命题:(1)竞争均衡是帕累托最优状态;(2)从一个适当的开始资源配置可以得到一个任何竞争均衡的最优状态。很明显,帕累托最优配置仅仅指由市场即斯密(Smith)所说的"看不见的手"(the invisible hand)的作用,不过,帕累托最优把斯密所说的市场配置的作用具体化罢了。可是,许多人没有想到,企业在资源配置中发生作用时,所谓的帕累托最优是以零交易成本为条件的。在市场中,资源的配置意味着资源(财产)所有权的转移,而财产所有权的转移,总会发生交易成本。这些成本包括:寻找交易的伙伴,双方转达和交易商品(劳务)的信息,商品(劳务)必须加以描述(如产品说明书),质量检查,数量和重量的计算,在讨价还价达到交易协议,请律师当顾问或充当见证人,然后才会转移所有权并予以确认和记录。这一系列交易过程都需要投入双方或一方(主要指买方)所拥有的资源。此外,还可能包括交易者在市场上就同一商品所发现的买价与卖价之间的差额。科斯(Coase)的贡献就在于他发现了市场上的资源配置不可能为零成本,有时交易成本高得使交易无法进行。但若通过一个组织即企业,并允许企业主运用他的权威来指导资源配置,

---

① 帕累托究竟是哪一国人,可能是个谜。他原出生于法国,8 岁时举家迁移意大利,后又移居瑞士。他的学术成就主要是在意大利和瑞士完成的。

即可以用比市场交易更低的成本取得生产要素。所以,科斯说:“企业是资源配置由企业主关系体系构成的。”“企业的本质是对价格机制的取代”(《论企业的经济性质》),为什么企业的协调比市场协调更有效率?回答这一问题并肯定这一命题,是企业存在并能与市场对资源配置互为补充的最主要理由。答案必须归之于交易成本。在企业内部,企业主及其代理人——现代企业管理阶层拥有的管理权威与才能是节约交易成本的根本。在他们有计划的协调下,一系列在竞争基础上形成的有利于企业的合同(包括供需合同、员工雇佣合同)都可以由短期变成长期,由不稳定变成稳定,这是企业在有利条件下能持续经营的重要原因。钱德勒(Chandler)第一次提出企业调节是一种“看得见的手”(The visible hand)。代表这种手,现在已不是单纯的企业业主权威,而是包括由卓越管理才能组成的现代企业中一批管理阶层来代表了(Alfred Chandler, *The Visible Hand*, Cambridge, Mess: Harvard University Press, 1977)。当我们分析市场和企业的关系时,当我们不是把企业仅仅看成是把投入品转化为产出品的寻利者的时候,人们就会发现科斯在经济学上做出不亚于亚当·斯密的重要贡献。市场是什么?按照科斯的看法,它是在平等竞争的条件下,运用价格机制,通过独立的自愿达成交换活动和资源配置与治理活动。那么企业呢?企业是处于市场中的一种组织。在企业内部,取消了市场交易,代之以由企业业主与管理阶层共同构成的但仍是在平等竞争基础上所决定有计划和雇佣关系相结合。纵观世界的市场经济,在企业外部,是竞争的,无计划的;虽然在企业内部,也是竞争的,但却取决于企业内的权威和强有力的管理阶层的安排。企业内部则是有计划的(当然这种计划的形式表现为一系列相互联系的合同,它的前提是竞争自愿。因而是公允的)。在市场经济下,社会资源配置首先通过市场(资本市场)运用价格机制,以产权交易的形式进行配置,这一层次的配置,是掌握资本的投资人把资本投向预期其效率高、效益好,即风险低而回报高的行业和企业,并把资本从那些低效率、低效益的行业和企业抽走。这里,有一个问题仍须补充说明:

资源配置虽然有市场和企业两种相互补充的替代形式,但市场的配置乃是初始配置,而在企业内部的配置才是终极配置。并且后者将以较低的交易成本取得生产要素,并将它们结合,形成生产力,为企业带来未来的经济利益。不论市场配置也好,企业配置也好,它们都是要花费交易成本的。自从帕累托提出著名的资源配置最优(有效)的理论以来,经济学家似乎都默认他的独创性。不过,对经济体制最具洞察力的科斯(也许在这一点,他是亚当·斯密以后的第一人)则运用交易成本理论解释了(实际上是发展)帕累托——有效率的原理。按照科斯断言,“法定权力的最初分配从效率角度看是无关紧要的,只要交换的交易成本为零”。说得更明确一些,“任何对帕累托最优的偏离都可解释为隐藏着一种交易成本。如果不存在交易成本,市场的资源配置才可能达到帕累托最优。谁都知道,不论在市场,还是在企业中实行资源配置,或进行生产要素的协调,都只能力求减少交易成本,而不可能消灭交易成本。这样,帕累托最优永远是一种理想均衡状态而非现实”①。

① 关于“任何对帕累托最优的偏离,都是由交易成本造成的”论述参阅 Ronald Harry Coase《社会成本问题》,1960。

二、制度与市场

本章所说的“制度”与制度经济学中所说的“制度”基本相同但又不完全相同。

我们认为制度首先指社会制度，包括政治制度、经济制度、法律制度的总和。当然，基础是经济，代表社会生产力发展的水平；而社会制度则是在经济基础上建立起来的上层建筑。经济基础决定上层建筑，而上层建筑在一定条件下也会反作用于经济基础。因此，市场，作为经济的调节与运行形式，必须从社会制度这个大前提进行考察。比如同样运用市场为资源配置的手段，在英美等国是以财产私有制的资本主义制度为前提的。而在我国，则以财产公有为主体，多种产权制度并存的社会制度为前提。市场所起的作用，它的效率，连同企业内部配置生产要素的职能与效率，都不可能完全相同。我国的经济体制是社会主义市场经济，我国已建立了资本市场，凡是上市的公司，不论其产权原来属于国有、集体所有或私人所有，有关上市的部分（至于不上市的国有股并不属于已剥离后独立自主的上市公司）其产权交易（通过买卖股份而转移上市公司的部分产权）都是按公开、公正、公平的原则进行的。上市公司的股票作为一种商品，有公开、活跃的市场，有可以信赖的公正报价，运用的方式与西方国家的股票买卖并无差别。至于非上市公司，若是国有企业，由于推行政企分开，虽然国家仍可能下达一些规划和指标，但它已同计划经济时代的指令性计划完全不同，后者已经不是完全以国家的政治权力为基础，而是考虑到供需双方竞争的态势，也就是说，在很大程度上考虑到市场的作用。其他非国有和民营企业则已完全由市场进行第一次资源的调配。现在，不管在国有或非国有企业内部，管理阶层指挥和整合生产要素确定企业短期和长期行为的权力已越来越大。当然，在我国，行政对企业（主要指国有企业）不必要的干预，在短期内尚不可能完全消失，但会逐步弱化。

以上说的是制度的一个大的方面即社会制度。制度对经济问题还有另外一些方面，即经济体制的组织与控制或经济体制内的权力与结构。这正是西方制度经济学研究的中心，而与主流经济学家把资源配置、收入分配、收入、产量和物价水平作为研究中心的差别所在。因此，主流经济学倾向于经济就是市场，而制度经济学家则认为市场也是制度。现在的问题是怎样定义制度？把本章前面论述的社会制度这个范畴撇开不论，制度经济学家所谓“制度”（institutions），按照R·康芒斯（John R. Commons）的解释，是指“集体行动控制个人行动”①。集体行动的种类和范围甚广，从无组织的习俗到那些有组织的各种“运动中的机构均属于制度，例如家庭、公司、控股公司、同业公会、工会、美联储，以及国家等共同制定并各自接受的原则或多或少都是个体行动受集体行动的控制”（参见康芒斯《制度经济学》上册中译本，第1版，1997，商务印书馆，第87页）②。按照制度经济学的理

---

① 以下我们的说明基本上是参考或直接引自康芒斯的《制度经济学》中译本上册。

② R·康芒斯代表古典的制度经济学。虽然本章只直接引用古典制度经济学，但新制度经济学也受到我们的关注。我们注意到新制度经济学的代表著作如：T·W·舒尔茨的《制度与人的价值的不断提高》(1968)、L·E·戴维斯和D·C·诺斯的《制度变迁与美国经济增长》(1976)中的第2章“关于制度变理论：概念与原因”，以及林毅夫的“关于制度变迁的经济学理论：诱致性变迁与强制性变迁”等。舒尔茨首先把制度定义为“一种行为规则，它涉及社会政治经济行为。”其实，这一定义与康芒斯的“集体行为支配个人行为”的说法，并无本质区别。因为一切作为约束个人行为的制度都是通过集体的立法或约定成俗成的。除非在过去的封建社会中，作为“朕即国家”的皇帝可以通过（转下页）

解，市场不但本身也是一种制度，还包括一系列附属制度。那就是说，制度比经济更大，比市场机制更大。在市场经济国家中，很少有人去研究市场经济的边界。我们是否可以认为，凡是在人们生活中，由价格机制协调商品的供需、指导资源的配置而不比在一个企业内（或一个组织内）花费较高的交易成本，这就是市场运行所涉及的范围。其实，就是在这个范围内，经济活动中的供需也不是经常协调的，人们的利益还是会有冲突的，因而需要一种由惯例、集体或国家来制定市场经济的运行的规则。市场经济并不像抱有乌托邦幻想的某些人们想象的那样，可以在无政府状态下自行运转；可以自动地纠正运转中的失衡，能够达到所谓的帕累托最优（有效率）。在现实世界中，市场经济离不开法纪，离不开制度安排和一系列业务规则，否则，交易是不可能公平和平等的，也不可能互利互惠双赢地进行，人们都习惯把市场经济称为"法制经济"，正表明制度与经济的紧密联系。制度经济学和主流经济学一样，都承认市场经济协调、配置经济资源的作用，但制度经济学则强调制度先于经济，集体行动控制个体行动。按照康芒斯的观点，经济研究的基本单位是交易——它把人们的利益冲突、相互依存和在冲突中产生的秩序（合法程序）三种成分合为一体。交易也是商品（财产）合法控制权的转移单位。通过交易的分析，可以看到，制度经济学是从财富的实质与形式以及不同的交易类型开始的。他们认为，主流经济学包括新古典经济学或正统经济学对财富（资源或财产的同义语）给出两种不同的定义，一方面说财富是一种物质的东西；另一方面又说，财富是那些东西的所有权。而所有权，至少就现代无形资产来说，是未来谋利机会的所有权，是控制了别人所需要而又不具有的东西未规定价格的权利。要保持它的价格，就必需限制其数量，至于物质的东西，由于其相对稀缺，就必须提高效率，增加其数量。所以康芒斯认为，制度经济学的基础是所有权，更准确地说，制度经济学着重研究作为交易实质的财富所有权如何按照法律、法规、惯例、规则，以及法院的判决来决定其转变和归属的合理性。

传统的经济学把交换与交易等同起来，制度经济学认为，交换只表明商品的实物移交，交易则变成商品在法律上所有权的转移。决定交换价格并使得公平竞争成为可能的

（接上页）个人意志（上谕）支配任何臣民的行动。在今天任何民主的社会中，个人的意志都不能成为约束其他所有人的规则。舒尔茨列举的，把制度概念引进政治经济学领域，分为4种形式，并列举许多例子，如：a. 用于降低交易费用的制度（如货币、期货市场）；b. 用于影响生产要素所有者之间配置风险的制度（如合约、分成制、合作社、公司、保险、公共社会安全计划）；c. 由于提供职能组织与个人收入流之间的联系的制度（如财产，包括遗产法、资历和劳动者的其他权利）；d. 用于确立公共品和服务的生产与分配的框架的制度（如高速公路、飞机场、学校和农业试验站）。在舒尔茨列举的制度中，已经大大超出了他的关于"制度"的定义范围，制度已不限于行为规则，而且包括了各种组织和设施。但列举总是不完全的，按照新制度经济学的理论，本章所论述的关于在每一个企业中应当设置财务会计系统，以提供有助于人们进行经济决策的信息；国家或其他独立的、公正的社会机构还应当制定企业财务会计准则或企业会计制度，以减少信息的不对称，力求财务会计信息在信息提供者与信息使用者之间能公允地传递和流动。显然，这一些既属于古典制度经济学的范畴，也属于新制度经济学的范畴。至于戴维斯和诺斯提出的制度创新理论："如果预期的净收益超过预期的成本，一项制度安排就会被创新。"（对"新"经济史的方法、解释和批评的讨论，1968；又见他们合著的《制度变迁与美国经济增长》，1976年第2章）。似乎与财务会计经常要求遵守的约束条件"效益大于成本"，不谋而合。在财务会计与报告中，不论对是否需要遵守会计信息质量的特征，还是在报告中，对具有相关性的信息的披露（包括自愿披露和政府强制披露），以至于需要修改会计准则和会计制度，无不体现戴维斯、诺斯的"制度创新理论——一个基本的近似值"的原理。综上所述，本章尽管没有引用新制度经济学派的观点，而在制度经济学影响财务会计的论述中，已经在古典制度经济学的基础上，在一定程度上也考虑吸收了新制度经济学的某些重要的思想。

是所有权。或者说，决定竞争公平抑或不公平，不是实物的交换而是所有权的转移。在制度经济学看来，市场上的交换掩盖了所有权转移的“交易”。交易是更大经济活动单位，是经济学、法学和伦理学共同影响的范围。康芒斯在分析交易作为所有权转移的单位时，认为它有三种类型，即买卖的、管理的和限额的。这三种类型的交易可简介如下。

1. 买卖的交易

康芒斯从法院的判决看经济学家的理论，发现买卖单位包括四个有关方面：买方为 B 和 B_1，卖方为 S 和 S_1，他们都是平等的人，买卖同一种商品。买卖交易之间讨价还价如下：

B(买方)还价 100 元	B_1(买方)还价 90 元
S(卖方)要价 110 元	S_1(卖方)要价 120 元

从上例很容易看到，如果没有任何压力，是平等的协商谈判，那么，成交的将是 B 和 S，因为纯粹从经济上看，相对于 B_1 和 S_1，B、S 的讨价和还价是比较公平合理(或者说，S 比 S_1 找到一个更幸运的买主；也可能 B、S 之间的竞争较公平；以及 B、S 的叫价和要价较合理)。双方可能在进一步磋商后，在 100 元与 110 元之间达成可成交的、双方皆可接受的价格(因买卖差价只有 10 元)。不像 B_1 和 S_1 之间的谈判，其价格差异达到 30 元。

不过，在平等的买卖交易中，也还存在 4 个争议点(不同的环境条件)：

- 平等或不平等的机遇；
- 合理或不合理的价格；
- 公平或不公平的竞争；
- 合法或不合法的程序(业务规则)。

就是说，即使在平等的买卖交易中，仍然蕴藏着利益冲突、相互依存和合法程序(秩序)等三个内容和特点。

2. 管理的交易

管理的交易不是通常意义上的商品(劳务)的交换，买卖交易主要不是产生于上述 4 个人之间的关系，也不是买卖交易中在法院判决的基础上，假定一方愿买另一方愿卖的双方平等关系，而是从两个人的关系中产生并假定一种上下级的关系，是指挥和服从指挥的关系。管理交易实际上是产权私有的企业，通常存在雇佣关系的另一种提法。科斯所说的“企业立协调”(科斯：《企业的性质》)，或者由他的代理人——现代企业管理阶层——来协调，就会出现一部分人愿意指挥，而另一部分则服从指挥的现象。这种情况的发生，仍然依据指挥者和被指挥者在竞争的基础上完全自愿达成的合同，从根本上说，来自于资源利用效率的最大化。指挥者可以获得由于正确指挥而得到的额外报酬，被指挥者(服从者)也能获得他们自己满意的所分配工作的报酬。管理交易形成了现代企业的代理关系和团队精神。在具有卓越管理才能的经理阶层的指挥下，使生产要素物尽其利，人尽其用，在协作中产生高效率，从而获得高效益。这既对所有者有利，管理阶层有利，也对服从指挥的全体雇员(职工)有利。如果说买卖交易的基础是资源的稀缺性，需要互补双赢，那么，管理交易的基础就是效率性，需要通过指挥、服从，达到生产中形成紧密的互相协作，使资源利用产生最大的经济效果，上下级皆能受益，管理交易从法律上看来不平等，而从经济上看也是双赢的。

在资本主义国家中，管理交易也需要谈判，谈判过程与买卖交易并无不同。只是在管理交易中，不是物质资源的买卖，而是人力资源的雇佣。在表面上，雇主和雇员（包括高级职员和一般员工）好像是平等的，可以讨价还价。但心理上则存在"命令和服从"，"上级和下级"的关系的阴影，而且一旦成交，订立了雇佣合同，被雇佣的员工进入他的服务岗位之后，就成为法律上的下级，有服从上级指挥，高效率地从事分配他的工作的义务了。采用管理交易的名词，显然是用平等的形式掩盖不平等的交易实质。不过，制度经济学家康芒斯倒是坦率地承认：这种交易是不平等的。因为其中一方（被雇佣的员工即出卖体力和智力的劳动者）"在法律上和经济上①都处于劣势。"（《制度经济学》上册，中译本第 81 页）。

3. 限额的交易

限额的交易同前两种交易不同，它不是经济上可能无权而法律上平等的谈判所形成的买卖的交易；也不是法律上貌似平等而将造成指挥与服从，上级与下级不平等关系的管理的交易。限额的交易是由经济上和法律上都有权力的几个参加者达成协议的谈判。这种交易带来的权利和义务，谈判者有权把它分派给企业的各个成员。例如公司的董事会通过了下年度的公司预算这一活动（包括起草预算，讨论、修改到表决通过）。这里，有权力的几个人是董事。预算内容的分配涉及各部门的领导和一般职工。这种交易活动没有买卖，没有管理。体现的由董事会成员表达的公司下年度财务活动的政策。预算就是一种财务收支的"限额"，是对企业所有员工在财务收支上的约束（限制）。

从制度经济学看来，把上述三种交易综合起来，就成为经济研究的一个较大单位。按英美惯例可以称为"运行中的机构"。机构是组织，组织之所以能运行靠"业务规则"。组织从家庭、公司、行业公会，直到国家（各级政府）本身，业务规则包括惯例、职业道德、公司章程、各项法规，直到法律，总起来被称为"制度"，是各种集体行动控制个人行动的综合表现。

制度经济学并不直接研究市场，不研究市场对资源的配置，也不直接研究企业。但有了制度的概念，无论是市场运转或企业内部的营运，人们确实应当看到权力与法制在起着规范作用。离开国家和政府有关法规，就没有市场，也没有公司（包括上市公司）。所以，制度对经济的影响是不能忽视的。制度经济学对人们的启迪是：

第一，不论在任何社会，政府的经济职能都是一个主要的社会过程。政府、法律和权利系统归根到底都涉及经济。这些都是因变量和自变量，并且是关键性的变量。

第二，资源配置的真正力量（决定的因素）不是市场，而是社会组织——制度，权力——结构。或者说先有经济制度与体制的安排，市场才能对资源配置发挥基础性作用。我国从计划经济转变为社会主义市场经济的经验（先有改革开放的一系列方针政策，有党中央"关于社会主义市场经济体制若干问题的决议"和相应的制度安排，而后才有欣欣向荣的、日益活跃的市场经济）也证明了这一点。

---

① 指他们各自拥有财富的存量是不平等的，上级处于优势，下级处于劣势。而作为财富的流量的收入也有很大悬殊。其所以说平等，是从"按劳取酬"这一分配原则看的。

第二节 会计与经济学

一、经济学对会计学的影响

上节我们论述了市场、企业对资源配置作用，并说明了制度(制度经济学)与市场的关系。这些问题概括起来，都属于经济学的范畴。最后，本章要探讨会计与经济学的关系。首先要指出的是本章讲的会计，仅限于财务会计而把管理会计除外。不论制度要建立、市场要运行、企业要经营，都离不开与决策相关的经济信息。其中最重要的是成本信息和财务信息，前者由管理会计提供，而后者则由财务会计提供。经济学家博尔丁(Boulding K. E.)曾说："会计学和经济学是一对非同族(不协调的)的孪生兄弟"(Economics and Accounting：The Uncongenial Twins，*Studies in Accounting Theory*，1962，London)。博尔丁用这个幽默的语言作为题目来形容会计学和经济学的关系是"恰当的"。从历史看，会计(包括财务会计)是从簿记发展而来。而簿记最早曾是数学的一部分(见乔帕利《算术几何与比例概要》，1494)，因此，在早期，簿记与经济学并非同一类科学。但是会计学除自己发展的一些概念如账户、借方、贷方、日记账、分类账和会计报表等等外，而更多地则从[①]经济学移植了若干可用货币量化的概念，其中包括资本、资产、负债、收入、成本和收益等等。可以说，目前流行于西方国家的财务会计概念框架(CF)基本上来自新古典经济学。著名的会计学家佩顿(W. A. Paton)和利特尔顿(L. C. Littleton)则都是会计学家兼经济学家，他们提出的关于指导会计准则的理论应具有"连贯、协调、内在一致"的理论体系的著名论断(一直指导各国关于 CF 的研究)应归功于他们的经济学修养。至于财务会计应通过计量记录等初次确认和编报对外通用财务报告的再确认和表外披露等程序，都必须遵循各国制定的会计准则或会计制度(若用于国际融资、投资则必须遵循国际会计准则委员会制定和认可的国际财务报告、准则或国际会计准则)。什么是准则和制度？这是一种公共权力的安排，以集体安排的准则来指导每个企业的具体会计处理和报告的列示。不言而喻，制度经济学对财务会计的影响是最为突出的。可以说，自从财务会计兴起以后，就离不开会计制度(惯例和准则也都是制度)。这是因为现代企业的两权分离，导致企业所有者即委托人(以投资人为代表)同企业代理人(以企业管理阶层为代表)对企业信息占有的不对称，这就产生利益冲突。但委托人同代理人对于企业的财务状况、经营业绩和现金流量等方面在利益上又具有相互依存性。因此，以"公认会计原则"(GAAP)为代表的各国企业会计准则或会计制度，作为一种制度安排，就应运而生。它是以"业务规则"的形式维护资本交易双方的合法利益，弥补市场和现代企业制度带来的信息不对称的缺陷，保持市场经济主要是资本市场的秩序，使竞争在会计信息公开、公正、透

① 经济学家同时是会计学家还有：亨利·R·哈德菲尔德(H. R. Hatfield)、约翰·B·坎宁(J. B. Canning)、亨利·W·斯威利(H. W. Sweeney)、史蒂汶·吉尔曼(S. Gilmon)、爱德华兹·贝尔(Edwards Bell)、井尼雄士(Yuji Ijiri)等十几人。

明、中立的基础上进行。

我们当然不能说,财务会计和财务报告赖以进行的准则、制度是受制度经济学的直接影响,但康芒斯的《制度经济学》的出版(1934)与美国的世界最早的公认会计原则"会计研究公报(ARB No. 1)"的出台(1937)几乎是不期而遇。这并非偶然。两者均产生于资本主义世界第一次大经济危机(1929—1933)之后,美国经济复苏之际。客观形势要求政府对市场进行干预。把制度经济学的诞生说成是适应美国罗斯福总统实行一系列经济"新政"(其中包括制定1933年证券法和1934年证券交易法并成立SEC)对美国重建(恢复)的资本市场实行监管的需要,恐怕不能说失之偏颇。从此,百分之百的市场经济在全球可能不再存在。所以,制度经济学的诞生,为美国政府干预市场,对市场经济加强法纪,其中包括会计准则的问世,提供了理论的依据。

最近若干年(主要是从20世纪30年代以后),会计学同经济学的关系日益密切。我们可以从更广泛的层面上来考察这两门学科以及经济学与财务会计这一信息系统的关系。在学科分类上,会计学已经长期从数学的一个分支转为经济学(作为一个学科门类)的一个分支①。如果说,严格意义上的经济学是从理论分析上研究人们的经济活动,那么,会计学则是从数量上,主要运用货币(名义货币)来描述人们的经济活动。就是说,前者着重于质的研究,后者注重于量的描述。当然还有范围的宽窄之分。经济学研究的对象包括整个国民经济,既研究宏观经济运行的原理,又研究微观经济运行的各种理论。而会计学运用货币所进行的量的描述,仅限于一个特定的企业、组织和单位。它不涉及宏观经济,也不包括微观经济的全部。然而某些企业和一个行业全部企业的财务报表,必可为经济学的理论研究提供具体、真实的资料。从历史上看,会计学和会计的一些较早的理论争论,都与经济学分不开。

会计的目标,是会计(主要是财务会计)最基本的理论概念。在20世纪初,即第一次世界大战以前,由于企业已出现两权分离,会计就形成两个对立的理论:"所有权理论"(proprietary theories)和"权益理论"(equities theories)。而多数会计学家均主张所有权理论,即会计的目标应当服从企业的目标——最大化所有者的资本,以计量所有者积累的财富作为会计的目标。这样,就不但要严格区分资本与负债的界限,而且要严格区分资本和收益的界限。例如,当时,收益完全按照亚当·斯密的定义:"在保持资本完整(不被蚕食)而可消费的金额"(the amount that can be consumed without encroaching upon capital);资本和收益都视为所有者"财富的储存"(stock of wealth)。所以,会计学家无不重视资产的计量,资产负债表提升为第一报表。上述观点,正如普雷维茨与梅里诺(G. J. Previts & B. D. Merino)在他们合著的《美国会计史》(A History of Accounting in America)中所说,根植于(was rooted in)古典的和新古典的(classical and neoclassical)经济学,主要是斯密的理论和观点。1929年经济学家兼会计学家坎宁(Canning)出版了《会计工作中的经济学》,着重引进了著名经济学家欧文·斐雪(Irving Fisher)关于资本与收益的理论。与斯密的观点不同,斐雪认为,企业的收益是"一定时间内的基金流动"(flow of funds over time),而代表斯密观点的所有权理论则认为企业的收益是"有利于所有者利

① 现在,会计学也被权威方面当作管理学的一个分支。关于会计学的归属,是可以探讨的理论问题。

益的增加”(the increase in the beneficial interest accruing to the proprietor)。从此,美国会计界对于如何计量收益以及收益表在财务报表中的地位为之一变,大约在20世纪40年代以前,收益的计量以期末净资产减期初净资产为主要方法,其依据当然是资产负债表,通常称为资产/负债观。在斐雪的收益观点引入会计学以后,利特尔顿即据以宣扬他的关于收益计量的方法即配比的方法,一定时期内的收入减该时期内的费用。这样,收益的决定即可撇开资产负债表,按通常所说的收入/费用观,从而,使收益表提升为第一报表。经过一个漫长的时期,在1973年美国财务会计委员会(FASB)接替会计原则委员会(APB)负责财务会计准则与解释的制订,并于1980年在财务会计概念框架(SFAC No. 3)首先提出“综合全面收益”(comprehensive income)并解释为“企业在报告期内,从业主以外的交易以及其他事项和情况所产生的所有者权益的变动。”①这个定义是以资本保全(capital maintenance)为前提来区分资本和收益(见 SFAC No. 6, Par. 71)。FASB采用全面收益概念并于1997年7月份发布 SFAS No. 130“报告全面收益”,在美国出现了第四财务报表《全面收益表》。很显然,对收益计量的这一转变,又重新回到资产/负债观,并以资本保持为前提来计量资本带来的剩余,是受诺贝尔经济学得主、英国经济学家赫克斯(John Hicks)的影响。赫克斯在他著的《价值与资本》(Value and Capital, 1946, P. 172)中说,“收益是一个人在周末与周初保持同样富裕(as well off of the end of that time as the beginning)情况下能够消费的金额”。赫克斯关于收益的定义与亚当·斯密早期把收益定义为“在保持资本完整(损坏资本)的条件下可以消费的金额”是十分相似的。

会计确认与计量是当前财务会计关注的重点,会计要素确认的基本标准来自财务会计概念框架(CF),而概念框架的形成与会计准则一样,都受制度经济学的影响。由权责发生制所决定的确认的时间基础则来自会计惯例。而惯例,按照制度经济学的解释,也属于制度。计量的主要问题是计量属性。传统的财务会计是以过去的(已发生或已完成的)交易和事项为记录与报告的主要对象,与记录报告相适应,计量时采取的属性当前主要仍是历史成本即交易或事项发生时的成交价格(资本取得时的价格或负债形成时的应偿还的义务金额)。按照会计的惯例,历史成本入账后,不予轻易更动。这是因为历史成本有可以稽核的凭证为依据,可以保证会计记录和报告的真实性。虽然会计和会计学被经济学家讥讽为向后看的科学,但会计学家长期以来却以反映经济真实,决不提供不可靠的主观信息而自豪。只是市场经济的变化若引起物价的激烈变动,财务会计就经受不了这种压力了。问题在于:在这种环境下,恰恰不是历史成本计量属性,而是现行成本、现行市价以及货币的不变购买力,才能提供较为可靠的会计信息。20世纪60年代后期至70年代初,美国曾出现高达11%的通货膨胀率,西方其他国家的通货膨胀率也居高不下。因此,现行成本会计模式首先在英国兴起,在美国则在财务报告的其他报告部分采用了现行成本/不变价格美元和历史成本/不变价格美元两种计量模式,披露有关重要的资产和盈利信息,如存货、厂房、财产与设备和持续经营下的收益的重估价的信息(包括按现行成本和按不变价格美元为计量单位。参见 SFAS No. 33,现已由 SFAS No. 89 所取代)。也就是说,经济学家希望通过会计来发现一个企业的价值(至少反映现行成本或其他公允价值)

① 见1985年取代 SFAC No. 3 的 SFAC No. 6, Par. 70。

的愿望也开始实现。当前，除历史成本外，现行成本、现行市价、可实现的净值和公允价值（在缺乏活跃的、可观察的市场价格的情况下，还可运用未来现金流量信息和现值技术捕捉公允价值）已进入会计的计量范围。这些计量属性之所以被采用，过去是由于具体物价变动和货币购买力变动的影响（从20世纪70年代后期起，物价变动的影响不仅在美国而且在全世界都已得到有效的控制，但财务会计在传统上采取单一的历史成本计量的局面则被打破了）。而当前物价变动因素基本被消除，但各国会计实务所流行的会计计量，已习惯于包括历史成本、公允价值在内的多种计量属性并用了，这显然在一定程度上受到了经济学的深刻影响。例如，1961年，两位经济学教授，米兹大学的爱德华滋（R. O. Edwards）和哈佛大学的贝尔（P. W. Bell）合著的《企业收益的理论和计量》倡导重置成本（现行成本），他们要求区分：(1)当期所售存货的已实现收入超过其现行成本的部分。(2)非货币性资产现行（重置）成本的变动，也就是建议企业经营收益（其中包括已实现的现行成本超过历史成本部分和期末现行收入超过期初现行收入的部分即全部已实现的利润），要加上未出售的存货和其他非货币性资产可实现的收入才构成企业的利润。他们这些主张对会计界的影响是重大的。过去，凡收入的确认，只限于资产（主要指存货）通过对外销售"已实现"（realized）或至少"可实现"（realizable）。而现在，根据某些准则的规定，"未实现"的持有资产利得（unrealized holding gains）也可确认，大大放宽了确认标准。过去，会计学坚持会计不反映企业的价值，而经济学家则总是期望估计企业的预期价值，但按照SFAC No.7"在会计计量中应用现金流量信息与现值"，实际上会计学家已屈从于经济学家的要求，运用了资本资产计价模式：一个企业的价值等于其未来现金流量的折现值。资本资产计价模式虽直接来自理财学，间接的来源则是经济学。

二、经济学对会计学基本概念的影响

我们还可以看到，会计的若干基本概念受制度经济学的影响也是明显的。

1. 资产的概念

会计上的资产来自过去的交易或事项。按照英国会计准则委员会（ASB）对资产的定义，资产是指由过去的交易发生的，为企业所控制的未来经济利益的权利（rights）和其他使用权（other access）（ASB, Statement of principles for financial reporting, December, 1999）。这里把资产定义为资源的权利而不是资源本身，似乎依据于制度经济学。把资产理解为资源的使用权也可以说，其根据是著名经济学家欧文·斐雪的理论：资产是财产权（property rights），而财产权按欧文·斐雪的定义是"要求获取一项或多项商品财富的某些未来服务的权力"（Fisher, The nature of capital and income, 1906, P. 20）。前已述及，"在制度经济学看来，市场上的交换掩盖了所有权（互相交换的资源）转移的实质。""所有权是交易的实质，是制度经济学的基础"。当然，资产的定义，迄今在各国会计界仍有分歧。美国财务会计准则委员会（FASB）直接用"未来经济利益"定义资产，英国ASB用"未来经济利益的权利"定义资产，国际会计准则委员会（IASB）则用"资源（含有未来经济利益）"定义资产。我们的观点与IASB接近。如果把企业的资源定义为资产，则必须肯定此种由企业控制的资源是通过市场的资本交易进行配置的结果。其依据也是古典和新古典经济学。

2. 无形资产

根据康芒斯在其“制度经济学”中所述，本来财产只包括实体财产，是美国联邦最高法院的判例(解释)中才加上无形财产(比会计上的“无形资产”内容更宽广)。最高法院从1887—1904年的若干判例中已完全肯定了财产中存在着无形资产。在1890年的“解释”和《资本主义的法律基础》中，康芒斯通过进一步研究，把无形财产定义为“持有别人所需要而不具有的东西来规定价格的权利”(《制度经济学》上册，中译本，第10页)。广义的无形资产包括对债务人的所有权(即债权)，但主要指用于未来谋利机会的所有权(即别人需要而不具有的东西——外购商誉，正是这样一种性质的所有权)。设被收购企业甲账面上实有的产权为100 000元，但收购价可能是140 000元，这40 000元乃被收购企业并不存在、而收购企业(乙)需要它所制定的价格(当然要在讨价还价后经被收购企业也同意)。收购企业(乙)之所以购买40 000元的商誉(实际上不存在的东西)，是因为即使按高于甲企业账面净资产40 000元的价格收购它，甲企业被乙企业收购后，将为乙企业提供未来谋利的机会(等于或大于40 000元)。无形资产当然也是资源(财产)的组成部分。它与一般资产不同之处，只是它不具备可以观察和可以捉摸到的实体，但代表一种特殊资源(财产)的使用权。这里，可以联系到资产、负债和资本(所有者权益)等其他会计要素，以及包括无形资产在内的资本，投入企业的资本本质上是企业可以控制的资源(通过交易和事项)。资源及其稀缺性是经济学研究的问题，在市场上运用价格机制，优化配置；而落实其使用权的安排，具体分配到特定企业。在企业内部，再运用企业主或其代理人(管理阶层)的权威与组织指挥，从而再一次把资源转换为生产要素的优化组合，才能最有效率地运用资源，以补充它的相对稀缺性。稀缺资源进入企业，就归企业控制，企业即掌握资源(财产)的使用权，这实际上是有关法律问题。当前的资产定义，不论具体提法有何差异，它都是经济问题与法律问题的结合，都同时受产权经济学与制度经济学的共同影响。负债、收入、费用等要素大体类似，不再复赘。

3. 重大性

在财务会计中，还有有关的重要概念，如反映会计信息质量的一个特征的“重大性”(materiality)也与制度经济学有关。因为凡是符合重大性的项目，都必须遵守信息的主要和次要特征，如相关性与可靠性；可比性与一致性，并应予以披露。什么是重大性？一般依靠审计师的职业判断(FASB在SFAC No. 2中有一个附录)，但美国联邦最高法院的判决也涉及重大性问题。1976年6月最高法院在关于按1934年证券交易法规定股东大会代表权证书必须披露的内容中，对重大性作了一个解释[最高法院法官瑟古德·马歇尔(Turgood Marshall)的解释]：“如果一位明智的股东对非常可能发生的事件认为是重大事件，那么，被忽略了这一事实，就是重大的”(《美国会计史》，1979，P. 322)。

三、小结

通过本节对经济学与会计的论述，并结合本章第一节对“制度、市场和企业”的综述，我们可以得出如下初步的结论：

(1) 制度经济学认为，制度包括规范经济(市场运行)的惯例，行业公会的集体规则，法庭判决(含解释)，以至政府、国度的法律法规，集中表现为“集体行动控制个人行动”，集体行动控制个人交易关系，使之由利益冲突达到合理的“程序”形成合法的程序。

(2) 制度经济学与主流经济学(古典和新古典经济学)不同，前者认为经济的问题是判定经济的组织与控制，即经济体系内的权力与结构。

(3) 主流经济学认为，经济资源(具有稀缺性)必须通过市场(看不见的手)，运用价格机制进行有效的配置。但由于交易成本的存在，市场交易的成本高于企业(看得见的手)运用企业主(或其代理人)的权威组织配置由资源转化的生产要素要高，因此，资源经过市场和企业相互补充的配置后，才能产生高效率和高效益。

制度经济学则认为，制度(包括市场赖以建成的和运行的组织结构)要比市场大。不应把价格和资源配置当作一个概念化的供需函数，它是同由市场和供需产生的权力结构相关，进一步同政府的作用与合法的权力相关。政府能形成有经济意义的合法权利，从而影响资源配置、收入和财富的分配。

(4) 制度经济学更多关心权力持有和技术持有的作用，其研究重点是制度的形成与作用；经济体系与法律体系之间的关系。

制度经济学反对均衡理论，不同意帕累托最优学说。它认为帕累托的学说是一种空想。经济均衡只能在制度框架内沟通制度，调整与改革制度本身来解决。

(5) 对于会计(特别是财务会计)来说，制度经济学有两方面是重要的。会计作为两权分离下的人造经济系统，它是在市场经济中的一种必要的制度安排，离开财务会计，资本市场就不能顺利地运转，这是其一。为了减少信息不对称，保证远离企业的投资人和债权人也都获得有关真实、公允的企业财务状况、经营业绩和现金流动，各国必须制定“公认会计原则”(具体为企业会计准则或企业会计制度)。国际会计组织IASB还制订跨国投资融资应遵守的国际财务报告准则(IFRSs)和国际会计准则(IASs)，这同样是一种集体(或国家)的制度安排。这是其二。当然，广泛地说，财务会计概念框架(基本准则)也起着制度的作用。

(6) 财务会计的理论基础是主流经济学。我们首先关注市场，假如没有资本市场，就没有资本交易，就不能把社会资源用经济的方法分配到特定企业，新设的企业将没有第一笔应予入账的记录。增发股票和债券的企业在负债方(把向银行借款除外)和所有者权益方也不会有所变动，除资本市场外，还有生产资料和劳动人才市场的有关价格，同样关系到生产要素的形成。同样是指引交易必不可少的价格机制，而价格又是会计计量、记录和报告一个企业资源流量和存量必需应用的尺度。历史成本是过去(交易形成和完成时)的市场价格或其他买卖双方自愿成交的价格；现行成本和现行价值是现在的市场价格(买进一项具有同样效用的相同资产的买价)；通过未来现金流量信息进行折现可以探求未来的公允价值(公允价格)。价格是商品(劳务)流动的媒介和信号，同时又是会计，特别是财务会计用来定量描述企业经济活动与经济业绩，描述提供商品(劳务)时投入资源(所费成本)和产出资源的计量属性。所有上述量化的信息对市场以及对企业，对参与市场竞争的每一方，对企业内部和外部利益关系人，都是他们做出特定经济决策时至关重要的依据。

企业是市场的细胞。但它们并不是一些简单的寻利者，它们的一个主要任务是同市场相配合，起着资源配置和生产协调的职能。

当我们把财务会计当作一个经济系统的时候，就已经考虑了，这个系统安置(落实)在何处？不言而喻，财务会计总是存在于一个企业（当然包括非盈利组织）之内。企业（或者说一个会计主体）是每一个会计系统安身立命丰富发展的所在。企业规定了会计提供的信息边界。会计提供的财务和非财务信息，总是属于特定的企业或主体的。有企业，不论其规模大小，行业性质，都要有会计。没有一个没有会计的主体，也没有一个没有主体的会计。总之，有现代企业，才有现代财务会计与财务报告，而有上市公司，才有必须遵循会计准则和披露准则，编报并应公开的对外财务报告。

（7）交易成本是一个非常重要的概念。著名经济学家科斯发现：交易成本为零的市场几乎不存在。帕累托最优的假设（前提）就是零交易成本。这样，任何对帕累托最优（有效率）原理的偏离，都意味着存在某种交易成本。交易成本几乎不可能消除，但可以设法减少即节省。企业之所以出现，就是因为有些交易（如在竞争的基础上签订一系列长期有效的合同，在企业内部形成有计划的生产经营活动）能比市场上通过市场交易节约交易成本。

遗憾的是：会计不能明确地，至少无法全面和直接地反映交易成本。这是为什么？因为，第一，交易成本不是发生在生产过程之中，它发生于为生产作准备的各项交易活动（从找寻交易伙伴到成交）之时，而财务会计的记录与报告、会计要素的形成则是以过去的（已完成的）交易为前提。过去的交易，表明交易成本已经发生了，或者说其发生已经先于会计开始处理一项交易之前。第二，交易成本并非都是能用货币表现的成本。例如寻找交易伙伴，相互讨价还价；草拟和签订契约并监督契约的履行，需要花费人力和时间等等。它们不仅难以用货币量化，甚至难以量化。比如签订一批长期供应价廉物美、按时交货的原材料合同，交易成本是从市场寻找这样的供应商开始，经过谈判，最后签订了合同所花费的一切资源，有形和无形的资源包括消耗的精力、时间和金钱，共同构成交易成本。这些成本的耗费向来不在会计的视野之内。什么时候会计才处理它应予处理的数据呢？对于传统的经济业务，按传统的会计处理方式，那要等到合同执行之时。即每一批材料按合同运抵企业，经验收合格到入库保管，同意支付货款才开始作会计处理，即确认为会计交易已经发生，按"借记：存货——原材料；贷记：现金或银行存款或应付账款"。当然，某些交易成本也可能资本化于原材料的成本之中，但大部分的交易成本是无法从会计的记录中寻觅的。

交易成本发生于市场，在企业中设置的会计系统不能量化和反映交易成本是可以理解的。但是，交易成本应该是可以量化的，否则，科斯如何说有些交易在企业内部运用业主的权威比市场交易运用价格机制，可导致交易成本的降低。如果没有定量描述，怎样比较成本的高低？

这个问题，应属于经济学的研究范畴。相信科斯及其后续的产权经济学家们对这一问题必有深入的研究和令人满意的答复。

第二章

当代会计理论的发展

理论(theory)这个概念从来就有不同的理解,会计理论包括财务会计理论也是如此。“理论”一词的定义,西方(以美国为代表)会计学者基本上是根据韦氏新国际词典第3版(Webester's third New National Dictionary)的“理论”词条所写:“一系列首尾一贯的假设的、概念的和实用性的原则作为某一领域的一般框架”(1961. P. 2371)。例如,由亨德里克森和范布雷德合写的《会计理论》第5版,就把会计理论定义为“一系列首尾一贯的假设性的、概念性的和实用性的原则用于探讨会计性质的一般参考框架”①。美国会计学会(AAA)在纪念其50周年大会而发表的一篇重要的研究报告《基本会计理论说明书》(ASOBAT)也引用了韦氏新国际词典的理论定义,在第一章规定它的研究任务是“识别会计领域以便从中得到有用的结论”。报告基本同意存在着单一的会计理论即传统的规范会计理论。它沿着规范会计理论所用的演绎同归纳相结合的方法,探讨了以下内容:

(1) 确定会计领域并提出与会计名词公报第1号不同的另两个会计定义。

第一,“会计是为了便于信息使用者做出有根据的判断和决策而确认、计量和传递经济信息的程序”(这个定义反映了规范会计理论对现代财务会计基本程序的看法);

第二,“会计在本质上是一个经济信息系统”(它奠定当前会计流行定义的基础)。

(2) 提出会计信息的准则和传递准则[基本上属于对APB制定APB Opinion(GAAP)的政策性建议]。

(3) 建议由单一计量改为多重计量(具体建议在财务报表中既用历史成本计量,又用现行成本计量)。

美国会计学会于1977年发表另一份重要研究报告《会计理论与理论认可》(SOATATA),一反1966年ASOBAT中的观点:

第一,不存在单一的会计理论,任何单一的会计理论都不能满足所有用户和环境的需要;

第二,只有一部会计理论的文集(会计理论集合)才能表达用户—环境的各种差异。

AAA的SOATATA充分肯定了青年会计学者运用新方法、新思维研究会计理论。这就是一个信号:代表AAA喉舌的“会计评论”(Accounting Review)从此将要转轨(规范研究的论文将逐渐减少,以至于全部被实证研究成果所取代)。

在实证会计理论兴起以后,至少对会计理论界产生了有益的启示:人们不仅应提出理论,提出理论后还应当经过检验而被使用者接受,因为会计理论及其被认可,才符合实践、

---

① Hendriksen/Var Breda, *Accounting Theory*, 5th edition, 1992, p. 21.

认识、再实践、再认识这一人们认识世界的规律。为此,Wehster's New Universal Unabridged Dictory 也修改了"理论"的新定义为:"理论是原则的系统陈述"和"特定现象之间明显关系的公式化或基本原则。这些现象系已被观察到,在某种程度上得到证实"①。

以下本章将考察一下美国规范会计理论的发展简史,并对实证会计理论的基本框架(及其取得的成就)提出评价。

第一节 20 世纪 60 年代以前美国的规范会计理论的发展

从 20 世纪初期到 20 世纪 60 年代初期,美国的会计理论主要是会计理论界予以关注。一些代表人物和代表著作,都是受过经济学熏陶的教授和博士,会计实务界不关心或不重视会计理论。毫无疑问,所有这些会计理论者基本上属规范(Normative)性质。

一、代表人物及其著作

规范性会计理论的代表人物是从 19 世纪末 20 世纪初开始,主要有以下一些有影响的学者和著作。

1. Sprague 与《账户的哲学》

Sprague 是美国纽约大学教授,在 1907 年发表了《账户的哲学》,这本书成为美国会计理论早期最著名的一本著作,一般研究美国会计理论都是从这本书开始的。Sprague 是从账户、交易两个概念出发,系统说明会计记录和会计报告一整套的方法和理论,系统研究了复式簿记理论,因此这本书也可说是一本簿记理论著作。我们知道,1494 年意大利的乔帕利(Pacioli, Luca)在威尼斯(Venice)出版了包括簿记在内的数学著作《算术、几何与比例概要》(Suma de Arithmetica, Pemetria Proportions et Proportionalita)以后,在欧洲就对复式记账、账户纷纷进行研究,做出许多猜想和解释,主要指借和贷各代表什么涵义,借贷方如何埋解,于是产生所谓各种借贷学说。其中最有代表性的是"拟人学说"。比如,把商品账户当作是商品保管者(如仓库保管员)。如果用现金买一种商品,贷现金的记录,"拟人学说"则把这笔分录解释为向出纳员借到一笔现金,买到一个商品交给仓库保管员保管,保管员是对业主负责的,而业主又要对出纳员负责。这样便在简单的借贷记账法上蒙上一层神秘的外衣。过去有人批评借贷记账法,说借和贷总是搞不清楚,以至于我国在 20 世纪 60 年代,"创造"了所谓中国的增减记账法,对借贷记账进行全盘否定。这除受当时极左思潮的影响外,原因之一,就是认为借和贷深奥难懂。借可以理解为贷,贷也可以理解为借,两个字义也混淆不清。

Sprague 在他的著作中按财务事实所引起的资产负债的增减变化,来说明账户的借方贷方的性质,这是一个很重要的进步。在说明账户时,不可避免的要用平衡公式,就是资产、负债和资本之间的关系,在这个问题上,他是坚定的,而且第一个明确提出所有权理

① 该词典 1983 年第 2 版。此处转引自 Sehrosder/Clark:*Accounting Theory — text and reading*。引文的着重点是我加的。

论。他认为,在一个企业中,资产、负债都不能从企业角度来解释,而应该从企业的所有者(业主)即业主所有权这个角度来解释。若从所有权的角度来解释,则资产是所有者的财产,负债是所有者的负资产。负资产概念最早是 Sprague 提出来的,正资产和负资产相结合,其差额就是所有者的净资产,即业主产权。他的理论和后来佩顿(Paton)的理论是相对立的,Paton 的理论是从企业的角度解释资产和负债的,也许由于时代的要求,20 世纪初公司组织刚刚开始,合伙和独资企业的所有权和经营权都没有分离,或者分离得不是很明显,而到 40 年代,公司大量发展,已成为现代企业的典型的主要组织形式,所有权和经营权明显地分离,这时有必要强调企业作为一个主体,所有权是企业的。于是在 Paton 的著作中出现了最基本、最重要的概念:(假设)"营业主体"("会计主体")。Sprague 最主要的贡献,是科学地说明了在企业中所使用的各种账户和运用账户做出复式记录的理由和它的真正含义。Paton 在评论《账户的哲学》书中说:Sprague 似乎真正发现了 Accounts 这个词汇。Sprague 应是美国研究会计理论(主要是簿记)的鼻祖。

2. Canning 与《会计中的经济学》

坎宁(Canning)是经济学家、博士,他的代表作是 1929 年出版的《会计中的经济学》(Economics of Accountancy),其主要贡献是把经济学的一些观点引进到会计学和会计工作中来。他认为由于会计本身具有很大流动性,而当前的会计实务在很大程度上缺乏统一性。在 1929 年还没有公认会计原则(GAAP),而会计实务的发展又非常迅速,使得会计师很难正确决定会计该作什么,不该做什么。他得出的结论是:应该从经济学中引进若干与会计相关的概念。比如:财产、财富、资本、收益、成本,因为会计学经常会应用到这些概念。坎宁的会计思想受到著名经济学家 Fisher 的影响很大,Fisher 是美国耶鲁大学的教授,曾经担任美国经济学会会长,而且是美国计量经济学的一代宗师,是计量经济学的先驱者之一。Fisher 同会计学相关的、重要的经济理论之一,是对理解收入的研究。他认为,收入是指资本额所提供的未来服务(future service),未来服务的价值是未来每年现金的流入按照利率所折现的贴现值。未来服务的价值实际上也就是资产的价值(资本物的价值)。坎宁把这个理论引进到会计学当中来。他在《会计学中的经济学》这本书提了值得我们注意的四个方面的新见解①:

(1) 资产是指处于货币形态的未来服务。他根据 Fisher 的观点,认为资产的本质是:现已处于货币形态,或未来可转化为货币的未来服务。

(2) 收益是指处于货币形态的、由企业的资产以及其他服务所提供的最终成果。而且又强调最终成果是现金的流入,特别是现金的净流入。他还假设财务报告的使用者是业主和与业主有利害关系的其他人——投资者、债权人。同时假定这些人最关心、最需要的信息,是一年内企业经营活动而导致的可以支配的未来最终收益的净变化,即最终可供分配的期初、期末净财富增减变化。

(3) 按照上面的假定,他认为理想的计量模式应该是按照资产的直接估价来计量资本价值的年度净变化。估价的方法是按每项资产直接计量。

① 对资产、收益两个概念给出新的定义,与以前会计学家的看法与当时的会计实务的认识都不相同。不过以后的会计文献恰又陆续都引用了他的观点(如 1962 年 ARS, 1980 年的 SFAC No. 3 和取代它的 1985 年 SFAC No. 6)。

(4) 直接计量应按未来现金流量的贴现值来表示，如果这一点做不到(因未来现金流量难以估计，贴现率、时间也难以确定)，也可以采取间接计价，即按成本计价。

坎宁的观点在当时没有得到重视，因为他的观点同当时的会计实务格格不入。但是到1961年和1962年，Sprague和Mornitz在撰写ARS No.1和No.3两份会计研究论文时，特别是研究No.3，才重温20年代末坎宁著作中观点。ARS No.3后来还是遭到了否定，认为不符合当时的会计实务，而到20世纪80年代，FASB又基本上吸取了坎宁的观点，当然也包括Sprague和Mornitz的有价值的观点。从这里可以说明：第一，会计理论具有继承性；第二，会计理论的需要与否必须同经济环境相适应。

从坎宁起到爱德华和贝尔至1961年，都是规范会计学派代表性人物，而且都把重点放在计量问题的研究上，他们的研究基本独立于会计准则机构和会计实务界之外。

3. Sweeney与《稳定会计》

斯威利(H. W. Sweeney)1936年出版他的博士论文《稳定会计》(Stabilized Accounting)。《稳定会计》出版的时代背景是美国刚度过灾难性的1929—1933年大经济危机。由于美国罗斯福政府实行对市场经济进行干预的新政，美国经济开始复苏，但20世纪30年代初经济大萧条带来的物价波动(通货紧缩、物价狂跌和企业倒闭)的阴影，仍使美国人心有余悸。反映到会计，就有一种需要：当物价波动时如何稳定会计数字反映企业的"真实收益"(true income)。《稳定会计》一书建议：为了计量资本的真实价值，在物价变动时可采用"一般水平"作为稳定的计量单位，这个建议后来被FASB Statement No.33所采纳(这已是40多年以后的事。FASB Statement No.33"财务报告与物价变动"发表于1979年9月)Sweeney还主张，在理想的环境下，计量模式最好参照边际使用者(Marginal User)的未来生产能力的变化，计量资本真实价值的变化。这一主张——真实收益学说(true income scholar)与Canning的思想颇为相似，即深受当时经济学的影响(包括当时的经济政策)。

4. Macneal与《会计中的真实》

麦克尼尔(K. Mac Neal)1939年写了《会计中的真实》(Truth in Accounting)一书。这本书几乎与《稳定会计》一脉相承，两书都是在20世纪初经济大危机后美国经济萧条物价变动的产物。尽管距离大萧条时期已有5—6年，但当时企业会计作假仍使人们对企业公开的收益的真实性难以完全信任，因而在美国会计界形成了真实收益学派。Sweeney是该学派的第一个代表，Macneal则是第二位代表。他们痛斥大经济危机前后若干企业制造虚利润，收益的确定很不规范。因此，在《会计中的真实》一书中，Macneal建议：为了保证收益真实，对于存货、有价证券等可销售资产，应当按市价(market prices)估价；对于可重置但非用于销售的资产(如厂房设备等固定资产)应当按重置成本(replacement cost)估价；只有对于那些既不用于销售又无法重置的资产(如土地、矿产、石油资源等)才应当采用原始成本即历史成本(但应减去摊销)计量。由于他主张按市价而不是历史成本计量某些可销售的流动资产，因此，对于如库存商品上的持有损益(重估市价与实价之差)应确认为当年净收益，非用于销售资产的持有损益(重置成本与历史成本之差和各年重置成本之差)，不宜计入当年净收益从而有可能进行股利分配，应当转入资本盈余(资本公积)。麦克尼尔在当年的计量理论，已经接近于FASB的近年来的主张。上述确认与计量的分类建议，几乎与 FAS115（1993 年 5 月）中关于在特定债券投资上企业中可根据经营管理需要分类，同时进行相应的确认与计量基本一致（FAS115 Pars. 7—15）。Macneal 赞成经济学的盈利观点，他认为企业的真实利益的求解方法只能有一个，即利润是企业净财富（net wealth）的增加；而损失是净财富的减少。在理想的环境中，在一个自由竞争、广阔而活跃的市场上，市场价格是计量企业资产最合理的属性，它可以反映企业经济价值（economic value）的变化。

5. Paton 与《会计理论》及《公司会计准则导论》

佩顿（Paton）是在所有会计学家中是最著名的，有人把他看作是美国现代会计理论之父。他是密歇根（Michigan）大学的终身教授。代表作包括：①1922 年的《会计理论》；②1940年和 Littleton（伊利诺斯（Illinois）大学教授）两人合著的《公司会计准则导论》（这本书被列为 AAA 第 3 号专题研究报告）。

（1）《会计理论》（Accounting Theory）。书中首先提出了 7 项会计假设，而且对会计假设做出了相当精辟的说明。我们先看他对假设的叙述，他在这本书的第 471—472 页叙述道，“会计经常面临着判断的要求，充满估计和假定，长期以来，很遗憾的是我们的会计师的职能只是接近猜测，会计师必须牢记，你们是处理经济数据，是处理价值的，而不是处理自然界比较确定的数字。价值是高度不确定性的，是很不稳定的，现代会计不仅在许多方面包括估计和猜测，而且可以说现代会计整个结构都不是建立在一系列通用的假定基础上。”换句话说，指导会计师的是有关现行价值、成本、收益这些具体概念（也就是指导会计师的是研究和处理现行价值、成本、收益），是特定的基本前提和假设，比如“持续经营”假定，是就整体企业来说的。对个别企业来说，任何一个企业都不可能是“万岁”的企业。但是什么时候倒闭、破产、被兼并却无法确定，所以，具体到每一个企业，它都会或前或后，或早或迟，关停并转，在市场上消失，不可能无限期的生存下去。但是，我们在会计上必须有一个“持续经营”假定。这当然是一个推理，但并非武断的推理，尽管每一个企业适用这项假定都不可能得到完全的证实，但它却是必要的，因为离开这项假定，会计的正常运转将不可能，会计信息也就失去作用，这就是会计基本假定中有一种假定（如持续经营）对会计来说属于必需的性质。不能没有假设，事实上，假设（包括假定）是会计的前提。会计不能离开假设（因为会计存在于动态的市场经济和高度的不确定性之中），而这些假设永远不能得到完全的证实（即不辩自明的真理）。佩顿在 1922 年的《会计理论》提出了 7 个假定：

① 会计主体。实际上现在每一个商品生产都是一个会计主体，他们独立经营、自负盈亏，理所当然是一个会计主体。

② 持续经营。可以把它叫做假定，也可叫做会计的惯例。它认为企业能无限期地经营下去。所以，一切的会计处理、日常的记录、定期编制报表都是从长期考虑的。因此，可以叫做惯例，也可以叫假定。“会计主体”和“持续经营”两个假定基本是由环境所决定。根据这两个假定再推导出五个技术性假定。

③ 会计平衡公式。一个企业的主体当然需要有资产、负债，也必定会有产权、所有者权益，这三者之间必定要形成一定的关系，最基本的关系是财产等于产权，这是他提出的第一个基本公式。产权可以一分为二，一个是外在的财产的产权，是负债，一个是内部所有者的产权，是所有者权益。这样，就应该是资产＝负债＋所有者权益。这个平衡公式客

观的描述了一个企业的财产与产权之间的关系。

④ 财务状况和资产负债表。会计平衡公式演变成一个表格就是资产负债表，资产负债表实际上是会计平衡公式的数量表现或货币表现。资产负债表是用来反映一个企业特定时日，某一个时点的财务状况。

⑤ 成本和账面价值。一个企业开始经营活动，进行经营记录的价值必定是成本，比如购买存货，进行交换，商品存货的价值就是成本，这是历史成本。当然开始的历史成本同当时的市场(交换)价格是一致的，它来自市场价格。之所以变为历史成本是因入账以后就不改变了。资产购入后，有的直接处理了，比如存货，买进来按成本，发出去也按成本。但固定资产买进来后是每年提取折旧，固定资产的实物形态没有改变，但它的价值则逐渐耗损。所以，对固定资产开始是按成本计量；以后是按成本减累计折旧计量，这又称为账面价值。资产在使用中，成本与账面价值将逐渐背离。

⑥ 应计成本和收益。成本还有另外一个概念，就是购入的资产如果被消耗掉，就构成销货成本，称为应计成本，实际上就等于费用。这是指存货，它只是应计成本的一部分，应计成本还有固定资产折旧，现金支出费用(如工资、办公费等)。应计成本是指资产被耗用的部分。毫无疑问，被耗费的成本是一定要收回，要得到补偿的，它是通过收入收回。收入与成本配比，就是收益。

⑦ 顺序性。会计处理要按照一定的顺序。他举了一个例子，比如固定资产出售，发生了损失，损失数额的处理在会计上要有一个规定。首先从当期收益来弥补，当期收益不能弥补的，从累计收益弥补，累计收益不能弥补的，最后才从投入资本(注册资本)弥补。这个顺序可以叫做惯例，也可以叫做假定，而且，这样的规定在很多国家往往制订在公司法、证券法和其他的有关经济法规里。

以上 7 个假定是一步步推导下来，有一个内在的逻辑程序。佩顿的著作特点是逻辑性非常强。

(2)《公司会计准则导论》.

这本著作是 Paton 和 Littleton 两人的合著。由于这两人合著，其中既有 Paton 的观点(如会计主体、经营的持续性)，又有 Littleton 的观点(如计量、坚持历史成本与历史收入、收益的决定必须通过收入与成本(费用)的配比等方面)。

如前所说，这本书的重大贡献是为美国准则制定机构制定财务会计与报告的概念框架(也是会计理论)在基本理论上开辟了道路。

本书提出的基本概念是：

① 营业主体。特别强调不应站在企业以外的立场上(包括业主的立场上)，而应站在企业立场上进行记录和编表。

② 经济活动的连续性。与前面不同的是要求使用者注意每一期间的报告数字是暂时的，都带有暂时性(to be provisional in character)。这个问题过去往往被大家所忽视。

③ 可计量的对价(measured consideration)。会计进行计量、记录时，不外是买方和卖方，对卖方要记录的是卖出的货物的价格积数(price-aggregate)。对买方是成本。所以，价格积数对买方是成本，对卖方是发出资产的补偿，是收入。总的来说都是交换价格乘数量。“价格积数”是买卖双方在交易时所同意的价格。

④ 成本归属性(cost attach)。发生的成本是各种力量的消耗,是各种花费的货币表现。它是重新组合的价格积数,所以说,各种服务和物质消耗只要表现为价格积数即可归属于一个新的价格积数——生产经营成本,不过成本归属性又是可分的,可分到具体的企业生产部门的不同产品、不同的营业时间上。当然,必要时必须能合成连贯一致的、毫无痕迹的一个总数。这就是马克思所讲的商品的价值不管你怎么看,怎么也看不出它的存在。但是若用货币数量表现,即价格表现,所费成本的构成就一清二楚了。成本的归属性既可合,又可分。

⑤ 力量和成就(effort and accomplishment)。在企业经营活动中,所花的力量与所取得的成就要配比。花费成本(费用)是为了取得成就(收入),那么取得成就不可能不花费成本。所以,这两者始终是结合在一起的。两者结合起来,把收入同成本相比较,才能衡量最终的成果,那就是收益。这个概念为确认收入和与之相关联的费用即运用"配比"原则提供了理论依据,这一概念可能最能体现 A. C. Littleton 的观点。

⑥ 可检验的、客观的证据(可检查的客观证据)。这一条是非常具体的。一切记录、报告都需要有证据。而且证据必须是客观的、可检查的。因为:第一,所有权与经营权分离,所有者不参与经营管理,但需要会计信息,所以对会计信息的真实可靠性非常关注,经营者决不应提供虚假的信息误导投资人的决策。第二,以证据说明会计信息的客观性。证据是广义解释的,可以通过各种各样的证明,包括发票、账单和其他各种证明文件。证据要力求客观、可验证性。绝对客观是不可能的,因为存在持续经营,时间是长期的,而我们往往要划分成若干时期,编制报表,确定收益,这些都存在估计、判断。所以,他们也说客观总是相对的,不过,要力求越客观越有用。客观性越高,可检验性就越高,这就是会计所要求的证据。

佩顿关于计量的观点时有变化,他先倾向于历史成本,后又倾向于重估价,即现行价值。他曾认为,一个企业的收益应该是这个企业在一个会计期间的开始至结束期间净经济状况的变化,也就是净财富或净资产的变化,以此来计量投资的回报(这里要扣除这一会计期间的补充投资,或业主从企业提出的款项)。期末大于期初才是收益,期末小于期初则是损失。他的这个观点,实际上就是现在 FASB 主张的资产负债观和"全面收益"观(comprehensive income)。在财务会计中,收益的决定有两种观点,一是资产负债观,二是收入费用观。资产负债观就是确定收益时用两期资产负债表的净资产对比,是当前美国流行的观点;收入费用观是用收入与费用配比来确定收益,这是长期以来会计实务的传统观点,也是 Littleton 极力主张的观点。从这里可以看到,Paton 与 Littleton 在这个问题上的观点并不一致。Paton 究竟是主张历史成本模式,还是主张现行成本(价值)模式,前后并不一致。而利特尔顿则是历史成本的一贯维护者。这本书在计量方面主要反映了利特尔顿的观点,强调历史成本。保证收入与所费的投入资本配比,以求得真实的收益。所以特别加上最后一项假定,用"可验证的客观的证据"来支撑历史成本的计量属性。不过,本书的最后,谈到物价变动和物价变动影响存货价值的增减,可以在收益表中列示为涨价收益,这似乎又迁就了 Paton 的观点。

6. Alexander 与《在动态中的收益计量》

亚历山大(S. S. Alexander)1950 年发表了《在动态中的收益计量》。这本书在计量问题有作者自己的见解：

第一，他不主张采用单一的计量属性；

第二，他认为计量属性应服从于决策模式，因而应适用不同决策者的需要而选用不同的计量模式；

第三，他的设想是，在理想的模式下，对企业资本化价值及其变化进行计量而不赞成采用一般物价水平为计量单位。

7. Littleton与《会计理论结构》

利特尔顿(A. C. Littleton)在1940年同W. A. Paton合著《公司会计准则导论》已在前面提出。1953年，当时仍担任Illinois大学荣誉退休教授还出版了一本著名的专著，题为《会计理论结构》(Structure of Accounting Theory)(1953)。这本著作被AAA列为第5号专题研究报告，系统阐述了利特尔顿对会计(主要是财务会计)的全面思想。若把它与《公司会计准则导论》相提并论，均列为会计的经典名著，决不过分。

在这本著作中，Littleton几乎涉及会计和会计理论的所有重要方面，在这里，无法进行全面介绍，下面，根据该书1977年第11次印刷本(林志军先生有中译本)，只分四点作一些简单的评介：

(1) 他非常明确地指出会计的属性和性质。他说"从本质上看，会计不容置疑地带有经济学属性；而它的方法又明确地具有统计学的特征"。他认为会计与众不同的特点不是确认、计量和报告，而是账户体系组成的记录。账户作为簿记系统的支柱早已为现代会计视为不屑一顾的东西，可是Littleton则认为"会计的核心职能是由账户所组成，而账户用于浓缩并简化大量企业交易的分类项目，……也是对大量数据进行分类(1953/1977, P. 8)"。但是会计运用账户进行分类与统计不同，它在方法上有自己的独特性，每一个分类账户都是双重的，借方项目是一类，贷方项目则是相对独立的另一类，然而两者都和账户名称所决定的单一类目数据相关联(即复式记账)(1953/1977, P. 11)。

(2) 什么是会计的对象？西方会计学家除Littleton外，几乎没有几个人明确地探讨过，在这本书中，Littleton明确指出："会计也有自己的经济独特性，它所处理是价格而不是价值。"非常明显，会计所处理的特点主题是货币价格，它处理的不是基于单位货币的货币价格，而是基于整个交易的价格总计数(in the sense of the price-aggrugate involved in a whole transaction)①。

(3) 什么是会计的重心？Littleton认为会计的重心是收益(income)。获取利润是企业的目标，也应当是会计的目标。他认为资产是会计的独特概念但不是最重要的概念，资本一词似乎更接近会计的重心，但也不是最重要的，在Littleton看来，收益的概念比资产、资本都更重要(见1953/1977, P. 19)。

(4) 没有一本书在强调收益的重要性方面比《会计理论结构》讲得更透彻了，在本书

① 这同我们把会计对象理解运动或价值增值运动是一致的。价值确实是不可捉摸的，但它的唯一可以捉摸的形式是货币。而价值则总是用货币按商品的价格表现出来的。"价值与价格"不存在不可逾越的鸿沟，如果说价值是本质，那么，价格就是它的现象形态。资产阶级经济学家把马克思的著作视为毒蛇猛兽，他们不会去看《资本论》，其实《资本论》对商品的价值、价格与货币关系的分析比西方经济著作要深刻得多。

第二章有一节专门叙述了“企业收益的重要性”(importance of enterprise income)。我们可以引用该书的一段话来阐明Littleton关于收益的重要性的观点：

“收益是使储蓄用于最有效的项目和确保供给根据需求变动而调整的重要因素。它的存在证明：可满足需要的服务正按买主能够支付的价格及管理当局可提供成本的方式生产出来，因此，收益成为生产者试图通过观察已被接受的物品来了解那种商品和服务是否合乎需要的一种十分必要的指南”(1953/1977, P. 21)。

在本书中，Littleton提出两个同收益有关的重要观点：

一是，复式簿记是由于运用账户体系和复式记录，因而同统计相类似但又相区别，成为会计的核心职能。但他认为，“随着费用账户、损益账户和资本账户加入整个账户体系，复式簿记才告完成”；“收益决定肯定成为整个复式簿记系统的重要核心和灵魂”(very heart and soul)。如果取消损益账户和费用账户，利润的确定只能通过前后两期资产负债表净资产的比较，那复式簿记系统就不能改进为“权责发生制系统而仅仅作为复式记账”(1953/1977, PP. 25—27)。

二是，由于收益的决定十分重要，而且要通过“收入”和“费用”账户，这就使“努力和成就”(公司会计准则导论中被列为基本概念之一)成为Littleton最为重视的会计原则。“配比”(matching)这个原则是“努力和成就”在会计术语上的具体化，本期收入(代表成就)与同它相联系的费用(取得成就与所费努力)相配比，以确定收益，就是Littleton最强调，说明也最透彻的问题之一。例如，Littleton说：“配比这一术语并不仅仅是传统的术语，不仅仅表示两个要素(指收入与费用或成本)并列，也不仅仅是比较规模或差异，它的意义在于指用数据(收入与成本)相互联系的基础”，从而确认收益，“成本和收入的适当配比包括在区分资本和收益时所隐含的全部问题，甚至更多的问题。”配比表明“把资本视为一个手段而把收益视为结果。”(1953/1977, P. 23)。同时，他认为在财务报表中，收益表比资产负债表更重要，因为管理当局的受托责任是以收益表不是以资产负债表来报告的(1953/1977, P. 21)，Littleton的这一观点对美国会计界影响深远。可以说，从20世纪50年代到80年代美国会计界多数认同收益表是第一报表，主张收益的决定按收入/费用观。直到目前，FASB在其概念公告和准则公告中都宣传按资产/负债观确定全面收益，甚至颁布FA131“报告全面收益”，而作为全面收益的核心内容——“净收益”仍需利用收入/费用观来确定。与此相联系的权责发生制会计，即应计制会计(Accrual Basis Accounting)，仍然受到FASB的肯定(见SFAC No. 1, 1978)。

Littleton除坚持收益的重要性和收益表的重要作用，他还在以下两个方面给予后来的会计界以深刻的影响：

会计具有一项重要的品德上的特征(moral characteristics)①，即探求和说明事实真相(to find and tell the truth)。会计所处理(记录)的是经济事实(交易)，它反映经济真实，会计处理所用的一种基本方法是按账户分类记录，而每一个账户都必须严格反映其内容。因此会计中真实来自经济的真相，来自方法[运用账户(不同账户具有的不同严格质与量的规定性)分类记录并保持金额平衡]的真实。这都是客观存在，会计师的任务就是

① Littleton称为道德的色彩(moral coloration)。

为事实真相付出审慎的努力(参见 1953/1977 PP. 8—10)。

由此我们说,反映经济真实是会计的本质要求,是它的基本职能。Littleton 比任何人都强调这一点。二是,为了保证会计数据的真实,他提出会计的最高目标是“帮助某人了解企业”,为此“会计必须对数据加以如实分类,正确浓缩并充分报告”(1953/1977, P. 216)。这些加着重号(是我们加的)的语句无不说明 Littleton 多么注意会计数据与信息真实,多么痛恨弄虚作假。他同时坚持维护历史成本(历史成本是由资本投入转化而成,其形成必然经过交易,摈弃了估价中的主观臆造)! 因此,他坚决反对用重置成本取代历史成本(投入成本)。他认为“历史成本或投入成本的客观性不是一个公式或传统惯例的结果。这种客观性很自然地来自于日常的经济活动,以及独立当事人切身利益的相互作用,这种数字是不可能发生误解的,不可动摇的,它们受到各种人士的普遍理解并受到……法律的认可与支持”(1953/1977, P. 220)。在 20 世纪 50 年代,计量属性中尚未流行公允价值(fair value),但重置成本(replacement cost)的主张已甚嚣尘上! Littleton 坚持反对用重置成本特别是引进指数调整(index number adjustments),他警告:若用重置成本重新计量,并用指数调整,那么,在会计中,“报表之间的勾稽关系将会丧失,收益表将根据一个理想的或规定的指数体系,以价值来反映或可能仍根据投入成本为基础的费用来表述,而财务报表(资产负债表)则按重置价价值或指数来调整,最终的结果是,会计,由于已经失去它的基本特征,将变成一种统计方法和彻头彻尾的实用手段。它的原则由于失去概念之间的凝聚力,从而土崩瓦解并逐渐被遗弃,会计的逻辑性将丧失殆尽,会计很可能变成人们各取所需的工具,以用来支持人们的任何观点。”(1953/1977 P. 228)[①]对于 Littleton 的“会计理论结构”,我们介绍得比较详尽,这并非由于我们比较欣赏并支持他的观点,而且因为这本书比以前和以后任何一本书都涉及会计特别是财务会计更多的理论与实际问题,而且现在距离该书的出版已半个世纪,人们仍在争论:历史成本与公允价值(现行价值)的优缺点及其适用对象;美国安然事件引发的财务丑闻再一次向世人敲响了警钟:千万不可忘记会计的基本职能,反映经济真实。弄虚作假是与会计的伦理特性背道而驰的。

市场经济在发展,会计也在发展。在科学发展史上,停滞不前的观点,僵化的观点肯定是要失败的。所以我们必须按发展(动态)的观点探讨会计的未来。但是老一代会计学家的预见和有益启示总可作为我们现在观察、处理和改进财务会计与报告的前车之鉴。

8. Edwards and Bell 与《企业收益的理论和计量》

Edwards and Bell 分别是经济学的教授和副教授,是现行成本会计模式重要的倡导者,是企业经营权益新模式的重要开拓者。他们在两个问题上有开拓性的见解:一是成本模式,坚定地主张推行现代成本模式;二是坚定地要求改变现在的计算收益的办法,而采取他们建议的企业收益。Edwards and Bell 的代表作是 1966 年发表的《企业收益的理论和计量》,这是美国现代会计史上的一本名著。这本书主要观点如下:

(1) 对现行会计实务提出批评意见,认为现行会计实务唯一的依据是把价格、产品的数量和质量视为长期不变,好像是人们生活在一个物价稳定不变环境中,个别商品看作价格为

① 引文中的着重点是我加的。对照 20 世纪末 21 世纪初以美国安然事件为代表的一系列财务欺诈案件,难道不能证明 Littleton 在 50 年前的警告有先见之明吗?

稳定不变,因而对未来的经济活动看成确定性的经济。他们认为实际情况并非如此,认为会计面临的是一个动态的市场经济环境,而不是静态的经济环境,企业之所以需要会计是为了进行经济决策,而经济决策总是针对未来行动的选择,现在会计实务所提供的数据,特别是收益数据,是不能满足面对未来经济决策需要的,他们提出要反映决策者主观的利润,决策者要求的利润,是对决策相关的利润。因此,Edwards & Bell 对传统会计持批评的态度。

(2) 根据上述基础,实际上有两种企业活动能形成利润,也会带来损失:①资产的持有活动(holding activities),也就是同持有生产要素与产品有关的活动始终保持一定数量、结构的生产要素与产品有关的活动。实际上这种活动与理财、筹资、投资都是密切相关。这种活动会带来持有利得或损失,特别是可带来未实现(unrealized)但可实现的(realizable)持有利得和损失(holding gains and losses),如物价变动。有人认为对物价变动引起的资产的增值或减值不代表企业的业绩,这是不对的,让资产保留在那里,让它涨价或让它跌价,是理财的需要,保持多少数量的资产、保持什么结构的资产,也是投资的一个很重要的方面,都是要做决策的。②资产使用活动,就是通常所说的供、产、销活动,它会带来经营收益或损失。现代企业都有以上两种活动,他们把资产的持有活动称为"水平活动"(横向活动),资产使用活动叫做"纵向活动"。该书认为只有把这两种活动发生的利得和损失加在一起才能反映企业的全部利得即全部收益或利润,这才是决策所需要的。

(3) 最后他们提出一个构想,认为企业收益是由以下部分组成:①现行经营利润,等于现行销售收入减现行配比成本。现行销售收入不需另外计算,因为凡是收入都是现行的,现行销售成本则要换算,因为现在的成本都是历史成本,其中销售成本是从存货中转出的,折旧也是从固定资产原始成本转出的,要换算为现行销售成本,现行的折旧费用。按照这种方法计算出来的收益有很大好处,在内部决策与评估时很重要。如果一个企业有很多分部,生产销售同一种产品,只有用现行经营利润,评价他们的成绩或问题才有可比性;如按历史成本与收入配比,所得到的利润是不能反映各分部的成绩或问题的。又比如,固定资产购入时间不同,其成本也不同,材料也存在这个问题,导致计算的利润也不同,这是否是管理者的业绩?这里成本和利润都是不可比的。如果各分部(厂)都换算为现行成本,这一问题就不存在了,成本和利润就具有可比性。②已实现的持有收益,是指销售成本中历史成本与现行成本的差额。比如存货本来按历史成本应为销售成本,假定是 1 000 元,现在是按现行成本 1 200 元,经营利润就少 200 元;又如折旧,按历史成本是 50 元,现在对固定资产及其折旧的增减等问题,认为可以用补充报表反映,这说明又在一定程度上考虑了佩顿的观点。总之,两人合写的这本书既维护历史成本计量,又认为在物价变动时可以修正。这为后来在美国物价变动中制定 FAS《财务报告与物价变动》也提供了一定的理论依据。

二、初步结论

(1) 以上所研究的是美国自 20 世纪初到 20 世纪 60 年代约 60 年间规范性财务会计的一些有代表性的学者和他们的著作。其中有的介绍甚为简略,如 Alexder, Sweeny, Mac Neal 等,而有些如 N. A. Paton,特别是 A. C. Littleton 的著作则介绍较为详尽(也包括 Edwards 和 Bell)。这是因为这些会计学家的理论与观点影响比较深远。

(2) 以上所研究的皆是美国学术界关于会计理论的探讨,在 20 世纪 30 年代以前,在实用主义思想影响下，美国的会计实务界（包括具有独立性的，以审计财务报表为主要业务的会计师）并不重视会计理论，甚至不承认会计是一门学科。长期以来，存在着会计究竟是科学（science）还是艺术（art）的争论。1912 年，会计师 Smith A 说“会计，或者应该是一门科学，而不是一种道德标准的体系，它经得起确定的公理的检验，并且在实务中，能够产生出明确与精确的结果”①。此文发表后另一位会计师 Arthur Lowes Dickinsoon 立即予以反驳，攻击 Smith 要的是一部有规则的书。Dickinsoon 认为，对会计来说，“具体问题要具体分析，会计师从来不需一部有规则的书，会计师需要的是经验。这就是为什么我们成为职业会计师（Professional Accountants）的原因”（AAPA Yearbook，1912 59ff）。当时另一些会计师也附和 Dickinsoon 的见解，并认为“会计从来不是，也不可能是一门精确的科学”，1943 年，著名的会计师 Geerge O May 在他编写的《财务会计》一书明确地对会计给出是艺术而不是科学的定义，他说“会计是一项艺术而不是科学，它有广泛的技巧和多种用途”（*Financial Accounting* 1943，P. 189），直到 1953 年第 1 号会计名词公报（Accounting Terminalogy Bulletin No. 1，*Review and Resume*，August，1953）把 1940 年 11 月至 1949 年 10 月 ARB 发表的 Nos. 7、9、12、16、20、22、34 和 39 等重新审阅并摘编为 4 个部分。会计名词公报（ATBs 1—4）中对会计的定义仍然把它定性为艺术。“会计是把至少具有部分财务性质的交易和事项，按照货币加以记录、分类并汇总并解释其结果，使之具有重要作用的一项艺术”（ATB No. 1，1953，P. 9）。直到 60 年代初，会计制订机构才开始重视评估、指导会计及其准则的理论研究，即对财务会计与报告概念框架（Conceptual Framework for Financial Accounting and Reporting，CF）进行理论探讨，关于 CF 的研究，将另行讨论。

以上我们着重评介了美国 20 世纪初期至 60 年代规范财务会计理论的有代表性的学者和著作。因为，如上所说，在这一时期，只有会计理论界关注理论，而实务界甚至不承认会计是一门科学。以下我们将介绍当前在西方最流行的会计理论——经验—实证会计理论。它同前述规范会计理论的主要区别是采取不同的价值观和方法论。实证会计理论研究工作者恪守价值中立，力求把目标与手段分开，在研究时不设定一个限制性的目标，即研究的结果不要求应当如何才符合目标，而仅仅研究：特定行为与各种变量的关系，所以，它不研究应当如何？而只是研究是如何？将会是如何？实证研究非常重视运用可信而又相关的数据（包括案例）进行理论（假定和假说）的检验（证实和证伪）。

第二节　实证会计研究方法的特色

实证会计理论研究方法不研究“会计应当如何”，而只解释已经观察到的会计现象并预测未观察到的会计现象。两种方法论的逻辑结构也不相同。实证研究的逻辑是“如果出现 A，就可能出现 B”（if A，then B），但可以否定（to be refutable）。规范研究的逻辑是“给一套条件 C，必须选择方案 D”（given the set of condition C，alternative D should be chosen）。实证

① 参见“The abuse of audits in selling securities”，*Journal of Accountancy*，1912. 10，pp. 243—253.

会计研究工作者认为过去的规范会计理论基本上是不科学的。因为这种占压倒多数的观点是规范的(normative)和界定的(definitional),但并未得到实践的检验①。

一、实证会计研究方法(形成实证会计理论)的基本特点

1. 关于理论的性质

规范会计研究需要指出会计实务应当如何,而实证会计研究的作用只有两个:解释和预测会计实务(to explain and predict practices)。其中,解释(explain)是为观察到的会计实务提供理由(reasons);而预测(predict)则是指推测未观察到的会计现象。

2. 关于命题(proposition)

规范会计研究所关注的是怎样限制或规范世界的运行,即前述的一般范式——给定一定的条件 C,必须选择方案 D(given the set of condition C, alternative D should be chosen)。例如,若管理当局把某项债券投资列为处于销售中,那么则必须按照公允价值(fair value)进行计量并在收益表上确认未实现的利得(FASl15)。规范命题一般不能否定或被证伪。而实证会计研究所关注的则是世界如何运行。例如:如果企业与经理人员签订了按照当期盈利支付奖金或红利(bonus),那么经理人员往往有可能采用提高当期盈利的会计政策。实证会计研究得出的命题一般可以被证实或证伪。

3. 研究的基本步骤

实证会计研究者认为会计研究由两个步骤组成:

(1) 假定(assumption),它包括各种变量(variables)的定义以及其逻辑关系。假定可以用来组织、解释和分析所观察的会计现象。

(2) 假说,指分析(主要是预测)得出的初步结论。

20 世纪 60 年代以前,规范会计研究文献的共同假设是公司财务报告是证券市场有关公司盈利信息的唯一来源(only source),这个假设导致了收益计量的基础不一致,进而收益信息对决策不相关得到了各方面的批评。为了防止企业为所欲为地报告公司的经营业绩,规范会计处理程序,统一收益计量也就成为理所当然的结果。

实证会计研究者研究了会计信息与股票价格的关系问题。它们借鉴有效市场假说(EMH)——“如果市场是有效的,那么根据任何一组信息从事证券交易都无法取得超正常的报酬”(economic profit or abnormal returns);此外,实证会计研究还借鉴资本资产定价模式(CAPM)——“表明一个企业的价值是这家企业未来现金流量的贴现值”,即:

$$V_{iO}=\sum_{t=1}^{T}C_{it}\Big/\underset{t=1}{\overset{T}{\pi}}(1+r_t)$$

其中:V_{iO}——i 公司在时间 t 时现金流量发生后的市场价格现值即市场价值

C_{it}——i 公司在时间 t 的现金流量

r_t——时间 T 的市场报酬率

T——i 公司的经营年限

① Jenson, M. C:“Reflection on The State of Accounting Research and The Regulation of Accounting”, *Stanford Lecture in Accounting*, 1976, p. 11.

根据这两个假设，特别是"有效市场假设"还可以衍生出两个假定（按照"次强式检验EMH—semi-strong from tests"）：

第一，企业（公司）报告不是企业盈利信息的唯一来源，企业经理通过会计选择来加工盈利信息不可能取得经济利润；

第二，如果盈利信息是已经实现的现金流量的替代量，那么，根据 CAPM，未预计到的盈利就可能与未预期的现金流量（unexpected cash flow）异常的与报酬率（abnormal rate of return）相关。

Ball and Brown 1968 年开始对未预期盈利的变化和异常报酬率的关系进行经验检验和实证会计研究。其根据是从上述第二个假定和 CAPM 推演出来的。他们利用了科学的方法收集并检验了两个重要的变量：异常报酬率和未预期的盈利。两人根据严格的标准挑选了 261 家在纽约证券交易所上市的公司所公布的盈利作为"样本"（sample），并把盈利和股票价格的关系的分析限定在 1957—1965 年等 9 个会计年度（不考虑 1957 年以前已作为盈利变化的回归中预计参数）。将上述变量（包括每股盈利）通过图表进行分析，得出如下结论①：

● 85%—90%股票价格的变化之间和未预期的盈利是相联系的，但发生在年度收益表公告之前，于是可以假设，盈利（季度报告或来自其他方面）确实能够向会计信息使用者传递信息，但是年度财务报表提供的信息不够及时。

● 盈利的变化同异常的报酬率的变化是相关的，盈利仍然是影响股票价格的有用信息。

二、实证会计研究的扼要概括

实证研究方法在下列意义上，是一种科学的理论。因为它能对会计中的若干事实做出有根据的解释和合理的预测，实证会计理论主要提出并初步检验了下列几项假设（假想）。

1. 会计信息（主要指盈利信息）与股票价格的关系假设

这一假设认为，财务报告上的收益（盈利）信息，不是股票价格受到影响的唯一因素，由于该信息已在证券市场的价格变动中得到反映，管理当局不可能通过会计程序的选择左右盈利，去干扰股票价格。但是，盈利信息并不是对股票价格毫无影响。如果盈利信息包含了市场未预测到的未预期盈利这一新的信息就会影响股价的变动②。该假设建立在有效市场假设（EMH）和资本资产计量模式（CAPM）的基础上，并假定资本市场为次强式市场。

2. 关于会计选择的三项假设

（1）关于经理人参加分红的假设。

现代企业的两权分离，导致委托代理关系的出现。作为代理人，企业的经理为谋求自己利益的最大化，经常会浪费企业的资源，使股东造成损失，这是代理成本中的主要因素。代理成本还包括双方的谈判、签约等成本和为监督代理人而支出的信息成本和监督成本。为了减少代理成本，作为委托人的股东便对经理实行与盈利相联系的报酬（分红）计划。

---

① 参阅 Watts and Zimmerman, *Positive Accounting Theory*, 1986, Chapter3, pp. 40—47.

② Ball & Brown:"会计收益数据的经验评估", *Journal of Accounting Research*, 1968. 9, pp. 159—178.

这一计划实际上承认经理也是剩余索取者。实证会计研究发现，经理人若参加分红（如股票期权、年薪等），则他们为了提高自己的奖金，经常采取提高当年盈利的会计程序（如折旧采取直线法，存货流动采取先进先出法，当期费用推迟确认，未来收入提前确认等）。经理人的这一行为似乎也与股东利益最大化一致（当年盈利提高了，当年股利一般也会提高）。但认真研究其经济后果是：有利于短期持股人（一般为中小股东），而不利于长期持股人（一般为大股东）。

（2）关于举债经营假设。

除股东外，债权人（一般指银行）也是企业资源的提供者。为此，企业和债权人要签订借款契约，资金转移的这种行为也有交易成本。除签约、担保等成本外，还可能发生违约成本，因为债权人为了保护他的资金安全，往往在借款契约中规定种种保障借款安全、从而限制经理人行为的条款。如规定运用资本的最低限，规定流动比率或速动比率，或规定负债资本比率。违反时，银行将随时收回贷款或迫使企业不可能增加新的借款或处以罚款。为了减少违约成本，经理人通常也会采取提高当年盈利的会计程序（在借款契约中附有负债资本比率的，常常会这样做）。

（3）关于政治成本假设。

在政治活动中，总是存在着各种利益集团。政治是经济的集中表现。政治活动的参与者也是为了维护自身的利益而行事的。“政府”（这里广义地理解“政府”的概念。它包括各种管制机构和GAAP的制定机构，当然更包括拥有立法权的国会）的各种行为和各种法规，从经济学的观点看，既是利益提供者和利益接受者相互制衡的结果，又在起着财富转移的作用。当市场可能失灵，而政府将进行干预，或政府制订的某种法规可能有利于或不利于某些企业及其所代表的集团利益时，游说活动便活跃起来。游说成本就是明显的政治成本，其实质也是交易成本或契约成本。在这里，会计信息起着重要作用。一些大公司特别是垄断企业，其报告盈利增长或其产品价格（如石油价格）猛涨时，政府干预的可能性就会增加。实证会计研究者证明了：大企业比小企业的政治敏感性要强。大企业为防止政府干预，减少政治成本，它们更有可能采取递延当年盈利的会计程序。这是因为大企业所可能承受财富转移数额（这也是政治成本）要大于小企业。

综上所述，实证会计研究者已经通过证据，发现并检验了三种假设（假想 hypothesis），它们能较好地解释管理当局（经理人）选用会计程序的动机：当企业实行同盈利挂钩的奖金计划时，经理人有可能选用提高当年报告盈利（收益）的会计程序；当企业与债权人的举债契约中订有负债/产权比率的条款时，经理人也可能选用增加收益的会计程序；规模大的企业比小企业更可能选用减少报告盈利的会计程序，以减少政治成本。

3. 实证会计理论的贡献

实证会计理论的主要贡献，正如 Watts 和 Zimmerman 在“实证会计：十年回顾”一文中指出的：

第一，它为人们理解会计提供了一个直观可行的框架。该理论认为，会计是一种由人进行的活动，任何研究人员都无法在忽视人的动机这一前提下研究出一种能够解释和预测会计现象的理论，正是按照这个思路，实证会计理论才可能发现会计选择的系统规律性并提供解释。会计选择，即一个企业所采用的会计程序并不是依靠诸如对某个会计要素，如收益的确切计量，而是根据个人（如经理人）的目标，以及会计数据（如收益）对实现目标的影响程度。他们举例说，一些人论证现行成本比历史成本优越，但他们无法解释为什么在实务中并不采用“较佳”的现行成本计量属性？实际上，企业，作为一个契约团体（contracting parties）总要考虑降低契约成本，力争利益最大化。

第二，它突出地强调了契约成本（contracting cost）的重要性。契约成本也就是科斯所说的交易成本。它包括代理成本、举债与违约成本、破产成本、游说成本（政治成本）和信息成本等。

Watts 和 Zimmerman 在这里提出一个很有新意的观点：“没有契约成本，就不存在着会计”；“在没有对这些成本的相对幅度进行假设的情况下，要研究一种能解释和预测会计现象的理论是相当困难的。”①

4. 实证会计的理论基础

从实证会计理论提出的关于会计选择（accounting choice）的三大假设可以看出，实证会计理论是建立在现代经济学的以下两个理论基础上的。

（1）企业理论。

实证会计理论认可的企业理论是把企业“当作一系列契约的联结”。其中包括股东与经理人、经理人与广大员工、企业与债权人和企业与政府等方面。所有这些方面，都订有契约，企业是一个契约的团体，就抽象的企业而言，无所谓自己的目标。目标存在于缔约各方。他们都争取各自利益的最大化。这就会发生摩擦。企业的作用在于协调、制衡各方对利益的追求，使之达到帕累托状态（现代经济学家认为，使福利函数最大化的配置，必然是帕累托有效配置（Pareto efficient allocation）②，即能在不使其他缔约人的利益受损的同时，使缔约人受益。这种企业理论可追溯到亚当·斯密。

（2）交易费用（成本）理论。

实证会计理论认为，企业的各种活动（经济活动）都可理解为交易活动。而交易活动都是有成本（费用）的，这一点，基本上接受了科斯的交易成本（费用）理论。不过，实证会计理论则把科斯所发现的交易成本（费用）称之为契约成本（contracting cost）。这与他们把企业理解为一系列契约的联结的观点是一致的。交易成本（费用）的确切定义很难寻找，经济学家众说纷纭。科斯认为，“交易成本是获得准确的市场信息以及谈判和经手签订契约所需付出的费用”③。我国有些学者认为，交易成本包括两项内容：①为了了解、确定交易对象而付出的信息费用；②为了获得交易的可能性而支付的费用即交易实施的费用。交易成本通常不是指交易双方在交易过程中，彼此之间的支付，而是担心自己利益受损，从信息寻找和其他方面所进行的花费。实证会计理论突出的契约成本，包括的内容更为广泛，但比较具体，主要有信息成本、代理成本、举债成本、政治成本（如游说成本）等等。

① *The Accounting Review*, January 1990, p. 151，同时参考 pp. 149—150。

② H·范里安，《微观经济学：现代观点》，p. 994，p. 684。

③ 科斯等，《财产权利与制度变迁》，1993 年中译本，第 7 页。

如果说企业是契约集合，那么，企业同各方面发生关系的过程，甚至包括生产过程，也是一系列交易的集合①。交易成本无所不在；同样，作为契约集合的现代企业，契约成本缔约方为实现各自利益最大化所需的花费，也无所不在。例如代理成本是为了防止经理人浪费企业资源而有损股东权益最大化所付出的代价；举债成本是企业经理人为了防止触犯负债/产权比率的限定而做出的牺牲（这两种成本都同会计选择有关），游说成本则是为争取政府的订货合同或是为了通过有利于企业，或是为了阻止通过不利于企业的法规、准则(GAAP)等进行的花费。契约成本的存在是不可避免的。因此，人们又需要利用会计信息或会计选择来力求降低上述契约成本，这正是会计存在的理由。

三、对实证会计研究方法的评论

(1) 对理论作用的认识反映了非辩证唯物主义的世界观。实证会计理论只承认对已经观察到的会计现象具有解释作用，对未观察到的事物可以预测，而不承认会计理论能够揭示事物如何发展的客观规律；实证会计研究者否定规范会计研究，但实证会计研究本身必须以规范会计研究的假说为前提。没有财务会计规范指导的财务会计准则、模式和实务，就没有实证会计研究用来作为变量的各种会计信息如盈利信息、现金流量信息等，也就没有实证会计研究。

(2) 在对会计行为的研究中，各种运用会计信息的人员（如投资人、债权人、经理人员和政府机关）之所以运用会计信息，都是利己主义为前提的，其动机都是为了追求个人利益或效用的最大化。这也背离了我们的人生观和价值观。

(3) 实证会计研究本身在进行实证会计研究时，也是持实用主义（utilization）态度的。例如 Watts 和 Zimmerman 承认解释会计存在的理由时有两个假说：①会计和审计是作为契约的监督工具而产生的假说；②会计（主要是财务会计）是作为投资人需要财务报告取得其投资和评估决策所需信息的假说。上述两个假说的解释并非相互矛盾和排斥，而实证会计研究者往往只采纳第一种假说而不同时运用两种假说来解释会计，其原因在于：在前一假说下，实证会计研究者能够在会计程序与企业或者经理人员与现金流量之间找到联系并与“有效市场假设(EMH)”取得一致，并可据此做出预测，而第二种假说则不具备这种作用②。如果一种已经获得普遍的认同，有利于后来研究者意愿得出的结论时才获得接受和采取，对于不利于实证会计研究者试图达到的目标，则不予接受或不采取，显然也不是科学的会计研究态度。

(4) 实证会计理论最为值得肯定的方面在于它的研究方法和程序——把实证检验作为重点，通过“假设→实证会计研究→假说（解释和预测）→再检验→修改或证实假说……”——具有严密的科学性。在精确的模型（理论）和可验证的数据基础上，它所得出的假设（假想或结论）则是十分有用的，它也能作为决策的参考。

不过我们认为，进行会计研究的正确方法还是应将规范会计研究和实证会计研究结合起来，取长补短，形成一个科学和完整的会计理论研究方法。

---

① 黄德、何伟，《信息经济学》，1997，第 124 页。

② Watts and Zimmerman, *Positive Accounting Theory*, 1986, p. 198.

当我们试图描述(解释)会计并建立模型预测会计的变化、影响和说明不同会计程序的后果时,需要运用实证会计理论;当我们评价不同的会计程序的好处和代价,并判断什么是最好的程序时,则需要①运用规范会计理论。实证会计为规范会计提供有说服力的证据,而规范会计则使实证会计的结论得到更完善的答案。会计理论既要回答"是什么",又要回答"应该是什么"。如果说前者只提供"信息"——是什么会计程序,后者则做出"判断"——什么是最佳的程序。

第三节　新中国会计理论发展回顾

理论总是适应社会的需要而产生、发展的。会计理论②也是如此。50多年来,我国的会计理论和会计研究,虽然经历了一个曲折的历史,但创新和改革始终是整个过程的主流。

中华人民共和国成立以后,社会制度发生了根本的变革。当时的国际政治环境,决定了我国的经济管理只能实行高度集中的计划管理体制,借鉴苏联的计划经济模式又是唯一可行的选择。作为既服务于微观经济管理又为宏观经济管理提供信息的会计,其管理体制、技术方法以及相应的会计教材,也只能学习"苏联经验"。我们知道,新中国成立以前的会计,长期采用的是以美国为主的西方模式(即后来所批判的"资本主义会计"),当时的会计教材要么是美国教材的译本或改写本,要么直接采用美国的教科书。会计界深受西方会计思想的影响。由于西方会计思想根本上不同于苏联的会计思想,为了学习"先进的"苏联经验,推广苏联的会计制度和会计教材,就必须从思想上清除会计界所受的西方会计思想的影响,于是,一场带有政治敏感性的理论大论战就不可避免地在20世纪50年代初展开。这一论战就是:西方会计(当时普遍使用"资本主义会计"一词)与苏联会计(当时视为"社会主义会计"的唯一选择)有无本质的区别?会计的属性是技术性还是阶级性?关于会计属性的讨论,下文将作具体介绍。讨论的结果以苏联专家马卡洛夫的"会计具有阶级性"的看法作为结论而"一锤定音",从而也完成了会计制度和会计教材改革前的舆论准备。

在随后的一个较长的时期里,会计理论的发展主要是围绕着如何推行苏联所谓"先进经验"而展开研究的,其中,最典型的经验是会计核算形式中的"凭单日记账"、材料核算中的"余额法"、成本核算中的"定额法"。从此,苏联的一套名词生硬、内容复杂的会计制度在我国得以全面实施。实践结果表明,这套制度过于烦琐,这样,在1958年的整改中,就对会计制度进行"大破大立"。由于受极"左"思潮的影响,一场本属于正常改革的活动,被引入了歧途,在1958—1960年出现了所谓的"无账会计"。但有一点必须指出,当时会计理论界的思想比较冷静,几乎没有学者著文对此推波助澜或进行理论论证与宣扬。

极"左"思潮的影响,在60年代初期得到初步纠正,一些原来被认为是"烦琐哲学"的必要的会计制度,在实践中又逐步得以恢复。但是,这次的恢复,不是50年代初的照搬苏

① 这里所谓的会计程序,是一个广义的概念,它包括会计的程序、方法和各种会计政策。
② 本节所说的会计理论,仅涉及基本会计理论,既不涉及管理会计理论,也不涉及财务会计的具体理论。

联制度，而是结合中国的具体情况，有所创新与改进。主要特点是：去掉其中过于复杂、难懂的部分，改造成通俗易懂、简便易行的方法，包括改进后的会计核算形式（如汇总记账凭证记账程序）和成本核算方法（如定额比例法）等。

在党的"百花齐放、百家争鸣"方针的指引下，这一时期会计理论研究较为活跃，出现了很多突破性的观点。比如，关于会计属性的讨论，当时学术界突破了50年代只有阶级属性的结论，先后有学者提出会计具有两重性的观点①，该观点很快被写进了由财政部组织编写的第一本全国性会计教材②，这一时期还有其他一些新观点，如会计对象中的一种看法——"社会再生产过程中的资金运动"这一观点开始广为流行；提出会计包括会计核算、会计分析和会计检查三部分，其中：会计核算是基础，会计分析是继续与发展，会计检查是必要的补充，等等。

十年动乱期间，会计科学与其他学科一样受到遏制以至扼杀，会计学科处于停滞与倒退的局面。动乱结束为会计理论发展带来新局面。但是，"两个凡是"仍然禁锢了人们的思想，会计界对不少重要理论问题心有余悸，视为"禁区"，如记账方法中的借贷记账法、西方财务会计理论（包括会计准则和其他会计理论能否为我所用）等等。会计界利用这个大好时机，特别是受中共十一届三中全会实行改革开放的鼓舞，又对上述会计问题展开了一系列的讨论与研究，这可以看作是会计界的思想解放运动。通过讨论，逐步剔除了动乱期间强加给会计的错误认识，为后来的基本会计理论的全面研究，确立了基础。

改革开放为包括会计在内的各门科学进行独立、自由的研究，提供了一个良好的学术环境。随着改革的深入和开放的扩大，特别是随着人们对市场经济认识的深化，会计界对会计的本质、属性、西方会计理论、尤其是对财务会计理论与准则的认识不断深入，研究与讨论文章不断增加，至少在若干问题的认识上取得了一致或基本一致。比如，会计是一门技术性的学科；借贷记账法是科学的记账方法；为了改革、开放的需要，我国应当推行会计准则，以逐步取代分部门、分行业、分所有制的统一会计制度；应当结合中国的情况，引进西方财务会计与管理会计的先进理论与方法；应当积极引进西方公司理财的先进经验，等等。在这段时期，认识上存在的唯一分歧是：会计理论是否有中国特色？是否要建立一套中国的会计理论体系（即会计理论是否有国家界限）？

随着会计改革的深入，一个可喜的现象是，在会计研究方法上也出现了新的变化，对外开放初期，人们所学习接受的主要是西方规范会计理论，而从20世纪80年代中后期起，我国会计界开始引入西方实证会计的研究方法与成果，进入90年代中后期，一些年轻的会计学者已结合中国市场经济的实际，进行了实证研究的初步尝试，并取得可喜的成果。

一、关于会计属性的两次讨论

新中国成立初期，社会制度的根本改变，要求建立与它相适应的一整套上层建筑，包括意识形态。在会计学界，有些人闻风而动，他们忙于否定旧中国的会计理论与方法，试

① 20世纪60年代再次讨论会计属性时，最先明确提出会计两重性观点的，应当是当时上海社科院院长黄逸峰。
② 该教材由杨纪琬教授出面组织，参加编写的人员有赵玉珉、娄尔行、葛家澍、吴诚之等四位教授。

图从零开始建立新中国的会计理论与方法。首先是章乃器先生在《大公报》上先后发表的两篇文章，阐述以收付记账法取代借贷记账法，并将收付记账法称为中国“自己的簿记原理”(1950a；1950b)。从当时的会计刊物(主要是《新会计》、《工业会计》、《企业会计》、《大众会计》、《会计》等)来看，这一时期的热点话题，也是关于会计属性的讨论。

1951年1月，《新会计》创刊号上刊登了一篇题为“怎样建立新中国会计理论基础”的论文(以下简称“怎样”)，这是一篇为在中国推行苏联会计模式的重要宣言，其重要性与影响不同凡响。文章提出，“……每一个社会经济制度都有其独特的生产方式，因此作为一种监督和管理的方法的会计，也就随之不同。”“在资本主义经济制度下，产生并发展了资本主义的会计理论……旧中国是半殖民地半封建的性质，这样的社会性质就决定了旧中国会计的特点……”文章还提出，新中国的建立，标志着一种性质完全不同的社会经济制度的形成，这就要求建立与资本主义会计完全不同的社会主义会计理论基础(邢宗江、黄寿辰，1951)。这篇文章所提出的不同的社会经济制度要有不同的会计理论，在当时被归之为不同的阶级需要有不同的会计(该文的行文上也不时出现这种措辞)，进而得出会计是完全隶属于阶级需要、不同的阶级就有截然不同的会计的命题。“怎样”一文的发表，引发了建国初期一场关于会计属性的大讨论。

在“怎样”一文发表不久，《新会计》杂志第4期发表了与“怎样”一文针锋相对的文章——“‘怎样建立新中国会计理论基础’读后”(以下简称“读后”)，“读后”作者认为，“会计理论在本质上是无所谓阶级性的，它只是文字和数量相结合的应用技术罢了”(陶德，1951)。这是我们所能见到的当时正面、直接论述会计并无阶级性的唯一的一篇论文。该文作者也就是因为发表了这篇论文，而招致了全国性的批评①！

随着“读后”一文的发表，对会计究竟是阶级性的(或隶属于生产关系的)还是非阶级性的(或隶属于生产力的)争论，成为学术界讨论的热点话题。当时各有关会计杂志上所发表的文章，除了介绍苏联的经验外，占很大比重的文章是批评“读后”、拥护“怎样”的，但也有个别文章比较客观，认为会计具有“两重性”，它将会计分为“内核”与“外涵”两个部分，前者是借助于“复式簿记的记账方法来完成的，它是生产力的反映”，因而，只具有科学性；后者“接受经济学的指导，与社会经济制度的生产关系是不可分开的”，它具有阶级性(陈重丞，1951)。

在当时的历史条件下，要想完全客观地探讨会计属性，是不大可能的。当时对会计属性的讨论，很明显地出现一边倒——会计具有阶级性——的倾向。1952年，《工业会计》杂志发表了苏联专家带有总结性的文章，肯定了会计具有阶级性，并对中国会计界持有异议的知识分子，提出了严厉的批评：“在中国某些知识分子中间，关于一些经济科学的阶级性问题直到现在还没有一个明确的概念。目前还散布着关于许多经济科学没有阶级性……的这种论调”，“这是完全错误的而又十分有害的论调。”“所有这些都表示着，会计是一种有阶级性的科学，是永远执行着该社会统治阶级所赋予它的那种目的和任务的科学……苏联的经验就证实了这一点，在苏联，会计已经逐渐取得了只为社会主义经济核

① 陶德是“读后”一文的署名。该文真正作者是谁，至今还不清楚，但由于这篇文章同“怎样”唱反调，集所谓“资产阶级会计观”的大成，在当时，确实是一篇难得的“反面教材”。

算所特有的那种特殊的形式和技术”(苏联专家，1952)。苏联专家这一文章发表后，关于会计属性的讨论，就以会计是一门有阶级性学科的论点而宣告结束。

这场讨论确实为我国当时的会计制度和会计教学改革作了舆论准备。例如，约在“怎样”文章发表的同时，《新会计》就系统介绍苏联的会计知识与经验，同时，苏联专家马卡洛夫在财政部作了“社会主义会计实务”的长篇报告，而从 1953 年 11 月开始，财政部陆续发布了以原苏联会计制度为蓝本的国营工业、建设单位、总预算、农业、供销机构、建筑包工企业等若干个统一会计制度；1964 年，结合全国第一次高等财经教育会议，学习中国人民大学教改经验，完全按苏联模式，改造会计专业，改革教学内容和方法，全面地使用苏联会计教材。

第一次关于会计属性的讨论，是以全面否定西方会计、全面推行原苏联的会计理论和实务为目的，这是当时实行高度集中的计划经济的需要。但历史有惊人的相似！在文化大革命结束后，党中央决定把全国工作的重点转移到经济建设上来，而随后的中共十一届三中全会批判了“两个凡是”，否定了以阶级斗争为纲。适应这一需要，会计界又展开了一次会计属性的讨论。

1978 年，一篇题为“必须替‘借贷记账法’恢复名誉”的论文公开发表(葛家澍，1978)。在这篇文章中，作者通过深入的分析，认为文革期间强加在借贷记账法上的种种“罪名”，实际上都不能成立，“全盘否定借贷记账法，实际上是割裂会计发展的历史，拒绝学习和吸取外国管理方法中合乎科学的东西。不纠正这种错误，对于努力提高我国会计工作水平，大大加强社会主义经济核算，从而为加快实现四个现代化做出应有的贡献，妨碍很大。”这篇论文的发表，被称为“打响会计界‘拨乱反正’的第一炮”，引发了关于记账方法阶级性的讨论。在这场讨论中，学术界的观点至为分明：有些人认为记账方法是无阶级性的，另一些人则持相反的观点，认为记账方法是有阶级性的。在经过一段时期讨论后，会计界逐步倾向于记账方法是无阶级性的观点，借贷记账法也完全可应用于我国经济实践。因而，在 80 年代初，当时的工业企业就开始逐步恢复使用借贷记账法。

记账方法讨论的后期，会计界开始转向会计属性(而不仅仅是记账方法属性)的认识。当时的《会计通讯》(后改为《财会通讯》)发表了很多这一专题的论文。与 20 世纪 50 年代的讨论不同，这次讨论逐渐形成了“技术性是会计主要属性”的观点，因此，西方会计理论与方法中的科学成分，完全可以为我所用。问题在于要结合中国国情，而不要生搬硬套。可以说，第二次关于会计属性的讨论，同样为推行社会主义市场经济新体制作了舆论准备，这是对建国初期否定会计技术性的否定，是把被颠倒了的事物重新颠倒过来，也是对会计领域中极左思潮的一次清算。这场会计属性的讨论，对会计界的影响还体现在 90 年代会计准则的制定与实施。显然，如果会计界长期认为会计具有阶级属性，那么，期望 1992 年在中国颁布“基本会计准则”、1997 年起实施具体会计准则，是不现实的。

二、以会计对象为核心的会计理论体系的形成

建国初期有关会计对象的认识，主要是介绍苏联观点，包括苏联学者对会计对象问题的讨论，当时参与这一问题讨论的文章，大都是介绍、说明自己学习苏联观点的体会。1956 年，在一篇题为“试论会计核算这门科学的对象和方法”的论文中(葛家澍，

1956)，中国学者开始对苏联的观点提出怀疑与批评，并在分析的基础上提出自己的看法。由于一些学者的自发推动，会计对象的讨论成为当时会计理论研究的中心，很多学者纷纷撰文探讨这一问题，所发表的直接或间接讨论会计对象的论文很多，如：刘炳炎的"论会计核算的对象和方法"(1957)、丁洪范的"关于社会主义会计核算的对象"(1957a，1957b)、上海财经学院会计核算原理教研室的"关于'社会主义会计核算对象问题'讨论的综合报道"(1957)、赵玉珉的"关于会计核算对象问题的初步体会"(1957)、余绪缨的"社会主义经济核算的客观基础问题"(1961)、殷宗鄂的"依据资金运动的客观规律来探讨会计核算的基本理论"等等①。

资金运动论在我国会计界逐步为人们所接受并成为主流派观点后，我国学者开始逐渐摆脱苏联会计理论的消极影响，转而从事创造性会计教材建设工作，并通过教材建设深化了"资金运动"的系统认识。

我们之所以将会计对象是"资金运动"的认识作为这一时期会计理论的核心，是基于这样几点考虑：第一，对会计对象的探讨和认识，是我国学者直接摆脱苏联理论影响、能够正视苏联理论权威性的标志。以前的会计教材和书刊，几乎都是苏联观点的翻版。从对会计对象问题的认识起，中国会计界开始探索现实的、与中国经济环境相符的会计理论；第二，将会计对象表述为"资金运动"，并进一步具体化为静态和动态，为我国长期所奉行的计划经济模式下的会计实践提供了理论依据，较好地解释了"专款专用"财务体制下会计问题的处理；第三，关于会计对象是"资金运动"的认识，在当时所探讨的理论问题中受到认可的程度最大、范围最广，几乎每一本会计教科书，都涉及这一问题，并都引用或评论了"资金运动"的观点；第四，以资金运动论的静态和动态表现形式为基础，可以较好地解释会计上的资金平衡表、利润表、成本表及相互间的联系，从而为会计教材的编写，提供了较好的基础理论。

随着会计本质的讨论，资金运动理论的探讨也有所深入。主张会计是一个经济信息系统的学者认为，当把资金运动(价值增值运动)作为会计对象时，必须考虑到：资金运动和由它所引起的交易、事项以及相应的资金流动，是客观地存在于企业经济活动之中，它没有、也不可能进入会计信息系统予以加工处理。进入会计系统的，不是资金运动本身，而是由资金运动通过交易和事项(或称经济业务)发出的信息。作为一个系统输入的信息，也称为数据。会计数据不同于其他经济数据，它含有财务内容。通过会计这一特殊系统的处理和加工，在会计目标的指引下，就生成对经济决策者有用的会计信息。因此，持信息系统论的学者又提出了会计反映对象和会计系统处理对象的观点(葛家澍、李翔华，1986；葛家澍，1986)。这个观点认为，资金运动是会计的反映对

① 在当时，会计对象问题的讨论是一比较自由、平等的学术论争，不论在苏联和我国，这一学术争论都没有受到任何政治影响。中国部分学者之所以参与这一问题的讨论，一方面是为了学习，另一方面又希望在理论上有所创新，因为会计对象是会计的一个基本概念，正确认清会计应当反映什么、核算什么与报告什么，对于改进会计的方法与程序和进一步完善会计教材的内容，都有重要的意义。现在可以看到，在西方的财务会计概念框架中，所缺少的一个基本概念正是会计对象，西方财务会计概念框架直接论述财务报表的各项要素，而不把各项要素作为一个整体(即对象)来研究，总使概念结构缺乏内在一致性。因此，当时资金运动论的主张者就企图用这一观点贯穿于会计原理教材，写出较苏联同类教材更具特色的内容。

象，独立于会计系统之外；资金运动过程所发出的信息是会计系统的处理对象，它应进入会计系统之中。这个观点与美国财务会计准则委员会（FASB）在其第6号概念公告中关于“要素与财务表述”的描述颇为相似。FASB在论及财务报表的要素（相当于会计对象的具体化）时，明确要求把要素同它在财务报表中的表述分开。FASB说，“正式列入财务报表的项目是对某一主体的特定资源、对资源的要求权和导致这些资源和要求权变动的交易、其他事项及情况的影响所作的财务表述”（以文字和金额所作的描述）。也就是说，“财务报表中的符号（文字和金额）代表了银行存款、房屋、结欠工资、销售、耗用人工、地震造成的人工损失，以及在所谓‘现实世界’中存在、与经营主体有关的许多其他经济事务或事项”（CON6, Par. 6）。FASB又说，“这一公告遵循通常的惯例，对财务报表中的财务表述和它们所代表的资源、要求权、交易或事项使用同一个名称。例如，存货或资产既可以指零售商店寄存的商品，也可指企业报表中对这些商品的文字和金额表述；销售或收入既可指把这些商品转移给顾客的交易，也可以指在财务报表中代表的这种交易的文字和金额”（CON6, Par. 7）。同样，我国会计学者提出的两种会计对象的论述，也不要求把会计对象（现实世界中的）和会计系统处理的对象（账表上的）加以严格区分，而是按照惯例，仅使用会计对象一个术语。

三、会计本质的两个代表性观点：“信息系统论”与“管理活动论”的论争

20世纪80年代初期，随着会计属性问题讨论的深入，人们自然要重新讨论“文化大革命”中被歪曲的一些会计基本概念，从而开始了全面、深入地讨论会计的定义、职能、对象、性质、方法等的时期，及有关术语的定义，如“原则”、“准则”、“规范”、“标准”，等等。这些论文很少涉及会计准则的具体内容。并且，这一时期会计界讨论的热点话题不是会计准则，而是会计的定义、对象、职能等等。

综观这一时期的讨论，我们不难发现，尽管在这些概念上仍存在着歧义纷呈的认识，但又以会计定义（讨论中的“信息系统论”和“管理活动论”）的争论最为突出，前者认为会计是一个以提供财务信息为主的经济信息系统（余绪缨，1980；葛家澍，1983），而后者则认为，会计自身就是一项管理活动，并提出了“会计管理”的概念（杨纪琬、阎达五，1980）。在此基础上，它们各自都力图形成系统的认识与看法。可以说，80年代上半期，会计定义的争论、特别是“信息系统论”与“管理活动论”的论争，是这一时期的主要特征。

把会计的本质视为一种管理活动而提出“会计管理”的概念，是在中共的十一届三中全会以后的两年即1980年（杨纪琬、阎达五，1980）。这个观点既否定了会计是一种应用技术的看法，又否定了会计是管理经济的一种工具的看法，转而强调会计具有反映和监督的双重职能。管理活动的提出，对于提高会计工作的地位，从而增强改革开放以后会计人员的信心，并激励他们为加强企业管理做出更大的贡献，有着积极的作用。会计管理把会计职能扩大到反映、监督、预测、决策，并将这些活动都理解为管理活动，也有理论和实践方面的依据。管理活动论需要进一步探讨的问题有：第一，管理活动论认为，会计管理既是国民经济的重要组成部分，又是微观经济管理的必要组成部分。这就需要研究“国民经济会计”即“宏观会计”或“社会会计”的对象、内容和方法；第二，管理活动论又认为，会计管理是对价值运动的管理，但财务管理也是对价值运动的管理，这又需要探讨会计与财务

的关系，弄清两者的联系和区别。

信息系统论是从西方会计引进的观点。1966年，美国会计学会的一份“基本会计理论报告”(A Statement of Basic Accounting Theory)就提出“在本质上，会计是一个信息系统”；1970年，美国注册会计师协会所属会计原则委员会的第4号报告也同意“会计是一项提供信息的服务活动”。中国会计学者在引进这个概念之后，把它进一步具体化：“会计是在一个微观范围内建立起来的、以提供财务信息为主的经济信息系统。”这个定义旨在刻画会计不同于其他活动的本质特征：第一，会计活动不生产产品或劳务，而只生产信息、特别是财务信息；第二，会计生产并提供信息，需要一系列相互联系的加工步骤。以财务会计来说，它需要通过确认、计量、记录和报告等要素，形成一个数据输入和信息输出的系统。

在把会计活动理解为一个“系统”的问题上，管理活动论与信息系统论的看法是一致的，它们的区别在于：管理活动论把会计管理看成是一个会计控制系统，强调监督与控制；而信息系统论则把会计看成是一个信息生成与提供的系统，强调反映。其实，管理活动论认为，会计可直接参与经济管理，信息系统论则认为会计主要是提供信息，供决策者参考，对决策(即管理)起支持作用，两种观点的差别已不太显著。

四、会计准则的研究与制定

新中国成立之前，由于潘序伦等老一辈会计学家的努力，美国的会计模式在我国得到相当程度的普及。1949年之后，我国开始逐步引进苏联统一会计制度，并沿用达30年之久。会计原则或会计准则、包括术语本身，已从实务界和理论界消失了。因此，当中国20世纪70年代末开始经济体制改革时，不仅广大实务工作者不知道会计准则为“何方宝物”，就连会计学术界也有很多人、特别是那些建国后接受高等教育的研究人员，也不了解会计原则或会计准则的实质。

1980年，新创刊的《会计研究》发表了第一篇有关会计原则的论文“论社会主义会计原则”(李宝震，1980)。经过30年的政治思想教育和意识形态控制，凡是与资本主义沾边的任何内容，当时的学术研究都不敢“越雷池半步”。因此，早期关于会计原则的研究，都过于强调其所谓的社会主义特征或特色，如群众路线、通俗易懂、合法性、合规性等等，这在相当程度上弱化了会计准则研究的理论性、科学性。与这种趋势相反，当时也有少数学者认为，会计理论具有继承性，对西方财务会计理论、包括美国的“公认会计原则”，也应予以研究，并批判地加以吸收(葛家澍，1982)。

从80年代初起，《会计研究》、《财务与会计》、《会计通讯》(后改为《财会通讯》)等杂志陆续刊登出介绍美国、日本等国的会计原则以及国际会计准则的文章。与此同时，一部分美国的会计教科书也被翻译、出版，并被一些院校采用为教材或教学参考书。

尽管如此，直到1988之前有关会计准则研究的论文，主要是介绍性的。一些讨论也纠缠于若干抽象术语的定义。如“原则”、“准则”、“规范”、“标准”，等等。这些论文很少涉及会计准则的具体内容。并且，这一时期会计界讨论的热点话题不是会计准则，而是会计的定义、对象、职能等等。

1987年，中国会计学会成立了七个专题研究组，其中之一是“基本会计理论与会计准则研究组"①。该研究组于1988年夏天在全国范围内公开征集论文，并于1989年春天在上海召开了第一次专题讨论会。这次讨论会主要提出以下建议：第一，在我国，建立会计准则的时机已经成熟，我们要建立具有中国特色的会计准则；第二，学术界不要在"准则"和"原则"等概念上进行太多无意义的争论，可以把"原则"、"准则"等视为同义语。按照国际惯例，可以采用"会计准则"术语；第三，应当先制定企业会计准则，并限于规范财务会计的处理；第四，可以先易后难，从具体到一般。具体地说，可以先制定会计信息质量特征、会计信息的真实性、股份公司会计、外汇及汇率折算会计等具体准则；待条件成熟时，再制定类似国外财务会计概念结构的基本会计准则（后来，有关部门研究决定，为了加大会计改革的力度，全面改革分部门、分行业、分所有制一统到底的会计制度的弊端，还是先制定一份能在全国各行业推行的基本会计准则为好。这就导致了作为基本准则的"企业会计准则"先于具体准则的出台）。这次会议可视为我国会计理论研究从务虚转向务实的转折点，理由是：以中国会计学会的名义呼吁进行会计准则的研究，把中国会计理论研究的重心吸引到这一问题上来；通过组织全国性的会计准则理论讨论会，提高了人们（不只是限于理论界）对会计准则问题的重视，并直接促进财政部开始着手准则制定的准备工作；讨论会上提出不过多地争论准则、原则等术语上的差别，而建议今后我国使用"会计准则"一词，并将重心放在具体内容的研究上，这就加速了我国会计准则的研究、讨论与制定的进程。从这时起，会计准则成为学术界的"热点"话题，并且，会计准则的研究开始从抽象概念的争论转向具体内容的构建，少数研究甚至开始尝试建立关于企业合并、价格变动、外币折算等事项的会计准则。也就在这时，财政部会计司（当时为会计事务管理司）开始介入会计准则的制定，其结果是1992发布基本会计准则，1997年起陆续发布具体会计准则。

我国学术界关于会计准则的研究，有力地推动了我国会计准则的制定进程，在已发布的会计准则上也留有这一时期会计准则理论研究的"烙印"②。比如，我国所制定并发布的各项会计准则（包括基本会计准则与具体会计准则），都体现了很强的英美取向，会计准则无论在外表形式上还是具体内容上，都借鉴了英美模式，包括美国的财务会计概念结构和体现英美会计准则特征的国际会计准则。这一"烙印"的形成，不仅有准则制定者的考虑，比如：英美模式在当前世界范围内影响最广，即便那些原先采用完全不同模式的国家如法国、德国，也逐步采纳英美模式的内容。作为一个发展中国家，中国没有理由不如此。但是，会计理论研究的重要影响，也不容忽视，因为，自70年代末起会计界所介绍的"国外会计"，大都集中于美国、英国或其他英美模式国家的会计。只有极小部分是非英美模式如苏联和日本的会计制度与规则。80年代中期所进行的理论研究，也都是围绕美国的"公认会计原则"及财务会计概念结构所展开的。1987—1992年发表在中国会计学会主办的《会计研究》杂志上有关会计准则研究的论文，几乎都是关于美国"公认会计原则"和国际会计准则。上海财经大学的娄尔行教授和厦门大学的常勋教授都翻译了美国财务会

① 该研究组最初成立时名为"会计原则和基本会计理论研究组"。它在1989年第一次年会后改为现名。这次会议对会计准则在我国的产生，有着相当大的促进作用（参见刘峰，1996）。

② 实际上，截至90年代初，有关会计准则的研究还不足以支持会计准则的制定（参见刘峰1996）。

计准则委员会的系列文告财务会计概念结构。常勋教授还翻译了一些对美国财务会计概念结构评论的论文;厦门大学葛家澍教授在 80 年代初发起了对财务会计概念结构的研究、而不仅仅是介绍①。所有这些研究,都集中于英美模式。到 80 年代末,这一模式已被学术界和部分实务界所广泛了解。会计准则已被视为英美模式的专用术语。有资料统计,1980—1989 年的 10 年间,中国会计学术界共翻译出版国外会计著作 74 种,其中从美国引进的会计著作便达到 50 种(汤云为、薛云奎,1998)。与此相反,德国、法国等的会计规则很少被介绍,截至 90 年代初,没有人完整地翻译法国的“会计总计划”,也没有人完整地翻译、介绍德国的会计规则,而日本“会计法规”的完整翻译本也是在基本准则发布之后出版的②。这也就不难理解,当制定会计准则势在必行时,英美模式成为当时的首选参照对象。可以不夸张地说,它也是唯一可参照对象。

综观新中国成立以来我国会计基本理论研究的历史,尽管受极“左”思想的影响走过一些弯路,但总的看来,它仍力求联系实际,为不同时期的经济建设服务,在迂回中前进,在前进中有所创新。人们不难看到,50 年来,我国会计研究成果累累,会计著作和教材异彩纷呈。各种会计思想、观点和不同的研究方法,均得到各自的发展。

---

① 娄尔行教授所翻译的本子刊登在《会计学丛》上,常勋教授翻译的本子刊登在《财会探索》上。这两本杂志先后停刊。此外,厦门大学葛家澍教授还于 1988 年编辑了一套《西方重要会计理论文献译编》,作为国家“七五”社科重点课题“新体制下会计理论与方法体系研究”的资料之一。该套资料除收集了由常勋教授翻译的美国财务会计概念结构外,还收录了美国会计原则委员会第 4 号公告(1970)、英国的“公司报告”,以及 Solomons 等的评论文章的译文。

② 严格地说,日本模式不应完全独立于英美模式之外,因为二战后日本的会计受美国模式影响较大。

第二篇　财务会计概念框架

第三章

财务会计概念框架的发展及其作用

财务会计概念框架①,“是一部章程、一套目标与基本原理组成的、互相关联的内在逻辑体系。这个体系能够导致前后一贯的会计准则,并指出财务会计和财务报表的性质、作用与局限性。目标是辨明会计的目的与意图;基本原理是指会计的基本概念,它们指引应予以进行会计处理的事项的选择,各项事项的计量以及汇总并使之传递给利害关系集团的手段。由这类概念派生的其他概念,在制定、解释和应用会计与报告准则时又必须反复引用他们。从这个意义上讲,这类概念是最基本的”②。财务会计概念框架的研究,是一个继承与发展(continue and change)的过程。因此,在对财务会计概念框架研究的理论基础进行概括、对财务会计概念框架的发展历程进行回顾的基础上,探讨财务会计概念框架的研究现状,并对其未来的发展进行预测和前瞻性的研究,将有助于确保财务会计概念框架研究的连贯性。

财务会计概念框架(Conceptual Framework for Financial Accounting, CF)③作为一个专门术语,最初出现于美国财务会计准则委员会(Financial Accounting Standards Board, FASB)成立之后④。但是,制定财务会计概念框架的思想的出现,却比财务会计概念框架作为一个术语的出现要早得多⑤⑥。实际上,自从1961年美国的会计原则委员会(Accounting Principles Board, APB)下属的会计研究部(Accounting Research Division, ARD)成立,并开始公开出版其研究成果——会计研究系列(Accounting Research

---

① FASB, "Scope and Implication of Conceptual Framework Project", 1976, p. 2.

② 引自葛家澍,《中级财务会计》,辽宁人民出版社,2000。

③ 财务会计概念框架的英文表述还包括 Statements of Financial Accounting Concepts(SFAC)。此外,不同的国家对财务会计概念框架性质的公告的名称也不尽一致,譬如英国的会计准则委员会(Accounting Standards Board, ASB)制定的类概念框架称为 Statement of Principles for Financial Reporting(SPFR 或 SP),国际会计准则委员会制定的具有概念框架性质的文件称为 Framework for The Preparation and Presentation of Financial Statements,澳大利亚的类似文件称为 Statement of Accounting Concepts(SAC),加拿大特许会计师协会(CICA)制定的具有财务会计概念框架性质的文件称为“会计概念报告”等。不论名称是否相同,其实质是相同的,即都是对财务会计和会计准则制定过程中涉及的一些基本概念进行研究,借以更好地指导会计准则的制定(FASB、ASB、IASC/IASB、CICA)或会计实务(澳大利亚,较为特殊),为其提供一个更一致的概念基础。

④ 见1976年12月美国财务会计准则委员会(FASB)公布的《财务会计概念结构:财务报表的要素及其计量》。

⑤ 甚至有些学者认为,概念结构作为“一系列相互联系的基本概念所形成的框架”,最早可追溯到1494年巴其阿勒时代(参见葛家澍、刘峰,2003.1, p.45)。

⑥ 财务会计作为一个术语最初是在美国开始制定公认会计原则(Generally Accepted Accounting Principles, GAAP)后,从传统会计中分离出来后而出现的。

Study, ARS)时，财务会计概念框架的研究实质上就已经开始了①。广义地看，最初该领域的研究应是 1961 年 Moonitz 的“论会计的基本假设”(ARS No. 1)，以及 1963 年 Sprouse and Moonitz 的“试论企业广泛适用的会计原则”(ARS No. 3)②。

下面，我们以美国财务会计概念框架研究的起源与发展为主线来进行论述。

第一节　财务会计概念框架的发展

综观美国、英国、加拿大、澳大利亚等国家的历史现实和制定财务会计概念框架的历程，我们发现，这些国家往往先积累了多年的、关于会计准则的制定经验，而后由于需要保持会计准则之间的内在逻辑性、为了抵御外在利益集团的压力、为了发展和评估会计准则，才产生了寻求内在体系一致性的概念框架，从而开始制定他们各自的财务会计概念框架或类似公告③。

一、美国制定公认会计原则(GAAP)历程的简要回顾

美国是世界上制定会计准则最早的国家。早在 1909 年，美国就开始了其进行会计规范化的尝试，当时美国的公共会计师协会(AAPA)任命了一个会计术语特别委员会，希望对会计实务中的术语进行规范来达到统一会计处理的目的。1917 年，美国联邦储备委员会和联邦贸易委员会决定对当时企业向银行申请贷款④而提供的资产负债表的格式和内容予以标准化，并于当年 4 月以“Uniform Accounting”(统一会计)公告的形式颁布，之后的 1919 年，美国会计师协会将之改名为《编制资产负债表》，再次出版。

尽管美国早期曾多次尝试对会计实务进行规范，但真正意义上会计准则的制定则是起源于美国历史上 1929 年的股市危机。1929 年股市危机过后，美国国内认为混乱的会计实务是危机的罪魁祸首，为此美国相继于 1933 年和 1934 年颁布了《证券法》和《证券交

---

① 这一观点可在西方会计学家的著述中得到印证。譬如，Wolk、Francis and Tearney 等所著的 *Accounting Theory: A Conceptual and Institutional Approach* 中，在论及财务会计的概念问题时，就曾指出，会计程序委员会(CAP)对基本框架的任务不感兴趣，但会计原则委员会(APB)和财务会计准则委员会(FASB)则试图通过发展理论基础来指导会计规则的制定(p. 112，1993)。

② ARS No. 1 和 ARS No. 3 都因过分追求逻辑的完美一致而与当时的会计实务差距过大，并被 APB 所否定。但是今天看来，ARS No. 1 和 ARS No. 3 中体现的若干学术思想，在 40 年后的今天却熠熠生辉！关于这一点，我们将在本书以后的章节涉及。

③ 假如将我国 1992 年颁布、1993 年开始实施的《企业会计准则》(俗称基本准则)看作是具有类财务会计概念框架性质的公告的话，那么我国的会计准则制定则可能一开始就具有不同于美国、英国、加拿大、澳大利亚的基本特征——那就是先有财务会计概念框架(性质的公告)，而后才有具体会计准则的制定。然而，若从另外一个视角——会计准则具有技术性角度进行审视，那么是否可以有如下的逻辑与结论：“会计准则具有技术性→会计准则体系之间要求具有逻辑概念基础的一致性→我们需要概念框架作为会计准则制定的概念基础←为了抵御外来利益集团的压力←会计准则具有经济后果性、政治性等其他特征”。若首肯这个基本逻辑，那么我国一开始制定的基本会计准则目前已无法胜任财务会计概念框架的角色和地位，从而急需重新制定或修订。

④ 当时，向银行举借短期债务还是企业流行和主要的筹集资金的方式。

易法》，要求上市公司必须提供统一的会计信息，并责成证券交易委员会(SEC)负责制定统一的会计准则。但是，SEC始终对是否由自己亲自制定会计准则心怀疑虑，为此进行了投票表决，5位专职委员以3∶2的投票结果否决了由SEC制定会计准则的议案，而是将会计准则的制定权进行了分割。具体讲，就是将会计准则的制定权下放给了美国会计师协会，但自己保留有最终的否决权。另外的一种说法是，FASB只将制定确认和计量(Recognition and Measurement)规则的权力下放给了民间组织，而自己保留的则是关于制定披露(Disclosure)规则的权力。但是，明显地，早期会计准则制定中民间机构明显地存在着权威性受到挑战的局面。

美国从会计准则制定之初到目前，其会计准则制定机构经历了数次更迭。

1. 会计程序委员会(Committee on Accounting Procedure, CAP)

会计程序委员会的存续期间是1938年到1959年，其制定的具有公认会计原则性质的公告称为"会计研究公报"(Accounting Research Bulletin, ARB)。CAP共制定了51份会计研究公报。在CAP阶段，美国的会计准则制定的基本模式是对当时现存的会计实务进行归纳与概括，因此留下了备选方案过多和缺乏逻辑一致性的缺陷，最终遭到了会计实务界和理论界的强烈抵制，于1959年完成了其历史使命。

2. 会计原则委员会(Accounting Principles Board, APB)

APB建立之后，吸取了CAP被取代的经验教训，专门组成一个会计研究部(Accounting Research Division, ARD)研究重大理论问题，最终的研究成果以"会计研究论文系列"(Accounting Research Studies, ARS)的名称统一结集出版①。由于学者的研究结论过于具有前瞻性，APB还专门发表了4份APB Statements，借以表明其对一些会计基本问题的看法，其中最为有名的要属APB Statements No. 4"财务报表的基本概念与会计原则"，这是一份具有概念框架性质的文件，可惜由于其颁布于1970年，而3年后APB就被FASB所替代，所以其理论价值很少有人进行挖掘②。

APB颁布的、可归类于公认会计原则的是"会计原则委员会意见书"(APB Opinions)，前后包括31份。如果说CAP的工作导向属于"就事论事"(Problem By Problem)的话，那么APB的工作方式就是救火式的。其根本原因在于APB意识到、但未能够及早解决CAP缺乏理论和逻辑一致性的缺陷③，因此往往无法对经济环境的变化做出迅速的反应，也无法抵御外来利益集团的压力④，结果在存续了14年左右后为FASB(财务会计

① 我们所熟悉的、经常引用的ARS No. 1"会计的基本假设"(Moonitz, 1961)、ARS No. 3"试论企业广泛适用的会计原则"(Sprouse and Moonitz, 1963)都属于ARS系列。应该说，APB的会计研究部的某些研究成果今天看来仍不显过时，也可以说，直到今天其理论价值才显露出来。但是，其研究成果往往具有和当时会计实务的不相称性，这也是ARS若干研究结论得不到采纳的重要理由(譬如ARS No. 1、3就曾先后被否定)。ARS系列前后共15份。

② 我国著名会计学家葛家澍教授在其系列论文"财务会计的基本概念、基本特征及基本程序"(《财会通讯》)中在国内首次对该公告的价值进行了挖掘和系统阐述。

③ 其1970年颁布的APB Statements No. 4在当时看来可以解决一些该方面的缺陷，但可惜为时已晚！

④ 人们对APB Opinions的不满在APB Opinion No. 2"投资贷项的会计处理"上达到了顶点。此外，由于APB的委员的临时(part-time)性质以及与一些企业具有利益关联性，这也影响了其在会计准则制定中独立进行决断的能力。

准则委员会)所替代。

3. FASB(Financial Accounting Standards Board,财务会计准则委员会,1973—)

FASB的成立,摆脱了CAP和APB隶属于美国会计师协会(AIA)或美国注册会计师协会(AICPA)①的局面,而是由具有广泛代表性的、独立的专职委员所构成,这至少从形式上确保了FASB具有独立性。最为关键的是,FASB成立之初,就集中精力在Tureblood Reports(特鲁伯鲁特报告)的基础上制定财务会计概念框架,以此作为借口(excuse)②抵御外来利益集团的压力。迄今,美国总共制定了7份财务会计概念公告。

FASB成立至今,总共制定了150多份的财务会计准则(FAS, Financial Accounting Standards; SFAS, Statements of Financial Accounting Standards)。FASB之所以能够得以存续至今,其制定的会计准则之所以在受到指责后仍被认为是全世界最为完善的会计标准,主要基于如下几个基本原因:

(1) FASB获得了SEC明确的权威支持③,并与SEC保持密切联系,避免了被否决的尴尬境况。

(2) FASB制定了财务会计概念框架,在理论上使得会计准则的制定相对具有前后的逻辑一致性,可以部分抵御外来集团的压力。

(3) FASB制定会计准则的程序,体现了相对的充分性与透明度。FASB制定会计准则的过程大致要经过以下8个步骤:

● FASB成立应该予以考虑的议题;

● 成立专题性的技术研究小组,在与会计界和工商界交流联系的基础上,编写有关的讨论备忘录(DM);

● 发表DM,给予60天的征求评论;

● 举行公众听证会,邀请对DM的质询或争论;

● FASB在书面评论和听证会意见的基础上编制征求意见稿(ED);

● 公布ED,在30天内征询意见;

● 再次举行听证会讨论ED;

● 根据上述步骤,决定采取以下行动:A正式发表"财务会计准则公告";B继续修改ED; C完全放弃该议题。

(4) FASB不断地改进其制定会计准则的方式,譬如成立"紧急问题工作组"(Emerging Issues Task Force, EITF),用来处理缺乏会计准则的新问题(如当年处理衍生金融工具等)和解决会计实务界对会计准则具体技术性问题的抱怨(如准则过载等)。

---

① AIA为AICPA的前身。

② 详细论述可参见Watts and Zimmerman(1979)。

③ 为了避免由民间机构制定的会计准则的权威性不受尊重,SEC特意在ARS No. 150"关于制定与改进会计原则与会计准则的政策申明"中确立了民间准则制定机构颁布的会计准则的权威性。

二、美国及国际范围内财务会计概念框架的发展历程

鉴于财务会计概念结构对于指导会计准则和提高财务报表的可比性方面的重要作用，西方国家若干年来对之进行了孜孜不倦的研究，并形成了丰富的研究成果。

作为规范财务会计与财务报告的公认标准，会计准则起源于现代企业的两权分离和由此引起的企业内部管理当局（报告提供者）和企业外部投资者和其他利益关系集团（报告使用者）的信息不对称。当然，由会计准则规范的财务报告在一定程度上可以保证会计信息披露的真实公允性，降低使用者用于寻觅信息的交易成本。高质量的财务报告需要高质量会计准则的指引。而会计准则总是以会计的基本概念为基础的，即需要连贯、协调、内在一致的理论体系来支撑。当 1936 年 6 月美国 *The Accounting Review* 发表由美国会计学会（AAA）组织撰写的《公司财务报表所依据的会计原则的暂行说明》①以后，引起了热烈的争论。争论主要表现在涌现出许多处理会计问题的建议和方法需要有评估，寻找其中被普遍认可方法的标准。因而基本概念、基本原则的研究就提到了议事日程上。最早自觉研究用于评估会计准则理论的著作是 Paton 和 Littleton 的《公司会计准则导论》（An Introduction to Corporate Accounting Standards）（AAA 专题研究报告第 3 号）。它不是直接阐述会计准则，而是以 1936 年的"暂行说明"为开端，对 1936 年的会计原则"暂行说明"中的基本概念展开详尽而严谨的研究。正如作者在序言中所说："我们尝试将会计的基本概念交织在一起，而不是像'暂行说明'那样表述准则。我们的意图是构建一个框架，随后在此框架中建立起对公司会计准则的说明。在这里，会计理论被视为一个凝固（连贯）、协调、内在一致的理论体系，而且如果愿意的话，可以用准则的形式予以紧凑地表达出来"（Paton and Littleton，1940）。所以毫不夸大地说，两位作者提出的要有连贯（coherent）、协调（coordinated）、内在一致（consistent）的理论体系来指导会计准则也成为构成 CF 的基本要求。

现在，人们都把美国 FASB 共 7 份财务报告概念公告（目前生效的有 6 份）作为 CF 的范本。美国 CF 的形成是一个不断完善的过程。CF 不同于一般的抽象会计理论，它是用来评估、发展会计准则的理论，而且在缺乏会计准则的情况下，根据 CF 的概念和原则，还能提出具有权威性的会计处理意见以解决新出现的会计问题。这样，我们在研究 CF 的历史发展时，会计理论界的意见，毕竟只能作为参考，而准则制定机构有关会计准则的理论研究的态度、举措及其成果才值得人们更加重视。

历史地考察，包括美国在内的、国际范围内对财务会计概念框架的研究迄今为止大致经历了 8 个阶段②（当然，财务会计概念框架的研究目前仍在继续）：

---

① 这可以说是美国证券市场经过 1929—1933 年大危机崩溃以后，通过了证券法和证券交易法以后，美国会计理论界制订会计准则的最初尝试。

② 其中前 5 个阶段的划分参考了 Peasnell："The Function of A Conceptual Framework For Corporate Financial Reporting"。本章节中，限于篇幅和篇章安排的需要，我们对财务会计概念框架各个发展阶段的论述的详略进行了技术性处理。主要是以美国的财务会计概念框架发展为主线，而且凡是在后面章节将要多次涉及的，则在该部分只进行简单地论及。

(一) 会计原则委员会(APB)研究CF的回顾与评介①②

1. 会计原则委员会(APB)研究CF的回顾

会计原则委员会取代会计程序委员会后的第一件事,就是吸取后者失败的教训,一手抓会计准则的制定,一手抓会计基本理论的研究,因而成立了由专家学者组成的会计研究部(ARD),前者制定的会计准则不再称为ARBs,而改用会计原则委员会意见书(APB Opinions);后者则通过理论研究来支持并发展APB Opinions,这是AICPA吸取CAP的教训而在理论研究方面采取的重大举措③。根据AICPA的会计研究项目委员会的建议,ARD应首先研究作会计原则基础的基本会计假设(basic postulates)和建立在基本假设之上的"公允的、一系列广泛的、同样重要的会计原则"。在该目标指引下,AICPA组织其研究部专家进行研究,Moonitz(1961)的ARS No. 1《会计的基本假设》(The Basic Postulates of Accounting)和Sprouse与Moonitz(1962)的ARS No. 3《试论企业广泛适用的会计原则》(A Tentative Set of Broad Accounting Principles for Business Enterprises)相继出台,这是继1940年Paton和Littleton合著的《公司会计准则导论》后,可用于准则制定的重要基础理论成果,也是由美国准则制定机构自己开展财务会计概念框架研究的发轫与前驱。

尽管这两份文件被APB否决,但它们的创新意义是影响深远的④⑤。ARS No. 1和ARS No. 3与后来FASB对CF研究的思路不同(前者以假设为起点,而后者以目标为起点),而且当时就未被APB所接受,但这两份文献中的一些创新思想(在当时被认为脱离

---

① 存在于1936—1959年的会计程序委员会(CAP)是美国鉴于20世纪30年代经济大萧条在出台证券法和证券交易法以后第一个具有权威支持的民间会计准则制订机构。它发表的代表GAAP的会计准则文献《会计研究公报》(ARBs)常遭到人们的嘲笑。因为这些公报并不是在研究的基础上产生的,而不过是把不同的惯例进行评比、并挑选其中为多数实务界所接受的内容。没有理论根据导致委员们的意见经常产生各执一词的意见,结果只能赋予会计处理方法以较大的弹性,这就造成了相似的企业由于采用不同的会计方法,所报告的净收益便出现了重大分歧。必须指出,CAP并非不注意理论,CAP曾设想先研究一套会计准则的基本理论,然后据以制定会计准则,但要实现这一研究计划,大约需要5年。一方面SEC不允许CAP不解决当前迫切问题而先花五年长的时间去研究会计基本理论,另一方面,美国会计学会AAA已在1936年抢先发表了《公司财务报表所依据的会计原则的暂行说明》,1941至1948年进行了修订,并于1950、1954和1957至1964年多次修订补充。CAP如不迅速针对当时的热点制定会计准则,则GAAP的制定权有可能落入AAA手中。再加上CAP的成员开始只有7人,以后虽然增加到21人,而其成员都是CPA,且均为兼职并无薪给补助。我们估计除SEC的压力外,还由于经费不足和缺乏研究人员,CAP才不得不放弃原先制订基本会计理论的设想。CAP制定的ARBs导致企业报表可比性的降低和不能在解决会计新问题有自己的创见,因而使人们看到:ARBs的制定缺乏理论基础,该缺陷终于成为CAP被APB取代的重要原因之一。

② 由于本部分论及的关于财务会计概念框架的文献年代相对比较久远,不少读者可能不甚熟悉,所以我们将花费较多的篇幅发掘其历史价值,以及其对日后概念框架研究的促进作用。

③ "在1958年AICPA的一个关于研究项目专门委员会建议,开始的研究应以会计假设和会计原则为重点,'假设是为数较少的,但它是建立基本原则的基础'。委员会建议:'一套公允的配套的原则应当在假设的基础上形成'。这份报告得出结论:'一系列原则连同若干假设应当用来作为解决具体问题的参考框架'"(AICPA "Special Committee on Research", 1958, p. 62)。

④ 这两份研究报告发表后,总的来说是毁誉参半。APB Statement No. 1认为,这些报告为解决重大会计问题所提出的参考和建议"部分具有纯理论和探索性质"(in part of a speculative and attentive nature)……因而"这些研究对会计思想是一种有价值的贡献",不过"它们过于激进,同在此时被接受的现行公认会计原则差异太大",因此被APB搁置,实际上被否定(APB Statement No. 1 *Statement by the Accounting Principles Board*, 1962. 4. 13)。那么,这两份文献究竟对会计思想有哪些新贡献呢?APB只是抽象地承认,未作具体分析。

⑤ 正是由于ARS No. 1和No. 3对当前仍有参考价值,我们方不厌其烦地作较为详细的介绍。这里的意图,无非是希望我们在研究CF时,不要过分迷信当前FASB的一套概念公告,而仍应同时以史为鉴。

实务太远)却可以在当前 FASB 和其他国家的 CF 中找到。ARS No. 1 和 No. 3 产生于 20 世纪 60 年代初,两份文件均采用规范—演绎法,它们带有时代局限性是难免的。40 年来,这两份文献早已处于很少受人重视的地位。其实,真理并不会过时,有些观点需要经过长时期的历史检验。如果要认真研究并建立或完善当前的概念框架,正确评价这两份文献的贡献及其局限性,对于后人研究 CF 具有启发意义。

2. 对 ARS No. 1 的评介

我们认为,Moonitz 在 ARS No. 1 中至少有以下三点创新:

(1) 内在一致的会计基本假设体系。

在提出基本假设之前,作者深入地分析了经济、政治和社会环境及其对会计的影响,把基本会计假设分为 A、B、C 三个层次,它们分别是由环境所衍生的假设,深入分析环境和现实会计存在的补充假设,以及为使会计实现其职能的必要假设。

ARS 提出的 14 项假设也是一个内在一致,相互关联的概念框架。这 14 项假设是:

A 组(由环境形成)

假设 A-1:数量化(Quantification)

假设 A-2:交换(Exchange)

假设 A-3:主体(Entities)

假设 A-4:时间分期(Time Period)

假设 A-5:计量单位(Unit Of Measure)

B 组

假设 B-1:财务报表(Financial Statements)

假设 B-2:市场价格(Market Price)

假设 B-3:主体(Entities)

假设 B-4:暂时性(Tentativencss)

C 组

假设 C-1:连续性(Continuity)

假设 C-2:客观性(Objectivity)

假设 C-3:一致性(Consistency)

假设 C-4:稳定单位(Stable Unite)

假设 C-5:披露(Disclose)

从第一层次(A 层次)的"数量化"假设(它是基于有助于制定经济决策的需要)引发了第二层次(B 层次)的"财务报表"假设;从第一层次(A 层次)的"交换行为"假设引发了第二层次(B 层次)的"市场价格"假设;从第一层次(A 层次)的"时间分期"假设引发了第二层次(B 层次)的"暂时性"假设(由于进行会计分期,一个企业的经营成果总要在过去、现在和将来的期间分配)。

(2) 关于市场价格假设。

Moonitz 提出的"市场价格"假设是一个十分重要的假设。他提出:市场价格可分为由过去、现在和未来的交易形成的过去价格（即历史成本）、现在价格（即现行成本和现行价值）、未来价格（如利用未来现金流量和现值技术形成的公允价值）①。这一基本观点在当时成为 ARS No. 3 会计计量原则的基础，却不能为当时的会计界所接受。而 40 年后，它与当前会计界对计量属性的倾向观点（如美国主张"公允价值"、英国主张"现行价值"）则十分接近。

(3) 关于会计职能。

有人批评当时 Moonitz 撰写基本会计假设的一个失误是没有涉及会计的目标。"ARS No. 1 和 ARS No. 3 都没有从什么是公司会计目标或公司会计目标应当是什么开始"②。其实，从假设为起点还是以目标为起点，是人们探索财务会计概念框架的两条不同的思路，当时 AICPA 赋予 ARD 的研究使命是以假设为起点，进而研究普遍适用的会计原则，作为 ARD 的主任，Moonitz 带头执行这一任务是他的职责。何况，在 ARS No. 1 中，Moonitz 也提到了会计的目标，不过他用的术语不是目标(objectives)而是职能(functions)。Moonitz 从会计职能（目标）给出了新的会计定义："会计的职能是：(1)计量特定主体持有的资源；(2)反映在这些主体中资源的要求权；(3)对这些资源，要求权和权益的变动进行计量；(4)确定（分配）特定的时间分期的变动；(5)运用货币当作共同标准来表示前述事项(ARS No. 1, par. 23)。"以上描述的自然是会计的职能，但怎样认识会计的目标呢？"用会计的话说，目标应表述为三个领域：(1)爱好者(The audience)。数据是直接向这些人提供的（"为谁"的问题 The who issue）；(2)职能。数据被用于何种目的（"为什么"的问题 The why issue）和(3)内容分析。什么数据或信息予以传递（"什么的"问题 The what issue）。"③

如果我们根据上列关于会计目标的三项标准来分析 ARS No. 1 中列举的会计定义组成的五项职能，可以看到：

① 关于为谁的问题。Moonitz 的定义是暗示着谁是信息的使用者（例如对主体资源有要求权的投资者和债权人等，而且 Moonitz 提出 A-1 假设中"数量化"中就明确指出：数量化信息的需要是为了满足经济决策）。

② 关于为什么的问题。Moonitz 的定义亦已暗示应用信息的目的（如职能(3)(4)(5)）。

③ 关于传递什么数据与信息的问题。上述中(2)(3)(4)(5)特别是第(5)点是比较明确的。

根据以上的分析，Moonitz 在撰写 ARS No. 1 时已考虑到会计的目标，但不足之处是：他没有提供会计信息使用者所需的信息和会计信息的用途④。但是，过错不在 Moonitz。因为在当时会计目标不是 AICPA 交给 ARD 研究的主题。

其次，从 ARS No. 1 和 No. 3 来看，直接引起 APB 多数成员反感的可能是 ARS No. 3。倘若 APB 接受 ARS No. 3 中一系列广泛适用原则的建议，将要大幅度修改 GAAP 并且与当时 SEC 的观点和会计界的成规有抵触。

3. 对 ARS No. 3 的评价

今天看来，ARS No. 3 有两大新意。它当时所谓"激进"的见解，与当前 FASB 的 CF 几乎不谋而合：

---

① 括弧中的解释在 ARS No. 1 的原著没有，而是我们所加。

② Paul A. Pater. "The Conceptual Framework: Make no mystique about it", *Financial Accounting Theory—issues and controversies*, Third edited by Zeff/Keller.

③ Evans, *Accounting Theory*, 2003, p. 49.

④ 以上的分析参考 Evans, *Accounting Theory*, 2003, p. 51。

(1) 以 ARS No. 1 提出的基本会计假设为前提，本论文集首先研究了财务报表要素的性质及其定义。它所提供的要素定义，与 SFAC No. 6 的要素定义十分接近。

例如，关于资产的定义，ARS No. 3 认为：资产代表预期的未来经济利益和权利，它们是某个企业通过某种现在或过去交易的结果而已经取得的(assets represent expected future economic benefits, rights to which have been acquired by thc enterprise as a result of some current or past transaction)。这个定义与 SFAC No. 6 的资产定义，不同之处仅有两点：①ARS No. 3 的资产定义中包括"权利"，而这一点类似于英国的财务报告原则公告("Statement of principles for financial reporting", 1999. 12, Par. 46)；②上述未来经济利益或权利的取得不限于过去的交易，还包括现在的交易。

(2) ARS No. 3 的创新更主要表现在计量属性的采用。以资产的计量为例，它考虑到既然资产的价值在于它代表未来的经济利益(即能提供未来的服务)，那么资产的计量问题就应当计量其未来的服务。

第一步，计量的基本步骤——决定现存资产的未来服务，如某种设备能提供制造产品的能力；估计未来服务的数量，如一项设备预计可使用 20 年或现仅能再使用 10 年；根据上述估计，要通过以下三种交换价格(exchange prices)即 ARS No. 1 所说的市场价格进行计价：

① 过去的交换价格(A past exchange price)，如取得资产的成本或其他初始计价基础，这时，在资产销售或处置前，不应确认任何损益；

② 现在的交换价格(A current price)，如重置成本。采用这一基础，既要确认重置成本与原始成本的差额(即持有损益)，又要确认销售价格与重置成本的差额(已实现代持有损益)；

③ 未来的交换价格(A future exchange price)，如预计销售价格。如采用这一基础，一切损益均予以确认。

第二步，计量原则(属性之采用)。ARS No. 3 涉及财务报表全部要素的计量原则。以下仅介绍其关于资产要素的计量问题。

由于资产的主要问题是计量其未来经济服务，其计量一般经过前述两个步骤，因此恰当的资产计价和利润分配在很大程度上依靠对存在于资产中未来经济利益的估计。

全部资产不论是以货币为形式或是对货币的要求权都必须表现为现值或等价物(discounted present value or the equivalent)，其贴现率按取得资产日的市场利率(小额的短期应收款项可无须表现为贴现值，但其账面价值应扣除预计折让)。具有不确定性的应收款项应按现行市价表示，当市价也具有不确定性、不太可能实现时，则可按成本列示。

能较快销售的存货(具有预计的处置成本)，应按可实现的净值(net realizable)予以记录，同时反映与之有关的收入。其他存货应记录它们的现行(重置)成本(current /replacement cost)，并分别列示有关的利得或损失(gains or losses)，全部财产和设备项目按取得或建造成本(cost of acquisition or construction)记录，但当发生重要事项如企业重组、合并，在对外报告中，它们必须按现行重置成本重新表述。(以上均见 ARS No. 3 第 7 章 Pars. 53—59 段)

从 ARS No. 3 的创新观点看，Sprouse 和 Moonitz 在 20 世纪 60 年代已经主张采用现行(重置)成本会计，而同当时 SEC 和 APB 所维护、美国会计界所广泛推行的历史成本相对立。他们当时在会计计量问题的主张比 24 年后 FASB 发布的第 5 号财务会计概念公告(1984 年 12 月)要进步得多，而且观点非常明确。FASB 的 CF，一个重大缺点是它对要素的定性虽然是面向未来(实际上基本上是参考了 ARS No. 3 关于要素的定义),而对要素的定量却又采取折中观点——各种计量属性同时并用,因而在要素的定义中,定性说明与定量描述经常处于矛盾之中。ARS No. 3 则不同,例如资产,它定义了资产是未来的经济利益,在计量中就基本扬弃了历史成本而倾向于现行成本和未来的现金流量的贴现值。

4. 对 APB Statements No. 4 的评价

ARS No. 1 和 No. 3 被 APB(实际上是 SEC)否定后,ARD 则由格雷·保罗(Grady Paul)采用规范—归纳法把企业中流行的会计惯例、规则于 1965 年汇总为一份 GAAP 的文献,即 ARS No. 7"企业公认会计原则汇总"(Inventory of General Accepted Accounting Principles for Business Enterprises)。这份得到 APB 支持的研究论文集,只是整理描述当时的会计实务,几乎没有什么新意。就在 60 年代初,APB 发表的第 2 号意见书"投资贷项的会计处理"(Accounting for The Investment Credit, 1962. 12)因主张递延法而与 SEC 主张"流尽法"相背离,不得不于 1964 年 4 月重新发布第 4 号意见书取代第 2 号意见书而允许两种会计处理均可使用,这显然打击 APB 制定的意见书的威信。基于这一事件,AICPA 一方面在 1964 年 10 月 2 日在理事会致 AICPA 成员的一封信中表示,给予 APB Opinions(也包括 ARBs)以重大的权威支持①;另一方面它仍然认为应改由 APB 继续研究与会计准则相关的基本理论。AICPA 于 1964 年 3 月成立了一个对会计原则委员会意见书重新检查的专门委员会。这个委员会向 AICPA 理事会提供一份报告建议:

APB 应当尽快地:

- 对于公开发表的财务报表,提出该报表的目标和局限性的观点;
- 列举并描述会计原则所依据的基本概念;
- 陈述会计实务和会计程序必须遵循的会计原则;
- 对会计职业界的专业用词,如"重大权威支持"、"概念"、"原则"、"实务(惯例)"、"程序"、"资产"、"负债"、"收入"和"重要性"给出定义②。

由于 AICPA 的督促,并对其应研究的基本概念、原则做出明确的指示,APB 再次作了研究会计概念框架的努力,其结果于 1970 年 10 月形成了 APB 的第 4 号报告《企业财务报表的基本概念和会计原则》。按照 APB 自己的话说,这份报告基本上是描述性的而不是演绎性的。我们不能因为 APB 自己的谦虚而贬低第 4 号报告的作用。APB 第 4 号报告作为一份历史的财务会计理论文献既对当时的会计实务作了描述与概括,又对若干基本概念(尤其是会计的目标)以及公认会计原则的各个层次作了系统并有一定创见到分析,如同 ARS No. 1 和 ARS No. 3 一样,APB 第 4 号报告对后来 FASB 的 CF 的形成与发展,具有相当大的影响。1970 年,在题为"编制企业财务报表的基本概念与会计原则"的第 4 号报告中,AICPA 所属的会计原则委员会(APB)列举了财务会计的 13 项基本特征:

- 会计主体(accounting entity);
- 持续经营(going concern);

① 见 APB Opinion No. 6 附录 A. 1965. 10。

② "关于会计原则委员会意见书的专门报告"的摘要,参见 Zeff/Keller, *Financial Accounting Theory: issues and controversies*, 1985, pp. 87—88。

- 经济资源与义务的计量(measurement of economic and obligation);
- 时间分期(time period);
- 按货币计量(measurement in term of money);
- 应计(accrual);
- 交换价格(exchange price);
- 近似值(approximate);
- 判断(judgment);
- 通用的财务信息(general—purpose financial information);
- 基本相关的财务报表(fundamentally related financial statements);
- 实质重于形式(substance over form);
- 重大性(materiality)。

我们应当怎样评价APB第4号报告?这份报告并非完全采用描述法,它也采用了演绎的方法。例如,该委员会首先提出了财务会计和财务报表的目标(包括一般性目标和质的目标)。也就是既说明了目标,又说明了会计信息的质量特性(APB No. 4 Pars. 73—113)。这些通过演绎而提出的全新观点对于后来的特鲁伯罗德报告(Trueblood Report)和FASB的第1号概念公告都有重要的启示。此外,APB第4号报告还有以下一些关于企业财务会计的新观点:

(1) 它最早正确地把发展到20世纪70年代的企业财务会计定义为"会计一个分支,是……以货币定量方式提供有关企业经济资源及其义务的持续性历史,也是提供改变那些资源及义务的经济活动的历史"(Par. 41)。当然,主要"提供历史信息"既代表财务会计的特征,也反映财务会计与报表的局限性①。

(2) 它第一次明确地概括了财务会计的十三项基本特征。这些特征都是环境的产物。例如,在商品经济中,货币是最重要的交换媒介,于是形成了"货币计量"这个特征。现代市场经济中,经济活动的复杂性和不确定性是"估算"和"判断"两个特征的基础(Pars. 114—129)。

(3) 它也是第一次对公认会计原则(GAAP)给出权威定义:"公认会计原则代表某一特定时期有关下列事项的一致意见:何种经济资源及其义务应由财务会计作为资产予以记录;资产与负债的何种变动予以记录,这些变动应予何时记录?资产和负债及其变动应如何计量,何种信息应予披露,应如何披露以及应编制何种财务报表"(Par. 137);"公认会计原则是财务会计中的一个术语。公认会计原则包括某一特定时刻为公认会计实务所需要的各种惯例、规则和程序。公认会计原则不仅包括一般的应用上的广泛指南而且包括详细的实务和程序"(Par. 138)。

APB第4号报告把公认会计原则分为"普遍性原则"(pervasive principles)、"广泛适用原则"(broad operating principles)和"详细会计原则"(detailed accounting principles)三个层次。

---

① 在1978年,FASB发表的第1号财务会计概念公告中同样承认,"编制财务报告所提供的信息,主要是已经发生的业务和事项的财务结果。……信息主要是事后的"(SFAC No. 1, Par. 21),显然,它参考了APB第4号报告的提法,只是在表述上有所不同。

普遍性原则是用来确认和计量影响企业财务状况和经营成果的各种事项的原则，它分为(1)普遍计量原则和(2)修正性惯例。

普遍计量原则涉及资产负债初始记录、收益的决定、收入和实现、费用的确认和计量单位等问题。其中，至少有两点是被当前的 FASB 所参考并加以发展，那就是收入实现和费用确认的指南①：

① APB 第 4 号报告对收入的实现(realization)提出两个条件：

第一，盈利的过程已完成或基本完成；

第二，交易行为已经发生。

② APB 第 4 号报告对费用的确认提出三种标准：

第一，因果联系(与收入有因果联系的费用)
第二，系统而合理的分配
} 通过配比程序

第三，中期确认——列为当期费用直接计入损益②。

修正惯例主要有稳健性、注重收益、会计界总体应用判断等三项。

广泛适用的原则是比普遍原则具体，但又不如详细原则那么具有操作性的一般化原则。例如资产的减少，按广泛适用的原则是按该资产入账金额(一般为历史成本)计量，但是，实际应用时则受详细原则(如先进先出法、后进先出法、平均成本法)的支配(见 APB Statement No. 4，Par. 181 M1-B "Discussion")。

广泛适用原则旨在指引财务会计事项的选择、计量及报告。如上所述，这一原则的运用往往通过详细原则，而且其例外处理更可能属于详细原则。广泛适用原则由选择事项(欲确认和报告的事项)、分析事项、计量影响、分类所计量的影响、记录所计量的影响、汇总所记录的影响、调整记录和传递所处理的信息等八大指引适用(操作)的原则所构成，并可分为选择与计量原则、财务报表表述原则两大类③。

总起来看，APB Statement No. 4 系统地总结了当时财务会计界被广泛接受的实务，定义了"财务会计"、"公认会计原则"等会计的基本概念；第一次提出财务会计的基本特征、一般目标和质的目标；描写了构成详细原则(当时的 GAAP)的两个基础性的会计原则(普遍原则和广泛适用原则)并为确认(尤其是收入与费用的确认)、计量和报告提供一些基本指南。所有这些，对后来 FASB 研究财务会计概念框架都有显著的贡献。我们应当肯定：除 ARS No. 1、ARS No. 3 之外，APB Statement No. 4 也是研究美国 CF 的沿革与发展的重要文献④。

(二) Trueblood 报告对 CF 的贡献

在 AICPA 负责制定 GAAP 期间，所作的最后一项促进 CF 发展的有意义的工作是：

1971 年 1 月，AICPA 的理事会召集了代表 21 个主要会计师事务所的 35 位著名会计师研讨会计准则的制定。在充分讨论以后，会议坚定地促使 AICPA 主席成立两个委员会，一个以 Francis M. Wheat 为首的会计准则建立委员会和以 Robert M. Trueblood 为

---

① 见 SFAC No. 5，Par. 50 和附注 30(即 Par. 50 的脚注)。

② 见 APB Statement No. 4 Pars. 157—160。

③ 详细原则不可能一一列举，它主要体现在当时代表 GAAP 的文件 ARBs 和 APB Opinions 中(Pars. 203，224)，SEC 的文告也是详细原则的来源(Par. 205)。

④ APB Statement No. 4 的基本内容是面向过去，对会计目标的关注不够，构成了它的重要局限性。

首的财务会计目标委员会。前者研究的结果是建议组建独立、超然的 FASB 取代完全由 AICPA 控制的 APB,后者则于 1973 年 10 月发表著名的特鲁伯罗德报告(Trueblood Report)——"财务报表的目标"。这份报告是由 AICPA 发表的,但却作为重要的理论遗产留交接替 APB 的 FASB[①]。AICPA 要求 Trueblood Committee 回答四个问题:

- 谁需要财务报表?
- 他们需要什么信息?
- 会计师能够提供他所需要的信息是多少?
- 要提供所需要的信息应建立什么框架?

Trueblood Committee 集中了学术界、实务界和咨询专家进行了研究并听取了超过 5 000 家公司和其他组织的意见,举行了超过 50 次面谈和由国家机构与会计职业界团体参加的 35 次会议,并在纽约举行三天公开听证会。

Trueblood Report 共提出 12 项目标,其实是以一个目标为主,其他名为目标,实为对该目标按 AICPA 提出的 4 个问题分层次进行的补充说明。例如:

基本目标是决策有用性——即用于做出决策(①decision making),接下来的 4 个目标是提出使用者和用途(②一般使用者、③用途、⑪组织、⑫社会),以下的目标是指使用者(实际上是指企业)研究需要的信息(④盈利能力和⑤受托责任),第 6 项目标是描述信息的(⑥真实的和解释性的),第 7、8、9、10 项是指提供上述信息应编制的四类财务报表(⑦资产负债表、⑧收益表、⑨财务活动表、⑩财务预测表)。

Trueblood Report 还提出对后来 FASB 制定 CF 有参考价值的 7 项财务报告的质量特征:①相关性和重要性;②实质重于形式;③可靠性;④不偏不倚(中立性);⑤可比性;⑥一致性;⑦可理解性。

(三) ASC 的《公司报告》对 CF 的贡献

关于财务会计概念框架的第三次努力是英国的 ASC(Accounting Standards Committee)提出的题为《公司报告》的讨论稿(1975)。这份报告在目标、确认、计量,特别是应发展的新的财务报表和报告等方面均有新意。这份报告对传统的会计与报告模式提出了猛烈的抨击,它坚决主张用现行成本取代历史成本。ASC《公司报告》中的诸多观点,直接影响到日后 ASB 制定的具有财务会计概念框架性质的公告"公司财务报告的原则公告"。该报告的主要内容包括如下几个部分。

1. 概念与目的

(1) 基本宗旨。主要包括谁应该向谁报告什么(who should report what to whom)、公共责任、公司报告的使用者等。

(2) 使用者及信息需求。主要包括使用者群体的辨别、权益投资者集团、雇员集团、债权人集团、分析咨询者(analyst-adviser)集团、企业契约集团、政府、公众。

(3) 公司报告的目标。包括基本目标、需要的特征及披露限制等。

(4) 财务报告现状评论。包括传统的观点、公司报告的特征、公司以外其他主体的公

---

① 以上参见 Zeff/Keller 主编 *Financial Accounting Theory — issues and controversies*, 3rd edition, 1985, pp. 86—87。

司报告、公司法、私有部分主体、地方政府、中央政府、其他公共组织、社会及行业发展部门、企业目标、额外需要的业绩指标等。

2. 计量与方法

(1) 信息交流、公开、频率和传播。

(2) 公司报告的范围与内容。包括现行报告实务的缺陷、需要的其他报表、增值表、雇员报告、与政府之间的货币互换报表、外币交易报表、未来发展前景报表、公司目标表述、社会会计、披露及分解、其他报表等。

(3) 财务报表中的概念与计量。包括基本报表、收益表、财务状况表、资金流动表、利润概念、计量基础、历史成本、现行购买力(Current Purchasing Power, CPP)基础、重置成本、可变现净值、企业价值。

(四) FASB 的 SFACs No.1—6①

财务会计概念框架的第四次重大尝试是 FASB 关于概念框架的一系列研究成果。从 Con1—Con6(当时 FASB 的概念公告只发表到第 4 号)②。

SFAC No. 1:企业财务报告的目标(Objective of Financial Reporting by Business Enterprise, 1978. 12);

SFAC No. 2:会计信息的质量特征(Qualitative Characteristics of Accounting Information, 1980. 5);

SFAC No. 3:企业财务报表的要素(Elements of Financial Statements of Business Enterprises, 1980. 12);

SFAC No. 4:非盈利组织的财务报告目标(Objective of Financial Reporting by Nonbusiness Organization, 1980. 12);

SFAC No. 5:企业财务报表的确认与计量(Recognition and Measurement in Financial Statements of Business Enterprises, 1984. 12);

SFAC No. 6:财务报表的要素(替代 SFAC No. 3, Elements of Financial Statements)。

(五) CICA 的努力③

第五次尝试研究则是 Edward Stamp 的研究报告,它得到加拿大的特许会计师协会的支持(CICA, 1980)。1988 年 10 月,CICA 在它的手册中正式加进了第 1 000 节“财务报表概念”(Financial Statements Concepts, FSC)。

---

① 除了上述的 6 份财务概念公告之外,FASB 还试图进行其他概念框架的研究,但有的已经流产,有的最终颁布了会计准则,从中我们可以体会美国在财务会计概念框架研究过程中的苦苦探索,也可以透析财务会计概念框架和会计准则的区别:(1)计量——价格变动计量(1973. 4),最终分别于 1979 和 1986 年颁布了 FAS33 和 FAS89;(2)价格变动——特定资产项目处理(1978. 12),最后于 1980 年颁布了 FAS39—41;(3)盈利报告(1977. 12),最终颁布了“盈利报告(DM)”;现金流动与流动性(1978. 12),预定于 1982 年颁布 DM,但仅在 1981 年颁布了草案“企业收益、现金流动和财务状况”,此后 1987 年颁布了 FAS95“现金流量表”;(4)“财务报告形式与其他手段”(1978. 12),于 1980. 5 公布了 DM。

② 第一到第四个阶段的尝试,准则制定机构碰到了困难,而推出这些具有财务会计概念框架性质的文件时,争议又很大(参见 R. V. Peasnell, The Function of Conceptual Framework for Corporate Financial Reporting, Selected from Bloomd/Elgers, *Foundations of Accounting Theory and Policy*, 1995, pp. 285—286)。

③ 由于从(五)至(八)涉及的 CICA、ASB、IASC 及 SFAC No. 7 我们后面的章节还要详细论述和多次涉及,所以本处我们的介绍从略。

（六）IASC 的 Framework

1989 年 7 月，IASC 也公布了《编报财务报表的框架》，同时，IASC 颁布的《财务报表的可比性》的征求意见稿（如 1989 年 9 月）和次年由 IASC 理事会作为批准 ED32 的文件《财务报表的可比性的意向书》，都起了与概念框架相似的作用；1995 年 IASC 着重研究《财务报表表述》(Presentation of Financial Statements)，以指导 IAS1（1997 年已由 IASC 理事会正式通过为一项准则，将取代 IAS1）、IAS5 和 IAS13 的改革，并完善充实《编报财务报表的框架》中未曾涉及的财务报表"表述"的基本概念（参阅 IASC 在 1995 年 3 月由财务报表的表述筹划委员会发表的《原则说明初稿》(Draft Statement of Principles) 和 IASC（1997 年修订））。

（七）英国 ASB 的"财务报告原则公告"

1999 年，英国 ASB 在经过 4 年的充分酝酿和征求意见之后，重新发表了很具特色的、完整的"财务报告原则公告"(Statement of Principles for Financial Reporting, SOP，即英国的《概念框架》)。该原则公告不仅包括了各国和 IASC 概念框架中所有已包括的内容，并有自己的独特见解；而且它还增加了"财务报表表述"和"报告主体"两个新的部分。

（八）SFAC No.7

第 6 份财务会计概念公告后，时隔 16 年，美国财务会计准则委员会颁布了第 7 份财务会计概念公告"在会计计量中利用现值技术"，为衍生金融工具等新问题的确认和计量起到了坚实的指导作用，既为从 1990 年开始的、对现值计量孜孜不倦的探索和研究画上了一个"逗号"①，也纠正了之前财务会计概念公告（SFAC No. 5）中将现值（未来现金流量贴现值）当作一种计量属性的观点。

第二节　财务会计概念框架的作用

关于财务会计概念框架的作用，FASB 曾作了如下精彩而具有代表性的描述："通过制定财务会计报告的结构和方向，促进公正的（不偏不倚的）财务和相关信息的提供，有助于发挥资本和其他市场的职能在整个经济中有效地配置有限的资源。预期这一概念框架将能为公众的利益服务"②。FASB 的财务会计概念框架颁布后，总体上看就成为各国准则制定机构的重要参考，成为他们制定具有财务会计概念框架性质的文件时的重要参考——甚至说被各个国家的会计准则制定机构奉为圭臬也不过分③。具体地说，财务会

① 1988 年 10 月，FASB 颁布了"全面考虑会计计量中的现值问题"，经过若干年的不断改进，最终于 2000 年 2 月颁布了 SFAC No. 7。

② FASB, SFAC No. 2, 1980；或"Accounting Standards", original pronouncements, 2002/03。

③ 但是，各国并非完全照搬，而是进行了适当的发展，这是财务会计概念框架作为会计理论的一个分支（财务会计概念框架已经日益成为当代会计理论的核心内容之一，譬如 Evans 2003 最新的一本 *Accounting Theory* 著作就是围绕财务会计概念框架及其相关问题展开论述的；国内葛家澍、刘峰 2003 出版的《会计理论》副标题即为"关于财务会计概念结构的研究"）得以发展的关键。譬如澳大利亚具有概念框架性质的文件——《会计概念报告》(Statements of Accounting Concepts, SAC) 中，就强调：会计准则是概念报告的补充，当会计准则与概念公告发生冲突时，会计准则具有优先性。从中熟悉美国、英国和国际会计准则委员会等颁布的各种概念框架的学者不难看出其特色之处。

计概念框架有以下几个作用。

一、评估并据以修订既有的会计准则

财务会计概念框架的评估作用体现在,它可以用来定期对业已制定的会计准则的质量进行评估,看其是否与财务会计概念框架的逻辑相一致(如会计要素的定义是否得到贯彻、确认和计量的结果是否符合会计目标等)。1996 年,在美国 AAA 和 FASB 召开的财务报告研讨会上,参加者 75 人(包括 40 位学术界人士,16 位准则制定界人士,4 位来自法律制定机构,9 名注册会计师和 6 名财务分析家)在会前会后两次参加评估已经生效或尚未生效的 FASB Statements 或 APB Opinions,第一次参加评估者 57 人,第二次参加评估者 42 人,评估的结果就是评出了最好的(Best)和最差的(Worst)的会计准则各 5 份,最好的(高质量的)5 份准则包括 FASB Statement 106、95、5、87、107;最差的(低质量的)5 份准则包括 FASB Statement 13、16、123、2、15①。

此外,评估者还借鉴财务会计概念框架等对于“最好”和“最差”的会计准则都说明了理由。以被评估为最好的会计准则之一的 FASB Statement 95 为例,其所以被评估为“最好”的,是基于以下理由:①提供了报告现金流量信息的标准方法,从而使现金流量信息更加协调一致和更加可比;②所提供的新信息在财务报表的其他地方没有报告;③有合理的概念基础(财务会计准则委员会的概念公告要求报告现金流量信息);④对投资者提供有用的基本信息;⑤国际上普遍认可该准则(各国包括国际会计准则委员会也都建立此项准则);⑥现金流量表信息比财务状况表提供的信息更相关,更有用和更好理解。

再以被评估为最差的准则之一的 APB Opinion 16“企业兼并”为例,其之所以是最差的,理由如下:①该项准则导致企业在兼并时的会计处理任意选择股权集合法或者购买法;②准则对兼并的认识是形式胜于实质;③准则导致相似的企业兼并产生不同的会计处理结果;④导致企业兼并的高成本,因为许多会计主体试图创造条件来满足股权集合法的标准;与此同时,将逃避 SEC 的强制行动;⑤大多数国家的企业兼并,很少符合美国股权集合法的会计处理标准,因而很少采纳股权集合法。这样,美国的该项准则就与各国普遍采用的会计惯例步调不一致。

财务会计概念框架的评估作用不难理解,因为作为财务会计的规范不是一成不变的。会计准则保持其有用性依赖于它能随着市场经济环境的变化和使用者提出新的信息要求而定期(当然不应当频繁)加以评估并进行必要的修改。在评估和修改时,对于该准则的规范是否内在一致,所引用的概念是否逻辑严密并在所有准则中是否统一使用它们等问题,须有一个理论体系可供参考。财务会计概念框架正是一把可用于评估会计准则的理论尺子。近年来,国际会计准则委员会(IASC/IASB)卓有成效地运用概念框架并结合其他要求,修订了一系列已发表的国际会计准则(IAS/FRSs)的行为足以证明:在评估未来修订已发布的会计准则中,概念框架可以发挥重要的作用。IASC 成立于 1973 年,1975 年才颁布 IAS1。从 1975—1987 年,即 IASC 发表了 26 个左右的

① 参考了葛家澍,“美国关于高质量会计准则的研究及其对我们的启示”,《会计研究》,1998.10。

IAS之际,它逐渐发现:为了使IAS得到广泛的认可,在已发表的IAS中,允许各国可自由选择的会计处理方法过多,因而降低了财务报表的可比性,失去了遵守IAS的原意,这样的IAS是不能适应国际资本日益要求在全球自由流动的需要的。此时,证券委员会国际组织(International Organization of Securities Commissions, IOSCO)也对IASC施加压力,要求IASC在IAS中删除过多的自由选择处理,要促进各国会计准则在国际会计准则基础上的协调,努力提高各国财务报表的可比性,要有助于国际资本的流动决策。1978年3月,IASC理事会任命一个"可比性策划委员会"(Comparability Steering Committee)研究可比性项目的征求意见稿。

1989年1月,由IASC正式公布了题为"财务报表可比性"的征求意见稿(ED32)。ED32建议研究10类共29个问题。归纳起来,包括:①建议取消23种现在允许备选的会计处理;②在保留会计选择的前提下,建议IASC应提出"优先的会计处理"(Preferential Treatment),以提高可比性;③建议修订现有的13个IAS。IASC理事会在充分听取各方意见的基础上,提出:需要根据4条标准来判断备选的会计处理是保留或取消并主张改用"基准的或必需的会计处理"(Benchmark or Required Treatment)取代E32提出的"优先的会计处理"一词。IASC理事会提出的评估准则的4条标准中的第2条就是要遵守"编报财务报表的框架"(该框架与E32同时发表,当时尚为一份征求意见稿)。随后,IASC理事会形成了一份可以据以修改国际会计准则的重要文件"财务报表可比性意向书"(Statement of Tent-Comparability of Financial Statements)。根据IASC理事会的"意向书",1993年11月,下列10份已发表的IAS经过重大修订后重新予以发布并对1995年1月1日开始或以后开始的会计报告期编报的财务报表生效(包括IAS2存货;IAS8本期净损益、基本错误和会计政策变更;IAS9研究与开发费用;IAS11建造合同;IAS16财产、厂房和设备;IAS18收入;IAS19退休金费用;IAS21外汇汇率变动影响;IAS22企业合并;IAS23借款成本;此外,1997年7月IASC理事会又通过了修订的IAS1"财务报表表述")。到2000年为止,IASC已经修订和颁布了40份国际会计准则(IAS)。

在IASC"编报财务报表的框架"这份具有概念框架性质的文件的指引下,为了达到会计准则国际协调化的目的,国际会计准则委员会付出了艰辛的努力:1998年,IASC提出了"重塑IASC的未来"的报告,力争国际会计准则(核心准则)能够得到美国的首肯;1999年12月及2000年5月,修改IASC的章程;2001年4月,IASC改组为IASB,制定和颁布国际财务报告准则(IFRSs)。随着欧盟等越来越多的国家表示愿意接受并执行国际财务报告准则(IFRSs),改组后的国际会计准则理事会(IASB)必将在会计准则协调化进程中继续发挥不可替代的作用。

二、指导会计准则制定机构发展新的会计准则

过去的会计准则,基本上是在一些流行的会计惯例的基础上归纳而成的,常常不能保证前后连贯和内在一致,主要是缺乏理论的指导。有了概念框架之后,情况有所不同。以美国会计准则为例,20世纪70年代末,美国的通货膨胀率高达10%以上,各界纷纷抨击现行财务报告模式。著名会计学家Sterling甚至认为,公司按历史成本为计量属性的财

务报告是无用的(Fortune, 1980.1.14, PP.105—107)。但是,不按历史成本计量属性编报财务报表又会同一系列GAAP相矛盾,准则机构此时处于两难境地。FASB在1978年11月发表了第1号概念公告,就为解决这一难题提供了指南,在第1号概念公告(Con.1)中,FASB建议把财务报表扩大为财务报告,并认为财务报告仍以财务报表为中心,仍遵守当前的GAAP编制并需经过注册会计师审计,而财务报告的另一部分被定义为"传递直接或间接地与会计系统所提供的信息有关的各种信息的其他手段"(SFAC No.1, P.7),简称"其他财务报告"。其他财务报告可不必遵守GAAP,也不必经过审计而只需请外界专家(包括注册会计师)审阅,运用第1号概念公告中关于财务报告和财务报告的关系的概念,FASB于1978年11月顺利地发布了第33号财务会计准则(FAS33)——"财务报告与物价变动"。这份准则规定,凡适用该准则的上市公司,其提供的财务报告可分为两部分:一部分为财务报表,仍按原先的GAAP编制;另一部分为其他财务报告。由其他财务报告补充提供物价变动影响的信息。此类信息主要指:持续经营下的经营收益、存货、财产、厂房、设备等受到的物价变动的影响。其影响又分别按一般物价水平(不变价格美元)和现行成本加以衡量。就是说,关于物价变动的影响,既反映一般购买力的变化影响,又反映具体资产的价格变化影响。再如,FASB第1号概念公告(1976年11月)和第5号概念公告时都强调:主要的外部会计信息使用者"普遍关注企业创造有利的现金流动的能力"(Con.1, P.25)。因为他们所投资、贷款或参与其他业务的企业的期望收入,取决于他们能从该企业收入现金的前景即创造有利现金流动的能力。第5号概念公告明确要求:一个企业需要编制几张财务报表形成整套财务报表。在整套财务报表中应有报表表明"该期内的现金流量"(Con.5, 1984, Par.13)。根据第1号和第5号财务会计概念公告的建议,FASB终于把企业对外公布的第三报表——财务状况变动表改为"现金流量表",即1987年11月公布的FAS95。

譬如,在美国财务会计准则委员会(FASB)的第3号财务会计概念框架①——"财务报表的要素"中,提出了10个会计要素,分别是资产、负债、所有者权益、收入、费用、利得、损失、业主提款、业主投资、全面收益(comprehensive income)。虽然当时并未看出在美国的财务会计概念框架中设置全面收益后有何具体的行动,但时隔10余年后,美国的会计准则制定做出了回答,那就是以概念框架的全面收益概念为基础,制定了SFAS130"报告全面收益"。这可以看作是财务会计概念框架直到会计准则制定和发展新会计准则的一个具体应用。此外,当经济环境的变化需要制定新的会计准则,而又无法在财务会计概念框架中找到具体指导时,财务会计概念框架可能因此带来了修订或增添的必要。譬如衍生金融工具的出现要求公允价值成为其唯一的计量属性,但是公允价值作为一种计量属性如何确定却缺乏应有的理论基础,所以FASB从1990年开始,通过一系列的征求意见稿(ED)、讨论备忘录(DM)之后,终于在2000年、时隔15年后颁布了其第7份财务会计概念公告——"在会计计量中运用现值技术"②,进一步完善了财务会计概念框架的体

① 后来被SFAC No.6所取代。

② 该份财务会计概念公告的另外一个作用还在于修订了其在SFAC No.5中的一个观点,那就是现值(即未来现金流量的贴现值)不是一种计量属性,而是一种搜寻公允价值的计量技术。

系,也为日后的会计准则制定提供了应有的理论与“借口”(excuse)①。

三、在缺乏会计准则的领域内起到基本的规范作用

财务会计概念框架的第三个作用是它在缺乏公认会计准则的领域可以起到对会计实务的基本规范作用。但是,直接根据概念框架来解决实务问题的事例还不多,这是因为在美国,FASB 反复强调“概念公告”并不制定 GAAP 或在公布的财务报告中披露财务报表以外的财务信息的准则,也不涉及 AICPA 的职业道德规范如“行为守则”第 203 条和第 204 条的应用(按照这两条守则的规定,如果企业的财务报表严重地偏离了 GAAP,注册会计师不得出具无保留意见的审计报告。除非这种偏离有充分的理由)。但注册会计师若同意偏离 GAPP,除必须说明偏离的理由外,还必须将偏离 GAAP 导致的财务影响,在审计报告上作量化反映。若财务报表的编报同概念公告的规定不一致,FASB 明确表态:这种情况不适用行为守则第 203 和第 204 条,注册会计师不应当仅仅根据这一点而拒绝出具无保留意见的审计报告。在这里,FASB 明显地未把概念公告列入 GAAP。

财务会计概念框架属于公认会计原则体系的最后一个层次,虽然其本质不属于会计准则,但在出现新的情况、面对经济环境中的新问题,而又缺乏相关会计准则对该业务进行规范时,可以作为一种替代性的规范文件。1992 年,美国审计准则公告 69 号(Statement on Auditing Standards, SAS69)却做出同 FASB 不一致的规定——在题为“在审计师的报告中遵守公认会计原则公允表达的含义”中,SAS69 认为,应当广义地理解“GAAP”体系。GAAP 也是一个多层次由权威性不等的会计文件和文献所构成。SAS69 把代表 GAAP 的文件文献,按其权威性高低列出 a、b、c、d、e 五个层次:

(a) 财务会计准则委员会的准则公告和解释(FAS and FIN),会计原则委员会意见书(APB),AICPA 的会计研究公报(ARB)。

因为这三类都属于准则机构所制定,明确作为 GAAP,经过公开讨论,征求了意见并正式发布,所以,权威性最高,优先采用。

(b) 财务会计准则委员会业务公报(FASB Technical Bulletins),AICPA 的行业审计与会计指南(AICPA Industry Audit and Accounting Guide),AICPA 的立场公告(AICPA Statements of Position)。

(c) 财务会计准则委员会紧急问题工作组的一致意见 (Consensus Positions of the FASB Emerging Issues Task Force), CPA 的实务公报(AICPAP Practice Bulletins)。

(d) AICPA 石油和天然气的会计解释(由 FASB 出版),以及被广泛认可和相关的行业实务(AICPA Accounting Interpretation)。

(e) 其他会计文献包括:财务会计准则委员会的概念公告,会计原则委员会报告,AICPA 专题论文,国际会计准则,政府会计委员会准则公告、解释和业务公报等。

---

① Watts 和 Zimmerman(1979)指出,理论研究的一个主要目的就是提供一种所谓的“借口”,以抵御外来利益集团的压力。美国的财务会计概念框架的作用也具有该方面的功能。

第四章

财务会计概念框架:国际比较与综评

财务会计概念框架(Conceptual Framework for Financial Accounting, CF)作为一个专门术语,最初出现于美国财务会计准则委员会(Financial Accounting Standards Board, FASB)成立之后①。但是,制定财务会计概念框架的思想的出现,却比财务会计概念框架作为一个术语的出现要早得多。实际上,自从1961年美国的会计原则委员会(Accounting Principles Board, APB)下属的会计研究部(Accounting Research Division, ARD)成立并开始公开出版其研究成果——会计研究系列(Accounting Research Study, ARS)时,系统地对财务会计概念框架进行的研究实质上就已经开始了。而广义地看,该领域的研究还应该追溯到Canning的《论会计中的经济学》、Paton和Littleton的《公司会计准则绪论》等。

目前,不同国家对财务会计概念框架性质的公告的名称也不尽一致,譬如英国的会计准则委员会(Accounting Standards Board, ASB)制定的类概念框架称为"财务报告原则公告"(Statement of Principles for Financial Reporting, SP),国际会计准则委员会制定的具有概念框架性质的文件称为"编报财务报表的框架"(Framework for The Preparation and Presentation of Financial Statements),澳大利亚的类似文件称为"财务会计概念公告"(Statement of Accounting Concepts, SAC),加拿大特许会计师协会(CICA)制定的具有财务会计概念框架性质的文件则称为"财务报表概念"(financial statement concepts)等。不论名称是否相同,其实质是相同的,即都是对财务会计和会计准则制定过程中涉及的一些基本概念进行研究,借以更好地指导会计准则的制定(FASB、ASB、IASC/IASB、CICA)或会计实务,为其提供一个更一致的概念基础,并作为评估既有会计准则质量的一个重要标准,指导发展新会计准则。

综观目前各个国家及国际组织的准则制定机构制定的财务会计概念框架,美国、英国及国际会计准则委员会的CF更具代表性。所以,本章的阐述将以美国、英国及国际会计准则委员会的CF比较为主线,再综合考虑其他国家准则制定机构制定的CF的典型特点,通过比较得出我国财务会计概念框架制定中可资借鉴的内容。

第一节　关于各国CF的简单列表比较②

表4-1列示了主要国家CF内容的比较。

---

① 见1976年12月美国财务会计准则委员会(FASB)公布的《财务会计概念结构:财务报表的要素及其计量》。

② SFACs代表美国的财务会计概念框架、SP代表英国的财务报告原则公告、IASC框架代表国际会计准则委员会的财务报表编报框架、FSC代表加拿大的财务会计概念、SAC代表澳大利亚的会计概念公告。

表 4-1　主要国家 CF 的简单列表比较

（一）目　　标	
SFACs	向投资人、债权人和其他类似信息使用者提供有助于经济决策的信息。
IASC 框架①	提供在经济决策中有助于一系列使用者关于企业财务状况、经营业绩和财务状况的信息，反映企业经营管理层受托责任的信息。
SP	(1) 提供企业财务业绩、财务状况的信息要有助于帮助一系列使用者评估管理当局的受托责任和进行经济决策； (2) 上列信息符合现在的和潜在的投资人需要； (3) 现在的和潜在的投资人需要报告主体有关财务业绩、财务状况的信息并用来评估其产生现金(时间和不确定性的)并估计主体的财务适应能力。
FSC	财务报表的目标是传输有助于投资人、组织成员、捐赠者、债权人和其他使用者用来进行资源分配决策和评估管理当局受托责任的信息。
SAC	通用的财务报告提供信息给使用者，用于做出并评估有关稀缺资源分配的决策。
（二）会计信息质量特征	
SFACs	主要质量特征：相关性与可靠性 次要质量特征：可比性与中立性
IASC 框架	可理解性、相关性、可靠性、可比性
SP	相关性与可靠性(如果彼此排斥，则选择的方法，应使信息的相关性最大)；可比性、可理解性、重要性
FSC	可理解性、相关性、可靠性、可比性(可靠性与相关性相互交替适当平衡，服从目标，取决于职业判断)
SAC	财务信息的质量特征：相关性、可靠性、重要性测试 财务报表编报的质量特征：可比性、可理解性 关于相关性和可靠性的约束条件：及时性、成本与效益对比
（三）财务报表的要素	
SFACs	资产、负债、所有者权益、业主投资、派给业主款、全面收益、收入、费用、利得、损失
IASC 框架	财务状况：资产、负债、权益 业绩：收益(收入＋利得)、费用(包括损失)
SP②	资产、负债、所有者权益、利得、损失、所有者投资、派给业主款
FSC	资产、负债、净资产、收益、费用、利得、损失
SAC	财务状况：资产、负债、产权 业绩：收益、费用

① IASC Framework 指财务报表的框架，它所指的财务报表除基本报表外，还包括附注和附表，但不包括董事会报告、董事长陈述和管理当局评论与分析(MD&A)。

② 在财务报表要素中，把"利得"(gaim)代替收入并包括收入；把损失(losses)代替费用并包括费用，这是英国 CF 的一大特色。显然它同最终的业绩报表(全部已确认利得和损失表)有关。

（续表）

（四）确　认	
SFACs	确认的基本标准：可定义性，可计量性，相关性，可靠性 盈利确认的补充指南：①收入：已赚得、已实现或可实现；②费用：报告期内经济利益的消耗（耗用）或发生未来经济利益的损失。
IASC 框架	如果符合下列标准就可确认一个符合要素定义的项目： ① 与该项目有关经济利益将很可能流入或流出企业； ② 对该项目的成本或价值能够可靠地加以计量。
SP	确认的标准是： ① 该项目有一个恰当的计量基础并可合理地估计其包含的金额； ② 与该项目有关获得的或放弃的未来经济利益，其获得或放弃是可能的。
FSC	无明确规定
SAC	(1) 资产确认准则。一项资产应当在财务状况表中确认：①体现在资产中的可能的未来经济利益终将发生；②资产拥有的成本或其他价值能可靠地予以计量。 (2) 负债确认准则。在下列情况下（只有在下列情况下）一项负债应当确认：①未来经济利益牺牲的可能性将是必需的；②负债的金额能可靠地计量。 (3) 收入的确认准则——当发生（只有发生）下列情况时，一项收入在决定报告期内的成果时应在经营报表中予以确认：①未来经济利益的流入或促使节约流出的可能性已经发生；②上述流入或流出的节约能可靠地计量。 (4) 费用确认准则：当发生（只有发生）下列情况时，一项费用在决定报告期内的成果时应在经营报表上予以确认：①未来经济利益的可能耗费或损失导致资产减少或负债增加已经发生；②经济利益耗费或损失能够可靠地予以计量。
（五）计　量	
SFACs	计量单位按名义美元计量属性。在财务报表中表述多种项目，视项目的性质、计量属性的相关性与可靠性而采用下列不同属性：①历史成本；②现行成本；③现行市价；④可实现净值；⑤公允价值（首先考虑市价，其次可利用现金流量和现行技术探求公允价值，特殊项目还可用数学模型求得适用于特殊项目（如期权）的公允价值）。
IASC 框架	财务报表在不同程度上并且以不同结合方式采用不同的计量基础，包括：①历史成本；②现行成本；③可变现净值；④现值。
SP①	在编制财务报表中，计量的基础或是历史成本或是现行价值（current value）——需要为每一类资产或负债选择的基础应是最符合目标和信息质量特征的要求，还要牢记有关资产、负债的性质和它们所处的环境。 一项资产或负债是利用历史成本基础进行计量的，其初始确认按“交易成本”（transaction cost）；一项资产或负债是利用现行价值基础进行计量的，其初始确认的取得或承担将按它们的现行价值。 如果保证以下各点是必需的，将发生后续的重新计量（subsequent re-measurement）： ① 资产按历史成本计量，通过成本与恢复的金额孰低（the lower of cost and recoverable amount）来表述；

① 英国原则公告中所说的现行价值包括入账价值（entry value）即重置成本（replacement cost）、脱手价值（exit value）或可实现净值（net realizable value）。在使用着的价值（value in use），即从现在的所有者持续使用或最终销售预期的现金流量的贴现值（discounted present value of cash flow expected from continuing use and ultimate sale by the present owner）。

（续表）

SP	② 以外币标明的货币性项目，通过按现行汇率（up-to-date exchange rates）为基础的金额予以表述； ③ 资产和负债的计量基础是现行价值，应通过现行成本价值（up-to-date current value）来表述。然而这种重新计量要被确认，仅由于：货币性的资产和负债有足够的证据已经变动；资产和负债的新金额有足够的可靠性予以计量。
FSC	计量是决定一个项目的金额在财务报表中确认的程序。计量有许多基础，然而编制财务报表基本上是利用历史成本计量基础。计量也可在有局限性的情况下利用其他基础：①重置成本；②可实现价值；③现值。
SAC	在澳大利亚，SAS 仅发表 4 份，即：SAS1 报告目标的定义、SAS2 通用财务报告的目标、SAS3 财务信息的质量特征、SAS4 财务报表要素的定义和确认，因此没有涉及计量。但 AASB 已发表了两份理论专题研究：①财务报告的计量；②关于偿付能力和现金状况的报告（故“计量”从缺）。
（六）财务信息的呈报	
SFACs、IASC 框架、FSC、SAC 均未明确涉及	
SP	（1）财务报表包括主要的财务报表以及进一步阐述和解释基本财务报表的支持性附注。主要财务报表本身包括财务业绩表、财务状况表和现金流量表。 （2）财务业绩表的呈报重点面向业绩的组成和组成项目的特征。 （3）财务状况表的呈报重点面向持有的资产与负债的类型和作用以及在两者之间的关系。 （4）现金流量表的呈报将表示主体各种活动产生的现金及其用途并应在经营结果产生的现金流量和来自其他活动的现金流量之间特别区分。 （5）在财务报表附注中的披露不能代替确认，也不能为在主要财务报表中更正或为任何错误表述或遗漏寻找理由。
（七）对在其他主体中权益的会计	
SFACs、IASC 框架、FSC、SAC 均未明确涉及	
SP	（1）个别主体的财务报表和合并财务报表可以从不同的视野表述报告主体在其他主体中的权益。 （2）在个别主体的财务报表中，对在其他主体中的权益是面向从这些权益产生的收益（根据所采用的计量基础）和资本增长的处理。 （3）在合并财务报表中，对在其他主体中权益的处理，取决于内含于该权益中（报告主体对其他主体）的影响程度。 ① 涉及可控制其他主体的经营和财务政策的一项权益应作为报告主体可控制的一部分进行处理①。 ② 涉及对其他主体的经营和财务政策可实行共同控制或施加重大影响的一项权益应通过确认报告主体在其他主体的成果和资源中所占的份额，而不是像他们被报告主体控制那样在报告主体的业绩报表和资产负债表中反映成果和资源。 ③ 其他权益按与任何其他资产的相同方式予以处理。 （4）虽然合并财务报表是把一个集团作为整体列示的财务报表，但它们是从母公司的观点进行编制的。这样，应面向母公司在其所有子公司中所占的股权。在子公司中，任何在权益以外的利益流动的影响因而将被单独列示（识别）。 （5）合并财务报表反映整个母公司在其子公司中的投资，包括购买的商誉。 （6）涉及两个或两个以上并购的报告主体的交易，按其性质在合并财务报表中予以反映。所以： ① 一项购买业务如同购买者在公开市场上购买被收购者的一批资产和负债，在其合并财务报表中反映这些资产和负债。 ② 一项合并业务在合并财务报表中的反映，如同新的报告主体，包括交易时所有业已存在的部分。

① 实际上指这一其他主体的财务报表应是报告主体合并财务报表的一部分。

以上我们简括地比较了目前业已存在的财务会计概念框架的组成内容(未详细列示财务报表的要素及其定义)。总体看来,既大同又有小异,且各具特色。

第二节　各国CF的特点及解释

上节,我们最简括地比较了世界上业已存在的财务会计概念框架的组成内容,其中未曾详细列示的只是财务报表的要素及其定义(这一点,以下将专门论述)。可以看到:在它们之间,既大同又有小异,且各具特色。

一、美国的财务会计概念公告(SFACs)

美国的概念框架,内容最详细,同澳大利亚相似,是当前两个按CF组成内容分别形成单独文件的文献。它从1978年开始至2000年前后发表了7份文件。SFAC NO.6是用来代替SFAC NO.3以外,至目前为止生效的是SFAC No.1、2、4、5、6、7(其实SFAC No.7只能作为SFAC No.5的补充)。

众所周知,美国FASB的CF使用的正式名称是"财务报告概念公告"(SFACs or FASB Concepts,简称Con.)。本来,概念框架是用来评估、指导财务会计和财务报表的,FASB称之为财务报告的概念公告是由于它在第1号概念公告中把财务会计信息的传统手段——财务报表扩展为财务报告,即财务报告=财务报表(中心部分)+包括报表附注在内的其他财务报告。于是财务会计的处理程序,就由只适用于编报财务报表的确认、计量、记录和编表扩大为增加一个表外"披露"(disclosure)。

但是,美国FASB的CF最重要的特点及贡献远不止于此。

1. 美国FASB的CF特点

(1) FASB发展概念框架如同它的前任APB一样,不再以会计的"基本假设"为起点,FASB几乎与APB站在同一立场,默认了APB对20世纪60年代初SRS No.1和3的否定,而决定继承70年代Trueblood Committee(Trueblood Report)的思路,以目标为制定概念框架的起点。美国FASB的这一做法,几乎影响了世界后来的所有的概念框架制定者。从上节表中可以看到,在所有的CF文献中,"基本假设"(basic postulates)全部消失了。

(2) FASB首先提出了提供对经济决策有用的信息是财务报告的目标,人们简称为"决策有用性"(见SAFC No.1),后来,它把上述目标概括为三点(当然,这三点,在SFAC No.1中也都涉及):

① 提供现在和潜在的投资人、债权人和其他使用者做出合理的投资、信贷和类似决策的有用信息;

② 提供有助于现在和潜在的投资人、债权人和其他使用者估计一个企业预期现金净流量的金额、时间安排和不确定性并以此为基础估计他们自己的现金流入;

③ 提供一个企业有关经济资源,对资源的主权以及交易、事项和情况对资源和资源的主权变动影响的信息(见FASB:1988.12:International Accounting Standing Setting:

A vision for the future)。

(3) FASB继承和发展了Trueblood Report,在SFAC No.2中提出会计信息质量特征的完整框架及其层次联系。FASB把“相关性”和“可靠性”列为主要质量。这一点也为其他CF所效法,只不过英国ASB增加了“可理解性”和“重要性”,加拿大CICA增加了“可理解性”和“可比性”而已。

此外,美国SEC前主席Arthur Levitt又提出“透明度”(transparency)作为重要的会计信息质量特征(Levitt:The importance of high quality standards Accounting Horizons, September 2000),并由此对准则制定机构提出一个要求:要制订高质量的会计准则。

(4) 财务报表的要素及其定义历来是会计学界注意的中心。在美国,FASB以前的会计组织和会计著作都提出过不同的会计要素并给出不同的定义,但FASB肯定的要素和给出的定义,却具有新意并给予其他国家和IASC制定CF时以重要的影响。仅就适用企业的报表看,FASB提出了资产、负债、所有者权益、业主投资、派给业主款、全面收益、收入、费用、利得和损失共10项要素,其中:资产、负债和所有者权益是资产负债表的基本要素,收入、费用是收益表的基本要素,业主投资和派给业主款是所有者权益变动表的要素,全面收益则是全面收益表的要素(当然包括收入、费用、利得、损失在内)。

由于企业普遍采用权责发生制(应计制)为确认基础,通过转换,可以产生另一个重要报表——现金流量表,因此,FASB没有为现金流量表规定其特有的要素。如果考虑到所有者权益变动表并非基本的财务报表,则“业主投资”和“派给业主款”两个要素就显得多余。

2. 美国FASB的主要贡献

对比美国以前的文献,FASB在要素的定义上具有重要的突破:

(1) 它不是为定义要素而下定义,对要素下定义的目的很明确,是为了在记录上和报表中确认各该要素提供一项最基本的标准。

(2) 基于上述考虑,FASB的要素定义是由要素的若干特点合成的。换言之,把定义拆开来就是该要素的特点;而把若干特点组合起来,就是要素的定义。这样,在确认某一项目是否属于某项要素时,不是抽象说它符合某项要素的定义与否,而应检验其符合某项要素的所有特点与否。

(3) FASB在给出要素定义时仍充分考虑财务会计是以提供历史信息为主的基本属性,但又密切地关注未来。所以它认为,一切要素特别明显地指出资产、负债、所有者权益三个要素都来自过去的交易和事项,但却代表着面向未来的一系列可能的、未来经济利益的不同变化。

例如,资产是由过去的交易和事项发生的,由企业控制或拥有的未来的经济利益①,其特点是:

① 在这里,“未来的经济利益”前,本来还有“可能的”(probably)的定语,我们引用时取消了。未来的经济利益已经说明该经济利益具有不确定性。若再加可能的,那么这样的资产,就只能指“或有资产”了,能否可靠地确认资产就成了问题了。

● 过去的交易和事项所发生；

● 企业能控制或拥有；

● 代表未来的经济利益，它单独地或与其他资源结合，最终能为企业产生现金净流入。

负债是由过去的交易和事项发生的、企业在未来向其他主体交付经济利益(转交商品或劳务)的现有义务。负债的定义同样包括三个特点，与资产特点相同的是它也是过去的交易和事项所发生，与资产特点不同的是，它在将来要放弃经济利益。

所有者权益则代表企业可控制和拥有的将资产减除负债的剩余未来经济利益。

实际上，收入、费用等也可用未来的经济利益来定义(不过 SFAC No. 6 P. 78 和 P. 80 却不是这样定义)。如：

收入是由过去的交易和事项所发生，由于交付商品或劳务而使企业现在流入未来的经济利益或使企业减少未来的经济利益流出的义务。

费用是由于过去的交易和事项所发生而消耗商品或劳务，而使企业现在流出经济利益或使企业增加未来的经济利益流出的义务。

从以上的要素定义，特别是资产的定义可以看到，FASB 既继承财务会计传统特征，把主要的要素立足于过去的交易和事项所发生的结果，但更关注在该要素中未来经济利益的流动(控制、持有、流出的未来义务和现在的流入与流出)。因此，FASB 在 SFAC No. 6 中反复强调“未来的经济利益是资产的本质”(P. 172)“资产定义的要点主要在某一主体所拥有的未来经济利益”(P. 185)。

我们曾经说过，20 世纪 60 年代被 APB 否定的 ARS No. 1 和 No. 3 中有许多值得借鉴的、有价值的观点。严格地说，强调未来的经济利益并非 FASB 所首创。ARS No. 3 中对资产所下的定义，几乎同 FASB 关于资产的定义很少差别。Speouse & Moonitz 写道：“资产表示由于某些现在和过去交易的结果，企业已经取得的预期未来经济利益和权利”(ARS No. 3 par. 8, 1962)。同样，他们把负债定义为由于过去和现在的交易，需要在未来偿付的资产交付或劳务提供的义务(同上段)。

但是，我们仍然要肯定重新用一系列未来的经济利益来定义报表中的主要要素是在构建 CF 中的一个贡献。概念框架是由若干基本概念及其引申的、应用性最广的概念构成的，各种要素就是财务会计中最常运用的概念，每当交易和事项发生，立即涉及它将会引起哪些要素及其所属账户和项目的变化，因而需要确认和计量。确认的第一条标准就是要符合要素的定义，所以，给出正确的要素定义。

(4) FASB 关于要素的定义虽然说立足过去但又面向未来，正确指出未来的经济利益是资产的本质。其实未来经济利益的流动也是其他要素的本质，不过这个定义也具有缺点：为 FASB 所最关注的未来经济利益，对于单个要素来说，往往难以可靠的单独计量。目前，例如资产，其计量的基础一般还是过去交易和事项发生时为取得该资产的代价——过去的交换价格即后来的历史成本，这就是说：定义的重点是未来的经济利益，而计量的对象仍是企业为取得该经济利益所作的牺牲(成本)。定性说明与定量描述出现了明显的矛盾。FASB 在 2003 年 1 月 3 日关于准则制定以原则为基础的建议书中也承认资产与负债的定义，具有含糊不清、内在不一致等问题(FASB: Proposal-Principles-based approach to U. S. Standard Setting January 3, 2003“Principles Developed Using the

Conceptual Framework" PP. 5—6)。

FASB的要素定义虽然为各国CF所借鉴,但修正之处也不少。例如,仍以资产定义为例,在IASC的框架中,首先定义资产为资源(resource),再说这种资源"预期会导致未来经济利益";在英国ASB的原则公告中,则在企业控制的"未来经济利益"之后加上"权利和其他使用权(nights and other access)",即资产不是未来经济利益本身而是经济利益的权利和其他使用权。

(5) FASB在财务报表的确认和计量方面的重要创新是提出确认的四项基本标准:可定义性、可计量性、相关性和可靠性,同时补充了对盈利构成内容(主要指收入和费用)确认的补充指南。以收入来说,两个补充的确认标准是:①已实现或可实现;②已赚得。这两项标准往往会同时具备,但FASB没有要求必须同时具备。可能考虑一些特殊情况:比如商品虽已交付即已赚得,但收货方尚未验收或附有退货条件;又如某些贵金属,只要采挖到即使未加工完成赚得全过程,国家即已收购,表现为已实现或可实现。

在计量方面,FASB仍主张根据项目的性质和计量属性的相关性和可靠性的不同,各种计量属性同时并用。但第7号概念公告则鲜明地倾向于采用公允价值。

FASB把计量属性分为两类:

● 一类是着眼于初始确认及后续期间的新起点计量(包括现行成本、现行市价,应用现值估计的公允价值)。

● 另一类是着眼于初始确认及后续期间的成本分摊,这仅是历史成本。

FASB在第7号概念公告做了更正:

可实现净值不是一项可提升到概念框架地位的计量属性,它只是一种摊配的方法,并且是在一项资产或负债缺乏可观察到的市场价格时,它同现金流量相结合(即现金流量结合恰当的折现率)可以有资格作为一项计量属性的公允价值的选择金额。由于现金流量同利率的任何组合,都可算出一个现值。现值计算不是最终目的,把任何一个现值作为计量属性都是不恰当的。现值是捕捉最能反映并凑成公允价值各项要素的手段。

以上所分析的,基本上属于FASB的概念框架的优点,其给予其他各国制定CF包括IASC制定概念框架以有益的借鉴。但是,FASB的概念框架也有一些缺点,除FASB在2000年10月21日发表一份"Proposal-Principles-based approach to to U. S. Standard Setting"中关于"Principles developed using the Conceptual Framework"部分已举例列举4个缺陷,并承认概念框架在某些方面还存在不完整,内在不一致以及含混等问题外,我们还可突出地指出FASB的概念框架有以下几点不足:

(1) 概念框架的内容过于详细,犯有与其制定的财务准则同样的毛病。那就是面面俱到,主次不分,重点不突出且论述重复甚至有明显的矛盾。

第1号概念框架通常得到肯定,但究竟什么是财务报告的目标?在该框架的第二部分从32段至54段,几乎用了23段来描述这个主题。其实,紧紧围绕第32段,完全可以重点回答第1号概念框架的主题。可是在此后的22段中,反反复复说了又说,把真正的重点——“使用者为了经济决策,究竟最需要什么信息,以及现在的财务报告能否提供这些信息”——反而淹没在大段大段的重复描写之中。作为概念框架,应当是粗线条地、重点地(当然要十分准确地)描写基本概念,应当突出它对实务的指导和应用。

(2) FASB的另一个重要缺陷是在其研究项目中缺少非常重要而必要的一项,即“财务报表的列报和财务报表其他手段的披露”。我们本来期待在第5号概念公告之后(6号概念公告实际只是取代第3号概念公告)接下来的第7号概念公告应是报表列报(确认)和表外披露的项目,而却是在会计计量中应用现金流量和现值,目的在于探求在不可观察到市场价格下的公允价值。可见,美国制订和发展CF项目不但重点研究基本概念,而且服从当前会计实务(积极推广“公允价值”的应用)的需要。

(3) FASB七份概念公告中存在不少矛盾和含糊不清之处。例如:

① 第2号概念公告中,对于相关性和可靠性若发生矛盾时的取舍问题一直避而不谈。

② 第6号概念公告中第168段曾强调指出:要使某一项目成为资产,必须符合:a. 含有未来的经济利益;b. 该利益为主体所获得;c. 有关a、b两项的交易和事项已经发生共三个基本特征(essential characteristics)。同时它又在第172段强调未来经济利益是资产的本质(essence)。人们不禁要问:作为资产的本质和作为资产的三个基本特征有何区别?此外,在FASB Statement 133中,FASB认为衍生工具(derivatives)符合资产或负债的定义应当在财务报表中报告是因为它们代表权利(rights)或义务(obligations)(FAS 133 Par. 218)。本来,在FASB第6号概念公告中关于资产的定义中并无“权利”这一概念,即使我们同意权利等于含有未来的经济利益,也还不能满足资产的全部特征。尤其是衍生工具难以肯定所带来的权利(可能的未来现金流入)是由于过去交易和事项的结果。

(4) 在第6号概念公告中,定义资产、负债和所有者权益都把它们同一个主体的未来的经济利益联系起来,认为它们“都属于相同的一批可能的未来经济利益”。可是,定义综合(全面)收益及其组成要素却不再提未来的经济利益(例如收入、利得是流入或增加,费用、损失是流出或减少,本来是很好定义的),不知为何在定义时各要素的提法却不一致?

二、*IASC*的*Framework*

IASC的Framework基本上考虑美国FASB的概念公告,但也有其特点:

(1) 它不称为财务报告的概念框架,而称为财务报表的编报框架。这是因为,IASC在核心准则出台之前主要起协调作用。它面对全世界和差别性很大的各国国内会计准则。因此,它提出的基本概念更应是:

- 粗线条的;
- 仅限于具有可比性的各国财务报表的编报,不可能涉及复杂纷呈的表外披露。

在制定概念框架时,缩小范围,仅以财务报表为对象是比较明智的。

(2) 它提出的财务报表的目标,既考虑一系列使用者经济决策的有用性,又要求反映企业管理层对交付给它的经济资源的经营成果即受托责任。这样就更能满足世界上不同筹资方式的国家的需要。

(3) 它对于财务报表的质量特征中的主要特征,除相关性和可靠性外,还增加可比性和可理解性。

(4) IASC定义资产和负债不是落实于未来的经济利益而是落实于资源,但明确指出这种资源是含有未来经济利益的。其流入为资产而现时承担在未来流出该资源的义务是负债。

(5) 与FASB不同,IASC定义收益(不是收入)(包括利得)和费用(包括损失)也通过经济利益的增加和减少来表述。

(6) 与其他CF项目不同,IASC的编报框架在"目标"之后增加"基础假定"(underlying assumptions)共列了两项假定:①权责发生制即应计制(accrual basis);②持续经营(going concern)。提出这两条假定,一是为了实现目标,二是为编制报表提供基础。

三、英国ASB的财务报告原则公告

英国ASB的财务报告原则公告(指1999年12月公布的),按其名称,就可以看到它有自己的特色。

(1) 一个最重要的特色是,这份公告在每一项目下先列示若干原则,然后分别对每条原则进行解释和说明。这样一种框架,既重点突出(重点就是原则),又条理分明(对原则进行解释说明)。

我们认为英国的这种形式的CF值得我们参考借鉴,因为由基本概念组成一个框架,就应当勾画出在基本概念基础组成的会计处理和编报原则。如果实行以原则为导向制定会计准则,那么,原则从何而来?主要应来自概念框架。

(2) 英国的原则公告对比FASB的概念公告,在结构上还有两个特点:

① 在引言中提到产生于英国的重要会计概念——真实与公允(true and fair)

公告认为,这一概念在英国始终处于财务报告的核心地位,是对财务报表的最终检验。真实公允高于一切。如果公司法的规定与真实与公允的要求相矛盾,甚至可以违反公司法。真实与公允也是一个动态概念。如何才能实现"真实与公允"不断具有新的内涵,原则公告并不对也不可能对"真实与公允"的含义做出定义。但有一点要指出:不论是准则,还是法律,凡对财务报告做出规定,都必须符合"真实与公允"的观点,甚至可以说,真实与公允是一个可望而不可企及的要求。因此,在英国,是否符合真实与公允,不仅要求通过高水平的职业判断,而且最后要由法庭来判决。

必须指出,英国ASB 1993年7月发表的"会计准则前言"(foreword to accounting standards)第16段有一些话非常重要,它反映了英国1989年公司法从法律上承认了会计准则并暗示了会计准则在财务报告中的作用,特别是,它在一定程度表示遵守了会计准则,也就基本符合了真实与公允的观点。

"前言"的第16段写道:

"会计准则是有关特定类型交易及其他事项如何在财务报表中予以反映的权威性表述(authoritative statement)。财务报表为了实现真实与公允的观点就必须遵循会计准则。"

② 对比FASB的概念公告,增加了财务信息的列报(presentation of financial information)和对在其他报告主体中的权益的会计处理(accounting for interests in other entities)。

(3) 关于财务报表的目标。

它对广大的财务报表信息使用者提出:①特定主体的受托责任和②判定经济决策,要求将注意力集中于当前和潜在投资者及其他使用者对信息的需求;财务报表能够提供的信息是主体的业绩、财务状况并借以评估报告主体产生现金的潜力,评价其财务适应能力(in assessing the entity's financial adaptability)。

(4) 关于报告主体(the reporting entity)。

这是FASB的概念公告未涉及的内容。它讨论了两个有关报告主体的问题:确认报告主体和确定一个报告主体的范围。

关于第一个问题,原则公告提出的原则是"如果法律要求的信息财务报表可以提供,而且该主体是一个有凝聚力的经济单位,则该主体必须编制并公布财务报表"。

关于第二个问题,原则公告提出的原则是:"报告主体的边界决定于报告主体所控制(control)的范围,为此目的,可以考虑的,首先是直接控制,而其次是直接加间接控制。"

什么是控制?该公告认为一个报告主体如要对另一主体实施控制,必须具备两种能力:配置被控制主体有关经济资源的能力;从以上的配置中,收取利益(或承担损失)的能力。

一个主体何时控制了另一个主体?该公告认为,如果一个主体有能力指导另一个主体的经营和财务政策以便从中获取了经济利益,这时该主体就控制另一个主体。

这个原则与控制的原则有无矛盾?应当说没有。配置另一个主体经济资源的能力必然具体化为左右其经营和财务政策。

(5) 在关于财务报表的质量中明确提出了美国FASB所一再回避的问题:

财务报表的信息必须相关和可靠,当两者互相排斥,需要对产生信息的方法选择时,所选择的方法应当是能使信息相关性最大化的方法。

上述提法与ASB 1999年10月通过的"Statement of Principles for Financial Reporting"(以下简称"10月公告")有明显的不同。10月公告说:如可靠性与相关性互相排斥,那么,有用的信息应是"那些可靠信息中最相关的项目"(Par. 3. 34)。该公告是把可靠性作为相关性的前提和基础的。时隔两月[①],ASB修改了这段话的含义,改为似乎只考虑提供相关性最大化的信息了。对于可靠性的要求,在这里则含糊不清。因为可以理解为:①不考虑可靠性而只要求相关性最大;②在考虑可靠性与相关性并重的情况下,选择相关性最大的方法来产生信息[②]。

(6) 在财务报表的要素中,英国的原则公告在两个方面具有特色:

① 它推出资产、负债、所有者权益、利得(gains)、损失(losses)、业主投资和派给业主款共七项报表要素。与众不同的是,收入和费用不见了,而代之以利得和损失。

在ASB的原则公告中:

---

① 现在ASB公布的原则公告发表时间是1999年12月,比10月公告迟两个月。

② 不过在该公告第6章中,作了这样的说明:"如果历史成本计量基础和现行价值计量基础都是可靠的,那么,较好的一种计量是其中最相关的一种计量。"(Statement of Principles for Financial Reporting, December 1999, Par. 6. 27)这样看来,1999年10月发表的公告关于相关性与可靠性有矛盾,应在可靠性的前提下选择最相关的方法(信息)的精神在12月公告中仍然保留。

利得代表主体所有者权益除业主投资以外的本期净增加。因此,利得包括收入和美国 FASB 所指的"利得"。

损失代表主体所有者权益除派给业主款以外的本期净减少。因此,损失包括费用和美国 FASB 所指的"损失"。

在英国,尽管"损益表"也还是目前许多企业编报的业绩报表,但更重要、更全面的企业财务业绩,是反映在另一份业绩报告——"全部已确认利得和损失表"中。这就是利得和损失被提升为财务报表中两个反映业绩报表要素的原因。

② 它对要素给出的定义,特别是对资产给出的定义。资产是由过去交易或事项的结果而由主体控制的未来经济利益的权利(rights)或其他未来经济利益的增长(other access to future economic benlfits)。

这个定义与美国 FASB 的资产定义和 IASC Framework 的资产定义都有明确的区别:

● 它也承认资产的本质是未来的经济利益,但是,它认为资产不等于未来的经济利益,也不等于含有未来经济利益的资源,而是具有未来经济利益的权利或其他利益增长;

● 权利一般是法定权利,如主体拥有的资产,就对该资产的未来经济利益有所有权、使用权、流通权、处置权、租赁权等等;

● 其他经济利益的增长一般指非法定的使用权如租入资产的使用权;对未注册专利的使用权等等;

资产是一个经济学的概念,所以把它的本质定义为未来的经济利益,但它又是法律上的概念,未来的经济利益要由某个企业控制,因而拥有对它的使用权、处置权等和其他能使此种经济利益增长的权利,才是某企业的资产;

● 未来的经济利益最终表现为现金流入,但也可表现在投资、债权和其他对现金流入产生要求权的其他事物上。

(7) 关于财务报表的确认。

① 原则公告分别为资产、负债和利得损失提出确认的标准。

关于资产和负债:

要有足够的证据存在并表明:

● 一项交易或事项可产生新的资产或负债,或可以为现有的资产和负债增添价值;

● 上述新的资产或负债或已有资产或负债的价值增添可按足够可靠的货币金额加以计量。

关于利得和损失:

在一项为获取净利润而提供劳务或商品的交易中,确认利得或损失取决于关键事项(critical event)的发生。对多数交易类型看,关键事项指交易已全部完成(相当于 FASB 所说的已赚得),少数特殊交易,关键事项发生在经营循环的其他时间并且可能有不止一个关键事项存在。

② 当资产或负债已消除时应当终止确认;如果一项交易是为现有的资产和负债增添价值应不属于被确认而为后续确认。

③ 原则公告特别提到一个令人感兴趣而其他 CF 项目都未涉及的问题：未执行合同(unperformed contracts)的确认，这个问题同衍生工具的确认是有关联的。

原则公告从第 5 章 20 段至 21 段说明了这个问题：

● 当主体与另一方签订一份协议后，它获得某些权利，同时，作为交换条件，必然承担对等的义务。在合同执行前，此种权利和义务通常是平衡的，但情况的变化可能导致不平衡；权利大于义务时，将形成一项资产，义务大于权利时将形成一项负债。例如，甲乙双方签订一项购货合同，总金额为 1 亿元，从签订合同之后的第 6 个月一次性地交付货物并归还货款，但合同规定双方均有权在签约后 4 个月内通知对方中止合同，但每迟一日须付对方违约金 0.5‰，若甲方于签约 4 个月又 10 天通知乙方取消合同，乙方即产生一项收取 10 天违约金的资产；反之，甲方应承担相应的违约金负债。这种违约行为必须有足够的证据。

● 两个主体签约时，双方均采用历史成本为计量基础，则账面金额是签订协议的成本，由于此合同未形成交易，其成本是零。若确认该合同，事实上也是零。但若此项合同变成一项任何一方都不得违反的具有法律责任的合同(onerous contract)；又无初始成本(非衍生工具)，确认时应按公允价值计量(见公告第 6 章 11 段)。

(8) 英国原则公告在计量问题上也有特色，且论述相当详细。

① 它提出两种计量基础，即历史成本与现行价值(current value)。

可以对所有的资产和负债采用历史成本计量，称为历史成本制度(historical cost system)；也可以对所有的资产和负债采用现行价值计量，称为现行价值制度(current value system)；也可以对某些类别资产或负债采用历史成本计量而对另一些类别的资产或负债采用现行价值计量，这称为混合计量制度(mixed measurement system)。如同 FASB 在其第 5 号概念公告中的立场一样，ASB 在原则公告(第 6 章)中主张采用混合计量制度，即不同计量属性同时并用。因为计量基础(measurement basis)[①]中，历史成本基本上是交易成本，即一次交易事项发生时的交换价值，也为当时的市价或双方一致接受的公允价值。

现行价值可以表现为至少三种形式或三种方法：入账价值(entry value)，脱手价值(exit value)和在用价值(value in use)。

怎样从中选择相关性最大的一种方法？公告认为“如果现行价值可以反映主体由于丧失有关资产可能受到的损失，则它就是最相关的”。这一计量价值通常称为“丧失价值”或“剥夺价值”(deprival value)，又称“企业价值”(value to business)。

现以资产为例，说明它的“企业价值”的可能变化。

资产由于含有未来的经济利益，所以它有获利的功能。

资产的一种获利方式是销售，放弃该资产将取得可收回金额(收入)。欲对该资产重置，一般期望重置成本低于可收回金额，否则企业就不会重置；

资产的另一种获利方式是在持续经营中使用——处于经营循环中的某个必要阶段。它的可收回金额是预期在使用后最终处置它时所获得的现金净流入(即扣除所有处置费用)的现值，即使用价值。

① 相当于 FASB 所说的“计量属性”(measurement attributes)。

英国原则公告第 6 章第 8 段列示了如图 4-10 的结构

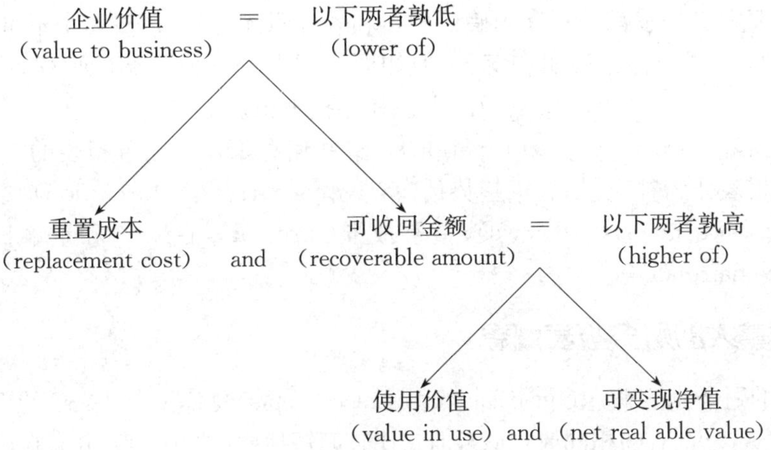

图 4-1

原则公告还提出初始计量、后续计量(指采用现行价值为计量基础时)和中止计量(即终止确认)。

② 原则公告还提出，在为特定类别的资产或负债选择计量基础，应当考虑的几个因素：

- 财务报表的目标、质量特征，尤其是相关性和可靠性；
- 有关资产和负债的性质；
- 所涉及的特殊情况。

下面一段话值得我们仔细推敲：

“资产和负债的账面金额必须充分可靠。如果只有一种计量基础是可靠的，只要它同时相关，就可以采用这种计量基础。另一方面，假定历史成本计量和现行价值计量都是可靠的，那么，较好的计量是其中最相关的一种计量。”(6.27)

(9) 英国原则公告对比 FASB 的概念公告而言，增加了一个重要的组成部分即“财务信息的列报”(present of financial information)。

这里，它提到的是四类信息：

① 财务业绩表。一个主体的财务业绩由各种成分组成，但主要是利得和损失，这两项又可根据职能和项目性质作进一步区分。按照英国的 FRS NO. 1 报告财务业绩，一个企业的财务业绩可以由以下两张表构成：

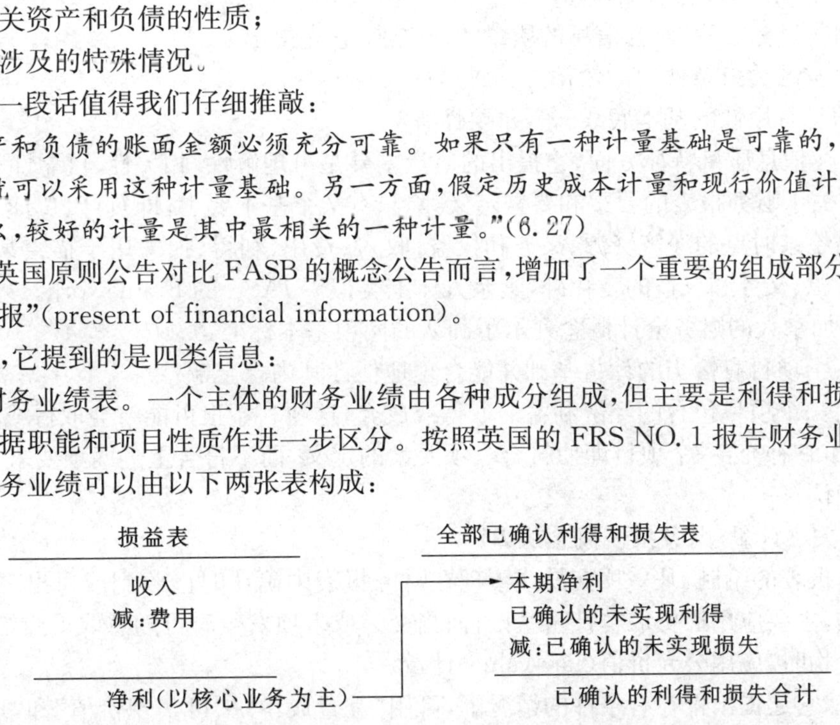

实务上也常常编制两张报表，而原则公告似乎倾向于将两张报表合并为一张财务业绩报告(即全部已确认利得和损失表)。

② 财务状况表即资产负债表。

③ 现金流量表。

上述主要财务报表都包括表内确认项目和表外附注，两者形成一个不可分割的整体，后者对前者作必要的补充说明和解释；但如同美国 FASB 所强调的那样，附注不能代替确认，不能为表内任何遗漏和错误做出更正和寻找理由。

④ 补充信息（accompany information）。这些信息不作为财务报表的一部分，但经常附带于财务报表作为补充，如五年趋势信息（five year trend information）、经营和财务评论（operating and financial reviews）、董事报告（director's report）和董事长说明（statement by the chairman）等。

四、加拿大的财务报表概念

加拿大的财务报表概念（financial statement concepts）总体上与 IASC 的 Framework 和美国的 SFACs 接近（有的相同或相似），但它比较简短扼要（共 61 段），并有自己的特色。

(1) 在目标方面，它仅指财务报表不涉及财务报告。它认为使用者及其需要的信息是对投资人、机构投资者、捐赠者、债权人和其他使用者提供：①有助于他们作出资源分配的决策；②评估管理当局受托责任的信息。这些信息包括：

● 一个主体的经济资源、经济义务和权益/净资产；

● 上述资源、义务和净资产的变化；

● 一个主体的经济业绩。

在阐明目标之后，研究信息的质量特征之前，它先提出：

● 基本的约束条件——效益大于成本；

● 信息有用性的基本底线——重要性。

(2) 在信息质量特征方面，它提出的质量主要是可理解性、相关性、可靠性和可比性。

(3) 关于财务报表的要素和要素定义，除只有 7 个基本要素，即资产、负债、所有者权益用于描绘某时点的经济资源、义务和权益；收入、费用、利得、损失用于描绘某一期间内的经济资源、义务和权益的变化外，其余大体上类似于 IASC 的 Framework。

(4) 加拿大的财务会计概念列示了确认的两项基本标准：

● 一个项目有恰当的计量基础并能合理地估计其内含金额；

● 对一个项目包含的经济利益的取得或放弃，这项利益很可能将会取得或放弃。

同时，它补充：一个项目即使符合一项要素的定义，而不符合上述两项要求，它仍然不能予以确认。

(5) 关于计量，财务报表概念认为：

财务报表的编制，凡一项交易或事项在财务报表中确认时已收到或付出现金或现金等价物的，主要应用历史成本计量基础；而当交易或事项发生时可随意取得或给付现金或现金等价物时，应用公允价值（fair value）计量。

另外，它还提出仅在有条件的情况下，可用“重置成本”、“可实现价值”和“现值”作为计量基础。

(6) 对“公认会计原则”给出定义和说明。

① 公认会计原则是一个术语，用于描述财务报表在一般情况下的编制基础，在一些特殊情况下，其他不同的基础可能更恰当；

② 公认会计原则这个名词不仅包括特定的规则、实务和关于特殊业务的程序，而且包括广泛的会计原则。一般应用惯例包括在“财务会计概念”中。特别是，公认会计原则包括本手册的会计推荐(Accounting Recommendations by CICA Handbook)。

五、澳大利亚的会计概念公告

澳大利亚 AASB 制定的 SAC(会计概念公告)是由 6 个文件构成的：

(1) SAC No. 1—4。

SAC 1：报告主体的定义

SAC 2：通用目的财务报告的目标

SAC 3：财务信息的质量特征

SAC 4：财务报表要素的定义和确认

(2) 两个会计理论专题(专著)。

“在财务报告中的计量”

“关于偿付能力和现金状况的报告”

从它的特色看，有以下四点：

第一，报告主体的定义是为了描述财务报告的边界从而界定 SAC、会计准则和其他权威文件的范围，它可使通用财务报告与特殊财务报告区别开来。

第二，SAC1 的目的是建立一个关于报告主体的标准，以便决定编制通用的财务报告。报告主体包括所有的主体(包括经济主体)就其存在时的使用者而言合理地期望，依靠通用财务报告的信息，以便有助于他们做出并评估有关稀缺资源分配的决策；

第三，SAC2 所提的目标主要是提供有助于使用者做出并评估有关稀缺资源分配的信息，同时可用来解除管理当局和管理团体的受托责任；

第四，SAC3 认为，财务报表应包括全部信息，这些信息必须满足相关性和可靠性的概念并且要经过重要性的测试。

通用财务报告应在及时性的基础上表述，并应满足可比性和可理解性两个概念。

第三节 美国 FASB 的财务会计概念框架评价

一、引言

财务会计理论最近二十年有一个新发展，即偏重于用来评价、分析与发展会计准则的理论。具体而言，就是直接为制定会计准则服务。人们将这种会计理论称为财务会计概念框架(Conceptual Framework for Financial Accounting and Reporting, CF)。

财务会计概念框架是由美国 FASB 首创。尽管美国在 20 世纪 60 年代就开始探讨财务会计理论体系，例如，AICPA 所属的会计研究部(ARD)发表了 ARS No. 1 和 No. 3，同时，APB发表了 Statement No. 4；在英国，1976年亦发表了一份《公司报告》(the Corporate Reports)，系统地阐述了财务会计一系列概念特征与理论问题，但是，正式提出CF是在1976年12月，FASB发出一份讨论备忘录(DM)"Conceptual Framework for Financial Accounting and Reporting: Elements of Financial Statements and Their Measurement"。在这份DM中，第一次出现 Conceptual Framework 这一术语。这份DM不是讨论财务会计的目标，而是着重阐述财务报表的要素及其计量问题。该DM的率先出台有其特殊的经济背景。当时，美国的通胀率高达11%以上，引起了企业界与会计界的普遍关注，他们着重抨击传统的以历史成本为模式的财务报表，认为以历史成本为基础的财务报表所提供的盈利信息是不可靠的，甚至认为是提供"无用的信息"(见 Robert Sterling, "Companies reporting useless number", *Forture*, January 14, 1980)。因此，在当时的背景下，CF的第一份DM先用来讨论会计要素及其计量和盈利的确认问题。

至于 SFAC No. 1"企业财务报告的目标"，则是继承了特鲁伯鲁特报告(the Trueblood Report)的主要内容，即"财务报表的目标"。自1978年开始，FASB又回过来系统地研究以目标为起点的财务会计概念公告(或称之为概念框架)。从1978年11月至1985年12月共发表了六份公告，即 SFAC Nos. 1—6，其中 No. 6 取代了 No. 3，实际上发挥作用的是 No. 1、No. 2、No. 4、No. 5 以及 No. 6。15年后，即2000年2月，FASB又发表了 SFAC No. 7，其目的在于推广应用公允价值(fair value)。因此，当前美国名义上有七份概念公告，实际发挥作用的则是六份(SFAC Nos. 1、2、4、5、6、7)。

二、对 FASB 概念公告的评价

总体而言，美国 FASB 的概念公告(FASB Concepts)所叙述的内容是比较详细、充实而且相当严谨的。特别是，这些公告是按每个问题分开写成六个报告，每一个报告均成为独立的一份。目前，除澳大利亚的 Statement of Accounting Concepts(SAC)外，尚无其他国家(包括国际会计准则理事会，IASB)采用这一作法。此外，尽管分为六份概念公告，但这些公告基本上能自成一个完整的体系并大体达到了 W·A·佩顿与 A·C·利特尔顿在《公司会计准则导论》中提出的连贯、协调、内在一致的理论体系的要求。

1. 关于 SFAC No. 1"企业财务报告的目标"

美国 FASB Concepts 存在许多独创性，值得我们学习与借鉴。例如，SFAC No. 1"企业财务报告的目标"就具有以下几个优点：第一，该公告明确提出财务报告的目标是向投资者提供评估未来现金流量(财务预测)前景的信息。这是一个集中的要求。为达到该集中的要求，公告同时提出了必须提供的两方面信息，或者说应当引导投资人、债权人关注以下两个方面：(1)关注一个主体经济资源、义务、业主权益及其变动的信息；(2)关注收益(income)，即代表企业业绩和盈利的信息。(详见 SFAC No. 1 Pars. 37—42)可见，公告所提出的目标很简洁、具体。第二，该公告发展了财务会计。这表现在，传统的财务会计以编制财务报表(financial statements)为最后一项内容，而 SFAC No. 1 提出了编制财务报告(financial reporting)。财务报告包含财务报表，财务报表是财务报告的中心或核心，但是，还存在其他的财务报告，如附注、各种附表、董事长报告、管理当局对企业经营前景的讨论与分析(MD&A)、新闻媒体有关企业的报道等等。即在 SFAC No. 1 中，财务报表被发展为财务报告[财务报告＝财务报表＋其他财务报告(其中包含附注)]。

2. 关于 SFAC No. 2“会计信息的质量特征”

所谓会计信息，SFAC No. 2 曾经注明，它就是指财务报告的信息，因此，“会计信息的质量特征”即为财务报告信息所要求的质量特征。实际上，SFAC No. 1 除提出企业财务报告的目标外，也提出了为达到该目标所需要的信息，即未来现金流量、资源与经营业绩及其变动的信息。SFAC No. 2 进一步提出了上述三方面信息需要达到的质量要求。首先，公告提出了一个总的质量——对决策有用，即决策有用性。构成该决策有用主要质量的是两个质量特性，即相关性与可靠性。接着，又提出一些次要质量，如可比性(包括一致性)等。然后，提出对质量特征的两个约束条件(pervasive constraints)，即效益大于成本与可理解性。最后，提出确认的起点要求(threshold for recognition)即重要性——只有符合重要性的项目才需考虑其质量特征。显然，SFAC No. 2 较为全面地提出了主要质量与次要质量、约束条件以及确认的起点，以阶梯形式层次分明地将会计信息质量特征展现于使用者面前，这种表述方式在其他概念公告亦十分罕见。见图 4-2。

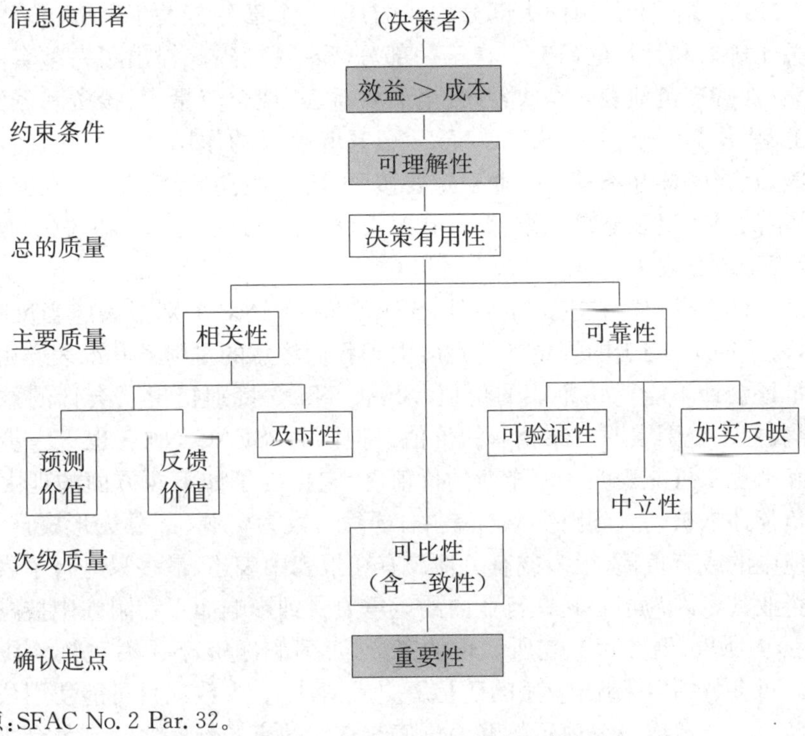

资料来源：SFAC No. 2 Par. 32。

图 4-2　SFAC No. 2 体现的会计信息质量层次

3. 关于 SFAC No. 3“企业财务报表要素”

FASB 在 SFAC No. 3 “企业财务报表要素”① 中第一次提出了财务报表的十大要素②，

① 1985 年 12 月，FASB 发布了 SFAC No. 6“财务报表要素”替代了 SFAC No. 3。此后发挥效力的就是 SFAC No. 6。

② SFAC No. 3 提出的十大会计要素是：资产、负债、所有者权益、业主投资、派给业主款、全面收益、收入、费用、利得、损失，即现在 SFAC No. 6 中第一部分 Pars. 25—48，Pars. 60—89。

并分别对它们进行了定义，同时提出了每个定义的特征。按照我们的理解，之所以要提出财务报表的要素并给出其定义，目的是为了确认和计量。因为 FASB 在随后出台的 SFAC No. 5 中即明确指出，要素确认的第一条基本标准就是“可定义性”，即要符合要素定义和其他标准才能进行确认。此外，在定义财务报表要素时，概念公告还将其与要素特征紧密地结合在了一起。可以这样说，一个要素的定义可以分解成几个特征，而几个特征合在一起就是一个要素的定义。这使得每个要素的定义都十分简洁而严谨。譬如资产，它有三个特征：①可能的未来经济利益；②是一个主体可以控制或拥有的；③上述未来经济利益是由于过去的交易或事项所发生的。将这三个特征合在一起就是资产的定义——“一个主体由于过去的交易或事项而控制或拥有的可能的未来经济利益。”当然，指出每个定义的特征的最大用途也是为了确认和计量，为了更好地指导我们去正确地确认一个项目究竟属于哪个要素，具有哪些特征。因为符合不符合要素定义实际上就是符合不符合要素的全部特征。

4. 关于 SFAC No. 5“企业财务报表的确认和计量”

SFAC No. 5 实际上是由两大部分构成的：第一个部分是关于财务报表的论述，第二个部分是关于确认和计量的研究。在第一部分，SFAC No. 5 提出了一整套的报表，包括财务状况表（即资产负债表）、净收益表、全面收益表、现金流量表、投资和派给业主款表。值得一提的是，作为一个理论，SFAC No. 5 只是起建议的作用，因此，尽管它提出了上述一整套报表，在当时却并不等于企业一定要按照这套报表进行编报①。在实务中，我们仍然认为，基本的财务报表还是三个：财务状况表（即资产负债表），收益表（或收益与全面收益表）以及现金流量表。

除了从总体上提出一整套的报表外，SFAC No. 5 还对个别报表应当反映的内容、所起的作用，做了简单、明确的规定。特别应引起我们注意的是财务状况表。由于此前经济学家总是批评会计不能反映企业的价值，SFAC No. 5 特别指出了会计的这一缺陷——“财务状况表并不企图表明一家企业的价值”，但同时，SFAC No. 5 也进一步说明：“财务状况表实际上也不可能表明一家企业的价值”。它提出了如下两方面的理由：首先，有许多资产和负债还未被列入到财务状况表中。譬如，人力资源、部分无形资产②（如自创商誉等）、负债中的或有负债（很多或有负债没有在报表中表述，最多只进行了表外的附注披露。有的企业甚至因为担心其在行业内的竞争力受到影响而不在附注中披露某些重要的或有负债③）。所以，财务状况表所表现的资产、负债和净资产并不完整。其次是计量属性的应用。对多数项目来说，应用的还是历史成本计量，少数项目可能使用公允价值和可实现净值计量。这造成报表项目的账面价值与它们的市场价格之间难免有所差别。上述

① 当 SFAC No. 5 在 1984 年提出上述报表体系的时候，其中的一些报表，如现金流量表和全面收益表在当时实务上还没有出现。时至今日，它所提出的报表体系已经很普及了（如 1987 年 11 月发布了 SFAS No. 95“现金流量表”，1997 年 7 月发布了 SFAS No. 130“报告全面收益”）。

② 实际上财务报表对无形资产的表述也是很不完整的。

③ 譬如，A 企业与 B 企业正在诉讼。一审已经判决 A 企业败诉并支付较大金额的赔款。A 企业因为害怕丧失或削弱其在行业中的竞争力而不敢在附注中披露上述事实。相反，它还以要上诉为由遮掩这笔或有负债的性质和预计产生的财务影响，误导信息使用者的视听。

两方面的原因使得财务状况表并不企图也不可能表明一家企业的价值。我们许多做实证研究的同志要特别注意这一点。这是财务报表(也是财务会计)的固有特点,不改变现行财务会计模式,恐怕很难使财务报表反映一家企业的价值。

SFAC No.5 的另一个主要贡献,是它区别了几个重要的概念:①盈利(earnings);②收益(income);③全面收益(comprehensive income)。其中,盈利=本期已实现的收入-费用+利得-损失;收益=盈利±累计的会计调整①。由于存在累计的会计调整,使得盈利和收益虽基本一致,但仍略有差别。盈利基本上完全地代表了一个企业在本期赚得的利润,而收益在赚得的利润当中可能还受到前期调整的影响。全面收益=本期的净收益+其他全面收益(即未实现已确认的其他利得和损失)。其中,其他全面收益(未实现已确认的其他利得和损失)是由其他准则的规定所导致的②。全面收益与盈利和收益的区别在于:盈利和收益中体现的利得和损失都是已实现和已确认的,只有全面收益里才有未实现已确认的利得和损失。已确认很重要,没有确认的损益是不能进入财务报表的。此外,SFAC No.5 在确认方面还第一次提出了四条基本的确认标准:可定义性,可计量性,相关性,可靠性。它还对盈利的两大主要组成部分——收入和费用,进一步提出了确认指南。譬如,确认收入除了要符合收入的定义之外,还必须符合已实现或可实现(realized or realizable)、已赚取(earned)这两条原则。这些都是 SFAC No.5 在借鉴 APB Statement No.4 的基础上的发展。

以上是美国 FASB 财务会计概念公告中的一些主要的优点。总的来看,美国的财务会计概念框架不仅在世界上是首创的,而且它也提出了许多创造性的见解,值得各国的准则制订机构加以借鉴。从现在看,尽管它仍存在一些问题,但它还是不失为一个好的概念框架。任何事物都需要完善,概念框架也不例外。在安然事件出现、萨班斯—奥克斯利法案(Sarbanes-Oxley Act)颁布以后,美国证券交易委员会(SEC)和 FASB 都在检讨其与准则制订有关的一些规则,其中就包括 FASB 的概念框架。截至目前,FASB 自己已经提出了概念框架的一些缺陷。

> 尽管 FASB 在建立会计准则过程中运用了概念框架,但概念框架还无法对会计和报告问题的解决提供所有必需的工具。部分原因是概念框架某些方面存在不完整、内在不一致以及含糊不清等问题。例如:
>
> ● FASB 第 2 号概念公告《会计的信息质量特征》没有提出对相关性与可靠性、可比性与一致性等质量特征进行权衡时所必须的概念性指南。
>
> ● 出于发布准则所必需的折中的考虑,FASB 第 5 号概念公告《企业、财务报表的确认和计量》中的指南对当时的实务进行了描述,但在分析和解释确认、计量方面有争议的问题上,几乎没有提出任何概念性基础。在其他问题上,第 5 号概念公告也没有就判断一些项目是否应以公允价值计量、如何以公允价值计量、何时计量(涉及初始计量、后续计量)、以何种综合水平计量,以及如何计量等问题提出必需的工具。

---

① 累计的会计调整是由那些在本期确认的以前期间的会计调整造成的。譬如,由于会计政策的变更而调整本期收益。

② 譬如外汇,由于会计准则准许企业在会计期末按现行汇率对持有外币的余额进行调整。按现行汇率调整后的金额与账面外汇金额的差额(汇兑损益)就是未实现已确认的利得或损失,即其他全面收益。

● 第5号概念公告收入确认指南在某些方面与概念框架其他部分的指南不一致，尤其是FASB第6号概念公告《财务报表项目》中的资产和负债定义。而且，第6号概念中概念自身也缺乏明确性。

● 概念框架中没有包括建立披露要求的框架。

（见FASB of the Financial Accounting Foundation：Proposal *Principles*，*Based Approach to U. S Standard Setting*，"Principles Developed Using the Conceptual Framework" p. 6，October 21，2002）

因此，我们估计FASB一定会在不远的将来进一步修订其概念框架[①]。

三、思考与建议

我们这里提出了几点修订的建议，或者说试图指出FASB的概念框架存在的某些不足并提出改进的意见。

（1）关于目标。SFAC No. 1提出的目标偏重于决策有用性。但是全面地说，目标应该包括两个方面。由于美国主要从资本市场募集资金，所以上市公司公开的财务报告应该对投资者、债权人决策有用，但是从一些控股的股东，特别是大股东来看，更重要的是要了解管理阶层受公司股东委托，应负受托责任的履行情况。因为现代美国企业，掌握经营管理大权的已经不是企业的所有者，而是企业的管理阶层，特别是高级管理层；管理阶层需要通过财务报告向投资人（所有者）报告资源运用和经营的受托责任，这是委托代理关系中代理人应尽的义务。所以，SFAC No. 1所提的目标现在还不够全面，反映受托责任的履行情况在SFAC No. 1中提得还不够突出。

（2）SFAC No. 1提出企业最后提供的信息是通过财务报告而不是财务报表来传递给使用者的。它反复强调财务报表表内是确认（recognition），表外不是确认，包括附注都不是确认。附注和其他财务报告属于披露（disclosure）。如果是这样，就应当有一个部分专门研究其他财务报告披露的基本概念，包括披露的定义、披露的基本标准（主要是信息质量要求）和披露的主要内容[②]。我们全面考察FASB的概念框架，它还是以确认为中心的，编报财务报表仍是主要手段，几乎很少涉及披露，更没有展开对披露的详细论述；应该说，这是一个不足。

（3）在信息质量特征当中，概念公告提出的主要质量特征有两个：相关性和可靠性。FASB始终坚持既要具有相关性，又要具有可靠性；尽量地回避如果相关性和可靠性发生矛盾，究竟是首先考虑相关性还是首先考虑可靠性。

根据我们不成熟的看法，从财务报表来说，财务报表的项目，一般是不能随便增加或者减少的。因为财务报表的项目基本上是根据账户体系设置的。账户体系和报表项目都是预先设置好的，它们是构成会计信息的模型。历史证明财务报表的项目和账户体系都具有相

---

① 根据FASB 2004年8月31日的一份报告，FASB已开始在下列三个项目加以改进，即"收入确认"（revenue recognition）、"负债和权益"（liabilities and equity）以及"公允价值计量"（fair value measurements），从事这些项目的研究，目的在于形成一个单一完整和内在一致的概念框架。FASB试图通过这些项目的研究使概念框架更为完整、精炼，而不是全面地改变现有概念框架的所有部分（见"On the road to objectives-origented Accounting system"，*Aitide pom the FASB Report*，August 31，2004）。

② 这是指披露的最低要求。披露的最高要求可以不加以规定。因为在美国，企业可以自愿披露，所以披露的最高要求，不好规定。但最低披露要求要规定。

关性。也就是说,对投资者和债权人都是有用的。如果没有用,它们不会经过几百年到现在仍然存在①。这些报表的项目对所有投资者和债权人显然都有相关性。当然相关性的程度对每个使用者不同,因为使用者都有各自的决策模型,各自的关注点。有的人关注企业的财务状况,有的人关注企业的现金流量,有的人关注企业有没有风险,会不会破产倒闭。不过,这三份报表可以为关注点不同的所有人提供程度不同的有用信息。但是,可靠性取决于报表编制者的专业水平、诚信道德及其他复杂的条件。所以,从财务报表来说,我们更应该关注财务报表的可靠性。美国安然事件以及随后发生的一系列财务欺诈事件也都证明了这一点。

从其他财务报告来说,这是属于披露的问题,披露应该更多地考虑相关性。作为其他财务报告的披露应该或多或少跟财务会计有关,譬如说,附注基本上跟表内有关。附注主要包括三个部分:第一个部分是政策的披露。第二个部分是特殊风险的披露,这些风险目前尚不能在表内确认而只能在表外披露。例如,表外融资、高风险的业务(如衍生金融工具的业务)、提供担保等。提供担保是很危险的,一个企业为另一企业担保,很可能因此而产生较大或巨大的现实债务(如果被担保企业不能还债,必然就会追诉到担保企业)。第三个部分,对表内某些项目进行说明解释,但是不能更正表内的错误。附注可以解释说明表内的项目,例如应收账款,它可以说明全部应收账款的客户名称、金额、到期时间等,或者选择一些大户加以列示。这三个部分都与财务报表有关。至于其他财务报告的披露,不能在表内确认,也不能纳入表外附注的一些对投资者决策很有用的财务信息和非财务信息,我们也应该说这些信息跟财务会计有关。所以相关性是第一位的。相关性要注意适度地反映,即披露不要过量。如果过量地反映,会使投资者抓不到所需信息的重点,反而会降低决策有用性。对于信息披露,不管它是定性信息或者是既定性又定量的信息,也应该力求可靠。定性描述要有根有据,不能捏造虚假的信息,比如说更换董事长或者更换注册会计师,需要扼要地说明:为什么要更换,更换谁,更换后的人员具备什么学历,什么经历,什么才能——这些都是非量化的信息。对企业经营前景的描述可能有量化的信息,也可能有非量化的信息。描述企业的经营前景更不应该夸张。企业可以描述未来的三年规划、五年规划,甚至十年规划,但是在这些规划中,企业的市场占有率、现金流量和销售额等量化指标一定要科学而又谨慎地预测。不能利用这些规划“做广告”,更不能做虚假的宣传来误导投资者,因为投资者一般是很关注企业经营前景的。

(4) 确认,按照 FASB 的解释,是一个过程,是将一个项目根据确认的标准正式加以记录并记入财务报表的过程。根据这一定义,确认过程应该分为两步,第一步是正式记录,第二步是记入报表。但是现在的概念框架没有正式记录这个部分,也就是没有复式簿记和账户系统这个部分,只有记入报表部分,从而使得会计要素成为财务报表的要素,而不是包含账户体系的要素在内的会计要素了。我们认为这是一个缺陷。尽管复式簿记是人所共知的,是会计的基本知识,但还是应该加以论述,毕竟它是财务会计记录的一个很重要的手段。文学巨匠,德国伟大的诗人、哲学家歌德曾赞誉复式簿记是“人类智慧的绝妙创造”,最能体现会计分类记录和报告的特点。它首先编制会计分录,然后分门别类地

① 即使现代企业也还要编制资产负债表、损益表和现金流量表,当然中间有些报表发生了变更,例如原来编制的是财务状况变动表,后来改为现金流量表。

记入各个账户——这一机制能够保证记录的正确性并能够保证自我平衡，自我检查。像这样一个机制，概念框架应该作些说明，说明它的一些基本原则和基本概念。这就是说应该把财务报表的要素扩大为会计要素(既包含账户体系又包含财务报表)。并且应该把确认分为两步，第一步确认是正式记录，正式记录最重要的是解决应否记录与如何记录的问题。会计分录的作成是会计上如实反映的关键一步。如果我们不是按照经济实质来作成会计记录，那就有可能产生谬误。记录有错，报表必然有错。第二步确认是在第一步确认的基础上再核实，比如进行盘存，进行清查，做到账证相符，账账相符，账物相符，账款相符。通过盘存和清查，进行必要的调整。然后按照报表的要求，即根据使用者更好地理解信息的要求来重新排列，重新分类，或者浓缩，或者扩大，把不重要的项目包含在重要的项目里面，把重要的项目细分为若干个项目——这就是第二步确认的重点。第一步确认主要是提高可靠性，第二步确认既提高可靠性，更提高相关性。至于初始确认、后续确认和终止确认不同于第一步确认和第二步确认。一些交易和事项首先要进行初始确认。然后，由于相关项目或者减值了，或者损毁了，或者因为自然灾害损失了，此时我们要进行后续确认。只要我们使用了除历史成本以外的计量属性，如现行成本、现行价格和公允价值，许多项目就需要重新计量，即每年都要按新起点计量，此时就需要后续确认。如果这个项目消失了，还需要终止确认。对每个项目来说，它有初始确认，可能有后续确认，还有终止确认的问题。但是在采用历史成本作为计量属性的时候，就没有后续确认的问题。因此，第一步确认和第二步确认是就整个会计处理程序而言，第一步是正式记录，第二步是记入报表。而初始确认、后续确认和终止确认是指个别项目或若干项目由于采用历史成本以外的计量属性而需要新起点确认。这是两个不同的问题。

(5) 从要素的定义来看，在 FASB Concepts 中，各个要素之间的定义有矛盾，例如 FASB 对资产、负债和所有者权益，都是用一系列不同状态的“可能的未来的经济利益”的来表述的[①]。FASB 所接受的这些要素的定义，我们把它简化为：

- 资产　一个主体可控制或拥有的可能的未来经济利益。
- 负债　一个主体可能的未来的经济利益在将来必须放弃的义务。
- 所有者权益　一个主体可控制或拥有的可能的未来经济利益的净额。

但是，FASB 定义收入、费用等要素时却不再使用可能的未来经济利益了，而这些要素同前三个要素本来是相互联系、相互勾稽的，如果也用可能的未来经济利益来表述，那么，所有要素的实质就能保持内在一致。例如，我们可以按如下的方法来定义收入和费用：

- 收入　一个主体可能的未来经济利益的流入；
- 费用　一个主体可能的未来经济利益的流出。

此外，SFAC No. 6 和 SFAC No. 1 之间也有矛盾。涉及资产等要素时，SFAC No. 1 提到的是经济资源、义务和权益及其变动的信息。但是 SFAC No. 6 在定义资产的时候，却不提经济资源，而指可能的未来的经济利益。可能的未来的经济利益是一个定语，并不是一个名词。事实上，企业所获得的能够营运的不是未来的经济利益，而是资源。经济学

① 例如，SFAC No. 6 曾说：“某一主体的资产、负债和所有者权益都属于相同的一系列可能的未来的经济利益”(Par. 54)。

也从来没有讲未来经济利益的配置,而是资源的配置。在市场经济下,第一次资源配置是通过资本市场,以现金形式把资源配置到企业;然后在企业内部进行第二次配置,就是在企业内部把现金转化为各种生产要素,此时,资源以各种资产的形态存在着和变化着,各种资产的形态都是为企业所控制的资源的各种形式。我们经常说资产里面缺少人力资源——这是大家公认的,但是我们从来没有说缺少人力未来的经济利益。未来经济利益可以作为一个定语,可以作为资源的一个很重要的特征。资源能够为企业带来新财富和新价值,就是因为它含有未来的经济利益。资源中含有的经济利益还没有使用时是资产;如果已经使用了,资源就变成了费用,不再是资产了。SFAC No. 6 与 SFAC No. 1 显然对资产的认识有矛盾。理论上,SFAC No. 1 应该指导以后的所有概念公告。它提出了目标并用目标去指引方向,以后的概念公告都应该受目标的指引。可是,FASB 的各份概念公告还没有同 SFAC No. 1 保持完全的一致。再说,资产的定义是非常重要的,因为所有的要素都依存于资产要素。就可能的未来的经济利益而言,未来的经济利益已经带有不确定性了,还要加上"可能的"。"可能的"是概率,可能性有多大呢,50%、75%,还是 90%?所以严格来说,SFAC No. 6 中的资产定义并不是资产的定义,最多可作为"或有资产"(contingent assets)的定义。总之,"可能的"三个字作为资产定义中的定语是不很妥当的,当然,我们通常并不提及"可能的"三个字,只是说"未来的经济利益"。

(6) 概念公告应该把财务报告的列报单独作为一个部分,财务报告的列报包括财务报表的列报和其他财务报告的列报。否则整个概念框架是不够完整的。概念框架不能到确认、计量为止,最后还应该有列报。因为财务报告的列报,也就是报表的确认和表外的披露涉及财务报告使用者所关心的众多信息。当然,SFAC No. 5 分为两大部分,第一部分也讲到财务报表的列报,而且 FASB 曾经发布过两份 ED。一份 ED 称为《财务报表和其他财务报告》(Financial Statements and Other Financial Reporting, May 12, 1980)。1981 年,FASB 又发布过一份 ED。这份 ED 称为《报告企业的收益、现金流量和财务状况》(Reporting Income, Cash Flows and Financial Position of Business Enterprises, November 16, 1981)。这两份 ED 基本上是讨论财务报告的列报。后来,不知什么原因,这两份 ED 都被搁置而财务报告的列报问题则销声匿迹了。

总的来看,FASB 的财务会计概念公告是财务会计理论运用于规范财务会计准则的一个新发展。它不仅在实务上对各国的会计准则制定起着表率的作用,而且在理论上也推进了财务报告的理论,使财务报告的理论从纯学术研究走向实用,走向评估现有的会计准则和发展新的会计准则。我们在上面指出的它的不足,不过是一分为二地看问题,瑕不掩瑜,优点和创造性应该还是 FASB 的概念框架的主流。

第四节　西方财务概念框架研究中的几个问题

一、"概念框架"的内涵

财务会计概念框架是会计理论中最实用的部分,所以不包括会计思想、会计思想史、不同的会计观点和学派等等。概念框架的前身是以研究财务会计基本概念、原则为主的会计理论体系。著名的美国会计学家 W. A. Paton 和 A. C. Litlleton 在 1938 年为 AAA 草拟"公司财务报表的会计原则的暂行说明"(1936 年 6 月载于 *Accounting Review*),是研究公司会计原则的最早尝试。但"暂行说明"发表后却引起大量的争议和批评。两位作者仔细研究了批评意见之后,认为,多数批评涉及基本理论(basic theory)。当时本应当将基本理论要点在"暂行说明"中补充。批评的意见激发了两位学者重新写一本关于公司会计准则的专著。但不是重复地表述会计准则,而是把会计的基本理念(fundamental ideas of accounting)组合起来,构建一个框架(framework),在这个框架中建立起对公司会计准则的说明。这个会计理论的框架应当成为一个连贯、协调、内在一致的理论体系(a coherent, coordinated, consistent body of doctrine),这就是 1940 年出版的会计经典著作《公司会计准则导论》(An Introduction to Corporate Accounting Standards)中两位会计学家在序中提出的著名观点。这一观点,实际成为以后不论是会计学界还是准则制定机构建立财务会计概念框架或理论体系自觉或不自觉地遵循的指导思想。

概念框架的全称是"财务会计与报告的概念框架"(Conceptual Framework for Financial Accounting and Reporting CF)。为了方便,我们常简称它为 CF。

CF 作为财务会计的专门概念,首先出现在美国 FASB 的文献中,美国 FASB 先后为 CF 给出两个内容似乎十分相近,但在认识上已有很大差别的定义:

(1) 1976 年 12 月 2 日 FASB 发表一份征求意见稿(ED),题为《概念框架项目的范围和含义》,第一次对 CF 下了这样的定义:

"CF 是一部章程(constitution)。是由目标(objectives)和与之相互联系的基本概念(fundamentals)组成的一个连贯的理论体系。它能导致相互一致的准则,并对财务会计的性质、作用和局限性做出规定。目标用于识别财务会计的目的和宗旨(goals and purposes),基本概念是会计的基础概念(underlying concepts of accounting)如指引应予入账事项的选择(即确认),对这些事项的计量和将它们总结再传递给各利害集团(即报表)等方面的概念,之所以说它们是基本概念,是因为其他的会计概念产生于这些概念,在制定、解释和应用准则时需要反复地参考这些概念"(载 FASB 1976 年的 DM:*Analysis of Issues Related to Conceptual Framework for Financial Accounting and Reporting*:*Elements of Financial Statements and their Measurement*, P. 2)。

(2) 1980 年 5 月,FASB 发表的第 2 号财务会计概念公告(SFAC No. 2)以"财务会计概念公告"(Statements of Financial Accounting Concepts)为题作为该概念公告的前言(实际上是全部概念公告的前言)。其中第二段,改写了 CF 的定义:

"CF 是由目标和相互关联的基本概念组成的连贯的理论体系。这些目标和基本概念导致前后一贯的准则。通过制定财务会计和报告的结构与方向,促进公正的财务会计信息和有关信息的提供,以便有助于协助资本市场和其他市场的有效运行。这一 CF 将能为公众利益服务。

确定目标和识别基本概念并不是为了直接解决财务会计和报告中的各项问题,而不过是要求目标指出方向,用概念作为解决问题的工具。"

将上述两个定义对比可以看到:最主要的不同是,后一定义删去了"CF 是一部章程"

的表述。因而,使CF由原先(1976年的定义)定位为章程,而变成一个理论体系,或以目标为导向的由若干基本概念、协调一致的连贯的理论体系。同时,它不仅是属于财务会计的,也是属于财务报告的。

二、概念框架的作用

先从美国FASB的文献看,CF的作用主要是:

(1) 直接受益者FASB即准则制定机构本身。CF可用于考虑各种(准则)备选方案的优点的共同基础和基本推理,并指导FASB发表新的会计准则;

(2) CF可用于评估现有的准则并在缺乏权威文告时作为解决会计新问题的指南。

再看加拿大CICA的文献"财务报表概念"(Financial Statement Concepts)。"财务报表概念"的目的即作用是描述那些指导建立和使用通用目的会计原则的概念,如财务报表的目标、效益与成本的约束条件、重大性、信息质量、财务报表要素、确认标准、计量、公认会计原则等等。其作用就是描述财务报表的概念,以便建立和使用用来指导财务报表的会计原则。

还可看美国ASB在其发表的CF即"财务报告原则公告"(Statement of Principles for Financial Reporting)中的观点。"原则公告"认为,"原则公告:确立了指导对外财务报表编制的概念。主要作用是为ASB制定与审查会计准则,提供一个内在一致的参考框架;它还可以在特殊情况下(即缺乏权威公告的情况下),为选择不同的会计处理方法提供依据。"

再看澳大利亚类似的CF文件,称为"会计概念公告"(Statement of Accounting Concepts SAC)。它认为:SAS确定了通用财务报告必须遵守的基本概念。这种"必须遵守"说法,类似于美国FASB在1976年定义CF为"一部章程",甚至更类似于我国的基本准则。

由于多数国家把CF视为一种理论体系,作为会计理论,它的基本作用是解释现有的准则和实务并预测未来的准则与实务。主要是为现有的准则寻找具有科学性和权威性的"借口"和"依据"。特别是在美国,由民间制定的会计准则多次出现"反对"、"否定"的危机。寻求各种支持,包括理论支持更为必要。典型的例子发生在APB成立不久,即20世纪60年代初,APB Opinions No. 2被APB Opinions No. 4取代所产生的"投资贷项处理方法"的争论,导致SEC发表ASR 96来压制并否定APB Opinions No. 2,即使后来在FASB制定准则期间,20世纪70年代同样曾掀起反对FASB 1977年制定的FAS 19的热潮。某些中小石油天然气公司对于FAS 19关于钻井的钻探成本一次摊销的会计处理表示强烈的反对。随后也迫使FASB于1979年发布了FAS 25"中止对石油天然气公司的某些会计处理",修正了FAS 19中的规定。就在1976年和1977年,美国参众两院下属两个委员会(Mast Subcommittee和Metcalf Subcommittee)又分别提出报告,对由民间组织制定准则和会计师的独立性提出了严厉批评并建议由国会收回会计准则的制定权。这两份报告对美国会计职业界和FASB所产生的压力如火上浇油。作为准则制定机构的FASB为自己制定准则,民间会计职业组织为了保留准则的制定权而不被政府夺走,借助于理论的支持是十分必要的①。可见,在美国FASB于1978年开始出台CF的第1份文告决非偶然!这也证明:会计理论可视为一种"商品",既有供给,更有需求。会计准则虽

① 更重要的是院外"游说",投入大量的"政治资本",才幸免于国会剥夺民间机构制定会计准则的权利。

在美国由民间制定，但SEC拥有否决权，甚至可以认为会计准则可以分为两类即计量准则(measurement standards)和披露准则(disclosure standards)。例如，SEC经常公布对上市公司的会计规则，包括：财务报告编制规则(首次发行要按Forms-1编报；年报要求按Form10-K编报；1—3季度要按Form10-Q编报；非常重大事项要求按Form8-K编报)，财务报告文集(FRRs即过去ASRs)等。在美国，由SEC授予FASB制定的，仅仅是计量准则。而SEC自己却保留披露准则的制定(见K. S. Most, *Accounting Theory*, 1977, P. 81)。前一种权力，政府又经常会进行干预。近年来，由于美国出现安然事件，为反对财务欺诈而由国会通过、总统批准的Sarbanes-Oxley Act of 2002，也对FASB制定准则的导向，提出了责难。这一切，都说明美国在20世纪70年代开始制定一系列财务会计概念公告，主要是为了保持准则的制定权而需要“借口”，寻求理论的支持。这可能是CF在西方国家的主要作用。

三、美国的概念框架与“目标”导向

以下，我们将较详细地解释CF的作用，仍以最为完整的美国财务会计概念公告为例，加以剖析。

在美国财务会计概念公告(SFACs，以下简称SFAC)中第1号SFAC的题目是企业财务报告的目标。“概念框架”定义中规定：目标用于指引方向。它的导向作用表现在以下几个方面：

(1) 它首先提出财务报告(也应包括财务会计)本身不是目的，其目的(即目标)是为了提供投资和信贷决策的有用信息；这种信息主要依据企业编制的对外通用财务报告。

(2) 在SFAC No. 1中首先扩展了财务报表，它认为财务报表仅是财务报告的中心部分。此外，还有附注和其他传输会计信息手段，这些总称为“财务报告”即：

财务报告 = 财务报表 + 报表附注 + 其他财务报告

同时，也就扩展了财务报表的目标(这是Trueblood Report研究的主题)，将其改为财务报告的目标。这一点，可能是SFAC No. 1的一项重要创新。

(3) 为了研究目标，仍然要先研究财务会计与报告环境的影响，要研究由财务报告(实际上限于财务报表)提供信息的特点和局限性。总起来看，在SFAC No. 1中对这些影响目标的环境、财务报表的特性与局限性的说明，不过是对ARS No. 1所描述的基本假设和APB Statement No. 4关于财务会计基本特征的含混的重新描述，并无新意。它仍然表明：财务报告的目标不能离开最基本的几个概念如主体、持续经营、会计分期、以货币为基本计量单位等假设；也不能离开财务报表的固有特性：信息主要是财务的，是历史的(因为主要反映已发生的交易和事项的财务结果)和事后的。但FASB在这里提醒财务信息的用户，提供和使用信息都需要花费成本，要考虑效益与成本对比的原则。FASB还提醒财务信息的用户，财务报告只是他们做出各种经济决策的一种信息来源，而不是唯一的来源。影响决策的因素极其多样和复杂。

(4) 为了实现对投资人、债权人决策有用性的目标，SFAC No. 1提出一个企业通过财务报告应当向使用者(都是指现在的和潜在的投资人和债权人)提供哪些有用的信息？

应当说,这是目标对其他基本概念,SFAC No. 1 对其他各分 SFAC 最重要最具体的指引。

① 与某一企业最相关的现在的和潜在的用户,根据他们直接的切身利益,一般来说最关注该企业获得未来有利现金流量的能力。这就决定财务报告的第一个目标是:向投资人、债权人和其他用户提供可用来帮助他们评估(assessing)企业现金流量前景的信息。具体地说,这些信息将有助于他们在收到股利或利息、在出售股票或债券所得、在到期债券和借款的清偿等几个方面,较理智地预测其金额、时间安排和不确定性。

② 投资人、债权人和其他用户还会关心财务报告的其他信息。因为几张主要的财务报表是彼此勾稽、相互关联的,要评估企业的现金流量能力不能离开企业的资源及其变化。没有因为交易和事项的发生而引起企业经济资源、经济义务和业主权益及其变化,就不会产生现金流量及其有利或不利的流动。何况,企业经济资源、经济义务和业主权益及其变化,还会反映企业的财务状况、经营业绩和财务业绩,以及最重要的经营成果指标——盈利和全面收益。后一些信息能帮助使用者据以评估企业的变现能力、偿债能力、财务适应性和管理当局的受托责任。因此,企业财务报告的另一个目标是:提供企业资源、资源的主权和它们变动情况的信息。

SFAC No. 1 虽然只提出两项目标,而不像 Trueblood Report 提出 12 项目标使人抓不住要点,但是这两项目标已足以说明为了满足决策有用性(主要对投资人和债权人而言)这一总目标,财务报告应当提供和可能提供的主要信息已一清二楚了。

四、美国的 CF 中的其他基本概念是解决什么问题的工具?

美国的 CF 中的其他基本概念可分别概括为:①以决策有用性为主的若干会计信息质量特征;②企业财务报表的 10 项要素及其定义;③财务报表、财务报告和在报表中的确认与计量以及应用现金流量信息和现值去捕捉公允价值。上述有关概念分别体现在 SFAC No. 2、No. 6、No. 5 和 No. 7 之中。

(一) 会计信息的质量特征

会计信息质量特征的提出是 SFAC No. 1 作为企业财务报告目标的补充。SFAC No. 1 仅指出,为了提供用户对经济决策有用的信息,应当有哪几方面的信息,这是对应提供信息的数量和内容的说明。而 SFAC No. 2 则进一步提出,为了使决策有用,还必须符合相关性与可靠性等主要性质和可比性(含一致性)等次要信息质量。SFAC No. 2 提出全部而且分层次的质量,进一步保证了信息对决策的有用性。就是说,SFAC No. 2 的作用是评估财务报告信息有用性的标准,从而成为促进会计信息走向高质量的手段(工具)。遗憾的是:当两个或更多质量特征发生矛盾时,特别是相关性与可靠性发生冲突时,使用者应如何取舍? SFAC No. 2 却避而不谈,未能明确提出指导性指南①。

(二) 会计要素

会计要素既是财务报表内容的框架结构(大类),又是账户体系内容(用于记录)的框架结构。它们是加工为有用信息的基础。不指明会计要素及其进一步分类,会计信

① 英国 ASB 的"财务报告原则公告"的 ED 中曾讨论过这个问题。在 ED 中曾表示:如果相关性与可靠性不能兼顾,应当在可靠的信息中选择最相关的信息。

息就不可能具体化，目标就会落空。因此，会计要素的作用是为了加工生成目标所要求的具体信息。

不过，SFAC No. 6 似乎存在以下两个问题。

(1) 在给出要素定义时，未能同 SFAC No. 1 所提信息的内容保持一致，SFAC No. 1 第二项目标认为，应当提供一个主体的经济资源，资源的主权及其变动的信息，按照目标的提法、资产、负债、所有者权益的定义不应当离开经济资源（资产）、经济资源的主权（负债和所有者权益）、经济资源及其主权的变化（收入、费用、利得、损失）。

但是 FASB 在 SFAC No. 6 中却用“可能的未来经济利益”来定义资产（Par. 25），并认为所有者权益与负债都属于一系列可能的未来经济利益。

经济学也告诉我们，社会经济资源由市场（资本市场）作为“看不见的手”进行配置，才成为经营前景被看好的那些企业的资产。在这些特定企业的内部，通过所有者或其代理人（高层管理当局）的权威，作为“看得见的手”进行再配置，在低交易成本、高经营效率的条件下，使资产（最初投入的形态，可能是现金或同时包括无形资产）转化为各种生产要素，并组织产品生产和经营，才能使资源得到增值即带来企业利润和现金的净流入。所谓“可带来的经济利益”、“可提供未来服务”和“具有交换能力”等等，只不过是资源的固有属性。这也是资源具有稀缺性的根本原因。

当然，在 SFAC No. 6 的 27 段中，FASB 也认为“按照 25 段所给出的定义，有资格成为资产的各个项目通常也称为经济资源”。既然如此，为何不在定义中不明确资产是经济资源而改用资源的一种属性——未来的经济利益（最后即为未来的现金净流入）来表述资产？

(2) 以下提到的“确认”（recognition）定义将看到，确认是财务会计处理的程序。它应包括记录和记入财务报表两个步骤。记录是通过复式簿记技术和一整套账户体系来完成的会计要素，首先是指账户体系结构框架，即账户体系内容的第一层次的分类，而后才是财务报表内容的第一层次的分类。迄今为止，在财务会计方法中，最具有特色的是用于记录的复式簿记和是基于复式簿记建立起来的账户分类体系。可是在美国和其他各国的 CF 中都不提记录用的基本概念。为什么有关复式记账、账户的基本概念不能进入 CF？是不是说，看懂概念框架的会计人员，首先应具备运用复式簿记的基本知识？然而，人们要反问，看懂 CF 的会计人员难道不需要具备编制财务报表的基本知识？没有正确的会计分录，何来正确的财务报表？

（三） 会计要素的确认与计量

会计要素必须能够正确地辨认、可靠地计量，否则，既不能进行记录，也不能编制财务报表。在 SFAC No. 5 中，FASB 首先是比较严密地给出“确认”概念的定义：

“确认是将一个主体的某一项目，作为一项资产、负债、收入、费用之类正式记录（formally recording）或把项目加以结合记入（in corporpating or item into）财务报表的过程。确认包括同时用文字和数字描述某一项目，其金额包括在财务报表的总计中。资产或负债的确认不仅包括取得或发生之时的记录（recording），而且包括记录它们嗣后的变化和从财务报表中消除变动的结果”（SFAC No. 5 Par. 6）。

同时，也是 FASB，首先提出确认的四项基本标准：可定义性，可计算性，相关性和可靠性。这是指引确认的基本概念。必须承认是 FASB 的一项贡献。

最后,SFAC No. 5 提出历史成本(历史收入)、现行市价、现行成本、可实现(清算)净值和未来现金流量的现值(贴现值)等五个基本概念作为计量属性,其中没有包括公允价值(fair value)。而从 1990—1999 年的 9 年中 FASB 发表了 15 份有关确认和计量问题的公告,11 份涉及现值技术的应用。2000 年 2 月发表的 SFAC No. 7"在会计计量应用现金流量信息和现值"指出:"在会计计量应用现值,即在初始确认和重新开始(新起点)计量应用现值的唯一目标是估计公允价值。陈述各种差异性的现金,必须试图从包含在各项目中寻找市场价格(如果存在),它就是公允价值"(Par. 25)。因此,SFAC No. 7 的出台实际上是用公允价值替换 SFAC No. 5 中"未来现金流量中的现值"来作为第 5 种计量属性。至于现值,SFAC No. 7 已把它重新定位为"一种摊销方法"(an amortization method)"它在一项资产或负债应用历史成本、现行成本或现行市场价值予以确认和计量之后采用"(Par. 6)。

FASB 在 SFAC No. 5 中最重要的表述就是它列举的计量属性概念,包括 SFAC No. 7 用于替代现值的公允价值概念在应用时需要的选择。如何选择? SFAC No. 5 认为,"应根据项目的性质,和计量属性对该项目的相关性和可靠性而定。"(参见 Par. 65)它不强求推广哪一种计量属性,而是同意会计实务的做法,不同的计量属性将按上述原则同时采用。这是一种实事求是的、理智的主张(尽管近年来 FASB 努力推广公允价值的采用)。

(四) 关于财务报表与财务报告的基本概念

在表面上,美国似乎没有专门的一份 SFAC 研究财务报表和财务报告的基本概念,实际上,在 SFAC No. 5 中是有所涉及的。该公告除第一部分为导论外,第二部分就专门讨论了与编报财务报表有关的一些基本概念,第三部分才讲到确认与计量(以确认为主)。

(1) 根据财务报告的目标,也是财务报表的目标,FASB 提出一整套为满足用户决策需求的某一特定主体的财务报表。这一整套报表,应能表明:

① 期末的财务状况,即实务上已有的"财务状况表"或"资产负债表"。

② 该期的盈利与净收益,即实务上已有的"收益表"[①]。

③ 该期的全面收益(权益中除业主往来的变动总计)。这是当时没有的报表。13 年后 SFAC No. 5 指引了 FASB 在 1977 年发展一项新准则:FAS136"报告全面收益"。

④ 该期现金流量。这也是当时没有的财务报表。但 3 年以后,在 SFAC No. 5 的指引下,FASB 于 1987 年在世界上率先采用现金流量表,取代财务状况变动表,即 FAS95 的出台。

⑤ 该期内业主投资与派给业主款。通常是一种附表。

(2) 尽管 SFAC No. 5"以财务报表的用途和局限性"为题,阐述了财务报表中的分类与汇总的要求。但它已经概括了财务报表的主要的列报程序,即我们认为的第二步确认(第一步确认是指在账户中正式记录一些项目的程序,第二步确认是指在财务报表中如何列报这些项目的程序)。

这里,SFAC No. 5 着重指出**分类**与**汇总**两个概念。

分类是先将主要特征类似的项目组合起来,而后又将主要不同组合的项目分开。

什么是主要特征? 主要特征有持续性或重复性(continuity or recurrence)、稳定性

① FASB 认为盈利(earnings)与收益(income)有区别。在 SFAC No. 5 中的举例,现行净收益包括关于以前会计原则变动的累计影响,而盈利则不包括这种影响,可见,盈利比收益能更正确地反映当期经营业绩(Par. 34)。

(stability)、风险(risk)、可靠性(reliability)等等。

例如AICPA在1995年发表《改进企业报告——面向客户》(Improving Business Reporting—A Customer Focus)中建议按核心与非核心(Core and Non-core)来划分报表的内容(主要是区分核心收益与非核心收益)。就是按上述几个特征,特别是按持续性的特征来分类的。其目的在于保证引入核心类项目具有可比性,特别是具有一致性。

汇总意味着要把大量数据进行简化、浓缩形成若干小计数、合计数和最后的总计数。

汇总可反映一个企业的总体财务状况、总体业绩和现金流量。但缺点是引导人们只注意报表末行数字而末行总计数包括许多性质不同的事物和事项,它会掩盖差异(difference)。如在总体上是表现为成绩,却看不到其中的问题;而在总体上表现为失败,又看不到其中也有成绩。因此,使用者要从报表中捕捉有用的信息,报表中的个别项目、小计可能比合计、总计更有用。

必须指出,第二步确认离不开第一步确认,财务报表中的项目不论怎样分类、排列、浓缩和汇总,其信息源主要是日常的会计记录,即对交易与事项发生时的确认。

五、若干供思考的问题

(1) 为什么在美国,先是由学术界,后是由准则制定机构不断地研究实用的基本会计理论或财务会计概念框架? ARS Nos. 1和Nos. 3被否定后,APB又出台APB Statement No. 4,其后,AICPA理事会又组成Trueblood Study Group专门研究"财务报表的目标"。FASB取代APB后,继续研究Trueblood Report,终于形成以目标为起点,诸基本概念与之相联系的1—7号财务会计概念公告。加拿大、澳大利亚、国际会计准则委员会和英国也纷纷效尤。这是为什么? 我们应当如何理解CF的性质、特点及其真正作用?

(2) 现在各国的CF都以目标为起点,如何解释这一现象? APS No. 1被否定后,是否意味着会计的基本假设已不再存在? 我们能否从美国SFAC Nos. 1—3(No. 3即No. 6)中看到它的影子?

(3) W. A. Paton和A. C. Littleton在合著的《公司会计准则导论》的序中提出指导会计准则应当有一套"连贯、协调、内在一致"的理论体系。我们能否用这一著名的观点来分析国际会计准则理事会认可的《编报财务报表的框架》?

(4) CF同基本准则有何联系与区别? 我国是建立中国的CF好,还是修改充实1992年的基本准则好? 或者按照科学发展观的要求,再等一段时期,到我国的市场经济(首先是资本市场,也包括商品、劳务、人才等其他的市场)进一步完善时再予考虑(现在可先作必要的舆论准备和充分研究工作)?

第五节 在中国建立财务概念框架的总体设想

一、引言

我国于1992年11月制定第一个企业会计准则,迄今已近11年。在作为基本准则的第一个准则之后,陆续制定了16个具体准则,2000年还制定与会计准则基本协调的企业会计制度。在具体准则和会计制度中,都在不同程度上运用了财务会计的基本概念和基本原则。虽然1992年的基本准则也重点提出了可供具体准则运用的若干基本概念,但在当时,我国刚从计划经济向市场经济转轨,计划经济条件下的会计观念的影响还相当深刻,长期受苏联会计模式影响的我国会计界和会计学界不可能立即摆脱其阴影,致使1992年的基本准则还是过分强调反映中国国情(实际上是计划经济旧体制),国外财务会计概念框架中的许多新观点、新思想和新提法未能吸收和接受。但从第一个具体准则的制定开始,到16个具体准则的制定所运用的基本概念,包括准则所用术语的定义,会计核算依据的一些基本原则,却不适应形势的发展,已逐步远离基本准则的内容,而向国际财务会计概念框架靠拢。这不仅反映我国证券市场已经建立并不断完善的要求,而且符合由于全球经济已经形成,各国会计准则的发展不得不逐渐走向趋同(converge)的大趋势。

二、中国的经济环境及其衍生的会计基本假设

由于财务会计是一种国际商业语言,财务会计概念框架的基本内容应当是一致或相似的,否则,就不可能做到:(1)相同或相似的交易或事项,不论在全球何时何地发生,都应当按相同或相似的方法进行会计处理;(2)相同或相似的交易或事项,不论在全球何时何地发生,都应当按相同或相似的方法进行报告并予以基本一致的解释。但毕竟国家还存在,各国的社会制度和经济体制不尽相同,各国制定的概念框架或多或少带有自己的特点,这是由各国政治、经济、社会、法律等环境所决定,其中,经济环境尤为重要。现在,各国和IASC制订的财务会计概念框架都建立在市场经济的基础上,市场经济是一个大前提。各国实行的市场经济总是具体的,是不尽相同的。例如,以美国为代表的西方国家市场化的程度最高,绝大多数企业的资金来自资本市场。资金比较分散而企业都属于私有。股份公司是其最普遍的企业组织形式。另一些国家如德、日等国,企业的资金主要来源则来自银行。当然,在这些国家中,绝大多数企业也属于私有。

我国是社会主义国家,我们要建立的是社会主义市场经济。其主要特点(仅指同财务会计有关)是:

第一,国有经济(企业)在全部经济中占主要比重。以税利来说,截至2002年底,国有工业企业及国家控股企业上缴税收占全国工业企业上缴税收的2/3;仅196家中央企业实现的利润就占全国15.9万家国有企业利润的64%。

第二,在我国,上市公司中的大多数是国有企业。作为股份制改组的结果,最大的投资人是持有国有股和法人股的国家即国资委(国有资产管理委员会)及其地方所属机构(为简化计,我们一律称为"国资委")。出于对国有资产保值和增值的关注,国资委作为我国最大的投资人最需要真实公允的财务报告,用来评估、监督公司管理层对受托经营国有资产的保值、增值责任,并据以进行相应的人事任免和奖惩决策。

第三,现在各国实行的市场经济,都配合政府的必要干预。例如,最近,美国由于出现一系列上市公司的财务欺诈、会计作假等案件,震撼了美国和全世界,于是在2002年7月,美国就制定了前所未有的一项严厉监督上市公司财务报告和审计的法案《萨班斯—奥克斯利法案》(Sarbanes-Oxley Act),进行会计改革并对投资者进行保护。我国实行社会

主义市场经济，国家对市场经济（特别是对证券市场）的宏观调控，不但力度很大，而且是一种主要的、经常的政府行为。

第四，我国政府设有许多宏观调控机构如国家发展与改革委员会、财政部、中国人民银行、中国银行业监督管理委员会、中国证券监督管理委员会、中国保险监督管理委员会、税务总局等，还有国家审计机关——审计署以及国家统计局等单位，都要直接或间接运用财务会计数据，制定有关的政府法规，不断完善国家宏观调控行为。

第五，我国也有大量的商业银行、保险公司等金融机构成为上市公司的债权人，还有机构投资者和比较分散的大中小个人投资者。

在上述复杂的经济环境中，产生了我国特有的和各国共有的若干基本假设和基本假定。

1. 宏观调控

这是我国社会主义市场经济条件下特有的基本假设，它表明政府对市场干预的经常性和具有很大的力度，它在一定程度上影响财务报告的框架和信息需求。这项基本假设决定了我国的财务会计（会计核算）既应为微观经济管理服务，又应为宏观经济管理服务。

2. 会计主体

对财务会计来说，不论日常的会计处理或最终的财务报告，都必须以一个企业（或一个非企业的独立核算单位）为自己的边界。经济资源、经济义务和资源与义务的变动所表现的企业业绩，都只能属于特定的企业，即特定的会计主体。会计主体决定了财务会计的空间范围，也决定它主要是微观经济管理的工具，奠定了财务会计的一个本质属性。会计主体同时也是财务报告主体。每一个独立经营、自负盈亏、独立核算的企业都是一个独立的会计主体。但一个主体若直接控制或间接控制另一个主体，具有控制能力的主体，既是本企业财务报告主体，又是合并被控制主体的合并财务报告主体。这是市场经济下共有的基本假设。

3. 以货币为基本计量单位

市场经济实际上也是商品货币经济。财务会计处理的交易或事项莫不与价值及其变动有关。价值不能自我表现。货币是价值唯一可以捉摸的存在形式。货币的一项重要职能，就是当作价值的尺度。所以，财务会计能够把会计主体发生的交易或事项予以量化的唯一手段就是货币（要注意，这里讲的“货币”主要不是“实际的”货币而是“观念”上的货币，是以货币为符号来表示的交易或事项成交的数量与金额）。以货币为基本计量（包括记录和报告）单位，通常采用各国、各地区的法定“名义货币”。因此，尽管这一基本假设衍生于市场经济，采用与否并不以人们意志为转移，但它却暗含一种带有主观意志的假定——作为计量单位的名义货币，其购买力（即货币本身的价值）是不变的或基本不变的。

4. 市场价格（或交换价格）

财务会计是一个主体提供以财务信息为主的信息系统，由于是提供财务信息，所以必须采用货币为计量单位。但一个量化的财务信息的生成，不仅要有计量单位，而且要有计量属性。在市场经济中，凡是活跃的市场，其商品劳务的交换总是通过可观察的市场价格达成交易。凡是市场参与者（主要指供应者和购买者）普遍愿意接受的价格即市场价格，应是最理想的公允价值，而应成为财务会计计量的基础。市场价格是动态的成交金额，是在不断变化着而且有许多衍生的形式。如过去的市场价格就是企业的“历史成本”，现在的市场价格既可以是购买企业的“现行成本”，又同时是供应企业的“脱手价格”，等等。但市场价格是在市场中客观地形成的，是不以个别人或个别企业的意志为转移的。它的形成、变化及其对市场的影响是由一只看不见的手所左右。Paton 和 Littleton 所说的“可计量的经济”(measured consideration)和“价格积数”(price-aggregate)，已经指出了价格是会计计量的必要属性(*An Introduction to Corporate Accounting Standards*, 1940/1977, PP. 11—13)。Maurice Moonitz 则把市场价格(market prices)明确列为补充假设(postulate B—2)。他认为，会计的数据一般是奠定在过去、现在或未来交换的基础上，即已经发生或预期其发生的(*The Basic Postulates of Accounting*, 1961, Par. 37)的市场价格。

以上四项，我们称之为基本假设(basic postulates)。基本假设为数甚少，是由财务会计赖以存在的环境特别是经济环境决定的，因而具有客观性质，并具有相对的稳定性。基本假设也可称为“基本概念”，或“基本前提”，构成了财务会计的基础并显示其基本特征。

除以上四项基本假设外，为了保证财务会计的顺利运行，及时提供有用的信息，在一定程度上也考虑市场特点，还应提出并承认三项补充的基本假设，由于提出这几项基本假设，适用人们对事物的假定具有一定的主观估计与判断，所以在严格意义上，补充的基本假设应称为“基本假定”(Underlying Assumptions)。不过，为了避免使用过多的相似名词，我们仍称它们为“基本假设”。这三项基本假设是：持续经营，会计分期，权责发生制(应计制)。

5. 持续经营

在市场经济中，竞争使任何企业都不可能无限期永远经营下去。我国的所谓“百年老店”也不过只有百年或几百年历史。当前，收购兼并的浪潮席卷世界，更加剧了企业经营的不稳定性。企业改组、重组、被并购，以致关闭、破产，部分或全部中止经营，随时可能发生。但每一个企业总是期望自己无限期地持续经营下去，尽管能否持续经营带有很大的不确定性，而财务会计这个信息系统必须建立在企业经营连续性这一假设的基础上，因为企业持续经营还是中止经营，对会计的要求是完全不同的。所以，必须作如下的补充假定：只要没有反证，即没有确切证据证明一个主体的经营将中止，则财务会计系统就以该主体是连续的、无限期经营为前提，建立数据加工、生成并传递该主体的经济资源、经济义务，资源与义务变动从而表现其经营业绩信息的模式。换言之，如果企业中止经营，则现行财务会计模式就不再适用。

6. 会计分期

这是同持续经营紧密联系的一个假设，财务会计不能等到一个主体中止经营才向使用者提供信息，否则，建立在持续经营基础上的财务会计信息系统将无法提供信息而等于无用。因此，人们必须把一个主体的连续经营活动人为地分割为若干会计期间(比如半年、一年)，这样，财务会计信息的提供，既有主体作为空间范围，又有会计分期拟定时间界限，这就保证了会计目标的实现，及时满足使用者的各种信息需求。

当然，会计分期同持续经营一样，都带有人们主观意愿的假定性，但它们都是必要的假定，构成了财务会计不可或缺的基础。只有前述四项假设，而没有这两项补充假设，财务会计的模式既不能形成有用的信息，也不可能及时地定期地提供。但 Paton Littleton 和 Moonitz 都曾提醒财务会计信息的使用者：在一个主体终止经营之前，分期提供的信息是估计、判断的结果,都带有"暂时性"(provisional in character① or tentativeness②),这一点,我们应当注意。

7. 权责发生制(应计制)

财务会计作为一个信息系统,如仅以财务报表为终端,是由确认、计量、记录和报告四个程序组成的数据加工的系统,其中的确认和计量两个程序最重要也最复杂。前面提到的"以货币为计量的基本单位"和"市场价格"两个假设,都是为计量提供的前提和基础。这里提出的"权责发生制"则是属于确认的一个补充假设,而且主要(或直接)是对业绩的两个组成要素(收入或利得;费用或损失)而言。权责发生制含义是:在交易或事项中,当一项收取收入(利得)的权利已经发生时,应当确认收入或利得;而当一项承诺在未来支付费用或损失的义务已经形成时,则应当确认费用或损失。权责发生制强调是收入和费用发生的所属会计期间,而不问此项收入是否已经收到和此项费用是否已经支付。因此,同它相对立的还有另一个确认基础——收付实现制,后一确认基础曾盛行于农业和商业社会,到工业社会基本上由权责发生制所取代。这有两个原因,一是信用制度在工业社会日益发达,绝大多数交易和事项都要借助于信用来完成;二是现代企业使两权分离,产生委托和代理关系,日益远离企业的投资人,要求按期间业绩来检查资源受托经营和企业管理层(特别是高级管理层)的受托责任,明确业绩的期间归属,才能分清受托责任的履行和完成情况,从而有根据地对管理层做出奖惩和人事任免的决策。

因此,我国也应承认权责发生制假设。

三、财务会计(财务报告)的目标

财务会计目标所要回答的问题主要是:(1)谁是财务报告的信息使用者?(2)使用者对信息主要用途是什么?(3)现行财务报告能提供哪些主要信息?

关于第(1)个问题,各国 CF 项目的提法基本是一致的,那就是不参与企业经营管理,远离企业的投资人、债权人及企业其他的利害关系人。我国也是如此,不过应突出我国最大的股东是国有股,最大的投资人是代表国有投资人的"国资委"。

关于第(2)个问题,使用者对信息主要用途是:①供投资人用来监督检查经理层受托管理企业资源的受托责任,了解企业净资产的保值、增值,并对企业的重大经营、理财方针和人事变动进行决策;②供各类使用者进行经济决策,特别是投资决策(如买进、卖出或保持股票的决策)和信贷决策(如应否继续贷款,已贷借款应否催收的决策)。

关于第(3)个问题,现行财务报告可以提供一个主体的经济资源、经济义务,资源与业务的变动、财务业绩(特别是每股盈利、每股净资产等业绩指标)、现金流量(特别是现金净流入的金额、时间分布和不确定性)、流动性、偿付能力、发展前景的预测等财务和非财务信息。

总的来说,在我国,财务会计即财务报告的目标可概括为:

- 反映企业经理层受托责任的履行和完成情况;
- 为投资人、债权人和其他与企业有利害关系的使用者提供有助于各类经济决策的

---

① Palon Littleton:*An Introduction to Corporate Accounting Standards*, 1940/1977, p. 10.
② Moonitz:*The Basic Postulates of Accounting*, 1961, Par. 37.

信息,主要是表内和表外的财务信息;

● 在必要时,按照国家的政策法规,在表外披露为国家宏观调控所必需的信息。

四、财务报告信息质量特征

财务报告信息的核心部分是财务报表表内信息。各国 CF 关于信息的质量特征大同小异,而以美国的第 2 号财务会计概念公告最为详尽,我们基本可以借鉴吸收。

财务报告的信息质量特征可以分为两大类:一类是财务报表内容的质量,另一类是财务报表表述和在其他财务报告中披露的质量。

关于第一类,可靠性与相关性是主要的质量;可比性(含一致性)是次要质量。

不论主要或次要质量都要具有可理解性。重要性是有用质量的前提,效益大于成本是选择信息的约束条件。

信息是可靠的,说明信息必须真实公允;信息是相关的,说明信息必须导致决策的差异;信息是可理解的,说明信息必须含义明确和准确,不可含糊不清,模棱两可;信息是可比的,说明应尽可能减少备选的会计方法;信息是重要的,说明它对决策不是无足轻重。

美国、英国、IASC、加拿大、澳大利亚的 CF 所认可的主要质量并不完全相同。但有一点共同,即就是把相关性列在可靠性之前。我们的设想同它们相反。可靠性应列在相关性之前。就是说,当一种方法所能提供的信息不可能在可靠性与相关性两个方面等量齐观时,我们的选择应该是:在可靠性的前提下,选择最相关性的信息。更重视可靠性是财务会计的本质——反映经济真实所决定的。也是近年来美国和我国上市公司财务欺诈案件给了我们的教训。不相关的信息固然无用,但并非对所有人都无用。而不可靠的信息更为危险——所有的使用者的决策都会被它误导,从而带来难以估量的风险。

关于第二类,应体现完整性、充分披露、实质重于形式、谨慎和透明度。

完整性说明无论表内表外,不应遗漏按照准则制度必须列报的所有项目。

充分披露说明虽然未曾违反准则和制度隐瞒列报该列报的项目,仍须尽可能披露对使用者决策有用的、并非法定披露的其他事项和情况。

实质重于形式说明对任何一项交易或事项的报告,必须反映其经济实质,而不能只反映其法律形式而导致错报、误报。

谨慎则说明在准则或制度允许选择的前提下,宁可多报可能的损失,而不多报可能的收益。

透明度是一总体信息质量。形式上看,似乎等于"充分披露",而在实质上,应是在可靠性和相关性的基础上,同时具备了第二类信息的全部特征(完整性、充分披露、实质重于形式和谨慎),真实地反映一个企业整个财务图像。这样的报告才认为具有透明度。

五、财务报表的要素

一个主体的财务报表主要包括财务状况表(资产负债表)、财务成果表(业绩报表)和财务状况变动表(主要指现金流量表)。

CF 项目通常只研究资产负债表和业绩报表的要素（即其组成大类），而把现金流量表排除在外，这并非现金流量表没有自己的基本构造，而是因为财务会计一般以权责发生制为确认的基础。现金流量的基础是收付实现制，它可以通过前两种报表加工转换。如果也为现金流量表设置要素，将使会计确认奠立在双重基础上。这样做，既无必要，也会带来对交易和事项进行第一步确认的困难。

1. 关于要素的名称和数量

资产负债表的要素通常分为资产、负债、所有者（业主）权益，美国的第 6 号财务会计概念公告为业主权益的变动增设了业主投资和派给业主款两个要素。

业绩报表的要素取决于该报表的组成。若只是“收益表”或“损益表”作为单一的业绩报表，则其要素应是收入（含利得）和费用（含损失）；若以“全面已确认利得与损失表”作为主要或最终的业绩报表（如英国），则其要素为利得（含收入）和损失（含费用）；若业绩报表既含收益表又含全面收益表（如美国），则其要素为全面收益、收入、费用、利得和损失。

在我国，业绩报表是利润表，相当国外的收益表或损益表，所以利润表的要素应是营业收入（相当于收入）、营业支出（相当于费用）、营业外收入和支出（相当于利得和损失）。

2. 关于要素的定义和特征

在世界已有 CF 中，分歧较大的就是要素的定义。虽然，众所周知，在 CF 中给出要素定义的主要目的是严格划分不同要素的质与量的界限，从而为确认一个项目为某项要素确立一个严格而规范的标准。因此，要素的定义应由其基本特征组成，并尽可能揭示最本质的特征。因为这也是“实质重于形式”，即会计必须记录和报告每一交易或事项的经济实质的要求。

在所有的要素中，资产要素最为重要。一个企业若没有资产，就没有营运的物质基础，其他要素都不会产生。因此，人们最关注的要素的定义是资产的定义。此外，我们之所以特别注意资产（也包括负债）的定义，还因为，我们主张定义“业绩”要素应当采用资产/负债观。一个企业的净利润应表明企业财富的增长（按经济学家 Hicks 的话说，在保持财富与期初相等的情况下，企业可供消费、处置的财富）即期末净资产－期初净资产＝期末（资产－负债）－期初（资产－负债）＝净资产的增长（企业价值的增加）。当然，这里不包括权益自身的变动。

美国第 6 号（原第 3 号）财务会计概念公告中关于资产的定义，是各国（包括 IASC）制定 CF 的参考蓝本，但有的则作了一些重要的修改。

FASB 的资产定义是：“由于过去的交易和事项而由某个特定主体取得或加以控制的可能的未来经济利益”（FASB Concepts No. 6，Par. 25）。

IASC Framework 则在借鉴上述定义时主要的修改是最后一段，“由企业控制的，预期导致未来经济流入企业的资源”，这里①不提企业取得；②在未来经济利益前删去了“可能的”（probable）这一定语；③最重要的改动把资产落实到含有未来经济利益的资源（resource）上。按照原文，IASC 首先肯定“一项资产是一项资源……”（IASB Framework，Par. 49(a)）。

英国 ASB 的原则公告在借鉴美国 FASB 的资产定义时的重要修改是：“资产是未来

经济利益的权利(rights)或其他使用权(other access)……"(ASB statement of principles for financial reporting，chapter 4，Principles；Par. 406)。

在1988年1月11日联合国经社理事会跨国公司委员会秘书长报告"财务报告的主要目标与概念"第七部分涉及资产的定义。它说：

"公司所控制的资源称为资产，它们说明了公司创造未来资源的潜力。"

"资产是由于过去事项的结果，使报告公司带来未来经济利益的资源(有形的和／或无形的)"①。

看来1989年IASC的Framework，是参照上述联合国文献的。

以上所介绍的资产定义，由于均参考了美国FASB的第6号概念公告，因而都把未来的经济利益作为资产的本质特征②③。

在这个特征上，对美国的CF已有进一步发展，但资产的定义中还包括两个特征：

(1) 上述未来的经济利益或含有这种利益的资源、权利为一个主体所拥有和控制；

(2) 一个主体能控制未来经济利益或含有这种利益的资源或权利是过去交易或事项的结果。

关于"拥有"和"控制"问题，可以不必两者同时并提，只要企业能够控制该资源或权利，就拥有最主要的使用权和处置权，就能使未来的经济利益流入企业，成为企业的资产。

关于一个企业之所以能控制未来经济利益是由于过去的交易与事项结果问题是由传统的财务会计本质——主要提供一个企业的历史信息、历史的财务图像(参见APB Statement No. 4，Par. 35)，反映已发生的交易和事项的影响(FASB Concepts，No. 1，Par. 21)所决定的。

当前，财务会计和财务报告的有用性备受人们的抨击，其原因之一就是由于财务会计

---

① 以上见 United Nations Economic and Social Council Commission on Transnational Corporations · Intergovernmental Working Group of Experts on International Standards of Accounting on Reporting · sixth Session 8　18 March 1988 · Item 4(6) of the Provisional agenda："Objectives and concepts underlying financial reporting"，report of Secretary-General，Par. 65)。

② 我们的提法美国在20世纪20年代末和60年代已经出现。例如Canning把资产定义为"任何按货币表示的未来服务或任何可转换为货币的未来服务。它由某些人或一批人合法地或公平地获得，但此种服务成为资产必须营运"(*The Economics of Accountancy*，1929，p. 22)；Sprous/Moonitz给出资产定义与FASB更为接近，"资产代表由于某种现在和过去的交易，而由企业获得的预期的未来经济利益和权利"(*A tentative set of broad Accounting Principles for business enterprises*，1962，Par. 20)。

③ 对于FASB的资产定义，即把资产定义为一个主体控制的未来经济利益，1993年曾遭到当时美国SEC首席会计师Water P. Schuetze的激烈抨击。Schuetze认为"FASB的定义如此复杂，如此抽象，如此无肯定答案，如此无所不包，和如此不明确，以致我们不可能用它来解决问题。"他把FASB的资产比喻为一个"空洞的大盒子"，他举例说明FASB的资产定义令人费解，按照FASB的逻辑，"假定一个企业拥有一辆货车。货车就其本身而论似乎不是资产。资产是来自货车运送木材、钢材、煤炭、面包而产生的现金流量的现值。然而，在今天的实务中，反映在资产负债表的资产是货车，财务报表信息使用者看货车也是当作资产。使用者没有把资产看成是利用货车去运送木材这一经济利益，我想，绝大多数人令人宽慰的资产想法是货车，而不是一个抽象的东西。"Schuetze的批评不能说没有道理，因为FASB的定义确实容易引起误解。但若改为"含有未来经济利益的资源或权利"就比较明确了。因为定义应当反映事物的本质，货车毕竟是资产的现象(Schuetze的引文见他的文章"What is an asset?"载*Accounting Horizons*，September 1993，p. 67、p. 69)。

具有这一基本属性,从而成为它的主要局限。但是,不把交易与事项限制在已发生的范围内,人们又担心能否可靠地带来含有未来经济利益的资源或权利?

现代市场是一个充满不确定性的市场。在这个市场中发生的交易事项日益纷繁和复杂,一项交易完成的时间很长,而且衍生许多未来的事项。往往交易双方先通过各种方式达成不可更改的合同(契约),并在合同成立后立即产生了权利和义务。就是说,已签订的、尚未执行的合同,同样可使企业控制未来的经济利益。

这样,构成资产的第三个特征(不仅是资产,也包括负债,甚至其他要素),"由于过去的交易和事项的结果"似乎可作一定的松动,例如可改为"由于过去的交易、事项和虽未执行但已签订的不可更改的合同"的结果。

能否设想,把资产定义为:"由于过去的交易、事项和虽未执行或还在执行中的不可更改的合同,导致一个主体控制含有未来经济利益的资源和权利"。一切有形资产都属于资源,一切无形资产(包括应收款项、投资和人力资源)都属于权利。一项资源可能包含多种可带来未来经济利益的权利,如人力资源①。

但我们认为,在制定我国财务概念框架时,对于财务报表要素的定义,特别是对于资产的定义,是一个需要广泛征求意见,深入进行探讨的问题。

六、要素的确认与计量

许多 CF 项目(包括 FASB 的财务会计概念公告)都将要素的确认与计量表述为"财务报表的确认与计量"。但这一提法并不全面和确切,因为确认是指在交易或事项发生后,应按某个要素正式通过账户→要素在日常记录中的分类→记录因交易或事项引起的某个项目(通常按照复式簿记的要求,还有与之对应的另一个项目,至少两个项目),并在记录后通过要素在报表中的分类→报表项目在报表中表述→并连同金额计入报表的小计、合计和总计的过程。在这里,要确认的乃是:①交易或事项引起的项目应记入哪个(哪些)要素及其所属账户,以及②嗣后再计入报表中相应的要素及其所属报表项目。两项确认或两个阶段的确认的特点是先在账户中正式记录,后在报表中正式表述。会计确认,说的都是要素(既可称为财务报表要素,也可称为财务会计要素)的辨认记录和列报,或者准确说,都是指将交易或事项的内容进行分类,先确定其在日常记录中应记入哪个要素及其所属账户,期末再通过汇总、分类、再分类,确定其在财务报表中应列报为与日常记录一致的要素及其所属项目和细目。

会计确认最终是指在财务报表表内列报的内容,但其信息来源是由日常的会计记录运用了复式簿记系统所作数据向信息的转换。概括地说,会计确认(后续确认、中止确认

① 人力资源应否和如何作为资产是一个争议很大的问题。把每个人作为人力资源来仔细考察是异常复杂的,因为一个人具有各种能力和本领,共同构成某人作为人力资源的组成部分。如一位机械工程专家被企业聘用为高级工程师,他对企业的贡献,或企业要求他提供的服务是他的机械工程技术。但这位专家可能是一位业余画家、音乐家和有其他专长,他被企业聘用时,企业通过这位工程师获得的未来经济利益的使用权只限于他的机械工程技术,而不能要求他在业余作画、歌唱为企业带来经济利益。由于人有无限的智慧和创造力,可提供各种未来的经济利益和效益,从而产生有经济效益的权利。但这种权利是属于某个人的,都凝集在他一个人身上。于是,人力资源就可能是各种权利的综合。

除外)是一个过程,有两个阶段,见图 4-3。

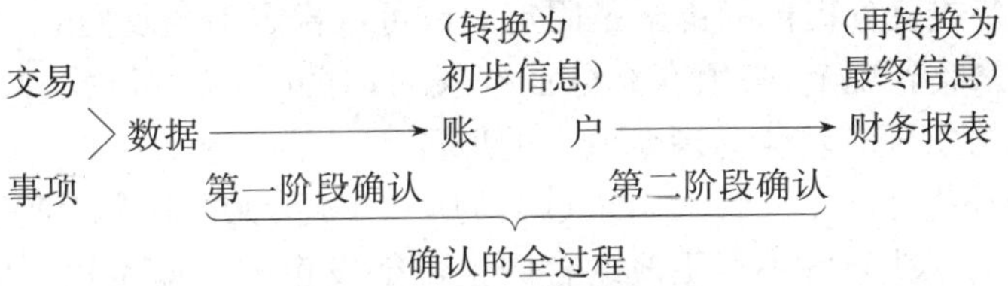

图 4-3　会计确认过程和阶段

(一)　关于确认

确认是财务会计日常记录及编制财务报表的把关标准。在何时(主要指收入和费用),符合何种条件才应予以确认是我们研究确认的主要任务。

凡发生交易或事项后,辨明其使何种项目已出现了变动,该项目是否属于会计要素和应当属于哪一要素(特别需要正确辨明属于该要素的哪一账户)是会计确认第一阶段的任务。到了期末,在编制财务报表时,再次辨明账户中已积累的信息和金额,应当按照报表中要素和要素所属项目与细目的要求,经过浓缩分类汇总和再分类,将日常记录转换为报表内的信息,账户名称归入相关的报表项目,账户金额计入各该项目的金额和小计、合计与总计,这是确认的第二阶段。在两次确认中,尤其是在第一次确认中,应否确认为某一要素及其所属账户最为关键。美国 FASB 提出的四条确认的基本标准:可定义性、可计量性、相关性和可靠性是有重要参考价值的。

但美国 FASB 的四项确认的基本标准可以不必割裂而联系起来。就是:

当一项目在符合要素定义的前提下,与使用决策相关(能导致决策的差异),并有计量属性(成本或价值),能可靠地予以计量,即应进行确认。

● 如果该项目是一项已发生的交易或事项的结果,双方按市场交换价格或卖方账面价值(carrying value)成交,应按此种价值入账,入账后即成为历史成本;

● 如果该项目是由于正在执行或尚未执行的合同所形成,则应按双方自愿达成的公允价值入账。

以上的基本确认标准对所有的要素和在两个阶段中的确认都是适用的。

但对于业绩要素,应有补充的确认要求。以收入、费用要素为例。由于收入的取得或费用的支付,有时需要跨期,这就应当运用权责发生制作为它们确认的时间基础。当一项交易或事项发生后,只有产生了收取收入的权利,或者承担了支付费用的责任(义务),就要在权利和责任发生时,确认收入和费用,而不问其何时收到或支付现金。

对收入来说,怎样证明权利已经发生?让我们先看收入的定义。

按照与定义资产一致的观点,收入是“由于过去的交易、事项或正在执行甚或尚未执行的不可更改的合同导致企业增加一项资产或减少一项负债”。这都表明企业增加了一项收取含有未来经济利益的权利或减少付出此项利益的权利。问题是要确切了解此项权利发生的时间及其他证据。这里,可以参考美国 FASB Concepts No. 5 和 SEC 的 SAB 101 的确认收入的补充标准:

(1) 首先要有合同或协议证明双方有此种交易的存在。

(2) 若是属于商品劳务的销售与提供,必须证明商品已发送而对方无退货权的任何规定，劳务已经提供。这两点表明：收入的赚取过程已完成，即收入已赚得。

(3) 商品购买或劳务提供的价格是固定的或可以肯定不会改变的。

(4) 若是尚未收到现金，必须有充分证据表明，对方既愿意付款，又有足够的支付能力。这一点是说可实现有转化为现金流入的保证。

这些确认的补充标准主要针对由于过去的交易或事项的结果所产生的收入和费用。至于正在执行或尚未执行的不可更改的合同也可能发生收入或费用，其确认的补充标准尚需另行研究。

我们讲确认分为两个阶段是根据正式记录和编制报表两个阶段划分后，前者可算初次确认(first recognition)，后者可算再确认(second recognition)。

对于每一项交易或事项所产生的某个项目，当交易或事项初始发生而应当记为某一要素(所属账户)并计入报表内相应的项目和金额中的小计、合计、总计，称为"初始确认"(initial recognition)。如果此一项目嗣后发生价值的增减变动，则还要进行补充的记录，这种记录称为"后续确认"(subsequent recognition)；若已记录或已计入报表的项目已经消失，则要进行"中止确认"(removal recognition)。

(二) 关于计量

会计是一个量化的信息系统，财务会计主要运用货币(观念上的货币)即金额来表示每项交易、事项、合同而产生的项目和数量。

计量与确认是密不可分的。在日常记录中要通过计量正确地记录每一笔交易、事项，按复式簿记应予记录两个或两个以上的对应账户的名称与金额，期后要把这些记录加工汇总再确认于财务报表，除不重要的项目外，所有账户的金额都应当重新分类之后，再现于报表有关项目的金额、小计、合计和总计之中。因此，FASB 在提出四项确认的基本标准中，把可计量性作为其中的重要一条。IASC Framework 在确认标准中则明确认为"该项目的成本或价值应当能可靠地计量"。

计量要考虑三个问题：

- 计量的对象；
- 计量的单位；
- 计量的属性。

(1) 计量首先考虑计量的对象。除计量单位应统一为法定的名义货币外，所选择的计量属性应取决于计量对象的性质和特点，比如长期持有在持续经营下供企业自己使用的非流动资产，原则上应按其购买或取得时的价值即历史成本计量，而对于处于销售中的流动资产，一般按成本或可实现净值孰低计量。至于已签订了不可更改的合同而形成的金融资产和金融负债，参照美国 FAS 133，唯一相关的计量属性是公允价值。

(2) 计量其次考虑的应是计量单位。这一点，会计基本假设已经明确为货币。基本假设说的货币，在物价不发生激烈变动的环境中，通常都是按作为报告主体所在国或所在地的法定名义货币。但如果发生恶性通货膨胀，按照国际惯例，原按名义货币为计量单位的财务报表，应当再按"不变购买力"(期末资产负债表日，按通货膨胀指数表示的货币额)重新表述(参见 IAS 29，Par. 8)。

(3) 计量最后要着重考虑的是计量属性的选择。财务会计的属性，按照由经济环境决定的基本假设,其计量属性应是市场价格。但由于交易和事项日趋复杂,财务会计在计量技术上也不断发展,在市场价格的基础上衍生了一系列可用于计量的属性。

例如:当交易或事项发生时,人们通常都是根据当时的市场价格成交,入账以后,市场价格总是在不断变动的。但对于某些资产,企业将长期持有,在持续经营中逐步把其中含有的未来经济利益转化为经济利益即现金流入。比如固定资产,这一转化过程不仅是逐渐的、分项的,而且时间很长。即使流动资产,在其转化为现金流入之时,也有一个或长或短的持有时间。但这些资产的市场价格却是日新月异的,如果使账面价值始终同市场价格的变化保持一致,即使一个月、半年、一年要求相符,即便调整一次,也将使会计处理的成本过大,而难以从调整后信息的使用效益中得到补偿。于是,人们在实务中创造了一种方法,即资产在入账后,其成交时的市场价格不随市价的变化而变化,从而这种来源于过去交易和事项发生时的市场价格(在当时还是公允价值)就变成了不予变动的"历史成本"(historical cost)属性。但是,在有些情况下,也需要反映持有资产的现行价值。这时,就要求按两种计量属性之一来重新开始计量"现行成本"(current cost)或"脱手价格"(exit price)。前者为当前的买入价,后者为当前的销售价。在英国,则统一称为"现行价格"(current price)计量属性。如果一项资产或负债不是由过去的事项所发生,没有历史成本,则可以采用交易双方在自愿基础达成一致的金额即"公允价值"计量。公允价值也可根据某项资产预计的未来现金流量,并运用现值技术,探求与市场价格相近或双方自愿认可来求得。

在实际工作中,市场价格通常根据谨慎惯例,用可实现净值(net realizable value)来代表。

总起来说,在财务会计中计量属性的基础是市场价格。但实务中在此基础上衍生了若干不同的计量属性,主要有历史成本、现行成本或现行价格、脱手价格、可实现净值、公允价值。其中,应用最广的是历史成本(因其具有其他计量属性难以比拟的可靠性)和公允价值(因其与金融资产和金融负债最为相关)。

我们能不能抽象地断定哪种计量属性为最优?不能!计量属性的运用必须针对各种计量对象的不同性质和特点。因此,FASB 第 5 号概念公告主张:"当前,在财务报表中报告的项目是按不同属性来计量并根据项目的性质即计量属性的相关性与可靠性来决定的。本委员会期望,不同计量属性同时使用的情况将会继续下去(FASB Concept No. 5, Par. 66)。"这种提法我们认为是实事求是的。当前,任何一国的概念框架都不能武断地把计量属性定为一个(即使美国 FASB 近年来十分倾向于公允价值)。在我国的概念框架中,对于计量属性的选择,也应当允许企业作为一种可由自己决定的会计政策,根据应予计量项目的性质和特点,看哪一计量属性在可靠性的前提下最具相关性来决定。

七、财务报告的列报

按照美国 FASB 第 1 号概念公告的说明,企业财务会计所生成的信息,最终是由以"财务报表"(financial statements)为核心的"财务报告"(financial reporting)作为传输手段,提供投资人、债权人和其他类似使用者使用。下列简单的图式(见图 4-4),可以说明财务报表、报表附注、其他财务报告以及年度报告中的其他报告同财务会计各种处理程序、企业会计准则、有关证券监管法规和注册会计师审计的范围之间的不同关系。

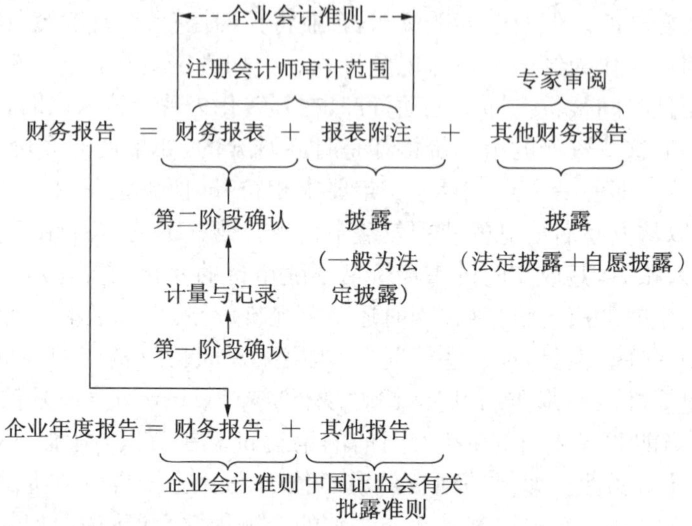

图 4-4 财务报告间的关系

(一) 财务报表与确认

财务报表是一个企业的所有已发生的交易或事项或通过不可更改的合同而由会计准则确认为资产、负债、所有者权益、收入、费用等要素,在可靠计量和正确记录的基础上,再次确认为报表项目而形成,它分别反映:

● 某一时点(通常为会计期末)的财务状况,可称之为"财务状况表",通常称为资产负债表。

● 某一期间(通常为会计期间)的经营和财务业绩,可称之为"业绩表",通常称为利润表或收益表。

● 某一期间(通常为会计期间)的现金流量(流入、流出和节余),可称之为"以现金为基础的财务状况变动表",通常称为现金流量表。

财务报表是财务报告的核心。从产生有用信息的观点看,财务会计的主要程序不过是手段,而以财务报表为核心的财务报告才是目的。

因此,财务会计程序的加工结果,财务会计的基本假设、财务会计的目标、财务报表的要素无不在财务报告,特别是在财务报表中得到集中的体现和要求。这些体现和要求可以归纳为财务报告,主要指财务报表列报(presentation)的下列基本原则。

(1) 财务会计的主体应当就是财务报告的主体。所有独立经营、独立核算并自负盈亏、自我增值和发展的企业都必须编报各自独立的财务报表,在每一份财务报表中都要冠以该企业的名称,如果报告主体不是单一企业而是拥有若干控股企业的企业集团,则还必须编制合并财务报表并在附注中披露所包括的全部控股企业名称和数量。

(2) 所有的财务报表都是持续经营假设下编报的。一个企业的财务报表不包括已中止经营的独立的可报告分部,一个企业集团的合并报表不包括已中止经营的被控股企业。

因此，不论是反映财务状况、经营和财务业绩或现金流量的哪一报表，都必须具有可比性和一致性，但又都带有暂时性。

(3) 财务报告总是在持续经营的前提下按设定的会计分期(年、半年、季)编制的，因此所有财务报表之上都要列示时间。例如：

属于时点的报表——资产负债表，应在表首作编报日的表示：

××公司
资产负债表
200×年12月31日

属于期间的报表如利润表和现金流量表则在表首作编报期间的表示。如一个年度的利润表应表示为

××公司
利润表
截至200×年12月31日止

---

(4) 除现金流量表外，其他的主要财务报表均按权责发生制这一基本假设编报。

(5) 所有的财务报表(除境外、国外企业)均以人民币为计量单位，为了简化，可根据企业规模，将单位元改为千元或万元等，这一计量单位也必须在表首表明。就是说，以货币为计量单位的报表，其内容必须是可用货币量化的财务信息。

(6) 由于计量属性不能一刀切，允许各种属性并用。因此，计量属性的改变属于会计政策的选择。但改变会计政策应在附注中披露，改变计量属性还必须用金额表述由于计量属性的改变而对企业财务状况和财务业绩的影响程度。

(7) 财务报表的内容和金额来自保存日常记录的账户，进入账户的数字已经经过第一阶段的确认而不是交易或事项发生时的数据。就是说，它已经是初始信息。但把账户中的数字(初始信息)进入财务报表，转换为既符合目标，又满足会计信息质量特征的要素及其分类的信识(有用的信息)，还需要第二步确认。它主要通过浓缩(condensing)、抽象(abstracting)和编纂(indexing)。正如美国经济学家肯尼思 E·布尔丁所说："……知识是通过有条不紊地删除信息而获得。也就是说，通过对来自我们周围世界纷繁复杂的信息进行浓缩、抽象和编纂，将其转化为我们所能体会和认识的形式。这是一个十分基本的原理。"①具体的手段是汇总、分类和有序排列。

● 浓缩不是任意删除账户中的记录。浓缩的重要形式之一是把相同或十分相近的账户合并为一个项目。例如报表中的"存货"就可能包括存放在仓库中的原材料加上处于加工程序不同阶段的在产品、半成品再加上入库的商品和虽发出而买方尚未收到的在途商品等各种存货账户的汇总。同样，固定资产也是如此。如果浓缩等于减少项目的金额不变，就达不到突出重点的目的。在这里，"重要性"(materiality)起重要作用，凡不重要

---

① Kenneth E. Boulding, Economic as a Science(经济学是一门科学), 1970。此段引自 FASB Proposed Concepts. Reporting Income, Cash flow, and Financial Position of Business Enterprises, November 16, 1981. p. vii。

的项目①即不影响决策有用性的项目，可以略而不计。浓缩的结果，使报表中的某些项目的金额将少于相关账户合并之和，即某些(应是极少数)账户的金额，可不在报表中计列。总之，浓缩的作用在于既不使信息过量，又凸现有用信息，以利于使用者据以做出经济决策。

● 分类是展示崭新的、有用信息的重要手段。不同的分类标志能表达不同的新信息，从而不同类型的分类具有不同的用途。

(二) 关于利润表和现金流量表的分类

在利润表中，有三种分类：(1)按照主营业务和非主营业务；(2)按照核心业务和非核心业务；(3)按当期经营业绩和总括财务业绩等。

按照第(1)种分类，主营业务应详细地按其收入和费用再分类，并原则上按配比原则确定主营业务的业绩(利润或亏损)，而对于非主营业务，则可将收入与其费用对比后仅反映这种业务的净业绩。这种分类使利润表上所反映企业经营活动和业绩能代表该企业经营的主要特色与性质。

按照第(2)种分类，凡属持续经营的主营业务、经常的收入和支出均列为核心业务，而对于中止经营的分部收入和损失、非经常性的收入和支出、自然灾害造成的损失则列为非核心业务。核心业务及其业绩具有连续性，因而具有可比性。在分析和判断一个企业经营的前景时，投资者应当关注其核心业务的收支和业绩，而不应被可能金额巨大的非核心业务收支所迷惑。因为后者往往是一次性的，以后不再重现，因而不符合持续经营的假设。

按照第(3)种分类，那就是凡属于已实现和确认的各项收入和费用，列为收入和费用；而属于会计准则对于未实现和可实现但也允许确认的收入和费用，则列为营业外收入(在西方列为已确认未实现利得)和营业外支出(西方列为已确认未实现的损失)。在这种分类下，业绩报告的末行数字在美国称为“全面收益”；在英国称为“已确认的全部利得和损失”，它与利用资产负债表的资料按下列公式求得的数字是勾稽符合的。

期末净资产(不包括所有者权益本身的变动)－期初净资产(不包括所有者权益本身的变动)＝本期全面收益或已确认的全部利得和损失

在现金流量表中，我国的准则将现金流量分为三类，即：经营活动产生的现金流量、投资活动产生的现金流量和筹资活动产生的现金流量。这种分类反映了企业经营和理财等三个渠道，对于投资人评估企业现金流量的来龙去脉是有用的，可以不必再考虑其他分类。

(三) 关于资产负债表的分类

在资产负债表中，最重要的分类是资产和负债两大部分。

由于资产负债表实际上是财务状况表。在资产方面，使用者最关注现有资源的性质、金额和变现能力，因此，按流动性分类即分为流动资产和非流动资产(包括长期的有形和无形资产)，是最主要的分类。在负债方面，使用者最关注债务到期的先后，这关系到企业偿付的义务，因此，按流动性分类同样是负债最主要的分类。资源和义务是相关对应的。

---

① 关于重要性问题，美国 FASB Concepts No. 2 的附录 C“关于数量重要性的若干思考”可供我们参考。例如这个附录的表 1 有一个数量化重要性指南的举例共七项，头两项是：

a. 每股收益的稀释。凡降低每股收益总计不足 3%者可当作不重要(见 APB Opinions No. 15)。

b. 资产负债表项目的单独列示。凡占资产总额 5%以下或占本类 10%以下者也视为不重要(见 SEC ASR No. 41)。

一个企业偿付能力的大小,在一定程度上取决于资产的流动性,而企业偿付义务的快慢和金额又要看它的流动性即偿付能力。资产负债表的分类如能满足一定期间内偿付能力与偿付义务评估的需要,应是分类的主要目标,那就是名副其实的财务状况表。

当然,资产负债表在特定场合,也可按其他标志分类。例如:

- 在物价变动时期,可按货币性项目和非货币性项目分类。
- 为了着重评估金融工具的操作业务,还可按金融资产和非金融资产、金融负债和非金融负债分类。
- 如果利润表按核心业务与非核心业务分类,资产负债表也可按核心业务运用的资产和形成的负债与非核心业务运用的资产与形成的负债分类排列。不过,资产之属于核心业务抑或属于非核心业务有时是很难区分的。

从日常的账户和财务报表的项目总是运用分类技术可以看到,会计在很大程度上是一种分类的艺术(accounting is in large measure and classification art)。它的分类(也包括排列)是在评估企业现状(status)和发展前景(progress)时,以种种有用的特性和差别性(a variety of distinctions and differences)作为依据的①。

尤其必须指出的是,日常账户的正式记录和在财务报表中列示的文字(报表项目)与数字(货币金额)皆属于确认。凡属确认既要用账户和报表项目定性说明,又要用货币金额定量描述,两者缺一不可。

(四) 附注、其他财务报告与披露

1. 关于财务报表附注

附注具有双重性质,就其内容看,它同报表项目是密切联系着的。附注的重要任务之一是补充、解释、说明报表项目的详细内容和编制报表所运用的会计政策。附注能大大提高报表内容的可理解性,从而增加会计信息的有用性。在实务上,报表附注也是注册会计师的审计对象。因此,财务报表和报表附注是一个整体。但是附注和报表内容的质量特征又有一定的区别,表内项目的文字和数据都来自日常记录(已经过第一步确认)而进入报表又经过浓缩,汇总分类和重新排列即再经过第二步确认。两步确认都必须遵循企业会计准则和企业会计制度即GAAP。

简单地说,财务报表表内表述的信息都属于确认,既有相关性,又有可靠性。报表附注则不同,在附注中可以既用文字表示又可兼用数字表述,也可只用文字说明。

尽管附注中多数项目是由有关准则所规定②,但企业也有权自愿披露某些可为使用者增进了解报表内容的说明。简单地说,财务报表附注不属于确认(它不能更正表内的错误或为表内合计增添任何数字)而属于披露(disclosure)。

2. 关于其他财务报告

在我国,按照“企业财务会计报告条例”规定的其他财务报告只有“财务情况说明书”。按照西方的惯例,其他财务报告可能有:

---

① Davison and Weil, *Handbook of Modern Accounting*, Second Edition, 1977 chapter 1, pp. 1—2.

② 关于报表的附注内容,也包括其他条例和标准,如在我国,2000年7月8日国务院颁布的《企业财务会计报告条例》,就对报表附注作了明确的规定。中国证监会也曾对上市公司年度报告中的报表附注,做出了指引。

(1) 补充信息(supplementary information)。例如物价变动的有关信息披露(最早见美国 FASB Statement 33,现由 FASB Statement 89 所取代);石油与天然气储藏量信息(见 FASB Statement 69)。

(2) 财务报告其他手段(other means of financial reporting)。例如"管理当局讨论与分析"(MD/A)、"致股东的信"(letters to stockholders),我国证监会也有类似要求。

(3) 其他信息。例如在美国,按 SEC 格式接受订单和竞争的讨论(discussion of competition and order backlog in SEC forms)、分析者的报告(analysts reports)、经济统计、有关公司的文章。

3. 关于披露

● 传统的财务会计程序是以产生财务报表中的信息为终端(目的)。为了产生真实而公允的报表信息,在报表表内信息列报之前必须运用确认(第一步确认为记录,第二步确认为编表)、计量和记录等会计程序。其中最具有特色的是确认。广义的确认不仅包括第一步的确认即正式记录,而且包括记录和计量并集中表现为第一步的确认。即在财务报表表内既通过报表项目(文字说明)又通过数字即金额来描述其数量。一切被确认的项目,其金额都应包括在表中某个项目的金额,以及报表各部分小计、合计和最后的总计之中。但由于发展了报表的附注,以及提供财务信息的其他手段,在财务会计程序中便出现了披露。披露是会计对表外附注和其他财务部分的表述方式(程序)。

以上说明的财务报表附注和其他财务报告的表述形式都属于披露。

严格地说,确认和披露都是财务报告的表述方式(又是两种会计程序),它们之间的区别主要表现在:

(1) 财务报表表内的表述是确认;财务报表以外,包括附注、其他财务报告的表述都是披露。

确认在会计上有较严格的要求:

● 不论第一步确认或第二步确认,其资料皆来自交易或事项,都要符合确认的四项标准,并遵守企业会计准则和制度。

● 确认表现在日常的正式会计记录,实际上就是复式记账的运用。当每次交易或事项发生时,在确定其属于会计应予处理的对象时就要辨明其应记录的报表要素及其所在账户,然后同时按相等的金额记入相互联系的要素所属的借方和贷方账户。在编制财务报表时,则应根据账户记录,按报表的要素及所属项目列示报表,同时将相关金额分别表述为报表中各项目的金额、小计、合计和总计。

● 一般地说,一个企业最可靠、最相关的财务信息是在财务报表中表述的。

(2) 披露则是财务会计程序中的新发展(对比确认而言),它不同于确认之处主要表现在:

① 它只适用于除财务报表内列报的一切表外表述的各种形式。

② 相对而言,披露不像确认那样严格。披露的主要特点是:

● 可以只用文字说明而不一定要求必须同时用数字描述;

● 不必遵守企业会计准则和制度;

● 除附注外,不必经过注册会计师审计(audit);而只要请专家审阅(review);

● 其数据、资料来源不一定要来自日常会计记录；
● 披露的信息应当既有相关性，又有可靠性，但对后者的要求比较宽松；
● 各国的 CF 对确认都提出基本标准；而对披露，迄今尚难提出统一的标准。

最近若干年，财务报告的使用者往往更加关注表外披露的信息。这是因为，在法定披露中就经常包括一些对使用者可能很相关的信息，但这些信息尚不可在报表中确认。此外，在国外还鼓励企业自愿披露。以美国为例，根据 1944 年 AICPA 的“改进企业报告——面向用户”和 2001 年 FASB 企业报告研究项目专门委员会发表的《改进企业报告，增进企业自愿披露的透视》提出的关于自愿披露的模型，共包括 6 项信息①：

(1) 经营数据(例如，管理人员用来管理企业的高层次经营数据和业绩数据)。

(2) 经理层对经营数据的分析(例如，经营数据与相关的业绩数据的变化原因、关键性的特性以及过去的影响)。

(3) 前瞻性信息(例如关键因素的内在概念与风险，包括关键成功因素在内的经营计划；用实际经营业绩同以前披露的机会、风险与经营计划相比较等。必须强调的是：最为重要的前瞻性信息是影响企业成功的重要方面)。

(4) 有关经理层和股东的信息(例如，董事、董事长、独立董事、首席执行官、首席财务执行官等的姓名、学历、经历、报酬；主要持股人及其所持股份等)。

(5) 公司背景(例如广泛的目标战略，企业和资产的范围和内容，产业结构对公司的影响等)。

(6) 无形资产和人力资源(包括目前尚不能在报表中确认的公司自创商誉、人力资源、知识产权和其他软资产)。在已经初现端倪的知识经济时期，包括人力资源在内的无形资产在本质上已经不同于传统的无形资产，如可用取得成本加以量化的外购商誉、专利权、商标等等，而是主要由无法量化的人力资源构成的知识资产，如自创商誉、企业的员工、客户、知识基础和企业的声誉(company's people, its customers, its knowledge base and its reputation)等等所构成。所有这些无形资产都称为“软资产”(soft assets)。有人预言：在知识经济时代，为企业做出最大贡献的，将不是传统的“硬资产”(hard assets)而是这些软资产。2000 年 8 月 28 日美国《商业周刊》(Business Week)甚至说，在 21 世纪的公司中，“人力资本是唯一的资产”②。

八、财务会计概念框架与基本准则

我国 1992 年 11 月曾制定《企业会计准则——基本准则》，于 1993 年 7 月 1 日施行。澳大利亚的会计概念公告(SAC)也类似于基本准则，其他国家和地区，以及国际会计准则理事会都制定 CF。CF，不论它具体称为财务会计概念公告(美国)，编报财务报表的框架(国际会计准则理事会)，或财务报告原则公告(英国)，都被视为理论。这种理论是实用性的，是对会计准则进行评估和发展的一种参考框架。理论有权威性，但没有强制性，理论

① AICPA, Improving Business Reporting—A Customers Focus 1994; FASB, Improving Reporting: Insights into enhancing Voluntary disclosures 2001.

② FASB, Improving Business Reporting: Insights into enhancing Voluntary disclosures 2001, chap. 2. 5.

可以脱离会计准则而独立存在。基本准则则不然，它同具体准则一样，也是法规。它比具体准则更有权威，可以指导具体准则，因而它有强制性。基本准则与具体准则共同构成会计准则体系，所以，它不能离开具体准则而独立存在。以我国为例，如果我们不制订 CF，而是用 CF 的内容来修改充实过去的基本准则，使我国的基本准则成为准则的准则，或具体准则的基础，也是一种思路。如我国不制定 CF 而是修改补充基本准则，那么，在全部会计准则体系中，类似于目标在 CF 组成中一样，基本准则对具体准则将起指引方向的作用并提供应用的基本概念。在这种情况下，我国的会计规范体系将是如图 4-5 所示。

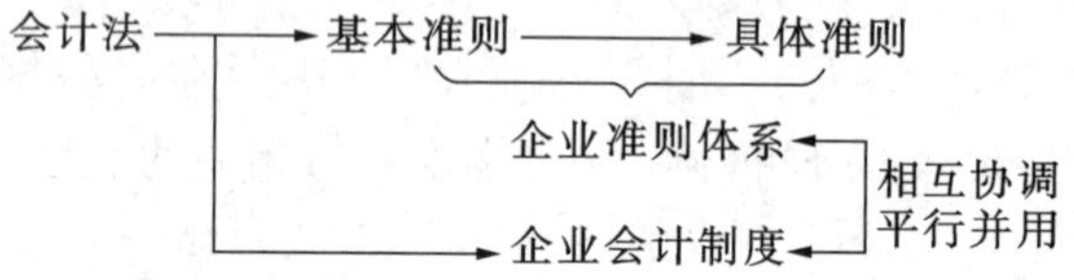

图中：→如不特别说明，均指指导作用。

图 4-5　我国的会计规范体系

由此可见，在我国，可以有两种思路来制定会计的基本理论与概念：

一是使之法规化，采用基本准则的形式，充实国际上 CF 的内容（但必须适应社会主义市场经济特点，而不可照抄照搬），成为企业会计准则整体中不可分割的会计基础概念的部分。

二是建立中国的 CF，肯定它是理论而不是法规，与具体准则分离。其作用仍是用来指导、评估和发展会计准则。

作为理论，CF 同样具有对会计实务的解释力，同样也会对准则制定机构的理论起支持作用。

总之，我们可以制定名实相符的中国的 CF，也可以制定（修改研究已有的）名为“基本准则”实为“CF 内容”的财务会计概念公告。

第一种思路更多的是关注中国的特色，第二种思路更多的是关注与国际会计惯例趋同。选择的关键在于：中国的 CF 是定位于法规好还是定位于理论好？即哪一种形式的 CF 更有利于会计改革的深化和对外开放的扩大？

第五章

会计基本假设

第一节　会计基本假设的概念

一、会计与财务会计的基本概念

会计是一门实用性很强的科学，其任务是如何在一个主体（独立经营），例如在一个企业中，确认、计量、记录、报告所发生的交易和事项，以反映该企业的经营活动和经营成果。财务会计是会计学的主要分支，它着重研究如何以货币（观念上的）计量（运用财务数据）来反映企业的经营活动与经营业绩。研究会计学和财务会计学全在于应用，在于指导企业如何开展上述活动。在这个意义上，会计学与会计、财务会计学与财务会计就不再加以区分。什么是会计和财务会计？迄今为止，学术界还是众说纷纭，莫衷一是。我们的倾向意见是把会计看成一个经济信息系统，一种向企业内外提供经济信息以供决策的服务活动。财务会计是会计系统的子系统，它立足企业，面向市场，着重提供企业的财务信息，主要为企业外部的投资人、债权人进行决策服务。

早在1966年，美国会计学会（AAA）就认为："会计基本上是一个信息系统。更确切地说，会计是一般信息理论在它有能力加以解决的经济活动中的应用"（ASOBAT，1966，P. 64）。或者说，会计是对一个主体的经济活动运用信息理论进行定性说明和定量描述。1970年美国注册会计师协会（AICPA）要求其所属会计原则委员会（APB）提供的第4号报告中，换了一个意思相同的提法："会计是一种服务活动。其功能在于提供有关经济主体数量化信息（主要是财务信息），旨在有助于进行经济决策"；"企业财务会计是会计的一个分支"（1970，Pars. 40，41）。财务信息和其他经济信息是根据企业发生的交易和事项，把原始数据通过系统的各种相互关联的程序，运用各种会计概念，经过分类、浓缩转换而成。现代企业的一个重要特征是所有者与经营者的分离，并造成所有者（投资人）和经营者（经理层）的信息不对称。即前者对企业经营活动的了解，尤其是有关经营活动及其业绩的定量化认识，要比后者少得多。而且企业财务和非财务的经济信息源，信息的加工程序、方法与技术，又完全掌握在经理层（主要指分管财务的总裁和在他直接领导下的财务总监等高层财务、会计主管）的手中。企业的投资人（尤其是分散的中小股东）对企业财务状况、经营业绩和现金流量等据以进行投资决策所必要的量化数据，只能来自财务会计和财务报告。没有科学的概念，就不可能建立科学的财务信息加工与传递系统，也就不可能向投资人和其他处于企业外部的信息使用者提供一个企业的真实、公允、透明、可比的信息。历史和现实的经验充分证明：完善的资本市场的最主要标志，就是所有上市公司向市场提供的公司报告是诚信的，而所有投资人对公司发出的诚信信息会给予信任，诚信的信息必能吸引投资。可见，投资意味着信任，投资人之所以信任资本市场，是因为资本市场传递着每一家上市公司可信的经营业绩和经营前景的信息。完善的资本市场要靠诚信即真实公允的财务报告信息来支撑。20世纪末引起的美国安然事件和一系列上市公司的欺诈行为，从反面说明了缺乏诚信的财务信息对资本市场会发生多么严重的破坏作用。

前面说明，真实公允的财务和相关的非财务信息，既要建立在会计人员（包括财务主管）的诚信道德基础上，更要严格地遵守并运用科学的信息加工的系列概念。这对信息提供者与信息使用者分离的财务会计与财务报告来说，尤为必要。

企业是市场的基本单位，在调节经济生活、优化资源配置方面，按照科斯的理论，从降低交易成本的观点出发，市场和企业能互相补充。随着市场经济的发展，现代企业取代了传统企业。现代企业以股份有限公司为代表，其基本特征是：资本家出资，企业家管理。资本家的所有权是以所占股份（理论上应以持有的股票为投资凭证）的多少为依据。但资本家一般并不直接参与公司的经营管理。他们选举的董事会和由董事会聘请的企业家，如首席执行官（总裁）、首席财务官（财务总监）及其他高层管理者负责公司的营运治理。因此资本家即投资人的所有权与企业家（高层管理者）的经营权呈现出明显的甚至可以说是比较彻底的分离。这一基本特征必然使委托人（所有者）与受托人（经营者）占有的信息不对称，并产生代理问题。解决代理问题需要完善公司治理结构，坚持以保护股东（特别是中小股东）的利益，同时兼顾经营者的利益为基本原则，实行行之有效的激励机制；而解决信息不对称问题则需要由政府或社会公证机构作出必要的制度安排。这些安排（实际上是强制要求）包括：

第一，由于股份有限公司的另一重要特点是所有者持有的股份可以上市流通，在股份有限公司出现后，基于股份的流通性，形成了以股份交易（产权交易）为主的资本市场。但并非所有股份有限公司皆能上市，它必须经过证券监管机构的审批，审批的条件之一是提供真实公允的财务报告；

第二，为减少信息不对称，促进企业财务报表和其他报告的真实与公允，要制定规范各企业特别是上市公司财务报表的会计准则或会计制度（统称“GAAP”）；

第三，要设立独立公正的审计机构——会计师事务所。凡申请上市的公司的财务报表均需由约定的会计师事务所进行审计（audit），其他财务报告也要请注册会计师或其他专家进行审阅（review）。为确保报表的审计质量和报表本身的高质量，会计师事务所和负责审计的注册会计师必须具有严格的独立性。

本章所研究的对象指财务会计实务的基本概念。但这些概念，包括“基本假设”，必须从探讨财务会计系统及其运用开始。我们先要考察如何科学地制订企业会计准则，从而合理地规范企业（主要指上市的股份有限公司）应当公开披露的财务报表和其他财务报告。从企业处理各项交易和事项，运用分类、综合与浓缩相结合的机制（其核心是复式簿记系统，而嵌入确认、计量与报告等程序，则形成现代财务会计系统），到编制和公开财务报告，都必须遵循企业会计准则，即 GAAP[①]。

但是，不论评估 GAAP 或财务会计处理和财务报告编制都必须应用一系列会计概念。比如当我们认识了财务会计是一个以提供财务信息为主的经济信息系统之后，我们就应当了解这个信息系统存在的前提和基础；该系统的目标；所提供信息的分类、名称及其量化的方法，哪些项目应在财务报表表内确认，哪些项目应在财务报表表外披露等等。这些都是会计的基础概念。此外，还有派生的二级和三级等概念。一个企业发生的经济活动是十分纷繁复杂的，而财务会计系统则把千头万绪的经济活动区分为不同的“交易”和“事项”，每到一个企业，例如工业企业，你看到的是形形色色的原材料、半成品、成品和厂房、设备，财务会计系统则把它们概括为“资产”这个大概念，再把前者归类为“流动资产”，后者归类为“固定资产”两个小概念。概念既是感性认识的升华，又是浓缩、分类数据，使之成为有用信息的标志。会计概念是会计理性认识的起点，而一系列不同层次相互联系、协调一致的会计概念，则可整合成一套有实用价值的会计理论体系。通常，人们称之为“财务会计与报告的概念框架”(The Conceptual Framework for Financial Accounting and Reporting, CF)。概念框架可以看成一张“纲”，纲上的每一个“纽结”都是会计处理和财务报告要引用的概念[②]。在这个概念框架中，基本的概念和派生的概念；初级概念和深层次概念以及反映相互联结的原理原则，都可能涉及到。但概念框架主要包括基本的概念和深层次的概念以及基本的会计原则(包括会计惯例)。其共同特点是：密切考察财务会计所处的经济、政治、法律和会计传统惯例等环境，深入研究财务会计作为一个以提供财务信息为主的经济信息系统的目标，基本程序与方法和信息传递手段的特征(确认和披露)。通过必要的演绎推理，把财务会计必须应用的基本概念、基本原则组成一个相互协调、内在一致的概念(理论)体系，用来评价和发展会计准则，以便推动财务报告走向高质量。

本章着重研究财务会计(包括财务报告)基本概念中最基本但现在又似乎不受人们关注的一个概念——“会计的基本假设”。

会计基本假设有几个可能被替代使用的名词，如假设(postulates)、假定(assumptions)、基本假定(fundmental assumptions)。这些名词，我们将在以后讨论。这里，我们先把它们视为同一含义的不同提法。财务会计来自会计，是会计的一个分支，它不是从天上掉下来的，也不是人间固有的，而是在一定的社会经济环境中，由人们创造的。所以，财务会计是一个人造的经济系统。对于这个经济信息系统，有两个方面将深刻地影响它的

① A. C. Littliton 在其 *Structure of Accounting Theory*(1953)曾说：“会计的核心职能是由账户所组成”(p. 8)“会计是进行分类以便浓缩信息，会计系统是一个浓缩机制，浓缩的结果形成财务报表”(p. 56)，会计系统的真正含义是“应用分类的方法对会计数据进行综合与浓缩的一种既有规则又有条理的手段。”会计方法的特殊性是：

a. 每个账户类别的双重分类；

b. 典账账户的变动余额；

c. 系统性的期间再分类(pp. 54—56)。

他还提出：“初始分类的主要特点是可靠，再分类的特点是既可靠又有用。”(p. 63)这里，实际上已提出会计系统的两步确认。

② 列宁在《哲学笔记》中把概念称为“范畴”。“范畴可区分过程的小阶段，即认识世界过程的一些小阶段，是帮助我们认识和掌握自然现象之网的网上的纽结。”《列宁全集》第 38 卷，第 90 页。

形成、存在和发展。第一，是市场经济和组成市场经济的基本生产(包括生产消费)、流通或分配等单位：各种类型的企业。财务会计就分别设置在每一个特定企业之中，以企业为空间边界，处理同其他单位发生的可以用货币表现(带有财务性质)的交易和事项，通过会计特殊的加工方式(主要是对能用货币表现的数据即金额进行分类、浓缩和汇总。其专门程序是确认、计量、记录——应用复式簿记系统，即按照从账户体系中运用恰当的账户，采取复式记账，实现自动平衡和报告——包括财务报表和其他财务报告)，把数据转换为既有可靠性又有相关性的信息，向企业外部传递。所以财务会计的一个根本属性是“立足企业，面向市场”，这一属性是由市场经济中的资本市场所决定的。第二，是财务信息的使用者和他们所需要的信息。财务信息的使用者主要是投资人和债权人，他们所需要的信息当然决定于他们各自作出的独特的投资、信贷和其他决策。但财务报告只能提供对人们决策都有帮助的企业通用的财务信息，主要是特定企业的财务状况，经营(财务)业绩和现金流量。每一个决策者只靠这些信息显然是不够的，但却是有用的。决策者按照各自的决策要求和决策模型，还需要掌握其他知识、信息和已往的经验。

上述第一个方面造成的、对财务会计与报告的影响，产生了作为财务会计准则和财务会计系统的理论基础的会计基本假设。上述第二方面的影响则形成财务会计系统的目标。按照美国会计学家 E. S. Hendriksen 的说法，目标也是假设①。不过，关于财务会计的目标问题不在本章讨论范围之内，这里就存而不论。

财务会计的发展，经过经验的积累和环境的影响，当然也包括财务信息使用者的需要，逐步形成了自己的边界，即财务会计的对象。什么是财务会计的对象？这是一个有争议的学术问题。我们的观点是：财务会计的对象应为“在一个企业中反复进行的价值增值运动”②。用马克思在《资本论》中的表述图式，那就是：G……G′。其中，G 代表能用货币量化的各项资源的投入，而 G′则代表已增值了的、能用货币量化的资源产出(在产出即在收回扣除所投入并被耗费的那部分资源的价值之后，还包括一部分价值增量，即人们常说的企业的利润。它往往被用来代表企业的经营业绩或财务业绩。从持续经营的观点看，这一增量应与当期企业现金的净流入相等)和可以捉摸的形式。

> 不过，财务会计的对象是把该信息系统应处理的全部内容和可提供的全部财务信息进行的高度概括和高度抽象。如果用于分析一门科学的本质特点，特别是使这门科学同相邻近的科学互相区别时，对象的研究是完全必要的。因为，通过对象的研究，可以了解这门科学最基本的问题。例如数学中的“数与形”(number and form)、物理学中的“力”(force)、天文学中的“空间”(space)、生物学中的“生命”(life)、心理学中的“意识”(consciousness)、逻辑学中的“思维”(thinking)、伦理学中的“道德”

① “在会计领域中，目标可以视为形式结构中假设的一部分。……那就是各种原则和规则都应逻辑地引用各种假设，并达到了会计的基本目标相一致的要求”(根据 *Accounting Theory* 1977 年版，王谵如、陈今池译，立信 1987 年版，第 78 页)。

② 美国著名会计学家 A. C. Littleton 则认为会计对象是基于整个交易的价格总计(不是价值总计)，并再三强调“会计所处理的是价格(price)而不是价值(value)，是处理财物和服务自身”(*Structure of Accounting Theory*, 1953, pp. 9—10)。Littleton 在这里强调财物的价格总计而不是价值总计，与我们的提法并无本质的区别。我们是把会计的对象看成是一个动态的东西。当我们把会计对象理解为价值增值运动时，这意味着：第一，价值增值是企业的目标也是会计的目标；第二，价值不能自我表现。货币即价格才是价值唯一可以量化的东西。

(goodness)、美学中的“美”(beauty)、经济学中的“价值”(value)等等①。同时,各门科学的区分,就在于研究对象的特殊性,从而决定该门科学的研究重心。会计学是一门科学,但它是一门实用性很强且在一定程度上不排除会计人员处理交易和事项,把它转化为信息的经验和艺术。财务会计作为会计学的一个分支,要通过一系列概念(包括原则、规则和程序)量化表述一个已发生的交易和事项所形成的确定性的经营活动和财务成果,最后浓缩为若干相互关联、分类恰当、排列有序,既能定性又能定量的财务报表和其他财务报告。基于上述要求,过于抽象的对象是不能用于指导会计处理和报表编制的。为了便于实用,特别是为了便于量化表述交易和事项,财务会计的对象只能适用于会计理论研究。在应用于财务会计实践时,过于概括和抽象的对象概念必须具体化为财务报表的若干“要素”(elements)。这样,在有用的基本概念中,“对象”就被“要素”所取代。

严格地说,会计和财务会计的基本概念,首先应当指它们的“定义”。但是各国已研究发表的财务会计概念框架都不包括财务会计的定义。这是因为,我们所研究的基本概念,是在会计和财务会计的定义已知的基础上来进行研究的。或者说,财务会计的定义已成为其概念框架的起点和前提。

其实,本章在前面已经引用了会计的两种基本相似的定义。1966年AAA给出的“一个经济信息系统”和1970年AICPA所属APB给出的一种提供信息供使用者决策的“服务活动”。在此之前,美国会计界曾把会计定义为一项艺术。“会计是一门艺术(Art),对于具有财务性质的交易或事项,以有意义的方式,按货币(金额)表示予以记录、分类和汇总并解释由此产生的结果。”(ATB No. 1 *Review and Resume*, 1953, Par. 9)在我国,关于会计的定义,除主张会计是一个经济信息系统者外,另一派流行的观点是把会计定义为“一项管理活动”。这一派的创始人是已故著名会计学家杨纪琬和阎达五两位教授[杨纪琬、阎达五“开展我国会计理论研究的几点意见——兼论会计学的科学性”《会计研究》1980年第1期以及他们单独或联合在《会计研究》(1984年第6期)、《经济理论与经济管理》(1982年第4期)和《财贸经济》(1984年第10期)发表的文章]。至于财务会计的定义,1970年APB在其第4号报告中给出的定义比较有权威性。APB在第4号报告中写道“企业财务会计是会计的一个分支,它在下述的局限性之内,以货币定量方式提供有关企业经济资源及义务的持续性历史,也提供改变那些资源及义务的经济活动的历史”[见Par. 41。APB所说的“局限性”按它在Par. 42中的描述,是指:①财务会计提供服务具有众多的使用者和不同的用途;②社会经济活动的整体组织;③个别企业经济活动的性质;④计量经济活动的手段。这四条制约财务会计的因素,APB在第4号报告中共用30段(从Par. 43至Par. 72)展开详细的阐明]。概括起来,可以认为,“财务会计与财务报表主要是历史性的,即有关已发生的事项的信息,提供了一个企业已发生的经济活动的财务数据。”(参阅Par. 35)

二、假设、假定,基本假设与基本假定

人们认识事物的第一步,是通过我们的各种感觉器官从外来事物发出的形状声色等信息获得的感性认识,或称为感觉。那是“现实的东西”和企业的厂房设备、原材料、成品等等。严格地说,现实的事物也还是客观存在于人们头脑的。当我们把它称为厂房,称为机器,等等,已经是在接收事物外部信息之后,通过赋予它们的名词而作出的反应,那是概念了,不过,这种概念几乎没有经过我们头脑的深加工,是一种直觉,没有表现出所看(听)到的事物的某些本质(更不可能是基本的本质),所以称之为感性认识,因为在这时,人们

① 请注意,这里不是表述各门科学的对象,而只是透过对象求得各该科学应研究的基本问题,或基本问题之一。这些基本问题引自A. C. Littleton的*Structure of Accounting Theory* 1953 chapter 2“会计的重心”(center of gravity)p. 18。

所能观察到的，仅是事物的一些表面现象。而科学研究的重要任务，则是要运用思维，对客观世界的本质联系进行解剖分析，找出事物的基本特征及其发展的规律（这里，既要通过规范，也要运用实证，否则，研究的方法既不完整，研究的结果就不够可信）。

人们在认识客观事物的本质特征时，首先要运用思维，观察事物的环境以及该事物与他事物的相互联系，才能不断深化对事物的认识。恩格斯在阐述自然辩证法的原理时曾指出，“只要自然科学在思维着，它的发展形式就是假设”（《马克思恩格斯选集》第3卷第564页）。在自然科学研究中，研究的起点和结果可能都是“假设”（比如数学上的哥德巴赫猜想——相当于假设），那么在会计学或财务会计学中，假说也是理论的基础。不过，我们不使用假说这个概念，而是用假设（postulate）或假定（assumption）来代表。其中，基本的假设和假定，则加上“基本”的定语分别称之为基本假设（basic postulates）或基本假定（fundamental or underlying assumptions）。

本章的重点是研究会计（财务会计）的基本假设，但有关假设的概念既然出现几个不同的提法，必须先将假设、假定、基本假定和基本假设等不同名称进行必要的辨正，分析一下它们之间的差别和联系。

（一） 假设与假定

1. Paton 的观点

会计中的“假设”最早是在1922年W. A. 佩顿（Paton）所著的《会计理论》一书最后一章提出的。他提出“假设”的基本前提是会计所处理的事物都同商品、价值有关，而价值是高度不确定性的。会计人员在判断时，不可避免地需要估计与假设，当然这时“假设”作为会计理论的一个概念，仅仅是会计理论界的观点。到1977年，在《现代会计手册》第2版第1章中，著名的会计师R. K. Maute同样认为由于不确定性的存在，会计中的假设是不可避免的。那就是说，“假设”这一概念后来也被会计实务界接受了。

Paton写道：“要承认一个事实，会计人员通常面对判断（judgment）的需要，会计充满了估计（estimate）与假定（assumption）。有时，不幸的是会计人员的结论需要几乎近于推测。应当牢记：会计基本上是处理同价值有关的经济数据，而不是自然界的确定事物。价值是高度不确定性的。同价值有关的商品、权利、服务、状况等构造不仅使现代会计在许多方面包括估计与判断，而且使会计的整体结构建立在一系列的一般假定（general assumptions）上①。换言之，指导会计人员确定现行的价值、成本、收益等特定结果乃是特定的基本公理和假设（fundamental premises and postulates）。而任何一种（特定的）公理和假设很难完整地表述结论。所以本书最后一章试图陈述并扼要说明这些较为重要的假定（assumptions）。”“其实，没有任何特定的假定（certain assumptions）能覆盖很多的会计实务。换言之，要看到，会计人员有时忘记了他们应运用的公理，使工作产生了局限性。如果会计人员对会计工作所依赖的基础看得很透彻，他就较少可能应用不合适的一般结

① Paton在该书中首次提出七项会计假设（即一般假定），它们是：a. 企业主体（the business entity）；b. 持续经营（the going concern）；c. 平衡表方程式（the balance-sheet equation 即资产负债表方程式）；d. 财务状况和资产负债表（financial condition and the balance sheet）；e. 成本和账面价值（cost and book value）；f. 应计成本和收益（cost accrual and income）；g. 按顺序分配（sequence）（*Accounting Theory* 1922，pp. 472—499）。

论，很少受错误结论的困扰。”（W. A. Paton，*Accounting Theory* 1922，Chapter 20，PP. 471—472）。

前已指出，“假设”（postulates）是 W. A. Paton 首先提出来的。但他同时又把“假设”等同于另一个概念：“假定”（assumptions）。这两个概念都出自 Paton。1922 年所著的《会计理论》，这本书也许是人们见到的第一本《会计理论》专著，在这本书中，只是最后一章（第 20 章）名称为“会计的假设”，其内容的叙述，凡涉及“假设”概念的，大部分用“假定”或“基本公理”（premises）来替代或表述。这样，我们对于 Paton 提出的会计假设，可作如下几点解读：

第一，“假设”和“假定”，Paton 对这两个用词基本上是含义相同而相互混用的。

第二，但他详细论述假设时，又认为该书仅指“一般的假定”（general assumption）或“较为重要的那些基本假定”（more important of these basic assumptions），似乎又试图把“假设”和“假定”分开：假设等于一般的假设或较为重要的基本假定。不过，应当注意：此时 Paton 并未使用后来 Maurice Moonitz 在 ARS No. 1（1961）论及的会计的基本假设（basic postulates）这一更高层次的（更为基本的）“基本会计假设”。

第三，Paton 在《会计理论》中说得很清楚，他提出的会计假设即一般的较为重要的基本假定是适用于会计整体结构的概念，是为了解决会计确认、计量、记录和报告与价值相关的全部交易和事项，而这些交易和事项具有高度的不确定性，需要一般假定作为会计估计与判断的基础。所以，Paton 提出的会计假设即一般假定并非用来估计与判断个别的具有不确定性或难以正确识别的会计业务。

第四，Paton 在 1922 年写的《会计理论》提出了在他认为较为重要的七项假定即假设，这是从 20 世纪 20 年代现代会计所处环境的特征（例如当时的会计，虽然已发展为“现代会计”即除记录、报告外还进行成本计算，但由于所有者与经营者开始分离，经营者自然关注成本计算，而所有者则关注由记录生成的报表信息，包括财务状况和经营成果及其分配等信息；当时的会计开始产生“成本会计”这一分支，但尚未分化为“财务会计”与“管理会计”两个部分）推导（总结）出来的。

按照会计（从产生时起）长期的使用范围，它总是反映（当时主要通过记录和报告）每一个独立经营的企业所拥有或可支配的资源（能在会计上确认为“资产”的部分）、资源的主权和它们的变动，因而 Paton 提出 a 项假设：“经营主体”作为第一个会计假设来规定会计活动的空间范围；由于作为经营主体（我们现在称为会计主体）的企业①处于充满竞争、不确定性和风险日益增加的市场经济之中，因经营不善而倒闭或被其他企业收购、兼购是时有发生的。但就绝大多数企业看，总能在竞争中知难而进力挽狂澜，努力完成自己的经营目标。这是多数企业在市场中生存发展的一个现实情况；另一方面，为了发挥会计的反映职能，会计的整个程序从数据辨认、加工到信息转换，总不能建立在每个企业“朝不保夕”、随时都可能破产、清算的基础上。因此，一个合理的、并非武断的必要的假设就是：任何企业，作为经营主体，均认为它能“持续经营”，除非有明确无讹的反证。这是 Paton 提出 b 项假设的理由。这两项假设，不仅在当时，即便在今天，财务会计界仍然明确或默认

① 会计主体不仅指“企业”，它还包括一切独立核算的非企业单位。不过现代企业是现代会计主体的典型代表。

它们是合理的，属于所谓“不言自明的真理”。Paton 提出的 c 项假设——“平衡表方程式”是为会计的记录（主要运用复式簿记系统）和编制资产负债表提供了一个保证平衡的模式；而 d 项假设——“成本和账面价值”则指明会计的基本计量属性；e 项假设——“应计成本和收益”是为收入与费用配比，从而确定收益（利润）并为编制收益表（利润表）提供依据。至于他提出的最后一项假设(f)——“按顺序分配”则指明当企业存在本期盈利、盈余公积和资本公积的情况下应如何在分配股利时按先后顺序动用这些除股本以外的净资产（当然，资本公积是不能用来分配股利的）。总之，所有这些假设，都是以 20 世纪 20 年代美国的经济环境为基础提出来的。

会计具有动态性。在它分化为财务会计和管理会计两个分支后，由于会计准则仅限于财务会计，会计假设便成为评估、制定和发展财务会计准则的基础概念。不言而喻，这些概念必然随着财务会计和会计准则的发展而有所创新，趋于完善①。

2. Mautz 的观点

1977 年美国会计实务界所接受和描述的假设，前面简单提到，这里以由 Sictney Davidon 为主编、Roman L. Weil 为副主编的《现代会计手册》(Handbook of Modern Accounting, 1977 年第 2 版）第一章“Accounting Concepts and Principle and Auditing”的作者著名会计师 R. K. 莫茨(Mautz)的观点为代表。他首先说明会计中存在各种概念，既有“设想的概念”(ideal concepts)如会计的假设、目标等等，又有“现实的概念”(real concepts)如一座厂房、一台机器设备等，既有“内生的概念”(native concepts)（指会计领域固有的概念，如“留存收益”retained earnings)等，又有“外借的概念”(borrowed concepts)如从经济学中借用的“资本”、“成本”等概念。但是，他说：“我们还要注意到会计各种概念赖以存在的假设(postulates)。假设就是假定(assumptions)——不是那种武断的、蓄意的假定(not arbitran deliberate assumptions)，而是必需的、常常是未能确认的假定(but necessary and often unrecognized assumptions)，它们典型地反映我们对事实或情况或事项的趋势的最

① 例如，18 年后，Paton 与 Littleton 合著的《公司会计准则导论》(1940 年）就把“假设”改为“基本概念”(basic concepts or assumptions)或“概念”(concepts)，除保留 1922 年提出的“经营主体”和“持续经营”（1940 年改为“经营活动的持续性”），另提新的四个基本概念。1961 年 Moonitz 在所著 ARS No. 1 中，则提出 ABC 三类共 14 项，并明确它们是“基本假设”(basic postulates)，其中与 Paton 雷同的，基本上也只是会计主体、持续经营和暂时性(provisional in character; tentativeness)。在 1970 年 APB Statement No. 4 中，假设、概念等字样都不见了，而在第五章财务会计基本特征(basic features)部分，把过去的假设、基本概念纳入“基本特征”中，同样，保留 Paton 最早提出的“会计主体”和“持续经营”等两个假设（概念）。不过，改名为基本特征而把财务会计的全部基本特征发展到 13 项。1978 年美国 FASB 开始制订系列财务会计概念指标，并以目标为最高层次，列为指引方向的基本概念，作为概念框架第 1 号发表，它显然不明确涉及假设或基本概念，但它在说明环境对各种目标的影响(SFAC No. 1, Pars. 5—8)，所提供信息的特征和局限性(SFAC No. 1, Pars. 17—23)中都清楚地但只是含蓄地描述了一些假设或基本特征如“美国大部分生产活动是在投资者所拥有的企业中进行的，包括许多大公司(Par. 12)”，“编制财务报告的提供，属于个别企业……但不属于各种产业部门，不属于经济整体，也不属于社会消费者成员”(Par. 19)。这两段话明显地肯定会计主体是企业。又比如说，财务报告“在很大程度上，信息是财务的”(Par. 17)，“编制财务报告所提供的信息，主要是反映已发生的交易和事项的财务结果”(Par. 21)，“信息是事后的，但使用者可用来预测未来或证实或否定以前的预见”(Par. 21)。这又说明，FASB 同样接受了 APB 第 4 号报告中列举的一些特征，其中最重要的是：第一，信息基本上是财务的；第二，信息基本上是历史的；第三，财务报告，即便是其中的财务报表部分，可靠性虽然是基本的，但也有估计、判断的成分在内。因而对企业经营的客观实际来说，仍然是一种近似的反映即近似值(approximation)（关于本注解所涉及的假设，后文将分别专文详细论述）。

佳判断。"(见该书 PP. 1—4；1—5)Mautz 还特别对那些反对在会计中用"假设"一词的人进行了解释。Mautz 说:"一些人尤其反对会计建立在假定上,虽然每一个人都赞成这种态度——我们不应采用蓄意的、无根据的假定(assumptions),然而,在一个不确定性的世界中,假设(postulates)的存在是不可避免的。这是比较'现实'的认识方法。"(见该书 PP. 1—5)

从 Mautz 的论述中,可以看到,他作为厄恩斯特和厄恩斯特会计公司的合伙会计师,对于会计假设的看法同 Paton 作为美国会计学界的权威对假设的看法既有一致之处,又有相异之点。

一致之处是:

第一,都把假设和假定在多数场合下混同使用;

第二,Paton 似乎把带有普遍性的假定称为假设,而 Mautz 则把基本假定称为基本概念;虽然名称不同,但两人又试图把假设同假定相区别,假定是一般概念,假设才是基本概念,两人都认为假设和假定皆来源于不确定性。

相异之处则是:

第一,Paton 认为假设中较为重要的假定来自会计所处的环境(当然,环境中的一个重要特征又是会计处理同价值相关的交易与事项具有不确定性),但 Mautz 只讲假设来源于客观世界的不确定性,特别是他举的例子并不代表 Paton 所说的会计的整体结构而是会计中的一项要素的确认与计量,例如他举例说,在确认一项负债时,我们设想(assume)债权人将会要求债务人负责偿付并有可能偿付,这些都是假定(assumptions),其所以是合理的(不是武断的)是因为这样的假定是过去的大量事实证明负债一般会偿付,而且负债必须且有可能偿付,是由于既有合同(契约)为保证,通常又有抵押品作担保,且能得到法院的支持。当然,欠债不还的情况也是存在的。因此,这一假定也可能不能成立。那就意味着有确切证据说明该项欠债已变成了坏账。很明确,Mautz 在这里所举的事例仅仅指特定的交易事项,已确认的特定要素,而且它完全是会计人员根据已往经验所作的职业判断。这里说的假设或假定与 Paton 所说假设不是同一回事。

第二,Mautz 也提出四项基本概念。但他没有明确说,这就是假设或假定,实际上其中也包括了人们现在承认的两项假设,而其余的概念则属于财务报表要素和信息质量特征。

这四项基本概念包括二级概念如表 5-1 所示。

表 5-1　Mautz 提出的假设基本概念

基　本　概　念	二　级　概　念
1. 财务状况(financial condition)	资产(asset) 负债(liability) 业主权益(shareholders' equity)
2. 经营成果(results of operations)	收入(revenue) 费用(expense) 损失(loss) 净收益(net income) 配比(matching)

（续表）

基 本 概 念	二 级 概 念
3. 企业(enterprise)	公司主体(corporate entity) 合并财务报表(consolidated financial statements)
4. 持续性(continuity)	
5. 合理表述(present fairly)	公认会计原则(GAAP) 一致性(consistency) 重要性(materiality) 充分披露(full disclosure)

资料来源:《现代会计手册》第2版(1977),pp. 1—5。

从 Mautz 的叙述可以看到,Mautz 开始提到假设实际上是指假定,是对特定交易和事项而言,他所举例正是负债的确认。当人们把一笔应收账款确认为负债时,就意味着建立在如下假定的基础上:债务人到期将会清偿这笔账款,债权人到期也会要求债务人履行偿款的义务,法院又会支持债权债务的履行。然而他又提出了可作为各种概念基础的假设并称之为"基本概念"(concepts)及其二级概念。这些概念与 Paton 的假设并不相同,但也属于 FASB 概念框架中的内容。而且更偏重于会计实务的需要。

3. Chambers 的观点

在1961年 AICPA 发表了 ARD 主任 Maurice Hoonitz 写的《论会计的基本假设》(ARS No. 1)之后,著名会计学家 R·J·钱伯斯(Chambers)到1963年也发表了《为什么受到假设的困扰?》(Why Bother with Postulates?, *Journal of Accounting Research*. Vd. Ⅰ, No. 1, 3—15, 19),阐述了他对假设和与之相关概念的观点。Chambers 的这篇文章并不长,但涉及面很广,文章对假设(包括会计假设)、假说(hypothesis)、假定(assumptions)以及原则(principles)等概念都有探讨,反映了不少的独特见解。这篇文章同"假设"等概念有关的观点,可概括如下:

第一,会计通常是一个实务的整体。会计的前身是簿记①。他引用一本会计简史的话说:"簿记在某一重大方面和其他科学相区别,即簿记不具有任何理论性,本质上、根本上是实务性的。簿记以便利为基础(based upon expediency),以日常生活的实际需要和要求为基础。"(Wodlf, Arthur H., A Short History of Accountants and Accountancy. 1912, PP. xxix, xxx)不过,由于现行会计实务包含如此多的、互相分歧而不一致的原则,这就需要进行严格和广泛的测试(rigorous and extensike examination)。AICPA 的研究项目专门委员会(Special Committee on Research Program)之所以建议 ARD 从研究会计基本假设开始,就是为了解决在会计实务中,每解决一个特殊问题都建立在一个特殊假设的基础上,而这一个个的假设,既未必最优,也未必正确(这一点,说明 ARS No. 1 产

① 簿记确实起因为经济生活的需要,实用性很强,但它出现以后,簿记理论,包括帕乔利的"簿记论"和以后此起彼伏的各种"借贷学说"都属于理论。Woolf 认为簿记没有任何理论性是一种错误的论断。早期会计理论界的这种论断,是同会计实务界否定会计是一门科学(science)而是一种艺术(art)遥相呼应的。请参阅拙作《论会计理论的继承性》("厦门大学学报"1981年第3期)。

生的原因)。

第二,理论上,对假设或原则的表述,由于具有广泛性,足以为人们在编制或使用会计信息解决问题时提供"基础规则"(ground rules)或者说提供"一般解决方案"(a general resolution)(这一点说明假设的作用)。

第三,他反复强调实务人员应用的假设需要测试其有用性,检查其合理性。大量的例子说明(过去2000年人类接受了三维几何空间假设;但非欧几里得多维几何的实际效用一直延长到最新、最为复杂的实用科学和商业计算;采用基础十进制的数学系统长久以来被推崇,但只有二进制系统才可能完成高速计算机的任务。一个假设取代另一个假设的实例不胜枚举)质疑现有的假说或以假设为基础的假说,或在错误假说的基础上提出新假说,才能推进实用性的人类知识的发表,会计也是如此(这一点说明:①假说和假设是混用的;②假设是不断更新的)。

第四,在Chamhers的文章中,不但假设与假说及假定经常混用,而且,假说与原则和定义(definition)的关系也令人难以明确它们之间的层次。例如,他谈到从"假设到原则"(from postulates to principles)时认为,不存在独立于结论(conclusions)或原则(principles)或假说(hypotheses)的一系列假设(a set of postulates),每一个(会计)原则体系,可能有一系列单独的原则,整个原则体系可能需要相当多的假设。

他以中立性原则(principle of neutrality)为例,要阐述这条原则,提出了必需的5个假设,所采用的术语的2个定义和5个初步结论从而得出最后(也是他提出)的结论。

中立性原则(体系)

作出最佳适应性的可能性(the probability of adaptation)直接取决于会计信息中立性的变化。 (结论)

① 假定存在一名参与者和一名信息处理人员(能代表参与者的利益),这样,他们的行动仍是相互独立的功能。 (假设)

② 对参与者或参与者取得行为的满意状态就是最佳适应性。 (定义)

③ 信息对于任何特定行为而言都是独立的,这就是中立性的含义。 (定义)

④ 在任何时候,任何人需求的体系都存在差异。 (假设)

⑤ 任何人需求的体系都随时间而变化。 (假设)

⑥ 参与者需求体系的满意性在任何时候都是参与者的目标和激励。 (假设)

⑦ 信息处理人员或信息处理系统的功能就是生成参与者行为相关的信息。 (假设)

⑧ 在假设1的状态下,在任何时候,信息处理人员既不知道参与者的当前对信息的需求,也不了解参与者未来需求的变化。 (从④—⑤得出的初步结论)

⑨ 信息处理人员不能预期参与者的下一步行为是什么。 (从⑧和⑥得出的初步结论)

⑩ 生成信息和所有可能与此有关行为的相关性越强,达到最佳适应性的可能性就越大。 (从②、⑦、⑨得出的初步结论)

⑪ 会计信息是对参与者有用的一种信息。 (从①得出的结论)

⑫ 从⑧、③和⑪可以知道,在假设①的情况下,就参与者而言,最佳适应性的可能性随着会计信息的发生而变化。 (初步结论)

得出的结论:由于更为有力的原因,如果财务报表为其提供服务的参与者人数众多,并且参与者的利益多样化,信息处理人员不可能直接了解任何一位信息参与者的信息需求,因此,中立性原则是使会计信息满足所有信息需求的参与者的最佳选择(这一结论与开始提出的结论基本一致)。

第五,什么是假设(应指基本假设)? Chambers 看来基本同意 ARS No. 1 的观点。假设的陈述基本上针对环境中的某些事物、事项或某些行为方式,会计无法证明其行为的合理性,超出商品货币经济环境中人类有目的的活动范围之外,会计就不具有任何合理性。因此,会计的基本假设都必须在会计之外,必须是对会计作为其一分子的外部世界的描述。

那些被选作假设的假说或假定,是由会计的功能所规定的。凡支持结论(conclusion)的任何命题(proposition)、原则或实务都是会计的假设(这里,又不指基本会计假设,而是支持每一个命题、原则甚至实务中实际问题的解决方案的假设,包括正确的、可能不正确的,细致的、平常的。Chambers 提出为什么受到假设的困扰显然是指,实务中提出的建议所依据的、需要检验其合理性和有用性的那些假设)。

总的来看,Chambers 的观点是:①实务中为解决问题而提出的假设是千差万别的,其合理性与有用性需要测试和检验,予以更新取代;②基本假设是提供“基础规则”,为了证明会计的合理性,会计不能自己证明自己,必须对其外部世界——会计环境进行描述,虽然文章没有明说,暗含着对 ARS No. 1 的肯定。

4. Anthony 的观点

著名会计学家 Robert N. 安东尼(Anthony)是美国哈佛大学工商管理研究生院荣誉教授,在 20 世纪 FASB 成立初,即参加它的概念特别工作组(The Concepts Task Force) 10 年以上,他还对财务会计的概念框架写了专著,发表自己的独特见解。他在 1983 年写的《实事实说——财务会计的一种概念框架》(Tell it like it was — A conceptual framework for financial accounting)①即涉及会计假设,不过他不用“假设”的名称,而用“前提”(premises)。

安东尼在该书第一章(摘要)写道:“本书描述一个用以指导组织编制通用财务报表的概念框架,通用财务报表是按准则制定机构规定的准则所编制,满足外部使用者的要求。概念(concepts)指引准则的发展,但概念本身不是准则。本书描述的框架适用于企业和非企业的所有组织。框架仅限于应用财务报表,它不涉及财务报表所附的基本的补充信息。全部概念框架都以作者的有关现实世界的‘前提’为基础。前提的表述和概念与前提间的关系是力求明确的,它们服从于改变成新的(概念框架)发展的证据。在我们的概念框架中,概念是规范报表的,概念意味着财务报表信息应当是什么。概念又是从前提推理而来。概念与前提,以及概念相互之间必须一致。

在企业组织中,现行实务是同本书框架中的绝大多数概念一致的,当然,我们表述的

① 这本书有两个主题,一为在会计中,应确认所有者权益的股利作为成本,同负债的利息作为成本一样;二是认为,企业会计与非企业会计在本质上是相似的。前一主题,Anthony 另有专著和文章。这本书着重提出他的财务会计(主要指财务报表)概念框架,并自信结合他的主题将比现在的框架提供更有用的会计信息(见本书自序 p. V,1983)。

有些概念同常用的概念有差异。"主要的差异来自于确认所有者权益的股利、确认利息和股利同为成本以及在资产负债表的右方,基金来源(sources of funds)(资源的主权)分为三个方面:负债,所有者权益(shareholder equity),企业权益(entity equity)。

关于 Anthony 表述的前提(premises)和基本概念(basic concepts)将在以后说明。

5. Wolk-Francis-Tearney 的观点

1922 年,Harry I 沃克(Wolk)与 Jere R. 法兰萨斯(Framcis)和 Michacl G. 蒂尼尔(Tearney)三位教授合著的《会计理论——一种概念的和制度的方法》(Accounting Theory — A Conceptual and Institutional Approach)在第 3 版第 5 章专门论述假设(postulates)、原则(principles)和概念(concepts)。

他们的观点也可概括如下:

第一,作者们没有提到基本假设(basic postulates)这一概念,虽然第五章几乎处处涉及 ARS No. 1 和 ARS No. 3,但本书研究的术语只是假设、原则和概念。

什么是假设? 该书认为假设应定义为不可能证明的基本假定(basic assumptions)。它们是由它演绎产生的、包括若干命题的理论结构的参考和基础。在应用正式的、逻辑技术的理论体系中,基本前提(basic premises)则称为公理(axioms)和组成象征性的标志,成为演绎为命题的精确基础。他们同意 AICPA 组建的研究项目专门委员会报告所说,在会计中,假设为数很少且取决于经济和政治的环境以及商品社会各行业的惯例和基本观点,这就是 ARS No. 1 被称为"论会计的基本假设"。

第二,该书还认为,如果不联系当代的历史成本会计作为重要的基础,讨论假设和原则时将不可能完全地分析那些概念。不论财务报表将来采取什么形式,这些思想(指假设、原则等)中很大一部分完全很可能被保留、提炼或更改,因为在一个正规的和实际的方式中,它们已经被证明是有用的(该书 P. 112)。

从这里可以看到,假设和原则仍然被本书作者视为指导历史成本计算的基本概念(basic concepts underlying historical cost),而且特别强调假设是关于企业环境的基本假定(那就是说基本假设与基本假定是同义语,而作为基本假设的基本假定是来自财务会计的环境)(该书 P. 119)。作者提出了持续经营、时间分期、会计主体和货币单位等四个指导历史成本计算的、列为假设的基本概念(该书 P. 121)。

6. Belkaoui 的观点

贝尔奥伊(Belkaoui)是美国著名会计学家。他所著的会计理论(Accounting Theory)脍炙人口,现已出了第 5 版。

作者在序言中说:"会计理论的构建,需要对现有会计实务的合理性予以支持和反驳,在传统的方法下,理论的构建和检验在本质上讲是同义的。""对颁布一致的会计准则……而言,建立一套有条理的目标和假设体系是必不可少的。"(见钱逢胜等中译本,上海财经大学出版社,2004 年 5 月版,第 1 页)。

在该书第六章讲述"会计理论的结构"时,作者把会计假设列为会计理论的四个要素之一,即会计报表的目标、会计假设、会计的理论概念(所有权理论、企业主体理论和基本理论)和会计原则。

该书对会计假设给出的定义是:不证自明的命题或公理,因其与财务报表的目标相一致而得到普遍接受。它描述了会计运行所必须的命题或公理①(见该书中译本第162页)。

7. Hendriksen Brend 的观点

Eldon S. 亨德里克森(Hendriksen)是我国会计界比较熟悉的美国著名会计学家。他所著的*Accounting Theory*第4版已有中译本。这里,我们引用他和Mich F. Van布雷达(Breda)合著的第5版(1992年)中关于Postulates的论述。

首先他们把会计假设列为会计与报告的"基本原理"(fundamentals),在概念框架中列于目标和信息质量特征之后,用来指导会计准则中的计量,甚至与财务报表要素和资产、负债、收入、费用并列为同一层次并皆称为"基本概念"(fundamental concepts)。同时,又把假设称之为少数关键性概念(a few key concepts)或基本概念(basic concepts)。

其次,虽然Hendriksen等在本书中关于Postulates这名词避而不用,且用fundamentals(基本原理)"fundamental concepts"or "basic concepts"等名词来表述,比较混乱,不过其含义仍是清楚的,那就是他们认为假设之类的基本原理或基本概念:

第一,不明确列入FASB的概念框架,但在层次方面,把它列于目标和会计信息质量特征之下,与要素同级。

第二,揭示这些基本概念对会计信息的使用者指导交易和事项的计量(underlying the measurement of transactions and events)具有意义(以上见*Accounting Theory* Fifth Edition, 1992, PP. 123, 124, 145—151)。

第三,本书所说的基本概念,包括它列举的主体(entity)、持续经营(going concer)、期间性(periodicity)、不确定性和谨慎性(uncertainty and conservatism)、货币计量单位(monetary unit)同ARS No. 1所列举的类似基本假设显然具有不同的性质、地位和作用。该书基本上代表FASB的观点,不但不提假设,更不提基本假设,而且把它作为fundamentals,其作用与位置降到整个概念框架的第三层次,且认为它们的作用与财务报表的要素相同,不过是为了指导计量。本书作者完全没有提及这些基本概念来自财务会计与报表的环境,带有不言自明的客观性质。

8. FASB 的观点

FASB是APB的接替者和继承者。众所周知,ARS No. 1和No. 3被APB否定,是因为前者为ARD所发表而ARD中的成员基本上是学术界人士。相反,而制定GAAP的APB的成员则基本上是会计实务界和职业界,双方的观点不但有分歧,而且APB对ARD的意见带有偏见。超前的观点(特别是ARS No. 3)固然难以在当时执行,但不应全部否定。FASB似乎也继承了APB对ARS No. 1及No. 3的偏见。在它的七份财务概念框架中,既没有提到ARS No. 1和No. 3遗留给后人的精神财富(例如只字不提这两份文件,也不再使用"基本假设"等概念),但又无法摆脱ARS No. 1和No. 3的某些有远见的

---

① 在会计理论结构中,Belkaoui虽把会计假设列为要素之一,却认为它是由财务报表的目标所指引的第二个层次。他还说:"发展会计假设、理论概念和原则一直是会计中最艰巨和最困难的任务之一,而且大多数学者都承认,精确术语的缺失,使这一问题变得更加严重。"他还引用A. C. Littleton在一篇文章"Test for Principles"(*The Accounting Review*, March, 1938. p. 16)所说:"每本著作通常都是公理、惯例、结论、方法、规则、假设、实务、程序、原则和标准(准则)的大杂烩,但这些术语不可能都是同义的。"(见钱逢胜等中译本第161页、162页和183页(注释5),引文中的着重号是引用者加的)。

见解。这里只谈会计的基本假设。

FASB在第1号概念公告中论述财务报告的目标时为什么要详细说明财务会计所处的经济与政治环境？还不是阐述财务会计所依以存在的环境及其赋予它的特点——那正是若干基本假设产生的来源。如由于生产经营活动总是在每一个特定主体中进行的，因而财务会计和报表就必须以各该主体为空间范围；由于生产经营一般是连续的，因而会计也必须以持续经营为基础；由于商品（劳务）交换是以货币为媒介，因而财务会计和报表所提供的信息主要是财务的，等等。这些，已在本章第10页注②中作了说明；又如第6号概念公告所阐述的主题是财务报表的要素，在每一个要素的定义（特别是资产、负债、业主权益等三个要素）中都要加上两个定语（或特征），即该要素是“特定主体的……”是“由过去的交易和事项发生的结果”（见FASC No. 6 Pars. 187—190），所有这些都含蓄地运用了会计基本假设。第5号概念公告中默认会计基本假设之处也多有说明，会计假设是人们对财务会计所依以存在的现行环境的客观描述，这些假设（讲它是基本概念）也在实际上构成现行财务会计和财务报表必不可少的基础概念，从而反映了现行财务会计与财务报表的一些特征（见APB Statement No. 4 Pars. 114—127）甚至是根本属性（是财务会计与报表的特点、优点，又是它的局限性）。以市场经济为基础的会计环境是客观存在的，客观环境对财务会计的影响不以人们意志为转移。除非改变现行财务会计与财务报表模式，否则某些来自环境的会计基本假设就不会消失，但它也会随着环境的改变而改变和发展。包括世界上的一切事物都不可能永远静止，运动是绝对的，静止才是相对的。不过，对基本会计假设来说，由于它依存于市场经济，而市场经济尽管变化和发展，但市场的根本规律和法则则不会改变。

（二）基本假设与基本假定

通过对以上有代表性人物的观点的评介，可以看到，在会计理论中，假设与假定以及概念等名词的严格含义似乎很难区分。但我们依然认为，从会计概念体系的层次看，假设和假定仍然属于不同层次，两者仍然是可以区分的。

首先让我们借助于权威词典的解释。在《韦氏新国际辞典》（全文，未删节本）1976年纽约第3版（Websters', *New Universal Unbridged Dictionary*, 3nd ed. 1976, New York）中对于假设和假定两个名词都有多种多样、适合于人们各方面需要的解释。

1. 假定（assumption）

共有6条10项以上的解释。其中最适合于会计的是：(1)假定与假设同义：“被认为是理所当然的事”；(2)逻辑推理的小前提或次要前提；假定成立的主张、公理、条件或概念（见《词典》P. 133）。

2. 假设（postulate）

同样有若干解释，其中适合于会计的有：(1)主张、要求（包括一个国家至高无上的主张）；(2)被人们认为是理所当然或不言自明的一种基本的先决条件（presupposition）、条件（condition）或前提（premise）；(3)在数学式逻辑中被解释为其有效性无需得到证明的公理、公设（见《词典》P. 1773）。

1976年版新《韦氏新国际大词典》中没有基本假设和基本假定两个词条，但把假设和假定的含义对比，尽管相同或相似的意思不少，但仔细推敲，差异之处也存在。假定是逻辑推理的结果，是事物的次要前提或小前提，而假设则是不言自明的公理，是事物的前提而不是小前提，是大前提。

总之，假设和假定一般可以混用，但在严格的意义上，前者主要是客观事物的概括，后者则允许进行合理的主观推断。前者的层次更高。以后我们讨论基本会计假设时将可以看到，它们主要是人们对财务会计所受环境特征的客观影响的陈述，是财务会计理所当然的前提和基础。

但必须指出，1940 年 Paton 和 Littleton 合著的《公司会计准则导论》中，假设（postulates）已经被"假定"（assumptions）所代替，"通过会计的基本概念或假定（assumptions）制定准则，才能保持准则具有充分理论支持……要有充分的理论支持，准则必须以已知的、公认的假定为基础"，"同其他领域一样，会计上的基本概念或命题，就其自身而言，很大程度就是假定或以假定为断言，但该假定并没有得到最终的证明或证据（*An Introduction to Corporate Accounting Standards*，1940，P. 7；P. 21）。

（三） 基本会计假设

在"自然辩证法"中，恩格斯早就说过，"只要自然科学在思维着，它的发展形式就是假设"（《马克思恩格斯全集》第 3 卷，第 564 页）。这里的恩格斯所说的假设虽然指自然科学的假说，但同样适用于社会科学研究的初步结论。著名经济学家、诺贝尔奖金得主科斯（Ronaled Coace）在其著名论文《企业的性质》一文中一开始就写道："过去，经济理论一直未能清楚地陈述假设。经济学家们在建立一种理论时常常忽视对理论赖以建立的基础的考察，但是由于缺乏理论所依赖的假设的了解而产生误解和不必要的争论，也由于正确判断在相互冲突的假设集间进行选择上，对经济学具有重要性这种考察是必不可少的。"（《企业的经济性质》，上海财经大学出版社，2000 年版，第 76 页）科斯曾举例说明经济学中使用的"企业"与"现实世界中的企业"不同，因而要明确定义企业的性质，同样，对于经济学的假设，也应当提出两个问题：一是它们是否可控，二是它们与现实世界是否一致。根据恩格斯和科斯的提示，每一门科学或每一项理论研究都是建立在一系列假设的基础上的。会计学，包括它的分支财务会计当然不会例外。值得钦佩的是，早在 20 世纪 20 年代，会计理论著作就明确认为会计是建立在不确定性的价值及其有关的交易与事项的基础上，会计的整体结构充满假设。著名会计学家在 1922 年的《会计理论》中最后一章说明了假设的必要性并列举了七项一般假设。正如以上所说，他提出的"企业主体"和"持续经营"虽然不以人们意志为转移，但与现实世界的这两个概念基本一致，至于另 4 个假设有一定的主观判断性，但与当时（20 世纪 20 年代初）美国会计实务基本一致。

现在，我们需要研究的是与假设相似但又不完全一致的基本会计假设。

无论最早提出假设的 Paton 的《会计理论》（1922），以及权威的《韦氏新国际大词典》，都只有"假设"的概念，而未曾提出所谓"基本会计假设"。第一次提出"基本会计假设"，是 Maurice Moonitz（博士，注册会计师）于 1961 年写的《论基本会计假设》作为 AICPA 会计研究部的 ARS No. 1。在这份会计研究论文集的绪言中引用了 AICPA 所属研究项目专门委员会向 AICPA 理事会提出的一份报告中的一段话：

"假设的数目是很少的，它们是原则赖以建立的基本假定（basic assumptions）。假设的必要性来自经济和政治的环境以及商品社会各异的思维模式和惯例。然而会计职业界应当清楚地了解它们是什么并加以解释，以便对形成原则和发展规则或为发展特定情况下运用原则的其他指南提供有重要意义的基础。”①

在那份报告中还提出货币假设、持续性假设和实现假设。

为什么 Moonitz 在假设之前加上基本的（basic）定语呢？这可能在为数很少的假设中，他设想再挑出少部分最为基本、最具有普遍性，影响财务会计整个体系的假设进行研究，称为“基本会计假设”，构成财务会计系统的基础。

由于在《韦氏新国际大词典》1976 第 3 版中只有假设而无基本假设，这说明就基本含义来说，假设已经是不言自明的真理，是大前提，是公理，是基本的会计概念了②。使用基本假设一词不过更强调它在会计概念体系中的基础意义而已。

（四） 基本会计假定

在《韦氏新国际大词典》中，同样也只有“假定”的词条，并无“基本假定”（fundamental assumptions or underlying assumptions）。只是在 AICPA 咨询机构——研究项目专门委员会的报告，才出现“基本假定”的提法，但却把“基本假定”同“假定”混同。该报告说：“假设的数目是很少的，它们是原则建立的基本假定。”③既然有假设、基本假设、基本假定和原则等被互相混用的概念，我们必须把它们的关系理顺，科学的概念应当是严密的，即使联系非常密切的概念也可以分清它们之间的区别。

我们认为，上述几个概念都是会计的基础概念。其作用类似于一座建筑物所赖以建立的地基，它们决定财务会计的基本属性。但这几个概念又有层次性，用图式 5-1 表示。

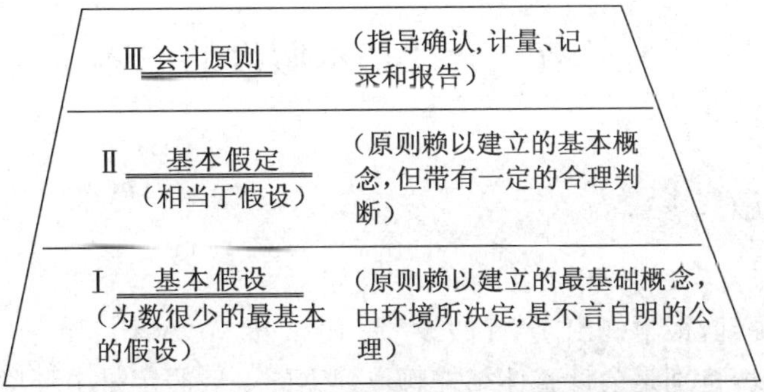

图 5-1　基本假设、基本假定、会计原则间的关系

虽然，在理论上，假设与假定、基本假设与基本假定是可以区分的，但在文献中互相混用，几乎随处可见。不过有些文献在选用其中的用语时，还是经过一番考虑的。例如国际会计准则委员会（IASC）1989 年公布现经国际会计准则理事会（IASB）采纳的“编报财务报表框架”（Framework for the Preparation and Presentation of Financial Statements, IASC Frameworks）中列举了“权责发生制”和“持续经营”两项假设，使用的是“基本假定”（underlying assumptions），而且把它排在目标之后。这种看法，同前面介绍过的 Hen-

① 见 *Journal of Accounting* Dec，1958，p. 63。

② 可以参见 Paton 和 Littleton 在《公司会计准则导论》中的观点。

③ Maurice Moonitz *The Basic Postulates of Accounting* “Preface” by Moonitz，AICPA，September 1961，p. Ⅷ.

drikseen与Brede合著的《会计理论》第5版(1992)把这两个假设称为fundaments也列于目标之后,其作用在于指导计量的观点完全一致。据Hendrikseen等在该书透露,这也是美国FASB的观点。只是FASB默认而不明确提到假设、假定等概念而已。若仔细推敲,也有一定道理。因为这两项假定并非完全来自财务报表的客观环境,不属于不言自明的公理和前提,毋宁说,前者属于行业惯例,甚至为了更好地服务受托责任的目标;而后者则是一个主观的,但却是必要的推断。进一步看,在会计实务中,不采用权责发生制而采用收付实现制为确认基础也是存在的,至于少数企业,由于各种原因,中止经营(如破产、清算、合并、改组等)则也时有发生。这两项假设,同不言自明,无需证明的公理显然不大相同。至于IASC Framework为什么不提比如会计主体、以货币为基本计量单位等属于第一层次的基本假设?我们的看法是:IASC(包括今天的IASB)不是不承认这几个基本假设存在,而是认为,它们已经是不用说明的财务报表编报所依据的大前提了。

试问:

(1) 哪一张财务报表中不标明企业的名称(会计主体)?从而报表的内容不以该主体为空间范围?

(2) 哪一张财务报表中除项目外,不同时列示金额?不以货币为计量的基本单位?否则如资产、负债、所有者权益的金额、小计、合计如何求得?反映企业经营业绩的盈利(利润或收益)数字以及现金流量从何而来?

第二节 会计基本假设的内容

一、美国文献

1. Paton早期在Accounting Theory中提出的假设

上面已多次提到,最早提出“会计假设”是1922年W. A. Paton的《会计理论》。当时他就认为会计假设,特别是会计整体结构赖以建立的一般假定是由环境决定的,他根据会计整体结构所依存的环境描述不确定性的、同价值、成本、收益有关的经济事项,作出特定的结论。否则,这些结论就难以成立。他甚至认为,缺乏一定的假设,会计实务就不可能顺利进行。他提出较为重要的假设(假定)有七项。后来(1940)同A. C. Littleton合作的《公司会计准则导论》中则保留了两项,即“会计主体”(企业主体)和“持续经营”。前者是从簿记开始以来商业习惯所形成即会计必定以某个特定的企业的财务活动及其业绩为自己会计处理和财务报表的对象(或范围),这就决定了会计主要并首先是为特定的企业服务的。至于主要为企业的投资人、债权人的投资、信贷决策服务,那是现代企业两权分离,会计也形成管理会计与财务会计两个分支的结果。后者尽管是一项假定,但它反映绝大多数会计主体(企业)的经营实际——不但在主观上,企业都力求为达到自己的目标而持续经营,不会为自己规定经营的期限,在客观上,绝大多数企业也都能实现这一目的。

2. Paton-Littleton 在 An Introduction to Corporation Accounting Standards 提出的概念(基本概念)

在这本著作中，Paton 放弃了“假设”(postulates)的名词，而是使用了概念(concepts)，有时也用假定(assumptions)或基本概念(basic concepts)或基本假定(basic assumption)。该书只提出六项概念。其中前两项同 Paton 在其《会计理论》中的提法是一致的，即①营业主体(the business entity)和②经营活动的连续性(continuity of activity)即持续经营(going concern)。后四项不同于 Paton 一人原先的提法而改为③可计量的对价(成交因素)(measured consideration)；④成本的归属性(costs attach)；⑤努力和成果(effort and accomplishment)和⑥可验证的、客观证据(verifiable objective evidence)。20 世纪 40 年代初，Paton 和 Littleton 合写的《公司会计准则导论》对于美国财务会计概念框架的制定具有重要的启发和指导作用。他们不但首先提出指导会计准则必须使所有概念凝结成连贯的(coherent)和内在一致的(consistent)的理论体系，而且他们提出的六项基本概念就是一个榜样：财务会计首先在每一个特定的主体范围内进行，它所反映和通过财务报表报告的仅限于该主体的经济资源、资源主权及其变动(经营业绩)等信息，既不涉及其他主体，也不涉及主体所有者本人的经济活动。然而假定每一个主体都是连续经营的，从而要求会计处理每一主体的原则、程序与方法，都把主体经营连续性作为前提；但由于使用者需要的财务会计信息必须定期提供，因而连续性实际上又会被会计人员分割成若干会计期间，既然一个主体不到经营中止无法肯定其最终的财务状况与经营业绩，则在持续经营中的分期报告总是带有暂时性(provisional)。财务会计的基本特征之一，是提供以货币表示即通过价格量化各种信息，投入一个主体的资本必定伴随持续生产经营的耗用(资本投入)而后又随着产品(劳务)提供而收回(资本产出)，于是作者提出一个新的计量命题即概念：可计量的对价(成交因素)。可计量的对价不是抽象，它是用“价格积数”(price aggregation)来表示的。即“投入(或产出)商品的数量×价格”。在市场经济中，交换的双方，均可用一个价格积数表示相关联的两个主体的投入(购买方)和产出(销售方)、成本和收入。

例如，主体甲(机器制造商)向主体乙(钢铁制造商)购买钢材 100 吨，每吨价格 1 000 元作为加工的材料，则：

钢材 100 吨 ×1 000 元 =100 000 元(价格积数)

甲方　　乙方

存货成本　　销售收入

因此，在同一个主体，成本和收入也都是价格积数，只是两者并非相同的金额。在一个主体的经营活动中，作为价格积数的成本(产品或劳务)是由原材料、消耗工资、折旧和管理费用汇合而成。后者也是各种价格积数，但它们可分别归属于成本。成本的归属性，源自各种费用的价格积数，既具有可分配(分割)性，又有可聚合(汇总)性。好比各种成本具有粘合力，可以恰当地凝聚在一起，这就是会计的另一基本概念：成本的归属性。认识到成本的归属性，就认识到财务会计可以通过“成本”概念、量化描述一个主体在生产经营活动中由于生产产品(劳务)所付出的“努力”，而通过销售产品和提供劳务取得的“收入”，则量化描述了该主体生产经营所获得的“成果”，这样，又引出了“努力”与成果的概念。我们所说的会计主体，主要指现代企业，企业经营的主要目标是为使利润最大化，为了精确地确定利润（收益），就需要把企业的“成果”同它的“努力”即收入与成本（已费用化的部分）①相比较，产生在会计极为重要的“配比”(matching)概念。广义的配比原则包括下列三个会计程序：

（1）与当期收入有直接因果关系的成本，一般是指构成产品或劳务的直接费用，这是严格意义上的配比；

（2）与当期收入有间接联系的成本，一般通过系统的分配，作为与收入配比的间接费用；

（3）当时发生的损失，即在当时费用化。

用公式表示应为：

$$\underbrace{\text{当期收入}-(\text{直接费用}+\text{间接费用}+\text{当期损失})=\text{当期利润(收益)}}_{\text{广义的配比过程}}$$

“努力和成果”的概念，导致配比概念（程序）的应用，并产生“权责发生制”，导致应计、递延、分配、摊销等程序，这是 Littleton 一贯坚持的观点。与此同时，他们又引申出收入实现的概念。通过实现概念决定收入的确认，通过配比程序使收入与其相关的成本（费用）相配合以确定企业的利润（收益），为收益表的独立编制并上升为似乎比资产负债表更重要的第一报表提供理论基础，正是在 20 世纪 40 年代初以后，尤其是 1953 年 Littleton 出版他的专著 *Structure of Accounting Theory*，反复强调收益决定的重要性。在美国，收益表的重视程度，明显地超过了资产负债表。但此后，也出现决定收益的两种观点：资产/负债观和收入/费用观的无休止的争论，直到 FASB 主导财务会计准则的制定，并提出“全面收益”(Comprehensive Income)要素之后②。强调客观可验证的证据是英国注册会计师行业的首创。会计的一切事项，财务报表表述的一切项目都以交易发生时形成的可验证的证据为依据，这是保证财务会计和财务报表具有有效性(valid)的前提，也是人们之所以信赖会计和报表如实反映的原因所在。

验证意味着认定事实，检验事实的准确性并证实某一论断。尽管会计永远不可能确定完全客观的实际资料，因而不可能是完全科学的(completely scientific)，但它在一定程度上确定的是客观的事实，因而在这个意义上，它又是科学的。由此可见：

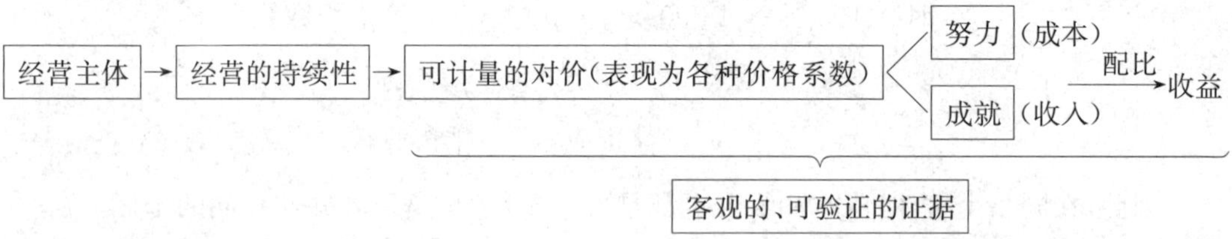

① 在历史成本会计模式下，成本既包括产品（劳务）的生产（提供）成本，又包括各项资产的购买成本。成本包括两个部分，一部分已费用化，即已为企业带来经济利益，另一部分是企业尚未加以耗用，而仍由企业持有的未来的经济利益，后者属于资产，前者已转化为同收入相配比的费用。

② 1978 年 FASB 在 SFAC No. 3 中就提出“全面收益”的要素，1980 年 SFAC No. 6 取代 SFAC No. 3，仍然保留“全面收益”要素；1981 年公布的 SFAC No. 5 中明确建议报告全面收益的报表；到 1997 年 6 月，FASB 终于出台了 FAS 130《报告全面收益》(Reporting Comprehensive Income)。“全面收益”的定义是典型的资产/负债观＝“全面收益是一个会计期间内通过交易事项和情况并扣除所有者来源的所有者权益（净资产）的变化”(SFAC No. 6，Par. 70)。

从而表明了:这一系列概念是互相连贯、而内在一致的概念框架(理论体系)。

3. APB提出的基本特征

1970年,APB在第4号报告《企业财务报表的基本概念与会计原则》中,没有明确阐述"会计假设"概念,但在第五章却专门分析了财务会计的基本特征(Basic Features of Financial Accounting),APB认为"财务会计是环境的本质对财务会计程序的一种影响的反映。这些特征构成现行公认会计原则和其他原则的基础,只要这些原则也基于同样的环境本质"(APB Statement No. 4, Par. 114)。

APB提到影响财务会计基本特征的环境和我们的认识,概括起来,有以下四项:

第一,它们要为众多的使用者提供不同的用途,但财务会计发现他们也有共同的信息需要。

第二,社会经济的整体组织既专门又复杂,最主要是生产者生产产品或劳务不是为了自己消费而是为了交换。一切经济活动都有投入和产出,在生产、消费、交换、流通中还有储蓄和投资。社会经济的整体活动,不管在哪一个社会制度下,都是优化资源配置,使家庭、社会和国家富裕。

第三,个别企业经济活动的性质,例如生产是连续性的、复杂的,多种经济资源与效果相互交织在一起,而且带有不确定性。在市场经济中,企业是基本生产(经营)单位,但其可支配经济资源并不属于企业自己所有,因此,企业是权利和义务的统一体。前者使它具有利用资源谋取经济利益的权利,后者则对资源的各类供应者——投资人、债权人等负有责任,对资源所有者提供法定或约定的报酬。按准则或制度提供财务和非财务信息,也是企业的义务和责任。

第四,计量经济活动的手段,包括计量单位和计量属性。

APB在第4号报告中共提出财务会计具有12项基本特征(Pars. 115—117):(1)会计主体(accounting entity);(2)持续经营(going concern);(3)经济资源与义务的计量(measurement of economics);(4)时间分期(time periods);(5)货币计量(measurement in terms of money);(6)权责发生制(应计制)(accrual);(7)交换价格(exchange price);(8)估算(approximation);(9)判断(judgment);(10)通用财务信息(general-purpose financial information);(11)基本相关的财务报表(fundamentally related financial statements);(12)实质重于形式(substance over form)。

从上述特征可以看到,它们实际上就是由主客观环境所形成的"会计假设",只是APB讳言假设postulate一词而已。不过,必须指出,APB提出的这些特征,确实把财务会计的基本属性描绘出来了,现在也很难否定它已提出的特征有错误,最多只能说特征的表述可能尚不够充分。

4. Anthony在Tell It Like It Was中提出的前提和基本概念

我们已经介绍过安东尼(Robert N. Anthony)教授对于财务报表的概念框架,曾提出自己的见解。《据实而说》就是反映他的独特见解的专著。

(1) 首先,他提出,有关一个主体和它的环境的前提(premises)有以下11项:

① 财务会计报告的作为一个组织的经济主体,它有多种目的(goals),因而获得并对经济资源去寻求达到那些目的。

①A 财务会计所报告的组织并非必需是一个法律主体；

①B 财务会计面向单一的组织而不是一个行业的组织的集合，也不是面向整个经济；

①C 财务会计概念并不需要应用于个人的财务报表。

② 一个主体关于一项或更多财产的会计计量和报告能够按货币金额来表述。

③ 各种主体都有资本，它来自或直接从外界或从收益—生产活动所提供的基金。

③A 很少的例外，一个主体不能增加资本是由于不能涉及外界的活动。

④ 财务会计报告一个经济主体的有关经济活动和经济状况。

④A 财务会计不提供关于一个组织涉及社会活动的信息。

⑤ 一个非盈利主体的基本经济目的是按其可用的资源提供充分金额的服务或按照合理的少量资源，提供指定金额的服务。一个盈利性的主体的基本经济目的是要为投资人提供的基金赚得充分的回报。

⑤A 若干主体比其他主体更成功地达到它们的目的。

⑥ 管理者通常以产品的完全成本为基础达成售价。完全成本(full cost)包括被使用的资本上的公允回报[这是安东尼一贯坚持的观点，股利(代表股本的公允回报)应计入成本]。

⑦ 所欠其他单位的或拥有其他单位的货币金额的价值是预期收入或付出报酬的现值。

⑧ 虽然一个主体的货币性资源的公允价值(fair value)通常可在任何时候加以计量，但大多数非货币性资源只能客观地在其取得或销售时加以计量。

⑧A 一个主体所有的非货币性资源的公允价值不可能可靠地予以计量。

⑧B (会计)期间的业绩不可能以期间开始的价值(value)和该期间结束时的价值的差额予以计量；(这同 FASB 的 Freawork No. 6 中"全面收益"的定义是大相径庭的)。

⑨ 没有相反的证据，一个经济主体很可能无限期的持续经营。

⑩ 管理当局具有报告它经营的组织有关业绩和(财务)状况有利信息的动机。

⑪ 随着时间的变化，货币的购买力是不同的。

(2) 其次，他又提出有关使用者和他们的需要的前提，也有以下 11 项。

① 财务报表的使用者对会计原则和被报告主体的性质有合理的了解，并愿意拨出一定时间致力于信息研究；

② 使用者需要关于一个主体的经济活动和经济状况，但他们对需要的信息类型并不明确地了解；

③ 使用者需要关于一个主体过去的业绩和财务状况的信息，因为过去能帮助使用者预测主体的未来，评价主体的管理当局的业绩；

③A 使用者不期望财务报表本身去预测未来；

④ 使用者是首先关注(有兴趣于)一个主体的业绩，而关注它的(财务)状况则是第二位的；

④A 在会计实务的竞争中，一个向使用者提供更多业绩的有用信息，要优于另一个向使用者提供更多有用的(财务)状况信息；

⑤ 使用者认为，收益比现金流量能提供一个主体业绩的更好计量；

⑥ 使用者需要帮助他们判断有关一个主体举债能力的信息；

⑥A 有些使用者需要每一个主要债务级别中属于优先次序的信息和这一级别债

务的金额；

⑦ 使用者需要公允的计量信息；

⑧ 使用者需要及时的信息；

⑨ 使用者需要可靠的信息；

⑩ 使用者需要可比的信息；

⑪ 使用者不希望变更会计准则，除非有充分的理由非改变不可。

从以上的说明可以看到：Anthony 共提出两方面的前提，一是与主体和环境有关，二是同使用者的需要有关。第一类前提侧重于描述主体的目标、性质、财务报表应提供信息的内容（他认为不提供社会信息；也不提供预测信息）和如何计量主体的货币性资源与非货币性资源。在谈到按公允价值计量时，他认为货币性资源在任何时候都可得到这种信息，而非货币性资源只有在取得或销售时的计量才可能是公允的，而且不能保证其可靠。这说明：他也主张历史成本计量原则，尽管他没有明示这一点。此外，他不同意企业的业绩由一个会计期间开始与结束时的价值差额来计量。这又表明：作者计量收益不主张用资产/负债观。此外，他也认为持续经营是会计的前提，但他提示人们：运用货币为计量单位时，要注意其购买力会随着时间而变化。那就是说，他不同意货币的购买力不变的假设。第二类前提很多涉及使用者对会计信息的质量特征的要求，如可理解性（但这是对使用者运用信息的要求）、历史的信息、更关注企业业绩的信息、收益比现金流量更能反映企业的业绩；关注企业的举债能力；信息的计量要公允；信息的提供要及时；信息要可靠；要具有可比性，会计准则的变更必须有充分的理由等等。

(3) 最后 Anthony 提出 15 个基本概念(basic concepts)。

以上述两类前提为基础，Anthony 在其著作中还进一步概括出 15 个基本概念：

① 财务报表必须报告一个会计主体，即一个经济主体，其资源可以属于个人或管理团体或对相同拥有者负责的若干管理团体。

② 财务报表必须汇总主体作为在会计期间已发生的事项后果的经济业绩和状况，其货币金额能可靠地计量。财务报表必须报告经济事项的实质，即使它们的实质不同于它们的法律形式。

③ 财务会计应当主要面向收益的计量，收益能基于会计期间内的经营活动而增加主体的权益。现在尚在进行的活动，在分析试验的结果之前，收益必须按实际的货币性单位加以计量，而不应试图反映现行成本。

④ 收益必须直接地通过计量收入与费用，而不要间接地通过计量资产和负债的变化而求得。

⑤ 覆盖一系列财务报表的日历期间必须是一年。

⑥ 财务报表应当以会计期间末或比它较短时间内有用的信息为基础。

⑦ 除非有相反的证据，财务会计应当假定主体将无限期地连续经营。

⑧ 在基本财务报表上的金额应当相互勾稽（联结）。

⑨ 在可实行的范围内，财务报表必须符合最重要一级的使用者的信息需要，如制定会计准则的人们就可感觉到这些使用者。

⑩ 一个主体必须使用一致的会计实务，使本期间同下期相一致，除非适合接受更好

的实务。

⑪ 相同的事项应当在所有主体中采用相同的会计处理方法。

⑫ 任何会计准则可能对进行如何处理的影响并不重要的问题不予关注。

⑬ 增加一个主体权益的确认应比减少权益的确认需要更可靠的证据。

⑭ 在会计准则中决定特定事项和关于准则对这些事项的应用,必须在相关性的需要和可靠性的需要之间寻找一种恰当的平衡。

⑮ 从信息获得的效益必须超过提供它的成本①。

总的来说,Anthony 所提的前提(premises)和基本概念(basic concepts),都包括假设和原则,以及会计处理的具体规则。他特别关注计量和收益的确定等问题。除他主张权益的公允报酬(股利)也应和利息一样,作为成本外,在其他方面,仍然维护传统的财务会计与财务报表的基本观点。他提出的基本概念没有涉及表外披露(disclosure)。他明确指出,财务报表不应包括企业未来预测的财务信息。

5. Walk 等在 Accounting Theory—a Conceptual and Institutional Approach 中提出的假设

Walk Francis 和 Tearney 在 1992 年合著的《会计理论》第 3 版第 5 章专门讨论了"假设"(postulates)、"原则"(principles)和"概念"。他们认为在历史成本计算模式下,假设是一种与企业环境相关的基本假定(basic assumptions),他列举了四项假设:

(1) 持续经营或经营的连续性(going concern or continuity)。

他们对这个假设同其他人的描述相同,即没有反证,假定一个企业将无限期经营,这样,在正常情况下,报告企业的资产和产权的清算价值(liquidation value)是违反假设的,持续经营假设将导致在估价体系中,对包括历史成本在内的任何种类的计量属性的选择。

(2) 会计分期(time period)。

企业的经营同大部分人类、动物的活动都在公允的特定的时间分期之中。会计上的时间分期稍有不同的是,把经营的连续步骤人为地分割为若干固定的时间片断。就经营主体而言,时间分期通常是按日历的年,其结果,财务报告当然包括财务状况、盈利和资金流动的年度表述。由于年度比持续经营的企业年限要短,这就产生了应计(权责发生制)会计,并在历史成本计算模式下形成确认和配比原则。年中的中期报告必须服从年度报告,中期报告必须考虑全年金额的估计。

(3) 会计主体(accounting entity)。

他既把营业主体视为会计主体,也认为它是法律主体,承认它具有法人形式。会计主体同它的所有者相分离是很明确的。但有两个问题需要研究。

首先,主体同它相关的单位在会计和报告中如何处理。例如一个主体同另一主体兼并是作为投资,还是按购买法编制合并报表?有关企业合并的会计问题较为复杂,应专门研究讨论。

其次,主体同它的所有者的关系。这里存在两种理论:一是所有权理论(proprietary

① *Tell It Like It Was—a Conceptual Framework for Financial Accounting* by Robert N. Anthony, 1983, summary, Chapters 1, 2, 3, pp. Ⅵ—XV.

theory)，在资产负债表上权益部分明确标明所有者权益账户(项目)[owner's equity accounts (Items)]；二是主体理论(equity theories)。这也是需要专门讨论的问题，两种不同的理论影响到我们怎样解释收益的组成与归属并涉及其他项目。

关于所有权理论和主体理论的区别及其在财务会计概念中的影响，美国学者 Arthur N Lorig 曾在其论文 *Some Concepts of Accounting and Indications* 中列示一个对照表(见表 5-2)。

表 5-2　所有权理论和主体理论的区别

交易和事项举例	所有权理论	主体理论
1. 企业的盈利是否应认为属于股东(或其他所有者)的收益？ 按照主体理论，除宣布的股利和分派给股东的部分外的收益归企业所有；而按照所有权理论，企业盈利即为股东的收益。	是	否
2. 是否需要报告每股盈利？ 按照所有权理论，每股盈利对股东来说是很重要的；而按照主体理论，盈利并不属于股东，倘若报告每股盈利数字反而会引起误解。	是	否
3. 公司的留存盈利或盈利盈余是否属于股东权益部分？ 按照主体理论，留存收益应当属于企业本身所有，有些主体理论家含糊地承认这一点，但是在股东没有收到收益(直到分配前)前并无属于股东的替代利益，某些资本盈余，如捐赠盈余、涨价盈余和由于改组产生的盈余同样属于企业(主体)。然而由于发售股票产生的溢价所形成的资本盈余，则可作为股东权益。	是	否
4. 公司所得税和对公司股利征收的个人所得税是否属于双重课税？	是	否
5. 公司赚取的收益在分派股利前就征收股东所得税是否合理？	是	否
6. 现金股利是否应作为公司的费用？	否	是
7. 母公司和子公司是否作为一个经济主体编制合并报表？ 按照主体理论，母公司和子公司各为独立的经济主体，它们只是债权人与债务人的关系，合并是不合理的；而按照所有权理论，子公司的收益属于母公司的股东(应扣除少数股权所有部分)，连同母公司自己的盈利也都是母公司股东所有，合并是必要的。	是	否
8. 母公司收益表上是否应反映子公司损益中持有的相应份额？	是	否
9. 合并公司所得税是否应予以退减？	是	否
10. 超过留存收益而宣布的股利和应付股票股利是否可视为股东的收益？ 按照主体理论，既然留存收益代表企业(主体)的权益，即转为股利(视为对股东的负债)，当然应该作为股东的收益；而按照所有权理论，不论现金股利或股票股利，凡是来自股份溢价(盈余)都不应再视为股东的收益。	否	是
11. 股票出售后立即宣布的现金股利是否属于新股东的收益？ 业主权理论认为，这时的股利乃原股东所有权所发生；而主体理论则认为，公司与股东都是独立的，股利的分发认票而不认人，股东的更替与公司无关。	否	是
12. 拖欠的优先股股利是否应视为公司的费用或作为公司负债？ 按照主体理论，是把股利当作公司(主体)的费用的。	否	可能
13. 一家公司的亏损(deficit)是否应在资产负债表的借方表示？ 按照主体理论，在持续经营的情况下，亏损可以期望从属于股东的未来盈利中弥补，因此，作为股本的减少是不合适的，列为借方递延费用。	否	是

（续表）

交易和事项举例	所有权理论	主体理论
14. 发行股票的折价是否应借记"留存收益"？	是	否
15. 库藏股取得时得到的利得可否借记"留存盈利"？ 问题的关键在于主体理论认为留存盈利不属于股东，而所有权理论则认定属于股东。	否	是
16. 成本是否是财务报告中资产计价的最好基础？ 主体理论只承认股东投资的实际数（视同企业的负债）；而所有权理论则认为会计是为所有者服务的，投资人有时对投资的现值比对成本更为关心。	可能不是	是
17. 计算普通股每股账面价值是否应包括留存收益？ 因为按照主体理论，留存收益不属于股东，所以认为不应包括进去。	是	否
18. 资产负债表的一般格式（借方在一方，贷方在另外一方）是否最清楚地表现财务状况？ 按照主体理论，资产负债表应突出企业权益，以下列恒等式为基础： 资产－产权＝负债＋业主权益 而按照所有权理论，资产负债表应突出股东的产权，以下列恒等式为基础。 资产－负债＝业主权益 因此应采用报告式较为合适。	否	是
19. 普通股投资是否应以股票的市价作为计价的合理基础？ 按照所有权理论，公司过去和将来的盈利都属于股东，股票市价在理论上应反映企业的盈利流动，所以赞同这种计价基础；而按照主体理论，盈利在未分配给股东前属于企业，而且也不可能全部给股东，留存的盈利仍应属于企业。	是	否

（资料来源：R. G. Schrosder and M. W. Clark, *Accounting Theory*: Text and Readings, 3rd. ed., pp. 552—557）

（4）货币性单位（monetary unit）。

在非物物交换的经济中，货币是交换的媒介，其结果，货币经常成为价值的主要标准（the principal standard of value）并服从于计量的程序。所以，财务报表利用特定国家的货币性单位来表示，这时还假定货币性单位稳定，使它成为会计原则和方法的主要支持者。因此，历史成本原则才当作实质上未受到挑战的会计原则而成为神圣不可侵犯。美国和西方其他国家的剧烈通货膨胀，促使一些创新的计价理论的试验，并形成表述财务信息的一些新方法。不过，在20世纪80年代末，平息的通货膨胀又恢复了历史成本原则的权威地位。

看来，Walk等人提出的四项基本假设已被美国会计界所认可，类似的关于假设的内容，出现在许多会计理论著作中。

6. Hendriksen等在Accounting Theory第5版中提出会计与报告原理

Hendriksen等认为，FASB没有在它的概念框架中表现出来的基本概念，是几个用于指导交易计量的原理（fundamentals），它们是：主体（entity），持续经营（going concern），分期（periodicity），不确定性与稳健性（uncertainty and conservation），货币性单位

(monetary unit)。Hendriksen 等所列举的原理，除不确定性与稳健性之外，其余四项也都是不少学者认可的假设或基本假设，但在会计理论的层次上，本书却列于目标、会计信息质量特征、使用者的需要之后。

据说，上述观点来自 FASB 和 Trueblood Report《财务报表的目标》。按照 Trueblood Report 附录，财务会计和报告的概念框架是由若干要素（层次）组成的，它们的相互关系用图 5-2 表示如下。

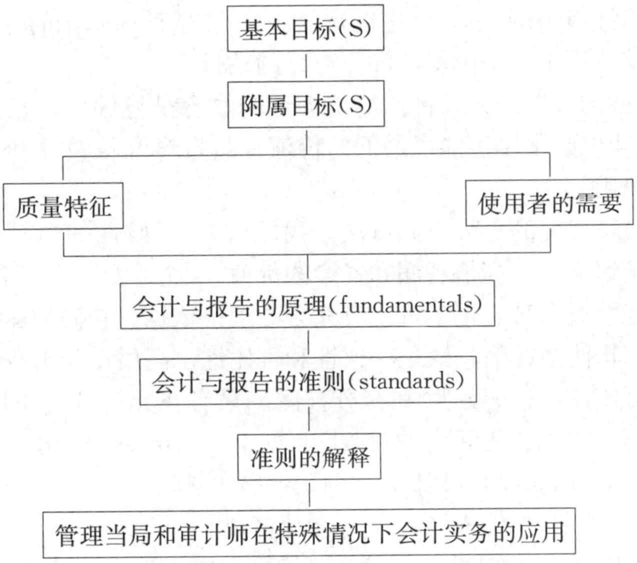

图 5-2 财务会计和报告的概念框架

按照 FASB 的定义，目标是指引努力的方向、一种准绳，或行动的结果，或目的。这已在 SFAC No. 1 中作了详细论述，它属于第 1 层次；第 2 层次是信息需求，取决于使用者的要求，这一层次的内容类似于 APB Statement No. 4 中的一般目标(general objectives)；第 3 层次为质量特征，类似于 APB Statement No. 4 中的"质的目标"(qualitative objectives)，在 SFAC No. 2 中有详细的论述。第 4 层次才是基本原理，它们指导交易和事项的计量并加以披露，使之对会计信息使用者有意义。这些原理包括一项会计主体等的定义，但 FASB 把它同财务报表的要素等同看待。若按照 FASB 的解释，很难说"主体"是区别于报表要素"资产"的假设。

Hendriksen 等对主体、持续经营、分期、货币单位的描述，大体上与一般《会计理论》中的说明相似。在"主体"原理中，他已特别提出，会计主体概念包括法人企业、企业的分部和超级企业(super-enterprise)，后者指若干个关联企业的合并即企业集团。他们认为"持续经营"原理是支持估价的有益理论，特别是支持历史成本原则而否定清算价值(liquidation value)。在谈到时间分期原理时，是基于这样的事实，会计人员计量收益通常按历年期间如一年、一季或一个月，他们引用簿记的创始人帕乔利(Luca Pacioli)的话说，"账簿必须每年进行结账，特别是在合伙企业中。因为经常而定期的会计处理，可保持合伙人之间的长久友谊"。

Hendriksen 等对不确定性和稳健性作了如下的说明：

第一，在会计中产生不确定性的主要来源在于：一个主体的会计总是期望继续存在到未来，因此就要在过去与未来期间进行分配；对于未来期间的合理分配，必须建立在期望的逻辑的假定上，但若干分配(对未来期间)决不能证明其是圆满的。

第二，会计计量经常假定用货币表示财富，并要求估计对未来金额的不确定性。这种估计的可靠性可能是值得注意的：没有财富的货币数量能够确定地知道。所以，任何以估计为基础的计量，只能是暂时的。当然，假定它们具有相关性，这并不意味着毋须作出几乎是可能精确的估计与预测。不过，这也暗示，以过去估计为基础的计量必须谨慎地仔细观察，只要可能，就要调正为一个新的和更可靠的估计。

第三，不确定性的一般约束条件按传统会计的概念是稳健性。稳健的概念通常在会计人员应用时，意味着必须尽可能以最低的价值计量资产和权益，同时，尽可能以最高的价值表示负债和费用。

作者介绍了对稳健性的三种不同看法。我们认为，稳健性的惯例是人们对市场经济充满不确定性的谨慎反应。高估利润和资产的价值，对企业及其所有者来说，比低估的后果要危险。但稳健性概念没有也不可能有充分的理论依据。它同披露所有相关信息这一目标是矛盾的。它将使会计信息缺乏一致性和可比性。高质量的财务报表必须同时具备可靠性、相关性、可比性(含一致性)和充分披露。只有在允许选择不同备选计量的条件下，选择较为谨慎的方案才是可取的(以上参见 Hendriksen、Breda *Accounting Theory* Fifth edition, 1992, Chapter 5, PP. 123—124; 145—150)。

7. Belkaoui 在《会计理论》第 4 版提出会计假设

Ahmed Riahi-Belkaoui 在 2000 年第 4 版第 6 章中认为，会计理论是由以下四个要素构成的：①财务报表的目标；②与环境和主体有关的假设和其他理论概念；③基本会计原则；④会计方法。基本会计原则以假设和会计的理论和概念为基础，而会计方法体系则从会计原则引申而来。会计假设在整个会计理论结构中的地位可用图 5-3 表示。

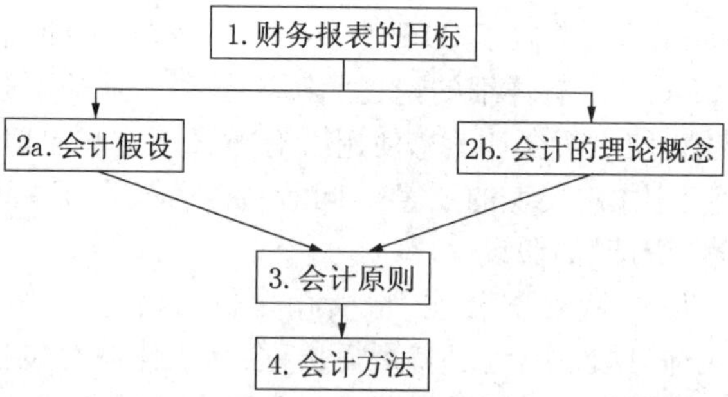

图 5-3 会计理论结构的要素

Belkaoui 认为，发展会计假设等概念一直是会计中最艰巨和困难的问题之一。其实定义这些概念并规定它们的内容也是如此。他引用 A. C. Littleton 的话说："每本著作通常都是公理、惯例、结论、方法、规则、假设、实务、程序、原则和标准的大杂烩，但这些术语不可能都是同义的。"(Test for Principles, *The Accounting Review*, March, 1938. P. 16)但 Belkaoui 还是把"会计假设"定义为"不证自明的命题或公理，因其与财务报表的目标相一致而得到普遍接受，它描述会计运行所处的经济、政治、社会和法律环境。" Belkaoui 提出四项会计假设，这四项同一般会计理论著作中的提法并无多少差异（例如他的四项假设与 Wolk. Francis Tarney 的《会计理论——一种概念的和制度化的方法》(1992)第 3 版中提出四项假设完全一致，只是顺序有不同）。

(1) 主体假设。

它把企业定为有别于所有者和其他企业的会计主体，规定了会计人员服务的范围，限定了财务报表的对象、事项以及事项属性的数量。按照 AAA 所属的"Concepts and Standards Research Study Committee on the Business Entity Concept"（简称"主体概念"研究委员会）的看法：一个经济主体的范围是可以明确辨认的：①确定有利益关系的个体或集团；②确定该个体或该集团之"利益的性质"（*The Accounting Review*, April 1965, PP. 358—367）

(2) 持续经营假设。

此假设反映了与主体所有利益关系的愿望，而且正如 Paton 和 Littleton 在《公司会计准则导论》中所说，"尽管有时候可能要求会计人员报告即将意外终止的经济活动，但这一情况的可能性不能作为会计的基础"（*An Introduction to Corporate Standards*, 1940/1977 p. 9）。持续经营还可以用来支持利益理论（benefit theory），因为对未来利益的预期才能使管理当局着眼于未来。因此，一个主持无限期地持续经营使投资人更放心将资本留在企业，而为企业获得更多的利润提供支持。但 Belkaoui 认为，作为持续经营并不能理解为按成本计价是合理的，他列举 Storey 和 Sterling 等会计学家都有同样的观点。持续经营假定只能视为一个预测（prediction）。不过，我们认为，只要遵守持续经营假设，除使用清算价值不合理外，其他计量属性都是可以采用的。

(3) 计量单位假设。

在企业发生的交易或事项中，必须进行交换，交换的媒介是货币。货币是一切商品劳务量化的公分子。计量单位假设意味着会计对企业可按货币进行计量的经营活动进行计量和传递的过程。

货币计量单位暗含两个局限性：

① 这个假设使会计信息只能是货币化信息，它使会计信息定义为："数量化的、规范的、结构的、可审计的、数字化的和以过去为基础的。而非货币信息则只能表述为质量化、非规范的、叙述性的、不可审计的和以将来为基础的。"后者正被许多经验研究者所看重，而当前西方的会计理论明显地在向质量性领域发展。

② 这个假设就涉及计量单位问题，那就是指：货币的购买力不是固定不变，不可能像 1 米总等于 100 厘米那样稳定，而经常处于变动中，于是必须同时假定作为会计计量单位的货币，其货币币值不变，即加上币值稳定假定。

(4) 会计期间假设。

使用者的需求既是目标的一部分，也是制约财务会计的环境因素。为了便于用户进行短期决策，用户要在企业持续经营过程中，定期披露企业财富的变化，于是产生会计期间，即会计分期假设，通常是一年，也可以一季，一个月，提供中期财务报告。

会计分期假设导致权责发生制（应计制）会计，产生应计、递延等会计程序。

这里，要注意的是，不论年度报告或中期报告，其披露的企业财富变化都带有 Paton 和 Littleton 提出的“暂时性”(to be provisional in character)(*An Introduction to Corporate Accounting Standards*, 1940/1977, P. 10)。

(以上引用并参阅贝克奥伊著《会计理论》第 4 版，钱逢胜等中译本。见上海财经大学出版社，2004 年 5 月第 1 版第 6 章第 160—165 页和该章的注释第 183—186 页)

8. Moonitz 的 The Basic Postulates of Accounting 表述的三类假设

Moonitz 的这份论文集发表于 1961 年，从文献回顾的顺序看，本来应列在 APB Statement No. 4 列举的会计特征(1970)之前予以介绍。之所以列在最后，首先由于本论文集是专门研究“会计基本假设”的，对于本章最为切题；其次，由于论文集最全面地阐述了会计的基本假设；最后，由于它是美国准则制定机构(当时为 AICPA)研究会计基本理论(基本概念)的开始，尽管它被 APB 所否定，但其学术价值依然存在，它不但影响以后美国会计理论著作关于会计假设的论述，并在实际上也影响到 FASB 所制订的一系列概念框架(特别是 SFAC No. 1, Nos. 5, 6)。因此，在最后才来评介这本论文集，在一定意义上带有总结美国关于会计假设文献回顾的意义。

Moonitz 写的题为“会计的基本假设”的这份 ARS(ARS No. 1)共分六章。

第一章　导论(Introduction)。

首先说明问题的提出。鉴于如公理(axiom)、假设(postulate)、原则(principle)、准则(standard)、程序(procedure)、规范(canon)、规则(rule)等名词和其他类似名词应用等十分广泛，而却缺乏普遍接受的精确含义。作者采纳了 AICPA 特别研究项目委员会(Special Committee on Research Program)写给 AICPA 理事会的一份报告的建议：“会计研究部应立即开展的会计研究项目，必须对指导一般会计原则的基本假设作扼要的陈述并对基本假设本身进行研究。他们同时还应研究广泛适用的会计原则……，其研究结果，一旦被 APB 所采纳，应作为 AICPA 关于会计事务的整个未来文件的基础。对于这些研究，每一份新的公告都必须与之相关。”(ARS No. 1, 1961, Preface, P. Ⅷ)。这就是作为 AICPA 会计研究部主任的 Moonitz 亲自撰写“会计的基本假设”的背景。导论还引用特别研究项目委员会的报告认为，“假设的数目是很少的，是原则赖以存在的前提。它们必须从经济、政治环境和企业各行各业的思维模式与惯例中得出。会计职业界应当明确地理解和解释这些假设，以便为提出会计原则和在特定情况下制定运用原则的指南提供有意义的基础”(ARS No. 1, P. 1)。

导论还提出早在 1952 年，一份题为“企业收益的概念变化”的研究报告就提出以下三项值得注意的假设：①货币性假设(the monetary postulate)；②持续性假设(the permanence postulate)；③实现假设(the realization postulate)(ARS No. 1, 1961, P. 2 注 3)。

其次，说明了研究问题的方法。作者认为，我们必须选择一个起点(a starting point)，并决定对环境探索到什么程度，因此要选择一个优点最大而缺点最小的方法。

论文集随后考察并评价了公理化方法(the axiomatic approach)、伦理或社会学方法(ethical sociological approach)，还分析了实用主义的方法(pragmatical approach)即强调会计必须有用等等观点，认为这些研究方法都不适宜采用。

由于没有人能够汇编(compile)在商品社会中经济和政治环境的所有事实(all the

facts)，更不用说去分析和解释这些事实了。因此，本论文集需要可作为会计运行环境指导的原则。最后，作者选择了依靠演绎推理(deductive reasoning)的方法去开发会计假设和原则。按照这一方法论，作者首先确认并定义应予解决的问题，然后，运用“什么‘应该’是如此情形”(what ought to be case)而“不是什么‘是’如此情形”(not what is the case)。所幸的是，“应该”和“是”这两个词并非相距太远而不可沟通。但作者又认为，没有理由期望它们会一致(ARS No. 1, 1961, PP. 1—7)。

第二章　会计环境。

Moonitz 从以下若干方面描述会计环境：

(1) 在商品经济即市场中，人类劳动和环境因素相互作用产生经济活动，先是生产货物和劳务，然后通过交换进行分配，生产者自己通常并不消费自己的产品和劳务。(但也少数例外。如电厂要消费自己提供的电力。)

(2) 在经济活动中，存在着各种类型的决策，而决策需要数量化资料，会计能明确提供某些决策基础的数量化资料。

(3) 美国的经济组织有三个重要的特征：第一，多数生产资源属于私人所有，这是企业财务报告面向投资人集团的客观依据；第二，市场是交换的场所，市场的功能主要是市场价格的功能，市场价格指导经济活动，各种经济决策最终须受市场的检验；第三，劳动者自由地提供劳动力，在企业会计的账上可以有各种物质资源账户，除“应付工资”账外，没有“拥有”、“储存”劳动力账户。

(4) 财富(wealth)和福利(welfare)是同义语，但也有区别。会计主要是计量财富的生产、分配和消费。

(5) 市场经济是由无数的经营主体所组合，每一个经营主体都是特定的会计主体。每一个会计主体都控制和转换一定的资源即资产，并生产新的货物和劳务，或交换、分配它们。会计主体还有一个非常重要的功能，即“转变”(transforms)它自己，表示主体有合并、重整(改组)或其他变更的可能。

(6) 会计主体还包括非营利范围即由政府主持的活动并转化为货物和劳务如道路建设、邮政、学校、医院、图书馆、博物馆、桥梁、展览会场。

(7) 收益的计量和财务状况的报告随着现代企业的两权分离而显得十分迫切，同时对财富的探讨必须按每一个等长的会计期间进行。

(8) 在市场经济中，计量财富及其变化的单位只能是货币，因为货币是一切财富代表的总量、分配非借助于价值的表现形式。

在市场经济中，一切交换行为不仅以货币媒介，还要以公正合理的价格为手段，交换是不创造价值的，但它必须揭示货币和劳务的价值。等价才能使交换成立(当然，这里指的等价，在一定程度上包括交易双方自愿达成各自认为对自己有利的金额)。

作为计量单位的货币，不是真实的货币，而是观念上的货币，如观念上的美元、英镑、便士、先令，等等。

第三章　有关环境的假设。

基于第二章对会计环境的分析，作者首先提出有关环境的 A 组假设(postulates)又称为一组命题(first set of propositions)：

假设A—1 数量化或定量化(quantification) 定量化的数据有助于作出合理的经济决策,它可使在不同备选方案中进行的选择,导致正确行动的后果。

这项命题(proposition)基本上属于心理学的性质。因为它作出的判断只与个人的行为有关。就是说,他们发现了量化数据的用途,与会计相联系,它指出为什么财务报表(包括计划表、预算和分析)是有用的。因此,它表示了财务报表的最恰当的形式及其内容和方法。

假设A—2 交换(exchange) 绝大多数已被生产出来的货物与劳务要通过交换进行分配。而生产者并不直接消费它们(当然也会有例外,如前已述及的电厂就会消费自己生产的劳务——电,来建立本厂的照明和动力等系统)。

这项命题描述了经济活动结果的主要分配方法,如同我们以后看到的,这是一个对会计非常有效果的命题。

假设A—3 主体(entities) 经济活动是在特定的单位或主体中进行的。

这项命题指示了经济组织的基本单位,同时指出会计数据的一条相似方位的道路。

假设A—4 时间分期(time period) 经济活动是在能指定的时期分期内进行。

这项命题单纯地应用于经济活动,人类行为发生的活动的临时安排(如一年、一季、一月),由于相同的原因,自然地扩展到会计的相同概念。

假设A—5 计量单位(unit of measure) 货币是使货物、劳务(包括人工、自然资源和资本)的交换能力予以计量的公分母。

这项命题有两个方面:一方面,描述了经济组织的交换模式,即用货币支付而一般不是以货易货是市场(交换)的规则。另一方面,对会计有最佳意义的是,在货币单位的基础上,经济计算得以进行。这里说的"货币",不是指任何特定形式的货币,不过在实际使用中以抽象单位来取代。在美国,这种货币应是黄金铸造的美元。但它没有铸造过,所以它没有实物表现,只是仅仅根据法律定义存在着。

上述五个命题,反映的实际上都是环境的特征,不过它们与会计均直接有关。Moonitz最后用会计的定义(definition)[实际上是会计的职能(function)]来综合表述它们。会计的职能是:①计量特定主体持有的资源;②反映对主体的要求权和在主体中的利益;③计量资源、要求权和利益的变化;④将变化分配到特定的期间;⑤以货币为共同单位表达上述项目(见ARS No. 1, P. 23)。

第四章,补充命题——会计领域。

在讨论了经济和政治的环境之后,提出了A组五个有关环境的假设(命题)。本章认为,这些假设,与其说是环境的假说,还不如说是环境产生的而同会计相关(直接影响会计的)的属性。这一章,就是把环境属性具体化到(渗透进)会计领域,真正构建属于会计基本特征的假设。

这一章,作者研究了所谓武断的条件(Arbitran Conditions)、隐含的条件(implied Conditions)、理性的决策(Rational Decisions)、市场价格和成本(Market Prices and Cost)、会计主体和统一性(Accounting Entities and Uniformity)和时间与不确定性(Time and Uncertainty)等等命题。

研究武断的条件,主要由于会计中存在一些不可否认的武断的选择,经常导致假定我们任意选择超过我们有能力做或应该去做的范围。

研究隐含的条件意味着前面提出的任何命题都隐含着在会计上能够推论或能够予以表述。例如A组假设提出“经济活动是在特定单位或主体中进行的”就意味着关于经济活动的任何(会计)报告,都必须明确地涉及特定单位或主体,那就是说“经济主体”隐含的条件是“会计主体”。

研究理性决策是为了说明量化数据对于理性经济决策的重要支持作用,其落脚点是财务报告,尤其是一套具有内在联系的财务报表。这里特别强调所有的报表相互勾稽并依赖相同的基础数据。财务报表的相互勾稽使它们区别于其他类型的统计报表,其中财务状况表(即资产负债表)又是重点所在。一整套财务报表中的每一张报表都反映相同经济数据的不同方面。要注意的是:只要将收入和成本(费用)在会计期间的分配有所改变,即稍微移动一下焦点,就会产生画面完全不同的财务状况表,并改变其他两张报表,尽管基础数据不变。当然,如果社会经济条件变化,公布的财务报表中的强调方面可以变化。

研究价格和成本意在得出以下的推论:

第一,交换价格是初始记录的恰当基础,大多数交换价格指过去的交换价格,但也可能向未来(估计的)价格发展。交换价格指在交易中付出的报酬或作出的牺牲。在应用中应注意三个条件:①两个(或更多)独立主体之间的公平交易或存在与此标准等价的证据;②交换中涉及的各主体行为都是理性的;③市场上的交易足够活跃能证明所产生的价格具有代表性。

可见,Moonitz在这里分析的交换价格已经包括当前FASB关于“公允价值”的全部含义。

第二,不能把交换价格等同于成本,说会计是或必须以成本为基础不符合上述命题。虽然成本经常作为交换建立的价格的同义词在会计中使用,它可以包括“公允市场价格”和“评估价值”,然而成本经常在限制意义上使用。成本通常限制在那些以现金取得的资源(如材料的购买),而后将其购买成本转“移”到在产品和产成品价值上去的金额。如果取得资源(如受赠送)未支付现金,或支付报酬的形式是非现金或非现金支付的承诺,用成本去计量就不恰当。

研究会计主体和统一性是因为经济活动总是由具体单位或主体来执行,而确定主体有时并不容易,有几个问题是尚未解决的实际问题:

● 应否编制一个被确认的主体的分部或各分部的报表?(当然,现已解决)

● 应否为两个以上的联营法律单位编制汇总或合并报表?

合并财务报表是超过一个定义明确的法律单位(会计主体)而编制的报表。

这里产生了“会计主体”与“报告主体”不一致的问题。

● 两个原本独立的主体合并起来,这代表一个主体吞并一个主体,还是两个主体均在延续下去?

● 现存的会计主体是真正独立的还是它们只是更大的社会有机体的细胞?

● 会计实务倾向于统一性,一个跨国公司或大公司在其分公司或连锁店中往往采取一套统一的会计账户系统,这表明我们正从高度竞争的社会转向相互依存的社会。

研究时间和不确定性是由于经济活动发生在特定期间，会计必须关注事项的确认与分配，由于事项通常要比报告期间为长的时间内才能完成，所在每一报告期间内分配经营成果，它发生在以前期间，现在仍在进行，未来期间才能完成，因此，分配于每一会计期间的金额必然是暂时的(tentative)①。要考虑到未来事项的一个重大特点：不确定性。这样分配就不可能精确。

为了适应不确定性，会计中常采用一致性(consistency)和稳健性(conservatism)。Moonitz 提出两种方法供我们评论。

(1) 利用估计(the use of estimates)。借助于以观察(包括经验)为基础的统计分析。

(2) 利用判断(the use of judgment)。从分析的角度看，在必须对未知的变量(不确定性)作出决策时，判断必不可少。

估计与判断又是有联系的，如果需要对过去的估计(如摊销、计提)进行恰当的更正时，也需要判断。Moonitz 的看法可以这样来理解：不确定性是环境本身的特征，会计师必须解决许多未来事项的不确定性(如估计应收账款中的坏账，机器使用的寿命)，其主要方法是依靠经验数据的分析进行估计，估计正确与否，应否加以修正，则依赖于判断。

根据以上的分析，作者提出了会计领域的研究命题即 B 组假设：

假设 B—1　财务报表(financial statement)　按会计程序处理的结果，在一系列基本相关(互相勾稽)的财务报表上表述。它们依赖于相同的基础数据。

假设 B—2　市场价格(market prices)　会计数据基于已实际发生或预期发生的过去、现在或未来交换所产生的价格。

假设 B—3　主体(entities)　会计程序处理的结果依据特定单位或主体来表述。

假设 B—4　暂时性(tentativeness)　但凡需要在过去、现在和未来各个时间中进行分配，则相关的较短期间的经营成果就是暂时的。

第五章，第三套命题——强制的。

前一部分的四个命题(假设)有一个共同特征，即如果它们表述是正确的，那么它们就可以应用于会计(实际上是财务会计)这一领域，因为它们所描述的，乃是财务会计现在是这样。因为这是环境所决定的，至少一般地说，不以人们的主观意志为转移。

第五章所提出的命题则不具备上述特性，它们是考虑了财务会计的目的、目标，而认为财务会计应该是这样，所以称它们属于强制性命题。

这些新的命题，也可以称新的假设即 C 组假设：

假设 C—1　持续性(continuity)　在缺乏相反的证据时，一个主体必须认为可无限期经营。

推论：如果主体存在有限生命的证据，那么，该主体就不能视为持续经营的企业。

假设 C—2　客观性(objectivity)　主要对确认与计量的强制性要求，凡有对资产和负债的变化以及对收入、费用和留存收益等的相关影响，在其能够进行客观计量的时点

---

① 这一点，请注意与 Paton/Littleton 的观点不谋而合(*An Introduction to Corporate Accounting Standards*, 1940/1977 p. 10)，不过 Paton 等用的字眼是 provisional。

之前，不应在账户中正式确认。

假设 C—3 一致性(consistency) 对特定主体应用的会计程序必须适合于计量它的(财务)状况和它的(经营)活动，而且应在各个期间采用一致的会计程序。

假设 C—4 稳定单位(stable unit) 会计报告必须以稳定的计量单位为基础。对比假设 A—5 计量单位可以看到，“计量单位”是描述市场经济下总是以货币为计量单位；而这里的“稳定单位”，则要求采用的货币作为计量单位时，其价值必须稳定。

假设 C—5 披露(disclosure) 会计报告必须充分披露，要保证它不致误导使用者。

最后一章 比较与小结。

我们比较详细地介绍了 Moonitz 写的《会计基本假设》(ARS No. 1)，可以得出以下几点结论：

(1) 从优点方面看，论文集系统、详细地分析说明了三组不同的假设，其产生的背景，其本身的特性和采用的表述方法(AB 两组采用描述法，C 组则采用规范法)。

(2) ARS No. 1 所表述的三组假设或命题也存在下列缺陷和问题：

① B 组假设同 A 组重复之处太多，AB 两组假设的各自性质，作者并没有讲清楚。我认为，A 组假设完全是对环境的描述，是外在于财务会计的经济政治等环境的特征。但这些特征只是环境中的一小部分，仅仅指对财务会计的属性产生的影响的少数部分。

② Moonitz 把基本假设分成 ABC 三组，而 B 组假设又基本来自 A 组假设，于是引发了人们的责难：基本假设是否应分层次？一些基本假设能否来源于另一些基本假设？我们的看法是：A 组假设不是会计的基本假设，而是财务会计所处的经济、政治等环境，会产生会计基本假设的客观特征和要求。真正的会计基本假设是 B 组，说它来自 A 组(环境的特征)并没有错。

③ 严格地说，C 组也不是基本假设，只能称为基本假定(basic assumptions)甚至是基本原则。因为它不是由客观环境所衍生，不属于不言自明的公理；它不属于是什么，而属于应该是什么。后者显然带有主观武断性，包括通常被列为基本假设的“持续性”(假设 C—1)。

当然，C 组假设对实现财务会计的目标，保证使用者需求的高质量会计信息是完全必要的。

④ ARS No. 1 的会计基本假设可以以 B 组假设为基础，从 A 组引入 A—4(期间)，并从 C 组引入 C—1(持续性)，C—4(稳定单位)和 C—5(披露)，重新按逻辑排列(不再分组)：

(1) 主体(会计主体) (原 A—3 和 B—3)
(2) 经营的持续性 (原 C—1)
(3) 期间(会计分期) (原 A—4)
(4) 计量单位和稳定的单位(原 A—5，C—4)
(5) 暂时性 (原 B—4)
(6) 市场价格 (原 B—2)
(7) 财务报表 (原 B—1)
(8) 披露(充分披露) (原 C—5)

}假设 B1—B4(B 组假设全部)加假设 A—C 和 A—5 再加假设 C—1 和 C—5

第三节　我国财务会计中存在的基本假设

一、社会主义市场经济对我国财务会计(会计核算)的重要影响

财务会计是在市场经济中产生和发展起来的,作为财务会计和财务报告的理论(概念)基础,其基本假设主要受市场经济和与之相适应的政治法律等环境的影响。我国的财务会计(会计核算)存在于社会主义市场经济的环境之中,研究我国财务会计(这里仅指企业财务会计)的基本会计假设,也应当先分析社会主义市场经济的特点及其对财务会计与报告产生哪些假设即基本前提。

改革开放以来,我国从过去过分集中的计划经济体制转变为社会主义市场经济体制。这一新体制既保留了社会主义制度的优越性,例如党和国家始终通过宏观调控,及时纠正并防止市场失灵,对经济发展起主导作用;又能灵活地运用市场机制,使市场在调节国民经济活动,有效配置并合理利用资源等方面,起基础性作用。由于我国也是一种市场经济,我国顺利地参加了 WTO,同世界上其他实行市场经济的国家和地区进行了互利平等的经济贸易合作,人才、资源和资本的相互流动日趋频繁,在互利互补的基础上谋求共同发展。财务会计与财务报告是市场经济条件下国际通用的商业语言,自然也能为社会主义市场经济所用。由于我国也建立了资本(证券)市场,上市公司提供真实而公允的财务报告,确保财务和非财务信息的可靠性、相关性和可比性及透明度,既是它们"准入"证券市场的必要条件,又是它们获得投资人信任,帮助投资人(当然还包括债权人和其他类似的信息使用者)作出满意的投资、信贷等决策作出的庄严承诺。

在社会主义市场经济中,企业同样是基本的生产(流通、分配)单位。尽管市场充满了竞争和不确定性,但绝大多数企业是持续经营。这样,才能使生产、流通、分配和消费等四个再生产领域反复顺利地进行。我国的市场经济同样是货币经济,一切商品劳务均通过货币交换。在我国,法定的货币是人民币。境外企业可用所在货币核算,但在报表中仍须折换为人民币。

市场可以调节生产、流通、分配和消费,它主要是靠"价格"。如果说货币是价值可以捉摸的存在形式,那么,市场价格就是量化货物和劳务的价值,并调节供需关系的主要机制。市场经济又是法制经济,各种经济活动基本上有法律进行规范。但法律不可能是完全的,于是又有各种合同(契约)关系进行补充。在依照法律,在自愿的基础上,签订了合同之后,双方当事人就必须承担合同的约束,既有收入现金的权利,又有支付现金的义务。由合同产生的此种权利和义务,是信用制度得以充分发挥作用的保证。

我国社会主义市场经济还有两个同财务会计密切联系的特点:

第一,在我国社会主义市场经济中,公有经济为主体,国有企业发挥主导作用。同时,大力发展非公有经济,使多种经济都得到共同发展。

以工业企业为例,2002 年,全国企业总家数为 181 557 家,工业总产值 110 776.48 亿元,其中国有企业 20 449 家,工业总产值 78 317.2 亿元,前者占 11.26%,后者占 70.6%。

尽管国有企业个数不多，而产值却占70%以上。再看新兴的建筑行业，建筑总产值为18 527.2亿元，而国有企业则为5 582.86亿元，占30%，若加上集体企业建筑总产值3 338.5亿元，达到48%①，而工业总产值的其他部分则分别属于集体、联营、各类公司、私营企业、港澳台企业及外资企业。

这就是说，在我国，有公有和非公有，代表多种经济成分，其所有者权益必须明确划分多种类型的企业。

第二，我国宏观调控的力度不断增强，作用十分明显。

市场经济的运行，经常出现失灵。经济过热的发展，也是市场失灵的表现。例如，2003年下半年以来，我国经济运行就出现了一些较为突出的问题，如固定资产投资过快，新开工项目过多，建设规模过大，货币信贷增长过猛，土地、能源和重要原材料供应紧张，物价过快上涨等等，这些，都不是被亚当·史密斯称之为"看不见的手"的市场能够自行调节的。这就需要进行宏观调控，比如要区别对待：控制部分行业的过度投资，但同时对薄弱（急需）行业则允许适度发展；又如凡耗费大量土地、资金、能源又污染环境的投资必须限制，而煤、电、汽和重要原材料则促进其增产和增加供应；再如由于采取了一系列宏观调控的政策与措施，2004年上半年，关系国计民生的粮食价格有所回落并趋于稳定，煤电油运有所缓和，重要生产资料的涨价势头减缓，农业得到加强，粮食生产出现转机，2004年一季度国内生产总值同比增长9.8%，效益有所提高，财政收入的增长幅度相当大②。在市场经济中只要市场失灵，各国政府都会进行必要的经济干预，这是20世纪30年代（1929—1933）经历了经济大危机所获得的教训。在这个意义上，正如美国经济学家、诺贝尔奖金得主萨缪尔逊所说，"世界上已没有100%的市场经济"，而是不同程度的"混合经济"——市场经济与政府干预相结合。而在我国。市场经济尽管在国民经济运行和优化资源配置中起基础性作用，但国民经济发展的方向、重点、目标和保持经济发展的协调、平稳而又快速发展的根本举措，都有赖于党和国家的宏观调控。社会主义市场经济体制的宏观调控，不是权宜之计，也不是市场经济的必要补充，而是经常地始终如一地对经济发展起着指导和规范作用，这也许是社会主义市场经济不同于一般的市场经济一个突出方面。

但是，市场不是万能的，市场运行也会失灵，例如发展失控、比例失调，偏离正确的目标与方向，产生矛盾，甚至引发危机。著名的经济学家科斯就批评由市场调节的经济体系是能"自行运转"的谬误。他认为，市场在经济体系中，这并不是说没有个人计划，人们作出预测并在不同方案中作出选择。他还指出，在我们的经济体系中，存在着与个人计划非常不同而又与通常所说的经济计划非常相似的计划。如果我们引入"企业"的概念就可以看到这一点。在企业外部，价格变化指导生产；而在企业内部，市场交易被取消，生产协调被企业主（在两权分离的现代化企业，则为受业主委托的代理人——经营者）所取代。因为资本的所有权允许企业主（或它的代理人）有一种权力通过一系列直接的计划、预算和

---

① 见《中国2003年统计年鉴》（中国统计出版社）。

② 以上参考《人民日报》2004年6月14日本报评论员文章《发展经济的积极举措——论进一步贯彻中央加强宏观调控方案》和《人民日报》2004年8月5日本报评论员文章《宏观调控的实质是树立和落实科学发展观》。

合同,在他的权力范围内,指挥其他生产要素,从而降低交易成本[①]。倘若不对计划作固定不变的解释,那么,把企业主或经营者之间和经营者与所有经济联系方面之间订立的各种合同都可视为指导生产经营活动的计划的某种异化形式。应当说,在西方的市场经济中,在企业外部,生产的指导和社会资源的配置是通过市场交易由市场即价格机制调节的,那确实不是计划经济。而在企业内部,指导和调节生产,优化资源的利用和配置,不再通过价格机制,而是企业主及其代理人(经营者)所主导的一系列合同[②](是权力的化身,也是计划的另一种表现形式)了。因此,西方国家的经济运行,从整个社会看是无计划的,而在每一个企业内部,则又有着严密的勾连环结的计划即合同而互相依存和互相推动,即类似于计划经济的计划。但必须指出,计划经济下的计划是以政治权力为基础;而市场经济中企业内部的计划则以竞争和独立的合同为基础,两者仍有根本的不同点[③]。此外,在西方国家的市场经济中,一旦市场失灵,引起市场秩序混乱,失去公平、公正的竞争,政府也会进行某种行政干预。总之,在市场经济中,市场和企业都能起优化社会资源配置的作用。这正是企业存在的理由。

由此可见,在西方市场经济国家,资源配置是分“市场”和“企业”两个层次进行的,两者相互补充。在我国,实行的是社会主义市场经济体制。是否可以说,社会资源配置在市场和企业之上,还要增加一个层次,就是国家的宏观经济调控。宏观调控的任务是指导经济沿着正确的方向运行,防止市场失灵而导致经济失控,保证实现国民经济发展的目标,使我国的经济建设健康、平稳而较快的发展。

从以上的经济环境的分析可以看到:

首先,在市场上进行的生产、流通、分配、消费等各项活动,都离不开市场的主要参与者——企业。对企业有利害关系的每一个个人和组织,进行诸如投资、信贷、理财等经济活动时,都要进行决策,而决策的依据是信息。所以在每个企业中特别是在上市公司中,建立一个立足企业面向市场的以财务信息为主的经济信息系统即财务会计是必不可少的,不论生产、流通、分配和消费,都需要根据数量化的信息进行决策。而社会上生产的商品和劳务千差万别,有商品生产必然有商品交换。在商品(劳务)交换中,在人才的供求中,如何使供给与需求达到公允?答案只能是等价交换,于是计量必不可少。千差万别的商品、物资、资源、劳务和人才(智力),需要有一个计量的公分母。人类经过无数次和无数年的选择,发现了“货币”是唯一可以计量价值存在的形式,因而它是当之无愧的交换时供需双方计量的公分母和交换的媒介,而观念上的“货币”则必然成为会计的计量单位,市场价格也理应成为计量的基本属性。

其次,在市场经济中,生产总是再生产。企业的经营活动总是连续的。经营的中止一

---

① 以上参见科斯《企业的性质》,1937。转引自《企业的经济性质》2000 第 1 版(中译本),上海财经大学出版社,第 75—85 页。

② 合同即契约,具有法律的约束性。合同一旦签订,双方必须信守合同的承诺,并遵守执行合同,既可享受合同规定的权利,又必须承担相应的义务。法律和合同都是维持市场经济公开、公平、公正的必要条件。所以现代企业被称为“一系列契约的联结”。在企业内部,遵守合同的严肃性与遵守计划颇为相似。

③ 参见 Louis Putterman/Randall S. Kroszner 所写的《企业的经济性质》第 2 版序,见该书 2000 第 1 版(中译本),上海财经大学出版社,第 20—25 页。

般属于特殊的和例外的情况，这就决定了财务会计也应连续进行，并以此为前提来设计加工信息的程序和方法。与此同时，又应考虑根据使用者的需要，分期总结经营业绩，定期报告企业的状况和成果。

最后，不确定性是市场经济重要的特点，竞争和优胜劣汰是经济发展的法则。社会主义市场经济也不例外。财务会计必须适应这一特点，来提供真实、公允、充分和透明的信息，必须坚持诚信。为了减少因不确定性而带来的风险，各种会计程序在允许选择的条件下，力求使企业表现的经营与财务业绩保持稳健和谨慎。

二、我国可以承认的财务会计基本假设

按照以上对我国财务会计的经济环境——社会主义市场经济对财务会计影响的分析，我们按照演绎法提出，我国可以承认以下若干基本假设：

（一）会计主体

社会主义市场经济也是由个人（家庭）、营利性组织（企业）和非营利性组织（机关、事业单位、团体等等）共同参与的。本章撇开个人和非营利组织不论，只谈营利性组织，那就是企业。企业是市场的基本生产（流通、分配）等单位，每一个企业都是营业主体，大多数又是法人组织，但它同时是会计主体。我们经常把上市公司（现代企业的典型代表）的财务会计用两句话来概括："立足企业，面向市场。"这就说明主体同市场的关系。

每一个企业作为营业主体即会计主体意味着它有独立的资源（资产）可以自行支配运用，同时，资源必有主权，既表示资产和来源，也表示对企业支配的资产享有的主权份额。每一个企业只要开展经营活动，就会引起资源及其主权即资产及负债与所有者权益的变动（通常是某些项目即内部结构的变动），但企业是以盈利为目的，经营的结果应能带来盈利，使资产和所有者权益增值。财务会计这一系统既然设置在每一企业（主体）之中，那么它所处理的交易和事项必然是各该主体发生的交易和事项，它最后列报的财务报表必然是各该主体的资产负债表、收益表和现金流量表，即必然而且只能反映属于各该主体的财务状况（各该主体的资产、负债和所有者权益在某一时日的状况）、经营业绩（各该主体在某一会计期内的收入、费用、利得、损失和利润总额）和现金流量（各该主体在某一会计期间内的现金流入、现金流出和净现金余存额）。总之，会计主体的假设决定了：

(1) 财务会计是一个立足于某个特定企业（单位）的微观信息系统，而不是立足于全社会的宏观经济信息系统。

(2) 财务会计总是建立在某一会计主体之中，它所涉及处理或报告的只属于该主体的财务信息，它不能同时反映其他主体的财务状况和经营业绩，也不能反映所有者私人的财务活动，财产，私人的债务及其变化，也不可能超越一个会计主体反映全社会的财富及其变动。

(3) 完整的会计主体的含义既指日常会计处理的会计主体，又指期末编制财务报表或财务报告的报告主体。原则上，会计主体与报告主体是统一的。但在下列情况下，两者可以不一致：

① 当一家公司拥有或能控制若干附属公司成为公司集团时，控股的公司称为母公司，被控股的公司称为子公司。母公司和由它控股的各个子公司均属于独立的会计主体

和报告主体，均可能是法人组织，它们应分别编制各自的财务报表。合并财务报表的报告主体就不是母公司本身而是公司集团，这样，公司集团可以称为一个“报告主体”但不一定再成为“会计主体”，主要是不必为公司集团再进行已在各分公司进行的日常记账，公司集团显然没有必要，也不可能重复地再去记录、处理公司集团的全部日常经济活动。不过，把代表整个公司集团的合并财务报表作为报告主体比母公司本身和各个子公司也作为报告主体反映的规模和内容要比一个企业大得多(特别是跨国公司的合并报表)，但是这并不能改变财务会计属于微观经济信息系统的性质，因为再大的公司包括公司集团仍不属于宏观经济的范畴。

② 当一家公司有若干分部(地区分部或业务分部)，其经营特点和经营业绩需要单独核算和报告时，这种分部(不是所有的分部)也可以成为一个独立的报告主体(应予报告的分部)甚至成为独立的会计主体兼报告主体。把分部作为会计或报告主体，其反映的内容比企业的内容要小得多。

由此可见，会计主体不是报告主体的同义语。会计主体不一定指一个法人企业。但所有的会计主体，特别是报告主体，皆应反映该主体范围内的财务状况、经营业绩和现金流量。主体的基本涵义在于划清并明确财务会计和财务报告的空间范围，从而决定了财务会计与财务报告不仅能报告主体拥有或可支配的经济资源，而且能反映其运用资源开展经营活动的业绩(主要是财务业绩)。这一特点，是财务会计区别于任何其他经济信息系统的根本性质。主体假设既把企业(包括企业集团)同市场区分开来，又把一个盈利性组织同整个社会区分开来，它在客观上规定了财务会计和财务报告立足于何处，所应描述内容的边界多大。

会计主体来自于经营主体，而经营主体的形成则经过一个漫长的历史发展过程，从个体经营到合伙经营，到有限公司，到现代两权分离的股份有限公司。会计主体假设既是当前市场经济赋予财务会计的特征，也是从中世纪起，几百年商业经济和工业经济发展的结果。除 Moonitz 外，从 W. A. Paton 在 1922 年写的《会计理论》开始，都把会计主体(营业主体)作为为数很少的会计基本假设的第一个假设。事实上，尽管其他基本假设并不产生于主体假设，但它们都是在会计主体的基础上对财务会计基本特征的进一步描述。

如上所说，主体假设在会计的基本假设中占有十分重要的位置。不过它毕竟还是环境的产物。具体地说，是商业经济和工业经济的产物。人类在进步，社会在发展。我们不能认为，这项假设在未来，永远不会改变。Steven M · H · 沃尔曼(Wallman)在 1996 年发表“会计与财务报告的未来”第五部分——“彩色方法”一文给予我们很大的启发(见 *Accounting Horizons*)，那就是：在未来的新经济(知识经济)社会，可能产生一些以无形资产、知识资本为主要资源的“虚拟企业”(virtual firms)，企业的边界不易确定，存在的时间又不稳定。主体的属性将有所改变。但关于这一类问题，只能留待以后的会计学人去研究了。本报告作者对预测(未来学)虽非一无所知，但知之极少，实在没有资格去确切预测未来会计的边界将在哪里？会计主体尚存在与否？

(二) 持续经营与会计分期

我们研究的会计主体是营利性的企业，立足于这种主体中的财务会计系统当然紧密依存该主体经营的期限——即经营是否连续，有无限期？这涉及财务会计应如何处理数据、如何加工会计信息以及提供怎样的财务报表等关系财务会计的结构与模式等重大问题。比如，认定每一个主体除带有明显的反证，都可无限地连续经营下去，那么，就可以规定财务会计的目标是定期向投资人、债权人和类似的信息使用者提供有助于他们作出经济决策的财务和非财务信息并向业主报告受托责任；就可以在无限期的连续经营中，划分相等的期间，作为会计期间；就可以把该主体拥有或可支配的资源（资产）和应承担的债务分为长期资产和流动资产、长期负债和流动负债；资产、负债和所有者权益都可以定义为一系列未来的经济利益。此外，一个主体的成本，可以将已耗用的部分列为当期费用，而未耗用的部分列为资产（将来消耗的费用即未来的经济利益），并且可以运用权责发生制（应计制）来确认收入和费用，采取应计、递延、分配和摊销等程序在过去、现在和未来各个会计期间合理分配收入和费用。试问，如果不把持续经营假设（实际上是假定）作为前提，没有在此前提下进行会计分期，则与上述同期间有关的概念和程序如“过去”、“现在”、“未来”；“长期”与“流动”、“应计”、“递延”、“分配”与“摊销”、“权责发生制”，以及上面未提到的“配比”和“实现”包括财务报告的目标能够有充分依据地提出来吗？

看来，持续经营假设和会计分期假设似乎对财务会计和财务报告无足轻重，实际上，离开持续经营假设和会计分期假设就不可能形成现在这一套财务会计与报告模式。

如果一个主体（一家企业）今天开业，明天或十天后就决定停业，则在这样的企业中要建立现行财务会计系统根本不可能，也没有必要，因为没有什么用处。但这样的主体将会采取即将清算的会计模式，而与持续经营企业所运用的财务会计有很大的不同。

持续经营和会计分期也是工业经济社会的环境所决定。前面提到，在新经济（知识经济）时代，在互联网已在全球盛行的未来，持续经营可能不再成为新兴企业的特征，而会计信息可能不再或不单纯靠按会计期间（年度、半年、季或月）的财务报告进行及时传递，而变成实时传递。不过那时这两个假设若不存在，财务会计的构造和作用将会发生变化。在我国，讨论这两个假设的消亡问题尚为时过早。

（三） 以货币为计量的基本单位并假定币值不变

财务会计所要处理和在表内报告的交易与事项，都同财务活动有关，即同可以衡量其价值或交换价值的货币与劳务有关。但经济学告诉我们，价值不能自我表现。价值唯一可以捉摸的存在形式是货币。正由于这个缘故，商品交换，总是商品（劳务）与货币交换，货币在这里起着价值尺度和交换媒介的作用。财务会计，总的来说，是以记录和报告（核心是报表）的形式反映一个主体因交易或事项而引起的资源及其主权的变动。资源（即企业的资产）及其主权（通常表现为负债和所有者权益）是现实的存在，而会计记录和财务报表则是这些现实存在的反映。因此，反映资源及其主权变动所用的计量货币并非现实的货币，而是观念上的货币。按照会计惯例，凡在某国某地区登记注册的企业，其会计记录与报表所用的货币应是各该国（或地区）的法定货币，在我国，则为人民币。货币作为计量尺度（单位）与公尺、公斤等计量单位不同，后者本身的长度或重量是固定不变的。但货币本身有价值（以其购买力为代表），在市场经济中，货币的价值每天都可能有一些波动。除剧烈的变动外，一般假定其上下波动可以自行抵消，即假定作为计量单位的货币（人民币）的价值是不变的。

在20世纪70年代至80年代初，西方国家曾产生不同程度的通货膨胀，美国的通货膨胀率也曾高达11%以上，当时，曾提出“不变美元”（constant dollars）或不变购买力

(constant purchasing power)为会计的计量单位。随着物价的回落,各国又采取了抑制通货膨胀的有效措施,于是名义的法定货币在绝大多数国家(地区)都可作为财务会计的计量单位。

(四) 市场价格与公允价值

由于财务会计是以记录和报告反映特定主体因交易或事项而引起的资源及其主权的变动,而资源与主权及其变动均同价值有关,所以,必须以货币为计量单位,才能使价值和价值各种变动得到一致的表现。货币是千差万别的商品(劳务)计量的公分母。但是,仅有计量单位还不能量化计算,货币不过是把不同质的商品物资劳务化为同质的东西,而量化还需要有一个标准、特性或属性。在市场经济中商品生产是为了商品交换,任何主体要取得资源——具体的资产,除少数例外(接受政府的补助或其他主体、个人赠送),都需要通过交换。在这里,等价交换(即价值规律的简单表述)是不以任何个人意志为转移的铁的市场法则。什么是等价(供需双方均接受的相等或公允价值)? 一般地,某种商品(劳务),如有公开活跃的市场,由市场形成的交换价格即市场价格应是该商品供需双方在交易中不受任何强制力量的影响下而普遍接受的成交金额。因此,市场价格是由财务会计客观经济环境所决定的公允的计量属性,它既是商品(劳务)交换的依据,也是财务会计反映这些交易和事项的依据。前面评介 ARS No. 1 时曾指出:在 Moonitz 提出的三组假设中,假设 B—2 就是市场价格,并指出这一假设起因于商品交换(即假设 A—2 交换)。

按交换的时期分类,市场价格可分为过去、现在和未来三种,在财务会计中,已发生的交易或事项所依据的价格属于过去的市场价格,按照会计的惯例,这种价格一旦成为已购入资产的计量属性,即转化为历史成本,一般不予变动(因耗用或分配、摊销除外)。如果要求持有的资产反映当前的价格,就要按现行成本、现行价格或所谓"公允价值"重新开始(新起点)计量(fresh start measurement),并确认由此产生的"持有损益"(holding gains or losses)。

按照我们的看法,市场价格是财务会计计量的最公允的属性,但某种商品(劳务)倘若没有公开活跃的市场,又缺乏类似商品的价格可以参照,也没有拍卖市场的竞价,而如果能合理地预期其可能带来的未来现金流量,也可以用现值为手段,寻求公允价值。在上述条件都不具备的情况下,供需双方在完全自愿的基础上所达成的成交金额,也属于公允价值。

这样,市场价格应是会计计量的基本属性,而用其他方式达成的公允价值或称公允价格则是从市场价格派生出来的,代表会计计量属性的补充与发展。

(五) 确认的基本标准和权责发生制

确认(recognition)是财务会计的第一道关口,也是在账户中进行记录和在财务报表进行列报的必要条件。确认主要解决:主体发生的交易或事项以及由此引起的资源及其主权的变化应否由财务会计记录和报告? 何时进行记录和报告? 以及如何进行记录和报告?

关于如何进行记录和报告,应由复式簿记系统、账户体系、计量模式和编制财务报表等手段予以解决。这里仅指同应否确认与何时确认有关的假设。

应否确认是由四项确认的基本标准来判断的。凡交易或事项发生后,一些项目符合下列四项标准,方可确认。确认是指先按恰当的会计要素所属的簿记系统中的账户正式记录并在以后再按各该要素所属的报表项目在财务报表中予以表述。

(1) 符合应记入账户或应列入报表项目所隶属的会计要素的定义和特性(简称“可定义性”);

(2) 应确认的各该要素具有符合账户记录和报表表述的计量属性——仅指能按货币表示的计量属性(简称“可计量性”);

(3) 应予确认的项目不论在日常记录和财务报表表内表述都具有可靠性(简称“可靠性”);

(4) 应确认的项目应对决策相关,尤其是在报表中表述,如分类、排列、浓缩、细分、合计、总计以及有些信息应在表外披露(disclosure)都应更多地考虑投资人、债权人和类似的信息使用者的决策有用(简称“相关性”)。

任何一个交易或事项要进入财务会计系统进行数据处理并转换为报表信息,实际上经过两步确认:

第一步确认以原始、可稽核、客观如实的凭证为根据,主要运用账户与复式簿记系统,把复杂的交易与事项,表述为简明清晰的会计分录,并分别在有关账户中分类和归集经初步加工的信息;第一步确认的结果是使所有金额皆计入有关账户总计,并应根据复式记账的原理,进行试算平衡,第一步确认重点保证所记录的数据与信息的可靠性。

第二步确认主要运用相互勾稽的一套财务报表,把账户中归集的粗加工信息转移到报表中的项目,但不是简单地照抄照搬,而要经前述的调整(包括分类、再分类、浓缩、细分、排列等技术手段),特别要通过盘存(保证账证相符、账物相符、账钱相符、账表相符)以加强可靠性和报表信息的相关性。第二步确认的结果应使所有金额计入报表有关项目的小计、合计和总计,保证基本报表之间的勾稽平衡。第二步确认的重点是面向使用者的决策需要,既增强信息的可靠性,更促进信息的相关性。

何时确认是由权责发生制(应计制)来判断的。

权责发生制的本意是决定收入和费用的确认时间,由于现代市场经济是高度发达的信用经济,交易和事项的发生经常与现金流动相分离,而收入和费用相配比又决定一个期间的利润即经营业绩,这与正式反映管理当局(经理人员)的受托责任有关。因此,在信用制度盛行后,会计上确认收入与费用的时点就逐渐不按照现金的流入与流出的那一日,而按照权利和义务已经形成的日期,只要收取收入的权利已经发生(确定),就可确认收入,而只要支付费用的义务已经承诺(确定)就可以确认费用。这样,收入和费用的确认时间就有标准可依了。由于在复式簿记系统中会计分录的巧妙运用(有借必有贷,借贷必相等),任何交易或事项,若有收入或费用发生,只要确认一笔收入,就必须同时确认金额相等的资产增加或负债减少;同理,只要应当确认一笔费用,就必须同时确认金额相等的资产减少或负债的增加。因此,权责发生制,实际上是一项涉及全部会计要素确认时间的假设。

以上五项基本假设,基本上是由市场经济这一经济环境赋予财务会计的基本特征。在我国,这些基本假设也是存在的。

考虑到我国实行的经济体制是社会主义市场经济,在分析我国财务会计的经济环境时,曾着重分析了国家的宏观经济调控对经济的发展起着极为重要的作用。这不仅由于从所有制看我国是以公有制为主体,多种经济并存,国营经济仍占主导地位,而且由于在党中央的统一领导下,国家所制定的涉及财政、金融、保险、国企改革、税收、证券业监管等方针政策、法规制度,都在不同程度上影响财务会计和上市公司的财务报告,而我国的财务会计标准如会计法、财务会计报告条例、企业会计准则、企业会计制度和由中国证监会颁布的信息披露准则又会在某些内容上、出台的时间上和要求的侧重点上体现方针政策。甚至可以说,我国的财务会计标准是由全国人大常委会、国家财政部和证券监管部门制定,实际上都具有法律和法规的性质。由此可见,在我国社会主义市场经济中,宏观调控经常地对经济发展和资源配置起着指导方向的作用(特别重要的是,这种调控,部分靠行政手段),这同其他市场经济国家在必要时才进行政府干预有显著的区别。

国家的宏观调控影响了我国财务会计与报告的基本属性,在实质上,它已成为我国财务会计的一个基础概念。我们认为,按照上述分析(包括我国经济环境的分析),把国家宏观调控列为我国财务会计的基本假设,似乎是有根有据的。

但财务会计基本假设的增减,不是一个简单的会计概念的有无,它需要长期地经过客观环境的检验。因此,这一假设能否成立,尚待理论界继续研究。

三、几个需要继续讨论的问题

问题一:自从 FASB 研究并制定财务会计概念框架(定名财务会计概念公告 FASB Concepts or SFACs)以来,所涉及的概念,只有财务报告的目标、会计信息质量特征、财务报表的要素、在财务报表中的确认和计量以及在会计计量中利用现金流量和现值技术探求公允价值等部分。它们都没有提到财务会计或财务报告的基本假设,其他各国制定的概念框架同样未涉及基本假设,于是产生一个问题,本章所研究的和其他会计文献已研究的基本假设究竟存在与否?

我们的答复是肯定的。财务会计的基本假设是财务会计的基础概念。它代表财务会计所赖以存在发展的经济、政治、法律等环境和各行业长期的会计惯例给予财务会计的深刻影响,从而形成了财务会计的基本特征。人们把这些特征表述为"基本假设",并由这些惯例,正如人们把存在的现实,从现象提到本质,从感觉升华到概念一样。现实、感觉都是客观存在而异己的东西,它们不因人们的意志、好恶而改变而转移!但是否把它们的本质(共性)表述为某种概念,这就取决于各人的选择和对该事物认识的深化程度。例如在动物中存在着黄马、黑马、白马这样的走兽,是谁也能看得到,不能否定的。然而是否把它们概括为"马"或称之为"善于奔跑的四足走兽"等等概念,即取决于人们的认识和表述事物的能力。财务会计的"基本假设",如同"马"的概念一样,你可以不叫它为"马",或别的什么概念,但在现实之中,各种颜色的马总是存在的。同样,你可以不称其为"基本假设"而称为"基本前提"、"基本概念"或"基础概念",意思是一样的,甚至,不赋予任何概念,但从本质上描述了它,表明了它的特性和存在,也是可以的。

FASB 对基本会计假设采取的态度,正是不明确地挑明,却实际上默认。例如仔细分析一下 FASB Concepts No. 1 和 6,就可以发现,在 SFAC No. 1 中,如 12 段和 19 段就描述了"经营主体",第 11 段叙述了主体经营的连续性,第 10、17、18 和 21 段都指出财务会计以货币为计量单位,提供的主要是财务信息。SFAC No. 6 第二部分在论述各种要素的定义时，一开始就说："所有要素都是从特定主体——可能是一家企业，一所教育或慈善机构，一位自然人或其他类似组织——出发加以定义的。符合定义的项目是特定主体的资产、负债、收入、费用等等。"（见该概念公告 24 段）。在这里，已经不像第 1 号概念公告那样含蓄地承认基本假设，而是明白地承认主体假设是定义财务报表要素的前提了。

因此，FASB 不在其财务概念公告中明确列示某项客观存在的基本假设，不等于它无视这些假设的存在。只是，FASB 期望突出财务报告目标的作用而难以恰当地给予基本假设在整个财务会计理论体系中的位置，所以对"基本假设"这样的基本概念以默认而不明确指明更易于处理。

前面，本报告曾在文献回顾中介绍 Hendrikesen 与 Breda 合写的《会计理论》（1922 年）第 5 版中把几个基本假设表列于目标和信息质量特征之后，并同资产、负债等要素共同称为"基本原理"（fundamentals），现在看来，这似乎并不代表 FASB 的原意。通过以上的分析，一些暗含或明指的基本假设仍然是被 FASB① 视为财务会计和报告的理论基础或大前提的。

问题二：IASC 的编报财务报表的框架（IASC Framework）提出两项基本假定（underlying assumptions）是"权责发生制"和"持续经营"。正如我们在 119 页已说过，这两项假设，实际是假定，不完全是环境的描述，而带有一定的推理，在财务会计中，不是必须以权责发生制为确认的基础，也可以用收付实现制或现金流量制为确认的基础；也不总是持续经营，而个别主体因改组、歇业而中止经营往往是可能出现的（至于企业中的某些分部终止经营的可能性更大），因此，这两项假定并不代表由环境决定的是如此，毋宁说它们是由会计的惯例或考虑会计的目的、使用者的信息需要才应当如此。这样，在概念（理论）结构的层次上，把它们列于目标和会计信息质量特征之后，主要服务于确认与计量，就有一定的道理。

问题三：基本假设与目标的关系如何？财务会计的基本假设主要受客观的环境、惯例的长期影响所形成，它本来存在于财务会计的外部，但由于影响的深刻，就进入会计的内部，蜕变成财务会计的基础概念或根本特征。这些特征，对于财务会计的立足点、处理信息的空间范围、时间界限、确认标准与时间、计量单位与属性等方面，起了不可替代的基础作用。财务会计信息系统正是在这些基本假设的基础上建立起来的，前者好比地基，后者则是在地基上构造的大厦。正如大厦的构建不能离开地基（因为不能在半空中建立高楼），财务会计系统的建立不能离开基本假设。但是财务会计系统怎样建立，提供什么信息，供谁来使用，又都必须考虑并决定于财务会计的目标。正是从一个人造的经济信息系统来观察，美国会计学家 K. S. Most 在 20 世纪 80 年代初就说："在过去十年中，几乎普遍接受了这样的看法：只有财务报告准则是以一致的目标为基础，那准则才能成为有用和有效的。"②在 1977 年 Hendrikesen 著的《会计理论》中也认为："任何研究领域都要以阐明范围和确定目标为出发点。"③

---

① 见本章 128—129 页。
② Most. *Accounting Theory* 1982, p. 147.
③ 见王澹如、陈今池编译的中文本，立信会计出版社，1987 年，第 78 页。

Hendrikesen 在其第三版《会计理论》还精辟地说明了假设和目标的关系：

“目标可以视为形式结构中假设的一部分，或者视为超过假设或同于假设的一组建议。但不可否认，为了确定什么假设与会计相关，以及对基于假设的各种原则和规则进行评价，以便确定它们是否达到其体系的要求，就需要在目标上取得一致，即各种原则和规则都应逻辑地引自各种假设，并达到与会计的基本目标相一致的要求。”①

我们认为，假设与目标基本上属于财务会计概念框架中的同一层次（最高层次），假设至少决定财务会计的范围和特点。尽管目标可视为建立概念框架的起点，各种概念都应当为实现目标而发挥各自的作用，但包括目标在内的概念体系都不能离开基本假设即财务会计由客观环境所决定的基本特征。例如财务会计（财务报告）的目标是向外部使用者提供有助于他们进行经济决策的有用信息。但是，下列条件总是限制并制约着有用信息的提供：

● 所提供的信息总是特定主体的信息（即使集团公司的合并财务报表，也仍然代表一个报告主体）而不是全社会的信息。

● 所提供的信息主要是财务的即可以由观念上的货币加以量化的信息，尽管可以提供非财务信息，而作为财务报告核心的财务报表，全部是财务信息。

● 所提供的信息总是代表一个持续经营的企业在特定会计期间如年度、半年、季度、月份的财务报告。

● 在财务报表中列报的信息必须符合确认的基本标准并以权责发生制为确认的时间基础。

● 在财务报表中列报的信息，都以货币为计量的公分母，市场价格则是计量属性的基本标准（历史成本是过去的市场价格；公允价值、现行成本或现行价值则是现在的市场价格或未来市场价格的转化形式）。

● 在附注和其他报告中披露的财务和非财务信息，也应同特定主体在持续经营中的经济实力、发展前景、竞争优势、可能的机遇和风险等有关。

财务会计和报告的概念框架，它们的组成要素相互关系，本章重新描述如图 5-4 所示。

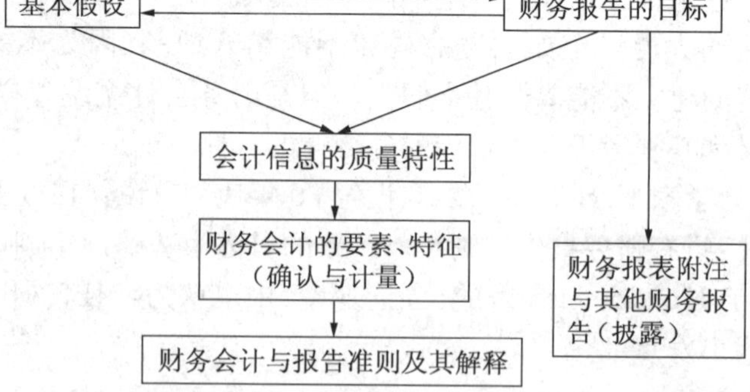

图 5-4　财务会计和报告的概念框架组成及彼此间关系

① 见王谵如、陈今池编译的中文本，立信会计出版社，1987 年，第 78 页。

当然,假设与目标的关系还可以继续讨论。

问题四:本报告虽然比较系统地研究了会计的基本假设,也肯定它来自客观环境并成为财务会计的约束条件和基本前提,那么,会计假设特别是基本假设(为数很少成为财务会计理论基础的概念)究竟具有哪些特征?1964 年,即在 ARS No. 1 出台之后的三年,美国伊利诺斯(Illinois)大学一个研究小组曾发表一份题为《基本会计假设与会计原则说明》(A Statement of Basic Accounting Postulates and Principles)的研究报告,认为会计假设具有五个特征:

(1) 假设在本质上是普遍性的,而且是指导其他命题的基础;

(2) 假设是不言自明的命题,它们直接与会计职业相关或是构成其基石;

(3) 假设虽是普遍认可有效的,但却是无法证明的;

(4) 会计假设应具有内在一致性,它们不会互相冲突;

(5) 每个会计假设都是独立的基本命题,并不会与其他假设重复或交叉①。

从上述最后一个特征(第五特征)可以看到,这明显地是对 ARS No. 1 把假设分为三组,AB 两组中的假设有许多重复的批评;而特征一、二、三又是对 ARS No. 1 中 C 组假设的否定。因为 C 组假设中强制性假设都不是不言自明的命题,不能用描述法来说明它们是如何,而是人们推理的结果——应该如何。

上述五个特征,我们认为是可以接受的。我们还可以再增加一个特征,那就是:假设(主要指基本假设)虽然是对财务会计外部环境的描述,而且通常认为它们是财务会计的前提,但是它们又具有内部性——指外部特征内部化。本是环境的特征,同时又成为财务会计本身的根本属性。这应是会计基本假设的一大特点。在这个意义上,APB 在其第 4 号报告中把财务会计的基本假设作为财务会计的基本特征(basic features)来写(如该报告 25 段所列财务会计特征的 1、2、4、5、6 都是我们描述的基本假设)也应是对基本假设特征的一个重要发现:外部特征可以内部化。

---

① Study Group at the University of Illinois, *A Statement of Basic Accounting Postulates*, 1964. 此处直接引用葛家澍、林志军《现代西方会计理论》(教育部研究生工作办公室推荐的研究生教学用书)厦门大学出版社,2001 年版,第 53—54 页。

第六章

会 计 目 标

第一节　财务会计目标的内涵

一、财务会计目标在会计信息系统中的定位

财务会计是一个人造经济信息系统。这个系统总是依存于产生和运用它的经济政治等环境，所以，出现了若干基本假设和假定，为该系统的运行设定了来自客观环境的基本前提。但是，任何系统都有自己的功能，而人造系统还有人们所意欲达到的目标。系统的功能在基本假设和假定的基础上，力求实现目标。当我们说明财务会计的目标时，实际上就是要回答：人们为什么需要财务会计？

对这个问题的回答也很容易。由于处在主体外部的利益关系集团需要了解有关该主体的许多重要经济信息，以便用于进行投资、信贷和其他类似的经济决策，并用于评估主体的管理当局对受托资源的经管责任，从而进行经营决策和人事管理与监督，这就是会计主体在市场经济条件下，人造一个财务会计信息系统的理由，也是该系统的目标。财务会计是一项提供财务信息帮助使用者进行决策和管理的行为，顺利开展这项行为又需要运用一系列内在一致的概念、理论和准则来规范。

财务会计可以看成是几个系统的结合：一是行为系统，二是准则系统，三是概念系统。行为系统包括确认、计量、记录和报告等程序，最后形成外部使用者所需要的会计信息。"外部使用者所需要的会计信息"就是"目标"，行为系统是为了提供信息，实现目标。但由于信息提供者与信息使用者的分离，而需要对会计这个行为系统进行约束与规范，以保证信息得以真实与公正的提供，因此，就产生了会计准则系统。但在会计行为和会计准则中都需要运用内在一致的财务会计概念。一系列的概念及其互相联系又组成财务会计概念。财务会计概念系统着重研究财务会计的目标，财务会计准则系统所制定的准则则体现目标并用目标指引准则的制定方向。至于会计行为，则是直接实现目标。我们可以把会计行为系统简单地概括为"做"，而把有关的规范准则系统和概念系统概括为指导会计人员"怎样做"和"为什么应当这样做"。它们的作用都是为了最好的达到目标。就财务会计目标而言，概念系统是确定目标，准则系统通过行为规范体现目标，而行为系统则在加工和生成信息中实现目标。它们之间的相互配合表现为理论与实践的统一，目标起着导向作用。

二、财务会计目标的通用提法

财务会计目标所要回答的问题主要是:(1)谁是财务报告的信息使用者?(2)使用者对信息的主要用途是什么?(3)现行财务报告能提供哪些主要信息?

关于第(1)个问题,各国 CF 项目的提法基本是一致的,那就是不参与企业经营管理,远离企业的投资者、债权人及其他企业的利害关系人,我国也是如此,不过应突出我国最大的股东是国有股,最大的投资者是代表国有投资者的"国资委"。

关于第(2)个问题,使用者对信息主要用途是:①供投资者用来监督检查经理层受托管理企业资源的受托责任,了解企业净资产的保值、增值,并对企业的重大经营、理财方针和人事变动进行决策;②供各类使用者进行经济决策,特别是投资决策(如买进、卖出或保持股票的决策)和信贷决策(如应否继续贷款,已贷借款应否催收的决策)。

关于第(3)个问题,现行财务报告可以提供一个主体的经济资源、经济义务,资源与业务的变动、财务业绩(特别是每股盈利、每股净资产等业绩指标)、现金流量(特别是现金净流入的金额、时间分布和不确定性)、流动性、偿付能力、发展前景的预测等财务和非财务信息。

财务会计的目标密切依存于使用者的信息需要。在不同的社会经济环境中,由于信息使用者有差别,严格地说,不可能有完全一致的目标。不过,市场经济毕竟是当前大多数国家的经济体制。这一点决定了在市场经济条件下,应当有一个通用的财务会计目标。这一目标可简单地概括如下:

(1) 财务报表的目标是提供有助于一系列使用者经济决策的关于主体财务状况、经营业绩和财务状况变化(主要是现金流量)的信息①。

(2) 为此目的而编制的财务报表可以满足大多数使用者的共同需要,但是它是以过去的交易与事项为基础的,且必须符合确认的基本标准,因而不可能反映未来的事件、可能的损失和基本确定的可能利益,因此,它不能提供使用者决策需要的未来信息和非财务信息。增加其他财务报告(不受 GAAP 制约且无需注册会计师审计)的资料,在一定程度上可弥补这一缺陷②。

(3) 财务报表的目标应有助于一系列使用者,特别是最主要的使用者评估主体管理当局履行资源受托责任的情况并据以进行重大的经营方针和人事任免与奖惩决策③。

对于上述通用目标,还需要做如下说明。

(1) 一系列使用者包括现在的和潜在的投资者、债权人、职工、供应者、销售客户、政府有关部门和公众,其中,最主要的使用者是专业使用者(professional users)。因为专业使用者决策时能使用先进的方法与模型。专业使用者通过诸如共同基金(Mutual Funds)等形式,极大地、迅速地扩大了他们所控制的能用于投资、贷款的资本。专业使用

① 参见 IASC,"编报财务报表的框架",第 12 段,1989。

② IASC,《编报财务报表的框架》,13 段,1989;FASB, SFAC No1, Pars. 5—8, 1978。

③ 参阅 IASC,"编报财务报表的框架",14 段,1989;ASB(英), Statements of Principles for Financial Reporting, 1999, Par. 11。

者对资本流动与资源配置的影响力显著增强。当前，市场日趋复杂，变化十分快速，风险也日益增大，涉及资本流动和资源配置的决策，主要来自于专业使用者。专业使用者最懂得，也就比较重视会计信息的作用。他们对会计信息的需求，必将影响未来财务报告的改进方向①。

(2) 专业使用者对财务会计信息的需求。专业使用者是代表广大资本持有者进行投资决策和信贷决策的。为了进行这两种决策，使用者共同关注一个主体(企业)“创造有利现金流动的能力”(SFAC No. 1, Par. 25)，从而“要求评估企业生产现金和现金等价物的能力及其产生的时间与不确定性”(IASC，“编报财务报表的框架”，15 段)。

任何一个企业，在其经营、投资、理财等活动中，无处不需要现金。这里涉及职工工资的支付，商品、劳务的购买，借款本息的偿还，股利分派和有利的投资机遇等。信息使用者在作投资决策时，必然关注该企业未来支付股利的能力，在进行信贷决策时必然关注该未来债务的清偿能力，特别是即将到期本利的偿付能力。全面而正确地评估一个企业的未来现金流动并非易事，但也不是不可能。说它不容易，是因为当前的财务报表还不能直接向使用者提供企业未来现金流量的信息。说它有可能，是因为全面研究一个企业的财务报表，对于企业未来的现金流动，还是可以做出有根据的预测的。专业使用者的长处，就在于他们既有能力，又重视分析利用企业的财务报表。正像 FASB 在第 1 号概念公告中指出的：“财务信息是一种工具……对于没有能力或不使用它或是错误地使用它的人来说，不可能有多大的直接帮助。然而可以学会使用财务信息。财务报告应当提供能为正确的所有使用它的人们(专业使用者和非专业使用者)可资利用的信息”(SFAC No. 1)。因此：

① 尽管现金流量表反映的是已发生了的现金流动，但过去是评估未来的基础。

② 尽管资产负债表和利润及利润分配表均以权责发生制为基础，但企业盈利及其组成的信息既能确切地反映当期经营业绩，也同企业的未来现金净流入有关。

③ 在资产负债表上，资产要素所属项目，通常是按其流动性(变现能力)高低来分类、排列，负债要素所属项目也按其偿还期长短来分类、排列，这种排列方式，显然为预测企业未来的现金流动，提供了便利。

④ 以权责发生制为确认基础的资产负债表，包含了一些基于应计(accrual)、递延(deferral)、分配(allocation)和摊销(amortization)而形成的应收款项、应付账款；递延借项(递延资产)、递延贷款(递延负债)；备抵、准备等项目。这些项目是在可确认和可计量的范围内，对于未来将引起的现金流动(如应计项目)或提前引起现金流动(如递延项目)的交易与事项，在其发生时即加以记录和揭示的结果。若能理解权责发生制会计的这种描述方式的特点，正确地分析上述项目的未来变化，必能有助于评估在未来会计期间经由这些项目转化的现金流动(未来现金流入、流出或未来现金流入的减少，流出的节省)的金额，时间安排与不确定性。

(3) 一系列使用者，尤其是专业使用者还会关注一个主体的财务状况、经营业绩以及同现金流动有密切联系的“财务适应性”(financial adaptability)等信息。

① AICPA, Improving Business Reports: A Customer Focus, 1994.

① 关于财务状况。一个企业的财务状况是指其可控制的经济资源、财务结构、流动性、偿债能力及其适应经营环境变化的能力。财务状况信息主要是由资产负债表提供的(ASB, SP, 1999, Par. 1, 10)。

② 关于经营业绩。一个企业的经营业绩是指企业在其所控制的资源上取得的报酬(扣除理财成本、筹资成本等抵扣项),这些报酬原则上应是已实现的。

利润及利润分配表(收益表或损益表)可提供经营业绩的信息[参阅 ASB, SP(ED), Pars. 1—11]。

在英国,ASB 自 1993 年 6 月 22 日结束的会计年度起要求企业增加一个报告经营业绩的新财务报表——"全部已确认利得和损失表"(Statement of Total Recognized Gains and Losses),它反映全部已确认的利得和损失。该表除概括反映损益表已确认的经营利润外,还要反映未实现的财产重估价盈余,商业投资和未实现利得或损失,在净投资上外币按现行汇率折算差额等项。这样在英国,经营业绩及其组成信息就由"损益表"(Profit and Loss Accounts)和"全部已确认利得和损失表"共同提供①。

③ 关于财务适应性。

财务适应性也称财务弹性(Financial Flexibility)。一个企业的财务适应性,指企业采取有效措施来改变其现金流动的金额、时间安排以便对付意外事项和有利机遇的反应能力。财务适应性的评估不能依靠某一个财务报表,而必须综合运用全部财务报表。

三、会计基本假设与会计目标的关系

在"会计是一个以提供财务信息为主的经济信息系统"的论断下,会计目标占据着十分重要的地位。但是,从本质上来讲,会计目标也是一项假设,而且始终是一项极为重要的假设(葛家澍,1997.10)。会计目标的实现必须以会计基本假设为前提来推定和假定谁是会计信息的使用者,会计信息的使用者需要什么样的会计信息。但是,会计目标也会反作用于会计基本假设、对会计基本假设产生影响,例如信息的分期和定时提供,就是出于会计信息使用者的需要,而反映了会计目标对会计基本假设的影响(葛家澍,1996)。会计目标强烈地感受到会计环境的变化并对之做出相应的反应,会计环境的动态性和混合兼容性决定了会计目标的动态性和非单一性。"决策有用观"适应于资本可以趋利性流动、所有者(委托者)缺位和模糊的市场经济环境,而"受托责任观"适用于所有者和受托者都十分清晰的市场经济环境②。100%的市场经济环境是不存在的,目前市场经济亦是上述两种类型的市场经济的有机结合,那么,绝对地将会计目标单一地定位于"受托责任观"或"决策有用观"都是不完善的。我们比较赞成 ASB 的观点,"会计目标就是向会计信息的使用者提供本企业财务状况、经营成果和财务弹性等信息,以有利于其评价管理阶层受托责任和进行经济决策"③。ASB 实质上是将"受托责任观"和"决策有用观"作为会计目标的两个层次而同时并提。

---

① ASB, FRS No. 3, "Reporting Financial Performance", Par. 13, 27 and example.
② 葛家澍,《市场条件下会计基本理论与方法问题研究》,中国财政经济出版社,1996。
③ ASB, Statements of Principles for Financial Reporting, 1999.

一般来讲，会计基本假设来自客观会计环境，在一个特定的时期内无疑具有相当的稳定性，而会计目标具备主观见之于客观的特征，更容易“感受”到会计环境变化的强烈影响，因而会计基本假设的松动往往体现了会计目标的影响：

会计主体假设辨明了会计信息的提供方；限制了会计信息提供的范围，即主要提供关于本主体的交易、事项和情况的结果的综合信息①；初步辨明了会计信息的接受方。因为会计信息作为一种稀缺资源，它的提供不可能是无代价的（事实上，会计信息传递和提供过程之中，代价高昂），所以会计主体假设的另一项功能还在于能为界定会计信息的产权提供基础。

持续经营和会计分期假设则确保了会计能够提供管理人员履行受托责任的信息，并在此基础上提供决策有用的会计信息。因为决策总是在研究历史资料、立足今天的会计主体现实情况，在掌握现有资料的基础上对未来的展望和预测，因而只有持续经营的会计主体提供的连续的会计信息，才是真正有用的信息、才能成为会计信息使用者的决策依据。同样，会计分期的假设则保证了资源的委托方能够定期了解到管理阶层履行受托责任的情况，以便及时做出更换或继续聘用管理人员的决策。

另外一项会计基本假设——货币计量假设（含币值稳定不变假设），目前正在经受巨大的冲击，则更体现了会计基本假设和会计目标的依存和互动的关系！币值稳定不变假设将会计目标限制在“受托责任观”的层次上，但是会计环境的变化（逐渐成熟的证券市场、资本的高度流通性、衍生金融工具）对会计目标产生影响，使之定位于“决策有用观”。尽管历史成本会计信息也具备一定的预测能力，但是决策有用决不仅意味着简单地由过去推知未来，要真正对决策有用，及时的现在信息和具备合理预测能力的未来会计信息必不可少！这就要求采纳公允价值（fair value，公允价值不是一个单一概念，它可以是未来现金流量贴现值、也可以是市场价值等）计量属性。会计目标的变动无疑也影响到会计假设，使得币值稳定不变假设产生了松动。

第二节　财务会计目标的两种典型观点：受托责任观与决策有用观

目前来看，存在着两种不同的、关于财务报告目标表述的观点：受托责任观和决策有用观。由于会计目标（财务报告目标）引导和指引着会计信息系统的运行，所以不同的财务报告目标决定着企业提供财务报告的信息的侧重点。

一、受托责任观

关于受托责任概念的形成，最早出现于宗教用语，后延伸至欧洲中世纪的庄园主和管家之间的、最早出现的明确、稳定的委托代理责任关系中，其英文表述为 custodianship②。随后，随着受托责任在经济生活中的普遍化，其英文表述逐渐衍生为 stewardship（经管责

① AICPA，Improving Business Reporting —— A Custom Focus 中要求企业应该注意披露“有关竞争对手的会计信息”，但这毕竟是在承认会计主体假设的前提下的改良措施，会计所提供的信息仍然是有关本“会计主体”的信息。

② 美国会计学会 1966 年颁布的《会计基本理论说明书》在界定会计目标时，就援引了 Custodianship 一词。

任),意为资源的管理者对资源的所有者承担的、对资源所有者交付的资源进行有效经营和管理的责任。此后以日裔美籍会计学家井尻雄士(Ijiri, 1975)为代表的一批学者,认为应该由 accountable 替代 stewardship。accountable 的意义除了可以包容 stewardship 所具备的意义之外,还具有与公司治理相关的特殊意义:资源的受托者对资源的委托方负有解释、说明其经营活动及其结果的义务。这和公司治理中的"说明责任观"是不谋而合的。此外,随着公司治理的"利益相关者观"的逐渐蔓延和发展,受托责任的内涵也逐步扩展到"社会责任"(social responsibility)。由此看来,立足于公司治理的背景,受托责任观的基本内涵可以概括如下:

(1) 委托代理的存在是受托责任观的基石。在委托代理关系下,受托方接受资源投入方的委托,将承担起合理管理和运用受托资源、使之在保值基础上实现增值的责任;

(2) 受托方承担如实向委托方报告和说明履行受托责任的过程及其结果的义务;

(3) 随着公司治理内涵的丰富和外延的扩大,公司的受托者还承担着向企业的利益相关者报告社会责任情况的信息。

受托责任观要能够得到明确地履行,一般要求有明确的委托代理关系(刘峰,1995)。在受托责任观下,使用者(投资者)更关注资本保全(资本保值和增值)以及经营业绩(反映管理业绩)和现金流量(反映现金股利的金额,发放的时间安排和不确定性)等信息。通过财务报告提供的信息,应能帮助投资者(股东)通过决策,促进其投资的增值和投资回报的最大化。

二、决策有用观

决策有用观是美国财务会计准则委员会(FASB)在其财务会计概念框架(SFACS)中的创新。目前,该观点已经成为研究财务报告目标的主流观点,国际会计准则委员会(IASB)、加拿大特许会计师协会等在相关的公告中均采纳了该观点。FASB 在 SFAC No. 1 中所揭示的决策有用观包括如下内涵:

(1) 财务会计的目标与财务报表的目标的趋同性。会计是一个以提供财务信息为主的经济信息系统,而最终向外部传递信息的主要手段就是财务报表。财务会计的目标与财务报表的目标因而是相互影响的,财务报表的目标直接影响到财务会计采纳一系列的程序与方法对财务报表要素的确认、计量、记录和报告。所以财务报表的目标应该等同于财务会计的目标。

(2) 财务报告应该提供有利于现存的、可能的(潜在)投资者进行合理投资、信贷决策的有用信息。理论上讲,所谓有用信息,就是与特定投资者的特定决策相关。但是由于财务报告提供的信息是通用信息,肯定无法直接满足所有投资者的需求。但是,财务报告提供的信息,对那些具有一定的专业知识而又相当勤勉、愿意进行分析的投资者而言是具有信息含量和决策有用性的。

(3) 财务报告应有助于现在和可能的投资者、债权人以及其他财务报告的使用者评估来自于销售、偿付到期证券或借款的实得收入金额、时间分布和相关的不确定性信息。

(4) 财务报告应该能够提供关于企业的经济资源、对这些资源的要求权以及使资源和对这些资源的要求权发生变动的交易、事项和情况的信息。

（5）采用权责发生制基础所得出的企业利润方面的信息，作为一个说明企业获得现金净流量的现时和持久能力的指标，比单纯依靠现金收付说明的财务情况更加有用。

（6）现在的投资者、潜在的投资者、债权人、供应商、职工、管理人员 、董事、客户、证券分析师、税务部门、主管部门、立法机构、工会、新闻媒体等，根据他们对企业的经济利害关系和需要了解企业的情况而做出各自的经济决策，都是财务报告的使用者(用户)。因此，财务报告具有通用性。通用报告主要根据会计准则和会计制度，反映特定企业以财务信息为主的经济信息。

一言以蔽之，在决策有用观下，投资者、债权人、职工、政府有关部门等都会利用财务报告信息做出各自的决策。特定企业(公司)的财务状况，经营业绩与现金流量，具有不同程度的决策相关性。但“与特定企业最直接相关的财务信息的潜在使用者，一般关注的是企业获得现金有利净流量的能力，因为他们的决策，都同期望中现金流量的金额、时间安排和不确定性有关”(SFAC No. 1，Par. 25)。

三、受托责任观和决策有用观的融合是关于财务报告目标的科学表述

关于财务报告目标的两种观点——受托责任观和决策有用观——可以互相融合。如果关注受托责任，在评估代理人履行受托责任的好坏时，必然做出持有、买进或抛出股票的决策，奖励或更换经理的决策；如果关注决策有用，在其做出的经济决策中，也会直接或间接地同委托、代理关系有关。

要理解两者之间的融合性，首先我们要区分广义和狭义的受托责任观。目前大多数国家的准则制定机构在其相关的财务报告目标权威性文件中往往提及“决策有用观”，但并不能够得出“受托责任观”过时或退出历史舞台的武断结论。事实上，即使是“决策有用观”的始作俑者和坚定的奉行者 FASB，也在 SFAC No. 1 中不止一次地隐含地提到了“受托责任”的内涵：

“编制财务报告要提供企业在报告期内财务业绩的信息，还要表明企业的管理人员怎样对企业的所有者尽了他们应有的受托责任(stewardship responsibility)”……

由此我们可以推知，FASB 等准则制定机构往往提及“决策有用观”，原因在于他们持有的是狭义的受托责任观。遵循公司治理的发展脉络，狭义的受托责任观往往和狭义的公司治理背景息息相关。狭义的公司治理主要探讨“公司是谁的、控制公司的又是谁”，换言之，狭义的公司治理一般被囿于狭窄的“所有权与控制权”的框架内进行实践的。狭义的公司治理强调股东对企业的所有权，从不同视角阐释着企业管理当局和股东之间效用函数的不一致、利益目标的差异，从而提出如何对管理当局进行激励，借以实现两者目标函数趋同。狭义受托责任下，强调股东对企业的所有权，必然要求管理当局定期报告对受托资源履行责任的情况。这可以看作是公司治理、狭义受托责任和财务报告的“受托责任观”之间的有机联系。

此外，狭义的受托责任立足的社会经济环境如下：存在着明确(不只是形式上明确，而且是实质上明确)、可辨认的委托方。然而，随着企业规模的扩大化和资本的趋利性流动，社会资源逐渐分散化，形成这样一种格局：在大多数的公司、尤其是在股票上市交易的股份有限公司中，股权十分分散。这样，一个个小股东可能基于私人成本效益的约束，并不

愿意去对企业的管理当局进行监督，一般情况下也不愿意真正履行委托方的权利，对管理当局的经营进行监督，而只是心满意足地接受公司管理当局定期支付的股利。这样，原本明确、对应的委托代理关系开始逐渐模糊化，原本在狭义受托责任下既定的委托代理决策（如是否聘任或解聘管理当局）逐渐演化为个人的决策——在股票市场上"以脚投票"的方式，决定是否持有或抛售特定公司的证券。此时，投资者就迫切需要决策相关的会计信息来帮助他们进行相关的投资决策、借以降低决策过程中的风险和不确定性。由此，决策有用观逐渐形成并发展起来。

但是"受托责任观"和"决策有用观"并非是矛盾的或排斥的，相反两者之间具有某些交集。受托责任观下，根据代理人提供的财务报告决定是否继续聘任或就此解聘本身就是一项决策；而决策有用观下通过股票市场持有或抛售特定公司的股票本身也可以看作是一种受托责任决策，是一种间接行使受托责任关系权利的体现。如果以一种更为广义的角度去理解受托责任概念或受托责任观，我们发现，两者不仅并不矛盾或排斥，而且决策有用观往往体现为受托责任发展到一个特定历史横截面上的特例。可以说，受托责任始终是公司治理和公司财务报告的根基。

我们也应该注意到这样一个现实，企业理论和公司治理研究中对受托责任的关注经历了一个否定之否定的辩证过程。最初受托责任在公司治理中占据主导和支配性的地位；随着股权的分散性，决策有用观开始出现。但受托责任随着社会经济环境的发展，公司治理的内涵不断地扩充、外延不断地扩大。尤其是20世纪70年代末在学术界的推动下，公司治理研究不断深入。具体来讲，在公司治理领域出现了如下引人瞩目的现象：管理当局与日俱增的高薪引发不满、敌意并购的涌现、股东诉讼案件的激增、机构股东的兴起、来自于股东以外的利益相关者的呼吁（voice）、东欧国家涌现的"内部人控制现象"。此外更为关键的是，在公司治理中出现了机构投资者。机构投资者的出现解决了股权分散情况下股东缺乏动力对管理当局进行监督的弊端，由于他们掌握着大量的社会资源，所以机构投资者的存在又使受托责任在公司治理中的作用得到扬弃。

其实，英国ASB在其"财务报告原则公告"中，率先将"受托责任观"和"决策有用观"融合性地表述，形成了财务报告的完整目标。ASB认为，财务报告的目标是"向一个广泛范围内的使用者①提供关于一个报告主体财务业绩和财务状况的信息，以利于他们评价该主体管理当局履行受托责任（stewardship）情况并进行相应的经济决策"。

对于会计目标，我国往往借鉴西方财务会计概念框架的研究成果即"决策有用观"。但是，会计目标本身就是特定会计环境下对会计信息使用者及其需求进行的一种主观认定，会计环境的差异决定了会计目标相关的研究成果不可以简单的套用。一般认为，"决策有用观"比较适宜于资本市场高度发达并在资源配置中占据主导地位的会计环境，而"受托责任观"比较适合于委托方和受托方可以明确辨认的会计环境——"决策有用观"下委托方往往是"虚位"的，而资本市场介入成为一种委托方和受托方之间的中介；"受托责任观"下委托方和受托方往往是直接地建立各种关系②。我国资本市场尚不十分发达，国

① 包括目前或潜在的投资者、信贷人、供应商、雇员、顾客、政府、公共部门等。

② 葛家澍，《市场经济下会计基本理论与方法问题研究》，中国财政经济出版社，75—83页，1996。

家作为委托方仍然占据着十分重要的地位；证券市场的不完善并不能为会计信息使用者提供有效的“信号”(signal)服务来引导资源的有效配置；相当一部分会计信息使用者的个人素质尚不能够保证理解复杂的会计信息也是一个不容忽视的事实。这些都决定了我国会计目标应该定位于“受托责任观”。实际上，Watts 曾经作过的一项实证会计研究表明，作为披露会计信息的财务报表本就是履行和报告“受托责任”的产物①；同时，实证会计文献如“契约成本”(contracting cost)也证实，即便是在高度发达的资本市场中，会计信息与受托责任之间仍旧存在着一致性。

四、我国财务会计的目标

我国实行的是社会主义市场经济体制。社会主义市场经济体制下的企业财务会计的目标，既同上述目标有相似之处，又会有自己的特点。

(1) 从相似处看，我国已有一千多家股票上市的股份有限公司。上市公司遵照《企业会计准则》、《企业会计制度》和中国证监会关于上市公司信息披露的要求，已有较为规范的财务报表可定期对外公开。我国上市公司的投资者和债权人既有必要，也有可能借助于上市公司的对外报表和有关财务信息，做出自己的投资和信贷决策。

(2) 但是，即使在这一方面，我国也有特殊的国情，值得注意。比如，我国市场经济发育程度较低，懂得并善于利用财务报表进行决策者甚少。这表现在：

① 大部分投资者和债权人既缺乏必要的财务会计知识，又缺乏风险意识，投资决策和信贷决策有很大的随意性、盲目性甚至投机性；

② 我国并没有形成把分散的资金集中起来，由一批专业人员管理的社会共同基金，也就缺乏一批素质较高的专业会计信息使用者；

③ 在研究我国财务会计和目标时，更重要的是必须考虑我国的会计信息除一般的信息使用者外，还有特殊的信息使用者，那就是社会主义国家。

在我国，国家具有社会管理者和国有财产所有者的双重身份。作为社会管理者，国家要监督市场经济运行，及时通过必要的宏观调控措施(即各项宏观经济决策)来防止市场机制失控，保证市场经济起着优化资源配置的积极作用。作为国有财产的所有者，国家有权通过各项安排与管理，保证并促进国有企业和其他企业中的国有股份得到保值和增值。这一切都需要利用会计信息，因此国家有关部门是我国财务会计信息主要使用者之一，甚至可以说是最重要的信息使用者。我国《企业会计准则》第 11 条写道：“会计信息应当符合国家宏观经济管理的要求，满足有关各方了解企业财务状况和经济成果的需要，满足企业加强内部经营管理的需要。”这里的“一符合”、“二满足”比较全面地概括了我国各方面财务会计用户及其需要信息的目的，并把国家这一特殊信息使用者放在首位。

基本来看，关于在我国社会主义市场经济条件下，财务会计即财务报告的目标可概括为：

---

① Watts, 1977, “Corporate Financial Statement: A Product of The Market and Political Process”, *Australian Journal of Management*, 2.

● 反映企业经理层受托责任的履行和完成情况；

● 为投资者、债权人和其他与企业有利害关系的使用者提供有助于各类经济决策的信息，主要是表内和表外的财务信息；

● 在必要时，按照国家的政策法规，在表外披露为国家宏观调控所必需的信息。

但是由于目标指引财务会计和财务报表的方向，目标涉及使用者及其对会计信息的需求和诸多重要问题，因此我国经济环境下财务会计目标应如何予以明确和具体化，尚有待今后继续认真研究。

第七章

会计信息质量特征

第一节　关于会计信息质量特征的主要观点

一、关于会计信息质量特征体系的代表性观点

会计信息的质量特征是联系财务会计目标和财务报告的桥梁，因此在各个国家的财务会计概念框架中都对该问题进行了阐述。下面，首先介绍一些有代表性的观点，包括 FASB 的 SFAC No. 2、IASC Framework、ASB 的 SOP 中关于会计信息质量特征的论述：

1. 美国财务会计准则委员会(FASB)的观点

在 FASB 的会计信息质量特征体系（见图 7-1）中，相关性和可靠性被并列认为是首要的信息质量特征，可比性属于次要的信息质量。此外，相关性由预测价值、反馈价值和及时性三个子质量特征构成，而可靠性也包含了如实表述、中立性（不偏不倚性）和可稽核性（即可验证性）等三项内容。然而，FASB 技巧性地回避了一个基本问题：相关性和可靠性哪个更为基本？或者说当需要抉择时，相关性和可靠性何者应该被优先考虑？

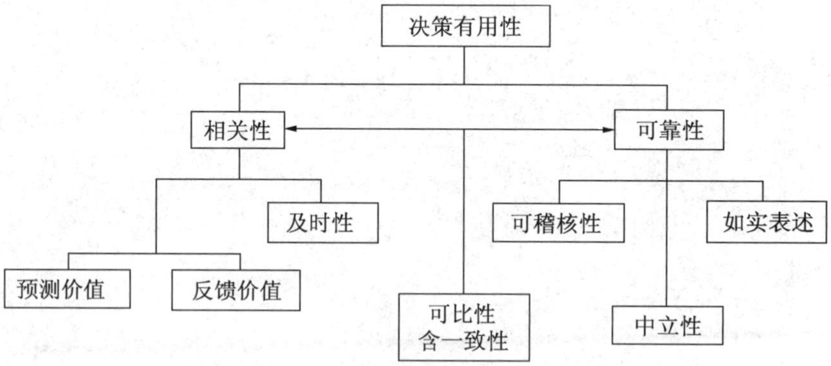

图 7-1

2. 国际会计准则委员会(IASC)对财务报告信息质量特征的要求①

国际会计准则委员会在《财务报表的编报框架》中提出，财务报表的质量特征（使财

① 主要参考了《国际会计准则 2000》，中国财政经济出版社，2001。

务报表提供的信息对使用者有用的那些性质）主要有四项，即可理解性、相关性、可靠性和可比性。可理解性是财务报表内所提供信息的基本质量特征之一，目的是为了便于投资者理解。国际会计准则委员会认为相关性和重要性联系在一起，认为一项信息的相关性受到其性质和重要性的影响。一项信息的可靠性与否则由真实反映、实质重于形式、中立性、审慎和完整性等要素共同决定。此外鉴于国际会计准则委员会的宗旨及机构目标，国际会计准则委员会一直将会计准则全球范围内可比作为其努力的目标之一，所以可比性也被其认为是财务报表质量特征的主要组成部分。在可理解性、相关性、可靠性和可比性之外，IASC 还勾勒了相关和可靠信息的制约因素，包括及时性、成本效益原则等。

3. 英国会计准则委员会（ASB）对财务报告信息质量特征的要求①

英国 ASB 于 1999 年 2 月发表了一份完整的原则公告（SP）——“财务报告原则公告”（Statements of Principles for Financial Reporting），全面阐述了财务报表的概念框架。在这份公告的第 2 章——财务信息的质量特征中，有以下一些新的见解②：

（1）财务信息的质量主要是针对财务报表而言，所以，可分为两类：一类同包括在财务报表中的信息内容（content）有关，主要是指相关性与可靠性两个质量。可靠性又包含如实表述、中立性、完整性、谨慎和实质重于形式等次要质量。另一类同包括在财务报表中的信息“表述”有关，主要是指可理解性、披露、可比性、一致性和及时性等。

（2）最低的信息质量是重大性。不符合重大性的信息一般不再进一步考虑其他质量。

（3）对质量特征的限制条件有：各种特征之间的协调，及时性，效益大于成本等。不及时的信息将大大降低信息的有用性，甚至变成无用的信息。信息的成本不能超过其收益，否则就不值得去加工、传递、使用此类信息，它们对信息质量的限制作用是显而易见的。此外，各种质量很难全部达到要求，它们之间经常存在矛盾是难免的。例如：相关性的信息未必可靠，可靠的信息有时不够相关，中立（不偏不倚）的信息有时不符合稳健原则，而过分谨慎又偏离了中立。所有这些，都需要加以协调，即在可靠性与相关性之间进行平衡。由此可见，不论是相关性或是可靠性，都是相对的，绝对可靠又绝对相关同时并存的信息，十分难得。

（4）英国一向注重并坚持“真实与公允”（ture and fair view）的原则，它经常被视为信息质量的最高标准。这次征求意见稿没有直接使用“真实与公允”的概念，但强调了这一概念的动态性质，“真实与公允”是随着会计发展和企业实务的变化而演进的。ASB 表示：它并没有放弃这一概念，但它将结合其他公告进一步解释这一概念③。英国会计信息

① ASB, Statement of Principles for Financial Reporting, 1999.

② 英国对财务报告质量特征的要求与美国 FASB 的要求具有一定的差异性。英国是国际会计准则委员会的成员国之一，同时英国又是欧盟成员。前一个因素决定了英国的财务报告质量特征在一定程度上残留着 IASC 关于财务报告质量特征的相关影响，如将相关性、可靠性、可比性和可理解性并列；后一个因素对英国财务报告质量特征的影响是：由于欧盟国家以前对会计信息的共同要求体现在欧共体第 4、7 号指令中，往往以“真实和公允”作为对会计信息的至高无上的标准。

③ ASB, Statement of Principles for Financial Reporting, 1999。

质量特征的标准体系如图 7-2 所示。

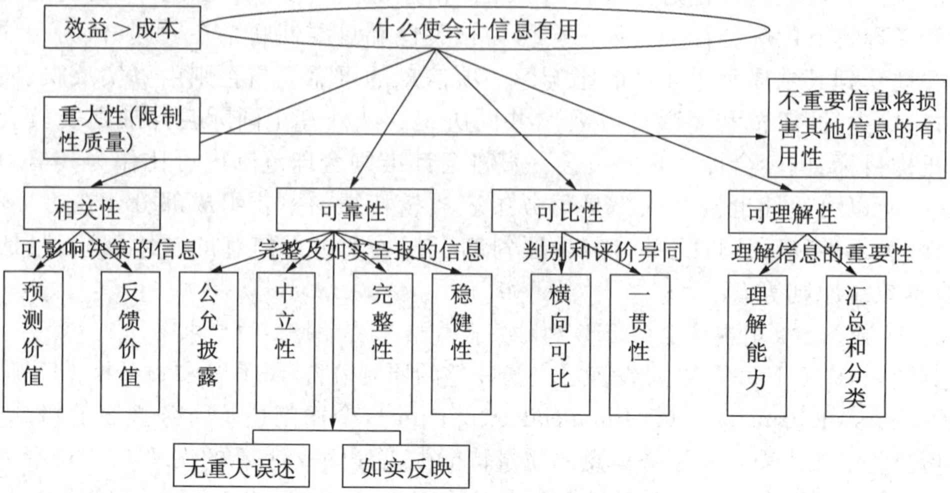

图 7-2

4. Jonas & Blancher(2000)用于评估财务报告质量的建议框架①

Jonas & Blancher 用于评估会计信息质量特征的标准体系如图 7-3 所示。

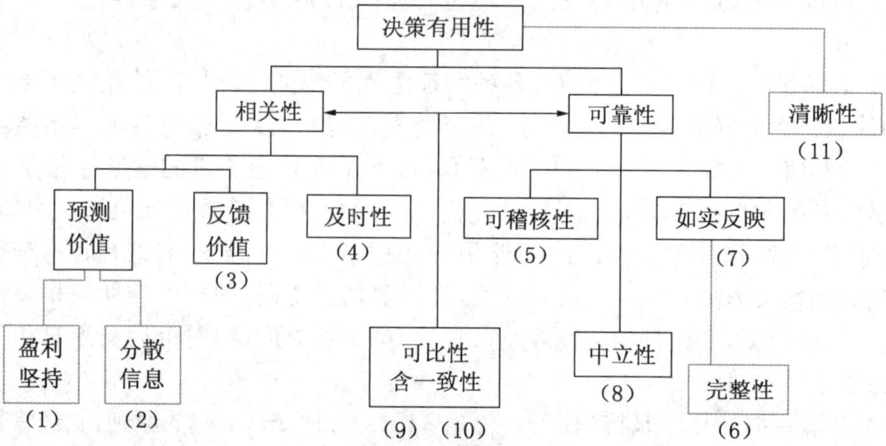

图 7-3

显然,Jonas & Blancher(2000)的框架是在 FASB 的 SFAC No. 2 的基础上进行修正的结果。

5. 关于会计信息质量特征体系内容的简单比较②

美国会计准则委员会、国际会计准则委员会、英国会计准则委员会关于会计信息质量特征表述的比较见表 7-1。

---

① Jonas and Blancher, Accessing Quality of Financial Reporting, *Accounting Horizon*, 2000. 9.

② 部分参考了汪祥耀《英国会计准则研究与比较》,立信会计出版社,2003。

表 7-1 会计信息质量特征内容比较

质量特征	FASB 的 SFAC No. 2	IASC Framework	ASB 的 SOP
相关性	Y	Y	Y
可靠性	Y	Y	Y
可比性	Y	Y	Y
预测价值	Y	N	Y
反馈价值	Y	N	Y
可验证性	Y	N	N
如实反映	Y	Y	Y
无重大误述	N	N	Y
中立性	Y	Y	Y
及时性	Y	Y	Y
充分披露	N	N	Y
可理解性	Y	Y	Y
完整性	N	Y	Y
重要性	Y	Y	Y
实质重于形式	N	Y	N
稳健性	Y	Y	Y

注：Y 代表概念框架中涉及某质量特征，N 代表概念框架中未涉及某质量特征。

从表 7-1 中可以看出，美国财务会计准则委员会的“财务会计概念框架”、国际会计准则委员会的“编报财务报表的框架”、英国会计准则委员会的“财务报告原则公告”涉及的会计信息质量特征体系，绝大部分的质量特征因素是相同或类似的，但在个别的信息质量特征上存在着差异。

6. 财务会计信息质量特征要素的简单解释

以下我们将就各种关于财务会计信息质量特征的框架图中涉及的主要要素进行简单的解释①。

(1) 相关性。

相关性是指会计信息系统提供的会计信息应该与使用者的决策相关。具体到我们国家，会计信息满足相关性是指，会计信息必须符合国家进行宏观经济管理的要求、符合企业投资者和债权人进行决策了解企业财务状况和经营成果以及现金流动情况的需要、满足企业内部加强经济管理的需要。满足相关性要求企业在会计信息的处理过程中，要考虑财务报表使用者不同的信息需求。但这并不等于说会计信息必须满足所有会计信息使用者的需求。实际上，企业提供的会计信息从根本上讲，只能够是一种通用的会计信息，

① 更为详细的解释请参见 FASB, SFAC No. 2; ASB, SOP; IAS Framework。

是在考虑各个会计信息使用者共同需要的基础上进行提供的，而不同使用者在进行决策时，还需要对企业提供的通用会计信息进行恰当地分析、整理和理解。

会计信息是相关的，必须满足具有预测价值、反馈价值和及时性三个基本质量特征。预测价值是指，因为投资者的决策是面向未来的，所以会计信息能够帮助投资者预测企业以后的财务状况、经营成果和现金流动情况；反馈价值是指投资者在获得会计信息后，能够据以修正某些以前的认识；会计信息的及时性要求及时收集会计信息、及时对会计信息进行加工和处理以及及时传递会计信息，不及时的会计信息是无用的。

(2) 可靠性。

可靠性是指会计信息合理地、不受错误或偏向的影响，能够真实反映它意欲反映的内容。可靠性包括公允披露、中立性、无重大误述、完整性和谨慎性。

所谓公允披露，即客观性，是指会计信息应该以实际发生的经济活动为依据，能够客观地表述企业的财务状况、经营成果和现金流动状况；所谓中立性是要求会计人员在处理会计信息时，应该保持一种不偏不倚的中立态度；所谓无重大误述是指会计信息应该反映其所意欲反映的内容；所谓完整性，要求反映在企业财务报表上的会计信息要能够全面反映企业在特定时点的财务状况、特定期间的经营成果以及现金流动情况，数字计算准确；所谓谨慎性或稳健性，是指当存在若干种备选方案时，企业处理会计信息应该从中选择一种不高估企业收入和资产、不低估企业负债和费用的方法，最终确保不高估企业的净资产，也不导致利润虚盈。

(3) 可比性及国际会计准则委员会为推动可比性而进行的努力。

可比性包括两个内涵，第一是要求横向可比，即为了满足投资者进行决策时的比较分析、为了满足国家进行宏观经济管理的需要，企业对相同或类似的经济业务应该尽可能采用相同的会计处理方法；第二是要求纵向可比，即满足一贯性，要求企业在前后各期采纳的会计处理方法应该尽可能保持一致，一般不允许随意变更，除非法律、制度要求变更，或企业确信变更会计处理方法后能够更加真实、公允地反映企业的财务状况和经营成果。

国际会计准则委员会成立于1973年。在它成立的最初15年中，所制定的国际会计准则包含较多的备选方案，其目的在于容易被各国政府和公司所接受，显然，这会降低它的可比性和质量。从1987年开始，IASC觉察到它在制定IAS方面所采取的宗旨，即保留较多的会计程序与方法方面的备选方案，容许编报者过分的自由选择已经同资本市场全球化的趋势不相适应了。资本在全世界范围内的自由流动，其需要的条件是：以可比的财务信息按最低的成本提供给最有效的使用者。日益强大的经济和技术力量正迅速地把一国或地区市场汇合为世界即全球市场。以往制定的IAS，往往允许对相同或相似的交易和事项，选用不同的备选方案，若使这种做法继续下去，必然降低IAS在促进市场全球化中的作用，也会严重损害IASC的声望。为此，IASC于1989年1月出台了《财务报表可比性》的征求意见稿，即著名的ED32。ED32针对IAS2、5、8、9、11、16、17、18、19、21、22、23和25提出对29项自由选择的会计事项进行修改的目标：

① 删除其余全部，只保留一项备选方案允许在相似的交易和事项中选用；

② 保证以“必需或优选会计处理”(required or preferred treatment)(后由理事会改名为“基准会计处理”(benchmark treatment))作为恰当的会计方案用于通常所有情况，

而备选方案只用于特殊而类似的情况，基准的会计处理和至多允许一种自由选择是按下列标准确定的：

● 在各国的会计准则、法律和公认会计原则中代表世界范围内流行的实务；

● 对 IASC 制定的《编报财务报表框架》(当时还是草案，当年 7 月方正式批准)的遵守；

● 充分考虑资本市场运作规则监管者(制定者)和它们的代表机构，如证券委员会国际组织(IOSCO)的意见；

● 在同一份 IAS 和多份 IAS 之间保持一致性①。

从上列标准可以看到，IASC 在制定 ED32 时已意识到实现财务报表可比性方案必须尊重 IOSCO 的建议并争取得到它的支持。而 IOSCO 也已经注意到当时 IASC 这个民间组织对制定 IAS 所付出的努力以及它在全球经济将发挥的愈来愈大的作用。作为一个民间的准则制定团体，它必须寻求更大的权威支持。在美国，由 FASB 及此前两任组织制定 GAAP 的重大权威支持主要来自美国的 SEC。如今，IASC 制定的 IAS，要使它得到广泛的应用和严格的遵守，当然也要寻求重大的权威支持者。很明显，IOSCO 正是能够给予 IASC 以强有力支持的证券界的国际权威组织。IASC 的可比性计划是在 1990 年 6 月经过理事会讨论、修正并发表了理事会的意向书(statement intent-comparability of financial statements)之后开始实施的。大约在可比性计划实施的第 3 个年头，即 1993 年，IOSCO 即开出了旨在运用于跨国证券发行与上市的核心准则(core standards)的清单，5 大类 40 个项目。从此，这两个国际组织开展了有关核心准则制定的相互交往与合作的历史：

1994 年，IOSCO 审核了当时 IASC 制定的准则，指出 IOSCO 考虑认可这些准则可在跨国之间证券交易中使用之前，IASC 尚需改进的问题。

1995 年 7 月，IOSCO 和 IASC 就制定核心准则工作计划达成协议。1996 年 3 月 IASC 宣布了力争在 1998 年完成这一计划的意向。

1996 年 4 月，SEC 公布了支持 IOSCO 和 IASC 这些努力的文件，这份文件清楚地表达了用来指导 SEC 和 IASC 核心准则可接受性(acceptability)的关键因素(key elements)②。

1998 年 12 月，IASC 批准了核心准则计划列出 12 个项目(其中有几个项目不只涉及一个准则)最后一个项目的主要内容，即关于金融工具的确认与计量的准则。

1999 年，IOSCO 和 SEC 开始对已完成的核心准则进行评估，同时 IASC 继续进行两个项目的扫尾工作③。

2000 年 5 月 17 日，IOSCO 正式宣布 IASC 的 30 个核心准则项目(30 份 2000 年准则连同 11 份解释公告)已通过了评估。IOSCO 的技术委员会(IOSCOps Technical Committee)发布一份评估公告。

IOSCO 的主席委员会在批准这份项目评估的决定时说："IOSCO 相信，通过高质量的、被新的多国证券发行商加以应用的国际公认的会计准则必能有利于证券的跨国发行与上

① 参见 IASC E32, January 1, 1989, Par. 19。

② 请注意，这里清楚地表明：美国接受核心准则是有条件的。这一点下面再进行叙说。

③ 参见"The Year of Accountant", Remarks by Lynn E. Turner, *Chief Accountant of SEC*, June 14, 1999。

市";"主席委员会祝贺IASC的努力工作和对世界范围内提高财务报告质量的贡献。IASC迄今的工作在有效地改进IASC准则的质量上取得了成功"。决定还指出应补充下列情况的会计处理:按一个国家或地区的实际,必须提出的突出重大问题,这类问题补充处理是:

- 调整(reconciliation)。当采用不同于IASC制定的准则中的方法时,要求调整某些项目由于应用不同方法的影响;
- 披露(disclosure)。需要在财务报表上表述或在其附注中补充披露;
- 解释(interpretation)。专门应用在一份IAS中允许的特殊备选方法或一项特别的解释,而IASC制定的准则是不清楚的或未曾表态时①。

在完成了可比性项目计划的同时,又完成了核心准则项目计划,这标志着IASC取得了辉煌成就。如果说IASC的头14年所制定的会计准则,仅仅起到了协调的平凡作用,它们在最近十多年却崭露头角,实现了两个飞跃:一是一改过去妥协、协调的作风,坚决删除不合理的备选方案,为提高财务报表的可比性而努力;二是改进财务信息的质量特征,为制定高质量的国际会计准则而奋斗。从此,IASC提升了自己的地位和作用,它正以一个有可能成为全球公认会计准则制定者的形象出现在国际会计领域。

(4) 可理解性。

可理解性是指企业提供会计信息时,必须考虑到会计信息使用者的理解能力,所提供的会计信息必须保持明晰性。使用者的理解能力和使用者的决策类型(包括个人偏好、对待风险的态度以及所采纳的决策模型)紧密相关;而明晰性要求会计记录和会计信息必须清晰、简明,便于使用者理解和运用。

(5) 重大性和成本效益原则。

重大性是指企业在会计核算和提供会计信息的过程中应该区别经济活动的重要性,从而采取不同的会计处理方法、程度以及不同的披露政策。对于重要的经济业务应该单独反映,并通过会计信息进行重点说明;对于不重要的会计信息合并反映。但是,对重要性的判断取决于企业的实际情况,一般可以从质和量两方面进行判断。从性质方面来讲,只要该信息或其反映的经济活动可能给投资者的决策带来重大影响,不论其金额多寡,都应该进行反映;从量的方面看,一般认为某个项目的金额超过总体的5%时,就认为其具有重要性,应该单独进行反映。

成本效益原则是指企业在提供会计信息时,应该对比提供会计信息所花费的成本和由此带来的效益,只有确保效益大于成本时,提供会计信息才是值得的,否则将不选择提供该信息。

(6) 会计信息质量特征的核心——相关性和可靠性的关系。

会计信息的质量特征是复合性的,可靠性和相关性在各国的财务会计概念框架或类似的文献中并列为会计信息的首要质量特征。美国财务会计概念框架第2号"会计信息的质量特征"(SFAC No. 2, Par. 46—80)将相关性和可靠性并列为会计信息的首要质量特征,英国会计准则委员会(ASB)的SP(Par. 2. 8—2. 21)未曾明确区分首要质量特征,而是将相关性、可靠性、可比性和可理解性同时并列。我国《企业会计准则》也涉及相关的论述。

---

① IOSCO Press release1IASC Standards1Sydney, Australia, May 17, 2000.

关于相关性与可靠性的关系问题，目前存在如下两种比较有代表性的观点：

① 美国的 SFAC 将相关性与可靠性并提，但深究其背后的倾向，我们认为其比较赞成相关性的优先性，这一点在 Wallman（1995、1996）、AICPA（1994）等学者和职业团体的研究成果上得到体现；

② 英国 ASB 的“财务报告原则公告”，认为可靠性优先于相关性，会计信息披露应该从可靠性的信息集合中选择最相关的信息。

葛家澍（1999）也认为，可靠性是财务会计的本质属性，是会计信息的灵魂。在会计信息质量体系中，可靠性是基础、是核心，即使在公允价值得到日益广泛应用的情况下也是如此。

二、我国会计信息质量特征体系及可能的拓展

1. 我国目前对财务报告信息质量特征的要求

我国目前没有对财务报告信息质量要求的明确论述，仅有的相关表述主要集中体现在《企业会计准则》（1993 年颁布实施）和《企业会计制度》中。该准则是以会计基本假设为逻辑起点，详细罗列了 12 项可能影响会计准则和会计信息质量的“一般性原则”，包括如实反映、相关性、一贯性（一致性）、及时性、明晰性或可理解性、权责发生制、配比、谨慎性、历史成本、划分收益性支出和资本性支出、全面反映或充分披露（包含有重要性的思想）（第 10—21 条）。但是，从该份准则的相关规定看，首先这些一般性的原则并不等价于会计信息质量特征，有的属于会计基本假定，有的属于众所周知的会计知识，有的属于会计计量属性；其次，这些原则并未形成一定的层次性。我国对严谨的会计信息质量特征体系规定的“空白”，势必会影响到投资者和利益相关者对我国公司治理背景下企业披露会计信息质量的有效评估。因此，加入 WTO 后，借鉴国外财务会计概念框架中关于会计信息质量特征体系的研究成果，建立我国的会计信息质量特征体系，已成为迫在眉睫的事情了。

2. 我国财务会计概念框架中关于会计信息质量的设想

评价企业财务报告质量标准应包括：财务信息内容的质量和财务报表表述的质量两个部分①，见图 7-4。

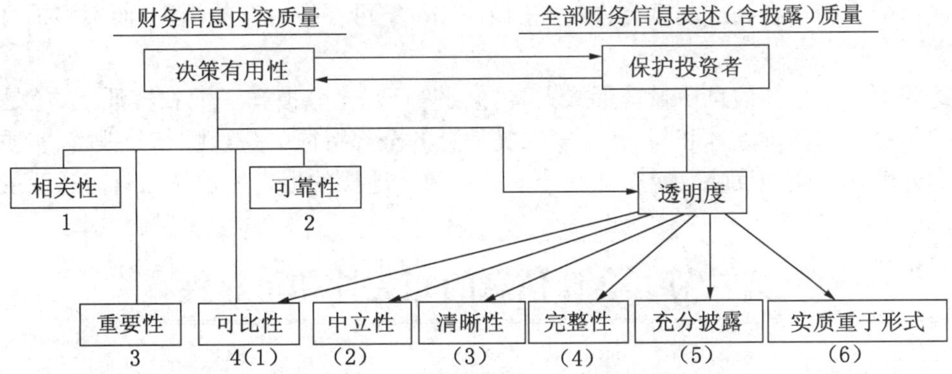

图 7-4　评价企业财务报告质量的体系

① 两者分别根据 FASB 模式和 SEC 模式进行勾勒。

从该框架图可以看出，作为评价财务报告的两个目标，决策有用性和保护投资者是相互联系的，从根本上讲是一致的，只是各有侧重[①]。

(1) 财务报表内容的质量。

财务报告信息的核心部分是财务报表表内信息。各国 CF 关于信息的质量特征大同小异，而以美国的第 2 号财务会计概念公告最为详尽，我们基本可以借鉴吸收。

关于财务报表内容的质量，可靠性与相关性是主要的质量；可比性(含一致性)是次要质量。

不论主要或次要质量都要具有可理解性。重要性是有用质量的前提，效益大于成本是选择信息的约束条件。

信息是可靠的，说明信息必须真实公允；信息是相关的，说明信息必须导致决策的差异；信息是可理解的，说明信息必须含义明确和准确，不可含糊不清，模棱两可；信息是可比的，说明应尽可能减少备选的会计方法；信息是重要的，说明它对决策不是无足轻重。

美国、英国、IASC、加拿大、澳大利亚的 CF 所认可的主要质量并不完全相同。但有一点共同，即就是把相关性列在可靠性之前。我们的设想同它们相反。可靠性应列在相关性之前。就是说，当一种方法所能提供的信息不可能在可靠性与相关性两个方面等量齐观时，我们的选择应该是：在可靠性的前提下，选择最相关性的信息。更重视可靠性是财务会计的本质——反映经济真实所决定的，也是近年来美国和我国上市公司财务欺诈案件给予我们的教训。不相关的信息固然无用，但并非对所有人都无用。而不可靠的信息更为危险——所有使用者的决策都会被它误导，从而带来难以估量的风险。

(2) 财务报表表述和在其他财务报告中披露的质量。

关于财务报表表述和在其他财务报告中披露的质量，包括完整性、充分披露、实质重于形式、谨慎和透明度。

完整性说明无论表内表外，不应遗漏按照准则制度必须列报的所有项目。

充分披露说明虽然未曾违反准则和制度隐瞒列报该列报的项目，仍须尽可能披露对使用者决策有用的、并非法定披露的其他事项和情况。

实质重于形式说明对任何一项交易或事项的报告，必须反映其经济实质，而不能只反映其法律形式而导致错报、误报。

谨慎则说明在准则或制度允许选择的前提下，宁可多报可能的损失，而不多报可能的收益。

透明度是一总体信息质量。形式上看，似乎等于"充分披露"，而在实质上，应是在可靠性和相关性的基础上，同时具备了第二类信息的全部特征(完整性、充分披露、实质胜于形式和谨慎)，真实地反映一个企业整个财务图像。这样的报告才被认为具有透明度。

第二节　会计信息的相关性和可靠性

在公司治理和委托代理关系中，在所有权和经营权高度分离的情况下，会计信息系统

① 更为详细的论述请参见葛家澍等，"财务报告质量评估的探讨"，《会计研究》，2001.11。

存在的基本理由在于，会计信息有助于降低投资者决策过程中面临的不确定性，借以减少决策风险、促使社会资源趋利性流动，达到优化资源配置的目的①。会计信息要发挥上述功效，必须具备相关性与可靠性。然而，相关性和可靠性往往需要权衡和协调（tradeoff）。事实上，尽管在美国财务会计准则委员会（FASB）颁布的 SFAC No. 2 中，相关性和可靠性被 FASB 并列为财务会计信息质量的首要属性②③，但当会计目标的定位从"受托责任观"上升为"决策有用观"④后，财务会计信息披露的使用者导向（user-oriented）模式逐渐形成。在决策有用观下，由于所有者的模糊和高度分散性，使得财务报告信息的受托责任解除功能大大降低，而财务报告信息使用者进行决策时所需要的相关信息则成为在既定环境下支配会计信息披露的因素，因此相关性就成为关注的焦点。特别是 20 世纪 90 年代以来，使用者对现行财务会计和财务报告模式的相关性的不满，由此而引发了一场财务报告改革的浪潮⑤，改革的焦点更多时候是集中于提高财务报告披露信息的决策相关性上。但一系列的上市公司财务欺诈案件，迫使我们必须对可靠性问题保持应有的关注。

一、会计信息的相关性和可靠性的主流观点及本书观点

1. 会计信息的相关性与可靠性的主流观点

会计信息的可靠性与相关性及其权衡问题，是现代会计理论领域内一个颇具魅力的论题，无论是会计准则制定机构的权威公告，还是学者的理论探讨，多年来都对该问题保持了密切的关注。美国财务会计准则委员会（FASB）第 2 号财务会计概念公告"会计信息的质量特征"中，将相关性与可靠性作为会计信息的两个主要的质量特征被并提，但对两者的抉择讳莫若深。透过现象看本质，FASB 更为侧重于"相关性"的意图其实一直昭然若揭！从 20 世纪 80 年代开始，改进企业财务报告的呼声就甚嚣尘上，而改进企业财务报告的举措着眼点几乎全是会计信息的相关性。AICPA 的调查报告"Improving Business Reporting：A Customer Focus"提出的诸多建议，如披露前瞻性的信息、披露资产和负债计量的不确定性等明显地侧重于会计信息相关性的改进（AICPA，1994）。Wallman 的观点甚至更为激进、但却在一定程度上反映了美国会计界对相关性的关注——在 Wallman 看来，相关性是会计信息最为重要的特征，为此他勾勒了一个包括五个层次的、

① 杜兴强，《会计信息的产权问题研究》，东北财经大学出版社，2002。

② FASB 的 SFAC No. 2（Par. 34）中明确指出，"会计信息不同质量特征的相对权重必须根据具体情况而定，区分质量特征的层次性只是作为解释的手段，目的是澄清（概念之间）一定的关系"。

③ 可靠性与相关性矛盾（有时体现为两者组成要素之间的矛盾）的情况在财务会计中屡见不鲜，比如过分强调及时性，会计信息的可靠性程度就会削弱；而强调可验证性，相关性有时会有所损失。

④ 从"受托责任"概念内涵的变迁过程来看，最初的受托责任是单一的、一一对应的，体现为中世纪庄园管家对主人交付财产的管理；随后受托责任演变为职业经理对资源投入者交付资源的保值和增值责任，此时受托责任依然存在着明确的、数额确定的委托方，这保证了委托方和受托方之间私人契约的可行性；以后，资本市场的高度发展、企业规模的扩大使得所有权和经营权高度分离，所有权细分的结果造成了每个所有者所拥有的所有权份额只占很小的一部分，此时企业提供的会计信息作为评价企业管理当局受托责任履行情况的作用已经降低，更重要的体现为一种决策效用。小股东往往将追求定期的股利收益放在第一位，一旦他们不能够获得预期的股利收益，他们往往采取"用脚投票"的方式，即以"市场退出"的方式来对管理当局进行"惩罚"，而并不希冀撤换、控制或监督管理当局。

⑤ AICPA，"Improving Business Reporting — A Custom Focus "，1994；Wallman，1996. 6，"The Future of Accounting and Financial Reporting，Part Ⅱ：The Colorized Approach"，*Accounting Horizons*.

彩色报告模式(colorized model):(1)相关性、可靠性、可定义性和可计量性均符合要求;(2)相关性、可计量性和可定义性都符合要求,但可靠性存在着疑问;(3)相关性与可计量性符合要求,但可定义性与可靠性存在疑问;(4)相关性、可靠性和可计量性符合要求,但可定义性存在疑问;(5)仅相关性符合标准,可靠性、可定义性和可计量性都不符合(Wallman, 1996)。从上面五个层次的划分中,可以明确地解读出Wallman的基本思想,相关性是首要的、不可或缺的。值得一提的是,在美国会计学会(AAA)大约每10年左右颁布的一系列研究报告中,相关性都作为一个至关重要的问题加以阐述。英国"财务报告原则公告"(ASB, 1999.12)指出[①],"财务报表的信息必须相关和可靠,当两者互相排斥,需要对产生信息的方法选择时,所选择的方法应是能使信息相关性最大化的方法"——耐人寻味的是,ASB在10月份通过的"公告"内容的建议为,若可靠性与相关性互相排斥,有用的信息应是"那些可靠信息中最相关的项目"、"会计信息在符合可靠性之前,不应对外披露"[②]。

对于相关性和可靠性的权衡问题,有些文献提出根据财务报告的不同组成部分区分相关性和可靠性取舍的思路,即对于财务报表中的会计信息应该首先满足可靠性,甚至牺牲相关性;而对于其他财务报告,则强调相关性,甚至不惜牺牲可靠性。但是我们认为,按照这种"两分法"最终将导致一种尴尬的局面,那就是财务报表提供的是高度相关、同时几乎不相关的会计信息,结果财务报表披露的会计信息很可能将失去其决策有用性。此外,这似乎与FASB的SFAC No.1(Par.6)指出的结论——"财务报表是财务报告的中心,是企业向外界传输会计信息的主要手段"相互矛盾。可见,"可靠性和相关性的内含及两者的辩证关系"仍就是一个值得深入研究的问题。

2. 会计信息的相关性:交易费用引入后的一种新视角

会计信息是一种有价值的信息资源,管理当局是会计信息提供方主体,会计信息使用者是会计信息的需求方,会计信息对于供求双方而言都是不可或缺的。管理当局需要会计信息来解除受托责任、供资源投入方评价其经营业绩,从而获取补偿方案规定的奖金或红利。会计信息使用者需要会计信息来减少决策中面临的不确定性,以达到改进决策获取收益的目的。但会计信息的供求需要花费资源和代价,管理当局提供会计信息需要花费簿记成本、支付代理人(会计人员)工资、培训费用等显性成本[③],也要承担诸如诉讼成本、企业部分原本私有的信息公开后导致的竞争劣势等隐性成本[④],还面临着会计信息披露对企业竞争力、谈判地位带来的不利影响[⑤];会计信息使用者需要花费时间和精力消化会计信息[⑥]。

---

① ASB,"Statement of Principles for Financial Reporting",1999.12.

② 现在ASB公布的原则公告发表时间是1999年12月,比10月公告迟两个月,但其中蕴涵着几处变化。

③ 会计信息提供的显性成本指处理和提供会计信息的成本,除了正文中所列的各项成本外,还包括审计成本、传输信息成本、回复对已经披露的会计信息进行质询的成本。

④ 隐性成本是指或有成本或者不能够准确地进行确定的成本。会计信息披露并不一定引发诉讼成本,但并不能排除因使用者指责会计信息的误导性而引起的诉讼费、立案费和结案费及企业在诉讼中面临的潜在声誉损失;竞争劣势导致的隐性成本因企业不当披露有关技术和管理创新的信息、战略计划、经营信息而引发。

⑤ AICPA,"Improving Business Reporting: A Custom Focus ", 1994.

⑥ 由于财务报告上提供的会计信息一般来说具有通用性,FASB在SFAC No.1曾指出过这一点。此外,SFAC No.1(Par.36)指出,编制财务报告所提供的会计信息,对于那些对企业的经济活动具有合理程度的知识,而又愿意用合理的精力去研究信息的人士,是可以理解的和有用的。

由于现代企业可以看作是一系列契约的结合(a nexus of contracts),各类要素投入者作为缔约方并不直接参与企业具体的经营管理,因此定期的会计信息披露就成为这些要素投入者了解企业情况和评价管理当局经营业绩,并据此做出各类决策的重要依据。因此可以认为,会计信息的提供(包括质和量)是企业与各个要素投入者交易成功与否的一个关键,那么提供会计信息而给企业带来的成本就属于典型的交易费用的一部分。会计信息供求双方因会计信息而发生的各项成本,都可以统一于交易费用的框架下进行分析。因为会计信息的生产、提供和理解、分析、利用,都与企业的生产过程无关,因此属于交易费用①。

出于理性的考虑,每个会计信息的利益关联者都希望能够以较小的代价获取尽可能多的利益,实现个人决策效用的满意化。管理当局同样面临着一个私人决策的满意化问题,尽管管理当局披露会计信息是必须的,但他可以选择财务报告披露的会计信息的信息含量(content)和时机,他所愿意提供的会计信息的水平和质量取决于私人边际收益和私人边际成本的比较和权衡。理想状况下,信息使用者同样也希望管理当局通过财务报告提供能够为他们所直接利用的会计信息,但财务报告的通用性使这种理想状况的存在不具有普遍性。此外,通过私人契约,使用者也许可以直接得到与其决策相关程度最高的会计信息,但是成本—效益的约束往往阻止了使用者个人与管理当局之间私人契约的缔结,尤其当使用者个人在企业中拥有的权益份额较小时更是如此。这就促使会计信息的使用者转而求其次,要求管理当局尽量在会计准则或会计制度的约束下提供通用的会计信息,而这些信息最基本的特征应该满足基本的可靠性和通用的相关性。通用会计信息的提供导致使用者和企业管理当局之间围绕会计信息披露进行动态博弈。

(1) 企业私人边际角度的考虑。

企业会计信息的提供并不是无成本的,实际上任何增加企业信息披露(包括披露的内容与质量)的要求都将增加企业的信息披露成本。信息披露成本分为两类,显性成本②和隐性成本③。那么,毫无疑问,出于理性的考虑,企业提供会计信息时,自身必然要进行成本—效益的权衡④。就特定企业而言,其愿意提供的会计信息的最佳点满足边际成本等于边际收益约束条件的 q⑤,而提供会计信息也要受满足成本—收益的约束,从而提供会

① 包括交易费用学派的创始人科斯在内的经济学家虽然广泛引用交易费用概念进行相关研究,但是根据我们掌握的资料,没有任何人对交易费用给出完善、可操作的定义。阿罗(Arrow)将“交易费用”界定为“经济制度运行的费用”。按照我们的理解,自从康芒斯(1950, Chapter 3)将“交易”界定为“人与人之间经济活动的基本单位,是人与人之间的权利关系”之后,“交易费用”其实就在微观领域内获得了与“生产费用”相对应的地位,即生产费用是指“生产出产品所需要的费用”,而交易费用是指“完成交易所需要的费用”。具体到会计信息问题,我们认为一切为了保证会计信息的质量而发生的各项费用,都属于交易费用的范畴。

② Watts and Zimmerman, 1986, *Positive Accounting Theory*, Prentice-Hall Press; AICPA, “Improving Business Reporting — A Custom Focus ”, 1994.

③ 尽管会计上并不考虑隐性成本,但毫无疑问企业管理当局在进行决策时类似的隐性成本却是必须考虑的。而值得注意的是,(在既定的会计准则和契约法定要求的约束下)会计信息披露质量是由管理当局来决定的。

④ 参考了杜兴强《会计信息的产权问题研究》,东北财经大学出版社,2002;杜兴强,“会计信息产权:一个新视角”,《财会通讯》,2002.02。

⑤ 既然提供会计信息只是企业与要素投入者交易的一部分,而交易的真正目的在于促使资源以各种方式流入本企业,那么会计信息的提供就存在一个收益—成本的权衡问题。换言之,提供会计信息的目的要效益最大化。而使提供会计信息效益最大化的一个充分必要条件是“使提供会计信息的边际成本等于提供会计信息的边际效益”。

计信息的临界点 L 肯定大于 q。那么:①若边际成本小于边际收益,那么企业将会提供更多的会计信息量,这可以理解为是企业自愿进行会计信息披露的一种动机;②若提供会计信息的边际收益小于边际成本,那么假如缺乏外部强制力量,则企业不愿意提供更多的会计信息;③若提供会计信息的边际收益小于边际成本,并存在外部管制、且符合成本效益原则,那么企业将会遵循会计准则的要求提供会计信息。由于会计信息提供中存在成本效益的制约,再加上管理当局可能利用其拥有的信息优势损害投资者的利益,因而会计信息披露过程中就存在着外部性。

(2) 社会角度的总体考虑。

在高度发达的资本市场上,企业的会计信息使用者既包括了所有者、管理当局和与企业直接有着明确契约关系的各个利益方,也包括了诸多潜在的投资者,企业提供会计信息质量可能促使这些潜在投资者所拥有的资源遵循趋利性流动原则而积聚于本企业。因此,企业提供的会计信息就天然地具备了外部性(externality)的特征[①]。外部性必须采纳各种方式予以内部化(internalization)。尽管企业提供会计信息带来的外部性因信息使用者和管理当局之间信息不对称(information asymmetry)程度不同而有所差异,但外部性的存在将使得企业在会计信息提供中将不能只考虑私人成本、收益的对比,有时应该站在整个社会的立场上进行分析。此时,管制力量将会介入,希望能够借助于会计准则或会计制度的形式,矫正外部性产生的行为、来确保社会效用的最大化。我们可以将与会计信息有关的全部利益集团假设为一个虚拟的企业合并体,那么外部性内部化问题就转化为使其联合社会效用(joint utility)最大化或社会联合成本最小化[②]:

$$JC(q) = AFC(q) + E(q) \times P(E \mid q)$$

其中,$JC(q)$代表社会联合成本 $AFC(q)$代表会计信息成本;$E(q)$代表外部性;$P(E|q)$是一个条件概率,代表既定会计信息质量给会计信息使用者带来损失的可能性[③]。可以肯定的是,$AFC(q)$是 q 的增函数,$E(q)$、$P(E|q)$是 q 的减函数,因此 $JC(q)$一定是 q 的严格凹(strictly convex)函数,那么必然存在一个极小值点(同时也是最小值点)。我们将位于该点的会计信息质量称为 q^*。从 $q \to q^*$(即企业私人效用最佳点向社会效用最佳点的移动),可以看作是一个整个社会效用(utility-improving)改进的过程。会计准则或会计制度出现的初衷,就是力图促使 $q \to q^*$ 的转变。透过会计发展史,我们可以看到,政府通过强制性的会计准则从总体上看,确实使早期会计信息公开披露实现了 $q \to q^*$ 的迁

---

① 关于"外部性"一个经典的定义是:设有 A、B 双方,他们分别在 X、Y 的水平上进行某些活动,A 的行为可能对 B 产生影响,并假设双方的净效用可以用货币进行度量,那么双方效用分别为:$U = A(X)$;$V = B(Y) - S(X, Y)$,当 A 不对 B 进行补偿时。$A(X)$、$B(Y)$代表双方行为不存在影响时的效用函数。如果 A 不对 B 进行补偿,那么此时外部性就等于 $S(X, Y)$。

② 社会效用存在着难以进行测度的问题,所以我们进一步转换,将社会联合效用最大化转换为社会联合(joint cost)成本最小化。

③ 会计信息提供的高质量充其量只是会计信息使用者正确决策的一个必要条件而非充分条件(更不是充分必要条件)。使用者的决策正确与否除了受会计信息质量制约外,还受一些环境因素和个人禀赋、知识结构差异的制约。反之,即使使用者进行决策后的实际结果并非损失,但也并不能够据此断定会计信息的高质量。应该肯定的是,唯有因会计信息质量因素而带来最终的实际损失才能够称之为会计信息的外部性。

移，然而现实背景下，特定企业的会计信息披露在会计准则等规范形式下并不一定正好位于 q^* 点之上，原因如下所述。

会计准则和会计制度等对会计信息进行管制和规范的形式，属于事前管制（ex ante regulation），所以通常具有一般性和通用性。但是，投资者根据会计信息进行的决策将面临不确定性，决策恰当与否将不仅既取决于企业提供的会计信息的质量，还与决策者个人的知识结构、偏好以及决策模型和面临的决策环境相关。另外还应注意到，企业提供的会计信息是否达到其应有的质量则在很大程度上属于一种事后（ex post）验证行为、依存于投资者的主观判断——若投资者根据会计信息进行决策的结果是不利的，那么投资者完全有可能指责会计信息的质量。投资者更愿意相信的逻辑是，既然要与投资者的决策相关，那么如果根据会计信息进行决策后的结果是不利的，那么会计信息提供的质量不高。当企业提供的会计信息给相当多的投资者决策带来不利结果时，企业将面临事后的惩罚。而这凸现出目前关于会计信息相关性和可靠性争议的一个焦点：到底投资者的损失是因为会计信息缺乏相关性或可靠性而导致的，还是因为投资者不恰当地分析财务报告而导致。因为按照 FASB 的 SFAC No. 1，财务报告提供的会计信息对那些具有一定的专业知识且相当勤勉、并愿意分析财务报告的使用者而言是有用的。

二、会计信息的相关性问题

（一）通用财务报告模式下会计信息相关性可能导致的问题①

相关性的含义揭示，相关性既有普遍性的一面，也有特定性的一面。从会计信息提供的及时性与否考虑，会计信息将影响到全部会计信息使用者的决策；从会计信息的预测价值和反馈价值方面进行考虑，会计信息是否具有相关性则与会计信息使用者的特定决策类型有关。严格意义上理解，投资者要想得到决策相关的会计信息，必须对企业提供的财务报告本身进行恰当的分析、理解，甚至可能进行重新的分解和组合以希冀获得更多的会计信息。出于个人决策的成本—效益考虑，使用者一般希望管理当局提供的会计信息能够直接为其所用，然则由于管理当局通过财务报告提供的会计信息只是通用意义上的会计信息，所以使用者必须进行恰当的理解、分析和利用。相关性并非会计信息系统本身所能够解决的，它与会计信息使用者的决策类型包括投资者个人的知识结构、所掌握的分析技能和决策模式、偏好、决策环境等因素密切相关。不同使用者的不同决策需要不同相关程度的会计信息。

(1) 如果过分强调相关性，将会导致可靠性的削弱。为了追求相关性，就必须满足及时性（因为及时性是相关性的灵魂），而过度追求及时性则导致企业有时在未获取客观、可验证的证据之前就进行相关会计处理，必然损害可靠性。相关性可能受到会计技术和程序方面的限制而降低，如某些项目如人力资源或智力资本等信息就因为不符合确认条件或不能够可靠计量方面的原因而不能够在企业的财务报告体系中进行披露，尤其是不能够通过传递会计信息的主要手段——财务报表进行传递。由于可靠性方面的限制，许多

① 主要参考了杜兴强，“会计信息的相关性问题研究”，《财经研究》，2002. 12；葛家澍、杜兴强，《财务会计概念框架与会计准则问题研究》，中国财政经济出版社，2003。

不完全符合会计确认四项条件①的项目最终不能够在财务报表中进行确认,而只能够相机在其他财务报告中进行披露②。因此从普遍意义上审视,财务报表提供的会计信息的相关性正在下降,而其他财务报告中提供的会计信息的相关性却有增强的趋势。但是这种状况并非长久之计,因为照此下去将不符合整个财务报告体系最初的构想,可能发生其他财务报告取代财务报表成为主要的会计信息传递手段的危机。

(2) 现行的财务报告模式提供的通用会计信息,是按照"公共选择"的思路,考虑"公众利益"权衡后的结果。如此确定的、企业财务报告披露的会计信息的相关性满足一个基本的"含量"。当然,这个基本的"含量"是由管制机构在调查会计信息使用者作为一个总体的需求状况后得出的,它是不断变化的。显然这样的会计信息披露相关性,对机构投资者而言,可能意味着信息不足,对小投资者而言,则可能意味着信息过载。无论最终会计信息披露导致信息过载或不足,相应的投资者必须默默承受,因为这是集体选择的结果。这也是目前通用财务报告模式下相关性面临的尴尬。

在会计信息相关性这个基本的"含量"未变化之前,任何投资者若根据自己的决策类型而要求更相关的会计信息时,就可能面临交易费用的转嫁等诸多问题。假若企业管理当局主要考虑机构投资者的决策需求来选择相关性进行会计信息披露,那么此时受益的将是机构投资者,但中小投资者由于被迫接受"信息过载"的现实而不得不花费更多的时间精力和资源去对财务报告进行分析,所以他们其实是受损的。此外,按照机构投资者的要求提供会计信息还存在着"信息披露成本分摊的非公平性现象"。为了说明这个问题,我们假设按照投资者总体期望需求提供的会计信息披露成本为 A,那么持有比例 λ 的投资者承担的信息披露成本为 $A\lambda$;假定信息分析成本为 C,总收益为 R,那么利用会计信息进行决策的净收益为 $R-A\lambda-C$。当主要考虑机构投资者要求提供会计信息的披露成本为 B,毫无疑问 $B>A$,此时投资者承担的信息披露成本为 $B\lambda$;假定会计信息分析成本为 $C'(C'>C)$,总收益为 R③,那么利用会计信息进行决策后的净收益为 $R-B\lambda-C'$。显而易见,$R-A\lambda-C>R-B\lambda-C'$,两者差额为 $(B-A)\lambda+(C'-C)$,代表本应由机构投资者承担的交易费用,但却转嫁给中小投资者,即机构投资者受益,但中小投资者受损④。

(3) 严格意义上,如果要求管理当局提供完全与决策相关的会计信息,可以通过两种途径实现:或者由会计信息使用者和管理当局签订私人契约要求特定的信息,或者要求管理当局提供专用财务报告。由于个人成本—效益原则的制约,一般的中小投资者并不寄希望于通过私人契约来得到理想的会计信息,而是希望通过"搭便车"来获取部分会计信息。而专用财务报告本质上也是需要通过私人契约来完成的,只不过因为专用财务报告

---

① 会计确认的四项基本条件为:a. 符合要素的定义;b. 可计量(即可以选择某种计量属性进行计量);c. 计量的相关性;d. 计量的可靠性。

② 确认和披露的区别在于:确认是对财务报表表内而言的,要在财务报表表内进行确认,必须符合公认会计原则并接受注册会计师的审计;而披露则是对财务报表的附注和其他财务报告而言的,其他财务报告中披露的会计信息可不符合 GAAP,也无须审计。

③ 或者更一般性的假设是,中小投资者由于面临信息过载问题,所以在信息过载情况下得到的"扣除披露成本之前的净收益"较小。

④ 更一般性的讨论,可见杜兴强,"会计信息的相关性问题研究",《财经研究》,2002.12。

的投资者与管理当局的强权博弈中处于优势地位或一旦投资将占据优势地位，所以他们在与管理当局针对会计信息进行的博弈中可能居于一种相对较为有利的地位。专用财务报告的存在带来诸多问题，具体体现为"可能引发对中小投资者的利益损害问题"。在机构投资者得到的会计信息和中小投资者得到的会计信息不一致时，管理当局和投资者之间的信息不对称问题将扩展为"管理当局和机构投资者"、"机构投资者和中小投资者"、"管理当局和中小投资者"两两的信息不对称，机构投资者可能利用其相对于中小投资者的信息优势获利，但却损害中小投资者的利益。而一个国家的资本市场是否健康发展的一个根本标志是看其能否恰当地保护中小投资者的利益①。管理当局和投资者之间的信息不对称程度可以通过不断对会计信息披露进行规范而得到降低，尽管不能够完全消除，但由此造成的较低程度的不对称是投资者可以接受的，但投资者却不能接受投资者中的某一小部分不是依靠自己的分析才能、而是靠内幕信息（不论是否付费）得到更多会计信息的事实。

（二）改进财务报告相关性的可能举措

1. 简化年度报告及因特网上的财务报告

在之前的系列论文中，我们曾经指出，目前财务会计与报告模式缺乏相关性及信息内涵（contents）的一个重要原因在于其缺乏及时性（事实上，及时性是相关性的核心，是会计信息有用与否的关键）②。提高会计信息披露的及时性将在很大程度上提升财务会计与报告模式的决策相关性。而提高财务报告及时性的举措包括提供简化年度报告（summary annual reports, SAR）和通过因特网提供企业财务报告③。现行财务会计与报告模式下披露的会计信息，往往受到会计处理程序和传递渠道的限制，使得年度财务报告的披露往往具有时滞（time lag）性，使得财务报告在正式公布之前，其信息内含（information contents）就已经几乎被"清空"（emptied），这导致会计信息的相关性下降，也使得会计信息系统在与其他"信息源"的竞争中逐渐处于劣势。考虑到年报的滞后性，所以可以通过编制简化年度报告来使会计信息使用者尽快地了解到企业本会计期间的财务状况和经营成果等重要信息，并对会计信息使用者浏览最终的年度财务报表进行导读。

20 世纪 90 年代中期以来，改进企业财务报告的浪潮及信息使用者们渴望在信息技术的支持下实现企业"实时报告"的需求，促使企业充分利用信息和因特网技术改善信息传递的渠道，尤其是可扩展的企业报告语言（XBRL）的应用，通过因特网提供财务报告逐渐成为一种潮流，因特网上财务报告也逐渐由自愿披露向强制性披露过渡。2002 年，美国《财富》百强全部拥有公司网址，并在公司网址中披露了财务信息。同时，绝大部分企业的财务报告质量有明显改进，尤其是与有用性相关的质量要素得到改善。在中国，强制要求上市公司在因特网上公开发布财务报告的工作始于 2000 年④。潘琰（2002）发现，已有

① Aghion and Bolton, 1992, An Incomplete Contracts Approach to Financial Contracting, *Review of Economic Studies* 59:473—494.

② 葛家澍、杜兴强，"现行财务会计与报告模式的缺陷与改进"，《财会通讯》，2004.5—6。

③ 因特网上的财务报告问题，主要参考了潘琰《因特网财务报告若干问题研究》，厦门大学博士论文，2002。

④ 中国证监会：《关于做好 1999 年上市公司年度报告的通知》，1999 年 12 月 28 日。上海证券交易所，深圳证券交易所：《沪深证券交易所关于做好上市公司 2000 年中期报告有关工作的通知》，2000.6。

82.5%的中国上市公司建有自己的网站，并有 75.72%的公司在自己的网站中自愿披露财务信息①。因特网上的财务报告对提升会计信息相关性的影响可能在于：

(1) 大大提升了财务报告的及时性。潘琰(2000)发现中国公司的48.24%，美国公司的 98.98%在公布财务信息当天就以各种形式在公司网站发布财务信息。

(2) 为了显示企业的特质性和信息披露的信号传递作用，因特网上的财务报告往往出现了不同程度的自愿披露，并主动披露不同于其他企业的未来风险与报酬机会。

(3) 披露大量在传统财务报告中无法反映的非财务信息，这些信息对投资者理解企业的价值驱动因素及企业的未来发展大有裨益。

(4) 逐渐勾勒企业业绩的发展趋势，许多公司连续提供超过 10 年的历史数据，向投资者反映公司发展的趋势。

2. 事项会计模式②

在目前的财务会计与报告模式下，由于决策类型和知识结构的差异，投资者对会计信息相关性的内涵理解各不一致，因此设想通过一套通用的财务报告来满足所有利益相关者的所有需求存在着极大的困难，其结果就是对财务报告信息过载和信息不足的指责交互在一起。事项会计模式认为，既然目前通用的财务会计与报告模式在满足投资者的决策相关性方面日益受到指责③，因此主张将企业经济活动的主要事项提供给投资者，这样就等于将根据这些基本事项生成会计信息的任务转移给投资者，以更好地实现信息加工和信息使用的连贯性，在很大程度上可以避免出现指责企业会计信息缺乏相关性(过载或不足)的现象。

由于目前通过一套通用的财务报告提供会计信息受到公认会计原则的严格制约，导致大量非财务信息无法一贯性地传递给投资者，增加了投资者辨别企业特质性及未来发展趋势的难度，也使得企业的价值驱动和创造过程犹如“黑匣子”一样神秘，不利于充分信息披露和投资者保护的基本宗旨；同时，由于通用财务报告的生成需要职业判断，而由于信息不对称，企业的管理当局和会计人员拥有了天然的“判断”权力(power，来自于对会计政策的天然控制权)，因此在生成会计信息时并未考虑不同决策类型投资者的具体信息需求，导致最终反映在财务报表上单一、貌似十分精确的数据因为信息过滤而无法满足投资者的决策相关性。换个角度思索，若企业能够在不影响企业商业秘密的情况下将经营活动的基本数据传递给不同的投资者，由他们根据决策类型独立生成会计信息(前提是投资者具备专业知识或社会中介具有独立性和成熟性)，那么无疑将是最相关的，而企业所需要做的就是确保原始经营数据的可靠性。

实际上，按照事项会计模式，企业向投资者传递的经营情况的有关资料，不再拘泥于财务报表或通用财务报告，而是借助于发达的通信技术，将企业进行所有经济活动的有关情况归类，通过一种“经营事项表”的形式，实时(real-time)传递给投资者(满足及时性)。若有必要，可以进行提示性的结构排列，以便投资者在进行决策时，具有更大的重新解构

① 潘琰，《因特网财务报告若干问题研究》，厦门大学博士论文，2002。

② 主要参考了 Sorter，1969，An Event Approach to Basic Accounting Theory，*The Accounting Review*(1)；葛家澍、刘峰，《会计理论》，中国财政经济出版社，1998。

③ 通用财务报告体系提供的会计信息又难以满足所有会计信息使用者的不同决策需要，且单一的历史成本计量无法反映经济环境特有的动态性和不确定性，多元计量属性并存又受到“公认会计原则”的制约。

价值。如今随着知识经济初露端倪、新经济下互联网技术的迅速发展及互联网在全球的迅速普及,尤其是XBRL语言的开发,越来越多的公司开始在互联网上披露其财务报表和相关的会计信息。例如美国*Fortune* 500强中有99%的企业已经有自己的互联网网址,94%的企业已经在网址上公布了其财务报表①。互联网技术的发展,为企业及时披露会计信息奠定了坚实的基础,也使得通过推行事项会计,从而较好地解决会计信息的相关性问题成为可能。

3. Boulton等(2000)的观点

Boulton等(2000)②认为,未来企业报告应该披露所有资产的现行价值,包括没有在现行的财务报表中确认的无形资产,关注企业的价值创造,产生更有意义的、详细的、分解式的信息,而不是单一的、一视同仁的通用报告。为此,他们提出了三维矩阵报告模式。在三维矩阵报告模式中,传统的表内信息与表外信息二分法报告结构被彻底瓦解,取而代之的是由45个信息单元组成的矩阵报告结构,显然,在这里,"表内信息与表外信息、表内核心、表外补充"等表述已经毫无意义,这在一定程度上缓解了我们上文提到的、财务报表及其他财务报告之间存在的"本末倒置"的非正常现象。此外,依照Boulton的观点,我们认为将极大地提升财务报告的相关性,使得企业提供的会计信息能够反映企业价值创造的过程,了解企业在资本市场中的竞争优势或劣势情况。

在三维矩阵报告模式中,首先需要界定资产的定义,Boulton等认为,资产是"能够给企业带来未来经济利益、能够对公司价值做出贡献的所有潜在资源"。这个定义与传统资产的定义差别在于,传统的定义要求资产应该能够被公司所控制,而新的定义不要求资产必须为公司控制,只要该资源能够给公司带来未来经济利益,即使不为公司控制,也应作为公司的资产,因此,公司的客户、供应商都是公司的资产。按照这个定义,Boulton等把公司资产分为五类:(1)有形资产,如土地、建筑物、设备和存货等;(2)客户资产,如客户、销售渠道、会员客户;(3)金融资产,如现金、应收款项、投资、负债(负资产)等;(4)雇员和供应商资产,如雇员、供应商、合作者等,(5)组织资产,如领导能力、革新能力、战略、过程、公司文化、品牌、知识产权等。其中,有形资产、客户资产、金融资产、雇员和供应商资产以组织资产为基础和中心,发挥价值创造的作用。

公司这五类资产是三维矩阵报告模式的第一维,第二维是外部环境、过程、价值(指公允价值),第三维是过去、现在、未来。三维的组合将形成45个信息单元,比如,客户(第一维)、环境(第二维)、未来(第三维)三者之间的组合将形成"客户—环境—未来"信息单元,该信息单元主要披露公司客户在未来如何受到环境的影响,公司如何应对等。

三、关于会计信息的可靠性

(一)会计信息可靠性的制约因素

会计信息的可靠性,涵盖了两个层次的考虑,即单个会计数据的可靠性和一系列会计

① FASB, 2000, Business Reporting Research Project: Electronic Distribution of Business Information.

② Boulton, Libert and Samek, 2000, "Cracking the value code: How successful business are creating wealth in the new economy",转引自章永奎《表外披露问题研究》,厦门大学博士论文,2004。

数据经过企业会计人员的主观判断、分析综合、加工汇总之后，反映在财务报表上的单一、仿佛十分精确的项目的可靠性。单个会计数据的可靠性依赖于对原始凭证和记账凭证的真实、完整、合法、合理性的审核，而汇总得到的财务报表上单一项目的可靠性则不仅取决于单个原始会计数据的可靠性，还依赖于分析会计人员在一系列会计程序过程中的行为。

会计信息的可靠性问题，属于企业会计信息系统的一系列程序、方法，外加利益相关者（大股东、债权人、管理当局）的个人决策事后因素相互作用的结果。由于信息不对称，个人对企业会计信息可靠性的直接验证一则成本高昂而不大可能，二则如果每个使用者对会计信息都进行验证是社会资源的过度浪费，但独立、客观和公正的注册会计师和外部审计鉴证机制的存在使得会计信息的可靠性往往成为一般使用者决策时的事前（ex ante）忽略变量。必须明确的是，投资者事前认为可靠性是决策的忽略变量并不意味着会计信息的可靠性一定能够得到投资者的认可，因为一旦依据会计信息进行决策后导致了事后（ex post）不利的结果，使用者势必转而指责会计信息的可靠性。但是，作为具有理性的会计信息使用者，为了避免决策可能导致的失误，再考虑到事后对会计信息可靠性的指责总具有某些不可捉摸的味道，以及中小投资者一般往往通过"用脚投票"、选择市场退出方式对管理当局进行惩罚的事实，所以事前对会计信息的可靠性提出基本要求是现实的，并借此来降低决策面临的不确定性。事实上，会计信息的可靠性，无论从使用者事前的要求、还是会计信息系统的功能限制、抑或因事后指责而反馈导致的会计信息可靠性提高方面进行考虑，存在着一个"度"的问题。对反映特定经济业务的个别会计数据而言是如此，对若干个别会计数据经过汇总、会计人员的估计和判断后形成的财务报表上单一、仿佛绝对精确的集合数据而言更是如此。会计信息的可靠性是相对的，不存在"黑""白"的绝对界限。可靠性并不意味着精确性，反之亦然——逆否命题仍成立，因为貌似精确的数字往往是对可靠性的否定。受企业私人效用函数的制约，当投资者事前无法直接验证会计信息的可靠性程度、当注册会计师因为审计程序和审计技术、乃至审计费用方面的因素未能够发现会计信息的可靠性可能存在的问题时，会计信息的可靠性程度的高低也许是企业管理当局的私人信息。注册会计师也只是在重大性原则的制约下对企业会计信息基本可靠性的满足程度进行的鉴证，其发表的无保留审计意见只能表明企业会计信息实现了基本的可靠性，且该审计意见具有或然性。如果苛求绝对可靠性，那么企业由此将增加额外的交易费用。

那么，什么决定企业财务报告的会计信息是否可靠呢？这样的决定因素可能包括：会计信息系统独特程序和方法的限制，准则、制度等规范的要求，不同决策类型的会计信息使用者的事后判断，甚至必须考虑公司治理生态（ecology of corporate governance）的整体因素。会计信息系统的一系列程序、方法的存在决定了单一会计数据的可靠未必能够必然衍生出最终通过财务报告披露的集合数据的可靠性，因为其间会计人员的估计、判断等人为因素和不确定性大量存在。准则、制度对于会计信息可靠性的作用具有一定的稳定性，在特定时期不会产生剧烈的可靠性问题，但这并不排除环境剧烈变化时使用者对企业遵循原来规定所生产的会计信息的可靠性的怀疑。会计信息使用者的事后判断是前者的依存函数，换言之，准则、制度限定的越详细和固定，一般情况下会计信息使用者事后将不会过度指责会计信息的可靠性；准则、制度规定得越灵活，管理当局拥有越多的会计政策选择权,使用者事后越可能对会计信息的可靠性产生怀疑,进而指责其不够可靠。原因在于,当存在多种备选方案时,管理当局可能会出于自身利益的考虑选择一种能够在约束条件下最大化自己私利的会计政策,而这种会计政策也许与经济事实或客观性存在一定的差距,当然也就影响了会计信息的可靠性。例如,当管理当局为了给投资者造成一种公司平稳发展的印象,往往利用应计、待摊、递延、预提等会计程序来营造一种“平滑”(smoothing)的假象。

(二)苛求会计信息可靠性的经济后果

考虑到会计信息生产成本的阶梯型边际递增性,因此若苛求会计信息的可靠性必然会导致交易费用的激增。交易费用的提高却未必就一定导致会计信息可靠性的提高,反而会导致一种“精确的错误”——请谨记一个事实,“大概的对比精确的错更可取”。现实会计实务中,苛求可靠性可能导致“精确的不可靠”或“真实的谎言”之类的未预料的结果①,导致“过犹不及”②,并导致企业提供会计信息的可靠性的均衡点下降③。

我们认为,会计信息的可靠性存在着一个基本的“度”,这个“度”一般是以是否遵循会计制度或会计准则的规范、能否通过和经受注册会计师的鉴证为基本判断标准的。如果管理当局提供的会计信息不满足于基本的可靠性的“度”(而又骗取了注册会计师的无保留意见),那么投资者在进行决策时将面临花费更多的交易费用去验证会计信息的可靠性,这种情况下属于交易费用不合理地由企业转嫁给信息使用者。会计信息的可靠性满足基本的“度”的重要意义在于:任何真正意义上的投资者都不会满足于企业提供的通用会计信息,只要边际成本小于边际收益,他们就可能会对置于“公共领域”内的具有价值的信息资源(即所谓的“租”)进行进一步地攫取。虽然这种举措(攫取租金的行动)属于个人化行为,但不否认的是,由于信息不对称,意欲针对会计信息进行攫租的投资者的一个基本依据仍就是企业通用的会计信息,因此通用的会计信息是否符合基本的可靠性的“度”,就成为攫租过程是否可行的第一个关键因素。否则,在不可靠信息、甚至是严重背离经济事实的会计信息的基础上进行的进一步的加工、整理、再组合过程产出的新会计信息要么将是更不可靠的,对决策是有百害而无一利的;要么投资者要得到自己满意的、可靠性的会计信息将耗费更大的交易费用。正是从这个意义上讲,ASB(1999.10, Par.3.35)曾认为不可靠的财务信息不应该提供。

---

① 例如,一个长年在野外进行施工的企业,由于环境条件的制约,其会计核算碰到了困难,在某些方面不能够取得应有的原始凭证。其会计核算往往缺乏一般人眼中的基本可靠性,为了满足可靠性,经办人员不得不花费另外的资源来拼凑可靠性即经办人员只好在当地或者公司常驻地以“购买发票”的形式来满足可靠性,也就是说并不是经济业务发生时从交易对方处所获取发票,而是事后为了满足形式上的可靠性(可验证性)而临时应急性的措施。譬如,经办者发生了9 975元的支出而未取得发票,考虑到“购买”发票时的税负问题,设税率为5%,那么他将以525元的另外支出购买发票,发票载明的不含税金额为10 000元,税款为500元。而实际情况应该是不含税金额为9 500元,税款为275元。这真是“真实的谎言”。

② “过犹不及”性体现在容易带来损害或削弱相关性的可能。譬如使用者绝对强调可靠性或企业绝对追求可靠性将导致对历史成本的过分偏倚和过分强调客观性,但这无疑将削弱会计信息的及时性乃至相关性。而决策有用的会计信息应该同时满足相关性和可靠性。

③ 看起来这好像一个“悖论”,企业因为花费更大的成本提供会计信息,那么信息的提供水平和质量都有所提高,为什么均衡点反而会下降呢?必须注意到,管理当局拥有私有信息,准则或者制度规定企业必须提供哪些类型的会计信息,但管理当局有权决定提供会计信息的信息量(content)。所以这个看起来的“悖论”只是一个“佯谬”(paradox)。

明确了会计信息的可靠性存在一个基本的“度”之后，我们还应该意识到该“度”是对财务报告提供的通用会计信息而言的。有些使用者譬如专业用户（professional users）或机构投资者，由于其决策过程的复杂性和精密性[①]，所以他们进行决策时可能并不满足于会计信息可靠性这个“基本的‘度’”，他们可能会针对会计信息的更高的可靠性进行攫租（rent-capturing）。攫租过程可以视为是专业用户在成本效益原则制约下追求个人决策效用满意化的过程，如果其私人边际收益＝边际成本，则攫租过程终结。但是，如果专业用户所需要的更高可靠性的会计信息由管理当局通过另外途径（如私下协议）无偿供给，那么其边际成本曲线将是非常平坦而接近并平行于横轴（代表会计信息可靠性程度），而企业的边际成本曲线因此上移，企业以财务报告形式公开披露的会计信息的基本“度”下降。换言之，如果个人决策可靠性的苛求将导致与更高可靠性联系的交易费用由决策者个人转嫁给提供会计信息的企业[②]，而企业由于也受到边际成本和边际收益的制约，所以企业也理性地将由特定决策者个人转嫁而来的交易费用转嫁给一般使用者，体现为会计信息基本的度的下降。最终，对资源配置存在重大影响的专业用户的交易费用转嫁给一般投资者，由其默默地承担，这是一种典型的强权博弈。但这与保护中小投资者的基本宗旨是背道而驰的。

一言以蔽之，会计信息的可靠性与否首先是会计信息系统的机制使然，会计准则和会计制度以及审计的存在使会计信息的可靠性成为一般使用者的决策的事前忽略变量，但会计信息的可靠性可能成为使用者事后的指责对象。如果企业提供的会计信息不满足一个基本的“度”，那么属于交易费用不合理地由企业转嫁给信息使用者，而过分苛求会计信息的可靠性，容易引发“过犹不及”的问题和交易费用转嫁的问题，对社会总体而言是一种无谓的损失。

（三）提高会计信息可靠性的举措

1. 确保会计信息披露的透明度

“透明度”（transparency）是1997年Levitt在关于高质量会计准则的演讲中首次提出[③]。具有透明度的会计信息，应当是高质量的会计信息，它既必须有足够的有用的信息含量，又应当如实地、可比地反映一个企业与投资人相关的信息；要把这些信息综合成一个描绘企业经营真相与诚实财务状况的图像；在这个图像的描绘中，不为某个利益集团的利益而弄虚作假，不粉饰盈利；不遗漏按准则和制度必须确认披露的一切有利和不利事项；充分地暴露企业已经存在或可能存在的风险；当然也不能掩盖企业业已形成或极有可能获得的收入、利益和机遇，而且表述要清楚、确切，绝不含糊，要能反映交易与事项的经济实质[④]。可见，会计信息披露的透明度蕴涵着会计信息可靠性的若干基本内容；强调会

---

① AICPA（1994）《改进企业报告》中指出，专业用户一般控制有大量的资本，在资源配置中的影响力重大，其决策时一般采取先进的模型与方法，对会计信息的需求和原因更为清楚，而且对会计信息的处理更加标准化和规范化。此外，该文献还指出，会计信息使用者的决策方法对信息需求有重大的影响。

② 这种情况可能出现，原因就在于专业用户一般掌握了足以影响资源配置的大量资本，在与管理当局进行博弈的过程中处于一种支配或者强权的地位。

③ 主要参考了葛家澍，“财务报告质量评估探讨”，《会计研究》，2001.11。

④ 也就是说，可比性、中立性、清晰性、完整性、充分披露、实质重于形式等6项基本要求构成了会计信息透明度的主要内容。

计信息披露的透明度与要求会计信息的可靠性之间存在诸多共性。

2. 重视公司治理生态问题

会计信息的提供，从来就不是一个单纯的技术性问题。会计信息具有的经济后果性质往往促使企业的管理当局利用信息不对称性，以牺牲投资者的利益为代价来追求个人私利，而管理当局的不道德往往最终需要借助于会计信息进行掩饰，这就很容易导致会计信息的不可靠性。由于高质量的会计信息往往是以高质量的公司治理生态为基础的，健康的公司治理生态可以作为一种发现机制，约束企业的会计信息披露，确保会计信息的高质量。然而一旦公司治理生态失衡，那么会计信息披露将会充斥着不可靠性、甚至是财务欺诈①。公司治理生态，是以公司治理机制为基础，外加一系列具有独立性的社会中介环节(如注册会计师、财务分析人员、投资银行家、监管机构等)组成的知识共同体。一系列的财务欺诈案件背后隐含的逻辑就是，这些本应具有独立性的中介环节已经“有意识”的集体失效了，从而导致会计信息失去了其基本的可靠性，助长了财务欺诈的出现。例如安然事件中，安然公司的公司治理机制的不完善、会计师事务所安达信与安然高层管理人员的合谋、投资银行家和财务分析师为了一己私利而背弃独立性的行为、监管机构的衰弱无力，甚至投资者缺乏基本的投资常识，这些都蕴涵着安然公司的公司治理生态失效，也是“孳生”安然公司财务欺诈的“温床”。所以，会计信息的可靠性，不能仅从技术角度进行分析，应该更多地注意公司治理生态因素，强调以健康、高质量的公司治理生态确保会计信息披露的高质量。

① 关于公司治理生态与会计信息可靠性之间更为详细的讨论，请参见杜兴强，“公司治理生态与会计信息的可靠性问题研究”，《会计研究》，2004.07。

第八章

会 计 要 素

第一节　会计要素概论

一、会计要素与会计信息系统

会计要素既指财务报表内容划分的大类，又指用于正式报告账户体系内容的划分大类。

本章所说的会计仅指企业财务会计(简称财务会计)。财务会计是现代企业会计的一个分支，它的特点是立足企业，面向市场，提供以财务信息为主的经济信息系统。

为了推动财务会计的发展，人们发现传统的财务会计理论侧重于描述性。由于会计理论作为一种学术思想应当百家争鸣百花齐放，不同思想、观点的比较评论和争论必然占财务会计理论内容的一大部分。财务会计是应用性很强的一门学科。理论概念上的分歧，将会导致会计实务的混乱。财务会计实务则要求制定一套能照顾各方利益、尤其是要保护对企业财务信息占弱势的群体——主要指不参与企业经营管理的投资人和债权人的利益的会计准则。准则指导并规范实务，但准则仍要有正确的理论为指导。能够指导并为准则所应用的理论和概念，不是众说纷纭、莫衷一是的各种看法，而是相互一贯、内在一致、规范性的理论(概念)框架。

这一套概念，不同于传统的财务会计理论，它"将能指导首尾一贯的会计准则，并将说明财务会计和财务报表的性质、作用和局限性……制订解释和应用会计和报告的准则将反复印证这些概念"①。

本章所要研究的财务会计(财务报表)的要素及其确认和计量都是上述概念框架中至关重要的概念。但要研究这些概念，首先要了解财务会计(财务报表或财务报告)的目标。在整个概念框架中，目标是指引方向的。所有其他概念的研究都要服从于同一目标，而且所有其他的概念的应用，都是为了实现目标的要求。

按照FASB的概念框架(以下简称SFAC或FASB Concepts)，目标的表述很简洁，就是："编制财务报告应为现在的和潜在的投资人、债权人和其他类似的使用者提供有用的信息，以便作出合理的投资、信贷和类似的决策"(SFAC No. 1，highlight)。

在上述目标中，有用的信息是什么?

---

① FASB, Scope and Implication of the Conceptual Framework Project, 1976, P. 2.

● 有关企业预期的净现金流入的金额、时间和不确定性；

● 有关企业在报告期内的财务业绩，重点是收益及其组成；

● 有关企业的经济资源，其主权（包括债权和所有者权益）以及由交易和事项所产生的影响。

一个企业在特定会计期间内的现金流量，特别是有利的现金净流量，在各该期间内的经营业绩如盈利，或财务业绩如全面收益，在会计期间某一时日（如期初或期末）的财务状况（资产、负债与所有者权益的结构、总量和相互配合）及其变动，正是根据财务会计目标把企业连续、重复、不断发生的交易或事项带来的财务数据（可用"观念上"的货币表述的数据）[①]经过财务会计系统加工处理的结果。首先经过第一步确认，运用复式簿记的机制，将会计分录分类记入作为会计要素具体化的账户体系中。这种独特的分类记录，将原始的财务数据转化为可视为报表信息"半成品"的账户信息；然后，经过第二步确认，把账户信息运用调整合并、浓缩、分化等手段，再转化为会计要素具体化的报表项目（报表信息）。账户是一整套相互关联的处于加工中的财务信息体系，财务报表也是一套勾连环节的已加工完成的财务信息体系。报表信息应是既可靠又相关，它对使用者决策最为有用。

账户体系记录了第一步确认的结果，报表体系则表述了第二步确认的结果。账户体系中的记载属于正在加工中（如上述的"半成品"）的信息群体，而报表内的表述则属于已加工完成（如产成品）的信息群体。两者是有机并分步骤地结合着。所谓财务会计的要素，实际上是分别指：

（1）分类、有序并相互关联的账户体系中的第一层次的分类，简称账户大类，如资产、负债、所有者权益、收入、费用等账户。

（2）分类、有序并相互关联的报表体系中的第二层次的分类，也简称报表内容大类，如资产、负债、所有者权益、收入、费用等报表项目。

当前，在各国和 IASC 所发布的概念框架中，论及要素，仅指财务报表的要素即财务报表内容的大类，并把要素称作构建财务报表的板块（building blocks），都未提到账户体系的大类，即账户体系的要素问题。

他们在说明确认时，也称为财务报表的确认，可是对记录这一重要环节（程序）却又无法回避，例如 FASB Concept No. 5 关于"确认"定义，就表述如下：

"确认是一个过程。这一过程是把一个主体的一个项目作为资产、负债、收入、费用或其他要素正式记录（formally recording）或组成（incorporating）财务报表。确认包括同时用文字和数字描述并将其金额计入财务报表的总计（totals）"（SFAC No. 5 Pars. 6、9、58）。

在上述定义中，作为报表组成项目大类的要素，自然也应是用于正式记录的账户的大类，两者必须基本一致。否则，记录产生的初加工信息不可能转化加工完成的报表信息。尽管两种分类基本一致，但不等于账户分类的消失。

再者，从财务会计的操作框架看，它也包括记录和报告两个核心环节，同时配合确认与计量两个要素共同组成的。若按基本顺序，应为第一步确认（初始确认）：计量、记录和

① "观念上"的货币仅具备价值尺度的功能。通常它仅是会计用作记录和报告的计量单位，它与现实的货币如现金、银行存款等（可作为财富的代表、资本的形式、交易的媒介、购买的手段、储蓄的手段）不同。

第二步确认：再计量——形成报表。

在企业财务会计中，把由交易、事项产生的数据加工转化为财务报表，对使用者提供有用的经济信息（基本上是财务信息）的处理过程，“记录”环节最具特色也最为重要。它应用了巧妙的复式簿记与之相配合的会计账户系统，将任何复杂的交易或事项，都可转化为两个非常简括的账户名称，同时记成“有借必有贷，借贷金额必相等”的会计分录（若一个分录不够，也可用几个分录表述一项复杂的交易）。而后再按分录分别记入相关账户的借方或贷方，借助于账户分类归集同质账户的发生金额并随时可算出余额。每一项会计分录的借方账户合计，与贷方账户合计必须是相等的。全部账户的借方金额、贷方金额及其余额在任何时日的合计，也都是各自平衡的。复式簿记（包括账户系统）用于从交易与事项中提炼出有用数据的系统在保证自我平衡的机制下，初步加工成财务报表项目的“模型”和“半成品”。特别是在账户系统设置上，既有按资产、负债、所有者权益等要素设置、用来反映财务状况的所属的“实账户”（real accounts）；又有按收入、费用、利润（亏损）等专门用来将收入与费用配比，计算企业经营与财务业绩的“虚账户”（nominal accounts）。实账户的特点是：在期末必有余额，因而为编制资产负债表作准备；虚账户的特点是：在期末应无余额，它们的发生额将按收入与费用配比过程逐步结转于“利润”一个账户，而“利润”账户在未分配前也应转到资产负债表中所有者权益之下，代表企业产出大于投入，价值在本期内增值。所以作为虚账户的“利润”，最后也会结平而不留余额。

二、复式簿记系统在第一步确认中的具体运用

第一步确认——交易和事项（以下简称交易）的正式记录有如下的要求和步骤：

（1）当企业每发生一项交易时，先根据确认的基本标准，遵循会计准则或会计制度，结合会计人员的专业判断，正确辨认应予记录的要素的所属账户。在决定选用的应予记录的两个或两个以上的账户时，先应审核证明交易发生的证据的合法性与合规性，排除不合法、不合规和伪造的任何证据。这是通过会计反映实行会计控制与监督的重要关口。其次，从客观、真实、合法、合规的凭证上的数量记载中，提炼出能反映交易的经济实质，含有财务信息的数据，作成下列形式的记录（按会计的术语，称为会计分录）。设以三个月到期付款的赊购原料为例，分录如下：

（借）存货——原料（资产的所属账户）	6 000		去 ← 资源（资金）
（贷）应付账款（负债的所属账户）		6 000	来 ┘ 流动

（2）上列记录的特点很明显：

① 一项交易的内容往往很复杂，收集的外来和自制证据可能甚多，若全部记载交易的一切细节，将使有用的信息淹没在文字与数字的汪洋大海之中。而复式簿记却仅运用几个账户，通过一个或几个分录就能简洁而突出地使由于交易发生引起的资源和资源的主权的变动的那些有用财务数据，按“有借必有贷，借贷必相等”这一双重记录的特别方式——在会计分录中正式记录下来。借（Dr）和贷（Cr）不过是记录的符号，但在不同性质

的要素及其所属账户中，却使其代表不同的含义（增加或减少）。会计分录这一双重（复式）记录，既表示资源及其主权等的变动，又表示流动的轨迹——从何而来，到何处去。而且能自动平衡。

② 所有的会计分录都必须按照交易发生的顺序，连续而不得遗漏地作成。会计分录作成后，就要按分录中的账户，把金额借记或贷记的各个账户中进行归集。人们有时称会计是一个分类反映经济信息的系统，分类就是从账户记录开始的，如上例。

Dr	存货	Cr
6 000		

Dr	应付账款	Cr
		6 000

③ 企业真正拥有、可支配使用的是资源（资产），它的主权分别属于债权人（负债）和投资人（所有者权益）。不论资源或资源的主权，都是实实在在地存在于企业之中，资源表现为各种资产；资源的主权或由债权人掌握的借款借据、契约、合同所明确规定，或由投资人的产权合同所证明。两者均为受到法律保障的确切经济权利。它们的存在、配置和相互勾稽反映财务状况；企业为资源及其主权设置的账户称为实账户（real accounts）；另一方面，人们为了计算企业在一段会计期间的经营或财务业绩，又设置了带有统计性质的账户，看不见、摸不着任何东西，如收入、费用等，则称为"虚账户"（nominal accounts）。

"实账户"与"虚账户"的区别与联系何在？

联系表现在：虚账户一般应是本期发生额在结转，最后则集中于利润账户上。在利润账户中，把收入同费用配比，把贷方发生额同借方发生额进行比较，若为贷方余额，则为利润；若为借方余额则为亏损。这就是经营或财务业绩。但后来，利润账户的余额还是要再转到实账户的"所有者权益"账户中：贷方余额记入所有者权益表示未分配利润，增加期末企业的净资产；借方余额为亏损，用红字（表示减少）记入"所有者权益"账户，表示所有者权益亏损，减少期末企业净资产。

区别是：

第一，所有的实账户在期末都会有余额。借方余额为各种资产，贷方余额是各种负债和所有者权益。因此，实账户的余额是第二步确认编制财务状况表，即资产负债表的基础。

第二，所有的虚账户，在期末都不会有余额。收入与费用的配比，就是在虚账户相互结转并最后集中在利润账户中完成的过程。因此，虚账户的发生额，是第二步确认编制收益表（利润表）的基础。

既然虚账户在期末全部结平，利润账户的余额也要转入"所有者权益"账户并在资产负债表所有者权益部分单独表述，那么，利润账户就成为：

- 实账户与虚账户相互联结的桥梁；
- 资产负债表与收益表相互勾稽的链条。

④ 复式簿记的全过程是一个自动平衡、勾连的过程。

前已述及：第一步平衡机制是：作成的每一个会计分录，其借方金额（合计）＝贷方金额（合计）；第二步平衡机制则是：在期中或期末任何时间，若把全部账户（包括实账户和虚账户）按"期初余额"、"本期发生额"和"期末余额"分别加以归类并合计，又能实行下列三个平衡：

- 期初借方余额合计＝期初贷方余额合计；
- 本期借方发生额合计＝本期贷方发生额合计；
- 期末借方余额合计＝期末贷方余额合计。

如果出现不平衡，就表明或是会计分录或是账户记录在借贷两方产生了差错，自动地起检查、复核作用。

财务报表的基础是账户，账户的基础是会计分录，会计分录数据来源是客观真实的凭证：

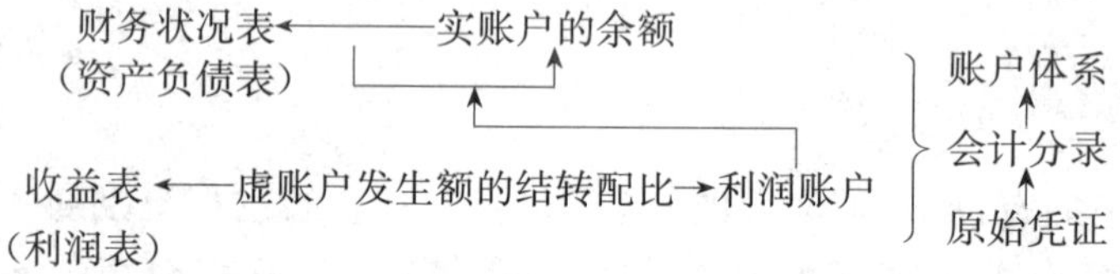

为什么有上述一系列勾稽关系呢？根本原因在于：所有的记录，都以不损害下列基本平衡公式为条件：

$$资产 = 产权 = 负债 + 所有者权益$$

$$A = B = C + D$$

期初　$A_1 = C_1 + D_1$　　　　$D_2 > D_1$

　　　　　　　　　　　　　　↑

期末　$A_2 = C_2 + D_2(D_1 + 本期利润)$　　其缺口正是应由虚账户（或收益表）转来的“本期未分配利润”来补足的。

由此可见，复式簿记不仅包括记账原理和账户体系，而且直接关系到两个基本财务报表。

复式簿记原理简单，易懂易学易做，在许多人看来似乎是雕虫小技，不能称为科学。但正是这个所谓的“雕虫小技”，在500年以前不知经过多少商人的经验积累，才悟出这种巧妙记录的真谛。在1949年由意大利的卢卡·乔帕利在其《算术·几何·与比率概要》中系统整理发表。

问题不在于复式簿记技术促使簿记式会计这门科学的产生和发展，问题在于复式簿记方法的推广应用，极大地推动、提高了商人、企业家的经营管理水平。马克思在批判资本主义的同时，也曾赞叹“资产阶级在它不到一百年的阶级统治中所创造生产力比过去一切世纪创造的全部生产力还要多，还要大。”（《马恩全集》第1卷第256页）在资本主义生产力的巨大发展下历经500多年，这一记录的独特方式仍然是市场经济下现代财务会计，作为一个以提供财务信息为主的经济信息系统的核心与基础，离开复式簿记就无所谓第一步确认，也不可能产生最后的财务报表。而计量，如离开账户记录，也失去最初的（对比报表来说）依托。从15世纪到现在，科学技术的发展真可谓一日千里，会计也是如此！可是迄今为止，仍没有更科学的方法可取代复式簿记。这不能不令人感到惊奇与赞叹！

根据以上的分析，不研究账户划分的大类而只研究财务报表内容的大类，是对复式簿记机制，即正式记录所采用的系统的忽视和轻视所致。人们通常把财务会计的程序分为确认、计量、记录、报告（以财务报表为中心）四个部分，其实把数据转换为信息的基本程序是记录和报告。而最独特的加工信息方式是按复式簿记原理，作成会计分录并通过账户归集同类数据或正在加工中的信息，最后才能编成相互联结又相互勾稽的两份基本财务报表——资产负债表和收益表，表述并传递已完成应提供给使用者的有用信息。复式簿记在财务会计系统中，是核心，也是基础。确认和计量是由于交易(事项)日趋复杂，为保证记录与报告的可靠性、相关性(特别是考虑到在权责发生制的条件下，存在着应计、递延、分配、摊销等程序，需要运用会计人员的专业估计与判断)，提高信息的质量而发展迅速的一些概念、原则和准则。在整个财务会计中，确认和计量虽较为复杂，但它们总是依附于记录和报告，成为对要素所属账户和所属报表项目的补充、添加手段。我们仔细分析就会看到：确认和计量贯穿了记录和报告两个过程。第一步确认应否记录，何时记录及如何记录(选用哪些账户才能记录该交易或事项的经济实质即更可靠)，是为正式记录服务，即丰富了复式记账系统；第二步确认应否单独在报表中列示，何时列示及如何列示(怎样排列、分类、浓缩或细分才能对报表使用者更相关)，是为财务报表的信息表述服务，即丰富了报告系统。计量更是如此。计量单位和计量属性主要指计量属性的选用，使估计、判断的金额更符合计量对象的性质，在可靠的前提下，提高数量描述的相关性。记录和报告的内容，皆是会计应予可靠计量的对象，即应可靠计量的要素。

当前，各国(包括IASB)所发布或认可的财务会计概念框架，只研究财务报表的要素，我们则认为也应涉及账户体系的要素。实际上是说，有关复式簿记，包括账户体系的基本概念在财务会计概念框架中应有一席之地。

三、会计要素设置的依据

在整个财务会计概念框架中，目标是指引方向的。如按照美国FASB Concept No. 1，目标已明确规定：有助于决策的有用信息，集中表现为一个企业的预期未来现金流量。但要探求预期的未来现金流量，必须同时掌握一个企业资源及其主权即财务状况和资源及其主权变动的结果——经营和财务业绩。

由于把“权责发生制”作为基本假设，日常的记录和两份财务报表——资产负债表与收益表(利润表)均以权责发生制为确认的时间基础。至于另一个财务报表——现金流量表，可以根据前两个报表或账户系统的记录进行转换[由权责发生制(accrual basis)转换为收付实现制(cash basis)]。这样，会计要素的分类就既依据目标要求提供的信息内容，又考虑确认采用的权责发生制，分为两个部分共九项要素：

用于反映财务状况的部分	用于反映经营和财务业绩的部分
资产	收入
负债	费用
所有者权益(净资产)	利得(营业外收入)
	损失(营业外支出)

上述九个要素，既是账户体系的大类，又是主要财务报表(资产负债表与收益表)的内容的大类。对账户体系来说，用于反映财务状况部分的三个要素全部是实账户的大类，而用于反映经营和财务业绩部分的六个要素则全部是虚账户的大类。对财务报表来说，用于反映财务状况部分的三个要素是资产负债表的表内内容的大类(建筑该报表的大板块

building blacks);用于反映经营和财务业绩部分的六个要素则是收益表(利润表)的大类(建筑该报表的大板块)。

必须指出,要素设置的依据,虽然主要根据财务会计的目标,但是作为财务会计所处的客观经济环境的特征造成财务会计的基础概念即基本假设和财务会计应当处理的内容即对象——企业的价值增值运动,也是影响会计要素设置的重要因素。

从会计的基本假设看,除上述权责发生制的影响外,还有主体假设、持续经营、会计分期和以货币为计量单位。所有的要素都是属于特定主体的财务状况或经营业绩的组成部分,都以持续经营的主体为前提,而没有会计分期,没有反映期初或期末的财务状况和某一期间经营业绩的要求,不以货币为计量单位,上述要素是不可能汇总量化描述的。

再从会计的对象看:会计要素是会计对象的具体化,而对象则是会计要素的综合、抽象和概括。它们是同一事物的不同表现:分类则成要素,综合是为对象,后者用于表述财务会计应处理内容的总体特征,以区别其他学科或其他经济信息系统。科学研究的区分,在于矛盾的特殊性,即在于各有不同的研究(或处理)对象。

总的来说,会计要素的设置,是在财务会计目标的指引下,根据信息使用者的需要,考虑到基本假设作为制约因素所起的影响,把会计对象(体现为账户体系和财务报表的内容)划分为若干个虽互有联系,但在性质上又相异而可据以确认和计量(运用观念上的货币)的大类的举措。

四、会计要素的定义和特征

在财务会计概念框架中定义会计要素并分析其特征,不是为定义而定义,不是纯理论研究,它的目的全在于应用:要有利于指引确认和选择计量属性。

研究会计要素的定义及其特性,应当涉及上述九项要素,但这九项要素实际上是相互联系勾连的,从下列公式可以看到:

期初:　　资产＝负债＋所有者权益(净资产)

期末:　　资产＝负债＋所有者权益(净资产) ← 期末净资产超过期初净资产的部分①

本期已实现的:收入－费用＋利得－损失(包含前期调整应在本期实现的利得或损失)＝本期净收益±已确认但未实现的利得与损失＝全面收益

在上述要素中,我们认为资产最重要,正确地给出资产的定义并确定其特征,定义其他要素就不难解决。

(一) 关于资产的定义和特征概述

1. 资产与经济资源

任何一个主体(企业)可控制、使用的资产都不是从天上掉下来的。民营企业是企业主把节省的财产(即资源)不用于消费而用于投资,成为独资企业的资本和资产;国有企业资产是由国家按计划手段把国有资源配置于企业的。在市场经济的国家或地区,如果企

① 但不包括本期所有者权益本身的变动。

业资本的筹集主要依靠资本市场运用价格机制(股票价格)把私有、集体或国有的资源,不断地从低效率和低效益的部门(企业)抽走,投向高效率、高效益的部门(企业),这种用“看不见的手”进行的资源配置,是公开募集资本的上市公司获得资源的最初方式。此时,企业获得的资源就同时在会计表述为两个方面。例如募集了股本1亿元,按复式簿记来记录应为(单位:万元):

资产要素的最初形态		所有者权益中业主投资	
(借) 现金	10 000		
		(贷) 股本	10 000

2. 初步意见

从这里可以看到三点:

(1) 企业的资产是从社会上的经济资源转化而来;正如FASB在其第6号概念公告中所说:资源或资产是维持企业的血液。企业之存在主要在于取得资源,生产、流通并使用它们,最后向社会提供货物和劳务并使投入的资源在产出时增加价值,以便对投资人和债权人供给资源进行优厚的补偿(参见SFAC No. 6, Par. 15)。

(2) 只有属于企业的资源(即用于营运,可增加新价值,创造新财富)才能成为资产,企业对作为资源转化形成的资产,有使用、消耗(但仍须再购回,或外债所消耗的价值)、出售、交换、抵押、担保等权利,但没有所有权,即产权。所有权即产权在资源配置于企业时就明确表示属于投资人或债权人了。

(3) 资产来自资源。但资源必须已配置到企业、通过企业再配置即转化各种生产要素并加以营运才是资产。资产是资源在企业营运中所表现的各种形态,它们来源于市场配置,最初通常表现为现金(由于现金是财富的代表,是一般商品物资的等价物。在市场经济中,只有现金,才能通过交换,购置各种其他资产)并体现投资人所有的资本(当然,在营运中,资产还可能来自债权人的资金支持即负债,这里我们只考察投资人通过资本市场对上市公司的投资,这是资源的初次配置)。

按照科斯理论,企业是“价格机制的取代”。在企业内部(以工业企业为例),市场交易被取消,由企业主或其代理人——企业管理阶层运用权威(实际上运用一系列交易成本比价格机制要低的契约集合)把第一次配置的资源——现金转化为各种生产要素,把它们结合并组织起来,指挥生产经营活动,最后生成新的产品或劳务,并再通过市场交易转化为流入更多的现金。由企业通过权威(或管理)指导生产,重新配置资源,既能保存资源的价值又能创造新的价值(财富),所以企业会使处于营运中资源的各种形态如现金、应收账款、存货、固定资产、长期投资等,同时占用生产经营循环的不同阶段,并不断转化,其特点是资产的各种形态既同时并存,又依次继起。企业之所以存在,正是由于它也是资源配置的手段。市场配置只是把资源流向高效率、高效益的企业,这是优化资源配置的第一步,但这时,优化资源配置的终极目标:以最少的稀缺资源,增进企业和社会的最大财富,尚未实现。要实现这一目标,就要在企业内部再一次进行资源配置,把各种资源转化为生产要素,并在管理阶层的指挥下,通过各种长短期契约,凝聚为一种创造性的生产力,力争投入的资源耗费(成本)最低,风险最少,而产出的价值最大,财富最多,这才能体现帕累托的最优，从而实现优化资源配置的终极目标。

在企业中重新配置资源，为什么能实现资源配置运用最优化的目标？还有什么缺陷？

首先，所有的资源都含有未来的经济利益。有的可通过单独销售即能实现这种利益，如有活跃市场可随时销售的盈利性有价证券。而企业的多数资源必须同人力资源一起互相结合并服从统一的指挥调度，才能实现物质资源和人力资源内含的潜在价值，带来显然比取得这些资源的成本（买价、工资、奖金等）要高得多的利润（表现为企业的盈利或收益）。增加的新价值即利润是谁创造的呢？马克思认为，是工人的活劳动创造的（当然也包括工程技术人员的劳动）。而邓小平则提出科学技术是第一生产力。科学技术或表现为现在的知识，或表现为物化于先进的含有高科技的材料与设备，后者皆为物化劳动，它们也能创造价值。西方经济学对此也有许多不同的意见。这个问题，尚有待进一步研究。

其次，所有的物质资源都含有未来的经济利益（即未来服务潜力），但要实现这些利益离不开同人力资源的结合，更离不开企业主或其代理人——管理阶层的指挥与管理。在这个意义上，如果说市场的资源配置是以价格为杠杆的价格配置，那么，在企业内部，企业的资源配置则依靠业主或管理层的权威，运用一系列权利与义务十分明确的严密的契约（合同）为手段的管理配置。价格配置是“看不见的手”（the invisible hand），管理配置则是“看得见的手”（the visible hand）。两只手不能或缺。

再次，在企业进行资源配置的缺陷主要表现在财务会计所提供的信息的不完整。例如：

● 迄今尚无法确认人力资源为资产，一些能为企业带来超额利润的知识资产，尚付阙如，争论了几十年的自创商誉仍不能在表内可靠的表述；

● 迄今也无法量化表述管理阶层发挥他们的管理才能，在创造新价值、增加新财富中的作用。

因此，当前，企业的财务状况表中的资产的内容是不完全的，资产的占用形态也是不完整的。这就决定了按照传统的会计模式，任何一家企业的资产负债表都不可能也不企图反映它的价值。经济学家关注一家企业的价值及其创造，他们一直希望会计学家同他们配合。遗憾的是，按照会计学家应用的模式，即使全部财务报表加上成本报表都不可能反映价值增殖的过程。

3. 几点结论

(1) 资产不同于资源或财产。但资产来自于资源，资源必须通过市场交易才能流入企业。属于企业占有（但不是所有）、能为企业营运（或直接销售，或通过复杂的生产过程才能销售）并带来效益的资源才是资产。任何非企业所有，不以营利为目的的资源，严格地说，都不是资产（在这个意义上，非营利组织拥有资源应否称为资产，是一个值得商榷的问题）。

(2) 会计上的资产是信息。信息本身也是资源，但它毕竟不同于在企业运用的那些资产。会计的资产是现实企业中拥有资产及其形态变化的反映。但要使现实的资产为企业所使用，或用于交易，或先用于生产而后交易，又都离不开会计上的资产信息。信息作为一种资源在市场交易和企业内部“交易”（事项）中起着必不可少的媒介作用。

(3) 由于任何企业要营运，不能没有资源，即不能没有资产，任何一个企业在创办之初，最先流入企业的就是现金和其他资源（如土地等），与此同时，同流入资产等额的所有权也就形影不离地出现。

有了第一项资产，例如现金，才有可能购买原材料，建造厂房，购置设备，聘请管理者、技术人员和工人，才能组织生产，这时才会发生支出出现费用（成本）等要素。产品的生产过程，同时也是产品的消费过程，为了生产货物或劳务，在生产的每个阶段都会发生资源的耗费（如原材料消耗，折旧，付给支薪经理、技术人员和工人的工资等）。这些耗费随着生产过程的积累表现为投入的增加，在会计期间，各生产阶段的成本对象化于各该阶段的零部件、在产品、半成品，直到完工的产品（货物或劳务），成本的积累过程才基本结束，企业收入可赚得的过程随之开始。但这时企业还没有收入，直到产品通过交换已销售，通过市场确认其价值已实现或可实现，才取得收入，收入同费用相配比，再决定盈利（收益）。

可见，没有资产的使用，不可能出现费用、成本和收入等要素，至于负债的产生是由于资源的需要，除投资人投资外，还要债权人（如金融机构）给予资金融通。作为投资人投资的补充，负债流入的资金也是与资源即资产（最初是现金）同在的。概括起来，可以说，没有资产这一要素，就不可能同时出现所有者权益和负债两个要素，而没有资产的使用和营运，则不可能随后产生费用（成本）、收入、盈利（净收益）等要素，这也是本报告首先并重点研究“资产”这一要素的定义与特征的重要原因。

第二节 会计理论中资产定义的文献评介与分析

一、资产在企业中的重要性

生产关系和生产力是辩证的统一。在任何企业，包括现代企业中，资产与资本之间的关系，在会计学看来，正是前两者在企业中辩证统一的表现。资产与资本的相互依存关系是客观地、现实地存在着，而会计（主要是财务会计），则把它们通过复式簿记技术如实地反映出来。谁都知道，没有资本的投入是不可能形成一个企业的。按照复式簿记的观点，投入资本意味着企业拥有可以支配营运的资源即资产。因此，资产＝资本（产权）这一衡等式如影随形，永远同时存在。资本（所有者权益）当然重要，但在会计上，它只表示对于所投入的资产持有的主权，包括所有权和收益分配权（剩余索取权）。一个企业不到年终分配，或不在业主投资、改组、兼并、破产之时，资本是一个不变的、仅仅代表所有者对企业资产享有主权的抽象概念（具有象征意义）。而资产则不同，它是企业生产力的主要代表，是企业能够开展生产、经营的物质资源。随着企业经营活动的进行，资产的形态、结构及其价值，也随之变动。例如，最典型的企业是生产企业。一个持续经营的生产性企业，每一项经营的循环，总是从现金购买各种生产要素开始，再把生产要素加以结合，投入生产，生产出商品或劳务，再通过销售，收回更多的现金而结束，即 C…C′。其中，各种生产要素，凡未耗用而仍然由企业持有的部分，产品未销售而余存的部分，产品（劳务）虽已销售，尚未收到现金、但已获得现金收取权的部分，都是企业各种形态的资产。只要企业在持续经营着，企业的资产总是在循环变化之中。我们可以用马克思在《资本论》中的两句话来形容这些在循环中的资产的现象形态是：“同时并存，依次继起”。

资产不仅是企业赖以生存和发展的物质基础，而且只有通过资产，才会衍生出费用(资产流出企业)、收入(资产流入企业)、负债(虽然它同时能增加资产比如现金，但必须有一定比例的资产作为担保)等会计要素并且成为资本增加的主要来源(在资本本身变动如业主投资、派给业主款之外，期末净资产大于期初净资产才意味着企业价值的增值，达到经营的目的)。

究竟什么是资产的本质？怎样定义资产？这是从20世纪初以来，一直有不同看法，迄今仍须推敲的一个会计理论问题。

二、资产定义的各种观点

早在20世纪初，美国的会计学者就开始关注资产并在替它给出定义了，等到财务会计概念框架出现，包括资产在内的会计要素就主要由准则制定机构进行主导研究。让我们分国家按历史顺序先对形形色色的资产定义作一个较系统的评介，而后再分类分析它们的可取之处和不足。

(一) 美国对资产的定义

(1) 1907年曾任美国会计师协会主席的斯普拉格(Sprague)在《账户的哲学》一书中，先从资产负债表的资产方的特定价值开始分析。这一特定价值，分为两类，一是物品或东西(things)，二是权利(right)或者是属于企业的东西和属于企业的权利。最后，他将资产概括为体现以前得到的服务(services previously given)和现在继续被收到的服务的储存(to be a storage of services to be received)。斯普拉格继续说："某人为了生产任何财富，必须给工人以工资，但如果不对工人提出未来服务的要求，或节省对工人支付的工资，则他的支付将不值得或完全没有财富可得。""在全部经济竞争中(减少每一事物的服务)是高价销售一种服务和低价买进另一种服务；另一方面，按经济学家Fish教授的话说，损害(disservice)也会由于各种原因而发生。所以，服务，只是可能预期会全部实现。""必须认识到，资产的概念是未来服务的现在价值(present worth of future services)，它完全是一种看法(主张 opinion)，而作为结果的服务则建立在事实(facts)的基础上。"(C. E. Sprague, *The Philosophy of Accounts*, 1907/1922 Pars. 109—111, PP. 46—47)

Sprague是美国最早提出资产定义的会计学者，也是第一位把资产定义为未来服务的现在价值或过去与现在已收到的服务的贮存。

(2) 1922年佩顿在他所著的《会计理论》(也可能是美国第一本《会计理论》)中对资产的定义和性质有他的新见解：他首先把企业的全部资源(all the resources)、资产(assets)或财产(properties)视为含义相同的三个概念。在反映一家公司的财务状况时，他经常使用的与资产同义的概念是"财产"，当他提出什么是资产这一疑问时，接下来却用"什么是财产"来回答。"概括地说，一项财产是特定企业所拥有的任何交易对价(any consideration)，物质的或非物质的，它们对该企业具有价值(of value to that enterprise)。""每一种资产，相互之间，其面貌都互不相同，但特定企业或主体的所有资产却有一个共同特性，这就是，它们对特定的企业和主体必须有价值。""严格地说，财产(即资产)作为会计数据，包含两项主要要素：①一个恰当的名称或标题；②能用货币单位来表述其价值。"(以上分别参见 W. A. Paton, *Accounting Theory*, 1922. Part Ⅰ, *Accounting Structure*, Chapter

Ⅱ,PP. 30、31、32)

Paton 虽没有明确地给出资产定义,但他把特定企业和主体的资源、财产视同资产,而更多地使用“财产”这一概念。按照 Paton 的观点,资产虽有形形色色的具体面貌,是交易对价(或代价)的结果,有物质的或非物质的,但共同的特征是它们对特定企业(主体)有价值。

(3) 1929 年,经济学家兼会计学家坎宁所著《会计工作中的经济学》一书中,在论述会计时引进了经济学的一些概念和原理,特别是该书第 8 章“收益的计量:会计工作者的理论与经济学家的理论的一项比较与差别”受经济学家欧文·斐雪(Irving Fisher)的影响最大。不过,他在第 2 章专门论及资产的性质时,更多地继承 Sprague 的观点并有所发展。

坎宁认为,他给出的资产定义是职业会计师一般默认的,即“一项资产是任何用货币或任何可转换为货币的未来服务(除非基于合同的这些服务的双方未按比例履行)。在未来服务中的利益性的权益是按法律或公平地由某人或一群人获得,此种服务成为一项资产仅仅由于那一个人或一群人在运用它。”坎宁还指出,在其他文献中还没有给出资产的定义,但实质上,采用这种形式来表述,比较接近坎宁资产定义的是 Spregue 的《账户的哲学》,把资产说成是“它们是一已被取得的服务的贮存。”(以上参见 John B. Camniny, *The Economics of Accounting*, 1929, PP. 22—23)

应该指出,坎宁所说的某个人或一群人都是指它们独资或合伙或公司企业。

坎宁的定义比斯普拉格的定义是有所发展的,一是他不仅把资产理解为未来的服务,而且明确属于个人或一群人所有即各类企业所有;二是未来服务可带来利益性的权益(类似于 FASB 所说的未来的经济利益)。并且,关键在于企业需要营运它。

(4) 1940 年,佩顿和利特尔顿合著《公司会计准则导论》一书,对于资产的定义,已不同于 1940 年的看法。当时,佩顿把资产等同于财产和资源,并强调资产是对特定企业有价值的财产。而在 1940 年的著作中,两人的观点则是通过成本来定义资产。例如,他们认为资产实际上是“暂未决定的收入借项”(revenue charges in suspense),即未来同收入配比的成本或费用。所以又说“已发生的所有的服务成本(all service costs incurred)在转为收入的借项前,都构成企业的资产总额。”他们还认为,“资产在可以确定其单位数量时才可以确认”,“企业所有的资源是尚未吸收的成本集合(a pool of unabsorbed costs)所构成,如厂房设备、材料等。”(以上分别见 W. A. Paton/A. C. Littleton, *An Introduction to Corporate Accounting Standards*, 1940/1977 P. 25、P. 32、P. 33)

Paton 和 Littleton 也指出,在资产账户背后的“服务”(service)是重要的因素,就是说资产是潜在的服务,而且进行了交换,流入企业的,仍然是服务的潜在性(*An Introduction to Corporate Accounting Standards*, 1940/1977 P. 13)。

Paton 和 Littleton 在《公司会计准则导论》中关于资产的定义的观点,虽也同意 Sprague 的观点——资产是已获得的服务的贮存,而更多的是反映了 Littleton 的看法即用成本定义资产。他们认为,成本是会计中的基础性数量,它反映了企业为创造收益所付出的努力。成本是价格积数,最终是要作为收入的借项同收入相配比以决定收益的。创造收益既是企业的目标,也是会计所应提供信息的重点。因此,成本被一分为二,当它已成为收入的借项时,它即成为费用,而尚待成为收入的借项(即其价值尚未被耗费成转换于新生产的商品或劳务之上)时,应视为资产。简单地说,资产是成本尚未耗用、有待于转化费用的部分,它既可以是有形的,也可以是无形的。

(5) 1947 年,瓦特在《会计的基础理论和它对财务报告的影响》一书中,认为"资产在性质上是经济的,它们是未来能作的牺牲,体现为潜在服务的形式,在未来的事项中,这些潜在的服务可以转让、交换或贮存。不论哪一种意义和方法被应用于计量资产(成本、价格、重估价,或非常规的估价)都是服务的潜在物,不是实体的东西、法定权利或现金要求权。"(W. J. Vatter, The fund theory of accounting and its implication for financial reports, 1947, P. 17。此处转引自 ARS No. 3 P. 19)

(6) 1953 年,第 1 号名词公报"回顾与摘要"中,是联系资产负债表来定义资产的,它认为:

资产"代表借方余额的某一东西,这一余额是依据会计的规则或原则在结账时被恰当地结转(假如此项借方余额实际上并非负余额的应归属于负债的内容),上述余额的基础是:或代表一项财产的权利或已获得的价值,或是一项支出但能产生财产权或恰当的未来利益。因此,厂房、应收账款、存货和递延借项(defersed charge)在资产负债表的分类中全部列为资产"(Committee on terminology (1952—1953), Account Terminology Bulletin No. 1—*Review and Re'sume'*, August, 1953, Par. 26)。

在上述定义,前半段讲的资产的形式(来自账户的借方余额),后半段才讲到资产的实质是财产权,已获得的价值或对未来有益的一项支出。但该公报明确指出:资产不等于财产(property)或不限于财产,因它还包括已发生的任何成本或费用在给定日期结转的、有借方余额应予结转的部分。

(7) 1957 年美国会计学会"概念与准则委员会"写道:"资产是在一特定主体中致力于经营目的的经济资源,它们是服务一潜力的聚合,可用于或有利于预期的经营。"(载 Accounting and Reporting Standards for Corporate Financial Statements—1957 Revision, *Accounting Review*, Oct. 1957, P. 58 此处转引自 ARS No. 3, P. 20)

(8) 1962 年 AICPA 的会计研究部(ARD),由斯普罗斯和穆尼茨合著的《试论企业的广泛适用的会计原则》即 ARS No. 3 中,将资产定义为:"资产代表一个企业由于现在和过去的交易而获得的未来经济利益和权利"(expected future economic benefits and rights)(Robert Sprouse and Maurice Moonitz, A Tentative Set of Broad Accounting Principles for Business Enterprises, 1962, P. 20)

这个定义最接近于当前 FASB Concept No. 6 中给出资产定义。或者说,FASB 是参考了当年被 APB 否定的一份文件——ARS No. 3 中的资产定义而加以修订的。

不过,ARS No. 3 特别指出,资产是同经济(即稀缺的)资源相关的概念,在资产的范围之内去观察,稀缺的资源必须可能指定给特定企业,或者单独的,或能作为一个群体必须有交换能力而且必须有可能用货币来表示(同上书 ARS No. 3 P. 19)。

(9) 1965 年 P. 保罗在《企业公认会计原则汇编》(ARS No. 7)中关于资产的定义完全引用了会计名词公告第 1 号("回顾与摘要",1953 年)中的定义。因为在 ARS No. 1 和 No. 3 被 APB 否定之后,ARS No. 7 的任务就是把会计实务上普遍接受的 GAAP 汇总起来,等于当时 GAAP 的目录,因此,不可能指望作者有自己的见解(见 Paul Grady, Inven-

tory of Genenal Accepted Accounting Principles for Business Enterprises·1965, ch. 6, p. 227)(Paul Grady 在这一章"资产"中摘要部分特别说明:资产是同负债、所有者权益密切关联的,共同反映一个企业公允的财务状况。应当认识到,财务状况表或资产负债表不可能表述一个企业的现行价值(present values)也不可按清算时可能加以实现的价值来表述)。

(10) 1970 年,AICPA 责成 APB 自己提出一份有关企业基本会计概念和会计原则的报告,APB 于是提出了指导企业财务报表的基本概念和会计原则的报告即 APB 第 4 号报告,在这份报告中,APB 给出的资产定义是:

"资产是按 GAAP 加以确认和计量的企业的经济资源,但还包括不属于资源却按 GAAP 可以确认和计量的一定的递延借项。"(APB Statement No. 4, Par. 132)

这个定义与第 1 号名词公报中的定义基本相同,只是删去了资产在账户和资产负债表的表现形式——"借方余额"等提法,而指出了资产的经济实质——经济资源,而且认为经济资源作为企业的资产,必须由 GAAP 加以确认和计量。同时,又允许包括某些"递延借项",显然是首先为保证收益表的正确,不惜把非资源的借方支出余额[是收入与费用配比后多余的成本或支出——其中有的含有未来的经济利益(例如预付保险费、预付广告费等);有的可能是不能一次性在当期损益中确认的巨大损失(例如自然灾害遭受的财产损失);而后者,在本质上已不是什么经济资源,即资产了]硬纳入资产负债表的资产方视同资产。尽管这是复式簿记机制所导致的必然结果,但为什么不求净化资产负债表的内容,不先保证企业财务状况的正确,而要先保证收益表的正确即盈利和收益表?这可能因为当时有一些会计学家反复宣扬会计的首要任务是本期收入同当期费用相配比,正确地确定每期盈利的思想在影响着准则制定和会计实务①。

(11) 1985 年,FASB 在第 6 号概念公告(原先见于被取代的 1980 年 FASB 的第 3 号概念公告),给出了一个有争议的,但迄今又为不少国家仿效的资产定义:

"资产是特定主体由于已发生的交易和事项的结果而取得或能控制的可能的未来经济利益"(FASB Concept No. 6, Par. 25)。

FASB 还强调指出,"未来的经济利益"代表资产的本质。确实,"未来经济利益"这一资产的特性在目前已制定财务会计概念框架的国家和 IASB 所给出的资产定义中,都可以看到。但是在各种资产定义中,"未来的经济利益"是作为名词,还是作为形容词来使用,是作为资产的客体(存量)还是客体的定语(流量),却很不一致。

(12) 1993 年,曾任美国 SEC 首席会计师的舒尔茨对 FASB Concept No. 6 的资产定义进行了激烈的抨击。在他写的"什么是一项资产?"一文中认为"FASB 的(资产)定义过于复杂、抽象、包罗万象且模糊不清,我们无法用它解决问题……这个定义无法帮助我们区分和确定哪些东西是资产,而它描述的是一个空盒子,一个拥有巨大餐具橱的空盒子,几乎所有的事项都适合这一定义。"他最不同意 FASB 把资产的定义表述为"可能的未来

① APB 被 FASB 取代以后,情况即有所改变,例如,在当前,美国准则制定机构 FASB 显然倾向于按资产/负债观计算收益,在定义资产、负债时,力求不受收入/费用观的影响。当然,矛盾也是存在的。同样由 FASB 发布的 SFAS No. 130"报告全面收益"中,又允许报告未实现已确认的其他全面收益。如果准则允许确认一批未实现的利得,按照复式记账的要求,同时必须确认与之等额的资产的增加(这些增加额也是虚的,仅是账面价值上涨的表现。例如外汇资产在期末允许按现行汇率估价就会产生这种现象)。

经济利益”。他举例说,如果一个企业拥有一辆货车,按照FASB的资产定义,究竟货车是资产?还是由货车未来去载货带来的现金收入(收取的运费收入)是资产?答案应当是后者。实际上,恐怕没有一个会同意这家企业拥有的资产不是货车(因为列示在资产负债表上的资产是一辆货车)而是货车将带来的未来载货(如钢床、煤炭、木材、面包等)收入的现金。舒尔茨很强调资产应具有交换能力。所以他给出的资产定义是“现金,取得现金或服务的合同性(契约性)权利以及能够单独销售变现的项目。”(以上见 Walter P. Schuetze, What is an asset?, *Accounting Horizons*, Sep. 1993, P. 67)舒尔茨的定义采用列举式,这并不能反映资产的本质。定义应从所有资产项目中概括出最主要的共同特性。尽管舒尔茨给出的定义不可取,但他对FASB的资产定义的批评,以及他强调资产应具有交换能力等方面,还是一针见血,可供人们思考的。

(13) 1996年萨缪尔森教授在《会计理论中的资产概念》中也批评FASB的资产定义,同时指出舒尔茨在《什么是一项资产》中的优缺点,他还指出FASB在定义资产时的更大缺点,是没有摆脱Paton和Littleton 60年来影响深远的收入/费用观。表面上,FASB似乎要按资产负债观来独立地制定资产和负债的定义。实际上,它仍然容许在资产负债表中存在不是资产的“递延借项”和不是负债的“递延贷项”。文章同意早期作为FASB成员的斯普瑞思(Sprouse)坚定的主张:按资产/负债观来定义资产。斯普瑞思说道:当我们“注意成本与收入恰当地配比,避免歪曲期间净收益”的同时,“为什么要忽视财务状况表的真实性?”最后,萨缪尔森把资产定义为“财产权”(property rights)或“财产未来服务的权利”(rights to the future service of wealth)。假如所有的资产都代表了财产权,就应提高财务报表的相关性和可靠性,因为一个企业的财产权能用于交换现金,或用于清偿债务,代表财产权的生产要素可在生产中使用,创造新价值,制造新产品(劳务)。以财产权所定义的资产,明确地把“递延借项”排除在外。财产权是否包括人力资源?人的所有权理所当然地属于自己(除非是过去的奴隶),企业当然不能控制更不能拥有所有的员工。但“预付工资”项目,使企业拥有对员工的使用权,在企业与员工签订的合同中,预付工资是员工承诺在未来为企业服务的代价。所以,预付工资的实质是企业拥有的员工承诺在未来服务的权利。萨缪尔森在文章中明确地承认,他是按照经济学家Inving Fisher的理论①来研究资产的定义的。Fisher指出,簿记所应用的基本概念是“财富”和“财产”,而后者是前者的使用权利,Fisher又认为,“财产”这一概念,既有经济学的含义(如财富),又有法律上的含义(如权利)。萨缪尔森似乎把财富和财产等同起来,而资产被定义为财产的使用权。但如果把这个定义同Fisher的概念相联系,好像有些说不通。例如Fisher说财产是财富的所有权,那么,推论下去,资产就成为财富的所有权的使用权了②。

(二) 英国对资产的定义

在英国的财务报告原则公告(statement of principles for financial reporting 简称statement of principles)是1999年12月由英国会计准则理事会(ASB)颁布的,它代表英

① 主要依据是 Irving Fisher 的 *The Nature of Cafital and Income*(1906)。

② 以上参见 Samuelson, The Concept of Assets in Accounting Theory, *Accounting Horizons*, September 1966, pp. 147—157。

国的财务会计概念框架[①]。在此之前，1976年7月，英国ASSC虽然提出一份《公司报告》(the corporate report)，但该报告更多地研究报告的目标和信息质量特征，并建议增加若干新报告如增值表(a statement of value added)、雇员报告(an employment report)和同政府的货币交换报告(a statement of money exchange with government)等，而未涉及报表的要素与定义。

英国的statement of principles首先提出与美国不同的七个要素即资产、负债、所有者权益、利得(gains，等于美国的"收入"加"利得")、损失(losses，等于美国的"费用"加"损失")、业主投入额、派给业主款。

在英国的statement of principles中，不是把资产定义为未来的经济利益或资源，而是定义为"权利和其他收入"(rights and other access)。即：

"资产是由于过去交易或事项的结果而使一个主体能够控制的未来经济利益的权利或使用权"(statement of principles, Par. 4.6 by ASB)。

这个定义和FASB的定义有以下的不同：

第一，ASB认为资产的本质不是未来的经济利益本身[②]而是它的权利或其他使用权。ASB在这里把未来的经济利益解释为能产生未来经济利益的财产项目(the item of property)，它特别指出，资产不是财产项目本身，而是某些或全部由财产产生的未来经济利益的权利或使用权。(见statement of principles, Par. 4.8)

但这里需要研究的是：什么是权利和使用权？如果说财产(或企业资产)的权利，最根本的应是所有权即产权，但在财务会计中，不论账户的记录和编制的资产负债表，资产与产权(所有者权益加负债)始终分开表示并在总的金额(总价值)上是相等的。就是说，资产的总额即各项资产价值总和的使用权按投入资金的比例是属于业主和债权人的。由于资产必须交由企业营运，它才能增值并创造新的商品和劳务，因此，企业可以拥有具体资产的交换、使用、转让、租赁、抵押等使用的权利，实际上都是资产生产经营周转中不断变换着形态。原则上，不论由投资人供给的资本或由债权人贷给的资金，在企业持续经营期中，其价值(金额)合计至少不应减少，而且应当给予他们以回报(股利和利息)。这样，ASB所说一个主体由于过去的交易或事项而控制的未来的经济利益(即财产)的权利只是不包括所有权以外的使用权。至少，对于各项资产的金额合计，企业是没有所有权，个别资产因交换等原因而失去所有权，但总有等价物(另一项资产，通常是现金)予以补偿，其价值不会消失，改变的乃是使用价值，是另一种资产的存在形态。出售商品(这也是交换)换回的是可能比在商品上耗费的资本(即成本)更多的现金或未来收取现金的权利(如应收账款、应收票据)。至于其他使用权，则指要求另一方付款的权利或要求另一方提供劳务的权利，或取得使用专利或商标的权利(见该公告4.11)。这确实是能形成资产的其

---

① 英国的概念框架，是在1988年以后由ASB陆续发表"财务报告原则公告"各个章节的讨论稿，并在1995年和1999年3月分别形成两份完整的"原则公告"征求意见稿，于1999年12月才正式发布(参见汪祥耀等著《英国会计制度研究》，立信会计出版社，2000年，第25—26页)。

② 财产必然含有未来的经济利益，这是ASB定义资产的基本假定。因此，ASB才说一项资产不是一项财产本身。那是什么？是财产的权利和使用权。这样，就等同于萨缪尔森的定义了。但ASB又说企业控制的，不是财产的权利和使用权，而是由财产产生的某些或全部未来经济利益的权利和使用权(公告，417段)。

他使用权利。statement of principles 似乎把资产总体价值的所有权——属于投资人和债权人和具体资产的所有权和属于企业在营运中的权利(后者实际上是使用权，即交换、生产耗用、偿还债务、抵押担保等权利)混淆了起来(见该公告 Pars. 4. 8—4. 16 以及 4. 8 一段的附注)。

第二，ASB 论述未来经济利益的权利或其他使用权与一个主体的关系时，不讲该主体所取得(to be obtained)而只讲控制(to be controlled)。这一提法是比较准确的。因为若说取得，就暗含为该主体所有。前已述及，从资本总体即从它的全部价值看，资产并不属于企业所有，当资源配置给该主体时，不过是让企业控制和使用它并取得效益。

(三) 澳大利亚对资产的定义

在澳大利亚 1995 年由澳大利亚会计研究基金会、会计准则理事会以及澳大利亚特许会计协会、注册实务会计师学会等单位发表"statement of concepts(SAC 4)"。在财务报表要素的定义和确认中，把资产列为财务状况的组成部分并给出资产的定义如下：

"资产是主体由于过去的交易或其他过去事项的结果所能控制的未来经济利益，'资产的控制'意味着资产为寻求主体的目标而具有对主体的获利能力，并且不允许或控制其他人对此项利益的接近"(SAC 4，Par. 14)。

上述定义表明资产的几个基本特性：首先必须是未来的经济利益；其次，主体必须能控制未来的经济利益。因此，主体能够享受此项利益并排斥或控制此项利益的其他接近者。资产通常还有其他特性，如主体获得它的成本，无形的、有交换能力的，和法定可执行的能力。然而缺少它们中的任何一项或全部，不足以排除一个项目作为资产的资格①。

从上列定义及其说明可以看到，它与美国 FASB 的资产定义基本相似。

(四) 加拿大对资产的定义

1992 年加拿大特许会计师协会在会计准则推荐书手册中，有 61 段专门论述财务会计概念(Financial Accounting Concepts)，其中 25—40 段讨论财务报表的要素时，对资产给出的定义是：

"资产是由于过去的交易或事项发生的结果而被一个主体控制的经济资源，从这些经济资源，主体将可能获得未来的经济利益"(Financial Accounting Concepts，Par. 29，Accounting Recommendations，P. 107，March，1991，CICA)

CICA 的资产定义与下述 IASB 概念框架的定义是比较一致的。

(五) 国际会计准则理事会 (IASB) 对资产的定义

国际会计准则理事会的概念框架最初是由 IASC 在 1989 年 4 月制定，7 月公布的，当时全文为"财务报表编制和报告的框架"(Framework of the Preparation and Presentation for Financial Statements)，现已由 IASB 在 2001 年 4 月所采纳，成为"IASB Framework"。该 Framework 给出的资产定义是：

"一项资产是企业控制的一项资源，它是过去事项的结果，从所控制的资源中预期有

① 以上见 Statement of Accounting Concepts 4"Definition and Recognition of the Elements of Financial Statements" Prepared by the Public Sector Accounting Standards Board of the Australian Accounting Foundation (AAUF) and by the Australian Accounting Standards Board (AASB)；Issued by AAUF，ISCAA，ASCPA and AASB。

未来经济利益流入企业”(IASB Framework Par. 49)。

该框架作了几点重要的解释(其中包括我们的理解和体会):

第一,资产中包括的未来经济利益,是指它将直接或间接地转变为现金流入(应为现金净流入的潜在可能性),或现金等价物的形式流入企业。

第二,资产之所以能转化为现金流入,是因为例如在制造业中,各种资产被消耗制成顾客需要的产品或劳务,最后通过市场交换(出售)取得现金。

第三,现金能够转化为一切其他资产,它有支配(交换)其他资源的能力。

第四,资产中许多项目,其包含的未来经济利益可以以若干方式流入企业。

第五,资产带来未来经济利益(特别是带来未来现金流入方面),有些资产(如金融资产)单独使用即可计算,多数资产(如存货、不动产等)作为不可或缺的生产要素结合起来成为现实的生产力,才能带来未来的现金流入①。

(六) 小结

以上对于会计要素——资产,评介并分析了一些代表性的定义,既包括美国的,又包括澳大利亚、加拿大、英国和 IASB 的,当然重点是评介美国的。除介绍一些学者给出的定义外,重点是准则制定机构在所公布的 CF 中的资产定义。因为 CF 对要素给出定义并分析其特征,不是为定义而定义,而是为了确认和计量该要素时有所依据,而且最终要求符合财务报表的目标,提供高质量的财务信息。

在上述评介资产的定义中,可以分为 13 类:

第一,未来服务或未来服务的储蓄观。这是美国早期会计学者如 Sprague (1907)和 Canning(1922)、Vatter(1947)等的观点。

第二,未来经济利益和权利观。这是 20 世纪 60 年代初 ARS No. 3,由 Sprague 和 Moonitz(1962 年)提出的观点。未来经济利益实际上是未来服务所造成的,因此,未来经济利益同未来服务或未来服务的储蓄有着内在的联系。

第三,资产负债表账户借方余额为形式,一项资产的权利或已获得的价值并对企业未来有益观。这是美国会计名词公告第 1 号——“回顾与摘要”的观点(1953)。

第四,在未来与收入相配比,已发生的服务成本观。这是 Paton 与 Litlleton 的观点(1940)。这一观点明确把定义资产与成本何时同收入相配比以确定收益(利润)联系在一起。在他们看来,通过配比确定收益是会计的主要职能。所谓资产,不过是留待未来作为费用与收入配比的成本(价格积数)。换句话说,在 Paton 和 Litlleton 看来,资产与费用,都是成本:前者是未耗用的成本;后者是已耗用的成本。成本不过是为获得资源所作牺牲的量化(金额化)的表现。它代表企业通过交换旨在获得其他资源而对现金或其等价物所作的牺牲。已耗用和未耗用包含两层含义:一是从价值(货币金额)看,已转作费用和未转作费用;二是从使用价值看,资源已被消耗、出售或损失。实际上仍得承认:隐藏在成本背后的是含有未来经济利益或未来可提供劳务的资源。当未来的经济利益或未来的劳务已向企业提供是费用,而尚未向企业提供则是资产。

第五,资产是财务状况的组成部分,财务状况不可能表述一个企业的价值,也不应表

① 参见 IASB Framework Pars. 55—59。

现清算时可实现价值观。这是 Paul Grandy 在《公认会计原则汇编》中的观点(1965)。

第六,资产是按 GAAP 加以确认和计量的经济资源观。这是 APB Statement No. 4 中的观点。不过 APB 又承认虽然不是资源,但 GAAP 可确认的递延借项也是资产(1970)。

第七,资产是可能的,未来的经济利益观。这是众所周知的 FASB 的观点。

第八,资产是现金、取得现金或服务性合同权利以及能够单独变现的项目观。这是原 SEC 首席会计师 Schuetze 的观点(1973)。

第九,资产是财产权或财产未来服务权利观。这是萨缪尔森教授的观点(1996)。这个资产定义来源于著名经济学家 Irving Fisher。

第十,资产是一个企业能够控制的,未来经济利益的权利或使用权。这是英国 ASB 的 Statement of Principles 中的观点(1999)。

第十一,澳大利亚 Statement of Concepts No. 4 (SAC4)的资产定义与美国 FASB 的定义基本一致。

第十二,加拿大 CICA 与 IASB 的观点基本一致,认为资产是能够为一个主体控制的可带来未来经济利益的资源(CICA1991; IASB2001—IASE1989 所制订)。

第十三,资产是由企业控制的、预期带来未来经济利益流入的资源。这是 IASB 的观点。

三、资产概念的本质、定义与特征

(一) 资产概念的本质

会计的前身是簿记,500 年前簿记曾经是数学的一个分支。随着簿记发展为会计,引进了若干经济学的概念与理论,经济学就逐步成为会计学的基础。不联系经济学来考察会计的最重要的一个概念"资产",显然是捕捉不到资产的来源及其本质的。在上述定义中,把资产说成是"服务的潜能"、"未来的服务"或"未来的经济利益"都不够恰当。尽管它们都是经济资源的特征。比如,"能快速行走"是马的特征,但它未必代表马的本质,因快速行走并不是马的全部特征,而且能快速行走的动物也不都是马。资产的实质是人类赖以生活、生存和发展的经济资源。经济资源具有稀缺性。除空气、大洋、南极、北极等为人类所共享或主权尚未归属外,稀缺的资源都是有产权的(或归国家,或归集体,或属于私人所有)。经济科学的总任务,就是研究在产权关系既定的条件下,如何最优地配置稀缺的经济资源,使其效益最大化。显然,实现这一任务是艰巨而复杂的,它需要有恰当的经济体制和合理的经济组织形式。

在实行市场经济的国家和地区,市场,即亚当·密斯所说的看不见的手,对经济资源的配置起基础作用。按照斯密的理论,每个投资人(利用他们所有的经济资源作为资本进行寻利)都是经济人。在充分竞争的条件下,投资人在市场上总是试图最有效地利用自己的资本(即产权属于他们的经济资源),寻求资本价值的最大化。但市场则运用价格机制,不动声色地在引导投资人在实现自己利益最大化的同时,去实现资本家并不想实现的目标,即在利己的同时还能利人,促进公共的社会利益(公共福利)的最大化。后一效果,往往超过资本家对自身利益(利润)的最大化追求。

乍看起来，市场似乎是抽象的。其实，无数的市场参与者比目皆是。市场至少由两类不同性质的参与集团所组成：一是家庭(其中包括一群由消费者组成的家庭成员)，二是企业(其中包括一群由生产者、负责流通和分配的供应者)。家庭是消费单位，是商品、劳务的需求者。家庭的目标是最大化效用，即力求花最少的钱，获得价廉物美的消费品。企业则比较复杂，它既是家庭消费品的提供者，又可能是其他企业生产资料的提供者；企业的活动既有提供产品和劳务的一面，又有生产消费需求的另一面。但总的来看，企业的目标是最大化利润。

家庭及其消费品的需求与供给因与本章无关，可以撇开不论。让我们进一步探讨企业和市场。任何企业都必须有资本投入。从会计学的观点看，资本是企业的产权，它是一个主权概念，即表示对投入企业的资本价值保持所有权，并对资本的增值(剩余价值)具有分配权(剩余索取权)。企业的资本来自何处？在市场经济国家，主要来自市场，即资本(证券)市场。市场通过价格(股价)机制使资本配置于效率高、效益好的企业，而随时从效率低、效益差的企业中抽走。资本投入企业意味着资源同时流入企业。进入企业归企业支配运用的资源就是企业的资产。它开始可能是现金，随后就转化为其他生产要素。

从这里可以看到，社会经济资源通过市场(资本市场)运用价格机制向企业进行优化配置，这是第一层次的资源配置，反映了斯密的“看不见的手”(the invisible hand)的作用。有了资本的投入，才使企业得以形成。

资源配置于那些投资人预期其效率高、效益好的企业后，市场交易被取消，价格机制的作用将由企业主及其代理人、管理阶层(以后总称“企业家”)的权威所取代。因为资源分派给企业后，只是优化资源配置的第一步，当然这是非常重要带有战略意义的一步。但把资源分配给那些效率高、效益好的企业还不过属于预期，而要使预期成为现实，就需要在企业内部，最优地配置和运用各种资产，把所有的生产要素按最低的交易成本取得(通过有经验的企业家去发现、寻找、谈判并签订有利于节约成本的一系列长期合同)，并把物质资源、人力资源和知识资源科学地协调组合起来。这样，才能使企业的经济资源产生一种强大的生产力，从而使生产经营最有效率，最终实现资本的增值和利润最大化。经济资源在企业内部再分化、组合、协调、配置是具有战略意义的第二步，也是终极的配置。它是通过企业家运用其成熟的经验、组织才能和全体员工自愿服从统一指挥，好像一个乐队的各种音乐家的吹、弹、唱、奏都服从乐队指挥家一样的协调一致。这是阿尔弗雷德·钱德勒(Alfred Chandler)所说的看得见的手(the visible hand)在发生作用。科斯说：市场和企业是协调生产的不同形式，就因为社会资源需要经过看不见的手和看得见的手两次配置；就因为原来在社会上各有主人的经济资源，通过看不见的手，配置到预期其有效率、高效益的企业，而后，在企业中，转化为企业的资产，而资源的主人则转化为企业的资本或所有者权益。企业家有了可以支配运用的资源，英雄才有用武之地，优化资源的最终目的——增加企业利润、价值和社会财富——才能实现。

由此可见，有市场，必有企业。两者在资源配置上不仅可以互相取代，而且可以互相补充。一旦企业取代价格机制，交易成本就可大大降低，稀缺的经济资源就不致浪费而更有效地发挥其作用。这就是分散在社会上的经济资源投入企业转化为由企业家掌握的资产的优越性所在。

这样看来，企业的资产不是从天上掉下来的。它是社会稀缺的经济资源配置的结果。亦即：首先通过资本市场运用股票价格机制将资本流入企业。会计学把它视为产权交易。所以，一个企业如能从资本市场筹集到 100 000 000 元的资金，则会计上必须作如下的分录：

(借)现金　　100 000 000

　　(贷)股本　　100 000 000

分录中的现金是经济资源的代表，也是可以更换为一切其他资产的资产。企业家在企业内重新配置资源，也就是把现金转换为各种生产要素并将它们组织起来，进行生产和经营活动。

上列分录显示：归企业支配的现金和其他形态的资产，其所有权(产权)仍然是投资人的，而不是企业的，但企业具有运用它的权利，同时承担保值增值的义务。

以上的分析还使我们认识到：

第一，企业资产的本质是社会经济资源。离开经济资源，既不能全面把握资产的实质，也不能准确地定义资产。资产具有各种特征，主要有提供未来服务的能力；有交换其他资产的能力；可以清偿负债；特别是可用来捕捉获利的机遇；还有提供未来经济利益的能力等等。所有这些特征都是经济资源的特征。经济资源的稀缺性正表明人们为追求资源这些特征而要求拥有和支配经济资源，使它供不应求，变得珍贵起来。稀缺本是相对的概念，人们对资源占有、支配欲的无限扩大，才使资源变得不足与可贵。

第二，我们承认，能带来未来的经济利益是企业资产(实际上是经济资源)的重要特征。但必须指出的是：首先，在一个企业中，除能直接变现的某些金融资产外，并非每项资产都能单独地带来可靠计量的未来经济利益；其次，即使就一群或全部资产而言，如果不把它们同人力资源相结合，没有企业家的精心安排与组织运用，它们不过是一些沉默不动的资源(农畜部门能够成长的动植物除外)，不但不能增加价值，相反，由于自然的侵蚀，和再生产该项资产的成本的降低，形成了有形和无形的耗损，而自行贬值。因此，也不可能为企业带来未来的经济利益(最终为企业带来现金净流入)。严格地说，一个企业的经营从货币资本的循环开始，最终以带回更多的货币资本而结束。这是包括物质资本在内的全部资本(人力资本、智慧资本)的共同作用，既难以归功于某一项资产，甚至也难以归功于全部资产。马克思在《资本论》第 2 卷讲到货币资本循环的原理 G…G′时已深刻地揭示了利润和现金净流入生成的规律。现金净流入、利润总额即未来的经济利益的不可分割性，是生产中诸要素缺一不可所决定的。

总的来说，市场通过资源配置而流入企业，交由企业家在企业内部再次配置并运用的资源，被会计学称之为资产。资产的主权(所有权、剩余索取权)不属于企业而属于投资人。为了使企业能形成各种生产要素并把它们结合起来，创造新价值，形成现金净流入，资产首先具有交换的特征，它可全部或大部分转化为生产要素，生产要素和其余的资产都能投入生产使用，或供经营和其他方面使用，也都可交换、变卖并可供抵押、担保或用来清偿债务。所有这些特征，概括起来，就是服务的潜能，提供未来经济利益的能力。

(二) 资产的定义与特征

企业资产就是市场在企业中配置的经济资源，并具有上述各种特征，资产来自社会资源。定义资产必须落实到经济资源之上，完全是顺理成章的，而且也体现会计学和经济学的内在联系。

下面是本章给出的资产定义：

“资产是特定企业由于交易和事项(包括资本投入或退出的产权交易)以及交易虽未执行但在法律上不可更改的契约而取得或控制，而由企业配置和运用，旨在为企业带来未来经济利益(未来现金净流入)的经济资源。”

以上述定义为基础，资产的主要特征可再一次较详细地分析如下。

(1) 资产是特定企业可支配运用的经济资源，含有未来服务的潜力。

(2) 取得上述资源是资本市场交易或其他市场交易与事项的结果(按照经济学的概念则称为资源配置)。

(3) 上述资源的服务潜力，表现为：

- 直接出售为现金或转换其他资产；
- 在生产中可作为劳动资料和劳动对象，并在生产后转化为在产品、半成品、产品(或转化为劳务)，然后通过销售，转化为现金流入；
- 供经营和其他活动中使用；
- 作为抵押品或担保品；
- 租赁给其他企业或单位或个人使用。

(4) 上述服务潜能，除第(2)、(3)两项外，都可单独计量相应的现金流入(现金报酬)，(2)(3)两项则作为生产要素与其他要素相结合并通过出售制成的产品或提供的劳务，才能获得难以分割(分辨)的经济利益(利润和现金净流入)。但可以说，资产能够带来未来的经济利益是资源的主要特征，也是资产服务潜能的主要转化形式。

(5) 由企业控制的经济资源可以是有形的，也可以是无形的。

(6) 在企业起着重要作用，也可能起着越来越重要作用的经济资源，如人力资源、智慧(知识)资源和企业家的组织指挥才能(既能降低交易成本，又能促进企业利润最大化)等都还没有作为资产包括在当前的会计记录和财务报表之中。在这个意义上，当前的企业资产还只是由企业配置的经济资源的一部分。

(7) 我们的定义与 FASB 和国际会计准则理事会的编报财务报表的框架(IASB Framework)所给出的资产定义最大的不同是[①]：不把资源的取得限定于过去的交易和事项。删去“过去的”的定语，“事项”即可作广义的解释(即过去、现在和未来)，从而使资产的定义可以对现代企业操作衍生金融工具时，由于不可更改的契约中可获得的权利，已有契约(合同)为保障，即使尚未实现，亦可确认为金融资产。

如上所述，我们的资产定义与 IASB 的资产定义较为接近，但不完全相同。而与美国 FASB 第 6 号财务会计概念公告中的资产定义则有较大的不同。至于对资产特征的表述，本章不拘泥于把“定义进行分解是特征，把特征组合是定义”这样一种貌似严密，实不

---

① 为了便于参照对比，现把 FASB 的 SFAC No. 6 资产定义(a)和 IASB Framework 的资产定义(b)分列如下：

a. 资产是可能的未来的经济利益，它是特定主体(企业)由于已发生的交易或事项而取得或加以控制的可预期的未来经济利益(FASB：SFAC No. 6 Par. 25)。

b. 资产是指由于过去的事项而由企业控制的、预期会导致未来经济利益流入企业的资源(IASB Framework，Par. 49(1))。

全面的表述方式。我们是在定义的基础上，结合资产的本质，对其全部特征进行了较为广泛的分析。

我们不同意把资产的一项主要特性——能单独或必须与其他生产要素组合才能产生的未来经济利益即未来的现金净流入作为资产定义中的主题。更不同意说资产的本质是未来的经济利益(SFAC No. 6，Par. 172)。讲未来的经济利益或追求未来利润与现金净流入的最大化乃是一个企业的经营目标，最多只能说是财务报告的目标。如前所说，既然不是所有的资产最后都可转化的有利的现金流入，如何能把资产定义为"未来的经济利益"？按照FASB的资产定义，不但认为资产是未来的经济利益而且认为只是可能的未来经济利益。"可能的"是一种对概率的文字表述。它可以表示"很可能"，也可以表示"不太可能"，即使承认未来的经济利益能表述资产的本质，如果加上"可能的"定语，就不是"资产"而是"或有资产"的定义了。从这一点看，1993年舒尔曼(Nalter P. Schuetue)批评SFAC No. 6的资产定义"过于抽象，且模糊不清，我们无法用它来解释问题"①有一定的道理。

过去不少会计文献用资产的"取得成本"来表述资产。对此，FASB是明确反对的。FASB认为"发生成本的本身并非资产"(SFAC No. 6，Par. 179)，成本只能表明某一项资产的证据以及作为某一项资产的计量属性。我们也不同意用成本来定义资产。但用"成本"来定义资产和用"未来的经济利益"来定义，都未能体现资产的本质——经济资源，但又各有其理由。那就是：观察资产的角度不同。资产的取得(发生)成本是反映企业为获取资产而发生的投入；未来的经济利益则反映资产运用后所带来的产出(但这一产出并非全部来自资产)。这说明两者侧重点不同，而都未捉住资产的本质，无所谓孰是孰非。成本也是资产的一个特征，未来的经济利益同样是资产的一个特征，它在一定程度上反映企业运用资产即经济资源所预期的结果。为了向前看，所以本章给出的资产定义中也表述了未来的经济利益而却未表述资产发生的成本。

我们不同意用"未来的经济利益"(即使把"可能的"三个字的定语去掉)定义资产，是因为"未来的经济利益"只是资产(经济资源)可能直接或间接，单独或联合起来最终获得现金净流入的能力。而这一能力归根到底，属于由企业家组织安排下的经济资源的内涵属性。这一能力的实现则是各种资源在企业内部反复协调、合理配置的结果。资产不具备单独地就能使经济利益流入企业的能力。但资产是含有服务能力、流入净现金流量的能力、交换能力、偿债能力以及通常用成本(资本的耗费)换得的经济资源。同时，考虑到财务会计在未来的发展，把"过去的"三个字不再作为交易与事项的定语，这将有利于虽未完成甚至尚未执行，但具有法定效力的契约已经签订，由此产生的权利或义务已经发生的交易的确认，因而资产(当然也包括负债及其他要素)定义的表述作必要的松动是必要的。

四、其他会计要素的定义和特征

在所有会计要素中，资产最为重要，因为其他要素都是先有资产(如费用)或与资产共生(如所有者权益、负债和收入)。资产的定义和特征既已确定，则其他要素的定义与特征也不难给出。

① Walter P. Schuetue, What is an asset?, *Accounting Horizons*, September, 1993, Par. 67.

1. 负债

(1) 定义。负债是一个主体由于交易或事项而现在承担的在未来付出资源的义务,在资源支付义务履行前,债权人对这部分资源拥有主权(求偿权)。

(2) 特性。第一,负债是一个主体一项未来付出资源的义务,同时债权人现在也对未来应付出的这一部分资源拥有主权。第二,负债是一个主体由于交易或事项的结果。第三,上述交易和事项主要是已发生的,也可以是未发生但主体已承诺(不可更改)的未来付出资源的义务。

2. 所有者权益

(1) 定义。一个主体在控制的全部资源中扣除其主权属于债权人部分的归投资人的净产权即净资产。

(2) 特性。第一,所有者权益不是资源,而是资源中属于投资人的主权(产权)。第二,所有者权益的价值相当于资产减负债后的净资产。

从上述两个定义和特征的说明中可以看到:资产、负债和所有者权益是密切联系的,它们最终共同构成企业财务状况表的三大组成部分,但是我们把资产和负债与所有者权益又加以区分。资产是一个主体能控制的资源,运用它可以带来未来的经济利益,而负债和所有者权益都不是资源的本身,只是对企业所能控制资源的主权即所有权。为了有所区别,负债代表债权人对资源的定期求偿权。因为负债是主体定期用资源偿还并按合同付给报酬(利息),它一般不承担主体的经营风险。所有者权益代表投资人对资源承担营运风险的产权(所有权),除法律和合同另有规定外,投资人不能要求取回所投的资本,因而这种投资与债权人的贷款不同,它是承担经营风险的资本,作为风险投资的回报,它享有剩余索取权。

3. 收入

(1) 定义。一个主体由于出售产品或劳务或让售其他资产而发生的资源流入(一般为现金或现金要求权)。

(2) 特性。第一,收入本身不代表资源。它是企业因正常营运而付出产品(劳务)或其他资产而流入资源的统计数。作为会计的要素,它既有统计性质,也有经济性质。第二,收入的经济性质表现在:它的金额包含两个部分。第一是产品(劳务)成本的补偿;第二是通过交换为市场认可的、由主体所创造的新价值。第三,会计不能反映价值的创造过程,特别是新价值的创造过程。但价值(包括新价值)的实现都可以通过"收入"来体现。

4. 费用

(1) 定义。一个主体由于生产和销售产品(劳务)和其他资产而发生的资源流出。

(2) 特性。费用本身也不代表资源,它是因生产和销售产品(劳务)和其他资产而耗费的资产。在生产经营的耗费中,有的资产只耗费其价值(如固定资产),有的资产则除价值耗费外,还消耗其使用价值(如原材料、零配件、在产品、半成品),有的则直接支付现金。

5. 营业外收入(利得)

(1) 定义。一个主体与它的生产经营活动以及所有者权益内部变动都无关而出现的资源流入。

(2) 特性。第一,营业外收入是指主体生产经营活动以外,并不包括所有者增加投资的资源流入，一般属于非常的、偶然的、一次性的收入。第二，营业外收入不论实现与否，都是指由准则或制度予以确认的。

6. 营业外支出(损失)

(1) 定义。一个主体与它的生产以及所有者权益内部变动都无关而产生的资源流出或丧失。

(2) 特性。第一，营业外支出是指主体生产经营活动以外并不包括分配给所有者款项的资源流出和资源丧失，一般指非常的、偶然的、一次性的支出(或丧失)。第二，营业外支出不论实现与否，都是指由准则或制度予以确认的。

收入、费用以及营业外收入和营业外支出几个要素也是密切联系的，因为它们最终共同组成损益表(收益表)的四大组成部分。它们本身都不是资源或资源的变动，它们只是为了统计不同性质的资源流动的。所以在日常记录中，这些要素具体化为账户，都称为“虚账户”(nominal accounts)，而与代表资源及其主权的资产、负债、所有者权益等账户被称为“实账户”(real accounts)相互区分。

从上面的说明可以看出，本报告所给出的会计要素的定义(包括资产的定义)都与当时 FASB、IASB 和 ASB 等国和国际会计组织的概念框架不尽相同。由市场配置给企业的资源是资产的本质，资源在企业中再配置，即进行营运，才形成各种要素，要素又分为两大类。一类共同反映主体(企业)的财务状况(资源和资源的主权)，这类要素用于日常记录的账户是实账户，实者，意味着它们直接体现资源或资源的所有权；另一类共同反映主体(企业)的经营业绩(盈利、利润或亏损)，这类要素用于日常记录的账户是虚账户或名义上的账户，虚者，意味着它们并不直接体现资源或资源所有权的变动，但能按其变动性质分类加以统计。A. C. Littleton 在其《会计理论结构》(Structure of Accounting Theory)曾指出“会计的真实部分是经济的真相，部分是统计的真相”(1953，P. 10)，他又说：“会计奥妙主要表现在实账户与虚账户的区分”(1953，P. 47)。实账户的内容是由资源和资源主权来表现的，而虚账户的内容则由于交易的变动引起资源流入或流出的分类统计，然后进行配比。实账户与虚账户在记录一次交易时就相互勾稽，(Interseltion)最终编制的两份基本财务报表——资产负债表(财务状况表)和损益表(收益表或利润表)也存在着如此关系。

可以说，资源、资源的主权及它们的变动是账户(所有账户)的(直接或间接的)经济实质；而分门别类地统计它们的发生额和余额，则是所有账户的形式，两个基本财务报表的本质与形式也是如此。

最后，我们要再说两点：

第一，包括 FASB 在内的概念框架，给出的要素定义，都同要素的特性紧密联系。即：分解一个定义是要素的特性，综合所有的特性就是要素的定义。

看起来，这样论述要素定义及其特征似乎很严谨。但我们认为，要素的定义只能包括主要的特性，不可能包括全部特性。要素的特性可以不受定义的局限而展开论述。因为，确认的基本标准中的一条是可定义性，而不是要求符合要素的全部特征。

第二，关于资源与未来的经济利益。资源是稀缺的，凡是配置于企业中的资源必然是有用的。例如：

（1）它与其他资源结合在一起，可以制造产品或劳务，最终为企业带来现金流入；

（2）它可能单独出售（如有价证券），立即转变为现金；

（3）它可以为企业长期提供劳务，作为经营活动的必要的物质条件；

（4）它可以交换为其他更有用的资源；

（5）它可以作为抵押，取得现金，或为其他企业提供担保。

总之，当资源以资产的名义存在时，就说明它有提供劳务、转变为现金等各种用途。反之，资产所包括的，必然是尚未耗用的资源。倘若资源经过耗用，已耗用的那一部分经济资源就变成了费用；倘若资源因不可抗拒的因素（如自然灾害）变成无用的物质，那它就变成了损失。把能带来"未来的经济利益"作为资源的定语只不过突出说明资源的有用性，并未改变或添加资源本来对人类就是有用的根本性质。

第九章

会计要素的确认

第一节　确认的含义及其作用

一、会计确认的内涵

财务会计中使用类似于“确认”(recognition)的概念，在美国20世纪五六十年代，就已开始。例如1953年8月第1号《会计名词公报(回顾与摘要)》中把会计定义为对交易和事项中，至少带有财务性质的方面按照货币进行记录(recording)、分类(classifying)、汇总(summarizing)，表现为一种有意义的状态(in a significant manner)并解释其结果的一种艺术，其中记录就是确认的开始。

1966年，美国AAA为纪念其成立50周年大会而发表的《基本会计理论报告》(ASOBAT)，在会计和会计理论的两个定义中则明确提到类似于确认的辨认：

“会计是为了信息使用者能够作出有根据的判断和决策而辨认(identifying)、计量和传递会计信息的程序。”

会计理论是可用于说明和指导会计人员辨认(identifying)、计量和传递经济信息的连贯、协调的一系列概念。

不过，AAA的这份基本会计理论报告并未更多地涉及会计确认问题。

对确认问题讲得较多且有自己见解的历史文献应是1970年10月APB的第4号报告(Statement No. 4《企业财务报表的基本概念与会计原则》)。该报告中涉及确认的说明，至少有130、132、134、144、147、149、152、156、157、158、159、160、161、163、164共15段。

尽管APB Statement No. 4没有对确认给出定义，但从它的一系列说明中，可以明确其涵义。比如，它说，“在财务会计上，并非所有经济资源与义务及其变动都予以确认和计量。财务会计的目标提供了确认……的广泛标准；基本特征决定了确认……的一些补充因素；在任何时刻，特定的经济要素及其变动是否予以确认，则由有效的公认会计原则所决定。”(参考130段，略加修改，删去计量问题)可见，APB在这里也提出确认的三条标准：(1)财务会计的目标；(2)财务会计的基本特征；(3)GAAP。

根据上述观点，它所给出的资产、负债、收入、费用等要素的定义中都加上必须根据GAAP来确认和计量。

APB Statement No. 4 在 145 段进一步提出，资产与负债的“初始记录”（initial recording）时需决定：（1）进入会计程序的数据；（2）作出分录的时间；（3）通常要予记录的资产、负债、收入和费用的金额。这里，明显地揭示了第一步确认（在账户中正式记录）的全过程：（1）表示会计应予处理的数据；（2）表示应在何时记录（作出分录的时点）；（3）表示应当记入资产、负债、收入、费用等项要素的金额。

APB Statement No. 4 按照当时的会计惯例，是把收益作为重点来研究确认的。例如收入（revenue）通常是以企业产品已销售、劳务已提供的某一时点——实现原则（realization）为基础来确认的。而实现又需符合两个条件：第一，营利过程已完成或实质上已完成（the earning process is complete or virtually complete）；第二，交换行为已发生（an exchange has taken place）（见 150 段）。

又如费用（expenses）有三种确认原则：（1）与该时期收入直接关联的成本应按因果关系（associating cause and effet）予以确认，这就是通常说的配比（matching）原则；（2）有些成本与收入的期间有联系但缺乏直接的因果联系，可使用系统且合理的分配（systematic and rational allocation）予以确认；（3）某些成本已不能明确提供未来的利益，应在当时立即当作费用确认。

APB Statement No. 4 所详细论述的确认程序（有时与计量同时并提，没有给出确认的完整定义）全部指日常的会计记录，即我们所说的第一步确认。这份报告也论述到财务报表的列示即表述（financial statement presentation），并列举了 11 条原则，指导财务会计信息的传递，但它已不再提确认方面的问题了。它主要讲财务报表列示的问题并主要认为同目标，质的目标和 GAAP 有关。这 11 条原则是：遵循 GAAP 的基本财务报表；完整的资产负债表；完整的收益表；会计期间，合并财务报表；未合并的子公司在合并财务报表依权益基础（equity basis）予以列示；国外账户资料的折算；分类与分部；日常的或例行的披露以及会计原则变动的披露；财务报表的列示形成；每股盈利。

究竟如何理解确认？直到 1984 年 12 月 FASB 在第 5 号才第一次对确认给出完整的定义并规定了四条基本的标准。

FASB Concept No. 5 指出，“确认是指把一个事项作为资产、负债、收入和费用等正式加以记录和列入财务报表的过程。确认包括文字和数字来描述一个项目，其数额包括于财务报表的合计数之内”，而且这只是指一个项目的初始确认（initial recognition），还包括该项目嗣后发生变动的后续确认（subsequent recognition）以及该项目或消失的中止确认（derecognition）。

从 FASB 的确认定义可以看到，确认包括一个项目正式记录和计入财务报表内的全过程，那就是广义的确认，把记录结合计量到编制财务报表（但不包括表外附注）都包括在内。所以，我们应当把确认分为两步。第一步是正式记录，即从辨认原始数据应由会计处理，到按复式簿记的要求作成由符合确认基本标准的要素所属账户组成的会计分录，然后再按分录分类计入各要素所属账户的借方或贷方，定期将全部要素所属账户的本期借方发生额和贷方发生额；期初借方余额和贷方余额；期末借方余额和贷方余额相加，测试它们的借贷金额合计数是否各自相等（只要遵守复式簿记机制，期初余额、期末余额以及本期发生额的借方合计一定等于贷方合计，保证自动平衡）。第二步才是把记录的账户信息，根据财务报表的要求（表内如何分类、如何浓缩和如何扩充，要按财务报表的目标——主要根据使用者的决策有用性、重要性、充分披露—透明度和实质重于形式）进行调整和重组的。原则上，账户与报表中的项目应互相对应。账户中的金额，应分别或单独进行汇总或细分，计入表内有关的项目，并构成有关报表的小计、合计和总计。

二、会计确认的作用

许多文献都把确认作为财务会计程序的必要部分和重要内容，但包括 FASB 的第 5 号概念公告在内，并没有文献明确指出确认的作用。从 FASB 对确认给出的定义可以看到，确认是为了保证财务报表表内所表述信息的可靠性、相关性（含一致性）、可比性、完整性、充分披露等质量要求，即为了保证提供一份高质量的财务报表。FASB 提出的四条确认的基本标准也说明了这一点（它更加强调符合要素的定义和能够可靠的计量）。但我们已指出，确认的过程是从交易事项的辨认，按要素定义通过账户先进行记录（即第一步确认）开始的，没有记录的可靠性和相关性，就不可能有财务报表的可靠性和相关性。广义的确认，包括辨认、记录、计量到报告（仅限于财务报表内）的全过程。在这个意义上，APB 1970 年的第 4 号报告中的第七章第 176 段，似乎概括了确认的较为完整的作用，本章参考 APB 第 4 号报告，把确认的作用表述如下：

财务报表之所以成为财务报告的核心部分，财务报表信息之所以比表外披露更为相关与可靠（特别是可靠），是因为它通过确认来完成，而确认则由财务会计一系列严谨、内在关联的操作所构成。确认的作用，就表现在：它通过下列操作指引交易和事项的选择、计量和报告，组成某一特定时期公认的会计实务所需要的种种惯例（conventions）、规则（rules）和程序（procedures），即所谓公认会计原则（GAAP）。

通过确认，指引日常会计记录和编制财务报表所必须经历的会计处理程序可列举为八大操作。

1. 选择事项（selecting the events）

企业每天都会发生大量的有时是重要的交易和事项，除交易外，并非所有的事项都应由财务会计系统处理，这就需要选择。最重要的挑选原则是：(1)影响该企业经济资源及义务的变动的事项；(2)能够用货币加以可靠计量的事项。

2. 分析事项（包括交易）[analyzing the events (including tronctions)]

如果交易和事项是应当由财务会计系统处理的，那就要分析它们对企业经济资源和义务的影响，也就是决定应记入哪一要素中的什么账户。

3. 计量影响（measuring the effects）

每一种被确认的事项（当然包括交易），对企业经济资源及其义务的变动的影响，是以货币（观念上的货币）为计量单位，恰当的属性为计量属性进行计量的结果。

4. 分类所计量的影响（classifying the measured effects）

按照受影响的个别资产、负债、所有者权益。收入、费用等要素，将这些影响加以分类。

5. 记录所计量的影响（recording the measured effects）

将上述影响，运用账户（要素在日常记录中的分类和再分类），按复式簿记机制进行正式记录。

6. 汇总所记录的影响(summarizing the recorded effects)

即按账户进行汇总并对全部账户期初余额合计，本期发生额合计和期末余额合计进行测试平衡。

7. 调整记录

这是为把记录的资料进一步在财务报表上确认做准备，包括再计量、再分类、补充记录、更正错误等等。

8. 传递所处理的信息(communicating the processed information)

第二步确认的作用就是通过财务报表向使用者传递第一步确认的数据和信息。在这里，应服从财务报表的目标和使用者对信息的需求(如对决策有用，反映经理层的受托责任)，按财务报表的特定形式，使读者易于理解，进一步提高信息的相关性和可靠性，重新分类排列，根据重要性原则，突出重点，详简分明。既用文字(报表项目)表达，又用数字(货币金额)描述，凡第一步确认确认的账户资料，均必须计入报表有关项目的金额，小计和合计之中。

(以上参阅 APB Statement No. 4, Par. 176，引用时有所删增修改)

第二节 确认的基本标准与权责发生制

一、确认的基本标准

一般都认为，确认的基本标准是 1984 年 12 月 FASB 在其第 5 号概念公告中首先提出来的。其实，APB 在它的第 4 号报告中已先于 FASB 14 年对会计要素的确认与计量标准提出自己的看法。1970 年 10 月 APB 曾认为，"在财务会计中，并非所有的经济资源和义务及其变动都被确认与计量，财务会计的目标①提供了有助于选择经济资源、义务及其变动的确认与计量的广泛标准，基本特征(basic features)②是据以决定经济要素(economic elements)及其变动的附加因素。在任何时期，特定的经济要素及其变动，作为基本的财务会计要素，加以确认和计量取决于各该时期有效的公认会计原则。"(APB Statement No. 4, 1970, Par. 130)按照 APB 在其第 4 号报告中的描述，确认的标准应是：财务会计的目标和基本特征，但具体地说，凡是应当予以确认的会计要素，都要符合当时有效的公认会计原则(包括当时的 APB Opinions；被 APB 认可的 CAP 制定的 ARBs，如在现在则指 FASB Statements、FASB Interpretations 以及 FASB 未曾废止或修改的 CAP 的 ARBs 和 APB Opinions)。

FASB 的第 5 号概念公告，在对确认作出严密的定义(但必须指出，FASB 关于确认的定义比较严密但并不全面。我们之所以说它不全面，是指它说的确认，过分突出财务报

① APB Statement No. 4, Pars. 73—84.

② APB Statement No. 4, Pars. 115—128.

表的编报，而对日常的会计记录，总是轻轻一笔带过。这同 APB 第 4 号报告的确认描述突出日常记录，而编制财务报表另行规定原则形成鲜明的对比）之后，进一步提出四项基本标准，为解决会计确认问题指明方向。

FASB 认为，下列四项标准是在“效益大于成本”和符合“重要性”原则的前提下，所有要素的所属项目（我们认为也应该包括所属账户）的确认标准。即：

- 可定义性——应予确认为某一要素的所属账户或项目应符合该要素的定义；
- 可计量性——具有可用货币金额计量的属性并保证充分可靠；
- 相关性——有关信息对使用者的决策至关重要；
- 可靠性——信息的反映真实、可稽核且公允无偏向。

不过上述四条标准，概括起来，应是：一个项目如果符合要素的定义，又对决策有用，且能可靠地加以计量才应予确认；无论第一步确认或第二步确认，都应遵守上述标准。不过在第二步确认中更应注意重要性，注意对使用者决策有用，且应考虑决策者易于理解，信息的组合排列（甚至包括取舍，还应符合效益大于成本的原则）。

二、关于会计确认标准：以人力资源会计确认为例

不少学者认为，人力资源会计研究及人力资源会计在会计实务中经过短暂的繁荣后又归于沉寂的根本原因在于人力资源计量及确认面临的困难（这也是国内外会计学文献极力渲染的一个论断）。财务会计作为一个以提供财务信息为主的经济信息系统，其存在严格的确认和计量标准①——符合要素的定义、可计量性、相关性及可靠性②。就确认的标准看，人力资源由于无法用货币进行可靠的计量，所以尽管人力资源可能符合资产的定义，人力资源的信息可能对投资者而言也是决策相关的，但长期以来却被摒弃于财务会计的范畴之外。但是，这里需要思考的问题是：

(1) 难以计量并不等价于不能计量。

(2) 难以用货币可靠的进行计量并不等价于不能采取其他方式如模糊性计量模式进行人力资源的计量——尽管货币计量有其天然的优势而一直受到财务会计的青睐，但货币计量并非是财务会计计量的全部（货币只是其主要的、核心的计量单位），而只是财务报表内进行确认的主要特征。

(3) 即使用货币进行人力资源的相对较为可靠的计量也并非没有可能。这里不要将可靠性与精确性等同，财务会计计量本身就具有精确性和近似性的特征，那么谁又能够保证人力资源的货币计量结果的不确定性程度一定高于受到人为操纵的、财务报表中的其他项目呢③？

---

① 如果广义地看，会计本身就是一个计量系统，那么计量的范围应该广于确认；但狭义的计量是会计确认的一个基本要素或环节。

② FASB，1978，“Objective of Financial Reporting by Business Enterprises”，*Statements of Financial Accounting Concepts* No. 1.

③ 例如自行研制的无形资产在目前的财务报表上的确认难道就可靠吗？目前自行研制的无形资产大多将研究开发过程中的支出直接费用化，而只将研究开发成功后发生的注册费用和律师费资本化为无形资产的入账价值。这样看来，无形资产的确认和计量充其量只是符合可验证性而已！而可验证性只是可靠性的必要而非充分条件。

(4) 退一步讲，自从 SFAC No. 1“财务报告的目标”颁布后（1978），财务报告就不再局限于财务报表，还包括表外信息披露，那么以其他计量手段表述的、关于人力资源会计的非财务信息在表外披露并不为过。所以，尽管人力资源的计量问题是人力资源会计的一个难题，但将人力资源计量的困难绝对化也同样不可取。

还有一个关键问题在于，人力资源是否符合资产的定义？反对将人力资源资本化为资产的理由在于：①人力资源不能够为企业所合法地拥有，所以不符合资产定义；②人力资源不能够用于交换；③人力资源给企业带来的未来经济利益无法确定，且无储存价值。但是，这些反对理由并不充分，不能作为借口而否认人力资源的确认，理由如下：

按照FASB的定义，“资产是一个主体由于过去的交易或事项而拥有或控制的可预期的未来经济利益”。从该定义中我们可以看出，资产的实质是“未来的经济利益”，而“获得或控制”仅仅是对“未来经济利益”的限定词。尽管人力资源不能够合法地为企业主体所拥有（人力资源的所有权天然地、不可剥夺地属于人本身），但是至少在职工的受聘期间，企业对人力资源与物质资产相结合而产生的未来经济利益——利润具有部分程度不同的控制权，这项控制权可以导致未来的经济利益流入企业。

著名会计学家 Richard A. 萨缪尔森认为，“……可交换性是知识资产确认的充分条件而并非必要条件，因此将可交换性作为资产定义的一部分可能是错误的。”

不确定性是会计环境的必然特征。我们不能够因为一台机器设备可能会因火灾而影响其提供的未来经济利益而将其排除在资产范畴之外，同样我们也不能够单单因为人力资源带来的未来经济利益具有不确定性就拒绝将人力资源确认为资产。正确的思路是，我们应将资产看作是一种获取未来经济利益的潜能，而非获取实际未来经济利益的能力。FASB 资产定义中的“可能的未来经济利益”的表述就说明了这一点。

资产是“一个主体由于过去的交易或事项所拥有或控制的可能的未来经济利益”。从该定义中可以看出，资产的本质是“未来的经济利益”。那么，只要能够为企业贡献未来的经济利益，无形资产（请注意，人力资源本质上是企业的一种无形资产）和有形资产就不应该有所区别，而都应该在财务报告中进行一致性的表述。尽管如此，是否将人力资源确认为一项资产还面临两个问题：第一，如何理解“控制”的含义，以及人力资源带来的未来经济利益是否可以为企业所控制？第二，如何理解“可能”这个限制性的表述？而这两个问题也是人力资源会计的反对者们所关注的。

法律或者契约性的限制是一项资产是否为特定主体所“控制”的证据。为此，相当一部分人力资源会计的反对者认为，尽管人力资源的存在可能给企业带来未来的经济利益，但由于企业对人力资源所贡献的未来经济利益缺乏控制，所以人力资源并不符合资产的定义。我们认为，对这个问题的理解应考虑到“经济实质重于法律形式”（economic substance over legal form）这项会计惯例，人力资源带来的未来经济利益是否可以由企业所控制，不应该仅仅拘泥于法律或者契约性限制，而应该从经济本质角度进行审视。从人力资本和非人力资本在企业中的博弈历程中可以归纳出，随着专业化的发展，随着企业对人力资本所有者的投入的增加，一方面人力资源价值的确在增加，另一方面人力资本和财务资本一样，其专用性（specialness）也在与日俱增，由此可以期望专用性的人力资源和企业形成一种隐契约(一种固定的长期契约),一旦人力资源所有者脱离企业,其人力资本价值将无从体现,并将因其对其他主体的非专用性而发生贬值。所以可以认为,随着人力资源专用性的提升,人力资源所有者将会选择合作博弈,同时增进企业和自身人力资本的价值,这样,人力资源贡献的未来经济利益,从基本本质上看其实已经为企业所控制。例如随着公司治理机制的发展,对企业经理等高层管理人员实行股票期权(stock option)、对企业职工实行职工持股等一系列激励措施,都能够起到稳定企业的人力资源队伍,从而促进企业在实质上对其内部人力资源的控制,使之长期服务于企业。

关于可能一词,按照 Upton(2001)的理解,其本意确切地应该解释为"期望"(expected)。按照其逻辑,我们认为,只要事前(ex ante)认为或能够预期一个项目有价值而且愿意付出代价去进行交换,该项目就符合资产的定义,而不论最终的(事后,ex post)结果是否能够证明其有价值。"可能"这个限制性表述的存在,在于揭示不确定性的存在和未来的经济利益是不确定的。因此 Upton 认为,"可能"一词并不是资产定义的一个必要组成部分。其实任何一项资产,即使是有形资产如存货或固定资产,其给企业带来的未来经济利益都内涵着不确定性的成分,正如我们不会因存在不确定性和概率或然性而不确认存货和固定资产一样,我们同样也不能够仅仅因为人力资源带来的未来经济利益具有不确定性而就断然将其排除于会计信息系统之外。

鉴于上述理由,人力资源符合资产的定义。但是,我们认为,符合资产的定义只是人力资源确认为资产的必要条件而非充分条件,人力资源要能够确认为一项资产,还必须满足可计量性以及相关性和可靠性。虽然人力资源和有形资产在贡献未来经济利益方面并无本质的区别,然而一个主体却不能够清晰地将某项未来的经济利益和特定的人力资源联系在一起,而这正是人力资源难以量化和计量的症结之所在。但是,在人力资源会计出现的若干年来,计量问题被过度地予以强调,使得人力资源会计的报告及人力资源方面的信息披露成为了一种典型的"黑白"模式,要么确认并通过财务报表进行披露,要么就不披露。但是,人力资源会计信息的确可以影响利益相关者的决策,所以绝对不披露未必是恰当的。

三、权责发生制及其确认基本标准的关系

确认虽然是一个从正式记录到计入财务报表的过程,但是,它主要解决应否确认、何时确认和如何确认等三个关键性问题。

FASB 第 5 号概念公告提供的四条基本确认标准,实际上只回答应否确认的问题。至于如何确认,第一步,是要运用复式簿记机制;第二步则要通过财务报表的列报(表述)来传递。剩下来,就是何时确认的问题。权责发生制正是解决这一问题的规则。

权责发生制原是针对收入和费用两个要素应在何时确认的规定,本来,不论何种要素的何种账户,只要交易和事项已经发生,经辨认符合确认的基本原则,就可以确认。但由于信用制度广泛地介入商业交易和事项,交易或事项虽然发生,但现金却经常尚未收到或尚未支付,这就产生应收和应付等款项,并且往往不在发生同期进行结算,于

是就出现这样的问题：一项收入是在交易业已发生，收取现金的权利业已得到销货客户的承认时就确认，还是要等到销货款结算实际收到现金收入时才确认？一项费用，是在交易业已发生，已经承担未来向购买客户支付现金的责任时就确认，还是要等到购货款结算，付出现金时才确认？会计上形成了一个传统的惯例(规则)：收入是在收取现金权利发生时确认，而费用是在支付现金的责任承诺时确认，这就是所谓权责发生制。虽然人们重视当期企业的现金流入和现金流出，但这两种信息并不能反映企业当时的经营和财务业绩，因为信用制度介入交易与事项后，当期的现金流入可能包括前期的收入而在本期才收款；当期的现金流出，可能包括前期的费用而在本期才支付。权责发生制的优点在于只要交易和事项已经发生，并对企业的经济资源和义务的变化产生了财务的影响，就加以确认(记录并计入报表)。而后发生收回现金和付出现金时再一次加以后续确认。两次确认反映了由于商业信用介入交易或事项的全过程。不过，前一次确认才是收入、费用等要素在实质上的反映，而后一次反映只不过反映交易事项在信用结算中的现金流动。

权责发生制虽然主要为了解决收入和费用确认的时间问题，同时也连带决定了在商业信用中资产与负债的确认时间。因为在确认一项收入时，按照复式簿记机制，必然同时确认一项资产的增加或负债的减少；相反，在确认一项费用时，按照复式簿记机制，必然同时确认一项资产的减少或负债的增加。所以作为确认会计要素的时点的一种规则，权责发生制是涉及所有要素的。

这样，在整个确认过程中，确认的基本标准、权责发生制、复式簿记、编报财务报表与计量制度是密切联系、相辅相成的，它们分别回答会计确认的三大问题：

第一，应否确认——取决于是否符合基本确认标准和能否可靠地计量。

第二，何时确认——原则上按权责发生制(应计制)。

第三，如何确认——日常记录(第一步确认)运用账户与复式簿记系统对由交易、事项产生的数据进行向信息转换的初加工。计入报表(第二步确认)根据相关性和重要性进行必要的调整，并在财务报表把由正式记录的账户初加工的信息按报表的项目，重新分类，排列或浓缩或细化，对当期发生的并已确认的全部交易和事项，分门别类在不同报表中，既用项目作为文字的汇总说明，又在项目中用金额、小计、合计，作为数字的汇总描述。

四、收入及费用确认的补充准则或指南

收入和费用是盈利(收益)的组成部分，代表一个企业的经营财务业绩，在资本市场中，是外部信息使用者，特别是投资人投资决策的主要依据。然而收入和费用在日常记录中是统计性质的虚账户。特别是收入的确认密切依存于交易和事项的性质与条件。而在当前，由于金融创新产生日新月异的衍生金融工具和由于商业交易也出现许多创新的业务，这使得收入的确认呈现难以解决的复杂性。

Kieso，Weygandt，Wanfield 合著的《中级财务会计》第 11 版(2003，P. 202)对收入确认可能的时点作了如下的图解，见图 9-1：

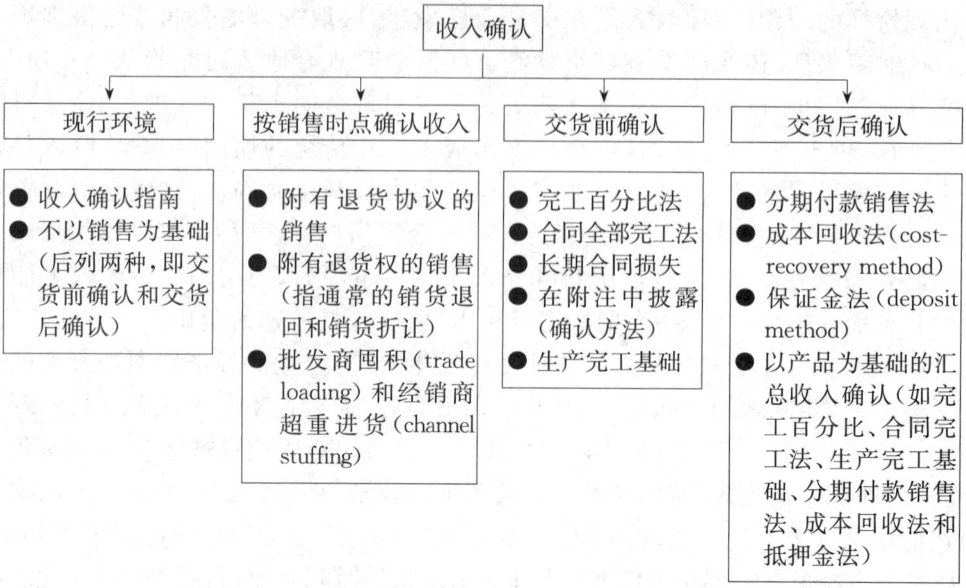

图 9-1　收入确认可能的时点图解

上图只是说明收入确认的标准极为繁多。虽然 FASB 的第 5 号概念公告补充指出，收入确认除符合一般要素的确认标准外，还必须符合：①已实现和可实现（realized and realiable）；②已赚得（earned）。但这两项补充指南并不足以解决虚假确认收入的各种漏洞。根据刊登在 *Journal of Accountancy* 2001 年 6 月份的一篇文章（"The Right Way to Recognize Revenue" by Thomas J. Philips JR.，Michael S. Luehlfing and Cynthia M. Daily）透露：在美国的上市公司中，从 1987 年到 1997 年十年中，欺诈的财务报告超过半数涉及收入的不恰当高估。所以，1998 年美国 SEC 前主席 Arthur Levitt 在一次题为"数字的赌博"（The Numbers Game）报告中，痛斥上市公司的财务造假。在他揭露的五种主要造假手法中，通过提前确认收入来提高盈利，就是其中的一种。因此，他要求 SEC 有关业务部门要在 SFAC No. 5 的基础上改进对收入确认的管理。这又导致 1999 年 12 月 SEC 的 Staff Accounting Bulletin SAB 101 的出台。

SAB101 要求收入确认的基本标准还是已实现或可实现和已赚得。此外，收入确认之前，交易还必须符合下列四条标准：

● 具有说服力的双方协议的证据；
● 货物已经发出，劳务已经提供；
● 对购买者的销售价格是固定的或可以决定的；
● 收现的能力能够合理的加以肯定。

（如果按照 SAB101 的补充要求，则交货前确认收入就不符合规定。）

此外，SAB101 还要求公司在表外披露预计退货的重大变化并在"管理当局的讨论与分析"（MD&A）36 中说明如下三点：

● 影响收入的有利或不利事项；
● 收入与成本之间的关系；

● 影响收入增减原因与事实的分析。

美国 FASB 和 SEC 都十分重视收入的确认，安然事件引起的一系列财务欺诈，更使人们对这一问题的解决增加迫切感。问题在于各行各业都有其专业特点和扩大销售而优待顾客的种种计划，统一收入确认的时点（甚至在同一行业）都会有困难。在 Kieso 等两人合写的《中级财务会计》第八版中，就在收入确认一章（第 19 章）开始讲了一个难题："航空公司为了促销而对经常搭乘该公司的旅客实行优待，据估计在 20 世纪 90 年代中期美国各航空公司已积欠旅客近 346 哩（1 哩＝1.609 公里）的免费航程，这些航程若换算为货币，航空公司需耗费 23 亿美元的成本（无收入与之配比）。怎么处理此项促销优待？各航空公司可自行决定如何确认收入与负债，并要预测经常搭乘免费旅客的百分比。"目前大部分航空公司是在旅客购买时将机票售价全部确认为收入，预计未来提供免费搭乘旅客服务的增额成本则于旅客达到免费搭乘飞机之优待点时才应计入账。而不赞同这一处理方法的人则认为"我们不同意机票出售后获利过程已经大部分完成。因为旅客在购票时已预期未来免费乘机的优待，航空公司应及时确认此项未来优待的金额为负债"①。这样，凡持有促销计划，优待经常乘机旅客的公司，在确认机票收入时，应部分地递延为负债。类似此种争论，都说明确认收入的复杂性（包括确认的时点和金额）。

在我国的航空公司中，也有对经常乘机旅客奖励或旅客忠诚度计划（FFP），即这些旅客乘坐某公司或合作航班的头等舱、公务舱及部分经济舱时可获得相应的里程累积，当里程累积达到标准后，即可兑换以下各项奖励：

● 免费机票
● 常客合作公司免费机票
● 免费升舱至公务舱或头等舱
● 其他非航空旅行奖励

对于 FFP 所产生的负债，有三种会计处理方法：第一，按或有负债处理，即由于难以准确预测顾客里程的时间和金额，可以将积分兑现视同或有负债（不在当期体现，不影响当期利润）。第二，采用所谓边际成本法，此法将该项负债等同于运输免费旅客所耗费的边际成本，可作为一项预提的旅客服务费用计入当期损益表并作为本期增加的负债计入资产负债表，免费旅客成行以后，此项费用将当期实际发生的成本扣减，并从资产负债表中消除相应的负债。边际成本通常包括食品、饮料、燃料、旅客税费保险及机票、行李运费等。第三，递延收入法，此法将旅客购票部分款项的确认，递延到里程累积兑换并使用之后，这部分递延确认值比照促销机票的销售折扣来确定。

上述三法皆有争议，目前大部分航空公司应用的会计处理是递延成本法。

我们认为，即使不是有意做假，即使会计人员有较高的专业判断能力，收入确认难以制定统一的规范，也是影响收入偏高或偏低的不可控因素。

至于费用的确认，一般是指：

（1）某一主体含有未来经济利益的资源在其日常的主要（核心）业务中已被耗用（一般被加工成另一种产品或劳务，或直接、间接有助于加工产品或劳务），或在实质上被耗用或在功能上被耗用；

① 参见 Kieso of Weygant：*Intermediate Accounting*，Eight edition，1995，p. 939.

(2) 某一主体的资产预期不能继续发生经济利益(提供劳务)或所能产生的未来经济利益有可能减少,则应确认为费用或损失。

属于(1)类情况,可与其有因果联系的收入进行配比,或按计划分配(如计提折旧)作为由收入补偿的费用。属于(2)类情况,除非数额巨大,不宜由一个会计时期承担的,都可在当期作为收入中抵补的损失(即成为当期确认的期间损失)。

第十章

会 计 计 量

第一节　会计计量的内涵与计量结构

一、计量在财务会计中的重要性

早在1907年，Chartes E. Sprague在其主要讨论记账原理的名著《账户的哲学》中，在说明账户的形式时，就涉及同计量有关的价值信息。该书第二章"账户的形式"指出：账户"需要提供如下的信息：多少价值（value）？如何提供？何时提供？为何提供以及向谁提供"（*The Philosophy of Accounts*，1907/1922，P. 8）。1922年，W. A. Paton则明确把反映价值列为会计的功能。他说："会计的作用（功能）是记录价值，分类价值并按照所有者及其代理人可以明智地利用他们处置的资本的要求来组织现行价值数据"（*Accounting Theory* Ch. 1，1922/1962，P. 7）。Paton还说："会计人员职责的本质包括分期决定企业净收益和财务状况"（同前书，P. 6）。1929年，John B. Canning也重视计量与估价问题的研究。在他的名著《会计的经济学》中，有五章涉及会计计量，除第8章专门讨论收益的计量外，9—13章都讨论资产、负债、所有者权益即财务状况的估价与重估价。Canning把估价分为直接估价和间接估价。"直接估价是当而且仅当已实现的货币收益存在并满足可决定的条件，这种收益的增加，既可能是正的符号，也可能是负的符号（钱进来或钱出去），它可用任何方法在将来的时期分配。"（*The Economics of Accountancy*，1929，P. 207）Alexander S. S.则更强调收益决定。他写道："收益决定是企业会计人员的主要职责"（Income measurement in a dynamic economy In *Studies in Accounting Theory*，edited by W. T. Baxter and S. Pavidson，1962，P. 131）。其实，Paton也是一贯强调收益决定的重要性的代表人物。他后来在1940年同A. C. Littleton合著的《公司会计准则绪论》则把他们重视收益决定的观点发展到了新的高峰。该书共七章，其中三章（Ⅲ、Ⅳ、Ⅴ）就分别讨论了同收益决定有关的成本、收入和收益，还在第Ⅱ章会计的基本概念中，创造性地提出了也是同收益决定密切相关的"计量的计价（报酬）"（measured consideration）、"成本归属性"（costs attach）、"力量与成就"（effort and accomplishment）等三个概念。尤其在"力量与成就"部分，他们全面而深刻地阐述了会计上的"配比"（matching）原则，所谓"力量"是用"成本"测量的，而"成就"则由取得的"收入"表示。由于企业行为具有连续性，其最终的经营结果总是在不确定性的将来，管理当局、投资者和政府以及所有与企业利益相关的团体的决策决不能等到企业经营的最终结果(ultimate outcome)确知,而必须对企业业务进度,在不同期间有一个"测量上的读数"(Test reading),其方法就是把期间的收入同所费成本进行比较,这就是会计上的配比原则(参阅 *An Introduction to Corporate Accounting Standards*, 1940/1977, PP. 24—25)。从会计的历史考察,Paton 和 Littleton 的这部著作的出版年代(1940 年),大体上可以作为在会计计量上对资产估价与收益决定孰轻孰重的分水岭。在 20 世纪 40 年代以前,会计界重视资产估价,资产负债表被列为第一报表;而在 20 世纪 40 年代以后,会计界转向重视收益决定(通过配比),损益表(收益表)变成实际上的第一报表,会计人员的作用也发生转变。Paton 和 Littleton (1940)把资产视为"等待它们命运的未分配成本"(unallocated costs awaiting their desting),会计师本质上是"成本员"(costers)而不是"估价员"(valuers)。

当前,受 FASB 的概念框架的影响,都认为计量是确认的一部分。例如,SFAC No. 5 提出的四条确认的基本标准,就认为可计量性只是确认的一条基本标准,并且只用 Par. 65—72 八段来论述计量。但其他一些会计文献却重视计量甚于关注确认。例如 Ahmed Richi-Belkaou 写道:"通常都认为,会计是一项计量和传递的学科。计量是指'按照规则,向对象和事项分配数量'。会计的第一步是辨别(Identify)并选择哪些对象、活动或事项以及在实行实际计量之前决定与使用者相关的属性。"(*Accounting Theory*, 5th edition, 2004, Par. 42)这说明 Belkaou 是把确认(辨认并选择应予由财务会计信息系统处理的程序)作为计量的前提,为计量服务的。

我们知道,凡是供人们使用的信息,既可以是只用文字进行定性传递,也可以用数字进行定量描述,或两者兼用。而财务会计信息,则是以量化为主,文字与货币数字并用的信息。会计的所有要素,凡是在财务会计的财务报表上得到反映的,无不需要计量。著名会计学家井尻雄治(Yuyi Iriji)甚至认为,"会计计量是会计系统的核心职能"(*Theory of Accounting Measurement*, 1979, P. 29)。在谈到会计主要提供什么性质的信息时,APB 和 FASB 都强调计量。APB 在其第 4 号报告的摘要部分,首先就指出:"会计是一项服务活动,它的功能是提供一个经济主体的数量信息(主要是财务信息),以便用于作出经济决策"(APB Statement No. 4, 1970, Ch. 2, Par. 9);FASB 在最早的一份关于 CF 的 DM 中也认为"……财务报表要素(资产、负债、所有者权益、收入、费用、利得、损失)是关于企业的经济资源、经济资源的转移、投入和产出的流动,或这些资源与义务变动的数量表现"(FASB Discussion Memorandum (1976), An analysis of issues related to "Conceptual Framework for Financial Accounting and Reporting: Elements of financial statements and their measurement", Par. 340)。

二、会计计量的含义

会计计量不论在理论上还是在实务上都是会计的核心。因为会计的"语言"就是量化的信息,对财务会计来说,则是以货币为量化单位的财务信息。缺少计量的会计或财务会计都是不可想象的。上面虽然引用了一些专家学者的论著和权威会计文献,说明了计量在财务会计中的重要性,但是我们还没有论及会计计量的含义。

什么是会计计量?1971 年 AAA 发表的"会计计量基础委员会的报告"中曾认为,由于传统的会计已形成财务会计[该报告称之为“权益会计”(equity accounting)]和管理会计[该报告称之为“经营会计”(operational accounting)],因而会计计量系统就存在两个完全不同的导向(two entirely different orientations)。为财务会计服务的计量,其导向是使会计协调股东和主体内部或外部利益相关者的权益,使经营活动产生的收益进行公平的分配;而为管理会计服务的计量,其导向是使会计致力于为管理当局和投资者的决策——特别是有关资源的决策——提供有用的信息①。

尽管财务会计和管理会计在计量的目标上有分歧,但彼此也有一定的交叉。所以该报告对会计计量给出的定义是:“按照规则,在观察和记录的基础上,将数字分配给一个主体的过去、现在或未来的经济现象。”(Accounting measurement is an assignment of numerals to an entity's past, present or future economic phenomena, on the basis of observation and recording to rules)②或者说会计计量是建立在过去或现在观察和按规则记录的基础上,对一个企业的过去、现在或未来经济现象予以数字分配(见上列“Reports” Chapte Ⅷ)。

此外,还有几种定义可供参考,如:

“数量观察就是计量。每当在观察基础上,数字被指定为某种特征时,计量就发生了”(Mano Bunge, Siontafic Research 11—the Search for truth, New York: Spnnger Verlang Inc. 1967, P. 194)。

“计量是根据规则对实物或事项的数字分配”(S. S. Stevents “on the Theory of Scales an measurement”, Scienet CM, Jan/June, 1946, P. 677)。

“计量是把一项量化的价值归属于一项物品或质量的过程。它既以给定若干单位数量的时间为基础,也以一系列多于或少于类似数量的状况为基础”(Dagobert D Runes (ed), Dictionary of Philosophy, New York, Philosophical Library, 1960, P. 194)。

“计量是一种特殊的语言,它通过数字和数字系统预先决定的数字关系来反映现实世界的现象”(Yuri Iliji《The Fundation of Accounting Measurement》1967, P. 19)。

(以上四项关于计量的定义均见 AAA 的《计量基础报告》第 8 章。)

从所有计量的定义看,有两个特点值得注意,会计计量也不例外。

第一,没有一种计量能离开数字的计算过程;

第二,没有一种计量不存在不同程度的估计。

对于财务会计的计量来说,还要补充以下几点:

第三,它的计量对象是由企业交易或事项产生的各种要素,每项要素都有自己的特征,计量必须同应予计量的要素特征相适应。最概括地看,如按账户来表述要素,就有主要用于编报资产负债表的“实账户”(real accounts)和主要用于编报收益表(利润表)的“虚账户”(nominal accounts)。实账户都有余额,分别表示为资产、负资产(负债)和净资

---

① 管理会计的计量是否也对投资者提供有用的信息?这一论断未必正确。近 30 年来已经证明,在一个现代化的、股票公开发行的大企业中,经营决策已经完全由至少基本上由管理当局(高管阶层)掌握有关经营决策的信息,投资人已经很难获得了。

② Report of the Committee on Foundations of Accounting Measurement, *Accounting Review*, Supplement to Vol. 46 (1971) p. 1.

产(所有者权益);而虚账户都没有余额,但所有虚账户包括收入类或费用类都结转并决定收益(利润)账户。因此,财务会计的计量至少分为两大类:资产的计价,收益的决定。而这两类计量都同价值有关。

第四,财务会计的计量,既然同价值有关,由于货币是价值唯一可以捉摸的存在形式,"只有商品价值的共同货币表现,才导致商品价值性质的确定。"(《马克思恩格斯全集》23卷92页)与价值有关的计量就必须而且只能用货币(指观念上的货币,是货币的符号,无需用实在的货币)作为同价值密切相关的各项会计要素的计量的单位。当然在财务报告中也可以包括一些非财务信息,但构成财务报告组成部分的非财务信息,应当同会计相关。

第五,财务会计的计量还必须在以货币为计量单位的基础上运用一定的计量特征或形式或属性来反映计量对象的价值量。例如,虽然计量单位是货币,而计量属性则可能是历史成本、现行成本、现行价格、公允价值等等。所有这些属性是从哪里来的?是从市场交换中来的。具体地说,来自主体之间的交易和事项,是价值的内在属性。19世纪,经济学家早就指出,"价值(交换价值)是物的属性,财富(使用价值)是人的属性。从这个意义上说,价值必然包含交换,财富则不然。"(《评政治经济上的若干用语的争论,特别是有关价值的争论》1821年,第16页)现在我们可以看到财务会计的计量属性是用来计算会计要素含有价值量的工具,而以货币为计量单位则表示所计量的是商品交换中的价值。正如人们把千克定为重量的单位,而一袋米在磅秤上称得10千克;一块牛肉在磅秤上称得1千克;磅秤则成为物品称重的计量属性(衡量轻重的工具)。再如,会计计量的对象是一座厂房,整个计量过程可列表如下:

计量对象	计量属性	计量单位	计量结果(厂房金额)
资产——厂房一座	过去的市场价格(建筑或购置该厂房所费成本——历史成本)	人民币(元)	1 480 000 元

三、计量的两个组成部分

1. 计量单位

如果讲一般计量,则根据计量对象的特征,有各种可适用的计量单位。如举例设计量对象的特征是商品的重量,则计量单位可以是千克、磅、克等等;如计量对象的特征是商品的长度,则计量的单位可以是千米、米,等等;如计量对象的特征是商品的价值,则计量单位只能是货币(作为价值尺度的观念上的货币)。首先,货币是由各国、各地区发行的,目前并不存在全球统一的通用货币,所以,它分别指人民币(中国)、美元(美国)、日元(日本)、卢布(俄罗斯)、欧元(欧盟地区)、港元(香港特别行政区)等等。货币的特点是每一单位货币都代表一定量的购买力。当这个国家或地区物价比较稳定,就可以假定货币的购买力不变或基本不变,所使用的计量单位可以是各该国(该地区)的名义货币(nomoral money)。如果某国或某地区出现恶性通货膨胀,则计量单位就可能要改用不变购买力(constant purchasing power)。

当前,全世界绝大多数国家和地区,物价是稳定或基本稳定的,因而会计计量所用的计量单位，主要是企业所在国(地区)的名义货币。至于跨国公司需要编制合并报表，则将要求设在各国各地区分公司向总公司呈报的财务报表，按总公司所采用的计量货币进行折算后列报。

在会计计量问题方面，涉及计量单位，除有跨国跨地区的分公司需要向总公司提供的财务报告应按总公司所在地采用的计量货币为计量单位进行折算外，问题尚比较简单。

2. 计量属性

会计计量的第二个要素即组成部分是计量属性。20 世纪 70 年代以来，美国由于当时(70 年代)通货膨胀率达到 11%，传统的计量属性——历史成本受到企业界和会计界的普遍抨击，认为它导致公司的财务报表提供虚假的，甚至是"无用的数字"(*Fortune*, January 14, 1980, P. 105)。当前，考虑通货膨胀去选择计量属性，已经没有必要。但在会计实务，仍有历史成本(历史收入)、现行成本、现行市价、可实现(清算)净值、未来现金流量贴现值等计量属性，根据计量对象的性质、可靠性和相关性等因素同时并用(SFAC No. 5, Pars. 66—70)。

(1) 在一些财务会计准则(FASs)中使用未来现金流量的现值法时，差异颇大，导致 FASB 从 1988 年 10 月着手研究会计计量中采用现值的问题——主要解释现值法在什么条件下是恰当的计量属性，1990 年 12 月进一步认为，未来现金流量虽然相同，但在时间安排和确定性上并不相同。运用现值技术，能够反映这些相同现金流量由于时点和不确定性的差异而产生的经济差异。由于未来现金流量和不同的折现率相结合都会产生不同的现值。求出现值不是计量的目的，会计计量必须寻找一个较为可靠而相关地反映被计量的资产与负债的计量属性——公允价值(价格)(fair value 或 fair price)。

(2) 第 5 号概念公告所列示的 5 项计量属性，在第 7 号概念公告发表后应改为：

- 历史成本(历史收入)；
- 现行成本；
- 现行市价；
- 可变现(清算)净值；
- 公允价值(取代现值)。

(3) 上述五种计量属性在应用中存在着不同情况：

① 历史成本。历史成本实际上也是市场价格或交换价格，只是在时间上属于交易或事项发生时所达成的价格，我们也可以把它称为过去的价格。其所以称为历史成本，首先由于一般用于购置资产，是资产的购置成本(简称成本)；其次，该成本是由过去的市场或交换价格转化而来，只要企业持有该项资产而不予处置，其成本即不随该资产的市场变化而变化。既然交易(事项)产生于过去，成交的价格也属于过去，此后又不必随市价变动而变动，因此又称为历史(过去)成本。

历史成本应用于交易或事项发生时某一项目的"初始确认"(intial recognition)。只要该要素(如资产)在后续期间继续为一个主体所持有，不予处置，那么，尽管资产的市场价格以后发生变动，在嗣后的年度，可不必进行后续确认和计量(subsequent recognition and measurement)，即不必"重新估价"(revaluation)，但应用历史成本计量的要素(账户和报表项目)，应着眼于被生产耗用、自然耗损或其他原因而对其历史成本进行分摊。如果该要素已完全没有使用价值，不再含有未来的经济利益，当然需要“终止确认”(derecognition)。

采用历史成本毋须后续计量，从而节约会计信息加工成本(交易成本)，是其一大特色。

② 现行成本、现行市价、可变现(清算)净值和公允价值。这些属性都能应用于交易或事项发生时某一要素的初始计量，在该要素完全丧失或部分丧失所含经济利益时，也要进行全部或部分终止确认(计量)，但应用这几种计量属性时，在后续年度，都必须进行后续确认与计量，即“新起点计量”(fresh-start measurement)。每年均需重新估计现行成本、现行市价、可实现净值和公允价值。

③ 第5号财务会计概念公告曾提到“现值”或“未来现金流量的贴现值”(present or discounted value of future cash flows)，那是一种摊配方法，它不是独立的计量属性，只能在资产或负债按历史成本、现行成本或现行市价进行确认与计量时应用。

第二节　公允价值计量属性探讨

一、历史成本的缺陷及公允价值研究的兴起

1. 历史成本(historial cost)的优点、局限性及其适用对象

会计的计量同价值及其流动密切相关，计量单位又是货币，则计量属性也应当就是市场价格或交换价格。货币是唯一可以捉摸的价值的形式，而价值的数量不能自我表现，只能通过价格。在市场经济中，通过无数交易被买卖双方普遍接受的公允价格，应是由市场形成的市场价格。市场价格是动态的，任何时候，从时态分，市场价格都可以分为过去、现在和将来(预期)三种。财务会计与财务报表一个重要的、基本的职能，是以一个企业已发生的，过去的交易和事项为处理的对象，即 APB Statement No. 4 所明确指出的，“财务会计与财务报表主要是历史性的，即有关业已发生的事项信息”(Par. 35)。因此，对财务会计的账户和财务报表的项目而言，最相关的计量属性应为过去的市场价格。这种价格的优点在于：第一，它是交易成交时发生的，既公允又平等；第二，由于交易已经发生，这种价格已经确定，并有证据可供稽核，其可靠性有保证。在一持续经营的企业中，除流动资产外，其他资产既不是为卖而买，一般也不作为交换和交付的手段，持有这类资产(几乎所有是长期资产)，是供企业长期使用和生产消费的。对市场价格的变动，企业持有的资产特别是长期持有的资产完全可以不予考虑，否则，对资产价格这种频繁调整不但没有意义，而且加大会计处理成本，不符合效益应该大于成本的原则。会计学者把取得资产的当时价格(成交后即成为过去的市场价格)以及形成负债时承诺的未来支付，就都转化(即改称)为历史成本和历史价格。

历史成本是财务会计的传统计量属性。如前所说，它是过去的交易或事项发生时买卖双方自愿达成的交换价格(一般是有活跃市场的商品或劳务的市场价格)，作为过去的市场价格的历史成本已经排除了市场价格的不确定性和风险，它具有可查核的原始凭证。如果属于历史成本的摊销(如厂房、财产和设备)，则根据系统摊销的规则，也具有可验证

性。历史成本的主要优点是具有可靠性，也有相关性。因为一项资产购置时的历史成本反映为取得该资产而付出的代价，代表企业的投入。一个企业假定没有资本的投入，就不可能有资本的产出，也就不可能计算企业的经营业绩。那些认为历史成本缺乏相关性的观点，是不全面的，即使企业外部的投资人、债权人和其他类似的信息使用者，也应当关注历史成本。只要他们关注企业的盈利，就不能忽视组成盈利的两个方面：收入和成本。FASB在其第6号财务会计公告中认为，"取得资产或耗用资产引起的成本本身并非资产，成本除可作为计量的一个属性外，另一个作用只是作为取得某项资产的证据"（SFAC No. 6, Par. 179)，而未来的经济利益才能反映资产的本质。我们不同意这种说法。资产的本质是属于企业的、有用的经济资源。从有用性来看，首先是它具有使用价值，即具有各种不同的用途，如可供生产消耗（即制造其他资产）、可直接提供服务（如厂房可供装备设备，用于生产），可以交换，可以抵押以及可供个人消费等等。其次，是它具有价值，它能用货币表现其价值量，而只要它能够用货币表现，就说明它尚具有提供人们服务的潜力，尚有未消耗的经济利益，并可用于交换现金。历史成本是资产购置时的价值表现形式，未摊销、转让、出售或完全损毁的资产的历史成本，同样能表现资产是企业有用的经济资源这一本质。成本不同于未来的经济利益，主要区别在于前者从资本投入角度看资产的本质，而后者从资本产出角度看资产的本质。即使说资产的本质是未来的经济资源，它也需要货币表现，历史成本、现行成本、现行市价和公允价值只不过从不同角度来表现资源所内含的价值而已。

FASB最近非常强调公允价值这一计量属性。但公允价值能够用于计量一切资产吗？至少在近期内它不过适用于计量衍生金融工具，用于估计未来交易。除此之外，其他一切资产（也包括负债）凡产生于过去的交易、已按成交价格取得（或承诺支付义务），按当时的价格即历史成本计量，应当说，完全符合会计的本质职能——反映经济真实，尽可能避免会计人员或其他人士的主观估计与判断。

历史成本的第一个优点是可靠性，正如W. A. Paton曾指出："作为会计基本数据的成本仅仅因为它们是对普通的市场交易而流入企业的货物与服务的初始价值的最可靠计量而显得重要。"（"会计程序和私人企业"，*Journal of Accounting* 1948年4月第288页）历史成本的另一个优点是：凡按历史成本计价的资产，只要企业继续持有，它可以不必随市场变动而改变，即不必在后续每个会计期间进行新起点计量，毋须确认由此产生的未实现的持有利得或损失（unrealized holding gains or losses)，这将大大节约交易成本（信息再加工成本）。

当然，历史成本也有不容忽视的局限性：

(1) 它面向过去，仅反映企业的投入，而不能预测未来，特别是有关产出的信息，不利于为使用者的经济决策服务；

(2) 它实际上只反映过去交易或事项发生时点的信息，不仅不能反映未来，而且同市场价格的变动毫无联系。

现在的财务会计信息之所以主要是提供历史信息，原因之一是以过去的交易和事项为会计处理的基础，原因之二就是采用历史成本信息为主要的计量属性。

按照传统的会计模式（包括财务会计分化为传统会计的一个分支)，历史成本几乎是唯一的计量模式，因为它能反映企业的资本投入，如实表现企业持有的资源与义务，有利于通过配比，确定每个会计期间的经营业绩。虽然它所提供的是历史信息，但历史是预测的起点，历史信息也有信息反馈，从而证实或修正预测和计划的作用。传统的会计模式也称为以历史成本为基础的会计模式。由于财务会计的目标除反映受托责任外，在资本市场发达的国家，服务于投资人、债权人和其他类似使用者的投资决策、信贷和其他类似的决策，变得越来越重要，而面向过去的历史成本终究不能预测未来和为进行正确的决策带来直接的帮助。为了提高决策的相关性，传统的财务会计模式也已逐步突破单一的历史成本计量属性，例如对存货和有价证券，早已按成本与市价孰低的原则在财务报表中表述，对应收账款计提坏账准备，对固定资产提折旧准备，都是旨在修正历史成本的账面价值与实际价值的背离。我国2001年制定的会计制度，则允许对存货、短期投资、长期投资、应收账款、固定资产、无形资产、委托贷款、在建工程等计提八项跌价或减值准备，则表明我国的企业财务会计，不仅旨在提高相关性的会计信息，而且维护恰当的谨慎性。

2. 公允价值的兴起

1990年，SEC前主席Douglas Breeden公开倡议所有金融机构都按市场价格报告所有的金融投资，认为公允价值是金融工具最相关的计量属性。这个倡议仿佛一个动员令，从那时起，西方国家的准则制定机构纷纷行动起来，努力扩展公允价值计量属性在财务报告中的应用，以摆脱关于现行财务会计模式正在失去相关性的批评。

以美国财务会计准则委员会(FASB)为例，迄今为止，FASB已经为促进和完善公允价值计量目标进行了两个阶段的工作。在第一阶段，FASB发布了一些以公允价值为计量目标的会计准则，并于2000年发表了第7号财务会计概念公告——《在会计计量中使用现金流量信息及现值》。第7号概念公告因应会计准则中越来越多运用到现值技术估计公允价值的情况，致力于为现值技术建立一个概念及应用框架，一方面可节省以后准则的篇幅，另一方面可确保准则之间的内在一致性。在第二阶段，FASB于2004年6月发表了一个征求意见稿——《公允价值计量》。这个征求意见稿有两个意图，一是将第7号概念公告的现值技术框架提升到第一层次的公认会计原则，并明确应用现金流量和现值的唯一目的在于捕捉最能反映市场价格的公允价值(公允价格)；二是试图提供关于公允价值计量的一个更完整的指南。从FASB的这两个阶段的工作来看，FASB关于公允价值的讨论重点似乎已不再是公允价值与历史成本之间哪一个更好的问题，而是把历史成本放在一边，探讨如何完善公允价值计量属性和全面加以推广等相关概念和计量的问题。

我们的目的在于探讨有关公允价值计量属性的一些问题。下面第二部分将首先介绍FASB在其征求意见稿《公允价值计量》中提出的估计公允价值的技术框架；第三部分对当前采用的公允价值概念所存在的缺陷进行评述；第四部分对未来的财务会计模式做出展望。

二、估计公允价值的技术框架

（一） 公允价值的定义

公允价值是一项资产购买(引起)或销售(结算)在自愿双方之间进行现行交易的金额。也就是说，这种交易不是被强迫或清算的销售。在活跃市场上，市场公开报价是公允价值的最好证明。如果有用的话,可以作为计量的基础。假如市场报价是合适的,一组贸易中的产品单位的即时的市价就是公允价值。假如市场报价不合适,则估计公允价值必须建立在当时环境中最好的信息基础之上。公允价值的估计应当考虑相似资产或相似负债和在当时环境中估计技术结果的有用程度。估计技术的例子包括按预计的预期现金流量,应用按相同标准可测量的风险利率、期权模型、定价矩阵(matrix pricing)、期权调整延伸模型(option-adjusted spread models)和基本分析。为计量资产和负债的估计技术,必须与计量公允价值的目标一致。这些技术必须联系若干假定(assumption)如市场原则必须在它们的价值估计中利用;未来的收益和未来的费用包含:利率的假定违约率,预付款项和易变性。在计量期货合约中,例如国外货币期货合约,一个主体用于估计未来现金流量得到的公允价值必须估计未来现金流量变换预期利率(即金融期货利率)而不是现货利率,在计量财务负债和非财务衍生商品时,负债所用的公允价值可按预计未来现金流量贴现值(或其他资金流出的等价)。所采用贴现率的一项目标是那些负债能够避免在正常交易(arm's-length transaction)中可予以清偿(FAS133, Appendix F, Par. 540, fair value)。

FASB在2004年6月发表的征求意见稿里,将公允价值定义为“知情的、不相关的、自愿的各方之间,在当前交易中交换一项资产或负债所能达成的价格”。根据FASB的观点,计量公允价值的目标是在缺乏针对被计量资产或负债的真实交易的情况下,估计该资产或负债的交易价格。在估计公允价值时,可采用以下技术框架。

在FASB的定义中,公允价值是指现行交易中交换的金额。2004年6月关于公允价值计量的DE中却指缺少真实交易(absence of an actual transaction)的、为资产负债估计的交换价格。那就是说,公允价值不是指知情的、不相关的自愿双方在非强制或清算销售下已进行的或正在进行现行交易的交换金额,而是他们通过契约,已有交易意愿但并未进行真实交易时对资产和负债估计的交换价格。

这样,公允价值是以契约为基础(constract-based)对未来交易的估计,是估计的未实际发生但将进行现行交易的价格;而不同于历史成本是以过去的交易和事项为基础(transaction and events-based)的当时交换价格。估计和尚未实际发生的现行交易就成为公允价格的重要特点。达成公允价值的条件是:①交易双方都是熟悉交易情况的;②交易双方都是自愿的;③现在只是有交易的意图但应由契约规定了意愿,交易双方因有交易意图而应各自承担的风险与报酬,权利与义务。

(二) 估价技术

估计资产或负债的公允价值时,可采用的估价技术分为三类:市场法,收益法和成本法。根据市场法,估计公允价值时可基于相同的、类似的或可比的资产或负债的真实交易信息,包含可观察的交易价格。收益法则是利用一些估价技术,如现值技术和期权定价模型等,将未来现金流量转换为一个贴现值,所估计的公允价值反映了市场人士对资产或负债价值的预期。最后,成本法允许采用重置成本作为公允价值的估计值。无论采用哪一类估价技术,FASB都强调在估计公允价值时尽可能采用来自市场的输入信息。

1. 公允价值估计值的优先顺序

FASB对公允价值的估计值做了个排序。在估计公允价值时,多少都会依赖市场信息,根据对市场信息的依赖程度,公允价值的估计值被分为三个层次。总体而言,对市场信息的依赖程度越高,可靠性也就越高。

第一层次的估计。这一层次的估计是最优先的公允价值估计值,它利用相同资产或负债在活跃的参照市场上的报价来估计公允价值,并且不做任何调整。这一层次的估计被认为可靠性最高。

第二层次的估计。如果无法取得相同资产或负债的活跃市场报价,则可采用类似资产或负债的活跃市场报价,并进行恰当的调整,但所进行的调整必须是可以客观确定的。如果不能客观确定的话,则降为第三层次的估计。

第三层次的估计。若在活跃市场上没有相同或类似资产或负债的报价,或者与类似资产或负债之间的差异无法客观确定,则可采用与市场法、收益法和成本法一致的多种估价技术来估计公允价值。估价者可以在多种估价技术及相关的信息输入中做出选择,但估价的目标都是最好的估计可能的交易价格。

进行第三层次的估计时,估价者应尽可能采用市场输入信息,但如果市场输入信息无法在合理的成本内取得,就得采用主体自身的假设。可以想象,第三层次的估计是所有估计中可靠性最低的,尤其是采用主体自身的假设时更是如此。

2. 现值技术

在进行第三层次的估计时,经常需要用到现值技术。FASB 在征求意见稿里没有修改第 7 号概念公告关于现值技术的指南,而是在附录里重复了一遍现值技术指南,并对其中的一些应用问题做出更详细的解释。

(1) 运用现值技术估计公允价值应包含的经济要素。

现值不一定代表公允价值,用一个随意设定的利率对一组现金流量进行折现即可得到一个现值,但这样的现值并不能为报表使用者提供有用的信息。为了捕捉构成公允价值的要素,现值计量必须包含以下要素(FASB, 2000,第 23 段):

- 对未来现金流量的估计,或者在更复杂的情况下,对不同时点发生的未来现金流量系列的估计;
- 对现金流量的金额、时点的各种可能变动的预期;
- 用无风险利率表示的货币时间价值;
- 承担资产、负债中固有的不确定性的价格;
- 其他有时难以识别的因素,如流动性不佳和市场不完善。

(2) 运用现值技术估计公允价值的一般原则。

现值是将估计的未来现金流入量和流出量,按照一个利率和从当前时点起到估计现金流量发生日止之间的期间数进行贴现的当前计量。运用现值技术估计公允价值的关键是如何估计现金流量和折现率。尽管用于估计未来现金流量和利率的方法随着资产或负债所处环境的不同而不同,但是一般应遵循以下五条原则(FASB, 2000,第 41 段):

- 预期现金流量与预期利率应反映市场人士在正常交易中将考虑到的所有问题。
- 折现现金流量的利率所反映的假定,应与预期现金流量固有的假定相一致,否则,一些假定的影响将被重复计算或被忽略。
- 对现金流量和利率的估计应是无偏的,并且不包括与讨论中的资产、负债或一组资产、负债无关的因素。

● 预计现金流量或利率应反映可能结果的范围，而不是单一的具最大可能性的、最小的或最大的金额。

● 估计现金流量或利率时不应包含主体管理层一点都不了解的假定，即不要编造不知道的东西。这条原则说明报表编制者在估计公允价值时应考虑构成公允价值的所有要素，但如果其中某些要素无法合理确定的话，则不需包含对它们的考虑。

(3) 运用现值技术估计公允价值的方法：折现率调整法和预期现值法。

运用现值技术估计公允价值时，有两种方法可供选择：折现率调整法和预期现值法。折现率调整法采用单一的一组最具可能性的估计现金流量和单一的“与所涉风险相当”的利率。就现值计量应包含的五个要素而言，折现率调整法所采用的现金流量仅反映第一个要素，即对未来现金流量的估计，而假定主体所选择的单一利率能够反映其他的四个要素。折现率调整法的计算过程简单易懂，特别适用于资产或负债具有约定现金流量的情况，或者虽然资产或负债不具有约定现金流量，但在市场上可以观察到在现金流量的时间安排和金额上具有可比性的参照资产或负债，且这种可比性不会因经济环境的变化而出现偏差的情况。

在较为复杂的计量问题上，FASB 推荐使用另一种方法——预期现值法。预期现值法首先要求对所有可能的现金流量进行估计，然后用概率加权平均，计算出预期现金流量。然后，对于预期现金流量所含风险的风险溢价，可采取以下两种方法之一进行调整：①调整预期现金流量以反映风险，使预期现金流量成为“等价于确定性的现金流量”(certainty-equivalent cash flow)，而后用无风险利率折为现值；②调整折现率以反映风险，用与风险相称的折现率将预期现金流量折为现值。

预期现值法和折现率调整法在概念上是一致的，均可反映现值计量应包含的五个要素。第 7 号概念公告指出这两种方法可根据情况用于估计资产、负债的公允价值。但在许多情况下，尤其在复杂计量问题上，预期现值法可提供较之折现率调整法更为有效的计量工具。预期现值法在计量过程中要求对所有可能的现金流量进行估计，而不是仅采用单一的一组最具可能性的现金流量，这使预期现值法不仅可以反映未来现金流量在金额上的不确定性，而且还可以反映其在时间上的不确定性。例如，\$1 000 的现金流量可在一年、两年或三年收回，其概率分别为 10%、60%与 30%。以下给出了这种情况下这一预期现值的计算过程[①]。本例中，\$892.36 的预期现值不同于 \$902.73(60%概率)最佳预期值这一传统概念。

5%一年内 \$1 000 的现值	\$952.38	
概率	10.00%	\$95.24
5.25%两年内 \$1 000 的现值	\$902.73	
概率	60.00%	\$541.64
5.5%三年内 \$1 000 的现值	\$851.61	
概率	30.00%	\$255.48
预期现值	\$892.36	

① 本例引自 FASB 第 7 号概念公告第 46 段。

(4) 关注不同市场的市场信息、关注风险与不确定性。

我们讲活跃市场,不是抽象的市场概念。而应当关注的市场信息,也因不同的资本市场而异。因为资产和负债交易的市场,在交换结构和活跃程度上是各不相同的。例如:

① 交换市场(exchange market)。交换市场为金融工具的交易提供高度的可见性(清晰度)和交易法则。这种市场最典型的是美国的纽约股票交易所,在那里,各种各样相同的交易单位在交易着。在纽约股票交易所,收盘价(closing prices)最容易得到也有规则可循。

② 交易商市场(dealer market)。交易商随时准备交易(为他们的自身利益,既有买进又有卖出),他们为建立市场而支付资金并持有商品,保证了市场的流动性。在交易商市场上,买方报价和卖方报价(bid and asked prices)比收盘价更容易获得,也更有规则可循。在交易商市场上,同样也是各种各样相同单位在交易着。此外,还有场外交易市场。

③ 经纪人市场(brokered market)。在经纪人控制的市场上,经纪人试图找到匹配的买方和卖方,但他们自身并不准备为自己交易。与交易商市场不同,经纪商不使用自己的资金购买并持有商品来建立自己的市场。但他们知道卖方和买方的报价,而买卖双方均不了解对方的报价,完成了交易价格就可以获得。(经纪人市场包括电子商务网络)。

④ 当事人对当事人交易市场(principle-to-principle market)。比如批发商对零售商不通过中介直接协商贸易。在这一市场上,交易成本最低,但交易的价格信息很少公开。

与其他估计一样,公允价值的估计,使用现值技术时,是在不确定性的环境下进行的,因为现金流量是估计的,其金额与时间分布都是不确定性的,甚至是合同金额估计,而契约则存在着违约风险;又如一项贷款的偿还合约,同样存在着违约的风险,因而是不确定的。

为了较真实地估计公允价值,市场参与者必然寻求风险补偿,例如市场参与者为承诺的(契约的)、存在不确定性的现金流量的资产比对不存在不确定性的资产预期相同金额的现金流量要支付更高的价值。同样,市场参与者对现金流量不确定性的负债比对现金流量相同但存在确定性的负债也会要求更多的价值。这里,所谓更高的价值,正是反映承担风险的补偿。

> 为了描述风险的概念,假设有两种10年期的资产。资产A是美国国债,合同现金流量为10 000美元,不存在不确定性。资产B是不同的债券,现金流量不确定性,在8 000—12 000美元之间波动。对于资产B,不确定性包括在预期现金流动的金额和时间分布上。但如果债券的现金流量假设相同的数量和概率并在平均数上下波动(正态概率分布),这样,A、B两种资产,预期现金流量是相同的。然而资产A有确定的偿付额,而资产B则不确定,如果10期金融工具的无风险利率是5%,市场参与者将愿意购买资产A而支付6 139美元,对资产B的购买,购买者愿意出的支付价必会低于6 139美元。这个差额,将是风险的代价。至于低出多少,则决定于市场参与者为补偿现金流量内在不确定性要求的价格。

(5) 运用现值技术估计负债的公允价值。

运用现值技术估计一项负债的公允价值时,其目标是"估计目前所需资产的价值以便(a)与债权持有者进行负债的结算或(b)将该负债转移给一家资信状况相当的主体"(FASB, 2000)。

为了估计一个主体应付票据或应付债券的公允价值,会计人员要试图估计其他主体是否愿意将其负债作为本主体资产持有的价格，这一程序涉及的技术和计算问题与计量资产是相同的。另一方面，有些债务的持有者通常不会像销售其他资产那样销售那些权利，如产品保修责任，而另一些债务则可能缺乏可以辨认的持有者(主体)，如环境清理义务。在估计这些债务的公允价值时，会计人员只能试图估计为了使第三方承担其债务，主体需支付的价格。

运用现值技术估计负债的公允价值时，对折现率或现金流量的风险调整必须反映主体的资信状况(credit standing)。FASB的这个结论是在分析最简单的借款交易的基础上形成的。当一个主体承担债务以换取现金时，其资信状况的作用是显而易见的。例如，如果两个主体都承诺5年内支付\$500，拥有较好资信状况的主体，可能获得\$374以换取其承诺(6%的利息率)；拥有较差资信状况的主体则可能获得\$284才能换取其承诺(12%的利息率)；每一主体的初始记录都使用公允价值，(即收到的现金金额)，这一金额包含了主体的资信状况的影响。

在估计主体的资信状况对其负债公允价值的影响时，应注意以下几点：①应结合考虑主体的支付能力和保护债权持有者的债务条款。例如，具有相同的资信状况的两个主体都发行公司债，其中主体A在债权契约上规定了建立偿债基金的条款，主体B则没有，在这种情况下，资信状况对主体A的应付公司债的影响将较小。②置换交易中形成的资信状况升级代表单独的交易，不应包含在负债公允价值里。例如，资信状况为B级的主体A希望能促使第三方承担其负债，它的债权人一般不会同意由具有更低等级资信状况的主体B来替换，但肯定会同意由具有更高等级资信状况的主体C来承担负债，而如果主体A希望主体C承担其负债的话，它将不得不支付更高的价格，果真如此的话，那么高出的那部分价格应视为主体A购买资信状况升级的价格，而不应包含在主体A的负债公允价值里。③主体资信状况对其负债计量的影响通常体现为对利率的调整，就如最简单的借款交易那样，但在计量资信状况对不具有约定现金流量的负债的影响时，预期现金流量法将是更好的计量工具。具体来说，由于一项不具有约定现金流量的负债在金额上具有不确定性，从概率的角度来看，这笔现金流出是一个随机变量，它有一个可能的取值范围。如果金额较低违约的可能性就很小，但如果金额较高违约的可能性就很大。像这种情况，在计算预期现金流量时包含资信状况的影响可能更有效。④资信状况的变化将影响负债的公允价值，主体资信状况升级将增加其负债的金额，反之则降低其负债的金额。在负债的计量中不考虑资信状况的变化，将忽视负债之间的经济差异，而这种差异是很重要的。

(6) 利息摊配法。

现行财务报告通过两种方法反映不同时期资产和负债的变化，一是需要新起点计量(当采用现行成本、现行市价、公允价值计量时)，二是只进行会计摊配(如采用历史成本计量时)。新起点计量和会计摊配的区别在于，前者通过使用现行的信息和假设，能够捕捉到造成资产和负债变化的所有因素，包括：①资产的物质消耗(或负债的减少)；②估计的变化；③源于价格变化的持有损益。而后者可以反映第一种因素的变化，部分反映第二种因素的变化，但不能反映第三种因素的变化。

从原则上看，所有的会计摊配的目的都是报告资产和负债的价值、效用或实质随着时间推移所发生的变化。从程序上看，会计摊配试图将这些变化与可观察到的现实世界中的现象联系起来。利息摊配法就是把报告金额的变化与一系列未来现金流入或流出的现值的变化联系起来。

理论上说,利息摊配法可用于任何资产或负债,但FASB认为当资产或负债具有以下的一项或多项特征时,运用利息摊配法能够向报表使用者提供更具相关性的信息(FASB,2000,第93段):

● 产生资产或负债的交易通常被视为一种借贷行为;

● 相似资产或负债也采用利息法进行摊销;

● 特定的一组估计未来现金流量与该项资产或负债有着紧密的联系;

● 初始确认的计量以现值为基础。

利息摊配法运用的方式将对收入或费用产生影响。因此,在使用利息摊配法时应对一些问题作出详细规定,如应使用何种现金流量、如何选择利率、利率的运用方式,以及如何反映未来现金流量的金额和时间的变化。

如何反映估计现金流量的变化是利息摊配法的一个重要组成部分。反映估计现金流量变化的方法有三种(FASB,2000,第97段):

● 未来适用法(prospective approach),根据账面金额和剩余的现金流量计算新的实际利率;

● 修正法(catch-up approach),将账面金额调整为修正的估计现金流量按原先的实际利率折现的现值;

● 追溯法(retrospective approach),根据原账面金额、到目前为止实际发生的现金数量和估计剩余的现金流量,重新计算新的实际利率。然后运用新的实际利率将账面金额调整为修正的估计现金流量按新的实际利率折现的现值。

第7号概念公告推荐采用修正法,因为这种方法满足利息摊配法"把报告金额的变化与一系列未来现金流入或流出的现值的变化联系起来"的内在要求,并且实施成本较为合理。在修正法下,只要估计的现金流量不改变,一项资产或负债的账面价值就永远是估计的未来现金流量按原实际利率折现的现值。如果估计现金流量发生变化,采用修正法使一项资产或负债在估计发生变化前后的计量基础保持不变,即按原实际利率折现的估计现金流量。相反,未来适用法下的计算利率和初始确认与同类资产或负债的当前市场利率毫不相关,这使得估计现金流量的变化所产生的影响变得模糊,从而降低了信息的有用性。追溯法本来是上述三种方法中最精确、最完整的方法,但是采用追溯法要求主体保留过去现金流量的详细记录,第7号公告认为其执行成本可能会大过所能产生的效益,因此没有推荐采用。

三、对现行公允价值概念缺陷的评论

(一) 资产的公允价值

准则制定者一般将资产的公允价值定义为在自愿的当事人之间进行的现行交易中,即不是在被迫或清算的销售中,能够购买一项资产或售出一项资产的金额。这样的定义包含了买入价格和脱手价格。但是,Barth和Landsman认为在市场不完善不完全的环境里,公允价值可能有三种可供选择的价格:买入价格、脱手价格和主体特定价值(entity specific value)。买入价格是指在计量日为取得一项资产将支付的金额,脱手价格是指在计量日卖出所持资产将收到的金额，主体特定价值指分享与主体相同的关于资产的预期现金流量的信息和假设的独立自愿的当事人之间将达成的交易价格。三种价格都是以市场交易为基础的，所不同的是它们从不同的角度对构成交易价格的要素做出假设。买入价格和脱手价格都是从主体外部的市场人士的角度提出假设，其前提假定是市场人士与主体管理层之间在主体管理层所掌握的私人信息等方面存在着信息不对称。主体特定价值则是从主体管理层的角度作出假设，其前提假定是市场人士与主体管理层分享相同的信息，即不存在信息不对称。

在市场是完善、完全的环境里，上述三种价格相等，但在市场不完善、不完全的环境里，每种价格将提供不同的信息。从提供有助于报表使用者预测主体的现金流量的金额、时间安排和不确定性的信息的角度看，脱手价格信息优于买入价格信息，因为脱手价格更符合市场对主体预期未来现金流量现值的预期。但是，从提供有助于估计企业价值的信息的角度看，主体特定价值又优于脱手价格，因为主体的未来现金流量来源于个别资产的使用所带来的现金流量以及管理层的有效管理所带来的无形资产，如私人信息、资产协作和期权等，主体特定价值可包含对源于管理技术的无形资产的计量，脱手价格则不能够。

哪种价格是公允价值的恰当定义取决于财务报告所提供的应是什么样的有用信息。从推动公允价值会计发展的环境因素来看，似乎人们更关注公允价值会计应提供有助于投资者估计企业价值的信息，大量的关于公允价值信息的价值相关性的研究是一种旁证。从估计企业价值的角度来看，主体预期未来现金流量现值并不等于主体个别资产的未来现金流量现值总和减去主体个别负债未来现金流量现值总和。主体的未来现金流量来源于个别资产的使用所带来现金流量以及管理层的有效管理所带来的无形资产的价值，如私人信息、资产协作和期权，其中期权包含增长期权和将企业资产沽给债权人的期权。这就意味着，如果要提供与企业价值相关的信息，那么目前准则制定者所采纳的公允价值定义至少存在两个问题：首先，公允价值，无论是脱手价格还是买入价格，均是以市场预期为基础的，不能反映主体使用资产所带来的预期现金流量，因为主体对资产的使用包含了一些市场假设未纳入的私人信息，如资产的使用方式，负债的结算方式等；其次，无论是脱手价格还是买入价格都无法提供源于管理技术的无形资产的价值信息。

与脱手价格和买入价格相比，主体特定价值能够更好地代表主体预期现金流量的现值。主体特定价值也是反应价格的计量，只是主体特定价值对价格的估计是基于主体管理层的假设，强调能够分享与主体管理层相同的信息并具有产生主体的估计现金流量的相同能力的独立自愿的当事人之间在进行按当前金额交换估计未来现金流量的交易时会达成的价格。因此，就资产而言，主体特定价值能够反映主体通过使用资产所带来的未来现金流量，并且，更重要的是，主体特定价值可以纳入对源于管理技术的无形资产的计量。

FASB拒绝将主体特定价值作为公允价值的一个选择的理由主要有两个。首先，主体特定计量实际上包含了主体特有的实物期权（real options）①的价值，这将导致记录自

① 真实期权是内在于许多非金融资产和负债的隐含的经营管理灵活性。它们代表了管理层把一个不可逆转的决策延迟到某些不确定性已被排除后的能力。例如，销售附有保修责任的产品的主体有将产品保修责任外包给第三方或者利用内部资源履行产品保修责任的选择权。

创的无形资产。而现存的公认会计原则里还不允许确认自创的无形资产。其次，主体特定计量实际上使主体的比较优势或劣势被隐藏在对资产、负债的初始确认的计量中。如果对抵的分录是收入或费用，这就会使这个比较优势和比较劣势在初始确认的计量中就在利润中确认下来了。相反，如果采用的是买入价格或脱手价格的话，就不会存在记录自创无形资产的问题，主体的比较优势或劣势也将在其按不同于买入价格或脱手价值的金额实现资产或结算负债时在盈利中表现出来。

然而，FASB 的这两个理由都是值得商榷的。首先，是否确认自创无形资产不应该是个绝对的问题。尽管现行会计准则尽量避免确认自创无形资产，但仍难以避免确认自创无形资产。例如，商誉减值的计算公式便不可避免地包含了对自创商誉的确认。至于竞争优势和竞争劣势，它们在性质上属于源于管理技术的实物期权，是主体的资产或负债，这事实上又回到了第一个问题，即自创无形资产应否确认的问题。

尽管主体特定价值提供最具价值相关性的信息，但它并不总是能够提供最有用的信息。信息有用性的高低是相关性和可靠性折中考虑的结果。主体特定价值包含了主体特有的及潜在的私人信息，可能导致其由于面临相比脱手价格和买入价格更严重的计量错误而失去价值相关性。因此，主体特定价值不宜作为公允价值的唯一定义价格，但可作为公允价值的定义价格之一。换句话说，公允价值的定义应包含买入价格、脱手价格和主体特定价值。在资产或负债项目存在活跃市场或者相似项目存在可观察的价格的情况下，脱手价格（或买入价格）在具有决策相关性的同时又具有客观性，而主体特定价值由于基于更多的主观假设而在可靠性方面处于劣势，削弱了其有用性。此时脱手价格（或买入价格）优于主体特定价值。相反，有些资产或负债的市场价格信息无法获得或者为获得此类信息需耗费高额成本，导致这种情况的原因可能是①该项目根本不可能在当前进行交换；②该项目是独一无二的或高度不同寻常的；或者③虽然有交易发生但当事人并未披露价格信息或计价模型。在这种情况下，报表编制者便需要运用未来现金流量信息和现值技术来估计公允价值。由于此时几乎没有可利用的市场价格信息，对公允价值的估计不得不依赖于主体管理层的假设。如果估计目标是脱手价格（或买入价格）的话，就要求主体管理层努力站在市场人士的角度，猜测不明内情的市场人士可能做出的关于交易价格的假设；而如果估计目标是主体特定价值的话，则主体管理层将根据其掌握的私人信息做出关于未来现金流量及其不确定性的假设。在不存在可观察的市场的情况下，这两组假设所导致的计量的可靠性是不相上下的，而主体特定价值在估计企业价值方面比脱手价格更具相关性，因此，在这种情况下，主体特定价值的有用性优于脱手价格（或买入价格）。也就是说，主体一般是在一项资产的市场价格信息无法获得时才需要运用现值技术或其他估价技术估计公允价值，此时将公允价值界定为主体特定价值将提供更为有用的信息。

（二） 负债的公允价值

按公允价值计量负债存在一些不同于资产计量的问题，首先便是负债的公允价值定义问题。准则制定者一般将负债的公允价值定义为在自愿的当事人之间进行的现行交易中，即不是在被迫或清算的销售中，能够发生一项负债或清偿一项负债的金额，亦即买入价格和脱手价格。根据 Barth 和 Landsman 的观点，负债的公允价值也应包含三种可供选择的价格：买入价格、脱手价格和主体特定价值。买入价格指在计量日为从一项负债的发行中将收到的金额；负债的脱手价格是"估计目前所需资产的价值以便①与债权持有者结算负债或②将该负债转移给一家资信状况相当的主体"(FASB, 2000)(定义②适用于不存在具体可辨认的债务持有人的情形)。负债的主体特定价值则是指在负债存续期里主体支付给原来的顾客或贷款人的预计清偿金额。

大多数负债的买入价格、脱手价格和主体特定价值相等，但有些负债，如产品保修责任，则可能由于管理层的不同决策而使主体特定价值不同于买入价格和脱手价格。如果管理层决定利用内部资源履行责任的话，那么该产品保修责任的主体特定价值将是预期成本的贴现值，脱手价格则是假设主体将该产品保修责任转移给资信状况相当的第三方的价格。很明显，计算脱手价格的预期现金流量将包含第三方履行义务的期望成本、第三方因代替主体承担义务将索取的毛利，以及因承担与该义务相联系的不确定性而索取的风险溢价。在这种情况下，基于脱手价格的信息将误导使用者。一方面，如果主体不打算将产品保修责任转移给第三方，尤其是主体认为自己履行义务将更有利的时候，脱手价格所包含的毛利和风险溢价在未来并不会导致现金流出，将它们包含于负债的公允价值则使报表使用者误以为主体将来会有这笔现金流出。另一方面，脱手价格所包含的毛利和风险溢价也将导致歪曲报告在损益表的经营成果。当主体利用内部资源清偿负债的预期成本高于由第三方承担负债的价格时，按脱手价格计量负债将导致递延损失，从而高估了当期的盈利。因此，在负债的脱手价格与主体特定价值不等时，主体特定价值所提供的信息将更有用。

除了概念上的问题以外，按公允价值计量负债还存在一个特殊的问题。在估计负债的公允价值时，应考虑到主体的资信状况。当主体的资信状况发生变化时，负债的公允价值应反映这种变动，由此产生的结果令许多人觉得迷惑。当主体的资信状况下降时，其负债的公允价值下降，主体因此确认利得。目前 FASB 正在进行的几个项目里都倾向于将这种利得报告在损益表里。FASB 的观点是，源于资信状况变化的负债公允价值变动导致了主体的两类权益持有者的相对地位的变化，当资信状况下降时，债权人对主体资产的要求权下降，造成股东要求权的增加，但这种增加将被资信状况下降导致的资产减值和其他损失所抵消。但是，Lipe(2002)曾对一家丑闻缠身的美国上市公司 Boston Chicken 1997 年的财务报表进行调整(这家公司在 1997 年由于财务丑闻导致股价严重下跌，后于 1998 年申请破产)，以反映资信状况下降的影响。调整后的报表将使这家公司的报告利润从净亏损 2.397 亿美元上升为净利润 0.873 亿美元，所有的财务比例如负债权益比例等随之大幅度改观，这家于次年申请破产的企业如果当初被允许在损益表里确认资信状况下降所产生的利得的话，其 1997 年的报表将呈现出一派欣欣向荣的景象。

Lipe 的研究提出了两个问题：如何理解反映资信状况变化所产生的利得，以及如何妥当报告利得而不致导致误解？关于第一个问题，来自金融经济学的一种观点可能有所帮助。1974 年，诺贝尔奖得主 Robert Merton 指出，债务工具可以分析为一个无违约风险的负债和一个类似期权的资产，这一资产代表了股东在公司破产时将公司的资产"沽给"债务持有人的权利的价值。当主体的资信状况下降时，这一期权资产的价值上升，导致负债价值的降低和股东权益的增加。利得代表当期财富从债权人向股东转移的金额。

目前财务业绩报表里包含的利得主要有两种：一是已实现利得，二是未实现利得。未实现利得，如可供销售证券投资的未实现利得，其实现方式有两种，要么市场价格在以后期间恢复导致利得不能实现，要么证券在以后期间高价出售实现利得。可供销售证券投资的未实现利得不能实现的情况反映管理层的决策失误，在财务业绩报表里反映这样的未实现利得，无论其实现与否，都有助于信息使用者做出经济决策，是有用的信息。但资信状况变化所产生利得的性质与未实现利得的不大相同。资信状况变化所产生利得的实现方式有三种：①主体成功纠正了资信状况下降的局面，此时，利得不能实现；②主体用现金低价提前清偿负债，实现了利得；③主体破产，股东因不能被召来偿还超过其投资金额的负债，实现了利得。当主体陷入财务危机时，上述第二种情况不太可能出现，第一、三种情况则有可能出现。如果出现第一种情况，就像报告可供销售证券投资未能实现的未实现利得那样，在财务业绩报表报告资信状况变化所产生利得的信息是有用的。但如果出现第三种情况，股东虽然实现了利得，但股东并未因此获得利益，主体破产前报告的利得属误导信息，此时不宜将利得包含在财务业绩报表里，将它单独报告在股东权益里面，辅之以醒目的解释可能更为恰当。然而，当主体的财务状况恶化时，资信状况变化所产生的利得将以何种方式实现具有不确定性，如果试图划分何时该报告于财务业绩报表，何时应直接报告于股东权益部分，可能过于主观，因此，最好的办法是直接将它与财务业绩报表隔离开来。

四、对未来财务会计模式的展望

我们评价所采取的计量属性在什么情况下才比较恰当，主要的标准应看它是否符合计量对象的特点。历史成本之所以成为财务会计的主要计量属性，其根本原因是由于财务会计对象的特点——财务会计基本上属于企业的经济活动及其业绩能够用货币量化的历史——所确定的。在这一方面，按历史成本计量是原则，但也有例外（即灵活性）。例如存货和有价证券在年终报告时，除可考虑存货的跌价损失外，还往往按照成本与市价（或可变现净值孰低，这表明也不局限于历史的市场价格）来列示；应收账款按照历史成本表明其账面价值后，在年终报告时又往往把应收账款的账面价值减去应收账款上应该计提的坏账准备而列示其净值；固定资产也是如此，在年末资产负债表上列示时，一般可将其账面价值（如有减损则先将历史成本扣除减损部分）减去已计提的折旧准备来表述。如上这些都是适应市场经济的变化，不拘泥于计量中刻板地坚持历史成本，为使用者提供决策更有用的信息。在财务会计与财务报表中，历史成本成为长期被广泛采用的计量属性，与财务会计与报表本质上是对一个企业活动的历史进行量化的描述有关。由于所描述的项目都是已发生的交易或事项所引起，所以具有确定性，是一个已知数。正是历史成本计量能够反映历史的经济真实。但历史成本计量也有局限性，这主要表现在：它只能反映一个企业投入时的资本耗费，而不能够反映产出时预期的资本增值；或者说，它能量化企业在经营中所付出的努力，但不能量化经营后取得的成果。此外，历史成本不能够反映资产在持有过程中的不确定性。实际上，一项资产的不确定性在决定之前（如应收账款在收回之前）一直处于风险状态（有发生坏账的可能性）。面向过去，计量已知数，不考虑不确定性和风险，是历史成本的缺失，也是历史成本的特点。

公允价值可以认为是用来弥补历史成本缺陷、面向未来的一种计量属性。在市场不完善的环境里，公允价值有三种可供选择的价格，买入价格、脱手价格和主体特定价值，且互不相等（Barth 和 Landsman，1995）。买入价格指在计量日为取得一项资产将支付的金额或从一项负债的发行中将收到的金额；脱手价格指在计量日卖出持有资产将收到的金额或从所欠负债中解脱出来将支付的金额；主体特定价值指分享与主体相同的关于资产或负债的预期现金流量的信息和假设的独立自愿的当事人之间将达成的交易价格。在市场是完善的完全的环境里，这三个价格相等，但在市场不完善不完全的环境里，每种价格将提供不同的信息。就资产而言，在购买日，主体特定价值将不低于买入价格，如果购买资产是一种理性行为的话；脱手价格可以比企业的主体特定价值或买入价格更高或更低，因为脱手价格是由别人定的。一项资产的主体特定价值在不同的企业将是不同的①。

公允价值只有在真实的交易发生时（即它与历史成本相等时）才是确定的，其余的时候都是估计数。公允价值的估计不是基于真实的交易，而是假设的交易，其估计目标是模仿市场交易的价格，如果这样的市场存在的话。这就需要设定一些关于市场交易的前提假设，作为指导公允价值估计的参照框架。

按照定义，最能够代表公允价值的应是现在和未来（特别是后者）的市场价格。某些商品如果缺乏活跃的交易市场，而无法形成市场价格，那么交易双方在自愿平等的基础上进行交换时双方一致达成的交换金额，也可以称为公允价值。该金额之所以能称为公允，是因为双方皆不认为自己吃亏。在这个意义上，这种公允价值也可以称为是“双赢价格”。除了市场价格之外的公允价值，一般要有公正、合理的计算方法，比如用预期的未来现金流量进行贴现②，甚至需要复杂的计价模型，如计算看涨期权（call option）通常要利用布莱克—斯克尔斯模型（Black—Scholes）③，甚至一个企业的价值也可以通过资本资产定价模型（Capital Assets Pricing Model，CAPM）来计算或估计④：

$$V_{i,0}=\sum_{t=1}^{T}\frac{C_{1,t}}{\prod_{T=1}^{t}(1+r_T)}$$

但是，不论是 Black—Scholes 模型还是 CAPM 模型都需要严格的前提条件，其中有

① FASB 在 1999 年发布的“初步意见”和 2003 年 3 月发表的“项目描述：披露公允价值”里要求在估计公允价值时应采用脱手价格，因为它“代表了市场对主体预期未来现金流量现值的预期”（FASB，1999）。尽管 FASB 目前的目标只是要求按公允价值计量和报告金融工具，但公允价值会计的应用前景是提供有助于投资者估计企业价值的相关信息。从估计企业价值的角度来看，主体预期未来现金流量现值并不等于主体个别资产的未来现金流量现值总和减去主体个别负债未来现金流量现值总和。主体的未来现金流量来源于个别资产的使用所带来现金流量以及管理层的有效管理所带来的无形资产，如私人信息、资产协作和期权。其中，期权包含增长期权和将企业资产沽给债权人的期权。这就意味着，若要提供与企业价值相关的信息，脱手价格至少存在两个缺陷：a. 脱手价格是以市场预期为基础的，不能反映主体使用资产所带来的预期现金流量，因为主体对资产的使用包含了一些市场假设未纳入的私人信息，如资产的使用方式，负债的结算方式等；b. 脱手价格无法提供采用公允价值会计应能提供的更诱人的信息，即源于管理技术的无形资产。此外，脱手价格假设在资产负债表日变卖资产、清偿负债，实际上违反了持续经营假设。

② 1988 年 10 月，FASB 即着手研究会计计量中的现值问题，从 1990 年 12 月至 1999 年 12 月期间，FASB 共发表了 32 份财务会计准则公告，其中 15 份涉及确认和计量问题，11 份涉及现值技术问题。FASB 注意到第 5 号财务会计概念公告中对计量属性的阐述并未回答在会计计量中何时和如何应用现值技术的问题。为了克服这一缺陷，2000 年 FASB 颁布了第 7 号财务会计概念公告“在会计计量中运用现值技术”。

③ FASB，SFAC No. 7.

④ Watts and Zimmerman，*Positive Accounting Theory*，Prentice-Hall，1986.

些与市场经济的实际情况和人们的行为并不一致，而且最有可能促使应用现值计量的资产和负债的计量问题，经常最不可能满足诸多理论模型严格的前提假设(FASB Concepts No. 7, 2000, Par. 71)。

从以上说明可以看到，历史成本和公允价值都是以市场价格为基础的。市场有多种功能，其中一种功能是以价格形式传递信息。实际上，不论是过去、现在或未来的市场价格都已将商品(资产)的不同风险和报酬区分开来了。但是历史成本作为过去的市场价格所包含的风险和报酬已经被固定为一个已知数，因此，它具有人们最为信赖的可靠性。但在反映不确定性和风险方面，历史成本则不如公允价值。首先，在历史成本中，不确定性似乎已经消失，不再暴露资产和企业的风险，因而无法预期该资产或整个企业的现行市价和预计能带来的现金流量，显然缺乏对决策的相关性；公允价值是含有不确定性的预计数，预计当然不可能精确，所以人们必然担心它的可靠性(特别是预期未来现金流量进行折现包含的变数太多)。但即使预计一个不很可靠的现行价值或未来价值，总比没有预计或完全依靠已知的历史成本去预测要好。其次，历史成本与公允价值还有一个重要的区别：那就是，历史成本在不同会计期间的变化只是已知数的摊配(amortization)，而公允价值则每期必须进行新起点的计量(fresh-start measurements)，这种计量能反映当期考虑不确定性和风险的市场价格。公允价值计量对于使用者的决策，当然比历史成本具有相关性也是显而易见的。

FASB Concepts No. 5 曾提出五种计量属性①，在当前会计实务中同时并用。在五种计量属性中，最常用是历史成本和公允价值两种。传统的资产和负债，特别是长期资产，大多按成本(历史成本)计量，只有金融资产和金融负债以及那些无从寻找历史成本证据的资产或负债，才采用公允价值。从计量技术上看，对历史成本的应用，一般着重于初始确认及以后期间的成本摊销和分配(amortization or allocation)，而公允价值(也包括现行成本、现行市价)的应用，则着重于初始的计量及以后期间的新起点计量②。现在看来，历史成本和公允价值，作为财务会计两种不同的计量属性，各有优缺点和适用性。如果按照 FASB 的第 1 号概念公告所提出的目标：财务报表及其有关的附注提供的信息应能够："有助于当前的和潜在的投资者、债权人及其他信息使用者对以股利、利息、销售收入、证券或贷款的赎回和到期偿还等形式出现的现金流量的金额、时间安排和不确定性做出评价"(SFAC No. 1 Par. 37)，那么公允价值是它有用的计量属性。

如果看财务会计的本质，如 APB Statement No. 4 所说："财务会计与财务报表主要是历史性的，即有关业已发生的事项的信息"(Par. 35)。同它的本质相适应，已发生的过去的交换价格即历史成本，又应是最相关的计量属性，历史成本不但能量化一企业的历史财务图景，而且有据可凭，有证可查，虽不能精确和客观(由于允许会计人员的职业估计与判断)，但至少比估计的公允价值可靠。

所以，从财务会计的本质看，当可靠性与相关性发生矛盾时，应当从具有可靠性的计量

① 按 SFAC No. 7，未来现金流量的现值只是捕捉公允价值的一种技术，而非计量属性。

② 相应的英文表述为"focuses or measurements at initial recognition and fresh-start measurements in subsequent periods"。

属性中选取最相关的属性。至于历史成本与公允价值的使用，除与公允价值相关的项目(如金融资产与金融负债)外①，一般的资产与负债，还是应当按历史成本计量较好。不论在任何情况下，一旦选用公允价值为计量属性，则应要求达到"最佳估计"(best estimate)。

关于公允价值信息的价值相关性的实证研究分成两类：一类注重研究公允价值信息是否提供了相比历史成本的增量信息，另一类则注重研究单纯的公允价值信息是否比单纯的历史成本信息更具有价值相关性。Biddle等认为第一类研究实际上是比较公允价值信息和历史成本信息加起来是否提供超过历史成本信息的增量信息，这种研究意味着不同的结果。当研究表明公允价值具有增量信息时，其结果可以是公允价值的信息含量等于、多于或少于历史成本信息，反之，如果研究表明公允价值不具有增量信息时，其结果可以是公允价值的信息含量等于或少于历史成本信息。因此，在判断更能提供相关信息的会计模式时，第二类研究的成果将更有用。Khurana和Kim的研究就是属于第二类。他们利用1995年到1998年间美国银行持有公司(BHC)根据SFAS107、115的要求披露的公允价值信息，研究单独的公允价值信息是否比单独的历史成本信息更具有价值相关性。他们的研究发现是总体上不存在可分辨的统计性差异，但在小的BHC和没有分析师跟踪的BHC，他们发现贷款和存款的历史成本比公允价值更具有信息含量，他们认为这可能是由于贷款和存款没有活跃的交易，使BHC在估计公允价值时更为主观，而可供销售的证券在现成市场的交易更活跃些，公允价值就比历史成本能更好地解释权益价值。他们的结论是公允价值在具有可观察市场价格时更相关，这种结果意味着以公允价值作为金融工具的唯一目标可能不能提高所有BHC的信息质量，除非对无活跃市场的金融工具能制定出恰当的估计方法及指南。

反观历史成本，根据1994年AICPA的Jenkins报告，信息使用者建议维持以历史成本为基础的现行会计模式，理由之一便是历史成本"提供给用户稳定和始终一贯的信息，这些信息非常有助于理解企业的经营活动，掌握企业的发展趋势，通过预测收益和现金流动对企业做出评价。"这说明，历史成本也不是没有相关性。但是，随着环境的变化，历史成本信息的局限性也是很明显的。

利特尔顿说："背离严格意义上的投入成本计价基础已成为一个不容置疑的历史事实。……最关键的问题在于，继续背离投入成本这一计价基础是否最终会削弱会计的效用。"实际上，"财务会计有可能逐渐失去它的传统特征，人们对财务会计及其报告的要求已经使财务会计力不从心"(葛家澍，2003.1)。

① 公允价值的特点在于其作为计量属性时，更多地应用于"新起点的计量"(fresh-start measurement)，因此它并不适合于所有的资产，至少不适用于那些企业并不准备出售或变现的资产。事实上，公允价值迄今为止的应用主要限于衍生金融工具、准备随时变现的有价证券等。

第十一章

现行财务会计与报告体系

第一节　财务报告体系

一、基本概念

财务会计是由确认、计量、记录和报告四个基本程序所组成的。产生财务报告是财务会计的目的，也是它的重点。通过初始确认、计量所做成的会计分录，只是为编报财务报告做准备。进入财务报表的信息，必须进行再确认和计量。

从财务会计的观点看，与财务报告相关的概念包括财务报表、附注、其他财务报告、其他报告、年度报告等。为此，必须对这些基本概念的联系和区别进行简单介绍①。见图 11-1。

年度报告 ＝ 财务报表 ＋ 报表附注 ＋ 其他财务报告 ＋ 其他报告

财务报表：FASB 定义的确认（财务信息）

报表附注＋其他财务报告：FASB 定义的披露（财务信息或与财务信息有关）

全部：广义的披露（公司对外公开的、一切有助于投资者决策的信息）

图 11-1

从图 11-1 可以看出，目前企业对外提供的信息已经超越了财务报告的范畴，财务会计的边界已日益模糊。尽管如此，财务会计作为一个人造的信息系统，在与其他信息源进行竞争的过程中，当且仅当在“财务报告”范畴内才能具有优势。所以财务报告是企业报告的核心，而财务报表是财务报告的核心。正因为如此，1994 年美国注册会计师协会颁布的《改进企业报告——侧重于用户》（Improving Business Reporting—A Customer Focus）将研究范畴定位为“企业报告”，也注意到了企业对外信息提供日益扩展的趋势。但是，也正是在这份研究报告中，AICPA 通过调查指出②：

---

① 按照美国 FASB 的解释，确认与披露有严格的界限。但实务中两者的界限是比较模糊的，有时确认的内容也称为披露。例如我国证监会关于公开发行股票的公司信息披露的内容与格式——1995 年 12 月 21 日修改后的第二号“年度报告的内容与格式说明”就包括财务报表（见该说明第七项（2）），而财务报表的内容是确认的结果，不是一般的披露。此外，不易划分的是属于其他财务报告（包括附注）的信息披露和同其他财务报告不太相关（当然也有助于决策）的信息披露。在中国证监会规定的公司年度报告中，就包括后一类的内容，如年度报告的正文共 10 项内容中，“公司简介”、“股东会简介”、“公司其他有关资料”就属于同其他财务报告无关的其他信息。

② AICPA, *Improving Business Reporting: A Customer Focus*, 1994, p. 26.

- 没有证据表明，使用者由于认为信息不相关或其他原因而放弃财务报表分析；
- 没有使用者建议，财务报表应当予以放弃而由基本不同的组织财务信息的手段来取代。

其实，美国 FASB 在其第 5 号概念公告中，论及财务报表、财务报告与报表确认的部分相当详尽：

(1) 财务报表是财务报告的中心部分，是向企业外界传递会计信息的主要手段。在对外通用财务报告中，财务报表是由一系列指标的货币金额组成的表述，来反映企业某个时点的财务状况，或在一段期间内财务状况的一种或多种变动的会计记录。确认于财务报表的项目，是企业的一定资源（资产）、对这些资源的要求权（负债与业主产权），以及引起这些资源和要求权变动的交易、其他事项或环境资产的财务报表（Con. 5，Par. 5）。

(2) 确认指的是：把某个项目作为资产、负债、收入、费用等正式加以记录或列入某一主体财务报表的过程。确认包括同时用文字和数字来描述一个项目，其数额包括在财务报表上的各个总计数之中。就资产或负债而言，确认不仅要记录一个项目的取得或发生，而且还要记录它的随后变化（包括那些未列入财务报表的变动）（Con. 5，Par. 6）。

(3) 虽然财务报表与财务报告基本上具有相同的目标，但某些有用的信息最好通过财务报表提供，有些信息则要由或只能由报表附注、辅助资料或财务报告的其他手段提供：

① 以报表附注或报表上括号加注形式揭示的信息，诸如重要的会计政策或对资产、负债项目的其他计量结果，是对确认于财务报表上的信息的补充或解释。

② 补充信息（如按 FAS 89 关于价格影响的揭示）和财务报告的其他手段（如管理当局的论证和分析），可以补充财务报表和报表附注所提供的信息，它们包括某些相关的，但不符合全部确认标准的信息（Con. 5，Par. 7）。

(4) 这一概念公告的内容范围限于财务报表的确认（和计量）。这种限度不会改变报表附注、辅助资料和财务报告其他手段的性质。根据以前各段所述，这些信息仍然是重要和有用的。

(5) 既然确认是指同时用文字和数据描述一个项目并将其数额包括在财务报表上的各个总计数之中，那么，财务报告的其他手段的披露不是确认。对财务报表有关项目的信息披露以及可在报表附注或在表内用括号加注或者补充信息与财务报告的其他手段提供关于这些项目的计量，不能代替对符合确认标准的项目在财务报表上的确认。通常，关于资产、负债、收入、费用和财务报表其他项目及其计量是最有用的概念。它们是财务报表表述的基础，一切其他概念都是从这个基础派生出来的。

通过上面的论述，财务报告、财务报表和其他财务报告之间的关系，可用图 11-2 来表示。

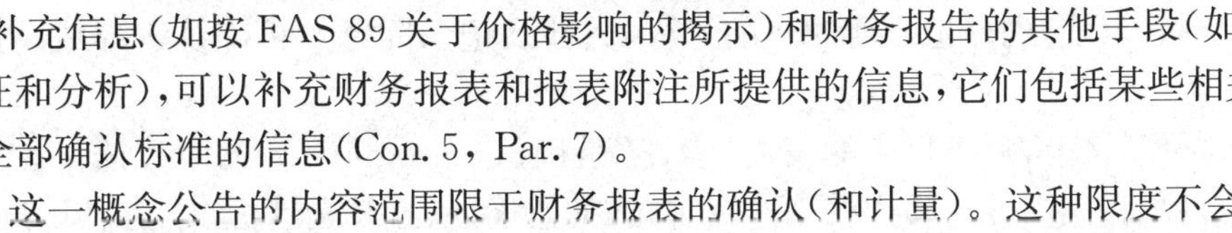

图 11-2

二、财务报表表内表述的特点——表内确认

财务报表与其他财务报告都是用来向资本市场的投资者表述（presentation）并传递

与特定主体财务状况、经营业绩和现金净流量相关的、对投资者决策有用信息的手段。在财务报告体系中，财务报表是财务表述和传递的主要手段，是财务报告的中心。最有用的信息应当是由财务报表提供的。

财务报表分为表内(face)和表外附注(notes)两个部分，它们共同组成财务报表的整体。但是表内是主体，附注只起支持和补充作用。在财务报表表内的一切表述均必须：

(1) 遵守 GAAP(公认会计原则、会计准则或会计制度)。

(2) 力求保持公允地进行表述。

(3) 用文字说明和数字描述相结合的方式。

(4) 事实与数据均来自已得到初始确认和计量的日常会计记录，在报表中表述是在会计记录的基础上进行再确认(包括重新计量)，因此，其文字说明应在报表中转化为同账户保持内在一致的、规范的报表项目，而数字(金额)描述则必须都能加报表合计。

(5) 在报表中进行再确认的基本任务是力求使报表最大限度地达到财务会计的目标，保证使用者易于理解和使用。

(6) 经过注册会计师的审核，出具无保留意见的审计报告。

在财务报表表内的表述过程，实质上是一个再确认的过程。确认是财务会计的一项重要程序。确认的内涵是，交易、事项或情况中的一个项目应否、何时以及应如何当作一项要素加以记录和计入报表的内容与合计的过程[①]。初始确认指从凭证的取得、填制和审核，到登记账簿为止的过程，其涉及记录问题。再确认则形成财务报表的表内内容。

在这个意义上，财务报表的表内"表述"是确认(recognition)的同义语。在表内表述的文字与数字，应当遵守确认的基本标准，在初始确认(日常会计记录)基础上进行再确认的资料，必须进入财务报表表内，构成财务报表的主体。

三、财务报表附注的表述——表外披露

"附注"是财务报表的一个组成部分。它虽然也要遵守 GAAP、公允表述，并应经注册会计师审计，但不同于表内：

(1) 它既可用文字说明和数字描述，也可只用文字说明(例如披露所采用的会计政策；资产负债表日后重大事项；某些尚难确定其金额的或有负债、风险和不确定性等等)；

(2) 它可以用来解释或补充说明表内确认的资料，但不可以用来更正表内确认的错误。为了表示与表内确认的区别，我们把在附注中表述称为披露(disclosure)。

在附注中应披露的信息通常包括两个部分：

● 法规、准则或制度要求的披露；

● 企业管理当局自愿的披露。后一点同其他财务报告有类似之处。但其他财务报告同表外附注也有重要的区别，那就是其他财务报告不受 GAAP 的限制，不需要注册会计师审计，但要求请注册会计师或相关专家的审阅。

---

① 参阅 IAS "Framework", Par. 22—23; IAS1, 1997, Par. 23、25。

四、其他财务报告的表述——披露

在财务报表之外，何时产生表外披露，现在尚难有确切的资料加以佐证。但可以肯定的是，披露是由于财务报表的局限性所引起的。在美国会计界，20 世纪 70 年代曾引起较为热烈的关注与讨论。例如：

(1) 1970 年的 APB 第 4 号报告提出，要公允地表现一个企业的财务报告与经营成果，至少应包括资产负债表、收益表、留存收益表、股东权益的其他类别变动披露和相关的附注(参阅 APB Statement No. 4，Par. 191，R-1)。

(2) 1972 年 4 月 APB 发表了第 22 号意见书"会计政策的披露"，要求对会计政策的披露作为财务报表整体的一部分(APB Opinion No. 22 "Disclosure of Accounting Policies"，Par. 8)，于是"在大多数财务报表中，第一个附注就是对遵循会计政策与否的描述"①。

(3) 20 世纪 70 年代，美国会计实务界也激烈批评财务报表，一本著名的《现代会计手册》指出了财务报表的一些严重的局限性，主要包括：

① 需要采用估计。如应收账款上可能发生的坏账、应予折旧的长期资产和应予摊销的无形资产上的寿命以及应交所得税等均需要进行估计，使财务报表信息有可能失真。

② 允许在备选会计方法中进行选择。如存货的流动可以从先进先出法、后进先出法、加权平均法中任选一种方法；无形资产可以费用化，也可当作资产进行摊销。

③ 允许采纳不同的计价方法。如存货既可采纳成本，也可采纳成本与市价孰低计价；有些资产按照取得成本计价，而有些资产则只能按照市价(如账外发现的资产)计价。

④ 有些资产和负债完全被删除。可能被删除的资产是矿产、石油、天然气已发现的储藏量及其价值，饲养动物和种植树木的增重、增长的价值、公司的自创商誉、人力资源价值从未进入会计，而属于负债的删略有经理人员的报酬合约等。

⑤ 持有资产与负债价格发生的变化。在物价变动较为剧烈的时期，这种变化若不反映，包括一般物价水平变动和具体物价水平变动使计量单位不可靠，现行成本与历史成本会产生很大的差异，会影响报表数字的有用性。

⑥ 在财务报表上不反映重要的质量信息和难以量化的事实。如组织机构的价值、高超的管理能力、某些合同和积压而未交的订货等②。

鉴于财务报表的上述各种局限性，于是要求在财务报表之外，增加附注、辅助资料、附表和其他报告。

(4) FASB 在 1978 年 11 月第 1 号财务会计概念公告中首先提出财务报表和财务报告的编制。FASB 虽指出，"财务报表是财务报告的中心部分，它们是企业向外界传递信息的主要手段"(Par. 6)，但它又指出"某些有用的信息用财务报表传递较好，而某些信息则通过财务报告提供比财务报表更好"(Par. 5)；"财务报表的编制，不仅包括财务报表，还包括其他传递信息的手段——其内容直接或间接地与会计信息系统提供的信息有关"(Par. 7)。

---

① David and Weil, *Handbook of Modern Accounting*, 1977, Chapter2, pp. 2—9.

② David and Weil, *Handbook of Modern Accounting*, 1977, Chapter2, pp. 2. 4—2. 5.

从以上的说明可以看到，披露之所以成为一个重要的会计程序，是由于财务报表所提供的信息已不能够满足使用者的需要——FASB根据美国资本市场的发展、主要是投资者对信息的需求的变化而将财务报表扩展为财务报告的结果。

报表附注的披露与其他财务报告披露的区别见表11-1。

表11-1　报表附注的披露与其他财务报告的披露区别

	财务报表附注的披露	其他财务报告的披露
1. 是否遵循GAAP?	是	否
2. 是否需要经受CPA的审计?	是	否
3. 是否财务报表的组成部分?	是	否

第二节　财务报表表述的基本概念

一、财务报表表述的基本假设、假定与目标

财务会计的基本假设、假定和目标是财务报表表述的最基本的概念。一切其他的概念均是由它们派生而来的。

（一）基本假定

财务会计的有些基本假设如主体假设、以货币为计量单位假设等，由于来自财务报表的外在客观环境，不以人们的主观意志为转移，在会计上通常把它们视为不言而喻的概念，并且它也是世界各国会计界都遵循的惯例。在任何国家，没有哪一个财务报表不属于特定的会计主体，也没有哪一个财务报表不用货币金额来表述其数量，否则，它就不能成为财务报表。对于这些假设，这里就不再重复。但对于基本假定，并不具有这样的普遍性，它们的成立往往需要一定的条件，带有一定的主观判断。也就是说，它们的层次要比基本假设稍低一点，并不是不言而喻的概念。比如，持续经营假定和权责发生制假定。在会计上，我们一般假定企业是持续经营的，会计确认与计量一般也建立在持续经营基础之上。但在一个充满竞争和不确定的世界中，一个企业的整体或某个分部或其所经营的某项业务由于主客观原因而终止经营是时有发生的。非持续经营情况下的确认与计量与持续经营情况下的确认与计量存在重大差异。在会计实务中，与权责发生制相对应的是收付实现制，两者的确认与计量的基础不同，运用的会计程序也不相同。

为此，关于财务报表的表述，需要明确这样两个基本假定：

(1) 持续经营。在原则上，除非有反证，企业编制的财务报表应当建立在持续经营的基本假定上，那就是应以以前各章所阐述的确认标准和计量原则进行确认和计量。但若整个企业破产清算或撤销某一部分或某些主营业务终止经营，那么，整个企业的清算就按清算惯例编制规定的报表，分部或业务终止经营的，就按已实现来确认；而采用的计量属性，则应为资产的公允价值或其可变现净值，而不宜再用成本计量（包括历史成本和重置成本）。

(2) 权责发生制。一个持续经营的企业,为了符合目标的要求,财务报表应当按权责发生制会计来表述,那就是要运用应计、递延、分配和摊销等程序,正确地反映不同期间的经营业绩,从而保证某一时点财务状况的可靠性与相关性。

必须指出,以权责发生制为确认基础的财务报表主要是指资产负债表和损益表。至于现金流量表受它的性质——反映“已实现的现金收付”所决定,其确认的基础则是收付实现制。

(二) 目标

按照前面已经阐述的,(1)财务报表的目标是提供在经济决策中有助于一系列使用者关于主体财务状况、经营业绩和财务状况变化(主要是现金流量)的信息。(2)为此目的而编制的财务报表可以满足大多数使用者的共同需要,但是它是以过去的交易与事项为基础的,且必须符合确认的基本标准。增加其他财务报告的资料在一定程度上可弥补这一缺陷。(3)财务报表的目标应有助于一系列使用者,特别是最主要的使用者,评估主体管理当局履行资源受托责任的情况并据以进行重大的经营方针和人事任免与奖惩决策。

财务报表的表述,在以基本假设、基本假定为基础的同时,一定要充分考虑目标。财务报表的三个基本报表,就是为了表述一个企业某一时点的财务状况、某一期间的经营业绩和现行流量而设计的。增加不受 GAAP 约束的其他报告,也是为了在财务报表之外,补充披露对使用者有用而在财务报表内又得不到确认的信息,以便更好地实现目标的要求。

二、财务报表表述应遵循的其他要求

(一) 遵守 GAAP

GAAP 作为一个实际上不受国界限制的、具有强制性和约束力的会计准则或会计原则的习惯用语,主要是用来规范财务报表的表内确认、计量和表外附注的披露。凡在各国国内发行证券的公司,其编制的财务报表应当遵守各该国家(地区)的 GAAP。凡跨国发行证券或向国际金融组织融资而须编制的财务报表,则应遵守 IAS,特别是其中的核心准则。

所谓遵守 GAAP,是指在财务报表的所有重大方面,都遵守了可应用的准则或惯例。在美国,GAAP 被美国审计准则划分为五个层次,美国公司编制的财务报表必须遵守 GAAP,专指所编报表是否按美国审计准则第 69 号规定的顺序,依次运用了其中高层次的文献①。

考虑到 GAAP 是在财务报表上如何反映交易和事项的权威性表述,为了确保财务报表的可靠、相关与可比,财务报表的表述一般不允许偏离 GAAP。

国际会计准则委员会于 1997 年修订的 IAS1“财务报表的表述”中②,对于应符合 IAS 的财务报表,若偏离 IAS,作了相当严格的限制。IAS1 规定:“在极为罕见的情况下,如管理当局认定,若遵守一项准则的某一要求必定产生谬误,而偏离该项准则的某一要求的报表合乎公允表述的需要,在这种情况下,可以偏离某项 IAS 的某一要求”。不过,

---

① SAS69, 1992, Par. 10—11.

② 重组后的国际会计准则委员会(IASC),已改称国际会计准则理事会(IASB),相应的国际会计准则(IAS)也改称国际财务报告准则(International Financial Reporting Standards, IFRS)。

企业必须披露：

（1）管理当局确认所编财务报表能公允地表述企业的财务状况、财务业绩和现金流量。

（2）所编财务报表除偏离某项准则外，在所有重大方面，都遵守了可应用的IAS，其目的在于公允表述。

（3）企业偏离准则的性质，包括：该准则要求的会计处理，在某种情况下为何按该准则处理会产生误导，以及该企业为避免引起谬误而采取的会计处理。

（4）由于偏离准则，对于该企业每一会计期间表述的净利或净亏、现金流量和不同时点的资产与负债所产生的影响。（参阅IAS1，revised，1997，Par. 13）

（二）公允表述（合理表述）

在财务报表中，怎样才算公允（合理）表述？这在各国会计界有不同的理解。在美国，企业编送的财务报表是否公允（合理）表述了某个企业的财务状况、经营业绩和现金流量，需要由独立审计人员（CPA）来进行专业判断。SAS69提出了判断时应当注意的几项要求。在英国会计界，是用“真实与公允”来作为公允表述的原则，“真实与公允”要求在英国会计界向来具有至高无上的地位，但长期以来，却含义不明。根据1989年英国公司法，其含义已与“遵守英国的会计准则”的意思基本相同。国际会计准则委员会认为，“公允表述”的要求是：

（1）企业所选择和应用的会计政策，必须：

① 遵守每一个可应用的会计准则和解释的全部要求。

② 在没有特别要求的条件下，管理当局必须建立和发展使财务报表满足如下要求的信息：

● 与使用者的决策需要相关。

● 是可靠的，表现在以下方面：如实表述企业的成果和财务状况；反映事项和交易的经济实质而不仅反映其法律形式；是中立的，即不偏不倚；是谨慎的；在所有重大方面是完整的。

（2）包括会计政策在内的信息表述，达到了相关的、可靠的、可比的和可理解的状态。

（3）如按IAS的要求，尚不能保证使用者关于特殊的交易或事项对企业的财务状况和经营业绩有较充分的了解，那么，就需要提供补充的披露。

（4）在极为罕见的场合允许偏离，但必须对偏离的性质进行补充披露。

（5）如果在某项准则生效以前，就按该准则中的特殊方法进行处理，这一事实应当披露。

（三）一致性

财务报表的表述，特别是表内确认的项目，其所采用的会计政策，其分类、抵消和汇总方法，不论期初、期末、本期、下期以及未来时期，都应保持一致，除非出现以下两种例外情况：

（1）企业的主要经营活动发生了重要变化，因此必须采用不同的准则或制度。例如某企业原以房地产买卖为主营业务，采用的是房地产会计制度，现在该企业把工业产品制造作为主营业务，因此必须改用工业企业会计制度。两种不同的经营活动有差异，会计制度不相同，因而，财务报表也会不一致。

(2) 由于准则或制度有了修改，对财务报表的表述提出了不同的要求。

(四) 实质重于形式[①]

财务报表所表述的内容，应当反映交易、事项的实质，而不是它们的法律形式。在一项简单的交易中，报酬与风险一次性转移，要辨别并反映交易的实质比较容易。但随着金融创新和市场创新，交易变得越来越复杂；或是交易的过程很长，报酬与风险不是一次转移而是多次转移，或是几项交易的结合，因此，要辨明并报告交易的实质，有时十分困难。辨明并报告交易的实质，关键在于要了解一项交易所引起的报酬与风险的转移情况，即应辨明：应否和应在何时确认或披露一项新的资产、负债或原有资产负债的变动？应否和应在何时确认或披露收入、费用、利得、损失的变化？

财务会计的基本特征是立足(企业)主体，面向市场。一个企业的经济活动，主要是以交易为基础。市场经济充满了商品(劳务)的交换行为。企业相互之间以及企业同非企业单位的商品与货币交换，就是财务会计要捕捉的，能用货币量化的财务信息。一项交易行为，可能是很简单的商品与货币之间的交换，也可以是一个经过复杂步骤才能完成的过程，还可以通过不断地创新，构成一个迂回曲折、含若干不同性质的业务相结合(例如销售与回购、销售和融资等等)的活动。由于现代交易无不由一个、甚至若干个合同(契约)来规范，合同规定的条款、限制越多，对双方权利义务的制约越大，交易就越复杂。因此，一项交易其法律形式和它的经济实质往往不相一致。要保证财务会计反映经济真实，不论确认还是披露，尤其是确认，都要深入分析交易(当然也包括事项)的性质，根据丰富的财务会计理论知识、GAAP 的原则与解释以及会计师应有的职业判断能力，报告交易的经济实质。

我们说过，确认主要解决三个问题：一是应否确认？二是何时确认？三是如何确认？

1. 关于应否确认(即应否记录和通过财务报表表述)

这里的问题是：貌似某项交易的经济活动是否已构成应予确认的财务会计要素？我们可以举三个简例来说明这个问题。

[**例 1**] 假定股东甲决定对已有投资的某有限责任公司增资 1 亿美元，甲与公司及其他股东谈判达成了协议，并签订了增资扩股意向书，意向书中规定此项投资 1 亿美元将在一年内分三期投入。财务会计对此项投资意向书如何处理？

首先，它只是一项协议，而不是一项应由会计处理的交易。因为既没有投入金额，其未来投入金额的数量、时间要安排并无法律的约束力，具有高度的不确定性。因此，不应根据此项协议(意向书)来确认甲股东的权益。

[**例 2**] 甲企业同乙供应商先在第 1 年 10 月签订将在第 2 年由乙供应商供应 1 亿吨煤炭的合同。第 2 年 1 月 20 日甲企业收到乙供应商发来煤炭 4 000 吨，但来电声明，其中 1 000 吨暂存甲企业仓库，一个月内就近转运丙企业(丙企业将负责支付仓储费，每天 100 元和全部运费)。财务会计对上述活动如何处理？

(1) 第 1 年 10 月的供应合同尚未形成交易，不能确认。

(2) 第 2 年 1 月 20 日可以确认 3 000 吨煤炭为购货(或借记“原材料”贷记“应付账

---

① ASB, FRS5, Reporting The Substance of Transaction, 1999. 4.

款")。对于其余1 000吨煤炭属于寄存物资,其所有权不属于甲企业,甲企业于1月末则应在表外披露——"乙企业寄存本企业物资(煤炭1 000吨)"。同时在第2年1月31日确认12天的应收仓储费1 200元,如可借记"其他应收款";贷记"其他业务收入"。

[例3] 2003年1月10日A公司售予B公司一批自制产品,售价50 000元,成本30 000元,但B公司并不使用这批产品,它只是作为第三者为A公司融资。为此A公司同意若B公司转卖此项产品达不到价款50 000元,A公司将回购这批产品,并承担全部货物的保管、储存运输及融资费用。事实上,B公司是以A公司的产品作为抵押,用向银行借来的50 000元支付货款的。1月15日此款已汇交A公司,期限一个月(利息2 000元)。1月31日B公司向A公司开具有关该产品作为融资抵押品的有关费用如下,A公司如数以现金支付。

运输及储存费	1 000(设运输费由B公司垫付)
保险费用	800
利息费用	1 000(1月15日起息至1月31日按半个月计算)
	2 800

2月15日A公司归还借款50 000元同时支付下列费用并购回售予B公司的产品,有关现金支出如下:

归还借款	50 000
运输及储存费	800
利息费用	1 000
融资手续费(付B公司)	800
	52 600

对于上述业务应作如下的分析并作相应的会计处理。

所谓A公司把自制产品售予B公司并列示了售价与成本都是产品销售的假象,关键问题在于:A公司同意一个月后购回该产品。因此,整个交易就不应按销售业务来处理而应按融资活动来处理。以产品为抵押,由A公司为发起人委托B公司为第三者向银行贷款为期一个月,这才是上述全部交易的经济实质。

全部会计分录如下(仅指A公司)。

1/10 产品运出时:

① 应收账款	50 000	
短期借款		50 000
——产品融资协议		
② 存货——产品融资协议	30 000	
存货		30 000
1/15 现金	50 000	
应收账款		50 000
1/31 财务费用	2 800	
现金		2 800

2/15　偿还借款和有关费用并购买产品

① 短期借款——产品的融资协议	50 000	
现金		50 000
② 财务费用	2 600	
现金		2 600
③ 存货	30 000	
存货——产品融资协议		30 000

2. 关于何时确认

在确认的三个问题中，确定应予记录和报告的期间是关键，而且它通常指收入和费用的确认，特别是收入的确认。

国际会计惯例一般是参照美国 FASB 第 5 号概念公告关于确认的时间标准：首先，要符合确认收入要素的四项基本标准；其次，该项收入已赚得并已实现或至少可实现。

但这些标准都比较原则化，难于具体掌握，我国企业会计制度第 5 章第 85 条提出了确认收入的两个时间条件：

● 企业已将商品所有权上的主要风险和报酬转移给购货方；

● 企业既没有保留通常与所有权相联系的继续管理权，也没有对已售出商品实施控制。

这两个条件，比较深刻地触及到商品销售交易的经济实质。

我们也可举例子来说明，见例 4、例 5。

[例 4]　假定某企业的一批商品，已经完工，检验合格入库，然后按销售合同规定的时间和交货条件，如数发往购货企业并按双方同意的价格开出发票、运费(代垫)和保险费、税金以及提货单等全部单据。在合同中对交货方无任何约束条件。经调查，购货方是一个业绩很好、信用等级属于 3A(信用高，支付能力很强)的企业。

在上述条件下，该商品的销售完全符合以下几个条件：

● 收入已赚得；

● 收入可实现(3A 的信用等级证明购货方有足够的支付能力)；

● 与该商品所有权有关的风险与报酬已全部转移于购货方，某企业对该商品未保留任何控制权利；

● 由于合同没有任何其他条款，货物及有关单据已发出，此时该企业按借记“应收账款”贷记“主营业务收入”来确认此项商品的销售收入，反映了该交易的经济实质。

[例 5]　设某企业售与笃行公司一台生产设备，按合同规定，某企业必须负责将该设备运往笃行公司，进行安装、调试，并须经笃行公司试产一个月，正式运转，才接受该设备，否则有权退回。

这个例子很清楚地告诉我们：这台生产设备的销售，按合同必须负责安装调试且购货方具有运行一个月的退货期。因此，在该设备发出只能记录为“发出商品”不能确认为销售，所发生的运输安装与调试费用应构成销售成本。正确的销售时间即可以确认的时间应等到笃行公司试产一个月即退货期期满之时。

设备发出安装、调试时因与该设备有关的风险与报酬尚未转移于笃行公司，故分录为：

发出商品　　　　　　　　　　×××
　　存货　　　　　　　　　　　　　×××

有关运输、安装调试费用的记录可以推迟(若销售成立时,可记为销售成本;若商品退回时,直接当作费用记入当期损益)。

退货期期满,标志着风险与报酬已完全转移于笃行公司了,说明销售已成立。其会计处理为:

主营业务成本　　　　　　　　×××
　　发出商品　　　　　　　　　　　×××
　　现金(运输、安装调试费用)　　　　×××
现金(应收账款)　　　　　　　×××
　　主营业务收入　　　　　　　　　　×××(此时方确认收入)

3. 如何确认

这个问题涉及计量、记录等各种会计处理。要根据交易的不同实质,采用不同的会计程序和计量属性。类似的例子不胜枚举,见例6、例7。

[例6] 以长期投资为例,说明其经济实质不同时,应采用不同的方法来报告。

(1) 一项长期股权投资对于被投资企业的生产经营活动不具有重大影响力——按成本法报告;

(2) 一项长期股权投资对于被投资企业的生产经营活动具有重大的影响力——按权益法报告;

(3) 一项长期股权投资占有被投资企业的股权已具有控制力,或虽不能控制但本企业承担被投资企业的主要风险和报酬——纳入本企业的合并报表。

(4) 又如美国安然公司设立"特定目的主体"(Special Purpose Entity, SPE),按照美国会计惯例,第三方只要占有SPE全部资产的3%,则作为主要受益方的美国安然公司就可以不把SPE纳入自己的合并报表;但如按经济实质分析,安然可能将承担SPE的主要风险和报酬,此种情况下,安然公司不合并SPE的资产与负债就是错误的。

[例7] 同样属股权和债券投资,对于债券投资,按美国的GAAP(FAS115),允许管理当局在下列三类中转换:①持有至到期;②在销售中;③可供销售。

显然,这三类投资的经济实质是不同的,第一类属于非金融资产的长期投资,第二类已作为随时变现的金融资产,第三类则可能成为金融资产。因此,要采用不同计量属性并对由于转换造成的利得与损失按不同的方式进行确认。

第三节　财务报表的附注及其他财务报告

一、财务报表附注或注释(note)

与财务会计关系最密切的表外信息就是财务报表附注或称注释,包括在表内用括弧进行的旁注和表外的底注,而以后者为主。

通常，财务报表附注被认为是财务报表一个必备的组成部分①(SFAC No. 5，Par. 7a)，原因如下。

1. 从法律形式看

① 大多数情况下，列入附注的披露都遵循公认会计原则(GAAP)、企业会计准则或企业会计制度(以下将只简称为 GAAP)，即附注也与财务报表一样受到各种会计标准的规范。

② 按照惯例，财务报表连同它的附注，都是企业外部独立审计的对象，而其他的信息披露，通常只要求专家(也包括具有独立性的注册会计师)进行审阅。审计(Audit)和审阅(review)所负的法律责任显然是不同的——审计必须对审计内容是否按照 GAAP 公允地反映企业的财务状况、经营成果和现金净流量并对前后各个会计期间所采纳的会计政策的一致性负责。

2. 从经济实质看

附注所反映的内容往往涉及财务报表中至少十项非常重要的部分：

① 编制财务报表所依据的会计基本假设；

② 若 GAAP 允许有备选会计方法，则披露企业关于会计方法(也称会计政策)的选择；

③ 重要的估计和判断，如对应收账款上坏账的估计、存货价格变动的估计、某些收入在本期确认所做判断的理由、某些非常损失不在本期立即费用化而列为递延费用的理由；

④ 重大的投资、融资活动，特别是高风险的衍生金融工具的种类、性质、期望风险与报酬等；

⑤ 关联方关系与关联交易；

⑥ 或有事项(特别是或有负债，包括未决诉讼等)；

⑦ 担保与抵押；

⑧ 资产负债表日后发生的重大有利或不利事项；

⑨ 财务报表表内各主要项目的细节分析；

⑩ 其他为确保会计信息披露的透明度，公司应当披露的重大的、但尚未发生而有可能发生的事项。

在阅读和分析财务报表时，必须结合上述(不限于上述)披露的内容，才能够提高财务报表的可理解性，使财务报表中的信息对使用者更加有利。

财务报表附注究竟包括多少内容，各国均无统一的规定。从表外披露看，大体上可分为法定披露与自愿披露两个部分，而附注一般为法定披露的内容。附注的披露又可以分为两种情况，一是由法规(含 GAAP)统一规定的、报表附注的基本内容；二是由具体的会计准则或制度分别补充规定有关交易、事项应予披露的事项(这类披露，除特别规定外，均列入报表附注)。

在美国的 GAAP 中没有在概念结构或其他准则中为报表附注的内容作出单独的规定，第 5 号财务会计概念公告第 8 段所列图表(例示投资、信贷和类似决策所用各类信息图表)曾举例说明了 5 项内容的财务报表附注。当然这一举例不足以反映任何一家公司

① 但在我国 2000 年 6 月 21 日国务院颁布的《企业财务报告条例》中，却把会计附注与会计报表分开，成为财务会计报告(即财务报告)而不是会计报表(即财务报表)的组成部分(第 7 条)。

附注的全貌。

但国际会计准则委员会1997年修订的国际会计准则第1号(IAS No. 1)“财务报表的列报”(Presentation of Financial Statements)、中国证监会1995年颁布的“财务报表附注指引(试行)”和2000年国务院颁布的“企业财务会计报告条例”,均对财务报表附注做了专门的、较为详细的规定。现将这三份文献中有关附注的主要内容列示如表11-2。

表11-2　相关机构对财务报表附注的披露内容列示

IAS No. 1(Pars. 91—102) 1997年	企业财务会计报告条例 (第14条)2000年	中国证监会财务报表附注 指引(试行1995年)
1. 总体要求 (1) 提供关于财务报表的编制基础及选择并运用于重要交易和事项的标准。 (2) 提供国际会计准则要求的、但未在别处提供的信息。 (3) 提供未在财务报表表内列报,但对于公允价值却是必要的附加信息。 (4) 附注通常按照下列顺序列示,这种顺序有助于使用者理解财务报表,并可用来同其他财务信息比较: ① 遵循国际会计准则的声明; ② 应用的计量基础与会计政策的说明; ③ 支持各财务报表表内列报项目的信息; ④ 其他披露。 2. 会计政策的表述 (1) 编制报表时使用的计量基础。 (2) 对于恰当地理解财务报表所必需的各项特定政策。 (3) 具体会计政策,共列举了(不限于)20项,如:收入确认、合并原则、企业合并、金融工具和投资、租赁、研究开发支出、外币折算和套期保值、通货膨胀会计、政府补助等等。 3. 其他披露 (1) 企业所在地和法定形式,公司所在国家以及总部注册的地址。 (2) 企业经营的性质及其主要活动的描述。 (3) 公司及集团最高的母公司的名称。 (4) 当期期末或当期平均的雇员数量。	至少包括如下内容: (1) 不符合会计基本假设的说明。 (2) 重要的会计政策和会计估计及其变更情况、变更原因及其对财务状况和经营成果的影响。 (3) 或有事项和资产负债表日后事项的说明。 (4) 关联方关系及其交易的说明。 (5) 重要资产转让及其出售情况。 (6) 企业合并、分立。 (7) 重大投资和融资活动。 (8) 会计报表中重要项目的明细资料。 (9) 有助于理解和分析财务报表而需要说明的其他事项。	(1) 公司的一般概况。 (2) 公司采用的重要会计政策。其中包括11项,如公司执行的会计制度、合并财务报表的方法、记账原则和计价基础、外币资本折算方法、存货计价方法、债券、股权和联营投资利润分配等。 (3) 报表项目的明细情况。 (4) 比较报表中相同项目的变动幅度达30%以上(含30%)的,应说明原因。 (5) 少见的报表项目,或从名称看不清项目的性质,或报表项目的金额异常。 (6) 分地区、分行业资料。 (7) 承诺事项、或有事项(需详细披露)。 (8) 资产负债表日后事项。(关于第三项,对财务报表项目附注的内容另有详细的要求。)

1978年7月25日,欧洲共同体(EEC)委员会理事会发表的第四号指令第8节,专门列示报表附注内容,共有13项(全部内容见第8节第43条),要点如下:

(1) 年度报表中各个项目所采用的计价方法和计价调整方法,用外币表述的项目转为本币表述的转换基础;

(2) 企业的名称及注册机构,说明持有20%股份的大股东;

(3) 会计年度期间在法定资本限度内认购的股份及数量(若有面值股应说明会计的

账面价值)；

(4) 若有不同种类的股份，应说明其种类、数量、名义价值或会计价值；

(5) 所有参与证书、可转换债券或其他证券和权利，并说明其数量和应有的权利；

(6) 公司所欠、在 5 年到期并偿付的金额，公司发行的有价证券(债权)金额、性质与形式；

(7) 没有列入财务报表的财务承诺的总金额，养老金和关联方的承诺必须单独列示；

(8) 当差异较大时，营业净额要按经济活动类型和按区域划分的市场进行分解；

(9) 会计年度内的雇员平均数，并按类分解；

(10) 会计年度的损益计算受某种计价影响的程度和对税收金额的影响；

(11) 以前年度应付税金与本年度应付税金的差异；

(12) 对行政管理监督部门应付的津贴、退休金和已记录的其他承诺；

(13) 对行政管理和监督机关的预付金额和任何形式的承诺。

从上列附注看，它要求反映的内容同财务报表的目标有关。欧共体第 4 号指令在财务报表附注中特别关注股份、负债、税额，各种欠款和一切形式的承诺。而重点在对资产负债表负债方的进一步理解，目的显然与提供企业有关偿债能力和对股东的受托责任等方面的详细信息有关。这与美国的财务报表目标要求的、提供有助于投资者、债权人等估计、预测未来现金流量的金额、时间安排和不确定性，不尽相同。

此外，从表 11-2 可以看出，IAS 与我国对报表附注的要求皆有不同。同样在我国，2000 年的“企业财务会计报告条例”和 1995 年中国证监会“财务报表附注指引(试行)”也不尽相同。这又说明：作为财务报表表内表述的确认和作为财务报表表外披露的附注的又一不同特点——前者以 GAAP 为依据，较为规范；而后者则根据需要，具有增删的较大自由度。

由于近年来交易和事项日趋复杂，一些难以确认或企业为了规避确认而只在表外披露的信息日益增多，这就可能导致如下问题的出现：

第一，过多的使用附注而使表外信息过量。附注的一个重要作用原是为了帮助投资者更好地理解财务报表表内的内容，如果附注本身就很难理解，就更不可能对投资者理解表内内容——主要是了解一个企业的财务状况、财务业绩有所帮助。

第二，由于附注过多，甚至有些对投资者决策至关重要的信息，不是列入表内，而是混杂于附注之中，且轻描淡写，几乎难以引起使用者的关注。如关联方关系及关联方交易涉及的重大投资、融资活动，风险性和隐蔽性都很高的衍生金融工具的性质与金额，特别是极可能给企业带来的风险出现概率很高(几乎可以确定)的所谓“或有负债”，等等。

第三，虽然 FASB 一再强调财务报表是财务报告的中心部分(A central feature of financial reporting)，是企业对外传递会计信息的主要手段(SFAC No. 1, Par. 6; SFAC No. 5, Par. 5)，但是随着表外附注的不断扩展，表内确认和表外附注信息的主次地位有可能被颠倒。

二、辅助报表

辅助报表没有固定的格式，它根据需要进行编制。例如在物价变动时，基本报表仍按照历史成本为基础和前提进行编制，同时采取不变价格货币重新表述、编制辅助财务报表以反映物价变动。现举例如下。

（Ⅰ）设A公司1996年(截至1996年12月31日的会计年度)的财务报表如下：

A公司收益表(按照历史成本编制)1996年度

销货	$190 000
销货成本	100 000
毛利	90 000
经营费用	20 000
净收益	$70 000

A公司资产负债表(按照历史成本编制)1996年12月31日

资产	1996	1995
现金	$145 000	$110 000
存货	35 000	——
土地	80 000	80 000
资产合计	$260 000	$190 000
负债和所有者权益		
股本	$190 000	$190 000
留存收益	70 000	——
负债和所有者权益合计	$260 000	$190 000

（Ⅱ）相关的物价指数如下：

1995.12.31	100
1996年度平均	160
1996.12.31	200

（Ⅲ）

A公司收益表(截至1996年12月31日，按照不变价格美元编制)

销货	$237 500($190 000×200/160)
销货成本	125 000(100 000×200/160)
毛利	112 500
经营费用	25 000
购买力损失前收益	87 500
购买力损失	118 750（计算见Ⅳ：货币性项目上的购买力损失计算表)
购买力损失后收益	(31 250)

（Ⅳ）

货币性项目购买力损失计算表

	1996年历史成本 ×	重新表述的比率 =	按1996年12月31日购买力表述
现金			
(1) 期初余额	$110 000	200/100	$220 000
(2) +销货	190 000	200/160	237 500
(3) −购货	(135 000)	200/160	(168 750)
(4) 经营费用	(20 000)	200/160	(25 000)
(5) 全部项目按照购买力重新表述后的金额			$263 750
(6) 期末余额	145 000		145 000
(7) 货币性项目上购买力损失			$118 750

（Ⅴ） 不变价格美元资产负债表 1996.12.31

资产	
现金	\$145 000（与历史成本相同）
存货	43 750（\$35 000×200/160）
土地	160 000（\$80 000×200/100）
资产合计	\$348 750
负债与所有者权益	
股本	\$380 000（\$190 000×200/100）
留存收益	(31 250)（与历史成本收益表相同）
负债与所有者权益合计	\$348 750

在本例中，除了第（Ⅰ）部分按照历史成本编制的收益表和资产负债表外，第（Ⅱ）、（Ⅲ）、（Ⅳ）、（Ⅴ）等四部分的资料都属于辅助报表。这是基本上按照1979年9月美国FAS33“财务报告与物价变动”①的部分要求编制的一个简化的例子②。当时，按照这样的例子来反映物价水平的一般变动对财务报告的影响，既不影响企业基本报表遵循GAAP要求、以历史成本作为计量基础，又可以补充说明物价水平的变动如何影响基本报表（特别是计算出“货币性项目上的购买力损益”）。1978年，FASB在第1号财务会计概念公告中提出“财务报告＝财务报表＋财务报表附注＋辅助报表＋……”这样一个模式后，第二年就在物价变动会计中得到了应用。可以认为，上述辅助报表是其他财务报告中第一类由准则规范、有典型意义的辅助报表。

三、其他直接或间接涉及财务会计的报告③

若以一家公司的年度报告看，在其他财务报告中，除了附注（也可看作是财务报表本身的组成部分）和辅助报表之外，还有各种各样的报告，其中直接或间接涉及到财务会计的也很多。我们仍以美国的公司为例，例示美国证券交易委员会（SEC）所要求的两个报告。

1. 管理当局的讨论与分析（Management's Discussion and Analysis，MD&A）

这份报告应当涵盖企业经营中的三个财务层面：流动性（liquidity）、资本来源（capital resource）和经营成果（result of operations）。它要求管理当局在此报告中必须充分披露有利或不利的趋势，并指出影响上述三个财务层面（因素）的重大事项和不确定性④。

C公司MD&A的摘录

管理当局的讨论与分析（摘要）

由于采用新的会计准则增加300百万美元的支出，净盈利降低了8百万美元，每股盈利降低了0.03美元。在此项支出发生前，净盈利为574百万美元，比1992年会计年度（该年度比1993年度多

① FAS33现已为FAS89（1986年12月颁布）所取代。

② 本处例子译自Keiso and Weygant，*Intermediate Accounting*一书（第8版）第26章附录A“Constant Dollar Accounting”，1995，pp. 1375—1380。

③ 本处仅简单、不全面地列举，详细的其他财务报告请参阅本书第30章。

④ 本处1、2的举例译自Keiso and Weygant，*Intermediate Accounting*一书（第8版）第26章，1995，pp. 1366—1367。

一个星期)增长17%。今年销售净额为6.6百万美元,比去年的6.3百万美元提高了约5%,而购并之贡献为212百万美元。

影响1993会计年度三个主要的事件为:取得Arnotts公司(澳洲主要饼干制造商)的大部分股权,有一个重整计划,采用新的会计准则。重整计划和会计改变(新准则替代旧准则)的影响为每股225美元,这一问题将在以下"特殊支出"部分再充分说明。

公司的Flagship Soup业务在全球数量上增长了3%,且其国际营运的获利性已连续四年有所改善。这一重要进步是由于公司重构了其投资组合决策(包括取得了Arnotts公司的大部分股权)。

在上述报告中,有三个主题的讨论与分析是备受关注的:

(1) 按现行MD&A的要求,是否可以披露足够的前瞻性信息(sufficient forward—looking information)?

(2) MD&A的披露是否应更多的转向风险分析(risk analysis)?

(3) MD&A的审计是否应由具有独立性的审计师来担任?

2. 管理当局的责任报告

P公司管理当局报告书

本公司管理当局编制年度报告内的财务报表及其其他信息,并对这些信息承担责任。该项信息是遵照公认会计原则,基于管理当局的最佳估计与判断并考虑到重要性原则编制的,这些财务报表已由独立审计师进行过审计,他们的审计报告包括在内。

公司(运营)的维持依赖于我们的内部会计控制系统。它必须接受公司内部审计人员审阅和独立测试。内部审计人员的报告定期地发送管理当局、董事会的审计委员会和独立审计师。

审计委员会完全由外部独立董事组成,并定期与内部审计人员和独立审计师(以及管理当局)交换意见。独立审计师和内部审计人员均可在管理当局不在场的情况下出席审计委员会,讨论任何须通知审计委员会的事项。

管理当局相信,公司的制度政策和程序能够成为管理当局努力的最高企业规范,为公司运营遵守法律提供合理的保证。

主席和总裁(签字)　　　　执行副总裁和首席财务官(签字)

四、自愿披露

以上所讲的,基本上是法定披露中的部分举例。此外,企业还可以选择自愿披露(voluntary disclosures)。美国的FASB于2001年发表了一份"改进企业报告:对增进自愿披露的洞察"(改进企业报告筹划委员会的报告)①。现扼要介绍以下六点。

自愿披露的六大类(需要说明的是,前五类已在AICPA的Reporting of Jenkins Committee(1994)第五章、第1节中的"企业报告的综合模型"②中作了说明):

① 参阅厦门大学会计系许业荣博士的翻译稿。

② 可直接参阅"Improving Business Reporting: A Customer Focus" p.52, Exhilit1。

① 经营数据(如管理当局用来管理企业的、高层次的经营数据和业绩指标);

② 管理部门对经营数据的分析(这一部分可能已包括在 MD&A 中);

③ 前瞻性信息(例如关键部门的机会与风险,其计划与实绩的比较);

④ 有关管理部门和股东的信息(这里包括主要持股的大股东、董事,其报酬和关联方关系与关联方交易);

⑤ 公司背景(如广泛的目标与战略,企业资产的范围与内容,产业结构对公司的影响);

⑥ 未在财务报表确认的有关无形资产信息。

但更为重要的,是 FASB 为企业自愿披露提供一个框架:

① 要披露公司经营中对公司成功特别重要的方面,即公司取得成功的关键因素(critical success factors);

② 要披露过去和将来管理部门控制的那些关键成功因素的战略与计划;

③ 要披露管理部门衡量并控制战略与计划实施所运用的测度(metrics)(如经营数据与经营业绩指标);

④ 要考虑前瞻性战略、计划和测度(forward—looking strategies and plan and metrics)的自愿披露是否会对公司的竞争地位产生不利影响,这种影响的风险是否超过自愿披露此类信息的预期效益?

⑤ 如果披露被认为是恰当的,就要规定如何最好的自愿披露这些信息,并对所用的测度,即有关指标的本质作出解释,并按相关测度持续地、定期地加以披露,以便比较并预测趋势。

在自愿披露中必须防止两种可能:

● 通过不恰当的、夸张的、不诚实的披露,特别是公司未来的前景预测信息,误导投资者;

● 做到了真实的充分披露,但泄露了公司的商业秘密,为竞争对手所利用,从而影响本公司的竞争能力。

第十二章

现行财务会计与报告模式的缺陷及其改进

第一节　现行财务会计与报告模式的缺陷

财务会计和财务报告的作用应该说是很大的，是目前的市场经济条件下所必不可缺的，但是它的缺点也不少，如不加以改进，确实很难适应市场经济的未来发展。下面，我们先对20世纪60年代以来财务会计与报告模式缺陷及改进的若干观点进行概括，然后再着重介绍20世纪90年代以来最有代表性的、关于财务会计与报告模式（包括财务报告模式）缺陷的观点——Wallman（1996）①，而后再对其他改进观点（如AICPA，1994；ICAEW，1991）进行简要概括。

一、现行财务会计与报告模式缺陷的概括②

首先，我们先将20世纪60年代以来财务会计与报告模式缺陷的若干观点进行概括③，如表12-1。

表12-1　现行财务会计与报告模式缺陷主要观点

机构及文献	缺　　陷
Edwards and Bell(1961)	以历史成本为基础的计量模式采取的是货币资本保全概念，而在物价变动的情况下，货币资本的保全并不意味着企业的实物资本能得到保全。
Chambers(1966)	为了实现持续经营的目标，就不能采取购买价格等投入层面的会计计量属性来计量资产和确定收益。
AAA(1966)	仅仅报告用历史成本反映的信息完全排斥了环境对企业的影响，而只报告用现行成本反映的信息则掩盖了对已完成的市场交易的记录。

① Wallman(1996)的观点最为充分考虑知识经济、环境变化等因素的特征，提出财务会计与报告模式的缺陷和改进建议。

② 主要参考了葛家澍、杜兴强"现行财务会计模式的缺陷及改进"，《财会通讯》，2004年第5—6期；同时，部分参考了章永奎《表外披露问题研究》，厦门大学博士论文，2004。

③ 主要参考了葛家澍、刘峰《会计理论》，中国财政经济出版社，1998；葛家澍、杜兴强，"当代财务会计的发展趋势"，《财会通讯》，2003年第10期。

(续表)

机构及文献	缺　　陷
Sorter(1968)	单一的历史成本计量无法反映经济环境特有的动态性和不确定性，也往往与经济现实不符，多元计量属性并存则缺乏可比性，且通过单一财务报告体系提供的会计信息又难以满足所有会计信息使用者的不同决策需要。不如将企业经济活动的主要事项提供给投资者，将根据这些基本事项生成会计信息的任务转移给投资者，以更好地实现信息加工和信息使用的连贯性①。
ASSC(英国)、公司报告(1975)	① 传统的财务会计与报告目标不合时宜； ② 不能够反映日益复杂的经济活动。
Corbin《现代会计手册》第二章	① 估计及主观性； ② 资产多重备选方案导致净收益的差异； ③ 大量的资产项目(如自创商誉)及负债无法在财务报表中体现； ④ 资产及负债的相对价格变化无法体现。
美国 FASB 的 SFAC	① 重利润而忽视现金流量； ② 收入费用观； ③ 财务报表的局限性。
ICAEW(1991)，*The Future Shape of Financial Reports*	① 企业业绩和财务状况侧重成本计量，与业绩预测和充分计量不相关； ② 盈利的单一性； ③ 重利润而轻现金流量； ④ 财务报告向后看(looking-back)的模式，对使用者帮助不大； ⑤ 重法律形式而轻经济实质。
美国会计学会会计与审计计量委员会(参见 *Accounting Horizons*，1991)	① 报表信息的不完整； ② 不确认自创商誉及将确认的外购商誉分期摊销； ③ 资产负债表外项目披露不足； ④ 对子公司及准子公司的披露不充分； ⑤ 负债与权益的混淆； ⑥ 财务会计与报告忽略货币的时间价值； ⑦ 缺乏对企业社会业绩的反映。
Kaplan and Norton(1992，1996)	① 财务业绩计量讲述的是过去的故事，这对工业时代的公司是足够的，而信息时代的公司要投资于顾客、供应商、雇员、工艺、技术和革新，只有这样，它们才能完成公司的未来价值创造，财务业绩对这个过程的计量是不完善的； ② 财务业绩计量具有短期性，管理层可能牺牲公司的长期价值(如减少在产品开发、工艺、人力资源)而换取短期财务业绩的提高； ③ 由于计量困难，作为新经济最重要的无形资产无法在表内得到反映。
AICPA(1994)	① 财务报告不能面向未来； ② 会计信息失去相关性； ③ 会计信息严重地不完整； ④ 对使用者的以下信息需求关注不足： 不同机会与风险的企业分部；企业经营业务的性质；着眼于未来；管理部门的意图；企业报告信息的相对可靠性；竞争对手及其他企业的业绩；影响企业的重大变动。

① 根据 Sorter(1968)，An Event Approach to Basic Accounting Theory，*The Accounting Review*(1)；杜兴强，"会计信息的相关性问题研究"，《财经研究》(2002 年第 12 期)进行整理。

（续表）

机构及文献	缺　　陷
Wallman(1995.9，1996.6，1996.12，1997.6)	① 未考虑会计主体外延的弹性； ② 对软资产如人力资源、智力资本未能进行恰当地确认与计量； ③ 财务报告的及时性及预测性严重不足； ④ 会计信息传递渠道不畅通。
Nash(1998)	传统会计未能对经济价值的主要部分进行确认，也未能对它所确认的价值进行适当的计量；传统的会计系统是不同方法、不同计量及结果的大杂烩，在逻辑上存在巨大的混乱，导致其使用效能低下。
IASC(1999) & FASB(2000)	全球化和信息技术发展对管制市场及会计信息披露的冲击。
Boulton(2000)	通用财务报告模式缺乏信息内涵。
CICA(2000)，*the Canadian Performance Reporting Initiative* (*CPRI*)的"总体价值创造系统"	传统的企业报告侧重于报告与第三方交易已经实现的价值，而在知识经济时代，许多价值创造活动的发生远远早于价值实现，仅仅报告已经实现的价值不能真实反映企业的业绩。
Upton(2001)"企业和财务报告：来自新经济的挑战"	投资者需要的信息和企业提供的信息在新经济下存在着巨大的鸿沟。
《高质量财务报告》(Miller and Bahnson，2002)	① 低估证券市场； ② 模糊的表述； ③ 假设与虚构； ④ 利润平滑； ⑤ 最小限度的报告； ⑥ 最小限度的审计； ⑦ 编制报告成本上的缺乏远见。

二、现行财务会计与报告模式的缺陷：典型观点介绍

1. Wallman(1996)的观点

Wallman在其系列论文中，首先肯定财务会计是有很大作用的，是我们资本市场的"守门员"，但是他提出警告：现在财务会计和财务报告正处于十字路口，如果不加以改进，那么它们的作用会迅速地下降。Wallman立足于美国成熟的市场经济，认为现行财务会计模式与财务报告模式在以下方面都存在着局限性，用英文表示即：Who，What，When，How，Where。

下面我们进一步详细进行介绍。

(1) Who，指会计主体，会计报告谁的信息。财务会计是对外报告会计，今后为谁提供财务报告？传统的会计模式很明确，是提供长期持续经营的企业的有关信息。但随着科技发展，情况会迅速地发生改变，今后的主体将会发生变化，并非一成不变。客户、顾客和制造商可能形成一个虚拟主体来共同完成一项作业，那么这个作业就可能成为一个主体，待这个作业完成之后，这个主体就解散了，这是第一种情况。第二种情况，今后还可能所有参加主体的人并不都在一起，而是通过电脑网络把分散在全国的、甚至世界各地的有关联的或者相

关的共同作业人联系起来，共同完成一个作业。总之会计主体的外延将变得很难确定。

(2) What，在会计主体外延扩大的情况下，会计主要反映什么、处理什么、确认和计量什么以及报告什么呢？按照现行财务报告模式，报告的主要是有形资产，或者称之为硬资产。今后恐怕主要确认和计量的将是无形资产，或者称之为软资产，就是说今后财务会计和财务报告应主要处理两个部分即人力资源和智力资本。而如何确认和计量人力资源和智力资本恰是财务会计所面临的主要困难，但今后市场经济的发展将迫使财务会计必须解决这个问题。

(3) When，即何时报告。现行财务报告都是定期的，一般以一年作为一个报告期间，我们称之为年度报告。报告期间再短一点就是中期报告，再短一点就是季报、月报或每天报告，但这些都还很不够，都达不到及时性。现代市场经济瞬息万变，例如股票价格，目前时点它是涨了，但是瞬间它又降了，我们如何捕捉这样瞬息万变的信息呢？这个问题以后将需要通过电脑来解决，力争达到会计信息的实时性。

(4) How and Where。Where 是指通过什么信息渠道，How 是指如何解决，这两个问题 Wallman 认为以后主要是通过电脑终端，把会计信息直接传递给会计信息使用者。也就是说，现行财务报告模式下的会计对数据进行分类、汇总、再分类和再汇总这样的形式今后可能要彻底改变。Wallman 认为如此做是浪费人力、物力、时间，今后使用者所需要的可能不是加工后的会计信息，他们有处理分散的电子数据的设备和能力，企业只要将原始的数据传输给使用者而无须加工。当然，这是建立在电脑高度发展，大多数会计信息使用者都具有处理电子数据的能力这个基础上的。

2. ICAEW(1991)①及 AICPA《改进企业报告》(1994)的观点

1991 年的英国《未来财务报告的模式》则进一步指出了现行报告模式的缺点：

(1) 现行财务报告关于企业业绩和财务状况的计量，仍然基本上根据各该企业所使用的资源的历史成本，这对未来业绩的预测和充分计量看来并不相关②。

(2) 现行财务报告过于重视盈利(每股盈利)的单一计量。在一个复杂性不断增加的世界里，任何单一的数据都不可能捕捉企业每一个报告期间内影响财富变化的各个侧面。美国的 AAA 在 1966 年发表的 ASOBAT 就极力主张，单一计量应由多重计量代替，可是 AAA 的正确观点却不被会计职业界所理睬。

(3) 现行财务报告过于重视利润的计量。利润是以权责发生制为基础，而一个企业继续生存能力、偿付能力却依靠足够的现金来维持。长期以来，在企业财务报告中，对现金流动却缺乏足够的注意。

(4) 现行财务报告是向后看的报告。它可能对企业过去业绩和财务状况提供了相当真实而公正的描述，可是，使用者却希望预测企业未来的业绩和财务状况(特别是未来的

① ICAEW, "The Future Shape of Financial Reporting", 1991.

② 美国 AICPA 也对此作了如下的批评：美国的 FASB 把资产的实质定义为"未来的经济利益"。而美国的 GAAP 则规定资产的计量大部分应采用历史成本。谁都明白，历史成本这一计量属性，只能反映资产的取得或存在曾花费(企业做出的牺牲)多少，却不能正确计量未来的经济利益。这样，资产的质的规定性和它的量的规定性产生了脱节。如果 FASB 关于资产的定义是一个科学的定义，那么，历史成本的根本问题就不在于它难以反映物价变动，而在于它不能正确反映未来的经济利益，从而不能把资产的本质加以量化。

现金流动)。这种历史性的报告对他们的帮助并不很大。

(5) 现行财务报告的重点,常常放在法律形式上,以致对于交易或事项的报告重形式而不重实质。

美国 AICPA 则指出现行财务报告还有两项不足:

● 企业经营的风险性和不确定性不断增加,可是目前并无反映风险和不确定性的报告,而及时性也很不够。

● 当前,不断出现非常复杂的交易和事项,它们应当和如何在报表上确认与计量,都是现在的 GAAP 所没有考虑到的。例如 GAAP 只要求拥有多数股权的公司才进行报表合并,但在合营的条件下,合营双方可能都是公司集团,都希望按股权比例合并,GAAP 对此并无规定。

三、现行财务会计与报告的主要缺陷:我们的观点①

上述文献罗列的、20 世纪 60 年代以来关于企业财务会计及报告缺陷的揭示及改进的建议有的已经被采纳,并已融入现行财务会计与报告实务之中,然而目前的财务会计与报告仍存在如下的缺陷。

1. 财务会计信息的及时性不足

及时性是会计信息的灵魂。随着企业生产周期的缩短,经济活动风险的加剧,目前的年度会计报告和季度会计报表体系已不能够适应投资者的信息需求了。然而,现行财务会计与报告模式下披露的会计信息,由于会计处理程序和传递渠道的限制,却正在经受着会计界的指责。由于会计信息披露的及时性不够,使得财务报告在正式公布之前,其信息内涵(information contents)就已经几乎被"清空"(emptied),这是会计信息的相关性下降的主要原因之一,也使得会计信息系统在与其他"信息源"的竞争中逐渐处于劣势。为此,必须利用技术进步带来的便利,在符合成本—效益原则的前提下,采取一些可能的措施(如借助于 XBRL 语言,利用因特网来披露会计信息等),来提高财务报告信息的及时性。此外,为了能够贯彻向会计信息使用者传递有用的信息这一基本目标,预测信息将日益成为财务报表应该揭示内容的主要部分之一。但是,预测性的信息不能够是随意的,而应该进行恰当的约束与规范,否则预测性的信息将有可能形成所谓的"空口承诺"(空口承诺的问题可参见有关博弈论原理),而且也有可能诱发财务欺诈的盛行②,影响公司治理生态(ecology of corporate governance)的健康性。

2. 财务会计信息内容的不完整

尽管完整性(completeness)是一个相对概念,但不可否认这是现行财务会计与报告模式在知识经济下面临的主要挑战之一。目前以交易为基础(transaction-based)的现行财务会计与报告模式,拒绝确认某些虽然与交易无联系但是却十分重要的期间价值变化,

① 主要参考了杜兴强《WTO 与中国会计的国际化》,厦门大学出版社,2003。

② 实际上,一些公司之所以一步步滑向财务欺诈的不归路,其大致经历了如下的几个相互关联的公司治理生态失衡的典型阶段:"经济繁荣期→管理当局空口承诺→利用会计准则的灵活性竭力掩饰和粉饰财务业绩→注册会计师和投资分析师'助纣为虐'→经济萧条→财务欺诈曝光"。

使得投资者无法辨识企业价值创造的关键驱动因素(key driven factors)。这将导致财务会计信息披露出现如下几个重要的不完整倾向(杜兴强,1999),而这些信息既是投资者极为关注的,又是确保资本市场信息透明度,保护投资者利益的关键——因为浑浊的信息披露将误导投资者:

(1) 对交易过分关注,而对母子公司和关联企业之间的经济活动(事项)却缺乏必要的规范手段。企业集团之间利用关联方交易频繁虚拟利润、粉饰财务业绩、进行财务欺诈就是佐证。

(2) 对交易的过分倚重导致企业对经营过程之中造就的竞争优势等无法在财务报表上得到反映,但是这类事项或情况却对企业日后的经营业绩意义深远——犹如一种商誉,而且对管理阶层的管理才能和绩效的衡量也不尽如人意。

(3) 对企业内生的人力资源(human resources)状况和各种软资产(soft assets,如知识产权、智力资产)等对企业长远发展意义深远的项目更是得不到反映。再如对企业履行社会责任(social responsibility)的信息也在财务报表之中长期被忽视,而这样引致的管制成本足以影响企业日后长远的经营业绩,甚至导致企业被迫破产。在知识经济下,该缺陷尤其明显。

财务报表的不完整性还在于它在绝大多数意义上来讲是一种"通用目的"(general purpose)的报表,随着新经济下职业财务分析职业的兴起,市场和会计信息使用者正在呼唤"通用目的"财务报表以外的、考虑到特殊信息使用者需要的"专用"财务报表。

3. 财务报表项目的貌似确定性掩盖了其本质的不确定性

不可否认,由于估计和判断的客观存在,"不确定性"充斥着整个会计处理过程,而各项资产、负债乃至企业的期间利润却以非常确定的单一数字体现在目前资产负债表之中。事实上,只要会计确认以权责发生制(包括回顾过去、立足现在和展望未来)为主,那么财务会计处理过程之中的估计和判断就不可避免——对于坏账准备的计提、固定资产折旧的年限和残值的确定、无形资产经济寿命的认定、或有负债、养老金和递延所得税等项目,都要求会计人员的估计和判断。但问题在于,现行财务会计与报告模式却掩盖财务会计处理所具有的这个固有特点,在财务报表中只列示单一的、仿佛十分确定的数字。理智的会计信息使用者不会为这些貌似十分确定的数字所迷惑,他们会通过各种途径去验证和再确认,甚至不厌其烦地去对财务报表上的单一数字进行重新分解,然后再按照自己的判断重新组合和汇总。那么,会计人员将零散的会计数据经过确认、记录和计量程序最终汇总为单一的数字,而会计信息使用者又将之按照自己的需要分解再组合,这样合了又分,分了又合的报表编制与分析程序,对整个社会资源是否意味着一种巨大的浪费?

4. 重法律形式而轻经济实质

目前的财务会计与报告模式下,"实质重于形式"还是"形式重于实质"①的问题一直

① "实质重于形式"(substance over form)这一概念首次出现于 AICPA 所属的会计原则委员会公布的第 4 号说明书"企业财务报表的基本概念和会计原则"(APB Statement No. 4, 1970, Par. 25)之中,并作为财务会计的 13 项基本特征之一。按照 IASC 的观点,"实质重于形式"原则的含义为"要使会计资料如实反映其意欲反映的交易或事项,那就必须根据它们的经济实质,而不是只根据它们的法律形式进行反映和核算"(IASC, 1989)。

困扰着会计界，而且往往是“法律形式”取代了“经济实质”，占据了对会计处理的指导地位。其实，这与现行的财务会计与报告模式的如下特点紧密相关：①重成本而轻价值；②侧重于反映过去（looking-back）而对未来（looking-forward）关注不足；③不恰当的会计准则制定导向及会计准则的低质量。

关于现行财务会计与报告的第①②个特点，毋庸多述。但对于第③个问题，还值得进一步说明。财务会计与报告是一个受到严格规范的领域，会计准则（会计制度）是规范的主要形式。在会计准则的制定过程中，一定要注意洞察涉及交易的经济实质，使制定的会计准则能够约束企业提供的会计信息，能够反映交易的经济实质。但会计准则一经制定，若很容易受到规避，则本质上就演变为一种“法律形式”（而不论会计准则是否具有“法”的性质）。所以，会计准则制定的模式也有可能诱发“实质重于形式”或“形式重于实质”的分歧。当然，这个问题的存在同市场经济的不确定性有关，一旦时过境迁，再严密的准则也会与现实存在一定的差距（gap），从而为“规避”留下了空间。在这个意义上，实质与形式一致则只是相对的、动态的和暂时的。这样，“实质重于形式”始终是对会计和审计人员的一种要求和提醒，如同“真实和公允”一样。会计准则制定的基本模式有原则导向（principles-based）和规则导向（rules-based）之分①。一般来说，原则导向的会计准则制定模式更容易促成会计人员在处理交易或事项时，尽量遵从交易的经济实质而非法律形式，选择恰当的会计政策和进行正确的确认与计量。规则导向下制定的会计准则，原本就是希冀通过严格的限制条件来限制企业管理当局对会计政策的选择域。但是往往适得其反，企业的管理当局总能够“创造性”地避开不利的会计政策而选择能够使个人效用最大化的会计政策。尽管美国口口声声宣称其制定的会计准则的高质量性②，尽管美国的会计准则制定机构（FASB）和有关监管机构也赞成实质重于形式，然而美国以规则为导向的会计准则制定模式却与之良好的初衷背道而驰！可以认为，高质量的会计准则导致高质量的财务报告，那么高质量的财务会计准则和财务报告将成为改进企业财务会计与报告模式的关键之一。

5. 重成本而轻价值

目前，资产（包括实物资产和软资产如无形资产）在很大程度上还是以投入成本（历史成本）计量属性为基础进行计量的，这反映了资产的定性规定（未来的经济利益，产出观）和资产的定量规定之间不相协调的尴尬，因为成本在很大程度上仅仅代表了资产的存量特征，而价值则代表了资产的流量特征。联系到现行财务会计模式所继承的传统财务会计的特点——确定性、历史的交易或事项和稳健性等，我们就不难看出，现行财务会计模

---

① 规则导向的会计准则具有操作性高的优点，但却非常容易被规避；而原则导向的会计准则虽然在操作性方面存在一定的困难，但是却着重于业务的经济实质，因此不容易受到恣意的规避。尽管两者并无绝对界限——原则是抽象化了的规则，而规则则是具体化了的原则，但若要举例的话，规则导向的会计准则和原则导向会计准则的典型代表是美国财务会计准则委员会制定的财务会计准则（FAS）和国际会计准则理事会（IASB）制定的国际会计准则（IAS）。

② 20世纪90年代，美国曾向全球吹嘘他们引以为豪的商业模式和价值观念，而且试图将其公司治理的模式推广到全世界，规劝欧洲列国的公司将股东的利益放在首位。与之相联系的是，过去美国人引以为豪的是它们“严格的会计审计制度”，这曾被视为是美国最主要的“出口产品”。如今，在接连发生的上市公司（除了安然之外，还有世界通信（WorldCom）、施乐、环球电讯等）财务丑闻后，美国人哑口无言了！

式重成本轻价值是由于考虑到财务报告所提供的信息的可靠性，而近些年来会计学者提倡重价值却是站在要求财务报告提供的信息具有更高的相关性的立场或角度上的。当然，尽管现行财务会计模式或现行财务报告重视成本轻价值不合时宜，但是如果由此走向只重价值而轻成本的又一个极端也有失偏颇，可靠性和相关性同样需要权衡。

6. 侧重于企业历史的经济活动而忽略未来可能的经济活动①

我们发现，现行财务报告模式拒绝对已经签订的、不可撤销的契约中包含的交易或事项进行确认。其实，从FASB的会计要素定义（例如资产被定义为特定的会计主体因为过去的交易或事项而拥有或控制的未来预期的经济利益）中就可以看出，现行财务报告模式下的财务报告或财务报表基本上是一张历史会计数据记录的汇总表。究其原因，除了财务会计所具有的本质特点的局限之外，我们也可以对美国乃至各国会计准则制定机构所面临的困境窥见一斑：一方面，力求在财务会计概念框架的指导下制定出前后一致的会计准则来规范会计信息市场、保护投资者的利益；另一方面，在会计准则具有经济后果的压力面前，几欲放弃逻辑演绎的完备内在一致性而屈从于会计实务的压力。一言以蔽之，纯理论研究结论的首肯并非难事，但是一旦涉及利益的协调和再分配时，矛盾就不可避免地出现。这样看来，20世纪60年代的ARS No. 1（Moonitz，1961）和ARS No. 3（Sprouse and Moonitz，1962）的境况也是如此②。

那么，现行财务报告模式的这个缺陷如何解决呢？我们认为，最终的财务报告是如此，那么必定是它的前几个环节如确认和计量的缺陷所导致。但是如果机械地、局部地修改会计确认和会计计量的某些规则，势必就好像在旧衣服上加一块新补丁一样，即使获得暂时的“共处”，终究不能阻止衣服上其余旧处的缺陷，而且日益不协调。正确的思路应该是从更基本、更高层次的会计理论——会计基本假设、会计目标和会计对象入手，站在全局的高度进行统一性的协调处理（当然，这并不意味着对现行财务会计模式或现行财务报告模式进行彻底的变革）。而事实上，重视历史的经济活动而忽视现在尤其是未来的经济活动，在很大程度上是由于只认识到会计对象是简单的价值运动或过去的价值增值运动，而否定了作为会计对象的价值增值运动可以涵盖过去、现在和未来三个时点。

7. 表内、表外信息主次关系不清及表外信息缺乏规范

众所周知，由于受到财务会计确认和计量程序的制约，相当一部分有价值、与投资者决策相关的信息无法在表内加以确认，并通过财务报表这种财务报告表述的主要手段传递给投资者，因此大量的信息“转而求其次”、“涌入”表外进行披露。这样就造成一种假相，仿佛要寻找决策相关的信息，就必须到表外去发掘。这与我们所理解的财务报表是财务报告的核心，也是财务报告表述的主要手段（FASB，SFAC No. 1）的权威解释

① 这和权责发生制的确认要求相背离——因为权责发生制原则本身已经包含了回顾过去、立足现在和展望未来三个环节。此外，尽管FASB郑重提出会计目标是“决策有用性”观点，按照此逻辑演绎下去，会计要素的定义应该是要包含现在和未来这两个时间点的交易和事项的，但是事实却并非如此。

② 对此，我们深有感触，会计的性质并非只是单纯的技术性，它的社会性（经济性和政治性）也不容忽视；会计准则制定绝对不是一个单纯的技术过程，它肯定会涉及到利益的协调，会计准则的表决过程也势必是一个公共选择的“集体表决”过程！那么，这些特点决定了会计准则制定的研究方法论绝对不会是单纯的规范或单纯的实证，而是规范和实证研究的有机结合，并辅以其他研究方法如实验会计学研究方法（experimental accounting studies）。

格格不入。目前财务报告体系中的表内、表外主次关系不清的直接后果就是:①财务报告的相关性下降、缺乏信息内涵(content);②由于表外的信息并不一定要遵循公认会计原则(GAAP)或会计标准(企业会计准则和企业会计制度)①,所以往往信息质量会良莠不齐。如"其他财务报告"中就可能出现"空口承诺"(盈余预测)现象等问题,引起资本市场的信息浑浊②。

为此,改进企业财务报告,既要侧重于财务报表的改进,也要在了解表外信息披露的重要性和质量的基础上,进行表外信息披露的改进。

第二节　现行财务会计与报告模式的改进

一、现行财务会计与报告模式改进的方式:急剧式还是渐进式③

1. 财务报告改进中的摩擦成本与实施成本④

在对现行财务会计与报告模式进行改进和发展的过程之中,无法确保在不使任何既得利益集团经受损失的前提下而使其他利益集团受益,因为会计信息具有经济后果,财务报告的改进必然会触及各个利益集团的既得利益,引起经济资源在不同的、甚至是对立的利益集团之间的再分配(事实上,往往正是在财务报告的改进过程之中出现的利益分配不均衡现象加大财务报告改进的难度)。此外,现行财务会计与报告模式的改进本质上总是诱导性的,在"理性行为假设"的前提约束下,现行财务会计与报告模式需要改进和发展。从长远的观点来看,它能使会计信息使用者在新的条件(内部和外部、客观或主观条件)下经济收益获得提高。

在改进现行财务会计与报告模式的过程之中,存在着两类不同的成本——实施成本和摩擦成本(往往是此消彼长)。实施成本主要包括签约或重新签约时的巨额交易成本或订约成本,会计人员适应改进了的财务会计与报告模式时的重新学习或获取知识的时间、精力(很大程度上是机会成本)、物质耗费和沟通代价。而摩擦成本主要是指在进行财务

---

① 表外披露包括附注披露及其他财务报告披露,两者虽都为表外披露,但是存在着区别。"附注"是财务报表的一个组成部分,它也要遵守 GAAP、公允表述,并应经注册会计师审计,但不同于表内:a. 它既可用文字说明和数字描述,也可只用文字说明(例如披露所采用的会计政策;资产负债表日后重大事项;某些尚难确定其金额的或有负债、风险和不确定性等等);b. 它可以用来解释或补充说明表内确认的资料,但不可以用来更正表内确认的错误。为了表示与表内确认的区别,我们把在附注中表述称为披露(disclosure)。在附注中应披露的信息通常包括两个部分:第一,法规、准则或制度的要求;第二,企业管理当局的自愿披露。其他财务报告同表外附注也有重要的区别,那就是其他财务报告不受 GAAP 的限制,不需要注册会计师审计,但要求注册会计师或相关专家的审阅。

② 透过一系列财务欺诈的案例,我们发现中外上市公司财务欺诈的一般模式体现为:"经济繁荣期→管理当局利用财务预测进行'空口声明'→利用会计准则的灵活性竭力掩饰和粉饰财务业绩→注册会计师和投资分析师'助纣为虐'→经济萧条→财务欺诈曝光"。可见,经济繁荣期上市公司的财务预测是财务欺诈的"潜伏"导火索,极有可能诱发日后的财务欺诈。

③ 主要参考了杜兴强《现行财务会计模式:继承与发展》,载于《会计信息丛书》(四),中国财政经济出版社,2001。

④ 本处主要参考了樊刚《两种改革成本和两种改革方式》,《经济研究》,1993 年第 1 期。

会计与报告模式改进和发展的过程之中，由于利益格局的变更，利益相关集团因为彼此的利益分歧而进行的博弈所招致的成本。在美国制定会计准则的过程中，不同的利益集团基于政治成本、簿记成本、红利方案等原因进行的游说行为(lobby for or lobby against)其实就是很好的注解。

设定现行财务会计与报告模式是低效率的[①]，由此出发进行改进和发展，如若采取"渐进式"，那么每次改进，既有的财务会计与报告模式仍然处于一种"次优"状态。结果不是使下一步的改进更容易，而可能是使下一步的改进更加困难(典型的积重难返)。原因在于：

(1) 每一次改进都会产生巨额的签约成本、都必须在财务报告的各个既得利益集团之间进行协调。

(2) 在财务报告的任何一个既定状态，不论它是"低效率"的或"次优的"，都有自己所积淀的"适应性"。因此在既有的次优状态下的改进甚至比在原有的低效率下进行的改进更困难，对现行财务会计与报告模式的扭曲势必会更大。采取"渐进式"的改进方式，理由是逐步改进现行财务会计与报告模式下原有的利益分配格局，在每一个阶段或在每一步上的"触及面"较窄，使得不可能形成对现行财务会计与报告模式进行阻挠的强大联盟，遇到利益集团反对的数目较少，反对的力量也会较小，比较容易控制，付出的摩擦成本就更小。

如果对现行财务会计与报告模式采取"急剧式"的改进——直接按照理想的财务会计与报告模式重新改进现行财务会计与报告模式，那么，即使改进伊始会产生诸多不适应、招致一些反对的呼声或带来大量的损失，但是通过直接"跳跃"到最佳状态，这样可以避免长期的会计信息市场信号扭曲、信息失真和由此带来的社会资源配置的低效率或无效率。但若采取"急剧式"的改进方式，那么在迅速打破现行财务会计与报告模式下已经形成的既有利益分配格局时，可以想象其必然会遇到各个预计会受到损失的既得利益集团的巨大抵抗力，招致巨大的摩擦成本。

2. 渐进式或急剧式的财务报告改进：艰难的抉择[②]

如果摒弃交易费用因素，只考虑理想情况，也许急剧式的财务会计与报告改进方式——由植根于工业经济的财务会计报告模式一跃而过渡到知识经济下的财务会计与报告模式，更为令人"振奋"(该思路大多由学术界所持有)。然而，财务会计与报告的改进不能够脱离现实而孤立运行，至少公司治理生态的现实因素不得不考虑。由于会计信息具有一定的经济后果，那么财务会计与报告模式的改进，如何在利益相关者之间进行权衡(甚至妥协)就成为选择改进方式的关键。

假设将与现行财务会计与报告模式存在利益相关性的利益集团简化为A、B、C三个(假设A、B、C都是理性化的"经济人")。为了使我们的分析不失一般性，我们又假设对于现行财务会计与报告模式，A、B、C可以选择的改进方式有X(急剧式改进)、Y(渐进

① 低效率并不意味着负效率，只是说明效率正在递减——这一点正恰如物理学之中的速度与加速度的关系，在加速度为负的情况下，即使速度依然为正，但是不可挽回的是速度会越来越小，直至为零、为负。如果具体到现行财务会计与报告模式，就必须在其产生负的效率之前改进。

② 参考了樊刚《两种改革成本和两种改革方式》，《经济研究》，1993年第1期。本部分主要是借鉴了上文的思路，对财务报告的改进方式问题进行探讨。

式改进)和Z(维持现状,不改进)三种(杜兴强,2003)。为了简便起见,我们假设每个利益集团都有能力获取与现行财务会计与报告模式改进相关的充分、完全的信息①。

若A代表在现行财务会计与报告模式的既得利益集团——诸如许多大型公司,他们往往反对将已经计提的职工退休金中超过委托给信托机构的退休金资产的部分作为一项负债。原因就在于这样会导致某些不利的财务比率指标如流动比率、速动比率、负债对权益比率,不利于企业的股票市价和企业日后在证券市场上的融资。又如处于困境之中的金融财务公司,若按照历史成本作为计量属性尚还可以通过掩盖部分的财务困境或粉饰自身的经营状况来欺骗投资者。但是一旦按照公允价值来进行资产的计价,那么最终的盈利数字和资产负债表的结构再也不能展示对自己有利的状况了,所以势必会反对进行现行财务会计与报告模式的会计计量模式的改进。大致相同的例子不胜枚举。鉴于以上分析,这些相关的利益集团往往会抵制对现行财务会计与报告模式进行改进和发展,因为这会对他们的既得利益造成极大的损害。但是,如果形式所迫必需对现行财务会计与报告模式进行改进时,他们一定会支持"渐进式"的改进方式。因为这样即使他们会蒙受一定的损失,但是毕竟并未完全丧失原有的既得利益,而且未来的不确定性和历史的"复辟"经验往往使他们幻想对现行财务会计与报告模式的改革只是雷声大、雨点小而最终夭折。事实上,正如利用实施成本所进行的分析,这种情况在特定的环境下很有可能出现。譬如20世纪70年代的通货膨胀会计盛行时期,GAAP要求对按照一般物价水平重新编制的财务报表仅仅作为一种补充资料就属于一种渐进式改革,结果由于80年代以来西方国家通货膨胀比率的普遍回落而旧事不提。大的方面联系到各国的经济体制改革更是如此。对现行财务会计与报告模式进行的"急剧式"改进是他们所最不愿意看到的。A最终的选择就是$Z > Y > X$。

若B代表现行财务会计与报告模式中如下的利益集团:他们从现行财务会计与报告模式之中获得的个人效用,已经处于停滞状态或已经出现逐步下降的局面。如果他们被劝说或理性地预见到现行财务会计与报告模式改进和发展后,个人效用会增加(增加的幅度不确定),那么他们势必会成为对现行财务会计与报告模式进行改进的支持者。但是,由于他们在现行财务会计与报告模式下的效用仍然为正,所以他们一般会支持"渐进式"改进而不会支持"急剧式"改进。作为典型的"经济人",他们总是厌恶风险的(risk-adverse),未来的不确定性将会使他们不得不顾及在"急剧式"改进时可能失去的在现行财务会计与报告模式下可以得到的效用(尽管这些效用的损失属于预付的性质、且日后几乎可以肯定将得到更大的补偿,但是毕竟在一个相对较短的时期内无从补偿)。因此,他们希望的是一种逐渐的、平稳的增加效用的改进方式。最终,他们会做出$Y > X > Z$的选择。

若C代表现行财务会计与报告模式下这样一种利益集团:他们是现行财务会计与报告模式下部分的牺牲品。如在现行财务会计与报告模式下,会计确认以交易为基础,收入以实现为前提,会计计量主要采用历史成本,那么通过管理阶层的努力获得的对企业有利

① 即不存在信息不对称现象,当然这是一个相当"强"的假设,现实生活中不可能存在这种情况。但是有一点需要说明,即使是信息不完全、不充分,我们下面的结论依然成立。

的情况，如良好的企业信誉或良好的顾客信用网络关系和新的竞争优势等，在现行财务会计与报告模式下的财务报告之中得不到确认，更毋庸谈及报告。我们知道，现行财务会计与报告模式下的财务报告，又是委托者衡量管理阶层履行受托责任的主要指标和途径，这势必会给管理阶层的心理上造成一种"有功不受禄"的阴影。所以他们最为赞成对现行财务会计与报告模式进行改进，而且往往心情急切，支持采用"急剧式"的改进方式。只有在激烈的改进中，他们才能在表现和实现自己才能的环境中获得新的满足和最大效用。而C类还有一个特点，那就是他们认为要么对现行财务会计与报告模式采取急剧式改进，要么就维持现状。那么，X＞Z＞Y必是他们的最终抉择。

假如A、B、C具有同等的表决权，那么我们能够得出什么结论呢？将上述分析结果归纳为表12-2。

表12-2　A、B、C具有同等表决权假设下财务报表改进方式的结果

	最　优	次　优	最　坏
A	不改进　　(Z)	渐进式改进(Y)	急剧式改进(X)
B	渐进式改进(Y)	急剧式改进(X)	不改进　　(Z)
C	急剧式改进(X)	不改进　　(Z)	渐进式改进(Y)

根据公共选择学的阿罗(Arrow)不可能定理，假设A、B、C三人的影响力和决策权力相同，那么三种利益集团的决定都不可能成为最终的决策(即所谓的投票悖论)。

上述的讨论是假定各个利益集团的"权力"均等，然而现实往往并非如此。这可以从美国和IASB的会计准则制定过程中出现的游说(lobby for/against)现象，及相关的一系列实证研究结果中得到佐证。问题在于，在公司治理生态中，在学术界理想主义的诱导下，在利益集团针对财务会计与报告改进的博弈过程中，何种改进财务会计与报告的方式将成为"纳什均衡"①？

3. 财务会计与报告模式的渐进式改进

对现行财务会计与报告模式进行"激进式"改进，一度是而且现在仍旧是会计界相当多数人支持的观点，最典型的代表当属当时美国证券交易委员会委员之一的沃尔曼(Steven M H. Wallman)。他在1995年9月、1996年6月、1996年12月和1997年6月的《会计瞭望》(Accounting Horizons)杂志上连续发表了总标题为"The Future of Accounting and Disclosure in an Evolving World: the Need for Dramatic Change"的四篇文章，设想彻底否定现行财务会计与报告模式，另行构建一种崭新的财务会计与报告模式。但是，需要注意的问题是，对现行财务会计与报告模式改进的理论探讨并不等于现实可操作。"急剧式"多由会计学术界来支持或赞成，而会计实务界、准则制定机构往往比较温和，采取截然不同于学术界的做法——采用并支持"渐进式"改进。其实，会计理论和实践在一定历

① 也许我们可以通过下列的会计准则制定模式来窥探财务会计与报告模式的改进："代理问题→信息披露→会计准则→经济后果→影响管理当局(政治因素、簿记成本、红利方案)→自利动机→实验研究→游说支持或反对→准则公布→经验研究→准则修订"。很显然，无论是具体的财务会计准则制定，还是会计准则制定模式(原则导向或规则导向的转变)都是一个渐进式的过程。

史横截面上的背离并不为奇。

我们认为现行财务会计与报告模式的改进应该采取“渐进式”，理由如下：

现行财务会计与报告模式的使用者的需求是原动力，这是放之四海皆准的道理。那么，现行财务会计与报告模式的使用者如何看待其所提供的会计信息呢？根据《改进企业报告——着眼于用户》(AICPA，1994)的观点：

- 没有证据表明，使用者由于认为信息不相关或其他原因而放弃财务报表分析；
- 没有使用者建议，应放弃现有财务报表而由截然不同的传输财务信息的手段来取代。

也就是说，现行财务会计与报告模式的会计信息使用者并不赞成对之进行“急剧式”改进，原因大抵是因为财务会计的特点制约。

赞成对现行财务会计与报告模式进行“急剧式”改进的会计人员主要想一劳永逸地实现会计信息最大限度的相关性，然而却忽略了一个事实，也同样走向了另外一个极端。虽然现行财务会计与报告模式侧重于可靠性，而相关性则无疑受到一定程度的削弱，但假若按照 Wallman 的急剧式改进观点，改进后的财务会计与报告模式在相关性方面大大加强，而可靠性则受到损害。从一定程度上来讲，现行财务会计与报告模式的存在和发展，既要考虑环境变化及会计信息使用者的需要，又受到财务会计固有特点的制约，要全面地考虑这两个方面，才能提高财务会计信息的有用性。可以这样认为，相关性是体现信息使用者需求的属性；而可靠性，乃是反映财务会计固有特点的属性——若从相关性来衡量，显示的往往是财务报告的局限性，但从可靠性方面来衡量，似乎又变成了现行财务会计与报告模式下信息的优势(葛家澍，1998)。

二、现行财务会计与报告模式改进的总体设想

下面借鉴“科学研究纲领方法论”的观点来探讨财务会计与报告模式的改进[①]。科学研究纲领应该由“硬核”、“保护带”和“启发法”三部分组成，其中“硬核”由一组庞大的辅助假说群——“保护带”所保护，并韧性地抵御外界对“硬核”的反驳和非难。此外，更为重要的是，“科学研究纲领”还有一种“启发法”，即利用精致的、强有力的手段来消化反常，并在一定的条件下将之转化为对“硬核”有利的正面证据。“启发法”包括正面启发法和反面启发法两种。在拉卡托斯那里，一个研究纲领的形成是以其“硬核”作为标志的。同时研究纲领作为一种概念框架，对依靠这个研究纲领进行工作的人员提供“启发法”(拉卡托斯，1987)。

若将现行财务会计与报告模式看作是一种“研究纲领”，那么权责发生制原则、实现原则和历史成本原则无疑是其“硬核”，会计基本假设、会计目标和会计对象这三个基本概念则承担了“保护带”的作用，而谨慎性原则等会计惯例无疑则具有“启发法”的功效。照此，如果欲对现行财务会计模式进行改进，仅对构成现行财务会计模式“硬核”的权责发生制原则、实现原则和历史成本原则进行责难和“救火式”的“修修补补”，则并不能从本质上触及和改进现行财务会计模式。正确的思路应该是先行对现行财务会计模式的“保护带”——会计基本假设、会计目标和会计对象进行研究和修订，这就恰如治疗传染病必须

① 较早借鉴拉卡托斯的“科学研究纲领方法论”进行研究的包括杨瑞龙(2000)、杜兴强(1998)等。

先行切断传染源一样。

本着“继承与发展”(continue and change)的思想，我们已经对财务会计的基本假设、会计目标等问题进行了再认识，也对权责发生制、实现原则和历史成本(包括公允价值)进行了深入的分析。在包括本章及以后的系列章节中，我们将分专题探讨如何对现行财务会计与报告模式进行改进。

三、现行财务会计与报告模式的改进

(一) 各种财务会计与报告模式的改进观点概括①

下面，我们先对现存文献中关于财务会计与报告模式的各种改进观点进行概括，然后着重介绍 Wallman(1996)及 AICPA(1994)的改进观点，见表 12-3。

表 12-3　有关文献关于财务会计与报告模式的各种改进观点

机构及文献	改　进　意　见
Edwards and Bell(1961)	由历史成本模式到重置成本模式*。
Chambers(1966)	由历史成本模式到脱手价格模式。
AAA(1966)	采用多栏式财务报表的建议，即在表内以并列栏目的形式同时报告历史成本和现行成本信息。
Sorter(1968)	由通用财务报告模式(价值模式)过渡到事项模式。**
ASSC(英国)、公司报告(1975)	① 重新评估会计目标； ② 反映社会责任信息。
美国 FASB 的 SFAC	① 将财务报表扩展到财务报告； ② 坚持资产负债观； ③ 盈利及全面收益表(1997 年公布了“全面收益表”准则)； ④ 业主投资及派给业主报表。
ICAEW(1991), *The Future Shape of Financial Reports*	① 根据资产的特征选择计量属性，使用现行市场价格等计量属性； ② 降低对单一盈利数字的强调； ③ 突出现金流量的重要性； ④ 提供关于企业未来发展前景的信息； ⑤ 着重考虑交易的经济实质； ⑥ 提供如下报表：目标及战略计划表；资产负债表；收益表；利得表；现金流量表；未来发展前景表；分部信息。
美国会计学会会计与审计计量委员会(参见 Accounting Horizons, 1991)	① 当且仅当外购商誉的价值的确减损时才应予以注销，自创商誉应有条件地加以确认； ② 认识历史成本的缺陷及考虑市场价值或现行价值等属性； ③ 财务报表应充分反映货币的时间价值； ④ 增加雇员报告、增值表等； ⑤ 企业应报告其社会影响信息； ⑥ 应提供经注册会计师审阅的预测信息。

① 主要参考了葛家澍、杜兴强“现行财务会计模式的缺陷及改进”，《财会通讯》，2004 年第 5—6 期；同时，部分参考了章永奎《表外披露问题研究》，厦门大学博士论文，2004。

（续表）

机构及文献	改　进　意　见
Kaplan and Norton（1992、1996）	综合计分卡模型： ① 财务方面：向股东展示财务上的成功。核心指标包括投资收益率、经济增加值（EVA）、利润率、销售增长率、经营现金流量等。 ② 市场和顾客方面：在实现市场战略的过程中，应向顾客展示什么？核心指标包括：顾客满意度、顾客保留程度、新顾客发展、顾客获利能力、单位顾客盈利能力、市场份额等。 ③ 内部作业流程方面：要使股东和顾客满意，应在内部作业的哪些方面有所专长？内部作业评价包括革新、运营、售后服务等三个方面的评价，公司的业务不同，使用的指标差异也很大，可能的指标包括：新产品在销售额中所占的比例、专利产品在销售额中所占比例、开发新产品的周期、新开发产品的成本回收期、新开发产品的投资回报率、生产周期、次品率、成品率、浪费情况、返工率、单位生产成本、被退回产品的比例等等。 ④ 学习和成长方面：要实现公司战略，应怎样保持持续学习以及改进方面的能力？核心指标包括：雇员满意度、雇员留住率、信息支持的准确程度和速度、组织流程的合理性、员工劳动生产率、员工盈利能力等。
AICPA（1994）	（1）新企业报告模型（5类20项）： ① 财务与财务数据； ② 管理当局对财务、非财务数据的分析； ③ 前瞻性信息； ④ 管理当局与股东的有关信息； ⑤ 公司背景信息。 （2）具体改进意见： ① 区分核心、非核心项目； ② 混合计量属性，但应区分核心、非核心项目分别采用； ③ 披露非总计信息； ④ 摘要信息及财务数据重新表述； ⑤ 中期报告； ⑥ 对尚无准则规范的其他披露。
Wallman （1995.9；1996.6；1996.12；1997.6）	彩色报告模式： ① 相关性、可靠性、可定义性和可计量性均符合要求； ② 相关性、可计量性和可定义性都符合要求，但可靠性存在疑问； ③ 相关性与可计量性符合要求，但可定义性与可靠性存在疑问； ④ 相关性、可靠性和可计量性符合要求，但可定义性存在疑问； ⑤ 仅相关性符合标准，可靠性、可定义性和可计量性都不符合。
Nash（1998）	① 对资产、负债、股东权益的计量严格采用未来现金流量贴现值； ② 不确认和计量单个的有形或无形资产，而是确认和计量单独的现金流入源（资产）或现金流出源（负债）的价值； ③ 对资产和负债的确认不以已经发生的交易或事项为基础，只要预期将来可能发生现金流入或流出，就可以确认资产和负债； ④ 在未来会计下，传统的资产负债表和损益表将不再存在，取而代之的是未来会计价值表和未来会计现金流量记录表。
ASB（1999）	增加了“全部已确认利得及损失表”。

（续表）

机构及文献	改　进　意　见
IASC(1999)& FASB(2000)	因特网上的财务报告，含多维报告模式、多种在线资料等。
Boulton(2000)	提出三维矩阵报告模式： (1) 资产即“能够给企业带来未来经济利益、能够对公司价值做出贡献的所有潜在资源”，包括：①有形资产，如土地、建筑物、设备和存货等；②客户资产，如客户、销售渠道、会员客户；③金融资产，如现金、应收款项、投资、负债（负资产）等；④雇员和供应商资产，如雇员、供应商、合作者等；⑤组织资产，如领导能力、革新能力、战略、过程、公司文化、品牌、知识产权等***。 (2) 外部环境、过程、价值（指公允价值）。 (3) 过去、现在、未来。
CICA(2000)“the Canadian Performance Reporting Initiative(CPRI)”的“总体价值创造系统”	① 以全面的、已披露的假设为基础，完全的未来现金流折现模型； ② 对假设的变化情况进行持续的网上披露； ③ 完全的透明度，即使用者能够理解假设，可以对假设进行变更并能够观察到假设变化对现金流折现的影响； ④ 由专业人员对以下情况进行验证：假设的完整性和内在一致性、折现现金流模型的逻辑一致性、总体价值创造系统应用的正确性； ⑤ 假设应在充分、勤勉的工作基础上得出； ⑥ 结果变量的披露与分析。
Upton(2001)“企业和财务报告：来自新经济的挑战”	① 更多的非财务信息披露； ② 更多的前瞻性信息； ③ 更多的无形资产信息。
《高质量财务报告》(Miller and Bahnson，2002)	① 完善、改进 GAAP； ② 补充披露； ③ 改进审计工作内容； ④ 提高报告的频率； ⑤ 报告市场价值。

* 重置成本所强调的是持续经营假设下的实物资本保持而非货币资本保持概念，而且要求计算资产的持有收益。重置成本下的会计利润由现时营业利润和资产持有收益组成。Edwards 和 Bell(1961)建议的重置成本利润的计量中，资产的持有收益应该和营业利润一起报告。重置成本计量属性争论的焦点在于对持有收益的认识上。从理论角度而言，重置成本下的经营利润满足现行财务会计模式下的实现惯例，而且同时谋求资本保全。但是，大多数会计人员并不赞成把持有资产的收益作为利润。假定企业是持续经营的，那么由于特定的资产所带来的持有收益，应该用来在以后重新购买该资产，采纳重置成本计量属性的一个重要目的就是为了达到实物资本的保全。已实现的资产持有收益和未实现的资产持有收益的区别，从这个意义上来讲必须进行区分。未实现的资产持有收益可以留在一个恰当的账户之中，即资产重估价准备账户。

现行成本和重置成本并不完全一致。现行成本着重于企业现在所拥有的资产的服务潜力，而重置成本一般则着重于置换企业现有的生产能力。现行成本下收益确定的基础是实物资本的保持。也就是讲，现行成本所依存的收益概念更接近于经济学中收益的概念，而基本不同于会计学中的收益概念。现行成本的一个重要特点就是随着物价的变动而及时地对资产的价值进行调整。现行成本的支持者们认为，按照一般物价变动水平进行相应的调整尽管也能够反映物价变动的影响，但是可能对会计信息使用者的决策并不相关。原因在于，作为一般的会计信息使用者，他们所关心的是物价变动对特定企业财务状况和经营成果的影响。因此，现行成本会计中所指的物价变动指的是特定物价水平的变动，不同于按照一般物价水平对历史成本进行的调整。现行成本的另外一个基本的特点就是，它克服了传统会计计量中仅仅在资产处置时才进行利得和损失确认(这种情况下,会计信息使用者难以通过历史成本计量的会计数据来评价管理阶层对资产的管理效率)的缺陷,而将经营收益和持有收益单独列示(以上主要参考了杜兴强《WTO与中国会计的国际化》,厦门大学出版社,2003)。

** 事项会计的主要思想在于(根据 Sorter(1968), An Event Approach to Basic Accounting Theory, *The Accounting Review*:(1);葛家澍、刘峰《会计理论》,中国财政经济出版社,1998;杜兴强"会计信息的相关性问题研究",《财经研究》(2002 年第 12 期)进行整理):

① 在肯定会计目标是向使用者提供决策有用会计信息的前提下,认为由于决策类型的不同,不同的会计信息使用者所需要的会计信息的相关性各不相同。企业通过一套财务报告体系提供的通用会计信息不可能符合所有投资者的决策所需。

② 由于通用会计信息在形成的过程中,既要接受公认会计原则的制约,也要受到具体处理会计数据的会计人员的个人职业判断的影响,因此在生成会计信息时并未考虑不同决策类型投资者的具体信息需求,导致最终反映在财务报表上单一、貌似十分精确的数据因为信息过滤而无法满足投资者的决策相关性。

③ 由于投资类型的制约,决定了投资者在决策时可能依据自己的知识结构、决策模型、偏好对企业财务报告上的数据进行重新排列组合,来获取自己所需要的、与特定决策更为相关的会计信息(体现为分析和理解过程)。设想一下,会计人员按照"会计数据→会计凭证→账簿→财务报告"的过程生成通用会计信息,而投资者又要将财务报告内容反方向进行分解、再组合,以获得可直接利用的、决策相关的会计信息,那么会计人员在提供财务报告过程中的作用何在,是否在做无用功?这是否意味着社会资源的浪费?

④ 随着投资者素质的提高,他们已掌握会计信息处理的能力,掌握大量社会资源的机构投资者可能比企业会计人员具有更强的信息处理能力。既然如此,若企业能够在不影响企业商业秘密的情况下将企业经营活动的基本数据和相关资料传递给投资者,既抑制了信息不对称问题,而且由投资者按照自己的决策类型进行会计信息的生成和利用,可以很好地解决不同投资者的不同会计信息需求问题。

⑤ 由于现行的、通过一套财务报告提供通用会计信息的范式,要受到公认会计原则的制约,导致企业提供的会计信息侧重于可以用货币计量的内容,而对另外一些不能够恰当进行计量的项目则得不到任何的反映。事项法则不然,由于该模式下会计信息不是由企业会计人员而是由投资者自己进行生成和分析,因此投资者个人如何生成会计信息、如何利用会计信息是投资者自己的事,所以可以摆脱公认会计原则的束缚,使投资者能够了解那些原本在财务报告中得不到反映的事项或情况(如竞争优势、核心能力等)。

⑥ 事项法下,企业向投资者传递的企业经营情况的有关资料,不再拘泥于价值或净收益,也不再通过现在的三张报表——资产负债表、利润表和现金流量表来提供。平时借助于发达的通讯技术,将企业进行经济活动的有关情况归类,通过一种"经营事项表"的形式,实时(real-time)传递给投资者(满足及时性)。若有必要,可以进行提示性的结构排列,以便投资者在进行决策时,具有更大的重新解构(reconstructability)价值。

⑦ 按照事项法模式,会计人员就可以很大程度上从传统的、复杂的记账、算账和报账工作中摆脱出来,着力于对经营活动进行各种预测、分析,更好地发挥参与决策的作用。

*** 其中,有形资产、客户资产、金融资产、雇员和供应商资产以组织资产为基础和中心发挥价值创造的作用。

(二) 改进财务会计与报告模式的典型观点

1. Wallman 的改进观点

现行财务报告的核心是确认什么能够进入财务报表,什么不能进入财务报表,这里的关键在于是否能够满足确认的标准,该不该确认——能够确认的就可以进入财务报表,而不能确认的则不能进入财务报表。例如收入,只有在其已经实现或可实现之时才能当作收入进行确认。但是,按照目前的确认标准,很多重要的和有用的信息无法在财务报表中进行确认。例如企业持有资产的价格变动损益不进行确认,但资产价值的变化对会计信息使用者来说是有用的。怎么办?

Wallman 提出重新组织财务报告，打破传统财务报表仅以确认和不确认作为信息披露唯一标准的结构。传统财务报告的处理体现为一种“黑白模式”，即要么确认，要么不确认，不是黑就是白。Wallman 认为为了满足投资者的需要，财务报告的确认应该更为灵活，因此提出了所谓的“彩色模式”。Wallman 的彩色模式具体分为五个层次[①]：

(1) 完全符合传统会计确认标准，即符合要素定义、可计量性、相关性和可靠性。这是财务报告的核心层次。

(2) 第二个层次，即第二种“颜色”，符合相关性、可计量性和要素的定义，但是可靠性差一些。例如研究开发成本的资本化，目前几乎不在财务报表中进行资本化的原因在于其不大可靠，因为资本化要涉及诸如年限、贴现率等众多主观因素。

(3) 第三层次，符合相关性、可计量性，但可靠性和可定义性存在着问题。Wallman 认为这样的会计信息可以进行报告，如顾客的满意程度。会计上目前完全不反映这些重要的信息，因为若用“满意”、“不满意”和“很满意”分级，这只是统计，而不是会计。

(4) 第四个层次，符合相关性、可靠性，也可以计量，但是不符合要素的定义，例如不符合资产的定义(未来的经济利益)。美国有这样一种行业，专门进行风险的计量，衡量风险的大小。这样的行业就可能出现这种情况。

(5) 最后一个层次，只具有相关性，而不具有可靠性、可计量性和要素定义。Wallman 认为这种信息也可以披露，但应说明其估计方法与可靠程度。

我们认为，Wallman 提出的“彩色模式”是创造性的，令人耳目一新，能够起到解放思想的作用。过去我们实行确认——不确认的二分法，但他现在将确认标准分解为五个层次来反映。我们会计要面向 21 世纪，今后进行改革，就需要具备创造性的思维，而不应将思想停留在原有的一套知识体系上。从这一点来讲，Wallman 的建议和他对传统会计模式的批评都是很有价值的。但是，我们认为，该模式最大的问题在于是否具备可操作性。Wallman 在提出“彩色模式”后，并未提出他的彩色报告怎样编制，平时会计记录应如何进行，也就是说他并未提出解决问题的具体方案，因此我们认为他的观点还不够成熟。当然我们不能求全责备，很多最先提出新思维的人不一定很完整，需要后人补充，继续思考，所以我们建议大家可以参考。

按照 Wallman 的思想，他所建议的财务报告模式将是多维的彩色模式，其中相关性至关重要(五个层次都包含了相关性)，其他的确认标准可以有所欠缺或有所松动，但相关性则必须具备。这是 Wallman 先生观点的中心思想，实际上也是当今美国会计界的普遍思想。因为美国会计界认为会计信息的主要质量特征是相关性，认为相关性就等于有用，即使不大可靠、不大能够计量或不大符合要素的定义也不要紧，只要相

---

① Wallman, The Future of Accounting and Disclosure in An Evolving World: The Need for Dramatic Change, *Accounting Horizons*(季刊)，1995. 9，1996. 6，1996. 12 与 1997. 6。Wallman 是美国 SEC(证券交易委员会)的现任委员之一，尽管这些文章是他以个人名义而作，但他的意见肯定会引起反应，美国 FASB(财务会计准则委员会)至少得考虑他的意见，因为 SEC 实质上是监督财务会计准则委员会工作的。同时 Wallman 的观点是一种见解，它代表着这样一种意见，即希望彻底改变现行财务会计和财务报告模式，用一种新的财务会计模式来取代，其目的在于更好地适应 21 世纪高科技、市场经济对会计信息的更高要求。

关即可。通俗地讲，如果一项会计信息有助于进行经济决策，那么这个信息就具有相关性。什么叫有助于经济决策呢？就是对个人的决策有帮助，但是这必须依赖于个人的判断，有用与否，因人而异！相关性这个灵活的概念是 Wallman 模式中一个头等重要的概念。

2. AICPA《改进企业报告》的改进观点[①]

(1) 基本观点。

美国注册会计师协会(AICPA)在 1994 年发表了《改进企业财务报告——面向客户》(Improving Business Reporting: A Customer Focus)[②]的长篇报告。报告认真研究了报告使用者对信息的需求，提出了改进财务报告的信息类型和改进财务报表的建议……这份报告与 Wallman 的观点不尽一致。它有两个基本观点，都是通过调查之后得出的。第一个基本观点是，AICPA 通过调查表明，到现在为止，还没有人认为，现在的财务报告模式需要彻底改变而要用另外一种新的信息传递模式代替它；第二个基本观点是，到现在为止，还没有人认为，对财务报告的分析是没有用的，即对财务报告的分析还是很有用的，"财务报表仍然是一个传递财务信息的很好的模式"。根据 AICPA 的观点，它不是完全否定现行财务报告模式，而是主张在保留原有财务报表的基础上加以改进[③]。一方面它提出了要改进财务报表的内容，另一方面它提出企业应该提供一个综合的报告。

① AICPA 的这份报告中提出一项企业报告的综合模式以及指导综合模式的基本概念(是从研究使用者的需要认识到的)：

- 公司活动具有不同机遇和风险的各个分部应分开报告；
- 要解释经营的性质，包括事项与活动之间的联系以及该公司受到这些事项和活动的财务影响；
- 提供向前看的观点；
- 提供管理当局的观点；
- 指明在企业报告中信息的可靠性；
- 侧重计量有助于使用者了解公司的业绩(相对于竞争者和其他公司)；
- 果断传递影响公司的重要变化；

---

① 主要参考了 AICPA, *Improving Business Reporting: A Customer Focus*, 1994；葛家澍，"纵论财务报表的改进"，《财会月刊》，1996.6；杜兴强，"WTO 与中国会计的国际化"，厦门大学出版社，2003。

② 即 Reporting of Jenkins Committee (中文见陈毓圭《论改进企业报告》，中国财政经济出版社，1997)。

③ 因此可以推断，AICPA(1994)的改建属于一种较为温和的、渐进式的改进方式。AICPA(1994)的报告中对目前财务会计与报告模式的评价为：a."本委员会研究指出，财务报表是捕捉并组织财务信息的一种卓越的模式。财务报表所包含的信息处于一种有组织的形式，它可以分析存在于数据中一系列广泛的趋势和结果。这一系列趋势和关系提供市场所许可和发展中的机遇、风险、成本、生产能力、盈利能力、流动性等若干项目。没有使用者建议财务报表应当予以放弃，而由一个基本不同的组织财务信息的手段来取代它。"b."本委员会研究肯定了财务报表的重要性。财务报表一般提供使用者需要的信息。这些信息在很大程度上影响使用者的决策。没有证据表明：使用者认为，这些信息不相关或由于其他原因放弃财务报表的分析"。因此，Jenkins Committee 是在肯定现行财务报表和其他财务报告的基础上提出改进建议，改进建议有四个方面。第一，改进企业报告中的信息类型；第二，改进财务报表；第三，改进审计在企业报告中的作用；第四，推动改革的必要措施。

● 允许灵活性的报告；
● 有力地并富有效率地传输信息；
● 考虑企业报告的成本与利益(AICPA，1994)。

② AICPA 的上述报告对于改进企业报告的新模式还提出了 10 项要点：

● 财务和非财务数据；
● 财务报表和有关信息的披露；
● 高水平经营资料和业绩计量供管理当局用于管理企业；
● 管理当局对财务和非财务数据的分析；
● 关于财务、经营和业绩数据的变动原因，对原因的辨认和主要趋势的过去影响；
● 机遇和风险，包括来自主要趋势的机遇和风险；
● 管理当局的计划，包括关键性的成功因素；
● 实际的企业业绩同以前揭示的机遇、风险和管理当局的计划之间的比较；
● 有关管理当局和股东的信息；
● 董事、管理部门、报酬、大股东、与关联者之间的交易和关系。

(2) 具体改进意见。

AICPA 对财务报表也提出了不少的具体改进意见，总的来说，他们研究了使用者的需要。结论是：现在还没有出现使用者要求放弃现行财务报表的意向，但希望在现行报表的基础上加以改进。因此 AICPA 的新模式要求对财务报表作如下改革。

① 财务报表的编报形式。

AICPA 的新模式(使用者需要的反映)建议今后的财务报表划分为两个部分，一个部分为核心活动，即核心的交易与事项，是指由企业持续经营条件下的正常业务所带来的资产与负债、收入与费用以及现金流量等(管理当局并无停止持续经营或放弃某项活动的意图)①。另一个部分为非核心活动，即非核心的交易与事项，也即不正常的、偶然的非持续经营的业务(不大可能再发生的交易、事项或管理当局已表明要停止继续经营的活动)所带来的资产与负债、收入与费用以及现金流量等。核心部分的信息具有可比性，因为它们是正常的，经常会发生的；非核心部分的信息则一般不具有可比性，因为这些信息明年不一定会发生。以损益表为例：我们看到最后的净收益是 1 000 万元，这还不能直接反映企业拥有 1 000 万元净收益是可以经常保持的。必须将 1 000 元万进行分解，如果其中持续经营的净收益是 400 万元，那么使用者就得知另外的 600 万元是靠不住的。

公司应在收益表中区分核心活动盈利和非核心活动盈利，在现金流量表中区分核心活动现金流量和非核心活动现金流量。进一步地，公司还应在资产负债表上，区分核心活动的资产与负债和非核心活动的资产与负债。AICPA 的新模式还要求计量每股核心盈利和每股净收益，并相应地计量每股现金流量。区分核心活动与非核心活动，既要在报表内、又要在报表附注中用较详细的标题或文字说明，总之是为了向使用者提供更加相关可

① 在核心活动中，多数使用者主张不包括利息，特别是传统的估价和评估风险时不考虑利息，除非是金融财务的主体，其部分的利息活动可以包括在该主体的核心活动中。

比的信息——核心活动的信息，以更有利于使用者决策。

② 计量。

AICPA 的新模式保留现在流行的、对资产与负债的混合计量属性规则，但非核心活动是例外。非核心活动的资产与负债，应按公允价值计量。当按公允价值计量时，这些资产和负债未实现的涨价或折旧的价值变化（公允价值与原先账面价值之差）应直接借记或贷记所有者权益。

③ 披露非总计信息。

最低限度上，公司应当以行业为基础报告其营业分部的活动。如果在地区设有分部，各分部具有不同的机遇与风险，则公司还应按地理分布为基础，披露分部信息。如果不同的经营系统或不同产品也存在着报酬与风险的重大差别，那么，不同经营系统或不同产品也可以作为分部报告财务信息的基础。一般来说，按照 AICPA 的新模式，公司应比当前会计实务要求报告更多的行业分部信息。同时，对于未列入合并报表中的主体，也要提供更多的信息。具体地说，使用者应当接受近年来每一行业和地区分部的完整的财务报表。然而由于特殊原因，公司可能限制向旨在了解该企业所必需获得信息的使用者披露若干重要的统计资料。在一般情况下，使用者需要更详细的收益表而不是更详细的资产负债表与现金流量表。不过，如果公司有可能编制，就应当披露使用者所必需的非总计的资产负债表和现金流量表的信息。下面以分部报告为例进行说明：

若存在着多个企业分部，应尽量按照行业分部或地区分部编制或提供分部报告（segment reporting）。对于大型的集团公司或跨国公司而言，通过编制合并财务报表，基本上反映了合并主体的财务状况和经营成果，满足了报表使用者的部分需要。但是，由于现代集团企业往往从事的是跨行业、跨地区甚至是跨国界的经营活动，母公司和各个子公司的技术实力、资金分布、投资风险、获利能力和发展前景等都存在着较大的差异。过于笼统的合并财务报表不能够披露这些方面的会计信息，甚至会掩盖一些对于会计信息使用者来说极端重要的信息，如不同分部的风险和机会等，不利于投资者据此将资金投入到“盈利大，风险小”的分部中去。当然，如果不厌其烦地同时公布所有子公司的个别财务报表，又不符合“成本—效益”原则这个普遍约束条件，同时也带来了会计信息数量的激增，对于普通的会计信息使用者来说是一个不小的压力①。

那么，应该单独编制分部报告的分部的划分标准是什么呢？目前世界各国的会计准则涉及企业分部时大多以资产、收入和经营成果作为划分的依据，而且大多按照行业和地区进行划分，有时也按照生产线进行划分。具体如下：

单独编制分部报告的行业分部的划分标准是以下三者之一：来源于对外部客户和来源于对企业其余分部的交易的收入，是所有行业分部对外总收入的 10%或 10%以上；它的经营成果，无论是利得或损失，是所有行业分部利润合并结果或所有行业分部损失合并结果——两者绝对额中较大者的 10%或 10%以上；它的资产是所有行业分部总资产的

① 有鉴于此，西方国家从 20 世纪 60 年代开始便纷纷着手开始制定分部报告会计准则（Segment Reporting）：美国在 1976 年 12 月便公布了 SFASNo. 14“企业分部财务报告”；IASC 在 1981 年 8 月公布了 IAS12“按分部编制财务报告”，并在 1995 年再次修订 IAS12。

10%或10%以上。单独编制分部报告的地区分部划分标准是以下三者之一:来源于对外部客户的销售收入,是企业对外销售总收入的10%或10%以上;它的经营成果,无论是利得或损失,是所有地区分部利润合并结果或所有地区分部损失合并结果——两者绝对额中较大者的10%或10%以上;它的资产是企业财务报表中确认的总资产的10%或10%以上。地区分部可细分为销售地区分部和生产地区分部①。

下面,结合 Improving Business Reporting: A Customer Focus 报告的建议及相应的准则,说明如何确定分部②。

第一,收入测试

假定P企业集团有以下六个可独立识别的分部,它们分别为A、B、C、D、E和F。2003年度该集团分部收入、利润(亏损)、资产分别见表12-4、表12-5、表12-6。

表12-4 收入测试

分部	来自对外销售收入	分部间销售收入	合计		判定值(10%)	是否应作为报告分部
A	60 000	—	60 000	≤	100 000	否
B	200 000	100 000	300 000	≥	100 000	是
C	250 000	40 000	290 000	≥	100 000	是
D	40 000	50 000	90 000	≤	100 000	否
E	100 000	20 000	120 000	≥	100 000	是
F	90 000	50 000	140 000	≥	100 000	是
合计	740 000	260 000	1 000 000			
公司总部	60 000	—	60 000			
总计	800 000	260 000	1 060 000			

此例中,B、C、E、F符合报告分部的标准③。

① 在划分行业分部时,应该着重考虑:a. 考虑企业从事生产经营活动的方式,如果必要(例如一组产品存在着各自截然不同的机会和风险时),可以按照产品类别来进行分部报告;b. 参考财务分析人员对企业分部的划分标准(正是在此处,也体现了这份报告以会计信息使用者为中心的主旨——作者注);c. 考虑竞争对手对行业分部的划分标准(主要是为了实现会计信息的可比性,便于比较);d. 尽管行业分部可以细分,但是不应该人为地、主观地增加分部的数目。对地区分部的划分应该着重考虑:a. 地区分部划分的主要标准是机会和风险的差异性,换言之,当且仅当存在着截然不同的风险和机会时,才有必要按照地区划分分部;b. 对外的分部报告的划分标准应该和服务于企业管理当局内部决策而划分的分部的标准尽量一致;c. 按照风险和机会的特征,决定是按照销售地区分部还是按照生产地区分部或者同时按照两者来提供分部信息;d. 企业应该尽可能地考虑到地区分部和行业分部划分的重叠性,倘为了揭示显著的风险和机会,完全可以考虑对不同的行业按照地区分部提供相关的会计信息。

② 主要参考了杜兴强《高级财务会计学》,厦门大学出版社,2004。

③ 分部总收入,包括各分部中来自对集团(企业)外部的销售收入及分部之间的销售收入的总和,但它不包括公司总部的收入。在此例中,分部总收入应为700 000+300 000=1 000 000元。分部总收入的10%则为100 000元。A分部的收入60 000低于分部总收入的10%标准,因此,按这一标准,一般情况下,A分部不作为报告分部予以报告。虽然F分部外销收入只有90 000元,也不足分部总收入的10%,但是它还有分部间销售收入50 000元,合计起来为140 000元,超过分部总收入的10%,一般情况下,需要将其作为报告分部予以报告。对其他分部的分析类似。

第二,利润(亏损)测试

表 12-5 营业利润(亏损)测试

分 部	营业利润(亏损)	营业利润	营业亏损		判定值(10%)	是否应作为报告分部
A	(20 000)		(20 000)	≤	28 000	否
B	180 000	180 000		≥	28 000	是
C	20 000	20 000		≤	28 000	否
D	(40 000)		(40 000)	≥	28 000	是
E	80 000	80 000		≥	28 000	是
F	(10 000)		(10 000)	≤	28 000	否
合 计	210 000	280 000	(70 000)			
公司总部	20 000	20 000				
总 计	230 000	300 000	(70 000)			

在作这项测试时,通常将盈利的分部和亏损的分部分开统计,如表 12-5 第二、第三列所示。在表 12-5 中,计算出 2003 年度各盈利分部的利润之和为 280 000 元(注意:不包括公司总部的营业利润),计算出各亏损分部的亏损之和为 70 000 元。因此,应选取这两者(绝对值)中较大者,即以盈利分部的总利润 280 000 元为基础,其 10%即 28 000 元为判定值,凡是利润(亏损)绝对值超过(包括等于)这一金额的分部,一般情况下,应将其作为报告分部;凡是利润(亏损)绝对值小于这一金额的分部,一般情况下,不应将其作为报告分部。此例中,B、D、E 符合报告分部的标准。

第三,资产测试

表 12-6 资产测试

分 部	资 产		判定值(10%)	是否应作为报告分部
A	300 000	≤	450 000	否
B	1 300 000	≥	450 000	是
C	1 000 000	≥	450 000	是
D	600 000	≥	450 000	是
E	900 000	≥	450 000	是
F	400 000	≤	450 000	否
合 计	4 500 000			
公司总部	700 000			
总 计	5 200 000			

在这项测试中,各分部资产总和为 4 500 000 元,其 10%为 450 000 元,按照这一标

准，凡是资产超过 450 000 元的分部，一般情况下，应将其作为报告分部，凡是低于这一金额的，一般情况下，不应将其作为报告分部。在此例中，B、C、D、E 应作为报告分部。

第四，综合考虑

由于只需满足其中一个标准，就可以作为报告分部，综合上例可知，在该集团中，B、C、D、E、F 均可作为报告分部报告，但 A 可以不作为报告分部，见表 12-7。

表 12-7　A、B、C、D、E、F 是否作为报告分部的测试结果

分　部	是否符合收入测试	是否符合营业利润（亏损）测试	是否符合资产测试	综合结果
A	否	否	否	否
B	是	是	是	是
C	是	否	是	是
D	否	是	是	是
E	是	是	是	是
F	是	否	否	是

④ 其他披露。

其他披露往往涉及的是准则制定机构迄今尚悬而未决的问题，包括金融工具的确认与计量（以后章节进行讨论）、资产负债表外的财务安排。AICPA 的新模式要求对这些金融工具和金融安排的风险，作更充分的披露。同时，对于出现重大的计量不确定性的资产和负债，公司必须叙述其金额是如何衍生出来的，并解释其资产或负债计量的估计、假定和判断。最后，公司应该合理地披露对核心活动盈利和非核心活动盈利之间的区分。AICPA 的新模式认为，允许企业建立有用的和有意义的信息披露制度，是符合会计准则的需要的。下面以表外融资为例进行说明。

现在企业有些融资并不在财务报表中反映而在表外进行，这往往使用户无法了解企业真正面临的风险和机遇，它主要指三个方面：

● 一是长期租赁，尤其是经营租赁，它往往在出租方和承租方财务报表中都不做反映，这部分需要披露。

● 二是一些集团公司在编制合并财务报表时往往有意识地将一些企业放在合并财务报表范围之外。没有予以合并的企业往往都没有达到法律上控股的规定：假定我们现在规定控股比例是 51%，对这些企业的股权拥有比例不到 51%，比如是 40%。但由于集团公司股权往往十分分散，企业已经实质上控制，至少是可以施加重大影响，那么企业不将之纳入合并财务报表的目的何在？我们认为这样做的目的无非是可以通过这些未予以合并的企业进行资产、负债、费用与收益的内部转移并相互进行借款担保。

● 三是资产的证券化。它指一家企业将其应收账款卖给一家信托公司（金融公司）。应收账款的这种让售，金融公司或信托公司不是给企业现金而是以自己发行的证券作为交换，即用证券交换应收账款。这里问题是应收账款虽然已经让售出去，但还不是真正的销售，因为信托公司在购买应收账款时往往附加条件，如保留追索权、要求坏账不能超过一定的百分比等较为苛刻的条件，因而应收账款上的风险并未完全转移，企业仍旧承担着风险。表外融资很容易出问题，尽管它不是“不正当融资”或“非法融资”，但它有时会被一些不法行为所控制，因而特别需要披露。

⑤ 摘要信息和财务数据的重新表述。

AICPA 新模式既要求以合并为基础，同时又要求以每一行业分部为基础，提供有选择的财务和非财务数据摘要。这些数据应包括销货边际收入百分比、核心盈利以及有关财务状况的比率。主要统计资料和比率的表述时期可包括一个时期或几个时期，但应当考虑使用者和报告主体的要求与可能，一般不超过 5 年。当一个行业分部定义发生变更，会计政策有了改变或出现了财产的处置与转让时，财务数据应当再表述和重新分类。但运用其他项目如能合理地调配信息，并能更好和更完整地了解该企业，再表述和再分类就没有必要。

⑥ 中期报告。

建议第四季度的财务报告单独披露。因为很多企业到了第四季度，季度报表和年度报表就合在了一起，即用年度报告代替了第四季度报告。AICPA 建议第四季度的财务报表单独披露，然后再编制年度报告。按中期基础，应当报告未加合计的信息，但必须同年度报告提供的信息始终保持一致。季度报告必须包括季度现金流量表，第四季度报告同其他季度报告没有差别，年末重要的调整信息的披露应列入第四季度的报告。

⑦ 财务报表内容。

AICPA 的新模式仍采用现在流行的三种报表再加所有者权益变动的分析表(但这一分析表可包括在报表的附注部分)。AICPA 新模式仍主张维持对资产和负债的计量采取混合属性规则，即各种计量属性同时并用，但对非核心活动应例外。非核心资产和负债须按公允价值计量，非核心资产或负债未实现的涨价或贬值，应当直接借记(贬值)或贷记(涨价即增值)所有者权益。至于净收益的计量，仍按现行公认会计原则(GAAP)处理。但新模式对于报表的表现方式作了重要的改进建议，比如在三份财务报表中，分开列示核心活动与事项和非核心活动与事项的影响。

此外，AICPA 新模式还要求提供中期报表、分部(非总计)信息以及高水平经营数据和管理当局用以管理企业的业绩计量。如果一个企业具有不同机遇与风险的分部，那么要提供分部报告。企业分部大致上可以按照产业和地区进行划分，一家公司，如在新疆、上海和杭州各有一个分公司，各个分公司的风险和机遇并不相同，那么，除了提供公司的合并财务报表外，还必须按照一定的标准提供这三个分公司的财务报告；假定该公司在重庆和厦门还有另外两家分公司，而且其机遇和风险差别不大，那么就不必单独提供重庆和厦门分公司的分部报告了。再如一家公司经营房地产，也有经贸业务和证券业务，那么就应该分别提供关于房地产、经贸和证券业务的行业分部报告。

3. 对 Wallman(1996)和 AICPA(1994)改进企业财务报告建议的看法[1]

Wallman(1996)和 AICPA(1994)提出的、改进企业财务报告的建议是具有启发性的，然而我们还需要结合财务会计基本概念、程序及特征进行辩证理解。

① 引自葛家澍，“未来财务会计与财务报告的模式”，《财务与会计》，1999 年第 2 期。

(1) 作为一个经济信息系统，财务会计和财务报告总是要随着经济环境的变化而变化，随着用户需要的改变而改变。这就是说，静止的观点、停止不前的观点不符合事物发展的规律。市场经济是动态经济，财务会计和财务报告也应当是动态的。财务会计 60 年来的历史也说明了这一点。

(2) AICPA 的 Jenkins 委员会的报告说明，它所调查的财务报表用户中没有人认为现在的财务报表应当抛弃。而 Wallman 的建议，似乎要抛弃传统的财务报告模式。实际上，他的彩色模式的核心层面也还是传统的财务报表结构，除第 5 层面外，其他层面则是其他财务报告内容的分解。至于 AICPA 的《改进企业报告》的建议，则比较积极稳妥，具有较大的可行性。

(3) 对传统财务会计和财务报告的评价，历来有着不同看法。意见分歧的实质是如何评价历史信息的有用性，也是对于会计信息质量的两个主要特征即可靠性与相关性谁更重要的争论。毫无疑问，会计信息的使用者总是要求既有可靠性，又有相关性。但两者有时会矛盾，这时，我们怎样取舍？美国 FASB 在第 2 号概念公告中的回答是模棱两可的。当前美国会计界倾向于优先考虑相关性，Wallman 把相关性等同于有用性，把会计信息的这一特征，当作压倒其他会计信息质量的前提。他提出的彩色报告模式中第二层面可以牺牲可靠性，第四层面只要相关性，其他信息质量都可以不考虑，可以说他是把相关性作为至高无上的信息质量。

(4) 我们也承认相关性是极为重要的信息质量属性。正如 FASB 第 2 号概念公告第 100 段所说："不相关的信息为取得它而耗费的精力等于白费。"但我们首先应从总体上来考虑传统的财务报告，特别是它的核心部分——财务报表的结构和内容，要肯定财务报表所传输的基本信息，对绝大多数的用户是相关的(历史和现实都充分证明)。如果财务报表不具备这种基本有用性，它早已被淘汰，早已被其他信息的传递手段所取代了。正是在这个意义上，我们肯定相关性——对绝大多数用户具有不同程度的决策有用性——是财务报表的基本属性，是财务报表有用性的前提。因此，就现在的财务报告来说，在总体上，不存在有无相关性的问题，但存在着有些并不具备相关性的项目需要从报表内删除或从其他财务报告中删减，而并未删减等问题。至于可靠性则不然，所有表内确认或表外披露的信息都要考虑是否可以证实，是否如实反映，是否充分地、公允地表述。在这个意义上，可靠性应当最受报表编制者和准则制定机构的关注。同样，我们引用 FASB 第 2 号概念公告 110 段的话："散发不可靠的、有引起误导可能的信息，从长远来看，对一切利害关系人都不利。"第 107 段还说，"如果信息可以核实，可以确信它反映了意欲反映的内容，并在选择报告内容上也无偏向……也像老老实实的好学生才能考得高分。"

可靠性包括完整性，即充分披露，可靠性的全部内容则应包括可核实、如实反映、公允和充分披露。

1994 年美国证券管理者理事会(CoSRA)发表的"美国充分和公允披露框架"曾强调指出："在一个自由市场中，有效的资本分配需要向那些提供资本的人们充分而公允地披露。这种披露是保护投资人的保证。因此，它促进投资人的信任和市场的流动与有效"。1997 年 6 月，CoSRA 发表了一系列"独立审计师鉴证的原则"，重申了它支持充分和公允地披露上市公司的信息。1998 年 3 月的《会计瞭望》刊登了美国证券交易委员会主席约瑟·利维特(Levitt)在1997年的一次讲话,题目是“高质量会计准则的重要性”。利维特认为,为了保护投资人和资本市场,为了防止误导或不完整的财务报告,在美国建立了充分和公允披露的制度。良好的财务报告是由高质量的准则来保证的,什么是高质量的准则?这种准则:

● 必须包括会计文献中综合的、普遍接受的会计基础中的核心部分;

● 必须促使财务报告具有可比性、透明度和充分的信息披露;

● 必须做到相似的交易和事项,不论发生在何时何地都按相似的方法进行会计处理和报告,编报者和审计师必须按照一致的口径来应用和解释此项准则。

什么叫充分和公允的披露?利维特举例说,本期发生并应当报告的交易和事项,既不提前,也不推后,它不多提预防未来“过苦日子”的准备;不确认递延损失;不平滑各期利润;不去人为的造成该企业似乎发展很稳定的假象;当海边房屋遭到台风时,要报告损失;正常年份应报告利润。总之,要依据会计准则,表现真实。

从美国SEC的态度可以看到,作为可靠性的必要组成部分是:充分披露,公允披露,提高可比性和透明度。上市公司应向投资人和资本市场传递真实而不是虚假的企业图像等等,这是美国资本市场成功的关键,也是在美国投资的国内外投资人放心满意的关键。SEC最关注的也是这一点。

究竟是Levitt,还是Wallman代表SEC的立场与观点?我们认为应该是SEC的主席。我们绝不是反对相关性的重要性,会计信息应当具有相关性,但相关性要由可靠性来落实。相关的信息若不可靠,等于不相关。而且不论怎样相关,会计信息总是只能满足大多数使用者的一般决策需要,而不可能满足每个使用者具体的决策需要。强调相关性不能牺牲可靠性,不可靠的信息只能误导使用者,很难说它有什么决策有用性。在我国,目前会计信息失真的现象比较严重,我们更应强调会计信息的真实可靠。

(5) 温故而知新。1953年,利特尔顿(Littleton)在其《会计理论结构》一书中,曾明确指出,“探求真实和反映真实是会计职能的重要部分”。他又说:“会计的最高目标在于帮助某人借助于数据了解某个企业”。为了实现这一目标,“会计必须对数据加以如实分类、正确浓缩和充分报告”。利特尔顿认为历史成本原则可以适当背离,但不能过分背离。他说:“接连不断地背离历史成本原则是否会削弱会计师保持和提高数据的高度客观性的能力?如果客观性被削弱了,那么,是否意味着有关管理当局可以随心所欲的改变财务报表数字”。

(6) 通过以上的说明可以得出结论:可靠性是财务会计的本质属性,是会计信息的灵魂。即使在未来,公允价值的应用可能越来越广泛(特别应用于计量衍生金融工具和避险活动方面,如美国FASB1998年6月发表的FAS No.133所指出的),但公允价值不可能完全取代历史成本。而且,公允价值的应用也要力求可靠,力求充分而公允地表述企业的真相。这就是说,未来的财务会计和财务报告不论怎样改变,都不应偏离这个基本方向:可靠性、相关性和可比性缺一不可。其中,可靠性是基础,是核心。

(三) 现行财务会计与报告模式改进的若干问题:我们的观点

我们结合上述财务会计及报告模式的缺陷,提出对现行财务会计及报告模式进行改进的主要设想,并将在以后的章节中分专题讨论。

1. 完善财务会计报告内容

(1) 无形资产的会计问题。

知识经济下,传统资产负债表上的实资产(或硬资产(hard assets))和虚资产(主要是那些本质上并不是企业的资产,但由于权责发生制和复式簿记机制所限而具有借方余额的项目)将无法解释企业间业绩的差异,无形资产代表的超额盈利能力将成为缔造企业竞争优势的源泉。受目前的财务会计程序与技术的制约,关于无形资产的会计处理与知识经济极为不相适宜,为此无形资产的会计确认及报告问题就成为改进企业财务会计与报告模式的关键之一。

(2) 商誉的性质及其确认与计量。

谈及无形资产的会计处理问题,将不能回避"商誉"这种特殊的无形资产。我们认为,对商誉的会计处理合理与否,是否符合知识经济的基本环境特征,取决于我们能否对商誉的本质进行相对科学的认识。

(3) 人力资源的会计及报告问题研究。

21 世纪将是一个知识经济的社会,掌握知识和技术的人力资源将成为社会经济的主导力量。会计作为对社会经济的反映,必须适应经济发展的要求。传统会计不能提供人力资源方面的信息,因此必须有所创新、发展和研究人力资源会计。探讨知识经济下的人力资源会计及报告问题,可作为一种补充,提供目前财务会计模式很少提供的、企业人力资源状况的信息,有助于投资者辨识财务资本和人力资本因素在企业价值创造过程中各自的作用,并通过人力资本和财务资本之间形成的广义资本结构、财务资本内部的狭义资本结构来判断企业的可持续发展能力。

如上所叙述,将无形资产(含商誉)、人力资源等软资产逐步纳入财务会计与报告体系,将在很大程度上解决前已述及的现行财务会计与报告模式不完整的缺陷。

2. 财务报告的及时性问题

随着以网络为基础的交易的增长和以网络为基础的报告的增长,再考虑到全球化与网络报告的前景及全球化和信息技术发展对管制市场的冲击,为了解决财务报告的及时性问题,事项会计及因特网上的财务报告(含多维报告模式、多种在线资料等)逐渐成为改进现行财务会计与报告模式缺乏及时性的有力措施之一。

必须指出的是,目前会计界所指责的"财务报告缺乏信息内涵"必须辩证地理解。诚然,其中有财务报告内容不完整,无法揭示企业的市场价值等原因,但是不可忽视的是,及时性问题是导致信息缺乏内涵的主要原因之一——注意将"财务报告缺乏信息内涵"与"已公布的财务报告缺乏信息内涵"两个概念进行区分。由于现行财务与报告体系缺乏及时性,已经远远不能够适应信息高度流通的资本市场提出的要求,因为即使再具有信息内涵的财务报告,如果不具有及时性,那么在其最终对外公布之前,资本市场可能已经几乎"清空"了其原本应具有的信息内涵。

3. 高质量财务报告问题探讨

目前,企业管理当局往往利用其天然控制的会计政策选择权,人为平滑企业的经营业绩,营造一种企业平稳发展的假相。换言之,"平滑的假相"掩盖了"波动的真相"。财务会计与报告应侧重于经济活动的真实图景(实质重于形式),如实地反映企业的财务状况和经营成果，既不提前、也不推迟；不计提过多预防意外的准备，不确认递延损失（Levitt，1998）。知识经济与公司治理需要高质量的财务报告。

4. 改进财务会计与报告：关注公司治理因素

财务报告的改进作为会计领域内一个令人瞩目的论题，吸引着会计理论及实务界的普遍关注。透过 20 世纪 70 年代以来财务会计及财务报告的发展，可以发现财务报告的改进始终在环境变化的需求和会计特有的程序与技术的限制之间踯躅地发展着。会计环境变化促使财务会计及财务报告的“反应性”①发展。譬如知识经济对传统的、以工业经济为环境依托的财务会计与报告模式带来了极大的冲击。而会计的程序和技术，则制约着财务会计及财务报告的诸多改进建议，使之难以在企业的财务报告中得到实施和应用。是突破财务会计固有的程序与技术，改变财务会计的特征，来满足越来越多的信息需求（甚至信息过载(overloading)），还是恪守会计的本质、特征及边界，任由外界指责财务会计与财务报告缺乏信息含量，变为一堆“无用的数字”？近年来，随着公司治理理念的日趋成熟和对公司治理的关注，公司治理和财务会计信息之间的共生性(coexistence)逐渐得到重视。高质量的会计信息是公司治理的重要环节，健康的公司治理生态是确保会计信息高质量的基础（Bushman，2001）。这样，公司治理机制就成为架在环境变化要求和会计程序与技术制约之间的“桥梁”。与特定公司治理背景相联系，财务会计与报告的改进，既起着反映环境变化要求的功效，也促使着财务会计与报告的发展。所以，植根于公司治理变化要求的会计信息披露就成为改进企业财务会计报告的现实动力。如上对会计环境变化、会计程序与技术制约、公司治理机制要求及财务报告与会计信息之间关系的概括，其实是对 20 世纪 70 年代以来财务报告改进的粗线条概括（图 12-1），也可以用来分析目前财务会计模式的缺陷及衡量改进企业财务报告的各项建议。

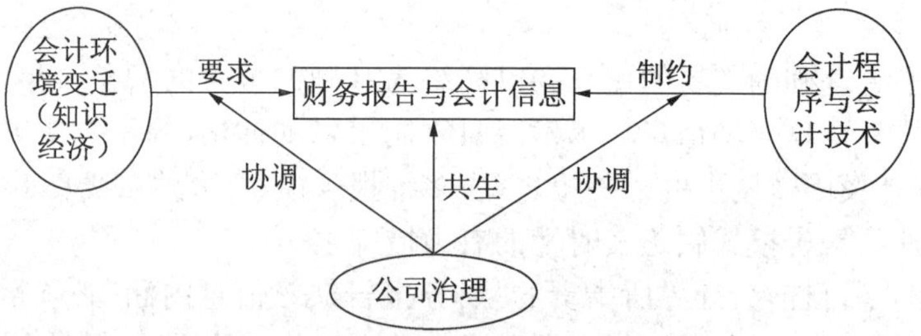

图 12-1　财务报告改进的框架

若将上述观点应用于会计信息披露或财务报告信息的质量上，我们发现受财务会计与报告的程序和技术制约的那部分信息，主要是目前在财务报表的表内进行确认的信息。它们较好地满足了财务会计的确认标准，较好地在相关性与可靠性之间进行了有机的协调。但这部分的信息，由于其固有的“历史性质与财务性质”，显然无法满足投资者全方位了解企业信息的“饥渴”。若无增量的信息披露，那么其他信息源的竞争势必将削弱会计信息系统作为信息源的“有用性”。为了避免信息“浑浊”，体现保护投资者的公司治理目

① 会计发展具有反应性的论断，见查特菲尔德（文硕译）《会计思想史》，中国商业经济出版社，1989，第 3 页。

标(功能),客观上要求在财务报表之外提供强化“透明度”的信息(含表外信息)披露。

四、知识经济下财务报告的改进:表外披露问题[①]

由于新经济的兴起以及传统财务报表的固有局限性,投资者越来越关注财务报表以外的表外信息披露。从重要性上看,表外信息已经远远突破了“补充和说明”的作用,隐然有一种与表内信息并驾齐驱的趋势。其中,在高科技行业内,表内与表外信息并重的趋势更加明显。为此,改进企业财务报告绝对不能够忽视对表外披露问题的探讨。

(一) 已有文献对表外披露的论述

1. ASB 的《原则公告》

从我们掌握的资料看,对表外披露有所涉及的包括两个文献:英国的 ASB 的《原则公告》(Statement of Principles for Financial Reporting)[②],美国 FASB[③] 的征求意见稿《财务报表和财务报告的其他手段》[④]。

ASB 在《原则公告》第七章“财务信息的呈报”中用两段内容对表外披露进行了简单的论述,ASB 指出,虽然附加信息(accompanying information,即表外信息)与财务报表有着同样的目的,但它通常包含有不同类型的信息,例如:①描述和解释主体经营活动的叙述性信息;②历史信息的总结和趋势信息;③非会计信息和非财务信息;④不宜纳入报表的实验性信息。在这些信息中,有些是财务报表没有涉及的,有些信息财务报表虽有涉及,但表外以不同于表内的视角对这些问题进行反映。但无论如何,表外信息不能与表内信息相矛盾。表外信息一个重要的部分是“营运和财务回顾”(operating and financial review)。它通常应该包括:①影响主体财务业绩的主要因素,如主要的风险和不确定性、主要经营领域的发展趋势以及主体的应对措施;②影响主体财务状况的主要因素,如资本支出的战略;③当期对将来投资的活动和支出。

概括起来,ASB 对表外信息的论述包括三点:①表外信息与表内信息具有相同的目的;②表外信息与表内信息的类型不同;③表外信息有些是表内没有涉及的,有些是以另外的视角对表内信息进行反映。因此,表外信息主要是补充和解释表内信息,表外信息不能与表内信息矛盾。

2. FASB 的 ED(1980)

1980 年,FASB 颁布了征求意见稿《财务报表和财务报告的其他手段》,侧重论述表外披露的概念性文件[⑤]。依据 FASB 的概念框架,财务报告的组成可分成四个部分:①基本报表信息;②强制性报表附注披露信息;③补充信息,该信息又包括两个部分:与财务报表和附注有关的补充信息;其他强制性披露补充信息;④在附注或补充信息

---

① 章永奎博士生执笔,主要参考了章永奎,《表外披露问题研究》,厦门大学博士论文,2004。

② ASB, 2002, Accounting Standards2002/2003, pp. 13—101.

③ 当然,FASB 在概念框架中对表外披露也有所提及,但只是只言片语,而《财务报表和财务报告的其他手段》对表外披露进行了详细的讨论。

④ FASB, 1980, Financial Statements and Other Means of Financial Reporting.

⑤ 关于该份具有概念框架性质的 ED 最终未能够公布的原因,众说纷纭。有人认为,SEC 向 FASB 下放的只是关于确认和计量的规则制定权,而关于披露的规则制定权仍保留在 SEC 手中。

中自愿披露的信息。

征求意见稿的目的在于确定:①什么样的信息应该进行强制披露(what);②谁应该披露这些信息(who);③信息应该在什么地方披露(where)。其中,what 和 who 是回答信息披露的边界问题,where 是回答各部分信息的性质问题。

what:只有满足可靠性和相关性的信息质量特征,且效益大于成本的信息才能予以披露;

who:由公认会计原则规定的"核心"披露应该适用于所有的企业,由准则制订者或其他管制机构规定的额外披露应该只适用于指定企业;

where:①关于财务报表要素的总括性定量信息应该在基本财务报表中披露。②与财务报表要素有关但不能在基本财务报表中反映的信息应该在报表附注披露。具体说来,附注信息可能包括:对表内已确认要素的整体进行一般的、定性描述的信息,如报表所使用的合并政策;对表内已确认的特定要素进行定性描述的信息,如存货估价的方法,收入确认的原则;对表内已确认的特定要素进行详细定量描述的信息,如对构成表内存货项目的原材料、在产品和产成品等进行定量描述的信息;对表内未确认的要素进行定性和定量描述的信息,如附注中对或有负债的描述信息。③所有其他强制性信息都应该在补充信息中披露。通常,强制性补充信息披露是以不同于财务报表和附注的视角重新对企业经营活动的整体或部分进行反映。但是,有些信息放在补充信息中仅仅是因为该信息不需要进行审计或者信息的可靠性太低(虽然相关性较高),把这些信息放在财务报表或附注中将增加财务报告的披露成本。强制性补充信息披露可能包括:以异于表内的确认和计量基础编制的信息,如物价变动信息;以不同的主体观编制的信息,如分部信息;与财务报表的理解无关但有助于信息使用者决策的分析性信息,如通货膨胀对企业经营活动影响的评论;前瞻性信息,如企业的资本支出计划。

概括以上两个文件,可以得出以下结论:

(1) 表外信息具有与表内信息相同的目的;

(2) 从性质上看,表外信息包括两种:对表内信息进行解释的附注信息;以不同于财务报表和附注的视角,重新对企业经营活动的整体或部分进行反映的补充信息。而补充信息可能包括以异于表内的确认和计量基础编制的信息、以不同的主体观编制的信息、与财务报表的理解无关但有助于信息使用者决策的分析性信息和前瞻性信息等。

(二) 知识经济下表外披露的有用性及质量问题的调查:代表性的观点①

1. 美国投资管理协会(AIMR)的调查报告(2000, 2003)②

1999 年,AIMR 就公司披露的情况以问卷的形式对美国、加拿大等 20 个国家的投资分析师、投资组合的管理者、企业经理和董事等进行了调查,并于 2000 年发布了调查报告的结论。该调查报告的目的如下:①调查投资者在分析和评价公司业绩时认为重要的信息要素;②调查上市公司各信息要素的披露质量;③调查哪些上市公司的信息披露情况较好,这些上市公司的哪些信息披露较好;④调查投资者认为重要的信息资源。2003 年,

① 章永奎参与了本部分的编写。

② AIMR, *AIMR Corporate Disclosure Survey*, 2000; AIMR, *Global Corporate Financial Reporting Quality and Corporate Communication and Disclosure Practices*, 2003.

AIMR对信息披露的质量和重要性再次进行了调查，其调查结果与1999年基本相似。以下我们只介绍2003年的调查报告的相关内容，见表12-8、表12-9。

表12-8 财务报表的重要性和披露质量

	重要性	披露质量			过去三年的变化	
	非常或极端重要	非常好或好	一般	一般以下	改进很多或有些改进	退步很多或有些退步
年度已审计财务报表	82%	44%	41%	8%	31%	10%
收益表	87%	42%	41%	11%	35%	12%
资产负债表	90%	44%	41%	10%	32%	11%
现金流量表	87%	44%	37%	13%	29%	11%
股东权益变化表	37%	29%	44%	13%	19%	12%

表12-9 信息类型的重要性和披露质量

	重要性	披露质量			过去三年的变化	
	非常或极端重要	非常好或好	一般	一般以下	改进很多或有些改进	退步很多或有些退步
1. 表外资产或负债信息	83%	14%	35%	40%	22%	17%
2. 非常项目或一次性费用的解释	78%	20%	42%	26%	21%	17%
3. 养老金或其他退休福利信息	76%	20%	38%	30%	23%	16%
4. 或有事项、法律诉讼或其他法律风险	73%	17%	43%	27%	14%	15%
5. 会计准则应用的解释	72%	24%	47%	19%	27%	14%
6. 收入确认标准的解释	72%	18%	45%	25%	19%	14%
7. 资本化或费用化的解释	70%	15%	45%	28%	14%	16%
8. 分部或分解信息	71%	18%	43%	26%	19%	15%
9. 前瞻性信息	70%	18%	43%	29%	16%	22%
10. 有关风险因素、关键假设的敏感性信息	69%	17%	40%	31%	19%	16%
11. 衍生金融工具或避险活动信息	68%	15%	43%	30%	19%	15%
12. 资产和负债的公允价值	67%	13%	45%	30%	11%	15%
13. 商誉信息	67%	17%	43%	30%	17%	15%
14. 模拟收益与GAAP的协调	66%	23%	42%	23%	28%	15%
15. 会计估计与准备的解释	66%	16%	44%	27%	17%	15%
16. 非财务信息	66%	15%	37%	36%	11%	17%

（续表）

	重要性	披露质量			过去三年的变化	
	非常或极端重要	非常好或好	一般	一般以下	改进很多或有些改进	退步很多或有些退步
17. 对会计原则或准则强制性变化影响的解释	64%	24%	48%	15%	21%	9%
18. 对会计原则或准则自愿性变化影响的解释	64%	19%	48%	20%	18%	12%
19. 商誉以外的无形资产的解释	64%	12%	43%	33%	13%	16%
20. 重大事项等的持续性披露	63%	19%	50%	16%	18%	11%
21. 财务报表外币折算影响的信息	63%	18%	47%	22%	14%	11%
22. 兼并收购或非持续经营等的重述性历史信息	63%	19%	46%	23%	12%	15%
23. 期后事项的信息	61%	16%	49%	21%	13%	12%
24. 关联交易的解释	60%	13%	41%	31%	14%	16%
25. 本国 GAAP 与美国 GAAP 或 IAS 的协调	56%	19%	39%	21%	21%	13%
26. 净 EPS 与经营性 EPS 的解释	55%	19%	49%	18%	16%	13%
27. 公司治理信息	53%	14%	47%	26%	26%	12%
28. 公司高管或董事的薪酬信息	52%	24%	38%	24%	21%	14%
29. 所得税信息	51%	19%	51%	18%	10%	11%
30. EPS 的预测	49%	16%	42%	27%	14%	21%
31. 资产预计寿命的估计	48%	14%	47%	25%	8%	14%
32. 资产与负债历史成本数据	45%	18%	52%	18%	9%	11%
33. 审计师与审计意见的信息	44%	15%	48%	24%	10%	15%

从表 12-8、表 12-9 中看出：

(1) 财务报表仍然是最重要的信息，资产负债表、收益表和现金流量表的重要性分别为 90%、87%、87%。同 33 种信息类型比较，三大报表的重要性实际上分别排名第 1、2、3 位。这说明财务报表仍然是投资决策中所使用的主要信息，但财务报表的披露质量却令人堪忧，仅有 44%的被调查者认为财务报表的披露质量非常好或好。

(2) 33 种信息类型几乎都是表外信息。从重要性程度上看，这些表外信息的重要性虽然不及表内，但也相当重要。其中表外资产与负债信息在 33 种信息类型上排名第 1。

(3) 表外信息的重要性与披露质量的差距依然很大(披露差距多数大于表内信息)，而且近三年来没有多少改进。这进一步说明了表外信息的披露需要进行大幅度的改进。其中，差距最大的为表外资产与负债信息，有 83%的被调查者认为该项目非常或极端重要，但只有14%的被调查者认为该项目的披露质量非常好或好。

通过以上两次的调查结果，我们可以得出以下概括性的结论：从重要性上看，财务报表虽然仍然居于主导地位，但表外信息也显示出相当的重要性。从发展趋势上看，投资者在做投资决策时，似乎越来越倾向于表内信息与表外信息并重。虽然企业报告信息在投资决策中相当重要，但令人遗憾的是，无论是表内信息还是表外信息，其披露质量都不能令人满意，其中，表外信息的披露质量更令人担忧。

2. 安永的调查报告(1998)①

安永的调查报告则主要针对表外的非财务信息，该调查报告的对象为美国275家投资组合的管理者。其主要目的如下：①调查投资者对非财务信息的需求情况；②调查投资者对非财务信息的使用情况；③调查非财务业绩的提高对公司股价的影响情况。

安永所考察的非财务信息包括8类40种非财务信息因素：①管理层质量，包括公司战略的执行、公司战略的质量、管理经验、组织能力、首席执行官的领导风格；②新产品开发，包括研究领先度、新产品开发效率、新产品开发周期、新产品收入占总收入的百分比；③市场状况，包括创新能力②、市场份额、品牌、营销和广告强度、全球性销售能力；④公司文化，包括吸引和留住杰出员工的能力、员工质量、业绩激励系统的质量、员工培训质量、员工周转率、环境和社会政策、团队精神；⑤管理层薪酬政策，包括薪酬政策与股东利益的一致度、业绩基础的薪酬政策、CEO薪酬占员工总薪酬的比率；⑥与投资者的交流，包括管理层的可信度、管理层的可接近度、投资者指引质量、与投资者联系的知识和经验、公司出版物质量；⑦产品和服务质量，包括生产经营过程质量、顾客对产品或服务质量的观点、产品缺陷率或服务失败率、产品耐用性、产品质量奖励、生产过程质量奖励、生产过程效率；⑧顾客满意度，包括顾客满意度水平、重复销售水平、顾客提出不满意见的次数、顾客服务部门的质量。

(1) 投资者对非财务信息的需求情况。

表12-10列示了投资者对各种非财务信息因素价值的认定情况，从该表可以看出：

① 投资者对非财务信息因素普遍赋予了较高的价值，排名第1的为“公司战略的执行”，得分高达6.26，即使排名最低的“CEO薪酬占员工总薪酬的比率”得分也有3.22分；在40个非财务信息因素中，有34个得分超过了4分，这表明，非财务信息总体上对投资者是有价值的。

② 管理层质量这一类信息获得了最高的评分。其中“公司战略的执行”、“公司战略的质量”、“管理层经验”分别排名第1、3、7位。“创新能力”和“研究领先度”分别排名第4、9位(另外，“顾客满意度”、“品牌”、“新产品开发效率”、“新产品开发周期”、“新产品收入占总收入的百分比”分别排名第11、13、14、17、20位)。这表明，投资者对以研究开发为主的无形资产的表外信息给予了高度的关注。

③ 该表的一些调查结果与普华永道的调查具有相似性，这从一个侧面印证了普华永

① Mavrinac and Siesfeld, *Measures that Matter: An Exploratory Investigation of Investors' Information Needs and Value Priorities*, 1998.

② 创新能力似不宜归入“市场状况”一类。

道的调查结论。比如，在普华永道的十大业绩指标中包括战略方向、管理团队的质量和经验、市场份额，而在安永的前十位非财务信息因素中包括公司战略的执行、公司战略的质量、市场份额、管理层经验。普华永道的"中度重要"指标包括新产品收入、营销成本、员工留存率、新产品成功率、产品开发周期、品牌与知名度等，而安永在4—5.5分(4分以上应该有"中度"的重要性)的非财务信息因素包括新产品收入占总收入的百分比、营销和广告强度、员工周转率、新产品开发效率、新产品开发周期、品牌等。

④ 虽然环境和社会报告正在蓬勃发展，但似乎仍然没有得到投资者的认同，在该表中，"公司的环境和社会政策"信息排名倒数第三，仅得3.36分。看来，在年度报告中提供过多的社会和环境信息，至少从投资者的角度看是不合适的①。

表12-10　投资者对各种非财务信息因素价值的认定

最有价值的非财务信息因素		最少价值的非财务信息因素	
因　　素	均　分	因　　素	均　分
公司战略的执行	6.26	投资者指引质量	4.48
管理层可信度	6.16	员工周转率	4.42
公司战略的质量	5.92	与投资者联系的知识和经验	4.36
创新能力	5.77	顾客提出不满意见的次数	4.32
吸引和留住杰出员工的能力	5.61	顾客服务部门质量	4.29
市场份额	5.60	公司出版物质量	3.91
管理层经验	5.54	产品质量奖励	3.53
薪酬政策与股东利益的一致度	5.48	生产过程质量奖励	3.39
研究领先度	5.40	环境和社会政策	3.36
生产经营过程的质量	5.34	团队精神	3.26
顾客满意度水平	5.33	CEO薪酬占员工总薪酬的比率	3.22

注：对非财务因素的评分采取7分制，1 = 没有任何价值，7 = 最有价值。

(2) 投资者对非财务信息的使用情况。

此外，该报告还对投资者利用非财务信息的情况进行了调查。3%左右的被调查者认为非财务信息对其投资决策的影响程度为0—9%，有超过60%的被调查者认为，非财务信息对其投资决策的影响程度在20%—50%；有20%多的被调查者认为非财务信息对其投资决策的影响程度超过50%；仅有10%左右的被调查者认为非财务信息对其投资决策的影响程度在20%以下。平均起来看，被调查者认为非财务信息对投资决策的影响程度约为35%。这样看来，非财务信息虽然没有传统的财务信息重要，但该项信息在投资决策中

① 环境和社会报告的提倡者认为，既然环境和社会责任的履行与否可能影响到公司的长期可持续发展，作为公司的投资者势必也会对环境和社会信息予以关注。但从该调查报告的结果看，情况似乎并不如此。当然，最终的结论还有待于更广泛和深入的调查。

依然占有相当重要的地位，加强和改善企业报告中的非财务信息披露势在必行。

（三）表外披露的内容

1. 表外披露内容的基本框架

我们认为，按照信息的性质，企业报告的信息类型可以按照图 12-2 重新进行构建，该图解释如下：

（1）企业报告的主要任务在于反映企业已经发生的价值创造活动，其中，基本财务报表反映企业价值创造结果的总括信息，附注和分部报告对价值创造结果的总括信息进行解释和分解，附注和分部报告以外的表外披露主要反映企业价值创造的过程和风险（实际上，风险信息本质上也属于价值创造过程信息，但由于风险信息的特殊性，这里单独归为一类）。

（2）预测信息实际上主要不是反映企业已经发生的价值创造活动，而是试图反映企业过去和将来的价值创造活动在未来的结果，因此，预测信息可以认为是表外披露的“衍生信息”；

（3）摘要信息虽然与企业已经发生的价值创造活动有关，但该信息主要起为使用者对企业报告进行导读的作用，可以称其为“导读性信息”；

（4）其他信息也基本上不直接反映企业已经发生的价值创造活动；

（5）由于企业报告的主要任务在于反映企业已经发生的价值创造活动，因此，我们把直接反映企业已经发生的价值创造活动的表外信息（包括附注、分部信息、价值创造过程信息、风险信息）称为表外披露的核心部分，而把其他的表外披露称为非核心部分，其中，反映价值创造过程和风险情况又是表外披露核心部分的侧重点；

（6）基于以上论述，表外披露的内容可以分成两大部分：①与企业已经发生的价值创造活动直接有关的核心部分，包括：价值创造结果的解释性信息和分解信息（附注和分部信息）、价值创造过程的信息和风险信息；②与企业已经发生的价值创造活动不直接有关或起导读作用的非核心部分，包括：预测信息、摘要信息和其他信息。

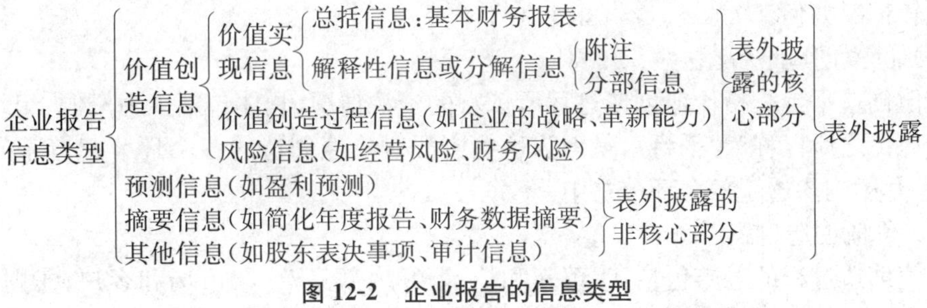

图 12-2　企业报告的信息类型

2. 价值创造过程报告的披露内容

（1）总体情况。

该部分简要叙述企业的总体情况，主要是叙述性信息，具体可能包含以下内容：①企业的组织形式；②企业的规模和员工人数；③企业的经营范围、主要产品或服务以及主要市场；④企业生产或营运过程的简要介绍；⑤企业的地理位置；⑥企业历史和发展情况的一般介绍,其中包括企业已经取得的主要经营成果;⑦企业的股权结构、母公司、主要子公司和分部;⑧企业高级管理人员、董事和大股东的简要情况。

(2) 环境。

环境披露主要说明宏观经济环境、行业环境、管制环境以及其他环境中对企业有影响的重要因素,这部分信息也属于叙述性信息。

① 宏观经济环境,主要分析宏观经济走势对企业经营情况可能产生的间接影响。

② 行业环境,其披露可能包括以下内容:行业的一般特征;行业的竞争结构[①],如现有企业的竞争程度、潜在的行业进入者的威胁、替代产品[②]的威胁,买方的砍价实力,供方的砍价实力。

③ 控制环境,主要披露国家有关的法律、法规、政策和政治环境等对企业可能产生的影响,如产业政策、对行业的管制情况、专利政策、环保政策、政府被企业游说的可能性等。

④ 其他环境,主要披露除上述三种环境以外的其他环境可能对企业产生的影响,如社区环境、环保环境、自然环境(如当地的天气情况、自然资源情况等)、地理环境、文化环境,等等。当然,以上环境并不一定都要披露,只有当某些环境因素确实对企业的经营活动产生了重大影响,才有披露的必要性。

(3) 战略和目标。

战略和目标的披露包括三方面的内容:①企业的战略和目标是什么。应说明企业的经营战略是什么,长期和短期的财务目标是什么。②企业战略和目标制定的依据,包括:企业价值创造模式的介绍;关键的价值驱动因素或成功因素;战略、目标所依赖的基本假设以及战略、目标实现可能性的敏感性分析。为便于信息使用者对企业战略实现的可能性进行评估,应披露战略和目标所依赖的基本假设以及外部和内部事件的变化对企业战略和目标实现的可能影响。③为实现战略和目标而采取的行动,包括:为实现战略和目标,企业面临什么样的挑战;在价值创造的各个环节应采取哪些行动(如加强企业研发能力、提高企业的营销能力等)、其优先性如何;已经采取的行动及其效果如何;将来还需采取哪些行动,其优先性如何;体现企业战略的管理层计划如何,以前的经营业绩和管理层计划比较情况如何。

(4) 价值创造平台。

价值创造平台是指价值创造过程所依赖的资源情况,具体包括人力资源、组织资源和财务资源。之所以称为"平台",是因为这些资源对价值创造的各个环节起着基础性的支持作用,其影响渗透于各个环节之中。

(5) 价值创造过程。

价值创造过程的披露包括:①革新和技术;②内部经营;③市场和客户;④财务成果。这部分内容应补充披露财务报表及其附注以及分部报告中没有揭示的价值实现信息,其性质类似于管理层讨论和分析中对企业经营成果的讨论和分析。

---

① 竞争结构的内容见迈克尔·波特著,陈小悦译,《竞争战略》,华夏出版社,第1—33页,1997。

② 替代产品是指与本行业产品具有相同或类似功能的产品。

第十三章

财务业绩报告的改进及全面收益表

第一节　收益表模式的缺陷及全面收益表出现的动因

20世纪90年代以来，高新技术突飞猛进，金融创新日新月异，使得财务会计不断面临着新的问题和挑战，传统的财务报表已不能充分反映企业的真实价值和所面临的潜在风险。学术界和使用者对传统财务报表提出了强烈的批评，认为财务报表的相关性正在下降，纷纷要求改进甚至彻底改革传统的财务报表体系。各种改进财务报表和财务报告的建议众说纷纭，莫衷一是。其中，最引人注目的是美国注册会计师协会(AICPA)的财务报告特别委员会(即Jenkins Committee)发表的《改进财务报告——面向用户》(Improving Business Reporting: A Customer Focus)(1994)和史蒂文·沃尔曼(Steven M H. Wallman)的"财务会计与报告的未来:彩色报告方法"(1996)等系列文章。不过，从目前一些国家准则制定机构和国际会计准则委员会(IASC)已经采取的行动看，报表的改革似乎主要针对以收益表(损益表)为代表的传统财务业绩报告。

一、现行收益决定模式及其缺陷

佩顿和利特尔顿(Paton and Littleton, 1940)在《公司会计准则绪论》(An Introduction to Corporate Accounting Standards)中对传统收益确定模式的特点做了概括:(1)会计应当以实际交易价格作为基础;(2)收益应当通过将实现时所确认的收入与相关的成本相配比的方式来适当确定。成本被认为依附于成本对象，如存货、固定资产或劳务上，然后在销售或使用商品以及提供劳务时，与取得的收入相配比，以确定一个期间的净收益。因此，佩顿和利特尔顿认为，支撑传统收益确定模式的两根重要支柱是"历史成本原则"和"实现—配比原则"。尽管经过多年的演变，收益确定模式已经发生了一些变化，比如，收益确定已经不能简单地被描述为严格的历史成本计量模式(更确切地说，是以历史成本为主的多种计量属性并用的混合计量模式)，也不能被认为是实现和配比作为唯一的确认基础(如对长期承包工作的收入的确认)。但总的来说，收益确定还是基本保留了佩顿和利特尔顿所描述的基本特征。除此之外，传统收益确定还有另一个重要特点，那就是坚持稳健原则，它通常是反对修正历史成本原则、实现和配比原则的理由。

可以说，历史成本原则、实现—配比原则和稳健原则构成了传统收益确定模式的基础，它们相辅相成，相互论证，相互支持。按照历史成本原则，不论外界环境如何变化，资产和负债始终按业务发生时的成本计量，不确认持有资产或负债价值的变化；按照实现—配比原则，收益表只反映已经取得现金或现金要求权的特定交易(transactions)的结果，而不反映那些已经使价格发生了变化但尚未实现的事项(events)或情况(circumstances)的影响。而按照稳健原则，收益表也只确认预计的损失，而不确认预计的收益。因此，运用历史成本原则、实现—配比原则和稳健原则的共同结果就是拒不承认也不确认未实现的价值增值。

以历史成本原则、实现—配比原则和稳健原则为基础的收益确定模式，决定了收益表具有确定性、可靠性和稳健性特点，但从为使用者提供决策有用信息看，它同时决定了这样的收益表存在以下不可克服的缺陷。

(1) 由于收益表体现了一种非常狭隘的经营成果观，它只反映已经实现的收益，排斥或忽视了其他未实现的价值增值，使得当期收益报告不够全面，没有提供对使用者进行经济决策有用的全部信息。

未实现收益(利得)其实是具有信息含量的。我们以资产评估增值为例说明这一问题。1975 年，夏普和沃尔克(Sharp and Walker)选择了澳大利亚 1960—1970 年间 34 家公司作为样本，选择样本的条件是：①重估增值有一定规模，至少在 90 万元以上；②重估公积金至少使股东基金(shareholders funds)增加 10%以上；③重估不包括控股公司在子公司的投资；④重估项目不包括有价证券。夏普和沃尔克利用"市场模型"分析了资产重估信息与股价变动之间的关系：

$$Ri_t = a_i + \beta_i \times R_{mt} + Li_t$$

其中，Ri_t为第 i 公司 t 月根据月末收盘价计算的报酬率，包括股利在内，对股票分割、股票股利、认股权等均作了适当调整；a_i 为无风险投资报酬率；β_i 为投资于 i 个公司股票报酬相对于市场报酬率之变动程度；R_{mt} 为市场投资报酬率；Li_t 为 t 月份随机误差。研究表明，资产重估增值信息发布后，股票投资报酬要比一般情况下预期的市场报酬率平均高出 18%—19%左右，累计平均超额报酬(cumulative average residuals, CAR)明显跳高，并在公布日后的一段时期基本保持这一水平。这一结果证明，资产重估增值信息的发布(这意味着以前的财务报表"低估"了资产)，会伴随公司股票价格的明显上涨。也就是说，投资者认为公司资产重估增值的公布，是一种如实反映企业价值的有用信息。

(2) 价值增值在产生之时不予报告，而必须推迟到实现之时再予报告，这会导致收益确定存在潜在的时间误差(timing errors)，即价值增值发生在某一会计期间而收益列报却在另一个会计期间。在复杂的经济环境中，这种可能性就会变为现实，严重损害收益报告的及时性，降低收益信息的质量。

及时性是相关性的必要条件。FASB 在第 2 号财务会计概念公告中指出："及时性是附属于相关性的……信息只具备及时性，不能成为相关的信息，但是倘不及时，相关的信息也就变成不相关"(SFAC No. 2, 1980, Par. 56)。同样的信息，因报告的期间不同，其相关程度亦不相同。例如，某建筑物 20 年前的入账成本为 200 000 元，现在的市价可能是 500 000 元。如果我们考虑投资者和债权人的投资决策与信贷决策的需要而言，500 000 元这个数字是高度相关的，而 200 000 元对他们则事实上没有相关性。同样，收益表越早披露资产增值 300 000 元，其信息含量也就愈高。

按照财务学理论，净收益与股票价格都可以用来反映一个企业的财务业绩。但许多财务学家认为，股票价格比净收益更具有真实性和全面性，因为和净收益相比，有关企业业绩的信息能够更及时、更充分地在股票价格中得到体现。股票价格是客观存在的，而净收益只是账簿中的抽象数字移植于财务报表，可能存在会计误差。实证研究表明，历史成本收益明显滞后于证券市场的反应。但如果收益公布日的时间窗口愈广，收益变动与非正常报酬率变动的相关性就愈高。换言之，要经过较长的时间，会计收益才能够捕捉到更多的经济事项的影响。这主要是因为出于可靠性、可验证性和稳健性考虑，按照历史成本原则、实现原则和稳健原则，会计对这些事项的初始确认往往是滞后的。比如，由于一项新技术、广告、研究和开发成果、市场环境变动产生的未来可预期的现金流量，只能部分地反映在当期会计收益中，而这些事项却会立即影响市场对企业未来盈利和现金流量的预期，从而引起股票价格的变动。因此，反过来说，未来的收益变动更能够解释现在的证券报酬。

(3) 对于已经发生的价值增值不予报告，这为管理当局操纵收益(income manipulation)，或收益管理(income management)大开方便之门。根据委托—代理理论，管理当局受自身利益驱动，有时人为地对收益进行操纵，以便达到意欲达到的目标，从而严重损害收益报告的真实性和公允性。

收益操纵的一种典型方式是"利得交易"(gain trading)，即指对于已经出现的利得和损失，管理当局通过选择其实现的时间和金额来控制报告期间的净收益。最为常见的一种利得交易，就是管理当局为了提高本期报告收益，将现行价值或公允价值超过购买成本的证券先行出售，以确认出售利得，而将现行价值或公允价值低于购买成本的证券继续持有，以避免确认出售损失的行为。比如，两家公司期初在证券市场上以每股 1 元的价格购买同一种股票 90 000 股。在期末，该股票价格已上涨到每股 1.5 元。第一家公司将股票卖了，他在收益表中确认该笔股票交易实现的收益：90 000 元×(1.5－1) = 45 000 元。然后，他立即从证券市场上重新购回这些股票，从而增加了短期投资项目的账面价值：90 000 元×(1.5－1) = 45 000 元。而另一家公司仅仅因为没有卖、而不能在收益表中反映任何投资收益。比较这两个公司的收益表往往令投资者感到困惑和费解，表面上，第一家公司收益表所反映的财务业绩明显好于第二家公司，而实际上，这两家公司的财务业绩和盈利能力并没有差别。

对于短期投资占资产总额比例较大的金融企业，管理当局通过利得交易可以严重歪曲报告收益。美国证券交易委员会(SEC)前主席理查德·布雷登(Richard Breeden)评论道："收益管理在实务中已经泛滥成灾。太多的公司在购买证券时准备把它作为一项投资，可当证券价格上涨时，公司又认为出售的时机到了。而当证券价格下跌时，这些公司继续持有的愿望却更加强烈了。结果，这些公司只报告利得而隐藏损失。"舒尔茨(Walter Schultz，1993)强烈谴责："利得交易是最糟糕的会计实务之一。"而导致利得交易的根本原因，就在于收益表不报告未实现的收益(利得)，使得未实现收益(利得)成为所谓的"收益储存器"，允许管理当局根据需要随意操纵报告收益。

20 世纪末，由于企业面临的经济环境日趋多变以及企业自身活动复杂性不断增加，企业新的、非传统的收益来源越来越多，因此传统的收益表越来越不能够向使用者提供企业全面的财务业绩信息。学术界认为，业绩(performance)是一个广泛的概念。一个企业由于交易、事项或情况而产生的凡能够用货币计量的净资产变动都属于财务业绩(financial performance),它包括不同类型的业绩计量,例如,生产、制造、加工、仓储、运输等经营活动所产生的经营业绩;为预期变动而买卖证券等投资活动所产生的投资业绩;发行股票、债券等理财活动所产生的理财业绩;以及环境影响(如物价、利率或汇率变动)所产生的其他业绩。在会计中,最重要的财务业绩计量指标毫无疑问就是净收益。而以历史成本原则、实现—配比原则和稳健原则为基础的净收益只计量特定活动(如销售活动)的结果,仅能反映当期已经实现的财务业绩,而不能反映当期已经取得的全部财务业绩,导致使用者无法及时、合理地评价各类交易、事项和情况对企业财务业绩的贡献,严重降低净收益作为财务业绩计量的重要性。

二、由收益表到全面收益表的动因

财务报表重心的转移,经历了一个辩证的扬弃过程。最初,资产负债表是唯一的报表,利润的确定是通过对比期末和期初所有者权益(剔除企业与业主之间的往来如业主投资或业主提款)来进行确定的。随着产业革命和工业化的发展,企业规模的扩大带来的资金短缺给资本市场的发展提供了契机,于是企业逐渐摆脱了向银行举借短期债务这种传统的、单一的筹集资金方式,面向社会公众筹集权益资本逐渐成为主要的筹资方式之一。这既催生了定期计算和报告利润的需要,也产生了股东作为外部利益相关者,在不参与企业日常经营管理的情况下,了解企业经营情况、尤其是盈利情况的需要,为此利润表逐渐出现,并在特定的历史横截面上取代资产负债表成为第一财务报表。然而,由于财务会计本身固有特点的制约,有相当一部分对于投资者非常有用,但由于不符合财务会计确认和计量要求的信息,被排除在了财务报表(包括利润表)之外。为了解决这个问题,财务会计作为一个人造的、以反映财务信息为主的信息系统,充分感受到会计环境的变迁,将财务报表的概念扩展到了财务报告①,这样,相当一部分无法在财务报表表内进行确认的信息暂时得以在报表附注或其他财务报告中进行披露②。然而,在报表附注中披露信息毕竟只是权宜之计,大量有用的信息堆砌在附注中使人们产生了如此的疑问:到底是财务报表还是财务报表的附注提供的信息更为相关?明显地,若一味地将不满足会计确认标准的项目(信息)放在表外,那么财务报表作为财务报告核心的定位将不得不面临巨大的挑战。为此,利润表在20世纪80年代后期以来经历着前所未有的指责,学术界、职业团体和资本市场的使用者对利润表信息相关性下降的指责此起彼伏。在各个方面的舆论压力下,美国的财务会计准则委员会(FASB)、英国的会计准则委员会(ASB)和国际会计准则委员会(IASC/IASB③)经受着前所未有的改革压力,在数次"渐进式"改革宣布无效后,最终纷

① 这是SFAC No.1"财务报告的目标"的首创。

② 一般认为,只有符合四项标准即可定义性、可计量性、计量的相关性、计量的可靠性,才能够在财务报表表内(Face)进行确认。如果四项标准不能够同时满足,则只能够在财务报表的附注中进行披露。确认意味着要同时以文字和金额加以表述,确认意味着要经历"凭证→账簿→报表"的程序,最终进入财务报表的表内(按照广义的确认定义)。而披露则不见得一定要用文字和金额进行表述,既可以是叙述性的,也可以只包括金额。

③ 国际会计准则委员会在改组前的英文缩写为IASC,其颁布的准则称为国际会计准则(IASs);改组后的国际会计准则理事会缩写为IASB,其颁布的准则称为国际财务报告准则(IFRSs)。

纷痛下决心，对传统的利润表进行改革，因此出现了“全面收益”（comprehensive income[①]）和全面收益表。

仔细考究全面收益表出现的“催化剂”，是因为20世纪90年代以来，由于衍生金融工具和金融创新的日新月异，带来了企业的组织架构及经营活动的日益复杂化，由此导致利润表无法反映来自于金融创新的、非传统的利润来源。详细原因如下[②]：

（1）直接动因主要来源于衍生与套期保值金融工具的会计处理。各国的金融监管机构以及企业外部投资者对衍生工具的报告制度感到特别担忧。因为大量的衍生工具在获得时不会发生现金支出或者只有极少量的现金支出。根据历史成本原则和实现原则，它们都无法在财务报表内得到反映，或者在财务报表中反映的账面金额远远小于真实的价值或可能产生的利得和损失。目前，许多国家的准则制定机构已经意识到必须采用公允价值来计量金融工具尤其是衍生工具。因为只有这样，财务报表才能够揭示企业的真实价值和所面临的潜在风险。美国FASB在第133号财务会计准则公告“衍生工具和套期保值会计”中指出：“公允价值是对金融工具最相关的计量属性，而对于衍生工具来说，可能是唯一相关的计量属性”（SFAS133，1998，P. 217）。然而，当在资产负债表中以公允价值来计量金融工具时，如果对由于公允价值变动而产生的未实现的收益予以确认，就会引起收益表的巨大波动。为此，不少学者设想，在保留传统损益表（收益表）的前提下，增加一张与之同等重要的“第四财务报表”，来处理衍生工具公允价值变动所产生的未实现利得和损失问题，从而给使用者提供主体真实而全面的财务业绩信息。

（2）目前，大部分国家都倾向于采用总括收益观（all-inclusive income concept）作为报告收益的基础，即除了业主投资和派给业主款外，所有本期确认的权益变动在进入资产负债表权益部分之前都必须报告在损益表（收益表）中。然而，出于会计准则经济后果（economic consequences）的考虑，妥协于管理当局“收益平滑化”（income smoothing）的要求，这些准则制定机构在制定准则时又允许一些项目绕过损益表（收益表）直接在资产负债表的权益中进行报告，从而损害了收益呈报的一贯基础。比如，美国SFAS12“某些可流通证券的会计处理”、SFAS52“外币折算”、SFAS80“期货合同会计”、SFAS87“雇主退休金会计”以及SFAS115“在特定的债务和权益证券上投资的会计处理”都将某些收益项目直接纳入权益部分报告，这种做法招致理论界和信息使用者的抨击。美国最大的使用者集团之一投资管理和研究协会（Association for Investment Management and Research，AIMR）在1993年提交的“20世纪90年代的财务报告及其未来”研究报告中，就要求FASB回到收益报告的总括收益概念基础。它指出：“我们认为收益应当包括除了来自与业主之间交易以外的所有企业财富的变动。我们为愈来愈多地绕过收益表的财富变动感到深深的担忧。”分析师们现在需要花费大量的精力去寻找和评估所有的收益表项目，因为这些项目对于他们预测公司的价值和将来是相关的（AIMR，1993）。另一个重要的使用者集团——罗伯特·莫里斯协会在“1994年关于会计原则和审计准则的立场公告总汇”中也支持一份按总括收益概念编制的收益表。它指出：“净收益必须包括主体在

① 又译综合收益，本书不做区别。
② 葛家澍，《中级财务会计》，辽宁人民出版社，2000。

当期的全部经济交易和其他活动的影响"(SFAS130, 1997, Par. 41)。不少人士担忧,若有更多的项目被直接计入权益,那么资产负债表权益部分将变成一个堆积、无组织和日益混乱的重要信息的垃圾箱,也不利于损益表(收益表)真实、全面地反映企业的财务业绩(Foster and Hall, 1996)。因此,迫切需要将现在绕过损益表(收益表)直接在权益中列示的项目更有系统地组织起来报告,回到以总括收益概念作为报告某一期间除业主交易之外所有者权益变化的基础,并在以后的准则制定中持续一贯地运用这一概念。

(3) 西方准则制定机构改进业绩报告,还与他们对财务会计目标的研究是分不开的。他们研究得出大致相同的结论,即财务会计的目标在于提供对使用者经济决策有用的信息,而收益指标无疑是使用者特别是投资人最为关心的会计数据。美国 FASB 明确肯定了收益信息在使用者决策方面的重要性,"编制财务报告的首要重点是通过收益及其组成内容的计量,提供关于企业经营业绩的信息。投资者、信贷者和其他人士,他们出于对估量企业现金流量的关切,对这种信息特别感到利害攸关。他们对企业未来的现金流量,对企业获取现金流量顺差的关心,主要转化为关心收益方面的信息,而不是直接有关现金流量的信息"。实证会计研究也表明,会计收益特别是非预期的收益信息同股票市价是相关的。西方准则制定机构集中改进企业财务业绩报告,其目的很显然是为了提高反映企业财务业绩信息的质量,把只报告已确认已实现的净收益扩大为还包括已确认未实现的一部分利得和损失,从而使报告的收益更加全面和更加真实,有助于使用者作出合理的经济决策。

第二节　国际范围内财务业绩改进的动态与全面收益表

一、全面收益表的基本概念

全面收益概念的最初提出,是在 FASB 的第 3 号财务会计概念框架①"财务报表的要素"中。FASB 将其定义为"一个主体在特定的期间内除去与业主进行交易之外的企业净资产的变动"。后来,FASB 在第 5 号财务会计概念框架"财务报表要素的确认与计量"中再次指出,"报告期的整套财务报表应当包括全面收益及其组成的报告"。但最终以准则的形式出现②则是 1997 年 FASB 颁布的财务会计准则(SFAS)第 130 号"报告全面收益"③。其实,FASB 并非是制定全面收益会计准则的先驱者,在其公布 SFAS130 之前,英国的会计准则委员会(ASB)1992 年就已经颁布了 FRS No. 3"报告财务业绩"(Repor-

① 后被第 6 号财务会计概念框架所取代。

② 若要考虑与全面收益相类似的概念,如"全部已确认利得及损失"等,则英国的 ASB 和国际会计准则委员会的 IAS 都比美国 FASB 的 SFAS 涉及该方面的准则要早。

③ 自全面收益作为一个概念在财务会计概念框架中提出,至最终在会计准则中具体运用,在美国经历了漫长的 17 年左右的时间。这其中固然与美国会计准则制定周期长有关,但更多的是属于应急的性质,因为衍生金融工具会计准则制定产生的若干问题需要对传统的利润表进行彻底的革新。从中我们似乎也可以看出财务会计概念框架预先被赋予的功能(财务会计概念框架可以用来指导会计准则的制定,也可以作为发展新的会计准则的基础)与其真实的功能(仅仅如 Watts and Zimmerman 所称的只是提供一种"借口")之间的差距。

ting Financial performance)，其中提到要提供“全部已确认利得及损失”的相关信息。

全面收益概念①终极的内涵是，在收益的确定方面要遵循“资产负债观”，而不是“收入费用观”。但由于财务会计固有特点的制约，目前的全面收益表包含的内容除了传统利润表的内容之外，只包括限定项目所形成的其他全面收益。换言之，目前的全面收益概念仍然是奠定在“收入费用观”基础上的，但却突破了“当期经营观”，逐渐向“总括收益观”靠拢。为此，我们必须首先了解与全面收益相关的几个基本概念。

1. 资产负债观与收入费用观

(1) 资产负债观(asset and liability view)。

资产负债观认为，利润是剔除所有者与企业的经济往来外的、企业在某一期间内净资产(net asset，即所有者权益)的变动额。换言之，资产负债观强调企业资本的保全，认为在资本得到保全后才可以计算利润。由于资本保全目前存在着货币资本保全和实物资本保全两种观点，所以资产负债观下的利润相应地也可以分为货币资本保全下的利润观和实物资本保全下的利润观。前者即货币资本保全观下的利润计算原理强调原始投入的货币金额得到保全的前提下企业净资产的变动，这基本等同于货币产出(收入)减去货币投入(历史成本)之后的净结果，因此其与下面谈到的收入费用观下的总括收益观基本接近。而实物资本保全下的利润确定，则利润等于已取得的收入和按照现行成本计价的成本与费用之间的差额。所以，严格地讲，资产负债观应该是实物资本保全下的资产负债观。

资产负债观在复式簿记出现之初得到全面的贯彻，譬如在当时的合伙贸易企业中，合伙人在每次合伙结束时，通过盘查期末净资产，进而与期初净资产进行对比，由此来确定利润并进行分配。然而，由于企业持续经营性逐渐可能并成为一种趋势，投资者无法等到企业经营终结时再确认利润，为此产生了人为、定期确定利润的需要。但是，资本市场的不确定性和信息搜寻的复杂性及高成本性，使得企业无法在每个人为的会计期间结束时，按照现行成本确定期末净资产或所有者权益的金额，因此就无法和期初净资产进行比较确定利润。换言之，现行成本的难以确定性②导致了严格意义上的资产负债观操作性存在着困难，进而使资产负债观暂时逐渐为收入费用观所超越③。

(2) 收入费用观(revenue and expense view)。

收入费用观认为，利润是收入和费用配比的结果，如果收入大于费用则意味着盈利，反之则意味着亏损。因此在收入费用观下，利润确定的关键是正确地确认收入、费用，以及收入和费用的恰当配比。收入费用观是在定期(人为而非自然划分的定期)确定利润要求的推动下而迅速发展的。自 Paton and Littleton(1940)、Littleton(1951)④开始，利润

① 总的来看，全面收益的确定方法如下：净利润±资产或投资的未实现利得或损失(扣除税收影响)±未实现汇兑损益或外币报表折算差额(扣除税收影响)±衍生金融工具持有利得或损失(扣除税收影响)±养老金负债调整项目(扣除税收影响)±……＝全面收益。

② 只要看看现行成本确定的程序就可以明白这一点：“现行成本的确定是首先从‘可变现净值’和‘未来现金流量的贴现值’中选择较高的一个，然后再与重置成本进行比较，选择较低者，由此确定现行成本”。现行成本确定的每一个因素如未来现金流量的贴现值、可变现净值等都是非常困难的。

③ 其实，即使是按照货币资本保全的资产负债观，期末净资产的确定依然存在着诸多困难。

④ 详细请参见 Paton and Littleton, *An Introduction to Corporate Accounting Standards*, 1940; Littleton(著)、林志军(译)，《会计理论结构》，中国商业出版社，1989。

表便被看作是财务报表的重心，由此带来了对收入费用观研究的若干结论。最典型的是，将上面提到的收入费用观具体化为当期经营观和总括收益观。

2. 当期经营观与综括收益观

(1) 当期经营观(current operating performance view)。

该观点认为，企业的经营业绩只应该包括那些经常、重复发生的交易，换言之企业的经营业绩体现为来自于经营活动的结果，而不应该包括非经常性损益。该观点有其合理之处：它至少可以告诉投资者，其可以合理预期的企业的利润的多寡。否则，投资者可能会对企业的利润在前后各年之间非常规性的波动心存疑虑。它可以客观地衡量企业经营者的经营业绩，使经营者的业绩考核奠定在一个相对合理的基础上，不至于因市场宏观环境变化或其他非经营者努力因素而导致经营者的福利受益或受损(将这些噪音剔除在外)。为此，AICPA1994 年颁布的《改进企业报告——着眼于用户》的研究报告特别建议，将这些来自于企业持续的、可重复的经营活动带来的利润称为核心利润(core profit，由核心收入与费用配比得到)，而将其他一些非正常的损益称为非核心利润。但是，这种观点也是有缺陷的，那就是无法揭示企业特定期间经营结果的全貌，因为有的投资者关注的是企业创造长期的、持久性的盈利能力，而有的投资者则只关心企业的短期业绩，关注企业当期的利润以及企业是否能够向他们支付满意利润。

(2) 总括收益观(all-inclusive income view)。

所谓总括收益观，是根据企业在特定的期间内，所有交易或事项所确认的关于企业业主权益的全部变动(不包括企业与业主之间的交易)。坚持这一观点的理由在于：企业在存续期间内，各个会计年度报告的利润之和，必然等于该企业的利润之和。如果按照非正常损益不包括在当期的利润中，那么就可能导致后期利润被高估。

此外，一个不得不面对的现实问题就是，随着资产计量属性的多元化，尤其是公允价值在衍生金融工具(FAS133)、待出售的证券(FAS115)等项目中得到认可并广泛加以运用后，产生了一系列绕过损益表而直接进入资产负债表股东权益下的若干项目，这使得利润表(损益表)的信息内涵大大下降，而且也使得资产负债表一时间成为了处理信息的集散工具。为了解决这些尖锐的问题，总括收益概念得到了重视。

3. 确认与披露

确认是指将某一个项目当作资产、负债、所有者权益、收入、费用或其他类似项目而正式地加以记录，或将其纳入某一企业的财务报表中的过程。确认包括用文字和数字对某一项目进行描述，并将其金额计入财务报表的合计数中。确认的基础是权责发生制，但对于收入费用的确认还要考虑实现原则。实现是指将非现金的资源和权利转化为货币的过程。在财务会计和财务报告里，实现这一术语的确切用法是指将资产出售并获得现金或现金要求权。随着市场经济下销售创新的发展，实现概念的内涵已经由原来纯粹的已实现(realized)演变到可实现(realizable)。

确认一般要满足四项基本条件，即可定义性、可计量性、计量的相关性与可靠性。确认一般是对财务报表表内而言的，而披露则是针对财务报表附注及财务报表表外而言的。传统的财务会计只考虑已实现、已确认的项目，而对持有利得或损失如资产或投资的未实现利得或损失(扣除税收影响)、未实现汇兑损益或外币报表折算差额(扣除税收影响)、衍生金融工具持有利得或损失(扣除税收影响)、养老金负债调整项目(扣除税收影响)等,则由于不符合实现原则,无法进行确认,从而无法进入利润表中。

二、财务业绩报告改革的国际动态①

1. 英国 ASB 增加"全部已确认利得与损失表"

1992 年 10 月,英国会计准则委员会(ASB)发布了 FRS3"报告财务业绩",率先要求企业将"全部已确认利得与损失表"(statement of all recognized gains and losses)作为对外编报的主要财务报表,和损益表一起共同表述报告主体的全部财务业绩。ASB 提出 FRS3 的目标是"披露报告主体财务业绩的重要组成,以帮助使用者了解报告主体在一个期间内取得的业绩,并有助于他们据以对未来的结果和现金流动做出评估"(FRS3, 1992, Par. 1)。而要达到这一目标,仅靠损益表是不能胜任的,因为损益表中反映的企业财务业绩不够完整,某些利得或损失按照法律或会计准则的特殊规定直接进入了准备(reserve),比如固定资产重估价利得。而当使用者评价主体一个期间的财务业绩时,考虑该期间确认的全部利得与损失是有必要的。因此,FRS3 要求将"全部已确认利得与损失表"作为基本财务报表之一,以向使用者反映由于当期确认的所有利得与损失而引起的权益(净资产)的增减变化情况(除所有者投资和分派款项外)。

按照 ASB 的设想,损益表仍是反映一个企业最基本业绩信息的报表,它在内容和格式上没有多大变化,由突出企业财务业绩的最重要的数据组成:①持续经营活动成果;②非持续经营活动成果;③出售或中止一项经营活动的利润或损失、重组或重建成本、固定资产处置利得或损失;④非常项目;⑤特殊项目;⑥税收;⑦每股收益。而"全部已确认利得与损失表"起着第二业绩报表的作用,包括的内容比较广泛,那些同样反映企业的财务业绩,但根据会计准则或法律要求直接进入准备的项目,都必须通过此表报告。

ASB 对于业绩报告的改革是创造性的,突出表现在以下几个方面:

(1) 它率先改变了财务业绩报表由单一的损益表构成的现状,规定一个企业的财务业绩由同等重要的两张报表——损益表和"全部已确认利得与损失表"共同表述。

(2) 扩大了过去财务报表中反映财务业绩的要素构成——收入和费用,增加了利得和损失概念。

(3) 突破了实现原则的束缚。在传统会计中,实现原则是至高无上的,收益除非实现不予确认。而 ASB 认为财务业绩报表应当报告当期产生的利得和损失,而不是当期实现的利得和损失。因此,那些按照法律和会计准则规定应予确认但尚未实现的利得和损失,也允许在"全部已确认利得与损失表"中进行报告。

英国 ASB 的 FRS3 中建议的"全部已确认利得及损失表"②基本格式如表 13-1。

---

① 主要参考了程春晖《全面收益研究》,厦门大学博士论文,1999;葛家澍,《中级财务会计》,辽宁人民出版社,2000。

② 参见 FRS3,1992。

表 13-1　全部已确认利得及损失表　（单位：百万）

	1993	1992(重新表述)
财务年度利润	29	7
财产重估未实现利得	4	6
商业投资上未实现利得	(3)	7
	30	20
国外净投资上的外币折算差额	(2)	5
本年已确认利得及损失	28	25
以前年度调整	(10)	
全部已确认利得及损失	18	

"全部已确认利得与损失表"从损益表的最后一行——净损益开始，然后列示那些按照法律和会计准则的规定应予确认，但绕过损益表直接列入准备的未实现利得和损失，得出全部已确认利得与损失。FRS3 规定每一财务业绩项目在其发生当期仅应报告一次。也就是说，一旦利得或损失已经在"全部已确认利得与损失表"中进行了确认，后续期间就不能仅仅因为这些金额实现了而在损益表中再次加以确认。例如，1997 年年末 A 企业某项固定资产的历史成本为 40 万元，重估价后的账面价值为 60 万元，1998 年年初出售该项固定资产取得 90 万元。1997 年确认固定资产重估价利得为 20 万元（60 万元－40 万元），1998 年确认出售该固定资产的利得为 30 万元（90 万元－60 万元）。

为了满足不同使用者的信息需求，FRS3 也要求提供"历史成本损益附注"（note of historical cost profits and losses)，披露严格按照历史成本原则和实现原则确认的历史成本损益。需要做两项调整：

● 前期已经在"全部已确认利得与损失表"中确认而在本期实现的利得；

● 包括在本期损益表中历史成本折旧费与按照重估价计算的折旧费之间的差额（FRS3，Par. a-54）

历史成本损益附注的格式列示见表 13-2。

表 13-2　历史成本损益附注

	1993 £百万	1992 重新表述 £百万
税前正常活动的报告利润	45	13
已实现的以前年度财富重估价利得	9	10
历史成本折旧费与按照重估价计算的折旧费差额	5	4
税前正常活动的历史成本利润	59	27
扣除税收、少数权益、非常项目和股利之后的本年留存的历史成本利润	35	20

资料来源：ASB，FRS3，1992.

2. FASB 要求在收益表之外报告全面收益

全面收益并不是一个新概念。早在 1980 年，美国财务会计准则委员会(FASB)就提出将全面收益作为财务报表的基本要素之一，并把它定义为："一个主体在某一期间与非业主方面进行交易或发生其他事项和情况所引起的权益（净资产）变动"（SFAC No. 3，1980）。后来，FASB在第5号财务会计概念公告中再一次指出："报告期的整套财务报表应当包括全面收益及其组成的报告"（SFAC No. 5，1984）。但FASB一直未采取相应的行动。直到近几年，由于解决衍生金融工具会计问题的紧迫性，并受到英国FRS3的启发，FASB才开始考虑制定全面收益准则，并于1997年6月正式颁布了第130号财务会计准则公告（SFAS130）"报告全面收益"。

SFAS130继续沿用了SFAC No. 6所定义的全面收益概念，将全面收益划分为净收益（net income）和其他全面收益（other comprehensive income）两大类①。FASB保留了传统净收益的概念和构成，仍由持续经营收益、非持续经营收益、非常项目和会计原则变动的累计影响等四个部分组成。FASB指出净收益这样分类是有用的，并得到了实务界的公认，虽然还可以有所改进，但目前看不出有此必要。SFAS130的主要任务是解决那些绕过收益表直接在资产负债表所有者权益中列示的项目（即其他全面收益）的报告问题。FASB鼓励企业按两种格式报告全面收益：

第一种是在传统收益表之外，单独设计一张新的主要报表——"全面收益表"（statement of comprehensive income），与传统收益表共同反映企业全面的财务业绩。"全面收益表"以传统收益表的最后一行作为其第一行，而以"全面收益总额"作为其最后一行。"全面收益表"的各组成部分与传统收益表的各组成部分具有相同的地位。

第二种是单一报表格式（one — statement format），即将传统收益表与"全面收益表"合二为一，称为"收益与全面收益表"（statement of income and comprehensive income）。在此组合的报表中，传统收益表的最后一行"净收益"作为全面收益总额的小计部分。这一格式的优点在于无需创造新的报表，所有的全面收益项目均列示在同一张报表中，便于使用者获得和分析。但许多人认为，把净收益列为全面收益总额的小计部分，降低了净收益的重要性。

(1) FASB的SFAS130中的双报表格式，见表13-3。

表13-3 企业收益表

2000年12月31日止的会计年度	
收入	140 000
费用	(25 000)
其他利得与损失	8 000
出售证券利得	2 000
税前经营收益	125 000
所得税费用	(31 250)
计入非常项目和会计变更累计影响前的收益	93 750
非常项目(税后)	(28 000)
计入会计变更累计影响前的收益	65 750
会计变更影响(税后)	(2 500)
净收益	63 250
每股净收益	2.53

① 即全面收益 = 净收益(净利润) + 其他全面收益。

企业全面收益表(2000年12月31日止的会计年度)

净收益		63 250
其他全面收益(税后):		
外币折算调整		8 000
未实现的证券利得(按照全额法列示重分类调整)		
本期产生的未实现利得	13 000	
减:包括于净收益中的利得重分类调整	(1 500)	11 500
最低退休金负债调整		(2 500)
其他全面收益		17 000
全面收益		80 250
每股全面收益		3.21

(2) FASB的SFAS130列示的单一报表格式,见表13-4。

表13-4 企业收益及全面收益表

2000年12月31日止的会计年度

收入		140 000
费用		(25 000)
其他利得与损失		8 000
出售证券利得		2 000
税前经营收益		125 000
所得税费用		(31 250)
计入非常项目和会计变更累计影响前的收益		93 750
非常项目(税后)		(28 000)
计入会计变更累计影响前的收益		65 750
会计变更影响(税后)		(2 500)
净收益		63 250
其他全面收益(税后):		
外币折算调整		8 000
未实现的证券利得(按照全额法列示重分类调整)		
本期产生的未实现利得	13 000	
减:包括于净收益中的利得重分类调整	(1 500)	11 500
最低退休金负债调整		(2 500)
其他全面收益		17 000
全面收益		80 250
每股全面收益		3.21

(3) 通过权益变动表进行报告。

除了上述推荐使用的方法外,FAS130也允许企业在与构成整套财务报表同等重要的报表中报告全面收益及其组成。如果企业编制权益变动表并把它作为主要的报表,那么也可以通过权益变动表进行报告(见表13-5)。

表 13-5　通过权益变动进行报告

	总额	全面收益	留存收益	全面收益	普通股	投入资本
期初余额	$563 500		$88 500	$25 000	$150 000	$300 000
全面收益						
净收益	63 250	$63 250	63 250			
其他全面收益(税后)						
外币折算调整	8 000	8 000				
未实现的证券利得						
(扣除重分类调整)*	11 500	11 500				
最低退休金负债调整	(2 500)	(2 500)				
其他全面收益		17 000		17 000		
全面收益		$80 250				
发行普通股	150 000			50 000	100 000	
普通股股利	(10 000)		(10 000)			
期末余额	$783 750		$141 750	$42 000	$200 000	$400 000

* 请注意,这里是按照净额列示的重分类调整,因此必须在财务报表的附注中按照全额法补充披露:

附注:

重分类额的披露:	
本期产生的未实现利得	$13 000
减:包含在净收益中利得的重分类调整	(1 500)
证券上未实现利得净额	$11 500

不管选择哪一种方法报告全面收益,都必须符合以下要求:

(1) 对其他全面收益项目进行适当分类。FASB 认为,由于不同的会计准则所产生的其他全面收益项目在性质上往往是不同的,比如 SFAS52“外币折算”产生的外币折算差额就不同于 SFAS87“雇主退休金会计”产生的退休金负债调整,因此,根据会计准则来划分其他全面收益项目是适当的。

(2) 列示全面收益总额。FASB 认为,全面收益总额是一个有用的计量,它可以显示一个企业期末的财务状况,与当期其所进行的全部财务活动之间的勾稽关系,从而提高财务报表的可理解性。另外,报告全面收益总额还可以向使用者提供比较不同企业财务业绩的标准。正像在实务中称净收益有各种不同的用词一样,企业在财务报表中也可以用“权益变动总计”、“综合盈亏”或其他名词来描述全面收益总额。

(3) 进行重分类调整(reclassification adjustment)。在实现时包括在净收益中的某些利得或损失,可能在实现之前就已经确认为其他全面收益。为了避免该利得或损失在全面收益中重复计算,必须在净收益与其他全面收益之间进行重分类调整,即将已经实现的利得或损失从其他全面收益中冲销。SFAS130 对于重分类调整规定了两种披露方法:一种是全额披露法(gross display),即重分类调整与其他变动分开列示,通过两个总额(本期产生的其他全面收益总额与本期实现包括在净收益的相应项目总额)说明项目的总变化。另一种是净额披露法(net display),即重分类调整与其他变动一起列示,通过一个总额说明项目的总变化。最低退休金负债调整应采用净额法披露,除此之外的其他全面收益项目可以选用全额法或净额法披露,但如果采用净额法,那么还必须按全额法在报表附注中补充披露。FASB认为,这样处理可以使得净收益与全面收益之间的关系清晰明了,有助于财务报表使用者对它们的理解。下面举例说明重分类调整程序:根据美国SFAS115"在特定的债务和权益证券上投资的会计处理",可销售证券是按公允价值进行计量的,公允价值变动产生的未实现利得或损失在所有者权益部分单独确认(按照SFAS130,这些项目应当包括在其他全面收益中),直到出售或者转入交易中证券(trading securities),方可进入当期的收益表确认。

SFAS130具有以下几个明显的特点:

● 主要规范全面收益及其组成因素在企业财务报表体系中的报告与列示,回避了全面收益及其组成的确认与计量;

● 全面收益的某些部分绕过收益表直接报告在资产负债表权益中;

● 全面收益及其组成,仍是由收入、费用、利得、损失要素所构成,但作为报告,全面收益又分为净收益和"其他全面收益"两个部分。它们的区别是,构成净收益的利得和损失都是已实现的,而构成其他全面收益的利得和损失仅仅是已确认、未实现的。

3. IASC提出两种表达已确认利得和损失的方法

国际会计准则委员会在1997年8月公布的修订后的IAS1"财务报表的表述"中,提出了改革业绩报告的要求。IAS1认为,"两个资产负债表日之间的企业权益变动反映该期间净资产或财富的增加或减少。除了与股东之间的交易如资本投入和股利分派引起的变动外,所有的其他权益变动都属于企业当期活动所产生的利得和损失"(IAS1, Revised, 1997, Par. 87)。传统收益表中的净损益同资产负债表中期末期初净资产变动(把由于同业主交易而引起的变化剔除)缺乏联系,因为按照有关国际会计准则,某些未实现的利得和损失(如重估价盈亏和某些外币折算差额)绕过了收益表而直接确认在资产负债表中。考虑到全部利得和损失这一信息对于使用者评估一个企业在两个资产负债表日之间财务状况变动的重要性,IAS1要求财务报表中必须有一个独立的组成部分,来突出显示企业的全部利得和损失,其中包括那些直接在权益中确认的项目。也就是说,IASC意图通过引入一张新的主要财务报表,既把收益表和资产负债表联系起来,又可反映企业当期已确认的净财富的变化。

根据如上设想,IASC提出两种可用来表述已确认利得和损失的方法:第一,通过权益变动表表述;第二,通过单独的"已确认利得及损失表"表述。下面是IAS1的"已确认利得及损失表"。

(1) 通过权益变动表表述,见表13-6。

表13-6 UFO集团截至2002年12月31日的会计年度权益变动表

	股份资本	股份溢价	重估价准备	折算准备	累计利润	合计
2000年12月31日余额	×	×	×	(×)	×	×
会计政策变更	—	—	—	—	(×)	(×)
重新表述的余额	×	×	×	(×)	×	×
财产重估价盈余			×			×
投资重估价亏损			(×)			(×)

（续表）

	股份资本	股份溢价	重估价准备	折算准备	累计利润	合计
货币折算差额	—	—	—	(×)	—	(×)
未在收益表中确认的净利得及净损失			×	(×)		×
本期净利润					×	×
股利					(×)	(×)
发行股份资本	×	×	—	—	—	×
2001 年 12 月 31 日余额	×	×	×	(×)	×	×
财产重估价盈余			×			×
投资重估价亏损			(×)			(×)
货币折算差额	—	—	—	(×)	—	(×)
未在收益表中确认的净利得及净损失			×	(×)		×
本期净利润					×	×
股利					(×)	(×)
发行股份资本	×	×	—	—	—	×
2002 年 12 月 31 日余额	×	×	×	(×)	×	×

(2) 在“已确认利得及损失表”表述，见表 13-7。

表 13-7 UFO 集团截至 2002 年 12 月 31 日的会计年度已确认利得及损失表

	2002 年	2001 年
财产重估价盈余	(×)	×
投资重估价盈余	×	(×)
国外主体财务报表折算差额	(×)	(×)
未在收益表中确认的净利润	×	×
本期净利润	×	×
已确认的利得及损失总额	×	×
会计政策变更的影响	(×)	

其实，IASC 在很大程度上借鉴了英国 FRS3 和美国 SFAS130 的经验。对于按照有关国际会计准则规定不能在收益表中确认的某些未实现利得和损失，如重估价盈余和国外主体财务报表折算差额，IAS1 建议的表述方式基本上与美国 SFAS130 相类似，既可以在单独的“已确认利得与损失表”中披露，也可以在权益变动表中披露。其中，“已确认利得与损失表”与美国 SFAS130 规定的“全面收益表”的格式和内容基本相同，也相当于英国 FRS3 提出的“全部已确认利得与损失表”，同样起着汇集一个企业已确认的全部利得和损失的作用。

4. G4＋1 建议的财务业绩报告模型

1999 年 8 月，G4＋1 发表了“报告财务业绩”，认为财务报表使用者都需要关于一个主体全面的财务业绩信息，因为这些信息可以：①帮助使用者评价主体利用现有资源创造现金流量的能力，并判断主体利用资源及可能利用其他资源的有效性；②向使用者提供反馈信息,以便他们能够检查对过去期间财务业绩的评价,并修正他们的评价,对未来期间的财务业绩做出预测(Par. 1—5)。但现行财务业绩报告显然不能够满足使用者的需求,因为它存在以下缺陷:

(1) 财务业绩报表没有包括所有相关的项目。面对财务报告新的挑战,会计偶尔会确认某些净资产的变动,但它们都被排除在收益表之外。因此,虽然这些事项对净资产的影响一目了然,但其变化(即利得或损失)却没有在财务业绩中得到反映,因为这些财务业绩项目没有包括在收益表中,而是埋没在权益(准备)变动之中。

(2) 财务业绩报表中包括不合适的项目。例如,股利(已支付的或者准备支付的)作为本年利润的减项列示在收益表中。这是缺乏充足理由的,因为股利是利润的划拨,而不是一项财务业绩,应当排除在财务业绩报表之外。

(3) 分类不适当。商业环境的日益复杂使得传统的分类标准如实现原则已经不能成为划分财务业绩项目的充分依据了。根据资产的实现来决定财务业绩项目的报告,会导致管理当局操纵报告利润(尤其是对于流动性强的资产)。实现的作用可以在现金流量表中得到更好的体现,但现金流量只能反映财务业绩的特定方面(这可能是最受管理当局意愿影响的)。不管如何充分披露,现金流量信息只能提供有关流动性和过去已转化为现金(或现金等价物)的信息,而不是有关财务业绩的信息。

G4+1总结和评价了英美等国准则制定机构对财务业绩报告的改革,得出以下结论:

第一,所有已确认的财务业绩组成项目都必须在财务业绩报表中进行报告和描述,而不应当与所有者投资和分派款项所引起的权益变动一起报告。而将财务业绩项目与不代表财务业绩的项目区分开来报告,已成为国际发展的趋势。单个汇总的数据(如本期损益)不能够充分传递主体的财务业绩信息,为提供更有用的财务业绩信息,必须根据项目的不同性质加以适当分类。G4+1认为,财务业绩应划分三个主要部分报告:①经营(或销售)活动的结果;②理财及其他财务活动的结果;③其他利得和损失。

第二,英国的实践证明,在两张报表中报告财务业绩,有可能导致会计信息使用者过于侧重对一张报表的关注,而忽视另一张报表的信息内涵,也可能导致夸大两张报表之间的差别。因此,有的财务业绩项目在单一的、扩展的财务业绩报表中报告比两张报表中报告更为合适。

G4+1建议的财务业绩表如表13-8所示。

表13-8 财务业绩表

经营(销售)活动[①]		
收入		775
销售成本		(620)
其他费用		(104)
经营收益		51
理财及其他筹资活动[②]		
债务利息	(26)	
金融工具上的利得及损失	8	

（续表）

理财收益		(18)
税前经营和理财收益		33
所得税		(12)
税后经营和理财收益		21
其他利得及损失		
非持续性经营项目处置利润	3	
持续经营活动中出售财产的利润	6	
长期资产重估价	4	
关于外币净投资的汇兑折算差额	(2)	
税前其他利得及损失	11	
来自其他利得和损失的所得税	(4)	
税后其他利得及损失		7
合计③业主净投资和派给业主款以外的权益增加(减少)		28

注:① 本表中列示的三个主要部分,每个都可以进一步分为持续业务、并购和终止业务;既可以在本表中列示,也可以在附注中列示。

② 对于某些行业的主体,如银行和金融机构,该部分可并入"经营(销售)活动"。

③ 此处的"总额"可以用其他的术语表示,如"全面收益"(美国)或"全部已确认利得及损失"(英国)。

第三节　财务业绩报告改革:共同趋势、局限性及思考

一、财务业绩报告改革的共同趋势和局限性

(一) 财务报表改革的共同趋势

纵观英国 ASB、美国 FASB、IASC 和 G4＋1 关于财务业绩报告的改革,我们可以看出这些改革反映了一些共同的趋势。

(1) 改革业绩报告的目标基本一致,即都要求报告更全面、更有用的财务业绩信息,以满足使用者投资、信贷及其他经济决策的需要。而要达到这一目标,单靠传统收益表(损益表)是无能为力的。许多对使用者决策有用的业绩信息绕过了收益表(损益表)直接报告在资产负债表中的权益部分,因此需要加以改革,扩大企业财务业绩报告的内容。

(2) 改革业绩报告的思路基本相同,即在保留传统收益表(损益表)基本结构的前提下,通过增加所谓的"第四财务报表",如 ASB 的"全部已确认利得与损失表"、FASB 的"全面收益表"和 IAS 的"已确认利得与损失表",或者通过扩大传统收益表(损益表)或权益变动表的报告内容(如 G4＋1 建议的改革方案),补充揭示财务业绩信息,构成新的业绩报告体系。

(3) 突破了实现原则的束缚,扩大了业绩报告的内容。在以前,尽管按照某些会计准

则或法律的规定，允许确认若干未实现的利得项目，但受实现原则的限制，这些项目都不能在财务业绩报表中确认。现在将绕过收益表(损益表)而在资产负债表中直接确认的未实现利得和损失集合在一张财务报表中，反映企业全部财务业绩。可以看出，在一整套财务报表中，包括可反映企业全部财务业绩、全面收益的报表已经在英、美等国和IASC成为现实。美国会计界对此给予了高度评价，认为“这代表了财务会计近几年最主要的变革”。鉴于IASC和G4+1在会计国际协调中的重要地位，我们有理由相信今后将会有更多的国家采取类似的行动，报告更为全面的业绩信息，进一步体现公允披露的原则。

（二） 目前财务报表改革的局限性

我们应当看到，虽然ASB、FASB、IASC和G4+1对业绩报告的改革显然是一个进步，但由于受财务会计理论发展的限制，并考虑会计准则的经济后果和实用性，它们的改革范围又是极其有限的，都没有解决全面收益(全部已确认利得与损失)及其组成项目的确认与计量问题，而仅仅是对传统收益表(损益表)和资产负债表的重新组织而已。

FASB在介绍FAS130制定背景时认为，从理论上说，一项完整的全面收益准则应当包括全面收益及组成项目的确认与计量。但如果这样，势必要全面修订现行的会计准则和实务，而且必然会引起许多有争议的问题，包括资产和负债应采用何种计量属性进行计量？如果不能完全运用现行价值或公允价值计量，又如何界定何种情况下应以现行价值或公允价值计量？是否所有价值变动产生的未实现利得和损失均能在财务业绩报表内确认？如果是，企业又应在何时对其予以确认等等。对于诸如此类问题，FASB及其他会计职业团体花了大量的时间和精力却收效甚微，要等到这些问题彻底解决后再来制定全面收益准则，那将是一件令人生畏并十分遥远的事。考虑到外部使用者对衍生金融工具会计准则和全面收益准则的迫切需要，FASB决定先不涉及会计两个最为敏感的问题——确认与计量，而只解决按照现行会计准则已经得到确认和计量的其他全面收益项目的报告与列示问题(FAS130，1997，Par. a-53)。

ASB、FASB、IASC和G4+1的改革思路无一不是构建一个框架，然后通过制定具体的会计准则往里面填充内容。不难发现，已确认未实现利得或损失之所以产生，是由于计量属性的选择。当资产采用历史成本计量时，在初始计量(initial measurement)之后，除非该资产进行销售或处置，一般不存在随后的计量(subsequent measurement)。也就是说，在资产持有期间，不存在未实现的利得或损失。但如果采用包括公允价值在内的现行价值计量，由于现行价值总是在变化着，在初始计量之后，只要资产为企业所持有，随后的计量就不可避免，未实现利得或损失实际上是持有资产公允价值或现行价值计量的变化。但随着公允价值广为应用，未实现的利得或损失就愈来愈多，因而就需要建立确认未实现利得或损失的基本标准。计量带来了确认的新问题，计量的问题又需要由确认来解决。公允的确认标准是公允的计量和获得真实的全面收益信息的保证。目前，未实现的利得或损失如何确认和如何计量由各国的会计准则具体规定，势必导致确认和计量标准的差异，从而降低财务业绩信息的可比性和可靠性。

FASB提出全面收益概念的目的在于通过一个“底线”(最终项目)——全面收益总额来反映主体在一个期间内来自非业主交易的权益的所有变动：按照现行会计准则已经得到确认的收益项目，以及绕过收益表直接在权益中列示的项目、毫无疑义的组成项目。然而，这些项目是否就构成一个主体的“全面”收益呢？我们认为，FASB、ASB 和 IASC 所要求报告的全面收益（全部已确认利得与损失）虽然比传统净收益（净损益）包括的内容要广泛一些，但还远远不足以代表一个主体“全面”的业绩。

以美国投资管理与研究协会（AIMR）为代表的使用者在表示支持 FAS130 的同时，也为 FASB 没有能够解决全面收益的确认和计量问题而感到遗憾。AIMR 所属的财务会计政策委员会（FAPC，1996）认为：“由于按照现行公认会计原则，许多有用的价值变动信息，比如持有至到期日的投资和所有的金融负债，被排除在全面收益之外。因此，全面收益总额的有用程度是很低的，我们不赞成报告每股全面收益，以免使用者过于关注这一新的‘底线’”。在将来，我们期望全面收益能够成为与计价相关的财务业绩计量，那时我们可能支持赋予它更多的重要性。FAPC 在另一篇文章中再次申明了这一立场：“FAPC 是支持全面收益概念的，但 FAPC 更需要的是全面的事实，而不是经过挑选的事实”（AIMR，FAPC，1998）。而以美国银行和金融机构为代表的财务报表提供者更是以此为由反对报告全面收益。第一联合公司（First Union Corporation）对报告全面收益的反映是：“……根据‘报告全面收益’征求意见稿的规定，第一联合公司截至 1996 年 6 月 30 日前三个月的全面收益及每股全面收益，比报告的收益及每股收益下降了 40%。收益的显著下降可能会误导那些信息不灵通的投资者，以为公司存在重大的问题。而恰恰相反，全面收益的显著下降证明了旨在最大限度地降低由于市场变动而可能导致现在和将来收益波动的资产—负债战略取得了良好的进展。全面收益之所以不能够反映资产—负债战略的全部效果，是因为这一概念存在致命的缺陷，它仅仅包括经选择的经营资产、负债和衍生工具的影响。”FASB 也承认，FAS130 只是运用全面收益概念的第一步，还有许多理论问题尚待进一步研究，今后需要不断地审查和修正 FAS130，以在更广泛的范围内（包括确认与计量）完善全面收益概念（FAS130，Par. a-54）。

也许，真正“全面”的收益在会计上是可望而不可求的，除非完全应用以价值为基础的计量模式，而这在可预见的未来似乎不大可能实现，因为总有些资产和负债项目（尤其是无形资产）不能够可靠地予以计量，从而不能在财务报表中确认它们的变动。但全面收益概念的出现给会计界提出了这样的要求：即必须改革或修正传统的收益确认标准，对更多的资产负债表项目采用现行价值或公允价值计量，以确认更多的未实现的价值变动，使得报告的全面收益尽量符合其经济实质。

全面收益表的出现，是一把“双刃剑”。一方面改变了原有的、传统的利润表信息内涵和决策有用性不足的缺点，但是另一方面却大有将收益来源模糊化的倾向。为此，我们结合国外全面收益研究的若干结论，进行如下设想：

将传统的利润表扩充为“收益与全面收益表”（statement of income and comprehensive income），并分为三段式，分别为核心业务利润（营业利润）、非经常性损益、其他全面收益（反映特定的持有利得或损失）。

这样做的目的主要是为了一表多用，具体来说，包括如下几点：

（1）核心业务利润的确定主要采取“当期经营观”，其主要来自于企业持续的、经常性的业务（即经营活动）带来的利润，主要用来评估企业经营者在特定期间的经营业绩，可以帮助长期投资者评估企业的持久性盈利能力。

(2) 核心业务利润和非正常损益一并组成了企业的利润总额并由此确定净利润，这相当于“总括收益观”的应用。由此可以向短期投资者传递企业当期经营的全貌，有助于这些投资者对企业的股利支付政策做出合理的预期，并进而做出买卖股票的决策。

(3) 其他全面收益部分可以反映企业因采纳不同于历史成本的计量属性(如公允价值)而带来的持有利得或损失。这部分体现了“资产负债观”确定收益的思路，也可以避免某些交易绕过利润表而直接进入资产负债表，而导致利润表信息内涵降低的缺憾。

二、改革财务业绩报告的尝试性建议

我们认为，以决策有用性会计目标为导向，在更广泛的范围内解决全面收益的确认和计量问题，不仅是可能的，而且是财务会计的发展趋势。我们这里从长远观点，研究未来如何改进全面收益的报告。我们的改进建议可以分为内容和方式两部分。

(一) 改进全面收益报告的内容

1. 全面收益报告应真实、全面、及时地描述企业当期交易、事项和情况的财务影响

良好的业绩报告应当表现经济真实。凡是属于本期交易、事项和情况的影响，不管实现与否，都应当在发生当期及时予以确认，既不应提前，也不应滞后。

我们不赞成将有可靠证据加以证明的已经产生的收益推迟到实现之时确认，也不赞成将已实现收益当作唯一的业绩计量指标，因为它并不反映当期交易、事项和情况的结果。我们赞同英国ASB的业绩报告模式，全面收益表及其组成应当反映在当期产生的收益，而不是只在当期实现的收益。在前期已被确认为其他全面收益的未实现利得和损失，即使在以后会计期间实现了，也不应再予确认，因为嗣后的实现只是前期已经产生的利得和损失的证明。换言之，所有的利得和损失只应在全面收益中确认一次。这样，FAS130规定的“重分类调整”程序就不需要了，使用者也不必花费大量的时间和精力来分析哪些项目与前期有关，哪些项目与当期有关，使得全面收益表更加简化，也更有意义。

2. “收益平滑”是财务政策而不是财务报告的职责

通过经营策略来实现收益平滑化，是企业应该追求的目标，但不应当通过会计处理方法来制造收益平滑化的表象，因为这样是不能反映经济事实的。美国证券交易委员会主席阿瑟·利维特(Levitt, 1998)指出：“公司的经营业绩实际上在各年是起伏不定的，财务报告不应进行所谓的‘平滑’，不应人为地粉饰一个似乎前后一致、稳定发展的假相。”

使用者之所以支持报告全面收益，就是因为它能够更真实、更完整地反映当期交易、事项和情况的财务影响，而不是为收益报告提供“平滑工具”(smoothing devices)。在科学技术迅猛发展和金融创新日新月异的新形势下，现代企业所处的经济环境带有更大的不确定性，竞争加剧，风险加大，这就在客观上导致企业收益失去稳定性。比如，高科技产品具有较高的增值性，企业拥有的技术越先进，其产品在市场上的占有份额就越大，收益也越高。而当竞争使得原本领先的技术变得落后时，产品就会很快失去市场份额，收益也随之消失。在这种情况下，企业收益必然会出现较大的变动。对于这种变动，管理当局不应当通过历史成本原则和实现原则来人为调节或均衡，而要如实加以反映，因为这种信息是使用者了解企业面临的市场风险所必需的。

3. 可靠性和相关性是全面收益报告必备的质量属性

全面收益信息必须是可靠的。由于管理当局与使用者之间的信息不对称以及收益信息在契约中的重要作用，管理当局有可能出于私利而操纵报告收益。如果缺少足够的可靠性和可验证性，那么就会降低全面收益报告的有用性，甚至误导使用者的决策。但对于使用者的经济决策而言，全面收益报告只具有可靠性是远远不够的，还必须具有相关性。相关性与可靠性同等重要，缺一不可，我们既不能由于强调可靠性而忽视相关性，也不能由于追求相关性而放弃可靠性，必须进行适当的权衡。我们主张，在保证足够可靠性的基础上，应当尽量提高信息的相关性，使得全面收益报告对使用者的经济决策更加有用。

（二）改进全面收益报告的方式

对于全面收益的报告方式，我们主要研究以下问题：全面收益的一切内容应在一张、还是在两张或更多的报表中列示？各种收入、费用、利得和损失，应当合并或分解到何等程度？合并这些要素而得到的中间性指标，哪些应予突出列示？其中哪一项应置于财务报表"底线"的地位等等。

1. 全面收益信息应当以使用者易于获得的方式报告

鉴于现实的资本市场并不是充分有效的，我们赞成在与收益表合并的报表（即单一的财务业绩报表）中报告全面收益及其组成：

(1) 这与全面收益计量的性质是一致的，具有一贯的概念依据。构成全面收益的所有项目毫无疑问都是对企业财务业绩的计量。目前被划分为净收益的组成项目与其他全面收益项目并不存在概念上的差别。

(2) 其次，可以保证业绩报告的完整性和可比性。由于其他全面收益项目与净收益项目对于计量一个企业的财务业绩具有同等的重要件，如果统一要求企业将所有的全面收益项目列示在同一张报表中，可以使得业绩报告更加完整。而且尽量减少会计方法的可选择性，也有助于增加信息的可比性。

(3) 可以提高其他全面收益项目的透明度，便于使用者对全面收益信息进行分析利用。如果允许企业选择在业绩报表中或者在权益变动中报告其他全面收益，那么，许多企业可能愿意在权益变动表中进行报告，从而降低其他全面收益项目受重视的程度。

(4) 可以避免在实务中出现两种业绩报告——全面收益表和收益表，防止误导使用者的决策。

2. 应提供中间性指标

按照对使用者决策有用的方式划分全面收益项目，为了充分披露全面收益各组成项目的稳定性、风险和可预测性，仅仅报告一个全面收益总额是不够的，还必须对全面收益项目进行适当分类，提供有用的中间性指标。

(1) 区分盈利和全面收益。

我们认为，在全面收益中，比按照实现标准划分收益和其他全面收益更有意义的分类方式，是按照收益的性质区分盈利和盈利以外的其他全面收益。盈利应能用来确切计量主体在一个会计期间内经营、投资和理财等活动（即广义的经营活动）的业绩（即广义的经营业绩）。盈利作为本期经营业绩的计量，是管理当局可控因素造成的，反映特定会计期间管理当局的努力和成就。因此：

① 盈利应同本期经营业绩相联系，代表本期经营、投资和理财等活动的结果；

② 盈利应是已经赚得的，或者已经完成了赚取的过程。比如，企业已经完成了商品生产或已经提供了劳务；

③ 盈利应是已实现或可实现的，比如，已经收到了现金或现金要求权，或者能够确切地预计收到现金或现金要求权的金额和时间。

盈利以外的其他全面收益则主要包括两方面的内容：

① 由企业不可控制的外界因素形成的利得和损失，包括与企业本期经营活动无关的非常利得和损失，例如地震或洪水引起的自然灾害损失，也包括物价、利率、汇率变动等事项和情况形成的一些未实现的增值或减值，如外币折算调整、最低退休金负债调整、生产必需用固定资产的重估价盈余等。这些利得和损失非企业主观努力所产生，不能用于评价管理当局的经营业绩，应当排除在盈利之外，但可以包括在全面收益之中。

② 与本期无关基本属于前期的项目，如前期调整项目和会计原则变更的累计影响。

对于物价变动产生的持有利得和损失要具体分析。有些持有利得和损失不是管理当局所能控制的，但有些却是管理当局可以控制的。一个企业为了保证持续、正常的生产经营而持有的资产，如固定资产与存货，这部分资产由于物价变动而产生的持有利得和损失，非管理当局通过努力所赚取的，不能包括在盈利中，而只能包括在全面收益中。但如果一个企业看准有利时机、购入价格看涨的资产，而且该资产通常不是企业正常生产经营所必需的，比如企业用暂时闲置的资金购买用于交易目的的有价证券，那么这类持有活动实际上已是投资活动，其产生的利得和损失反映了管理当局自愿承担风险（如价格风险、利率风险、汇率风险）而获得的报酬，因而可以包括在盈利中。

这样，我们建议的盈利概念与全面收益概念之间的关系，就类似于当期经营收益概念与全面收益概念之间的关系。盈利侧重反映管理当期赚得的经营业绩，而全面收益则侧重反映企业当期确认的全部财务业绩。这样分类有助于缓和“全面收益观”与“当期经营收益观”之间的矛盾，既满足使用者决策对完整、全面业绩信息的需要，又满足报告受托责任的需要。

（2）按照持续性标准划分盈利项目。

当前，美国实务界对于净收益的主要批评之一，就是净收益包含了太多的非再生性项目（non-recurring items），不便于使用者进行分析和判断。美国通用电气公司（GE）在评论“非再生性项目”对于股票价格的影响时认为：“会计师们对于‘非再生性项目’的处理太差了，以至于净收益只是一个玩笑。任何一个聪明的分析家都会选用其他的计价方法。像可口可乐和通用电气公司的财务报表包含了太多的‘非再生性项目’，使广大投资者感到为难，理应被证券交易委员会禁止，如果会计师不做必要改进的话。”

因此，为了便于使用者更清楚地把握企业的发展趋势，更好地预测企业未来的业绩，我们认为，根据持续性标准来对盈利项目进行分类是比较合适的。评价盈利的持续性，主要考虑两个因素：

① 盈利的正常性，这是指盈利的性质。企业在正常生产经营过程中当期主要经营业务所产生的收益，通常就属于正常盈利。而在企业经营活动中偶尔发生的一些业务所产生的收益，通常属于非常盈利，如中断业务的收益。

② 盈利的经常性，这是指盈利发生的频率。盈利的经常性在很大程度上取决于盈利

的来源，使用者通过分析盈利活动是否重复来判断盈利的经常性。一般而言，正常、经常的盈利项目具有较高的持续性，而非常或偶发的盈利项目的持续性就较低。

盈利的持续性是一个重要的概念。不同的盈利构成要素具有不同的持续性。运用持续性标准，可将盈利事项区分为下面三大类：①永久事项。这类事项产生的盈利预计将会无限持续下去，$ERC=(1+R_fM)/R_f$。②暂时事项。这类事项只对当期盈利有影响，而不会持续到未来期间，$ERC=1$。③对股票价格无影响的事项。这类事项的持续性为零，$ERC=0$。由于以上三类事项都是在同一张收益表中进行反映的，因此，拉曼克雷斯南和托马斯建议，投资者应当试图分别评价收益表中每类项目的持续能力和ERC，而不是求得一个平均的ERC。

按照持续性标准划分盈利，也符合美国注册会计师协会财务报告特别委员会1994年在《改进企业报告——面向用户》中提出的建议。该报告指出，收益表应当对核心盈利(core earnings)和非核心盈利(non-core earnings)做出区分，以提供最能够反映企业经营趋势的信息(AICPA, 1994, P. 82)。核心盈利源于企业正常或经常性的经营活动。“正常”意味着对特定企业来说是普通的或典型的。“经常”意味着隔一段时间将重复发生。相反，非核心盈利则源于非常的(对特定企业来说不是典型的)或者偶发的(在可预见的将来或者在规定的间隔前不会再发生)的经营活动。核心盈利主要包括正常或经常性的经营收益，而属于非核心盈利的例子有中断业务收益、与一笔在可预见的未来不会再发生的巨额交易有关的收益、与特殊业务(如非不动产商出售了不动产)有关的收益等。

(3) 详细列示全面收益总额及其组成。

完整的全面收益报告必须包括全面收益总额及其各个部分。列示全面收益表的“底线”　全面收益总额是重要的，它反映一个企业全部的财务业绩，并可以提高信息的可比性。但也要看到，对于现实中的企业，总括数中包含了许多性质特殊的项目，对于那些作出投资、信贷和类似决策的使用者来说，全面收益总额只能帮助他们很有限地了解企业的活动，关于全面收益各个组成部分的信息，可能常常比全面收益总额用处更大。

(4) 报告每股全面收益和每股盈利。

报告每股全面收益可以向使用者提供一个重要的汇总指标，帮助他们在总体上考核企业当期取得的财务业绩。但由于全面收益包括非常项目和偶发项目的影响，因此，报告每股盈利(EPS)也有助于他们正确判断企业的获利能力。

(5) 提供历史成本收益附注。

虽然我们不主张在财务报表中单独反映历史成本收益信息，以免不恰当地突出历史成本收益计量指标的重要性，但我们赞同英国的观点，在财务报表附注中提供严格按照历史成本原则和实现原则确定的净收益信息是有意义的：

① 已实现收益与未实现收益是不同质量层次的收益。由于收益在计量上的不确定性，有可能出现对企业相对风险的夸大或缩小，使用者了解收益是否实现是有用的。假如一个企业的收益已经实现，而不是依赖于未来不确定事件的出现，其收益就具有较高的质量(AICPA, 1994, P. 88)。

② 历史成本收益可以使那些采用现行价值或公允价值计量的企业与没有采用现行价值或公允价值计量的企业的财务业绩保持可比性。

③ 历史成本收益对于使用者和企业的某些决策是有用的，比如评价管理当局的受托责任、决定可供分配的股利以及缴纳税金等。

④ 综合分析全面收益与历史成本收益，使用者还可以进一步评价收益的质量。

根据如上的分析，我们建议的财务业绩报表列示如表 13-9 所示。

表 13-9 财务业绩报表

2000 年 12 月 31 日止的会计年度

收入		\$170 000
费用		(35 000)
税前核心盈利		135 000
核心盈利的所得税		(7 500)
核心盈利		127 500
非核心盈利		
出售证券利得	\$2 500*	
中断业务收益	19 000	
非核心盈利的所得税	(1 200)	20 300
盈利		147 800
其他全面收益		
非常项目(税后)		
(如自然灾害损失)	\$(8 000)	
外币折算调整	6 000	
未实现的证券利得	8 000	
固定资产重估价利得	21 000**	
最低退休金负债调整	(4 000)	
会计变更累计影响(税后)	(3 500)	19 500
全面收益		\$167 300
每股盈利		\$3.85
每股全面收益		\$4.36

* 假设出售证券投资不是公司正常或经常的业务，因此，出售证券利得应当包括在非核心盈利中，等于出售证券净所得与其账面价值(而不是历史成本)之间的差额。

** 本期持有固定资产的重估价与其账面净值之间的差额。

附注：历史成本收益

盈利	\$147 800
已实现的以前年度证券投资利得	3 000
历史成本折旧费与按照重估价计算的折旧费差额	8 000
税前历史成本经营收益	158 800
扣除税收、非常项目、会计变更累计影响之后的历史成本收益	138 600

财务业绩报告在可预见的未来，最可能出现的前景将会是一般尝试和变革的时期。传统收益表在实务中还将继续存在下去，而通过全面收益表来报告更多现行价值或公允价值计量的结果。但我们相信以决策有用观为导向，随着以价值计量为特征的会计准则的大量涌现，其他全面收益项目将越来越多，全面收益表在整套财务报表中的地位也将越来越重要，这势必要求重新组织全面收益信息的报告。在将来，彻底改革传统收益表的格式和内容，代之以包括收益表在内的、内容更广泛的财务业绩报表并非是不可能的事。

第十四章

财务报告质量评估与高质量的财务报告

第一节　评估财务报告的各种观点

评估财务报告的质量，应当有一个财务信息质量的评估标准。1980 年 5 月，美国财务会计准则委员会(FASB)就公布了第 2 号财务会计概念公告“会计信息的质量特征”，全面地列示了会计信息为满足用户(投资人/债权人)需要的质量特征框架，似乎评估标准已经在这个框架中完全确立了。然而，评估财务报告的质量标准总是取决于这些质量所应满足的需要，即财务报告的目标。FASB 对财务报告的目标规定得很明确：财务报告应该提供对现在的、潜在的投资者和债权人以及其他使用者做出合理的投资、信贷及类似决策有用的信息。FASB 制定的会计信息质量特征直接服务于投资人的决策有用性，而美国证券交易委员会(SEC)前主席 Levitt 在《高质量会计准则的重要性》的演讲中，则以保护投资人的利益为目标，提出诚信、透明、公允、可比和充分披露等特征为主要的质量要求，这同 FASB 把相关性与可靠性作为主要的信息质量不尽相同(Levitt，1998)。值得注意的是，在 Levitt 的倡议下，美国审计界开展了财务报告质量评估问题的讨论，并提出一些有价值的见解。

一、“蓝带委员会”的观点

1999 年，由纽约证券交易所(NYSE)和美国全国证券交易商协会(NASD)资助的关于改进公司审计委员会效率的“蓝带委员会”(The Blue Ribbon Committee)，提交了一份报告，在报告中提出了关于改进公司审计委员会效率的各种建议。其中的第 8 号建议提出：“本委员会建议公认审计准则(GAAS)应要求公司外部审计人员与公司审计委员会就审计师对公司编制财务报告所用会计原则质量的判断进行讨论，而不应只讨论这些会计原则的可接受性。讨论应包括下列问题：公司财务披露的清晰性；公司会计原则、基本估计及其他管理当局在编报财务披露，和外部审计师审阅这些财务披露时所做的重要决定的冒险或保守程度。应当鼓励公开、坦率地进行讨论。”在上述建议中，“蓝带委员会”提出的公司披露的清晰性、公司会计原则、基本估计及其他管理当局在编报财务披露，和外部审计师审阅时所做的重要决定的冒险或保守程度，可以看作是评估财务报告质量的又一种见解(标准)。

二、美国审计准则委员会的观点

美国审计准则委员会(ASB)也对上列"建议"做出了反应。它修改了第61号审计准则公告(SAS61)。修改后的SAS61要求:"联系SEC的每一项规定,审计人员与公司审计委员会应就审计师关于公司财务报告所用会计原则质量的判断进行讨论,而不仅是这些会计原则的可接受性。"不过承认目前"尚未建立有助于一致评估一个主体的会计计量和披露的客观标准"。按照修订后的SAS61,美国的审计师、公司的审计委员会和公司管理当局正在努力定义"财务报告的质量"。2000年4月,美国注册会计师协会(AICPA)发布了第2号实务注意公告(Practice Alert No. 2000-02)《与审计委员会讨论的会计原则质量的指南》,有助于执行SAS61的新要求。

这份公告提供了关于同审计委员会交流的方式和时间安排的指南,并在决定交流时,列出管理当局和审计师应当考虑讨论的十个题目。然而关于质量的主题,它仅说明:"有助于一致评估一个主体财务报告的会计原则的客观标准尚未建立。修订后SAS61指导关于审计委员会有关项目的讨论。这些应讨论的项目包括对财务报告的表述是否如实、可证实、中立和一致(to be representation faithful, verifiable, neutral and consistent)以及具有重大影响。如实表述、可稽核性、中立性和一致性都可按其广泛的意义,用作讨论质量的基础,因为这些质量都是在FASB第2号概念公告陈述的会计信息质量特征之中。"AICPA的这份实务注意公告虽然也认可FASB提出的评估会计信息的概念框架,但它对财务报告质量的评估则侧重于可靠性、中立性和一致性三个特征①。

三、美国注册会计师协会(AICPA)的观点

美国注册会计师协会(AICPA)的财务报告特别委员会(Jenkins委员会)于1994年发表了题为《改进企业报告——面向用户》的一份报告。在评估财务信息质量标准方面,该报告总的来说是依据FASB第2号概念公告的模式,但它除突出相关性和可靠性外,还突出可比性,强调可比性的三个方面:企业之间的可比性、各期间的一贯性和报表项目间的一致性。此外这份报告又指出,为了分析相关性,它表述了财务报告用户信息需求的七个概念:

(1) 分析每一个有不同机遇和风险的企业分部(包括行业分部和地区分部);

(2) 了解公司的经营性质,从不同经营业务中了解不同的机遇和风险;

(3) 具有前瞻性的观点,既研究历史信息,了解过去业绩,更着眼于未来发展,注重预测信息;

(4) 了解管理当局的意图,如对企业未来前景的看法,未来绩效的预测,将采取的措施,也包括会计数据的选用;

(5) 了解企业财务报告信息的相对可靠性,如对合同约定债务和担保可靠性的评估,对不太可靠的信息需要了解计量上的不确定性;

(6) 了解相对于竞争对手和其他企业的业绩;

① 这三个特征实际上可以用英国会计准则的最高要求——真实与公允(true and fair)来概括。

(7) 及时了解影响企业财务状况和经营业绩的重大变动和重大交易或事项，季节性重大变动等，这里需要注意及时性，中期报告(包括月份、季度、半年)所提供的信息非常必要。

为了满足大多数投资人最关注盈利(收益)指标的需要，符合所谓盈利坚持模式(earnings persistence model)，《改进企业报告——面向用户》建议把企业财务报表的内容按核心和非核心活动与事项(core and non-core activities and events)重新加以组合，突出核心项目，而重点是从净收益中划分出核心盈利(core earnings)和非核心收益与财务成本(non-core incomes and financing costs)。所谓核心盈利，是指一个公司核心活动与事项(经常的或持续发生的活动、交易和事项)所产生的盈利，一般指持续经营下发生的经营收益。而非核心收益与财务成本是指非核心活动与事项(非常的或偶尔发生的活动、交易或事项，如不再经营的业务、未来预期不会再发生的大笔交易、罕见的自然灾害的影响、独一无二的公司固定资产销售、会计原则变更的影响等)所发生的收益和成本。区分这两类盈利，是为了使投资人更准确地预测一个企业的未来盈利并对企业发展前景作出较可靠的判断。例如，图 14-1 可以揭开企业经营前景的真面目(只考察核心盈利的变化)[①]。

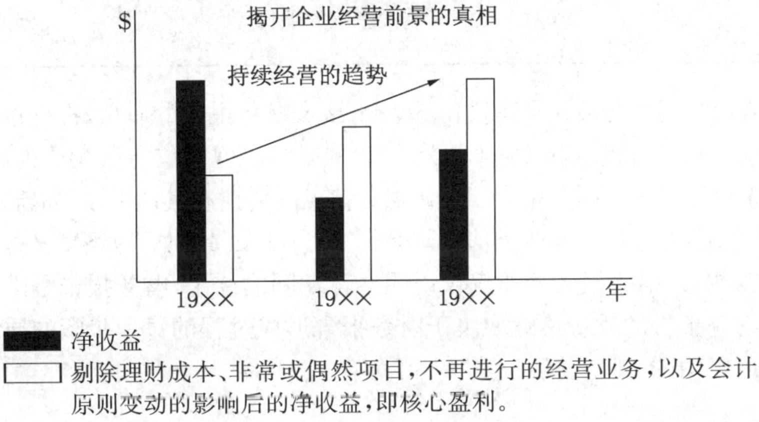

图 14-1

四、*Jonas and Blancher* 的观点

最后，安达信国际会计师事务所两位合伙人在研究了上述文献关于评估财务报表质量的要求或标准之后，作了如下的分析：

(1) 评估财务报告质量的方法虽互不相同，但就其目标来分不外乎两类："使用者的需要"和"对股东/投资人的保护"(shareholder/investor protection)。前者倾向于关注与估计有关的问题；后者倾向于更多地关注与公司治理和受托责任相关的问题。就使用者需要看，所建议的评估标准可以 FASB 第 2 号概念公告为代表。FASB 的财务信息质量特征是众所周知的，总的要求是决策有用性，相关性和可靠性则是两个主要信息质量。

若从对股东/投资人的保护看，财务信息的质量基本上被定义为，应向投资人提供"充

① 引自"Improving Business Reporting: A Customer Focus"，AICPA，1994，p. 80，Exhibit 1。

分而公允的披露”(full and fair disclosure)（这是 SEC 保护投资人的原则），SEC 和Levitt提出的目标(“蓝带委员会”第 8 号建议是达成这一目标的结果之一）——保护投资人并特别关注盈利被操纵（扭曲）。按照这一目标，高质量的财务报告是充分而透明的财务信息，这些信息不会企图困惑使用者或误导他们。在这一目标下的其他评估质量的标准虽有类似之处，但不完全相同，详见表 14-1。

表 14-1　决定会计原则与财务报告质量的标准

蓝带委员会建议 No. 8	SAS No. 61	SEC 模式（用于评估 IAS 的质量）
披露的清晰性	会计信息与披露的清晰性、一致性和完整性	透明度
会计原则和基本估计的过于乐观或保守（过左或过右）的程度		
	会计政策应用的一致性对会计信息的如实表述，可稽核性、中立性和对一致性有重大影响的项目	可比性 充分披露

(2)“蓝带委员会”的第 8 号建议和 SAS61 涉及财务报告的质量，都把重点放在一家公司的会计原则（即会计政策）以及它对财务报表的影响。但两位合伙人认为，全面地讨论财务信息的质量最终不限于财务报表。公司财务信息的传播有其他手段，如新闻报道、分析摘要，并可通过介绍、网址来传递此类信息，对财务信息的质量评估，应当广义地定义。

我们还需注意，财务报告并非仅仅说明会计期间的结果，财务报告是由一系列过程形成的。企业财务报告的质量最终取决于财务报告形成过程的每一步骤的质量。财务报告的形成过程可以用图 14-2 表示。

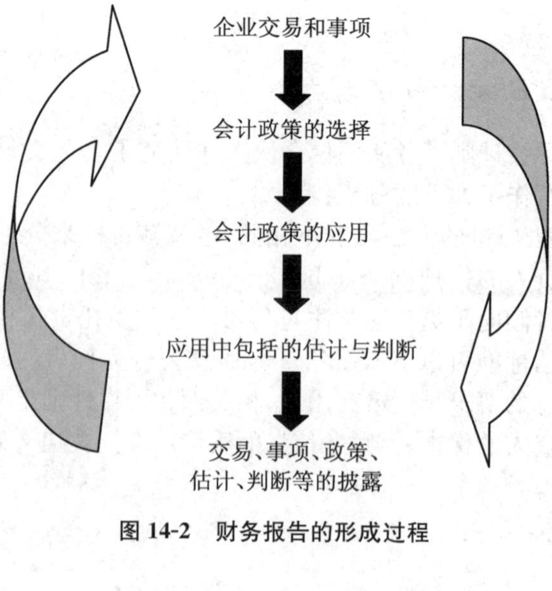

图 14-2　财务报告的形成过程

(3) Jonas & Blancher 最后提出了他们的用于评估财务报告质量的建议框架，见图14-3。

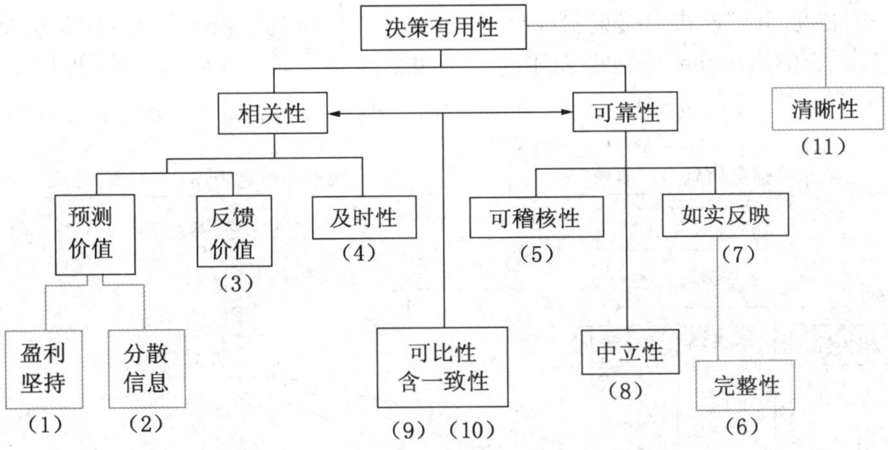

图 14-3　评估财务报告质量的建议框架

上列模式很明显地是以 FASB 的第 2 号概念公告为基础，同时吸收了 SEC 模式、“蓝带委员会”第 8 号建议和 SAS61 等文献中的有关评估标准。

第二节　财务报告的内容质量与表述质量

一、财务报告的内容质量与表述质量的区分

财务报告的质量首先取决于财务报表的质量，同时也决定于表外披露和其他财务报告的质量。至于财务报告的目标是主要面向使用者的决策需要，还是主要面向保护股东/投资者，这两者从根本上说是一致的。因为，在资本市场中，最主要的信息使用者，就是股东即投资人，所谓保护他们的利益，最主要的就是向他们提供高质量的、有助于投资决策的信息。我们同意这个观点：FASB 的第 2 号概念公告提供了较为全面的会计信息的质量特征要求，可以作为评估财务报告质量的基础。但在 SEC 前主席 Levitt 发表了高质量会计准则等一系列演讲之后，可以看到，FASB 的第 2 号概念公告有不足之处，那就是：FASB 着重研究的财务报告，主要是作为其核心内容的财务报表中的内容——报表组成各个项目的质量，它强调相关性与可靠性两个主要质量是正确的，但是财务报表和其他财务报告所展现在人们面前的是一幅完整的、相互关联的、反映企业财务状况、经营业绩与现金流量的图像，它还有一个应当如何表述才能使之成为完整的图像，从而反映企业的经济事实，为使用者清楚地理解，并努力使财务信息达到相关性与可靠性的统一，充分发挥决策有用性的作用的问题。显然，这个问题解决了，才能在财务信息的提供方面完成保护投资人利益的使命。此外，“盈利操纵”是当前会计数字弄虚作假的核心问题，在评估财务报告质量时必须予以特别的关注。这样看来，以 Levitt 为代表的美国 SEC 关于评价财务报告

的要求是两个重点:第一,财务报告进行表述的质量,主要是透明度、可比性和充分披露(即SEC的模式);第二,突出反映企业经营业绩的信息,如全面收益、净收益和核心收益(即盈利坚持模式,也是SEC模式中的重要部分)。由此可见,评价企业财务报告质量标准应包括:财务信息内容的质量和财务报表表述的质量两个部分。第一部分,可主要根据FASB的模式(SFAC No. 2),后一部分则主要依据SEC模式,我们的设想也可用图14-4表示①。

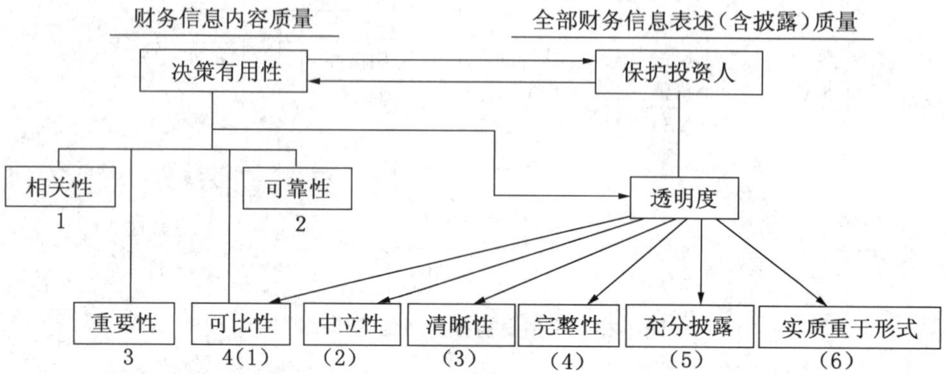

图 14-4

从图14-4可以看到:

(1) 作为评估财务报告的两个目标,决策有用性与保护投资人相互关联,在根本上是一致的,只是各有侧重。

(2) 任何事物都有本质(内容)和形式两个方面,财务信息的质量也是如此。有一些质量是财务信息作为信息最基本的特征——减少人们决策的不确定性,对决策有用——所不可缺少的,例如相关性和可靠性,否则它就失去信息的性质和基本作用,这些质量可称为财务信息内容的质量。这些质量不仅存在于信息的集合中,而且存在于单个信息中。比如可靠的企业盈利应是10 000元,而却把它确认为50 000元,后一数字属于不可靠的错误信息。但是财务信息还需要表述,特别是通过财务报表和其他财务报告相互联系地加以表述,这里也有一个质量问题。比如单个信息的内容是正确的,但表述不清晰、不充分,也会影响信息的作用,甚至引起误解。我们可以用两个简例来说明。

[例 1]

正确的表述
资产负债表

资 产		负 债
应收账款	80 000	
减:坏账准备	30 000	
应收账款净额	5 000	

不清晰不充分的表述
资产负债表

资 产		负 债	
应收账款	80 000	坏账准备	30 000

右表的表述同时高估了资产和负债,虽然所反映的应收账款和坏账准备的经济内容

① 关于信息质量特征的这一分类,我们参考了ASB的"财务报告原则公告"(1995年征求意见稿)第2章。

没有错，但据此表述所计算的财务指标如资产收益率、负债权益率等将产生误差，因此我们认为这样的表述是不清晰、不充分的。

［例 2］

资产负债表

资 产	负 债
存货 140 000 （按后进先出法）	

附注：过去存货均按先进先出法，本年起，改按后进先出法

资产负债表

资 产	负 债
存货 140 000	

表内、表外均无附注（包括旁注和脚注）说明存货的计价方法

右表所表述的年末存货的金额虽然无误，但由于没有说明存货计价方法的变更，影响了不同期间存货信息的可比性，因此，这种表述仍然是不清晰、不充分的。因此，除了将全部财务信息汇总在报表内，还必须讲究表述的质量。虽然内容的质量是基本的，但表述的质量也是十分重要的。尽管信息内容的质量起决定性作用，而信息表述的质量在一定条件下也会起主要作用。把正确的信息予以不全面、不清晰、不充分或模棱两可的表述（总体来说就是不透明的表述），同样会误导使用者。

(3) 财务信息的内容及其各组成部分的质量，均服从于决策有用性。财务信息与非财务信息，构成财务报告的全部。其表述和披露的质量，则以保护投资人为宗旨，这是信息不对称所决定的，是资本市场监管机构的任务。他们必须保护投资人——作为与企业利益攸关，而对企业信息的占有却处于劣势的投资人的利益。

(4) 决策有用性是由相关性与可靠性两个主要质量，以及重要性与可比性两个次要质量所构成的。这一点我们同意 FASB 第 2 号概念公告的基本观点。

(5) 保护投资人的主要质量是透明度。透明度则由中立性、清晰性、完整性、充分披露、实质重于形式以及可比性构成。同时，透明度又建立在决策有用性的各项质量特征的基础上。

二、从评估财务报告的问题看高质量财务报告的基本要素

（一） 评估财务报告的问题①

1. 相关性—预测价值—盈利坚持观

这一特征重点在于区分盈利的组成：非经常性或非重复发生的项目与那些期望在未来持续发生的项目。在这个意义上，预测价值涉及要求评估（预测）公司前景的投资人的信息有用性，而并不意味着它们是预测信息。认识盈利坚持观的一个简单方法是要问：信息是否对评估重复实现盈利的可能性有用，即是否有助于评估公司盈利的潜力。

(1) 哪些财务报表（形式、附注披露等）和相关披露〔包括管理当局的讨论与分析(MD&A)、媒体报道等等〕的特殊要素对了解公司的可证实盈利有用？

① 引自 Gregory J. Jonas and Blancher, “Assessing Quality of Financial Reporting”, *Accounting Horizons*, September 2000, pp. 360—363，引用时略有删改。这些问题对于进一步探讨财务报告质量的评估具有重要的参考价值。

(2) 当分别按经常项目或非经常项目披露时，利得和损失是否给予同等的重视？

(3) 人为安排交易的时间使其在报告期内发生(或不发生)的程度有多高？这种时间安排有何目的？如何影响报告结果的预测价值？

2. 相关性—预测价值—分散信息

这一特征的重点是如何使投资人通过公司经营的分部信息更好地了解该公司的经营前景。认识分散信息预测价值的一个简单方法是要问：该信息是否可使使用者识别和评估包含在公司不同的经营业务中的不同机遇和风险。

(1) 公司分散信息中的哪些特别方面作为一个整体，能指引你相信公司向你传递了对它不同的机遇和风险的充分、完整的认识？

(2) 在 MD&A 和其他非财务报告(包括与分析师或报告人的讨论)中关于公司经营分部的讨论，如何补充财务报表中所表述的分部信息？哪些特别的例子能显示这些不同的披露方式是如何互为补充的？

(3) 脚注所表述的分部信息，能传递每一个分部与基础业务一致的财务图像吗？

3. 相关性—反馈价值

这一特征着重于反映过去信息的有用性。在这个意义上，反馈是指确认(或修正)我们先前的预期。认识反馈价值的一个简单方法是要问：信息是否允许投资人去了解管理当局的过去行动和决策，是怎样影响到公司现在的财务状况和财务成果的。

(1) 作为公司财务报告的一部分(包括 MD&A、新闻报道或其他财务性质的传递)，哪些特别的披露能恰当地证明该信息足以评估报告结果是否符合以前的预期？换言之，有多少信息可确认或否定管理当局以前的预期，并说明不符合预期的理由。

(2) 报告的结果(包括公司的财务状况)是否能使投资人回顾不同的事项和重要的交易是如何影响公司的？在财务报表(或 MD&A)中，什么特别的要素可例示这一点？

4. 相关性—及时性

这一特征的重点在于在信息变得不相关之前获得它。认识及时性的一个简单方法是问：信息若更早提供是否更为有用。

(1) 公司在什么情况下在及时性方面超过 SEC 填报的要求？

(2) 公司在及时公布其财务报表方面如何与其竞争者比较？

(3) 公司已使用或开始考虑使用什么传输财务信息的新方法(如因特网传输等)？

(4) 如何使公司保证在相同时间向所有利益相关的使用者提供相同的信息？

5. 可靠性—可稽核性

这一特性关注准确性、估计的采用、假定的可靠性、量化和计量的能力、支持或证据的水准。认识信息的可稽核性的一个简单方法是要问：具有足够知识的第三者使用相同的数据是否能得出相似的结果。

(1) 从计量要点看公司的财务报告，什么是最具判断性的部分？财务报表中的信息如何让读者去了解这些部分是什么？

(2) 在财务报表(和 MD&A)中，什么信息传递了编制财务信息时使用的重要估计和假定？如果这种结果具有可能性(指有传递重要估计和假定可能的信息)，公司如何把这种可能的程度传递给投资人？

(3) 公司如何评估它的重要估计与假定是否建立在最有用的信息基础之上？公司是否利用了独立的专家或高级的定量技术证实或提出关键的估计与假定？

(4) 公司记录交易并编报财务报表时使用的重要性判断标准是什么？这一标准是如何传递给会计、销售、采购或其他恰当的人员的？

6. 可靠性—完整性

这一特性关注全面、平衡、总括和透明度。认识信息是否全面的一个简单方法是要问：该信息是否说明全部真相(tells the whole story)。

(1) 什么是去年最重要的事项，它们是如何传递给投资人的？该信息是否以公允的方法表述？财务报表(或 MD&A)的哪些特殊要素能例示这一点？

(2) 今年发生了哪些负面的事项或不满意的后果，它们是如何在财务报表(和 MD&A)中表述的？管理当局遵照什么程序保证公允地、无偏见地说明其真相？

(3) 今年发生了哪些正面的事项或良好的后果，它们是如何在财务报表(和 MD&A)中表述的？对这些事项的表述是否同其他事项适当地平衡？

7. 可靠性—实质性

这一特征涉及在会计文献中所说的"如实表述"(representational faithfulness)，它关注财务信息是否与事实一致，反映事项的实质，并描述交易的基本经济内容。认识实质性的一个简单方法是问：信息是否是对已经发生的事项的真实而清晰的描述。

(1) 当公司选用了会计原则，如何评估所选用的原则将恰当地传达交易的经济实质？在年度中，什么会计原则已变更，如何评估这种变更？

(2) 当公司达成重要的或复杂的交易而会计文献并无明确适用的会计处理方法时，公司如何评估其会计处理是否恰当？在这一情况下，什么是管理当局应用会计原则的哲学倾向？

(3) 在什么范围内，公司为达到特定的会计后果而缔结(或修改)一些交易？在这种情况下，管理当局如何保证会计处理真实而清晰地描述了交易的实质与目的？

(4) 在会计文献使公司不可能按其交易的实质描述的范围内，公司补充提供了什么信息(在脚注和 MD&A 中)去使投资人了解交易的实质？

8. 可靠性—中立性

这一特性关注客观性和平衡。认识信息是否中立的一个简单方法是要问：信息是否以无偏见的方式传达了事实，即不能有意识地去影响投资者的意见或行为。

(1) 看一下在"可靠性—可稽核性"(5-(1))所讨论的重要判断，管理当局对很可能发生的后果的评估如何达到中立？有什么特别的例子可以显示这一点？

(2) 一些信息特征如"冒险性"和"保守性"对不同的人有不同的含义，它们总是带有某种程度的偏见。要理解这两个术语的含义，我们可以问：公司对重大事项与交易的会计处理和披露离"中立性"有多远？

(3) 作为 7-(1)(评估会计原则的备选方案)回答的反应，中立性如何影响管理当局对会计原则的选用？已选用的会计原则能代表一种平衡的观点吗？

9. 可比性

这一特性关注相似的交易和事项按相同的方法进行会计处理，而不同的交易和事项则按不同的方法进行会计处理。可比性不应当与统一性和一致性混为一谈。认识可比性的一个简单方法是问:信息的编制是否能使其与其他公司相比较。

(1) 公司的会计政策、披露、财务报表的形式和其他传递财务信息的方式如何同公司的竞争者相比较?在什么特殊方面,它们被判断为具有较好或较差的质量(即它们最符合本模式所讨论的哪一质量特征)?

(2) 假定选用的会计政策反映特殊行业的实务,它是优越的实务吗?如果不是,那种实务是否遵守构成GAAP组成部分的特殊要求(反对这样做是因为不按GAAP法规的行业实务仅有少数是优越的)?

10. 一致性

这一特性关注不同期间的政策和程序的一致性。认识一致性的一个简单方法是要问:公司提供信息所用的方法,是否能使其用以比较不同期间的经营业绩。

(1) 在公司的会计政策或管理当局对会计政策的应用以及估计及判断的利用等方面,发生过什么变动?在什么方面,这些变动是对过去实务的一种改进(即最符合本模式中讨论的哪些质量特征)?你能指出哪些特殊的披露恰当地反映了所陈报期间会计变更的影响?

(2) 有哪些迹象(假如有的话)表明公司的会计政策、对这些政策的应用或对估计与判断的使用是由于管理当局意欲达到特定的会计后果而引起?

11. 清晰性

这一特征关注信息的可理解性(同时包括在FASB概念框架中当作财务报表使用者的特征而不是财务报表自己的特征)、组织性和综合性。认识清晰性的一个简单方法是问:公司的财务信息是否以有组织的、清楚的和简洁的方式表述,并在简洁与充分上取得适当的平衡。

(1) 公司的披露通过何种形式超出GAAP的绝对最低要求(即披露是如何进一步解释交易或事项的)?

(2) 公司对自己的信息如何完善地予以组织并易于执行(考虑到GAAP的制约)?

(3) 财务报告中所应用的语言容易被非会计人员了解吗?公司如何应用“通俗易懂的英语”(plain english)概念表述其财务信息?

(4) 在公司的财务报告中如何应用简单的、清楚的图表去增进财务信息的可理解性?

(5) 财务报表和其他披露(例如MD&A)形成了一个综合的、凝聚的、连贯的财务信息集合,从而“告诉了事情的全部”了吗?

三、透明度(*transparency*):高质量财务报告的核心

“透明度”(transparency)由Levitt1997年在关于高质量会计准则的演讲中首次提到,而后引起了会计界的热烈讨论。现在,我国会计界也开始关注这一问题。我们认为,透明度是一个含义广泛、要求很高的质量概念。因为,从表面上看,所谓透明,似乎只要清晰、易懂、避免含糊不清就可以了。其实,透明度高的信息,应当是高质量信息的同义概念,它必须有足够的有用的信息含量。即应当指:如实地、可比地反映一个企业与投资人相关的信息;要把这些信息综合成一个描绘企业经营真相与诚实财务状况的图像;在这个图像的

描绘中，不为某个利益集团的利益而弄虚作假，不粉饰盈利；不遗漏按准则和制度必须确认披露的一切有利和不利事项；充分地暴露企业已经存在或可能存在的风险；不能掩盖企业业已形成或极有可能获得的收入、利益和机遇，而且表述要清楚、确切，绝不含糊，要能反映交易与事项的经济实质。也就是说，只有完全符合上图所有列示的质量，即在满足决策有用性的基础上，符合组成透明度的六个质量（(1)—(6)），达到高质量财务报告的要求，这样的财务报告才算具有极高或完全的透明度。总之，我们认为，透明度可以有两种解释。狭义的解释把透明度同充分披露视为同义语。我们则把透明度作广义的理解，视同高质量的全部含义。

下面以收益为例来解释如何使信息的表述（确认与披露）达到透明。

(1) 分解表述收益的组成，见图 14-5。

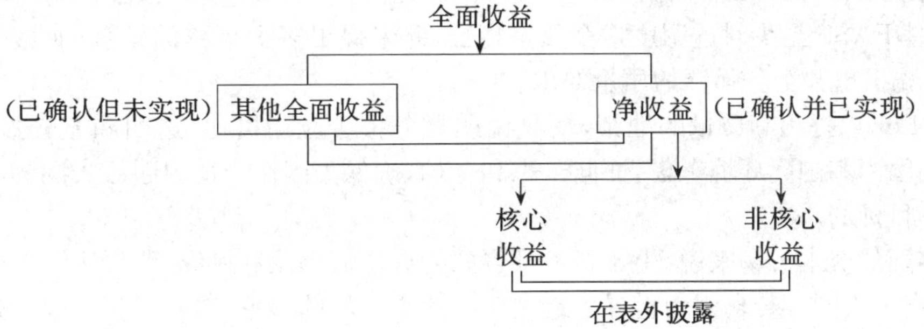

图 14-5　全面收益的分解

上列各项收益的信息都必须分别揭示其组成与计量问题。但图 14-5 是以编制全面收益表为前提的。如果不编全面收益表，则有关“其他全面收益”的项目组成、形成原因及其金额，应在表外披露。

(2) 在收益表（利润表）中，应当正确而详细地确认收入与费用项目，特别是收入的确认。例如，必须：① 坚持按与商品所有权相关的主要报酬与风险已经转移给卖方的确认标准；② 根据实质重于形式的原则按交易与事项的经济实质来决定应否确认收入；③ 严格遵守权责发生制，不得提前或推后确认收入；④ 严格禁止通过关联方交易转移盈利或亏损。

再以“或有事项的及时披露与否”来说明财务报告的透明度。根据充分披露和谨慎原则，对于或有负债和或有损失，如票据贴现、抵押、担保和诉讼可能（一般指其发生概率在50%以上）发生的负债和损失，应当在表外披露，而对于或有资产和或有收入，如在诉讼中因胜诉而很可能获得赔偿（一般指其发生概率至少在 75%以上，例如一审判决已经胜诉），也应当在表外披露。

应当指出的是，对财务报告质量的评估标准，由 SEC 前主席 Levitt 关于“高质量会计准则的重要性”的演讲引发一场争论，其直接目的在于促使会计准则的高质量，导致可比、透明和充分披露的财务报告，抑制对财务报告，特别是对盈利信息进行粉饰、操纵的所谓“数字游戏”行为，保护美国资本市场的信誉。在这里，可以看到两点：

(1) SEC 对 FASB 第 2 号概念公告表述的会计信息质量特征似乎并不满意。Levitt

在他的三次公开演讲中只字未提FASB概念框架。Levitt要求的质量标准侧重于信息的表述与披露，如可比性、充分披露都不是FASB概念框架中强调的主要信息质量，至于透明度在FASB的概念框架中则从来没有阐述过。考虑到SEC的意图，FASB在1998年12月发表的《国际会计准则制定：未来的一种设想》①对高质量会计准则的要求（实际上是会计准则和财务报告的质量评估标准）做出了反应，FASB认为，高质量会计准则的基本属性是：

① 同基本的财务报告概念框架所提供的指导原则一致（应指符合FASB第2号概念公告的要求）；

② 最大限度地减少以至避免备选方案（突出可比性和一致性）；

③ 清晰、不含糊和全面（狭义的透明度）。

严格说来，FASB虽然根据SEC的意图，已经对它的第2号概念公告作了一些补充解释，但是FASB至少对透明度这个质量特征，并未提出多少卓越的见解，而透明度却是Levitt首先提出并十分强调的质量要求。

（2）Levitt提出高质量的准则，反复说明财务报告应当可比、透明和充分披露，是从当前美国国内和国际环境考虑，面向未来和全球，确保美国作为世界超级大国的经济战略地位为其目标的。

就美国的资本市场来说，由于财务报告的弄虚作假和盈利操纵，既侵犯了投资人的利益，又损害了美国一直自诩为世界上最完美的资本市场的形象，这对于吸引投资是很不利的。作为对这种经济后果负有直接调节作用的SEC，必然要加大对资本市场的监管力度，尽可能清除妨碍资本市场健全发展的不利因素。再就国际资本市场看，欧盟、日本是美国的经济竞争对手，而持续、稳定、快速发展的中国，美国也视为潜在的经济竞争对手。随着经济全球化的加快，国际资本全球流动的趋势也在加剧。资本流动绝不是为了保值，不断增值并追求最大利润才是它的本质要求。因此，国际资本的流动规律过去是，现在是，今后仍将是向投资环境最好、风险最低、报酬最大的国家和地区注入，而从高风险、低报酬和投资环境较差的国家和地区抽走。美国现在是国际资本最大的输入国，今后它必然力求保持这一优势。此外，美国SEC提出高质量会计准则，严格高质量财务报告的评估也是针对力求领导跨国会计准则的制定权，对美国会计准则的权威地位进行挑战的国际会计准则理事会（IASB）。

① FASB, *International Accounting Standards Setting: A Vision for The Future*, 1998。

第三篇　会计准则相关问题

第十五章

国际领域内会计准则的制定与发展

第一节　会计准则存在的必然性

在现代社会中，任何国家，只要存在着资本市场，企业会计中就必须形成一个分支称为财务会计（financial accounting）或称对外报告会计（external reporting accounting）。

现代企业的特征之一，是所有权与经营权分离。投资人（所有者）把资源交付经营者（经理层），委托他们经营企业，形成委托、代理关系，经常处于企业内部并负责管理的是经理层尤其是董事长、首席执行官、首席财务执行官，而投资人则处于企业外部呈分散状态。两权分离形成利益相关而又有矛盾的双方，产生所谓代理问题。双方一个最显著的矛盾，是信息不对称，即经理层掌握的企业经营、理财信息，几乎大部分是分散在企业外部的投资人、债权人所不了解或不完全了解的。后者的信息来源主要依据由企业（即经理层）负责提供的财务报告（报告的信息基本上是由财务会计加工生成的）。信息是决策的依据，为了保护信息占劣势而不得不主要依靠经理层提供的信息来进行投资决策和信贷决策的外部报告使用者，在资本市场上必须进行制度安排，目的在于：第一，减少信息的不对称；第二，尽可能保证提供真实、公允和透明的信息。

在制度安排中，至少包括：

(1) 政府对资本市场进行监督和管理，力求实行公正、公开、公平的原则。例如美国有证券交易委员会（证交会 SEC），我国有中国证券监督管理委员会（中国证监会）。

(2) 组成若干具有独立性的会计师事务所（审计事务所），制定公正、公开、中立的独立审计准则，指引注册会计师在提供有偿服务的同时，力求以诚信为本，公正地验证企业编报的财务报告。

(3) 制定高质量的会计准则或会计制度，规范财务报告的编报和审计。例如美国"公认会计原则"（GAAP）从 1938 年开始，分别不同的组织并使用不同的、代表 GAAP 文版的名称。

① 1938—1959 年，为"会计研究公报"ARBs，制定者为 CAP。

② 1959—1973 年，为"会计原则委员会意见书"（APB Opinions），制定者为 APB。

③ 1973 年至现在，为财务会计准则 FAS 及财务会计准则委员会的解释（FASB Interpretations），制定者均为 FASB。

可见，如果认为投资是投资人对市场的信任，那么信任的依据则是上市公司提供的财务报告，保证报告真实与可靠的手段之一就是各国制定的会计准则即国内会计准则，也包括独立审计准则。

再看我国改革开放20多年来，特别是社会主义市场经济体制目标的建立，人们进一步认识到会计信息在微观经济管理，甚至宏观经济管理中的极端重要性。我国资本市场的建立和发展，迫切需要以会计规范为依据的，真实而公允的会计信息。尽管我国的经济尚处于转型时期，但面向资本市场需要的会计准则和制度（统称会计标准）已经迅速起步。1992年11月财政部颁布了《企业会计准则》，取代计划经济时代按部门按行业按所有制一统到底的会计制度。这份准则的出台和实施（1993年7月1日）成为我国会计改革历史上的一座最重要的里程碑。但这份准则只能起基本会计准则的作用，要用来规范纷繁复杂的交易和事项，必须长期地对具体会计准则进行制定工作。财政部从1993年起就着手研究具体准则的制定，1995年至1996年先后印发了30项具体准则的讨论稿，公开征求各方意见，并反复修改。根据实际工作急需的程度和实施条件，从1997年5月起，“关联方关系及其交易的披露”这一具体准则首先出台，到2005年7月止，已颁布了16个具体准则，还有些准则如“分部报告”还在征求意见中。此外，在2000年根据修改的《会计法》和国务院颁布的《财务会计报告条例》的要求，又在继续制定并实施会计准则的同时，颁布了与会计准则精神力求一致的《企业会计制度》，后来又颁布专业性较强的《金融企业会计制度》。这样，我国企业的会计标准就出现了“会计准则”与“会计制度”同时并存的双轨制：准则主要适用于上市公司，制度既适用于上市公司又适用于非上市公司和其他企业。实行双轨制是基于中国的国情——会计人员总体素质不齐，具有较高专业判断能力的会计人才集中在少数有证券资格的会计师事务所和上市公司，非上市公司和其他企业的会计人员要运用会计准则来规范财务会计程序和财务报告尚需一个学习和提高的过程。如果认为实行双轨制就意味着我国的会计标准向国际惯例倒退，那是一种不够全面的看法。当然随着时间的推移，随着我国市场化程度的提高，并适应参加了WTO以后的需要，这一局面将会改观。

与此同时，与企业会计准则同样重要的独立审计标准在我国也得到较快的发展。1995年先发布第一批独立审计准则，随后，制定了5批独立审计准则，包括独立审计准则序言、独立审计基本准则、职业道德基本准则、质量控制基本准则和后续教育基本准则，还有27项具体准则，10项实务公告和4个执业规范指南，累计46个项目，初步建立了在所有重要方面均与国际审计准则保持一致的中国独立审计准则体系。

第二节　国际会计准则

一、国际会计准则委员会的沿革

随着市场经济向全球经济发展，为寻求低风险、高报酬，各国资本已从国内流动转向全球流动，又产生了会计准则国际化的需要，那就需要有一套打破国界，为各国所认可，具有可靠性、相关性、可比较和透明度的国际会计准则。

20世纪的后50年，跨国的投资和理财活动日益活跃，一个相互联系的、世界统一的资本市场初露端倪。于是在1973年6月29日由澳大利亚、加拿大、法国、联邦德国、日本、墨西哥、荷兰、英国和美国的会计团体达成一项协议，成立了国际会计准则委员会(International Accounting Standards Committee，IASC)，到2000年1月，IASC已经拥有来自104个国家的143个成员，代表200多万会计师。

IASC在其章程中提出两大目标：①制定国际会计准则(IASs)，现改名国际财务报告准则(IFRs)，推动它在世界范围内被接受和遵守；②改进和协调会计准则(特别是各国国内准则)和程序，努力提出可比性。

IASC的发展可分为三个阶段：

(1) 1973—1989年。IASC以“协调”和“争取被广泛接受”为宗旨制定了近30个国际会计准则，还公布了一个“编报财务报表的框架”。

这段期间发布的IASs容纳了许多不同的备选处理方法，IASC尚无自己的明确的、强有力的见解，但确实争取了许多国家参加，不少准则也被不少国家所参考甚至被直接采用。

尽管这14年IASC在国际会计界没有引起足够的影响，却默默无闻作了奠基工作。

(2) 1989—2000年。IASC以提高“可比性”为目标，全面修改或重编了原先发布的IASs，使之成为核心准则(core standards)，这主要得力于证券委员会国际组织(IOSCO)的大力支持。它推动IASC把国际会计准则改造为在跨国投资和融资方面必须遵守的公认会计原则。

2000年IOSCO评估通过了30份核心准则连同11份解释公告，核心准则大大压缩了备选会计处理(alternative treatments)，而且由IASC表明了应首先考虑遵循的“基本会计处理”(benchmark treatment)，IASs被改造为core standards，表明国际会计准则在走向高质量方面大大跨进了一步。

(3) 2000年至今。从1999年11月开始，国际会计准则委员会酝酿进行重大的战略改组，将IASC组成为一个由基金会支持的独立团体，类似于美国财务会计准则委员会(FASB)由美国财务基金会(FAF)支持。国际会计准则委员会(IASC)仍将存在，但制定、解释国际会计准则——国际财务报告准则及其解释公告将由理事会(IASB)及其所属常设解释委员会和顾问委员会负责，亦即IFRSs的制定和发布，今后完全由IASB独立负责。现已发布的“国际财务报告准则第1号(IFRS No. 1)”，是首次采用国际财务报告准则(19 June 2003 The IASB issued IFRS No. 1 “First-time Adoption of International Financial Reporting Standard”)。

二、高质量的会计准则及其对国际会计准则的影响

(一) 关于高质量的会计准则

按照我们的理解(详细见下节讨论)，高质量会计准则的框架可以简单地作以下四点概括性的说明和描述。

(1) 从财务信息的内容看，信息必须具有决策有用性。构成决策有用性的主要质量是相关性与可靠性，次要质量是可比性(含一致性)与重要性。

会计准则只有能够导致财务报告达到上述质量，才具备高质量的基本必备要求。

(2) 从财务信息的表述形式看，必须保持中立性，达到完整性和充分披露并十分清晰，即具有透明度。

中立性、完整性、充分披露和清晰性等质量集中表现为报告表述的透明度。

必须指出，透明度是一个报告的表述质量，财务报告的表述不能离开财务报告的内容。因此，透明度必须以决策有用性为前提和基础。

(3) 会计准则应当尽可能减少会计方法和会计程序中的备选方案，要像现在的国际会计准则那样，必要时，推荐一种基准的会计处理(benchmark treatment)；允许一种备选的会计处理(alternative treatment)就好了，再不能放宽会计处理的随意性，这对于提高财务报告的可比性是十分重要的。

(4) 会计准则的规定要非常准确、科学，切忌模棱两可，要保证对准则和应用的一致性。国际会计准则尤其要注意这一点。这就是：

① 相同的交易和事项，不论在全球何时何地发生，必须按相同或相似的方法与程序处理；

② 不论财务报告的编报者、审计者或使用者(包括报告的监管机构)处于全球何处，对于同一或十分相似的准则中的任何规定，都能形成共同的、一致的理解，而不致造成分歧。

为了保证上述四项要求得以贯彻实施，特别是保证会计准则能够得到严格的解释和应用，高质量的审计是必要的基础条件。这里包括：

- 有效的、独立的高质量的审计准则制定机构；
- 高质量的审计准则；
- 在世界范围的所有分支机构都具有有效质量控制的会计师事务所；
- 审计师有宽广的职业知识和较高的质量水平；
- 有活力的制度监督(from SEC's Concept Release, Feb. 16, 2000)

总的来说，高质量的会计准则应当使财务报告提供相关、可靠、对决策有用的信息，信息的表述要可比、中立、完整、充分披露，清晰明确，具有透明度。

(二) 对 IAS、IFRS 和 IASC (IASB) 的要求

1. IAS 和今后的 IFRS 的基本目标

Levitt 提出高质量的会计准则，首先是为了制止美国国内上市公司因操纵利润，粉饰报表而编报虚假的财务报告，损害美国投资人的利益，同时也是美国接受国际会计准则委员会的核心准则的条件之一。美国一向认为，其 GAAP 的质量与水平是世界最高的。他们说高质量会计准则是要花费成本的，美国在制定 GAAP 方面所花的费用比世界各国制定会计准则所花的成本总和还要多。因此他们骄傲地说："我们不想让别人搭便车！"所以各国的公司要在美国上市，其财务报告都必须根据美国的 GAAP 进行调整。美国最担心的是 IASC 的核心准则有可能对美国 GAAP 的权威性进行挑战。长期以来，IASC 所制定的国际会计准则 IAS 有一个缺点，就是为了争取更多的国家和地区遵守，在会计处理方法上往往进行妥协，保留了较多的备选方案，从而影响它的可比性和透明度。对于这一做法，美国一直是表示不满的。1973 年 IASC 成立以后的头 14 年，美国名义上也参加了

IASC,实际上是不屑进行过问。反正,要求在美国上市的外国公司即使遵照 IAS 编制财务报表,同样还要按美国的 GAAP 进行调整,无损于美国 GAAP 的权威地位,特别是,不致损害美国投资人的利益。但是 20 世纪 90 年代以后,情况有所变化。IASC 除努力提高 IAS 和 IFRS 的可比性外,还争取到"证券委员会国际组织"(IOSCO)的大力支持,积极修改 IAS,使之成为可供跨国上市和国际融资用的核心准则(core standards)。至 2000 年底,已有 30 个核心准则通过了 IOSCO 的评估,IOSCO 将推荐各成员国采用。这样一来,美国 GAAP 的权威地位就受到了严重的挑战。Levitt 关于高质量会计准则的讲话,在相当程度上是针对 IAS 中的核心准则和 IASC 来说的。Levitt 毫不讳言,国际会计准则(显然是指核心准则)要获得认可(当然指获得美国的认可)必须符合三项主要目标:

(1) 准则必须包括已经制定的会计文献中普遍接受的、综合性的会计基础概念中的核心部分;

(2) 准则必须高质量——它必须能够导致可比性、透明度和充分的信息披露;

(3) 准则必须严格地加以解释和应用。

迄今为止,美国 SEC 对于应用 IAS 和将来的 IFRS 来编报财务报告申请到美国上市的公司,除少数例外,基本上还是要按美国的 FASs、ASB Interprelutions 和迄今仍适用的 ARBs 以及 Opinions 等 GAAP 加以调整。少数例外是指,应用下列国际会计准则或其部分规定,可以不必再按美国 GAAP 调整:

● 应用 IAS No. 7"现金流量表"(1992 年修订)来编制的现金流量表,可全部接受;

● 接受 IAS No. 22"企业兼并"(1993 年修订)中部分事项:指关于企业兼并的会计方法以及商誉和负商誉的摊销年限;

● 接受 IAS No. 21"外汇汇率的变动影响"(1993 年修订)的部分条款:在恶性通货膨胀中,一个主体的货币单位表述金额的折算(即再表述)。

这样,为美国所接受的 IAS,只限于:

● IAS No. 7"现金流量表"的全部。

● IAS No. 21"外汇汇率的变动影响"中的第 36 段关于恶性通货膨胀条件下,国外企业财务报表在折算成报告企业的货币之前,应按 IAS 29 的要求,不论该报表是按历史成本或现行成本编制,都应以资产负债表的计量单位重新表述,当然,也应接受 IAS 29 中的大部分规定。

● IAS No. 22"企业兼并"中 Pars. 13—83。

也就是说,绝大部分的 IASs,美国并未接受。若外国企业据以编制财务报告,要到美国去上市,仍须按美国的 GAAP 进行调整,这将会增加这些外国公司在美国上市的投资成本。

2000 年 2 月 16 日美国 SEC 发表一份题为国际会计准则(International Accounting Standards)的概念文告(Concept Release)。这份文告再一次强调 Levitt 所宣扬的观点:"我们的努力是从国内和国际两方面的水准出发的。它们是一致性地建立在以下观点上:为了达到世界范围内的资本市场的公正(fair)、流动(liquid)和具有效率(efficient),唯一的方法是向投资人提供可比、透明和可靠的信息。"(SEC Concept Release:"IAS" Feb. 16,2000 "Summary")

Arthur Levitt 在解释他对国际会计的要求时也说:“不要以为美国要求会计准则的标准太高,对接受国际会计准则的条件太苛刻,这是美国完善资本市场的经验总结。美国资本市场发展的历史形成了高质量会计准则的框架,这是投资人最关注的市场质量,它同投资人的利益息息相关,别的国家可能还没有这种经验。”Levitt 还说:“高质量会计准则不可能一朝一夕形成,它的形成,是一个长期的发展过程。而且,要花成本,还要进行反复的政治协商。”但为了在全球范围内形成一个健全的资本市场,这样的努力,至少对国际会计准则委员会来说是值得的。

Levitt 的观点和语气听起来令人不太舒服。但他讲的内容,也有一些道理。为了推进全球资本市场的公开和平等,为了一视同仁地保护所有投资人的权益,制定高质量的国际会计准则,特别是全球各大公司跨国上市和跨国融资应当一致遵循的统一的核心准则。保证该准则的高质量,从而导致并保证各大公司都能向资本市场作出真实、公正、可比、充分与透明的信息披露,是完全必要的,国际会计准则应当为实现这一目标而努力。

2. 重组未来的 IASC

怎样才使核心准则达到高质量? 国际会计准则委员会实际上从 1989 年即开始注意这一问题。前面说过,在此以前的 15 年,国际会计准则委员会追求的目标是使国际会计准则得到更多国家和地区的接受与遵守,为此,它不能不采取妥协的态度。在“协调的需要”(The need for harmonized)的口号下,容纳了许多会计处理的备选方法(alternative accounting treatments),降低了国际会计准则的质量(其中明显的问题是缺乏可比性)。正如 David Cairns(当时 IASC 的秘书长)在我国财政部举行的会计准则第一次国际研讨会(1992 年 2 月底在深圳举行)上所说:“直到 1987 年,国际会计准则委员会方明白:由于当时的国际会计准则允许作自由选择(the free choices allowed),以致不能完全适应国际资本市场及国际商业社会的需要。”1989 年 1 月,国际会计准则委员会从提高国际会计准则的可比性入手,组成一个可比性促进委员会,提出一份题为“财务报表可比性”的征求意见稿(即 E32),其内容主要是删除大部分可自由选择的备选方法。1990 年 7 月,经 IASC 理事会复审,公布一份财务报表可比性意向书,同意 E32 提出的 29 项修改意见中的 21 项,涉及 7 项准则并对研究与开发、存货、借款费用等准则的改进,提出重大修改意见。IASC 在按照财务报表可比性的“意向书”修订已发表的 IASs 的同时,它还寻求“证券委员会国际组织”(IOSCO)的支持,把修订的 IAS 争取成为“核心准则”(core standards)。1995 年 IASC 与 IOSCO 达成协议,按 IOSCO 1993 年拟定的项目,制定一套核心准则,至 1999 年底,IASC 共发表了 39 份。其中:1992—1999 年修订 18 份,1994 年格式重编 9 份,1997—1999 年制定 7 份,被其他准则所取代 5 份。

应当特别指出的是:IASC 现已完成核心准则项目中的主要项目,其中 30 份已通过了 IOSCO 的评估,并同意向各国推荐。在这一时刻,美国的态度是相当关键的。1999 年 11 月,当 IASC 的“战略工作组”(Strategy Working Party, SPW)提出对 IASC 进行重组计划时,美国的 SEC、FASB 和 FAF 一改过去表面上参与 IASC,实际上不大过问的态度,积极地参与并推动 IASC 的机构改组和应循程序(due precess)的改革。

在美国的积极参与和推动下,目前新组建的 IASC 与过去有重大的不同:

(1) 过去的 IASC(包括它的理事会)是一个完全由执行会计师组成的松散(无稳定资

金支持)的民间组织，现在则改组为一个吸收金融界、证券界广泛参与，有独立基金支持的法人团体。

(2) 过去 IASC 理事会的成员基本上按地区分配，代表各该国的利益，改组后的理事会，则以技术背景为主，强调理事会成员应是会计本行或通晓会计的技术专家。例如，14 名理事，要求包括 5 名有执业会计师背景，3 名是有编制财务报告经验的专家，3 名则是使用和分析财务报告的专家，1 名具有会计学术背景。

作为全权负责会计准则制定的理事会，其成员由会计专家组成，显然将会关注 IAS 的高质量，而不会再代表各国各地区利益的协调——即不会容许较多的会计备选方案。

此外，在 IAS 制定的应循程序上也作了改进：增加透明度、公开性并在发表的准则中披露反对意见。例如，每一项准则的立项，都要组成一个筹划委员会。筹划委员会负责拟定要点大纲和征求意见稿，然后送请理事会审查，经同意后，必须有一个公开征求意见的时期(一般为 1—3 个月)。此外，凡理事会通过的准则，按美国 SEC 的要求应揭示反对者意见。由于一份准则经 8 名理事同意即获通过，那么，最多将可能有 6 名理事反对。公布这些反对意见是很重要的，这是民主的要求。

毫无疑问，公开、透明的应循程序(due process)，对于提高 IAS 的质量，也会起重要的保证作用。

2000 年年底，国际会计准则委员会的重组工作已基本完成。当年 12 月 1 日的理事会召开最后一次会议，一致同意 IASC 进行重组，并决定将理事会的职能移交给重组后的机构。“在这一次职能移交之前的最后一次会议上，理事会还一致同意发布一份公告，对理事会目前正在进行的工作进行评估，并对委员会工作中的一些已取得进展的项目阐明看法，建议新理事会在企业合并、财务业绩报告、保险业和采掘业、金融工具等领域继续努力，进行探索；还建议新理事会在国际会计准则制定过程中重点考虑：研究和评论现有的国家和国际会计准则、制定新的改进计划、基于股票支付的会计处理、修改财务报表编报框架、修改国际会计准则委员会前言、制定小企业会计准则和通货膨胀准则等”①。

IASC 的核心准则 30 份已通过了 IOSCO 的评估。IASC 为制定高质量会计准则而进行的机构重组，大大提高并改善了 IASC 和 IFRSs 及其制定的 IASs 的声誉和形象。一方面，国际社会给予了积极的肯定评价。例如，“欧共体在 2001 年 2 月 13 日通过了一项将在 2005 年生效的建议性规则，要求欧共体上市公司(包括银行和保险公司)按照国际会计准则编制合并报表，同时允许成员国将适用范围扩大至非上市公司以及个别报表的编制……最近对 700 家上市公司的调查表明，79%的财务总监支持这一建议。”②另一方面，美国在 IASC 改组之后，影响力明显地增强。例如，SEC 前主席 Levitt 是提名委员会(Nominating Committee)主席，美联储前主席 Volcker 是基金会(管理委员会 Trustees)的主席。在理事会(Board)的成员中，有 3 人是美国人，其中包括 FASB 的成员、具有学术背景的理事(如美国斯坦福大学的教授)。

对于这次 IASC 的重组，美国施加的影响主要表现为以下两点：

---

① 乔元芳，“国际会计准则委员会重组基本完成”，《上海会计》，2001 年第 4 期，第 61 页。

② 乔元芳，“欧共体要求上市公司在 2005 年前全部运用国际会计准则”，《上海会计》，2001 年第 4 期，第 52 页。

第一，Arthur Levitt 对国际会计提出的要求和目标，基本上被 IASC 的重组方案所接受。

第二，重组后的 IASC 的架构基本上仿照了美国 FASB 的模式。今后每年 IASC 的运转约需经费 1 000 万英镑，这数字相当于美国 FASB 的全年预算。

在美国积极干预并施加重大影响而重组的 IASB，将产生两个作用：一是美国 60 多年来制定 GAAP 的丰富经验可进一步在 IFRS 的制定中加以应用，这必能促进 IFRS 的可比与透明，更快地向全球统一的高质量会计准则发展，这是正面作用；二是美国有可能通过对 IASB 各种组织的控制，并在 IFRS 制定的应循程序中施加影响，使 IASB 和 IFRS 为它称霸全球资本市场服务，这是负面作用。

三、关于国际准则中的核心准则

国际会计准则委员会成立以后，经过十几年的努力，发布了 30 个国际会计准则。它的目标如前所述，主要是争取世界各国会计界的接受和遵守。因此，它不得不考虑各国会计准则的差异，保留了较多的可选择的备选会计处理，以扩大它的影响，但是这样的会计准则必然缺乏可比性，难以保证会计信息走向高质量。直到 20 世纪 80 年代末，IASC 开始觉察到：只考虑协调、迁就，而不努力提高会计准则的可比性，是不可能真正树立国际会计准则权威的。要使它成为国际公认的会计原则就更难了。也就是说，从 1987 年开始，IASC 似乎豁然醒悟：它在制定 IAS 方面所采取的宗旨，即保留较多的会计程序与方法的备选方案，容许编报者过分自由地选择会计处理方法已经同资本市场全球化的趋势越来越不适应了。资本在全世界范围内的自由流动所需要的条件是：以可比的财务信息按最低的成本提供给最有效的使用者。日益强大的经济和技术力量正迅速地把一国或地区市场汇合为世界即全球市场，而全球市场则极大地增强了对高质量国际会计准则的需要。以往制定的 IAS，往往允许对相同或相似的交易和事项，选用不同的备选方案，若使这种做法继续下去，必然降低 IAS 在促进市场全球化中的作用，也会严重损害 IASC 的声望。为此，IASC 于 1989 年 1 月出台了《财务报告可比性》的征求意见稿，即著名的 E32。E32 针对 IAS2、5、8、9、11、16、17、18、19、21、22、23 和 25 提出对 29 项自由选择的会计事项进行修改。修改的目标是：(1)删除其余全部，只保留一项备选方案允许在相似的交易和事项中选用；(2)保证以“必需或优选会计处理”(required or preferred treatment)(后由理事会改名为“基准会计处理”(benchmark treatment))作为恰当的会计方案用于通常所有情况，而备选方案只用于特殊而类似的情况，基准的会计处理和至多允许一种自由选择是按下列标准确定的：

① 在各国的会计准则、法律和公认会计原则中代表世界范围内流行的实务；

② 对 IASC 制定的《编报财务报表框架》(当时还是草案，当年 7 月正式批准)的遵守；

③ 充分考虑资本市场运作规则监管者(制定者)和它们的代表机构，如证券委员会国际组织(IOSCO)的意见；

④ 在同一份 IAS 和多份 IAS 之间保持一致性①。

① 参见 IASC ED32, January 1, 1989, Par. 19。

从上列标准可以看到，IASC 在制定 E32 时已意识到财务报表可比性方案必须尊重 IOSCO 的建议并争取得到它的支持。而 IOSCO 也已经注意到当时 IASC 这个民间组织对制定 IAS 所付出的努力以及它在全球经济将发挥的愈来愈大的作用。作为一个民间的准则制定团体，它必须寻求更大的权威支持。在美国，由 FASB 及此前两任组织制定 GAAP 的重大权威支持主要来自美国的 SEC。如今，IASC 制定的 IAS，要使它得到广泛的应用和严格的遵守，当然也要寻求重大的权威支持。很明显，IOSCO 正是能够给予 IASC 以强有力支持的证券界国际权威组织。

IASC 的可比性计划是在 1990 年 6 月经过理事会讨论、修正并发表了理事会的意向书(Statement of Intent-Comparability of Financial Statements)之后开始实施的。大约在可比性计划实施的第三个年头，即 1993 年，IOSCO 即开出了旨在运用于跨国证券发行与上市的核心准则(core standards)的清单，共 5 大类 40 个项目。从此，这两个国际组织开展了有关核心准则制定的相互交往与合作的历史。

● 1994 年，IOSCO 审核了当时 IASC 制定的准则，指出 IOSCO 考虑认可这些准则可在跨国之间证券交易中使用之前，IASC 尚需改进的问题；

● 1995 年 7 月，IOSCO 和 IASC 就制定核心准则工作计划达成协议。1996 年 3 月 IASC 宣布了力争在 1998 年完成这一计划的意向；

● 1996 年 4 月，SEC 公布了支持 IOSCO 和 IASC 这些努力的文件，这份文件清楚地表达了用来指导 SEC 和 IASC 核心准则可接受性(acceptability)的关键因素(key elements)①；

● 1998 年 12 月，IASC 批准了核心准则计划，列出 12 个项目(其中有几个项目不只涉及一个准则)，最后一个项目的主要内容，即关于金融工具的确认与计量的准则；

● 1999 年，IOSCO 和 SEC 开始对已完成的核心准则进行评估，同时 IASC 继续进行两个项目的扫尾工作②；

● 2000 年 5 月 17 日，IOSCO 正式宣布 IASC 的 30 个核心准则项目(30 份 2000 年准则连同 11 份解释公告)已通过了评估。IOSCO 的技术委员会(IOSCO's Technical Committee)发布一份评估公告。

IOSCO 的主席委员会在批准这份项目评估的决定时说："IOSCO 相信，通过高质量的、被新的多国证券发行商加以应用的国际公认的会计准则必须能有利于证券的跨国发行与上市"；"主席委员会祝贺 IASC 的努力工作和对世界范围内提高财务报告质量的贡献。IASC 迄今的工作对有效地改进 IASC 的准则质量取得了重大成功"。决定还指出应补充下列情况的会计处理：按一个国家或地区的实际，必须提出的突出重大问题。这类问题的补充处理是：

● 调整(reconciliation)。当采用不同于 IASC 制定的准则的方法时，要求调整某些项目由于应用不同方法的影响；

● 披露(disclosure)。需要在财务报表上的表述或在其附注中补充披露；

---

① 请注意，这里清楚地表明：美国接受核心准则是有条件的。这一点下面再进行叙说。

② 参见"The Year of Accountant", Remarks by Lynn E. Tumer, Chief Accountant of SEC, June 14,1999。

● 解释(interpretation)。专门应用在一份 IAS 中允许的特殊备选方法或一项特别的解释，而 IASC 制定的准则是不清楚的或未曾表态时。

在完成了可比性项目计划的同时，又完成了核心准则项目计划，这标志着 IASC 取得了辉煌成就。如果说 IASC 的头 14 年所制定的会计准则，仅仅起到了协调的平凡作用，它们最近十多年却崭露头角，实现了两个飞跃：一是一改过去妥协、协调的作风，坚决删除不合理的备选方案，为提高财务报表的可比性而努力；二是改进财务信息的质量特征，为制定高质量的国际会计准则而奋斗。

从此，人们再也不能小看 IASC 的地位和作用了，它正以一个有可能成为全球公认会计准则制定者的形象出现在国际会计领域。

IASC 通过了 IOSCO 对 2000 年国际会计准则的评估，人们终于看到了全球单一的将在跨国公司应用的公认会计原则的“样本”，这确实值得祝贺。据报道，“欧共体在 2001 年 2 月 13 日做出了积极的反应，它通过了一项将在 2005 年生效的建议性规则，要求欧共体上市公司(包括银行和保险公司)按照国际会计准则编制合并会计报表，同时允许成员国将适用范围扩大至非上市公司以及个别报表的编制。”与此同时，IASC 又根据它的战略工作组的建议(吸收了美国在内的许多国家的意见)，对 IASC 的机构进行了重组。重组后的 IASC 是一个由管理委员会(基金会)、理事会(IASB)、顾问委员会和常设解释委员会组成的独立法人。理事会基本上由技术专家组成，全权负责批准国际会计准则和解释公告。重组后的 IASC 的财政预算也由原先大约每年 101 万英镑剧增至每年 1 000 万英镑，与美国 FASB 的财政预算大致相等。这样，重组后的 IASC 不论在人力和财力上显然能为制定高质量的核心准则提供足够的保证。这一切预示，前景是令人鼓舞的。

核心准则的前途归根到底取决于各国、各地区，特别是 IOSCO 成员国的接受程度。美国是最大的发达国家，它吸收了全世界最大份额的资本，美国对待核心准则的态度理所当然地受到世界的关注。目前种种迹象表明：美国似乎不会那么爽快地接受并认可核心准则。

1997 年 9 月，当时的美国 SEC 主席 Arthur Levitt 就要求国际会计准则必须符合下列三项主要指标，才能得到认可：

● 准则必须包括已制定的会计文献中综合的普遍接受的核心会计基础概念；

● 准则必须高质量(high quality)——那就是可以导致可比性、透明度和提供充分的信息披露，要使投资人对一家公司在不同期间和其他公司之间的财务业绩进行有意义的分析与比较；

● 准则必须严格地解释和应用。准则应做到：不论交易和事项发生在全世界任何时间和任何地点，相似的交易和事项要按相似的方法进行会计处理。全世界的审计师，会计、审计规则的制定机构必须按一致的口径，严格的解释、恰当地应用可比、透明、充分披露的准则。

在更早些时候，即 1996 年 4 月，SEC 在其发布的文告中即提出确认核心准则的三项评价标准：

● 具有支持作用的基础结构(supporting infrastructure)：IASC 制定的准则能够得到恰当的支持，从而保证它们被严格的理解和实施；

● 转换的问题(Transition issues):如何处理历史上采用 IASC“未经改进”(Unimproved)的准则所编制的财务报表?

● 解释和运用问题(Interpretation and Application Issues):IASC 关于原则阐述的关注超过关于应用指导将产生问题吗?

这里需要特别指出第一个问题中所谓基础结构问题。美国 SEC 首席会计师在 1999 年 6 月 14 日的一篇讲话中详细地阐述了这个问题,并且十分明确地流露了美国资本市场不能无条件地接受 IASC 制定的准则的想法。他说:“在美国,高质量的财务报告不仅是高质量会计准则的产物,它也要依赖一个具有支持作用的基础结构来运作,以保证这些准则能够严格地理解和运用。”这个基础结构包括:高质量的审计准则,具有健全质量控制的实力强大的会计师事务所,审计职业中的全行业的质量控制,SEC 对准则制订的监督,SEC 通过公司财务部(Division of Corporation Finance)审核和评论,参与准则的理解和运用。

Tumer 把上述 5 项基础结构归纳为以下几个 SEC 特别关注的问题:

● 报表的提供者和审计人员对核心准则是否经过足够的训练和拥有丰富的经验,能够有效地运用这些准则;

● 准则是否能够被准确地理解和严格地运用;

● 报表提供者和审计人员是否严格遵守国际会计准则的原则和精神,或者试图在 IASC 的框架中加入不同国家的实务。在这一点上,Tumer 似乎已经看到在当时 16 个已修改的核心准则项目中某些不能令人满意的迹象。这一迹象是 IASC 尝试发展高质量准则,即尽可能减少或明或暗的选择权,可能遇到财务管理人员和审计人员的挑战;

● 从世界范围看,目前是否有导致高质量审计工作的审计过程、质量控制和审计人员独立性的准则(Tumer, 1999)。

Tumer 认为这些并不是简单的问题。他警告说,像美国这样成功的资本市场是不能轻率地进行什么试验的。Tumer 已经明确地暗示核心准则不能随便在美国资本市场进行试验,那就意味着它被美国接受和应用尚有相当的难度。

2000 年 2 月 16 日,美国 SEC 为即将通过 IOSCO 评估的 2000 年国际会计准则发表了一个征求意见性质的概念文告(SEC Concept Release),题为“International Accounting Standards”。SEC 概念文告再一次提出与 Tumer 所说的大同小异的基础结构。SEC 认为这些国际会计准则得以成功解释和运用的基础结构包括下列五项要素:高效、独立和高质量的会计与审计准则制定机构,高质量的审计准则,在全世界范围内有有效质量控制的会计师事务所,宽广的执业质量的保证,灵活高效的规章监督。

这就是说,在 SEC 看来,国际会计准则要达到高质量而为美国所接受,不仅要符合 SEC 提出的三项目标,而且要在世界范围内形成可实现三项目标的上列审计条件即基础结构,并特别注意在审计过程中的高质量控制政策和程序。SEC 把这些可能在事务所的会计与审计实务中加以应用的所谓高质量的控制政策与程序也分解为四个要素:独立性、完整性和客观性;人事管理,包括正确的培训与监督;当事人(委托人)的认可与延续和约束条件;监督。

SEC 及其有关负责人以上的讲话和表态都是在 IASC 的核心准则完成评估之前。其总的精神可以归纳为：第一，SEC是赞成并支持IASC发展一套在世界范围内应用的单一的高质量的会计准则的①；第二，SEC要求这种准则必须高质量②；第三，SEC还要求有高质量的审计准则和在全世界范围内有健全质量控制的审计机构等基础结构；第四，即便如此，适用GAAP已60多年（从1938年第一份会计研究公报的发布开始）的美国资本市场也不能随便由包括国际会计准则在内的其他国际准则来试验。SEC的主要任务是要保护美国投资人的利益，所以除少数例外，调整（按U.S.GAAP）是不可缺少的。

这样看来，美国对IASC核心准则的认可，令人有口是心非之感。SEC和FASB对核心准则的抽象肯定和具体否定，可以从下列两点进一步得到证明：

第一，FASB认为，“我们支持IASC的努力，并且我们对支持发展一套单一的高质量的、被全世界加以应用的会计准则承担义务。然而在这个时候，很难做出结论，如对外国投资者引用IASC制定的准则，而部分或全部取消按U.S.GAAP的调整，对美国的投资人可以提供净利益。特别是，这样做的结果必然与在美国保持高质量会计准则而提高国际可比性的若干全面目标相冲突。”FASB进一步说，“我们还要指出，外国投资者按IASC准则（编制报告）不可能完全取消全部调整的要求。即使全套核心准则被接受而不调整，在一项IASC不能说明特殊性质的交易和一笔特殊行业交易的情况下，某些按GAAP调整仍然是必要的”（FASB，2000）。

第二，根据上述原则，至今SEC只允许下列三种情况，完全不必调整或部分需要调整：

● 运用IAS7《现金流量表》（1992年修订）编制现金流量表可完全不必调整；

● IAS22《企业合并》（1993年修订）部分接受，具体为兼并会计方法和商誉与负商誉的摊销期限可不必调整；

● IAS21《外汇汇率变化的影响》（1993年修订）部分接受，具体为在恶性通货膨胀经济中一个主体的折算金额按一种通货重述可不予调整。

“关于接受U.S.GAAP的调整，除上述例外，我们并未寻求建立一个适用于国外公司而比国内公司较高或较低的披露准则。毋宁说，这种方法的目标是要求通过未按美国准则表述其信息的，在美国公开市场上市的所有公司提供满足投资人信息需要的高质量的财务报告，以保护美国投资人的利益”（SEC Concept Release，2000）。

这段话意味着：美国不能无条件接受IASC的准则是有理由的。其“潜台词”是：要在美国市场上实现公平原则，不能允许多种准则同时并存；要保护美国投资人的利益，必须遵守美国的公认会计原则。美国的公认会计原则已有60多年历史，它是高质量的；核心准则有的尚未执行，有的执行时间都不足10年，其质量高低尚未得到实践的检验。即使国际会计准则的质量等于甚至高于美国GAAP，美国投资人要能从由它编制的财务报表获得可比和可理解的信息，也要进行调整从而增加他们的投资成本。

---

① “我们支持IASC的努力，而且我们是对支持做出保证，由IASC去发展将被全世界应用的单一的一套高质量准则。”见FASB's Response to SEC's Concept Release: “International Accounting Standards”, June 2000。尽人皆知，FASB总是与SEC站在相同的立场，而不可能唱反调。

② Levitt提出的三项目标。

“不能让美国投资人吃亏——要让美国投资人以最低的成本甚至零成本获得可比的高质量的信息”,不甘心自命为质量最高的美国 GAAP 屈居于 IASC 的核心准则之后,这是美国 SEC 有难言之隐的理由。

美国是最大的经济发达国家,也是唯一的霸权主义大国,美国的 GAAP 一向是其他国家学习和借鉴的榜样。如今 IASC 崛起,核心准则即将成为全球单一的、高质量的被世界大公司接受的公认会计原则。这个事件,对于美国来说,自然感到不悦和惆怅!按照当前国际多极化的形势,美国的 FASB 当然不可能取代 IASC,SEC 也不可能绝对控制 IOSCO。但美国可以凭借它在经济、技术上的优势,设法控制新改组的 IASC,特别是它的三个重要机构:管理委员会(Trustee)、理事会(Board)和常设解释委员会(Standing Interpretations Committee),并指导其制定准则的应循程序(due process)向美国的模式靠拢。最重要的是:对高质量准则提出种种更为苛刻的具体要求,使今后制定的 IASB 准则(包括解释公告)尽可能与美国公认会计原则在形式和内容上趋于一致。会计准则从来不是单纯的技术规范,它越来越明显地成为指导资本市场,协调投资人利益的工具。就 IASC 的核心准则来看,它的全部影响不仅具有上述的经济层面,而且具有涉及国家主权和国家利益的政治层面。

这就是 SEC 和 FASB 对美国接受核心准则之所以设置层层障碍,要在满足美国所要求的高质量条件之后,才肯逐步取消“调整”而不像欧盟那样干脆,立即宣布大公司无条件应用核心准则的期限——2005 年的根本原因。当然,核心准则在世界范围内实施,包括中国在内的世界各国都应当加以关注。一方面,我们要批评美国拖延接受 IASC 制定的准则的态度带有霸权主义的色彩;另一方面又肯定美国要求核心准则高质量,美国有选择地评估核心准则的可接受性及其可接受程度,这本无可厚非。因为用国际准则取代国内准则,哪怕只在国外投资者范围内执行,既有可比性(与国内准则)问题,也有增加国内投资人的投资成本问题。审慎地处理对核心准则的认可,完全属于各国的主权,我们不应过多地说三道四。此外,要求核心准则高质量即在可靠与相关的基础上,力求可比、透明和充分披露,对于不断完善全球的资本市场和公平、公正地保护所有国家的所有投资人的利益,也都是有益的。

最后,我们引用国际有名的七家会计师事务所联合编写的《公认会计原则 2000——53 个国家会计规则的展望》一书绪论中的下列几段话,以供人们在考虑应采取何种行动时参考:

“在 1973 年,一群会计的理想主义者设立了国际会计准则委员会(IASC)。IASC 的目标是制定编制财务报表应遵循的会计准则并推动其在世界范围内被接受和遵循,以及改进和协调关于财务报表列报的规章、会计准则和程序,广泛地开展工作。

自那以后,取得了巨大的进步。今天,世界范围内的互联网信息系统和全球化的资本市场迫切需要一种单一的财务报告语言。关于以国际会计准则(IAS)作为跨国财务报告编制基础的可能性的讨论逐渐增多。明显的例子如:2000 年 5 月证券委员会国际组织建议应当允许跨国证券发行人为在国外发行证券和上市时,在使用必要的补充处理的条件下,应用国际会计准则。欧盟于 2000 年 6 月建议:到 2005 年,欧盟的上市公司必须全部按照国际会计准则编制它们的合并财务报表。

在世界上，从亚洲到拉丁美洲，各国政府、立法机构和会计职业组织正在积极地采取实际行动，考虑它们的国家准则同国际会计准则有多少差异，以及如何减少这些差异。在许多国家，这一步骤将导致财务报告透明度的重大改进。当然，这需要时间。缺乏政府之间、商业社会和会计职业界之间的合作，会计准则不可能达到趋同(convergence)。在会计实务中的改进，同样需要教育的、职业的和规章制定的基础结构的发展。缺乏充分的准备而采用新准则，可能弊大于利。"

四、近年来国际会计准则进展

自2001年初IASB正式运行以来，国际会计准则理事会用了两年多时间对国际会计准则体系从制定程序到具体内容都进行了一系列改进，以实现将国际财务报告准则体系发展成高质量的全球会计准则的目标。经过较长的前期准备，IASB取得如下一些进展。

（一） 已发布的国际财务报告准则

国际会计准则理事会于2003年6月发布了《国际财务报告准则第1号——首次采用国际财务报告准则》，这是第一份以"国际财务报告准则"冠名的准则。该准则包括引言、正文和3个附录，体例与现行的国际会计准则基本相同，同时发布的还有《结论基础》和《应用指南》。该准则取代了由原国际会计准则委员会下设的常设解释委员会发布的《解释公告第8号——首次采用国际会计准则作为首要的会计基础》。

《国际财务报告准则第1号》的目标是：确保首次采用国际财务报告准则的同一会计主体在不同期间会计信息间的可比性，以及首次采用国际财务报告准则的不同会计主体会计信息间的可比性；确保首次采用国际财务报告准则的会计主体，与已采用国际财务报告准则的会计主体间会计信息的可比性。为此，《国际财务报告准则第1号》明确会计主体应当采用最新版本的国际财务报告准则，在其首份按国际财务报告准则编制的财务报表中采用的会计政策，应遵循在上述财务报表报告日有效的所有国际财务报告准则；明确首次采用者根据国际财务报告准则作出的估计与同一日期按原公认会计原则作出的估计应当一致；同时，考虑到成本效益原则，规定了一些豁免情况，以避免报表编制者的应用成本超出报表使用者获得的利益。

《国际财务报告准则第1号》发布以后，IASB公布的会计标准体系包括如下几个部分：

- 《编报财务报表的框架》；
- 现行有效的国际会计准则、已经发布和未来发布的国际财务报告准则；
- 现行有效的原常设解释委员会发布的解释公告和国际财务报告解释委员会未来发布的解释公告。

实际上，在使用"国际财务报告准则"这一名词时，IASB已将现行有效的国际会计准则包括在内，即目前以"国际财务报告准则"(IFRSs)和"国际会计准则"(IASs)冠名的准则统称国际财务报告准则。

（二） 即将发布的国际财务报告准则

除上述已发布的《国际财务报告准则第1号》外，还有两部分内容预计将在近期发布相关的国际财务报告准则。

第一部分是《对12项现行国际会计准则的改进》。该项目废止了1项国际会计准则(《国际会计准则第15号——反映物价变动影响的信息》),修改了《国际会计准则第1号——财务报表的列报》等12项国际会计准则。该项目根据相关国际会计准则进行了改进。本次改进的目的,是增强现行国际会计准则的一致性和明晰性,并加强与国家会计准则之间的协调。

第二部分是《对〈国际会计准则第32号〉和〈国际会计准则第39号〉的修改》。

(三) 已发布和即将发布的征求意见稿

除了上面提到的项目之外,国际会计准则理事会目前还有两项2002年发布的国际财务报告准则征求意见稿——《股权支付》和《企业合并(第一阶段)》,以及即将发布的两项征求意见稿——保险合约、非流动资产的处置和终止经营的报告。

根据有关网站最近发布的消息,国际会计准则理事会即将发布保险合约(第一阶段)的征求意见稿。

保险合约也是一个历史悠久的项目,可以追溯到G4+1时代。2002年5月,IASB决定将保险合约项目拆分为两个阶段。第一阶段准则是一个过渡性阶段,主要目的是满足使用者在2005年采用国际会计准则的需要。第一阶段涉及的内容包括:保险合约的定义,列报和披露(包括对计量假设的披露),嵌入保险合约的衍生工具的处理指南,终止确认(对保险合约应用持续介入法),保单持有人的会计处理。本项目的征求意见稿将于7月底发布,暂定反馈意见截至10月31日。IASB目前打算在2004年3月31日之前发布正式的国际财务报告准则。至于保险合约第二阶段项目,IASB曾在今年上半年表示将尽力完成第二阶段,使之满足自愿实施的需要。

(四) 其他项目

除了以上介绍的内容,IASB还在进行一些其他议程项目和研究项目,现就主要项目介绍如下。

1. 业绩报告

研究业绩报告准则的主要目的是希望制定出一个能够全面反映企业在特定时期内“业绩”的全新报表。在该项目中,没有沿用传统的利润表格式和“利润”、“净收益”等概念,而是引入了新的矩阵式报表格式,以及重新计量前的利润、重新计量融资收益、融资费用等新概念。IASB在2002年进行了重点关注业绩报告格式的实地调研活动。在研究了实地调研的反馈意见后,IASB发现各方面对有关业绩报告的议题分歧较大。例如,金融企业业绩报告格式是否应与非金融企业相同、业绩报告中的项目是按照功能报告还是按照性质报告、是否保留净收益项目等等。IASB承认,在业绩报告项目上还必须加强同有关各方在准则目标、工作原则等方面的沟通。IASB目前计划在今年第四季度发布该项目的征求意见稿,于2004年第三季度发布正式准则。

2. 企业合并(第二阶段)

IASB希望在企业合并第二阶段项目中,尽可能解决应用购买法所存在的各种问题,特别是对于完全商誉法和公允价值级次投入了比较大的关注:按照IASB所提出的完全商誉法,在对被购方所有者权益的购买中,如果购买比例不足100%,购买方应以被购方可辨认资产和负债的全部公允价值和购买的股权比例记录,并确认被购方的全部商誉,包括分配给少数股东权益的商誉。在一致同意使用公允价值计量在企业合并中购入净资产的基础上，IASB和FASB还同意在未来各自的准则中，研究制定关于公允价值计量的指南(称为公允价值级次)，并保持两者规定间的相互协调。

IASB目前计划在今年第三季度发布该项目的征求意见稿。

3. 中小规模主体和转型经济中的主体应用国际财务报告准则

IASB于2002年6月启动了中小规模主体及转型经济中的主体的会计和财务报告研究项目，并在晚些时候成立了中小规模主体咨询委员会并分别召集了两次咨询会议。IASB要求其工作人员对该研究项目投入更多关注，不过到目前为止该项目进展尚不明显。

第三节　高质量会计准则研究：观点、综评与启示

一、高质量会计准则问题的提出

高质量会计准则问题是由SEC主席Authur. Levitt提出的。他在1997年9月29日的一次演讲中阐述了一个主题：我们需要高质量的会计准则①。Levitt在文章中主要阐述了以下几个观点。

(1) 根据美国的经验，要建立发达而健全的资本市场，必须有效的保护投资者②，使投资者能够得到上市公司经营活动的真实、完整、公允并具有透明度的财务图像——那就是公司通过财务报表所披露的信息。如果把会计准则比喻为一架拍摄公司图像的照相机，通过“快照”产生资产负债表；通过拍摄过程的“慢照”则产生收益表。良好的会计准则可获得真实而清晰的图像，而低质量的会计准则所产生的图像必将模糊不清。什么是良好的会计准则呢？Levitt举例说：“按良好会计准则产生的财务报告，应在本期报告的事项，既不提前，也不滞后；不提过多预防意外的准备；不确认递延损失；公司的经营业绩实际上在各年是起伏不定的，财务报告不应进行所谓的‘平滑’；不人为地粉饰一个似乎前后一致的、稳定发展的假象”。总之，要根据会计准则来表现经济真实。而表现企业的经济真实才是投资者所需要的信息披露。美国的经验表明，资本市场的成功与否，直接依赖于会计与披露制度的质量。有了高质量的会计信息披露制度，投资者才会对企业的财务报告予以信赖，因为高质量的会计信息是他们做出正确的投资决策的保证。缺乏投资者的信任，资本市场是不可能繁荣的！

十分明显，要使企业财务报告达到高质量，就外部条件来说，必须保证会计准则的高质量。

(2) 当前，资本市场已经全球化。人们不仅要求本国准则高质量，而且要求有一系列

① 这篇演讲，后来以“高质量会计准则的重要性”为题发表在1998年3月的《会计瞭望》(Accounting Horizons)第12卷第一期上。

② 实际上，一个资本市场的健康与否，关键要看其是否能够保护中小投资者的利益。

在世界范围内能够普遍接受的高质量的国际会计准则。在文章中,Levitt 明确指出,准则获得普遍认可(实际上主要是得到美国的认可),必须报告以下三项目标①:

① 准则必须包括已经制定的会计文献中普遍接受的、综合性的会计基础概念中的核心部分;

② 准则必须高质量。Levitt 在这里把高质量理解为"能够导致可比性、透明度和提供充分的信息披露;利用这些信息,投资者在公司的不同会计期间能够有意义地分析公司的业绩";

③ 准则必须严格地加以解释和应用。如果会计准则满足了这样的目标——"不论交易或事项是在何时、何地发生,凡相似的交易或事项均按照相似的方法进行会计处理"——那么,全世界的审计师和会计准则制定者就应按照一致的口径严格地予以解释和运用。否则,可比性和透明性就会受到损害。

把上述三项目标概括起来就是:以财务会计基本概念为基础,能导致可比性、透明度和充分的披露并在应用时进行严格的、统一的解释。

(3) 高质量的会计准则不可能一朝一夕就能够达到。它是适应投资者和资本市场的需要不断修订、完善的结果。因此,制定一项高质量的准则是需要花费成本的,而且不可能一劳永逸。衡量准则的高质量,归根结底是看它是否有利于投资者的投资决策。

Levitt"高质量会计准则的重要性"的演讲后,引起了强烈的反响。1997 年 12 月,在 AAA 和 FASB 的"财务报告"研讨会上,许多与会者围绕"什么是高质量会计准则"(High Quality Accounting Standards)的属性(Attributes)或特征(Charicateristics)这样一个问题展开了讨论。

二、美国关于会计准则高质量讨论的不同观点

1. 美国会计学会"财务会计准则委员会"对高质量会计准则的观点

美国会计学会在美国会计界的权威性是通过"财务会计准则委员会"(AAA Financial Accounting Standards Committee, FASC)来评估现行的会计准则。FASC 认为,一项高质量会计准则促进财务报告提高其使用者做出投资和信贷决策的能力。这是对高质量会计准则的总的判断标准。为了运用上述标准去评估草拟中的会计准则(下文也称新准则),应当考虑以下三个问题:

(1) 新会计准则是否能够指出财务报告中的薄弱环节②?高质量会计准则应当能够敏锐地指出财务报告模式中的重大缺陷。

(2) 新会计准则是否通过增进财务报表使用者做出投资和信贷决策的能力来纠正已经觉察的财务报告的缺陷?如果是高质量会计准则,应当能够提高财务报表使用者做出投资和信贷决策的能力。在某种程度上,高质量的会计准则可以促进报告信息在总体上的相关性、可靠性和可比性(包括国际范围的可比性)。

---

① 这些其实是 SEC 对 IASC 的要求,是一项国际会计准则(IAS)能够被美国认可并接受的条件。

② 由于企业经营管理方法的改变(例如用衍生金融工具来管理市场风险)和外部经济环境的变化(例如经济服务部门的迅速发展),财务报告中的薄弱环节是不可避免的。

(3) 新会计准则的颁布，是否使预期效益超过预期成本？高质量会计准则应该有效地促进资本分配，因而可以使准则的效益超过其成本，可以使决策者精确地评估企业的经济“健康状况”和经营业绩。尽管颁布的新准则可能产生与之相关的成本(如准则制定成本、企业分担的成本和可能的诉讼成本等)，但从长远观点看，预期的资本决策的利益将会大于该准则的颁布成本。

要评估上述三个问题中的每一个，FASC 认为：

第一，如果学术界的研究是相关的，那么高质量的会计准则应当按照学术研究的结果来形成并与研究结果取得一致。学术界可以既通过经济因素，又通过经验证据去评估建议中的准则，并指出财务报告模式中的缺陷，促进财务报表使用者做出投资与信贷决策的能力，使经济利益超过经济成本。

第二，高质量的会计准则必须与 FASB 的财务会计概念框架相一致。财务会计概念框架是形成、发展会计准则的共同基础和基本依据。要确定会计准则是否同概念框架相一致，允许我们去了解财务会计准则委员会的结论与基础；检验作为新准则后果的论据的可能的优点与缺点，辨认新准则同建立在现行财务报告模式上的其他准则的不一致性。

2. 美国投资管理研究协会对高质量会计准则的观点

美国投资管理研究协会(Association for Investment Management and Research，AIMR)在美国是最有影响的、代表投资者利益的团体。它所属的财务会计政策委员会(Financial Accounting Policy Committee，FAPC)的看法。是对财务会计准则的发言机构。FAPC 提出，高质量会计准则应当达到八项最重要的标准。它们是：

(1) 新准则应该改善投资决策者有用的信息。

AIMR 的成员经常进行财务分析和投资评估，他们最需要信息。但他们注意到信息要花费成本，因此要求信息带来的效益必须大于成本。FAPC 以 FAS106 为例，认为从长期的观点来看它是经济效益超过成本的高质量的会计准则——虽然该准则的执行使许多公司增加了巨额的费用①，但是却使公司的财务状况和经营业绩得到更真实地反映。

FAPC 还认为，最有用和最重要的会计准则是那些能够提供外部使用者原来不能够估计到的信息的准则②。

(2) 新准则产生的信息应该与投资评价相关。

FAPC 提出：①应取消一些与投资评价无关的信息。他们主张立即注销未摊销的商誉，理由是投资者所关注的是能够产生未来现金流量的资产的价值，而商誉则相反——商誉是由预期的未来现金流量所产生，已经不再形成任何价值了(但这一点是值

① 如通用电气公司采纳 FAS106 后，即增列了 27 亿美元的费用。

② FAS106 也是一个例子。按照美国的劳动保险法规，退休金的支付和退休后津贴的支付具有明显的差异：前者受益对象只是员工本人，金额确定、按月支付并可以合理的预测；而后者是对员工退休后，继续支付的人寿保险、医疗及其他福利补助，其受益对象包括员工本人、配偶和受其抚养的亲属，它没有限额，变化甚大，难以预测。过去，公司并未在表外披露支付此项津贴的义务。而 FAS106，至少有两项重要的退休后津贴义务应作为负债进行估计，即预计退休后支付津贴的义务(Expected Postretirement Benefit Obligation，EPBO)和累计退休后支付津贴的义务(Accumulated Postretirement Benefit Obligation，APBO)，否则财务报表的披露就是不真实的。而这些都是外部使用者原先未曾估计到的新信息。

得商榷的)。②公司财务报告中大部分定性描述是无用的,需要改进。有些信息,只需要在报表以外进行披露。严格地讲,会计信息无论是在表内或者表外披露,两类信息都是重要的。

(3) 反映必须真实。这里包括几个含义:

① 相同或者相似的交易或事项应当在财务报表中做相同或相似的反映。准则中确认和计量要能够清楚地表明经济真实,必须要求准确、完整地描述交易或事项的实质。

② 要具有可比性。国际会计准则的首要任务是协调。什么是"协调"呢? 其基本涵义是:"基准的会计处理要求统一,备选的会计处理要加以限制。"

③ 由于商品经济和市场经济的全球化,为保持全球市场的有效性,我们更需要会计信息在全球范围内的可比性。

(4) 如果不考虑计量的可靠性,现行成本信息通常比历史成本信息更有用①。

尽管现行价值的计量经常缺乏可靠性,FAPC 仍然主张在大多数情况下,由表外附注披露现行价值(当然 FAS133 中规定的可按照公允价值计量并予以确认的金融资产和金融负债除外)是合适的。FAPC 还很赞赏 FAS33(1979)"财务报告与物价变动"。因为 FAS33 在表外提供了很多有关现行价值和不变价格计量的有用信息②。

(5) 广泛披露应该成为新准则的一个完整的组成部分。

披露的必要性至少体现在:

① 克服混合计量属性会计模式的缺陷。当几种会计计量属性并用时,应该在表外披露所采纳的不同的会计计量属性;并列示和解释现行价值和历史成本价值的差异。

② 帮助用户来评价管理当局进行会计选择的影响。披露并不能够替代确认和计量。虽然 FAPC 在第二点看法中曾谈及"信息不论在财务报表中确认和计量,还是只在附注或其他地方披露都是同样重要的,它们最终都会影响,并使其影响体现在证券价格的变动之中",不过,会计信息的有用性还是有层次差别的。正如 FASB 在其概念框架中所说的,"财务报表是财务报告的核心,是把会计信息传输给外界的主要手段"(SFAC No. 1, Par. 6; SFAC No. 5, Par. 5)。

③ 披露能够帮助用户来分析由于管理当局采纳了不同的会计政策和会计估计对现金流量的金额、时间分布和确定性的影响。

(6) 平滑化和正常化是财务分析而不是财务报告的职责。

平滑化(smoothing)和正常化(normalization)不能够反映经济事实。经常由于政治方面的考虑,会计准则制定中存在一些"平滑工具"(smoothing devices)。在"全面收益"的概念中,包含了已经确认、未实现的利得,实际上它们是那些虽然已经赚取,而本期尚未取得现金流入的收益,把它们列入本期全面收益就是平滑各期收益的需要。FAPC 是支持全面收益概念的,但是 FAPC 更需要的是全面的事实,而不是经过挑选的事实。比如

---

① FAPC 和 AIMR 内部,对公允价值有用性的看法是有分歧的。现在,大部分的成员倾向于接受按照公允价值计量衍生金融工具和避险活动(套期保值),比如他们对最近颁布的 FAS133 均表示理解和支持。而 FAPC 还表示,它之所以主张立即注销商誉,也不接受软资产(Soft Assets),就是因为它们的现行价值与取得成本之间没有联系。

② 后来,FAS33 被 FAS87 所取代,FAPC 感到很可惜。按照 FAS87 的规定,一些有关物价变动的有用信息已经由强制提供改为自愿(鼓励)提供了。

对 AICPA 的"改进企业报告"中提出的"核心收益"(core earning)等概念和予以报告的主张,FAPC 就持否定态度。因为把财务数据分离为核心项目与非核心项目,已经属于财务分析的范畴了。

FAPC 的观点可概括为:"会计准则应是明确的,并在广泛的事项范围内用于相同的经济交易应能得出相同的结果;换言之,所有的报告主体都应该遵循相同的模式"①。

3. 美国管理会计师协会的意见

由美国管理会计师协会所属的财务报告委员会主席(The Chair of Financial Reporting Committee of the Institute of Management Accountants)L. Hal Regers 在其"高质量会计准则的特征"一文中阐述了 IMA 对高质量会计准则问题的反应。L. Hal Regers 把 IMA 对高质量会计准则特征的观点分内容(content)和程序(process)两方面加以分析。

(1) 从内容方面看,分为三点来阐述:

其一,高质量的会计准则(以下简称准则)应当以清晰明了、可理解的方式进行表述,其内容应具有可操作性。为了达到这个目标,应坚持以下的原则:①在可以执行的范围内,准则应该建立在概念的基础之上,准则应该有一套它所遵循的基本目标和概念。②要尽可能地利用现有的信息,其中包括内部管理所使用的信息。这是因为把这些信息用于报告的准则,即容易执行、成本较低,又有较高的相关性与可靠性。③为了满足节约成本的要求,或显著提高准则的可操作性,可以牺牲一部分精确性。④一项新准则的制定,要提出准则在公布之日起至生效之日这一过渡时期的、符合实际的要求。⑤新准则的出台要确保其经济效益超过成本。

其二,准则所提供的确认与计量指南,应当能够如实地反映包括原始交易或事项的经济实质。

其三,披露的内容应该加以限制,只要求披露那些与投资决策相关的信息。其中:①关键性的、对未来盈利和现金流量的估计是必要的假设,应该在 MD&A 中得到说明;②财务报表的项目不应该分得过细;③一项新准则的制定应该仔细认真地考虑所要求披露的信息的价值——效益超过成本。

(2) IMA 还对新准则形成的程序提出了一系列的建议,主要有:

① 制定一项新准则应该有证据表明其所涉及的问题是普遍的,并且通常是针对没有准则可循的范围。除非情况出现重大变化,准则不应该轻易修改。

② 新准则的表决,应当吸收特别工作组(课题组)的成员参加,还应当组织现场实验。

③ 准则的制定,应该寻求国际范围内的协调。

④ 一项新准则的内容,应当是迫切的、突出的、涉及投资者所面临的最重要的问题。要防止把问题扩大化,防止把准则制定的成本强加给每个企业。

三、美国关于高质量会计准则研究的综评与启示

会计准则是指导财务报表和其他财务报告以及财务会计处理程序的指针。把其他若

① 以上部分均参阅 Knotrun and Napolitano,"Criteria Employed by the AIMR's FAPC in Evaluating Financial Accounting Standards", *Accounting Horizons*, Vol. 12, No. 2, June, 1998, pp. 170—176。

干影响财务报告的因素撇开不谈，高质量会计准则应该能够产生高质量的财务报告、能够造福于投资者、有利于资本市场的完善与发展；而低质量的会计准则带来的是负面影响，误导投资决策，损害投资者的利益。美国是根据公认会计原则来规范上市公司和证券发行公司报表的最早的国家。从 30 年代颁布的第一份“会计研究公报”(ARB No. 1，1939. 9)起，迄今 60 余年，过去的准则制定机构 CAP、APB 先后共颁布了 ARB51 份(其中 ARBs No. 1-42 合并为 ARB No. 43，因此其实只有 10 份)，APB Opinions 31 份；目前的准则制定机构 FASB 截至 1998 年 6 月共制定了 FAS133 份，还有 90 份 Interpretations。对如此众多的、迄今仍旧生效的 GAAP 文献，如何评价其质量呢？其中哪些是高质量的，为什么？哪些是低质量的，问题何在？迄今心中无数。如果及时进行评估对于进一步发展财务会计准则将是很有意义的。SEC 主席 Arthur Levitt 之所以提出需要高质量会计准则，首先就是针对美国国内的会计准则来说的，在 200 多份准则中，并非都能够导致公允而充分的披露，并非都是高质量的。AAA 和 FASB1996 年的财务报告研讨会参加者 75 人(包括 40 位学术界人士，16 位准则制定界人士，4 位来自法律制定机构，9 名注册会计师和 6 名财务分析家)先后在会前会后两次参加评估已经生效或尚未生效的 FASB Statements 或 APB Opinions，第一次参加评估者 57 人，第二次参加评估者 42 人，评出最好的(best)和最差的(worst)的会计准则各 5 份如下：

最好的(高质量的)	最差的(低质量的)
FASB Statement 106	FASB Statement 13
FASB Statement 95	APB Opinion 16
FASB Statement 5	FASB Statement 123
FASB Statement 87	FASB Statement 2
FASB Statement 107	FASB Statement 15

评估者对于“最好”和“最差”的会计准则都说明了理由。以被评估为最好的会计准则之一的 FASB Statement 95 为例，其所以被评估为“最好”的，是基于以下理由：

- 提供了报告现金流量信息的标准方法，使现金流量信息更加协调一致和可比；
- 所提供的新信息在财务报表的其他地方没有报告；
- 有合理的概念基础(财务会计准则委员会的概念公告要求报告现金流量信息)；
- 对投资者提供有用的基本信息；
- 国际上普遍认可该准则(各国包括国际会计准则委员会也都建立此项准则)；
- 现金流量表提供的信息比财务状况表信息更相关，更有用和更好理解。

再以被评估为最差的准则之一的 APB Opinion 16“企业兼并”为例，其之所以是最差的，理由如下：

- 该项准则导致企业在兼并时的会计处理可以任意选择股权集合法或者购买法；
- 准则对兼并的认识是形式胜于实质；
- 准则导致相似的企业兼并产生不同的会计处理结果；
- 导致企业兼并的高成本，因为许多会计主体试图创造条件来满足股权集合法的标准，与此同时，将逃避 SEC 的强制行动；
- 大多数国家的企业兼并，很少符合美国股权集合法的会计处理标准，因而很少采纳股权集合法。这样，美国的该项准则就与各国普遍采用的会计惯例步调不一致。

1997 年美国 AAA 和 FASB 公开对已经颁布并仍生效的会计准则进行评估，尽管是非正式的，却是史无前例的。评选出来的"最好的"和"最差的"准则，未必公正，意见不一，而且参与评估的准则的范围也不大。不过，此举多少可以促进会计准则制定机构去认真思考怎样努力提高会计准则的质量。Levitt 提出的需要有高质量会计准则的呼吁，另一个作用则是针对 IASC 所制定的 IAS，特别是它为把所有 IAS 修订为核心准则的努力。IASC 在证券委员会国际组织（IOSCO）的支持下，制定核心会计准则是其"协调"各国准则的重大措施，以适应全球经济化的需要。当然，美国也参与了这一计划，所以 FASB 特别关心修订后和新制定的 IAS 的质量。Levitt 提出的三个目标，针对性是十分明确的，目标中的第二项就是要求 IAS 具有高质量。

高质量会计准则的讨论，向人们提出"什么是评价准则质量高低的标准"以及"一项高质量会计准则应该具备哪些必不可少的特征"等一系列的问题。

在这些问题上，通过以上介绍的几种意见可以看出：看法很不一致，尚需进一步讨论。Levitt 着重提出公允而充分的披露，他的观点核心是报告的披露，认为高质量会计准则的主要特征是公允即公正性、充分性和可比性，从而达到透明度。这从 SEC 的角度来理解是十分重要的，也是很明确的。他也提出要包含会计文献中普遍认可的概念中的核心部分，这至少指财务报告的目标、会计信息的质量特征、要素及其确认与计量等若干基本概念，可惜他没有进一步地展开。AAA 的财务会计准则委员会（SFAC）、AIMR 的财务会计政策委员会以及 IMA 主席所写的评论文章都从不同侧面对高质量会计准则的标准提出了有价值的看法。

综合他们的一些意见，初步将高质量会计准则特征归纳如下：

(1) 高质量的会计准则在理论上应当用财务会计概念框架中的、在全世界范围内基本达成共识的那些概念，主要包括财务报告以决策有用性兼顾受托责任为目标；以相关性、可靠性、可比性等一系列既有层次又相互联系的信息质量为达到目标的必要保证与中介；以财务报表要素及其确认与计量为主要手段。同时，再配合必不可少的、保证企业经营具有透明度、提高决策有用性的表外信息披露为补充。

这一系列基本的概念起源于美国。1966 年 AAA 的"基本会计理论说明书"（ASOBAT），1970 年 AICPA 以及 FASB 的 6 份概念公告，都对财务报告的目标、会计信息的质量特征等核心概念作了权威性的论述。包括 IASC 的"财务报表编制框架"在内的其他国家或组织有关此类文献，基本上接受了美国的看法（当然，在个别地方也有所发展）。其中，以财务报告目标和会计信息的质量特征最为重要。

高质量的会计准则，必须符合使用者的目标，既要满足投资者、债权人和其他类似使用者的决策需求，又应当如实地反映管理当局关于资源营运的受托责任的履行情况。

(2) 高质量的会计准则原则上应当符合所有的质量要求，而最重要的质量是相关性、可靠性、可比性、公允性与充分披露。

按照会计信息质量特征的概念公告和 FASB Concept No. 2，最主要的会计信息质量是相关性和可靠性。相关性是会计信息的一个重要质量。具有相关性意味着可以增进决策者的决策预测能力，从而影响人们的投资或者其他经济行为。正如 FASB 所说的"不相关的信息，为取得它而耗费的精力等于白费"（SFAC No. 1, Par. 100）。对于财务报表和其他财务报告来说，相关性具有不同的意义。财务报表是一个通过确认、计量与记录而形成的、较为稳定的报告模式。它的相关性，既表现在每项具体的会计信息上，也表现在信息总体上。当然，财务报表现在也有发展(例如，就个别要素看，表内确认的标准将扩大为：即使交易尚未完成，但报酬与风险在实际上已经转移时就可以按资产或负债来确认；即使尚未实现，但已经赚取且很可能实现的利得也可以确认为利得。再就财务报表的组成部分而言，有关企业财务业绩的报告现在已经被一分为二——既用传统的收益表来继续报告已经确认、已经实现的收入、费用与利润，又增加了全面收益表报告包括已经确认、未实现的利得或损失在内的全面收益或全部已确认利得与损失)。但总的来看，财务报表并不经常变动，它的重要性得到使用者的充分肯定。AICPA 1994 年发表的“Reporting of Jenkins Committee”中写道：“本委员会肯定财务报表的重要性”；“财务报表是捕捉并组织财务信息的绝妙模式”；“没有证据表明，由于信息不相关或者其他原因，使用者放弃财务报表的分析；”“也没有使用者建议应当予以抛弃而用一个根本不同的组织财务信息的手段来取代”(Improving Business Report，1994，AICPA，P. 26)。这就是说，财务报表对于投资者的决策和维护资本市场的正常运转具有根本的相关性。财务报表载有和传递的信息，除非使用者看不懂或者不愿去进行分析，否则对于所有的、具有合理理解能力的投资者、债权人和其他类似的使用者而言都是有用的。财务报表在总体上的这种相关性是财务会计能够继续存在的理由。大约从 20 世纪 30 年代开始，传统会计中的主要部分发展为现在的财务会计。会计报表中的财务报表逐渐构成对外报表的独立体系。60 多年的历史也可以反证：如果财务报表是无用的，即它无助于投资者的决策和资本市场的发展，通过财务报表所发出的盈利、现金流量、偿债和支付能力的信息终究不能够影响证券价格，那么财务报表连同财务会计将早已经被人们弃之不用，送进了历史的垃圾堆。

财务报表为什么又发展为财务报告呢？在表外要产生的大量的信息披露，主要也是为了提高相关性。财务报表中的信息尽管与决策相关，但对于不同的信息使用者具有不同的相关程度，而且受财务报表编制程序的苛刻限制——必须按 GAAP 进行确认、计量并正式记录的信息才能够进入报表，这造成了有一些信息对于特定的使用者可能需要甚至很需要，但不能够在财务报表中得到确认，其中包括若干财务信息和非财务信息，定量信息或者非定量信息。若借助于财务报表以外的其他传递手段就可以比较灵活地加以披露，借以弥补财务报表信息披露的欠缺。所以说，相关性也是其他财务报告的前提。相关的财务信息，不论在表内或者表外披露，主要是由会计准则(包括会计惯例)加以认定或提出要求的。在其他财务报告中应予披露的信息，除了会计准则制定机构外，证券管理机构也有权对证券发行或者证券上市的公司提出补充的、严格的要求。此外，在不违反可靠性和不使会计信息过量的前提下，企业也有权自愿披露一些对使用者相关的信息。

总的来说，相关性是财务信息被使用者所接受的前提，也是财务信息对人们有用的前提。以财务报表为核心的财务报告模式，在总体上经过历史的考验与实际的调查后(见 AICPA 的“改进企业报告”)，都证明具有相关性。

(3) 可靠性是高质量会计准则的另一个重要的属性。

对会计准则来说，坚持可靠性就是确保财务报表的每一个具体信息和总体信息都能够如实地反映意欲反映的实际情况，其数据具有可稽核性并体现公允即中立性的要求。

当我们把相关性作为有用会计信息的前提时，相关的会计信息是否有用在很大程度上就取决于其是否可靠。对于会计信息而言，财务报表中的盈利、现金流量等信息都是投资决策相关的信息，但是决定这些信息是否真正有用还要看它们是否具备可靠性。如果这些具有相关性的盈利、现金流量等数据不具备可靠性，甚至弄虚作假，那么这些信息的相关性不仅毫无价值，还由于产生误导而对决策有害。FASB 对此也有警告："散发不可靠的、有可能引起误解的信息①，从长远来看，对一切有关方面都不利"(SFAC No. 1, Par. 110)。在相关性既定的前提下，不可靠的数据，就可能否定相关性，变有用为无用。而有用的信息，也必须通过可靠性来落实。正是在这个意义上，我们说可靠性是会计信息、尤其是财务报表表内会计信息的灵魂。

历史是一面镜子。1929—1933 年的大经济危机，使美国证券市场陷于崩溃的边缘。其根本的原因当然是资本主义制度内部矛盾的总爆发，但会计实务方面的混乱，也起了火上加油的作用。在 20 世纪 20 年代，美国允许发行无面值股票(no-par stock)更为企业会计的舞弊和欺诈开了绿灯②。除了无面值股票外，一些公司的内部交易包括赠送重要官员的优先股名单、不合理的奖金制度以及强调"保密"(secrecy、more secrecy、and even more secrecy)更使营私舞弊有机可乘③。那时，资本得不到补偿，股利可以从资本中支付。账目的混乱、欺诈的盛行，可以说达到登峰造极的地步！从今天的观点来看，就是严重的会计信息失真，既不真实，更谈不上公允和充分地披露。在那种情况下，美国一向吹嘘的自由经济限于崩溃的边缘，政府不得不出面进行干预。

罗斯福新政因此出台，1933 年通过了证券法，1934 年通过了证券交易法并成立证券交易委员会，对资本市场实行有力的整顿和规范，同时规范会计行为，特别是规范财务报表。1939 年公布第一份"会计研究公报"即第一份代表公认会计原则(GAAP)的权威文献，从此展开了财务会计的新篇章。会计和报表必须由政府监督下的民间机构制定，并对必要的"规则"进行管制，这是放任自流惯了的美国会计界，企业界所不愿看到的，然而他们不得不面对严峻的现实：市场经济不是无序经济，会计信息的弄虚作假严重地伤害了广大投资者的利益。SEC 的监管和公认会计原则的推行使资本市场有序化，使投资者恢复对会计信息的信任，可靠的会计信息显示了它极端的重要性，美国经济有今天这样的繁荣，罗斯福当年的新政，SEC 忠于证券监管的职守，被授权制定会计准则的机构对 GAAP 的不断完善，其功绩岂可忘怀？

美国 SEC 成立伊始，就把不断对外公开企业的财务状况和经营业绩作为上市公司自始至终必须承担的义务。按照 SEC 的经验，可靠的会计信息不仅意味着如实反映公司的经济真实，而且也意味着真实、公允地进行信息披露。这是对此前弄虚作假、尔虞我诈的企业宣扬的"保密、再保密"提出的针锋相对的要求。

公允性(fairness)即中立性(neutrality)，是指会计准则制定机构制定准则时不应考虑

① 若是故意歪曲经营真相、伪造假相的信息，就更加有害。

② 例如道奇(Dodge)公司上市销售了普通股 800 万股和优先股 85 万股，总共收到股金 9 000 万元。其中优先股按照每股 100 美元出售，而在账面上仅列示每股面值 1 美元即总共 85 万美元，其余的 765 万美元却不翼而飞了！同样，普通股则仅以每股 0.1 美元即 20 万美元列示为股本，其多收的 8 130 万美元也从账面上消失了。

③ *A History of Accounting in America*, by Previts/Merino, 1979, pp. 231—235.

对某一特定利益集团产生有利或不利的影响，而应该关心所产生的会计信息的相关性与可靠性，使其一视同仁影响于所有的使用者①。

充分披露也是可靠性不可分割的部分。在市场经济中，企业内部和企业外部不可避免地会存在着信息的不对称性。充分披露是力求减少内部信息，提高信息的透明度，从而有力地保护处于获取会计信息不利地位的投资者和其他的外部信息使用者。

当前，由于金融创新和销售创新等一系列的复杂因素，使得企业的交易和事项也变得复杂起来。高质量的会计准则应当帮助使用者判别交易的实质以及正确地按照某项准则来规范会计处理、报表编制及产生相应的会计信息。

总之，一项高质量会计准则必须按照交易的经济实质对确认、计量、记录和披露予以规范地指导。

(4) 高质量的会计准则还应该具有以下几个特征：

① 能够提供新的信息。以 FAS95“现金流量表”为例，它所提供的关于企业现金流量(来自经营活动、投资活动和融资活动)及其净增加或者减少都是投资者十分需要的会计信息，而且通过其他会计准则不能导致财务报表产生这类新信息。

② 要便于理解，具有可操作性。例如 FAS33“财务报告与物价变动”，就其内容来说，是比较复杂的。它要求在表外披露的信息涉及确认、计量，特别是改变计量属性(要运用历史成本以外的“现行成本”计量属性，计量单位要从“名义美元”改为“不变价格美元”)等问题。但是，这份会计准则在所运用到的会计概念(术语)方面交代得比较清楚，表外补充信息的说明也十分详尽，而且附有例解说明如何操作以达到该准则的要求。它在不改变传统的计量与报告模式的前提下用来反映物价变动对会计数据的影响，因而是一份既能够提供新的信息，又能够便于理解和运用的好准则。

③ 要正确处理表内确认与表外披露的关系。有的信息，尽管对使用者相关，但定量描述不可靠或者很不可靠，最好在表外予以披露。当前，有关市场风险或其他风险如果要由财务报告来表述，究竟应该在表内确认还是应当在表外披露就将面临艰难的抉择。我赞成这样的观点：既要把表内确认和表外披露严格地进行区分(其区别主要在可靠性的程度上)，以便财务报告的使用者进行会计信息的选择；又要努力提高会计信息披露的质量，不使表内确认和表外披露在可靠性的程度上差别过大。要通过缩小而不是拉大确认与披露的差距，强化披露的作用。

④ 良好的会计准则不仅在确认方面，而且在计量方面要做出实事求是的规定。考虑到交易和事项的复杂与多样性，单一的计量基础是不可能满足会计实务需要的。现在是这样，今后也还是这样。历史成本“独霸天下”的局面已经一去不返了！但是不能设想：公允价值或者其他的会计计量属性将取代历史成本的“霸主”地位。今后，应该多种会计计量属性同时并存，各有其特定的用途与适用范围。会计准则应该使其“对号入座”，最恰当地表示一个企业经济活动的数量方面。比如，经常处于变动之中的金融资产按照公允价值计量是无可挑剔的(如 FAS133 的规定)，但是对于一项本金和利息均固定的负债，按照历史价格计量就比较恰当。美国 FAS115“在特定债券和权益证券上的投资会计”把债券

① 参见 SFAC No. 2, Par. 98。

分为“长期持有(至到期)”、“在销售中”和“可销售”三类，规定列入第一类的债券应该按照“摊余成本”计量，只有列入第二、第三类的债券才能够按照公允价值进行计量。高质量的会计准则就应清楚而明确地规范计量属性的具体运用。

⑤ 力求与国际会计准则相协调。

⑥ 高质量的会计准则在制定过程中严格实行专家与群众相结合，力求准则制定过程公开化、民主化，增加透明度，应该吸收各种会计信息使用者及其代表的参与。最后又要通过协商、选择，进行集中。美国 FASB 制定 FAS 的过程和 IASC 制定 IAS 的过程均起到了范例的作用。

四、美国高质量会计准则研究的启示

美国关于高质量会计准则的讨论，对我国会计准则制定有什么启发和借鉴意义呢？

1. 可资借鉴之处

美国 SEC 提出高质量的会计准则，主要是为了打击和抑制美国资本市场上的所谓“数字游戏”，阻止盈利操纵等损害投资人利益的行为。在我国，资本市场虽然成立不久，会计信息失真和粉饰利润等行为却时有出现。当然，产生这种行为不能完全归咎于会计准则和会计制度。过去立法不够严密，监督不够严格，也应负有一定责任。

美国高质量准则所提出的相关、可靠、公允、可比、充分披露、实质重于形式等质量指标，尤其要求对财务报告具有透明度，这对于我们是有重要的借鉴意义的。

制定高质量的会计准则(包括高质量的会计制度)应当有一个健全、高效的制定机构。IASC 可以完全模仿美国 FASB 的模式重组为 IASB。我国是社会主义国家，我们有自己的国情。我们不可能照抄照搬美国在这方面的经验。但是有一些原则，我们还是可以借鉴的。例如，2000 年 2 月 16 日美国 SEC 发表的一份概念文告中认为，一个有效的高质量的准则制定机构应具备下列特征①：

- 一个独立的决策机构；
- 一个有活力的咨询(顾问)职能；
- 健全的应循程序；
- 一个有效率的(准则)解释职能；
- 独立的代表公众利益的监督；
- 筹资充足，工作班子配备齐全。

国际会计准则委员会在证券委员会国际组织的支持与促进下，由于完成了 30 个核心准则的评估，再加上国际会计准则委员会又进行了重组，容纳并吸收了金融、证券界人士参加，特别是对于理事会的组成强调会计专业与技术背景，这就为制定高质量的国际会计准则提供了组织保证。现在，欧盟作出了非常明确的反应。它将在 2005 年前要求所有上市公司采用 IAS(应是核心准则)。这对我们也是一个启示：在我国的上市公司中，主要指一些有意向、有能力到境外上市的大公司，可否允许它们采用 IAS 和 IFRS 编制财务报告以降低投资成本？在我国的上市公司中可否选一些条件具备的单位，作为采用 IAS 和

① SEC Concept Release: "International Accounting Standards", February 16, 2000 Q14.

IFRS编制财务报告的试点?

我国的具体准则基本上参考了IAS,但两者并不完全相同。究竟哪一种准则既符合我国上市公司特点,又反映国际会计惯例,特别是有助于提高财务报告的质量,容易被境外资本市场所接受,尚有待实践的检验。通过试点,加以比较,我们将取得制定本国会计准则的更多经验。再说由于我国已参加了WTO,加速与国际会计惯例接轨,这也是一个必要的回应措施。

我们要正确处理本国准则与国际准则的关系。虽然以上提到不妨允许少数(不是全部)有条件准备到境外上市的公司采用IAS(仅指核心准则)和今后的IFRS,其目的在于减少调整手续,降低投资成本(当然,其前提是:准备去上市的那些国家和地区,完全接纳IAS中的核心准则);同时也是为了取得准则制定经验。但还要看到,在我国加入WTO以后,境外的公司也可能要求在我国境内上市,如果它们按照IAS和IFRS编制了财务报告,应否再按我国的准则和制度进行调整呢?原则上要调整,除非:①其母公司所属国也接受IAS和IFRS。我国上市公司若前去投资,在财务报告披露上受到与其本国投资者的同等待遇;②IAS和IFRS同我国上市公司所遵循的准则与制度没有太大的差别;③不是IAS和IFRS未曾规范的那些特殊业务与特殊行业。

会计准则(不论本国的或国际的)能起协调经济利益的作用。制定会计准则或会计制度并要求在本国境内营业的公司加以遵守,这是每一个国家的主权和权益(特别是涉及税收和保护本国投资人的合法利益等政策)。严格地说,只要国家存在,只要世界上存在着多样化的社会制度和经济体制,在全球范围彻底执行超国家权益的统一会计准则就不太可能。美国FASB去年6月在一份对SEC的概念文告"国际会计准则"(此文告,我们在前面曾提到过)和"回应意见"中,分析了美国对应用某些IAS的外国公司要求在美国上市的财务报告可以取消按美国公认会计原则进行调整的要求之后,强调说:"我们必须同时指出,要取消外国投资者应用IASC的准则全部的调整要求(即按美国的GAAP进行调整的要求)是不可能的"("FASB's Response To Sec's Concept Release: IAS", June 2000, Summary of FASB's Conclucsions)。美国采取维护其主权的立场,其他国家也有理由采取同样的立场。在一个相当长时期内,各国制定的本国准则与制度仍然是各国企业(包括外国投资企业)必须遵循的财务报告规范。而高质量的国际会计准则,将会成为各国的准则与制度靠近、看齐的目标。对于各国的国内准则或国内会计制度来说,高质量的国际会计准则,不是取代国家的会计准则与会计制度,而是有助于加速各国国家会计准则与会计制度达到高质量,努力与国际会计准则趋同(convergence),有助于按高标准解决国际会计问题的争端。

2. 对我国制定准则的启示

如果把我国1992年颁布的《企业会计准则》看作是具有财务会计概念框架性质(需要修订),那么我国迄今仅颁布了16份具体会计准则,起步较晚,准则数量也较少,因此尚没有必要进行评估。但是要求会计准则达到高质量,也是我国会计准则制定所追求的目标。

因此,除了尽快研究我国财务会计的目标、争取修订既符合国际惯例又适合中国国情的财务会计概念框架或基本会计准则外,我们所制定的具体会计准则也应努力达到以下几点来提高质量。

① 具体会计准则的制定与评估，应当以我国未来制定的财务会计概念框架为依据，在基本会计准则未进一步修订并明确其性质及地位以前，应该符合国际惯例中的基本概念与原则。

② 可靠性、相关性、可比性和公正性适合于指导一切企业财务会计的规范要求，公开性则是依法充分披露，适合于上市公司财务报告规范质量的补充要求。

③ 具体会计准则涉及到确认的，一定要能够反映交易和事项的经济实质。以《企业会计准则——收入》为例。该准则第五条规定，满足商品销售收入确认的第(1)项条件为“企业已经将商品所有权上的主要风险和报酬转移给购货方”。我认为明确商品销售收入确认须以与商品有关的主要风险和报酬的转移于购货方为条件，而不是以笼统地仅以“销售日”为条件是触及了当今商品交易的经济实质——商品交易越来越复杂。商品销售合同往往附有销货方必须承担的义务，这些义务的履行经常在发货之后。如负责产品的安装，合同还可能赋予购买方某些权利和允许购买方在规定的期限内退货等等。这样在形式上的销售日，比如商品已经发出，对方也承诺了支付货款的日期，但有关商品的报酬和风险并未完全转移，并不符合确认收入的条件。在收入确认条件中，列入“商品上的主要风险与报酬是否转移”这一条件是很必要的。

④ 具体会计准则都应该能够提供新信息。例如我国所制定的“关联方关系及其交易的披露”这一准则所要求披露的信息，就是其他准则所不能够提供的新信息。

⑤ 我们的具体会计准则的制定，当涉及确认时，要明确记录的具体时间、如何记录以及如何在财务报表中表述；当涉及计量时，要明确计量属性；当涉及披露时，应该明确是在附注中还是在附表中予以披露。凡是对会计信息使用者有用的信息而又无法在财务报表内进行确认时，都应当在表外进行披露。但是，披露的信息也应该有所控制。通过对用户的调查，了解披露的有用程度，防止增加企业的信息成本，在这方面应该保证充分披露的前提下减轻企业的负担。

⑥ 我们的具体会计准则的制定需要逐步加大公开化和民主协商的程度，要增强会计准则制定过程的透明度。最好增加“讨论备忘录”(Discussion Memorandum，DM)这一步骤，充分反映各种背景资料和不同意见。

第四节　美国上市公司财务欺诈及其对会计准则制定的可能影响

一、以安然为代表的上市公司财务欺诈

“‘9·11’什么都没有改变，而安然(Enron)改变了一切”！这是美国著名经济学家克鲁格曼向人们提出的警示①，它揭示了美国上市公司一系列的财务欺诈对美国投资者的

① “9·11”并未像有些经济学家预测的那样使美国经济遭到灭顶之灾，除了对航空、旅游、保险等行业冲击较大之外，恐怖袭击直接造成的股市震荡和消费者信心不足大约只维持了2个月左右。克鲁格曼的言外之意是，安然丑闻及在其中起到推波助澜作用的财务欺诈给全球资本市场带来的冲击甚于9·11带来的直接经济损失。

信心和美国资本市场的打击要比“9·11”恐怖袭击造成的后果要严重得多。20世纪90年代，美国曾向全球吹嘘它们引以为豪的商业模式和价值观念，而且试图将其公司治理的模式推广到全世界，规劝欧洲列国的公司将股东的利益放在首位。与之相联系的是，过去美国人引以为豪的是它们“严格的会计审计制度”，这曾被视为是美国最主要的“出口产品”。如今，接连发生的上市公司（除了安然之外，还有世界通信（World Com）、施乐、环球电讯（Qwest）等）财务丑闻表明，美国的一套公司治理模式蕴涵着结构性危机，只不过为经济繁荣的表象所暂时掩盖而已。“9·11”事件是一个催化剂，突然打乱了整个经济周期的常规运行，将投资者、管理当局和监管方的可资调整的空间压低到最小限度，从而使一系列的结构性危机提前到来，当然也包括一系列上市公司财务欺诈的曝光。

美国式资本主义和美国式的财务欺诈在世界各国及其上市公司中并不罕见，其背后的深层动因除了经济制度背景外，还存在利益驱动因素。这是我们需要研究的问题，因为会计的发展是反应性的，会计密切依存于其赖以存在的客观经济环境。如果不从根源上探讨财务欺诈的深层动因，而只局限于“救火式”的修修补补，那么很难确保安然事件不会重演。我们还需要仔细探究面对财务欺诈，美国的会计准则制定应如何作出迅速的反应，对准则制定的基本模式如何进行适度的修正，以抑制愈演愈烈的财务欺诈。

二、财务欺诈的深层原因探析

财务欺诈的深层次原因应归咎于美国经济制度中生产、流通、分配和消费的各个环境之间的失衡，也有美国公司制度（投资者十分分散、形成“所有者缺位和经营者——主要是高层经理越位”）和公司治理方面的缺陷。对于经济制度、公司制度中的问题，我们将另行研究，本章主要是在探索公司治理生态缺陷等问题的基础上，分析财务欺诈对美国会计准则制定的可能影响。

1. 公司治理生态缺陷

高质量的会计信息披露需要奠定在健康的公司治理生态（Ecology of Corporate Governance）基础之上。所谓“公司治理生态”（Ecology of Corporate Governance），是奠定在包括投资银行家、注册会计师、企业内部管理当局和会计人员、律师等专业人员组成的企业的“知识共同体”基础之上。然而在安然、世通等一系列财务丑闻的背后，我们分明看到公司治理生态的各个环节“不约而同”地出现了疏漏，换言之，这无异于一种“合谋”①！一个简单的逻辑推论告诉我们，财务欺诈的公司，其公司治理生态的每个环节，无论是内部控制、独立审计、投资分析家，还是之前类似事件的法律制裁（美国是判例法国家）威严性都存在着问题！

安然丑闻及其背后的安达信事件告诉我们，安然公司的确和安达信进行了合谋，因为安达信会计师事务所可能已经丧失了基本的独立性。只要看看安达信对安然公司的非审

① 公司治理生态包含 n 个环节（如内部控制、独立审计、职业财务分析人员等），健康的公司治理生态要求这些环节彼此之间是独立的，假设每个环节发现企业财务欺诈的概率为 P_t（$P_t > 50\%$，$t = 1, 2\cdots n$）。照此公司财务欺诈要想不被发现，概率 P_F 是非常低的［$P_F = \prod_{t=1}^{n}(1 - P_t)$］。反过来思考，之所以小概率事件发生了，那么意味着公司治理生态的各个环节“有意识”地失效了！

计(non—audit)服务(包括管理咨询、内部控制设计等)收入远远超过其审计收入的事实就可以证明这一点。看来,不加限制地允许注册会计师为客户同时提供审计业务和非审计服务,的确是造成作为公司治理生态关键一环的独立审计失效的主要原因之一。缺乏独立性的注册会计师出具的审计报告不可能真实、公允和透明,从而不可能不误导投资者。实际上,财务欺诈往往导致投资者终生的积蓄毁于一旦,大量财富被掠夺而不恰当地转移到公司高层管理人员手中。要知道,一般的中小投资者之所以愿意投资于一个企业的证券,在很大程度上是因为信任了注册会计师出具的审计报告(Scott, 1997)。

当然,如果将财务欺诈完全归因于注册会计师又未免有失公允,我们还应该看到公司治理生态的另外一个环节——财务(证券)分析师所起到的推波助澜的"作用"。随着会计准则的日益复杂化,一般投资者根本无法理解企业财务信息中所反映的复杂的交易,如金融工具创新、租赁和特殊目的主体(SPE)等,所以投资者尤其中小投资者一般需要依赖财务分析人员的观点进行投资。然而,财务分析人员往往辜负甚至背叛了投资者的信任,在察觉这些公司财务疑问的同时仍作出诸如"建议强烈买进"的推荐。可以说,财务分析师为了一己私利①背弃了社会公义和社会责任!也背弃了他们对资本市场必须信守的诚信义务!因为即使公司的管理当局能够利用会计准则留下的空间进行操纵,并且和注册会计师进行合谋出具了无保留的审计意见,财务分析师也应该能够加以识别!何况,即使诸如特别目的实体等复杂的交易不在财务报表中进行确认,而只在财务报表附注中进行了披露,这虽然可以蒙蔽一般的投资者,并不能够逃过训练有素的职业财务分析人员的敏锐分析。会计界都会注意到,在1994年AICPA的一项题为《改进企业财务报告》的调查中,财务分析人员已经被列为会计信息的主要使用者之一,也正是他们在呼吁财务报告的改革。据了解,在安然公司中,曾经有一名财务分析人员,发现了安然公司的"财务疑问"而质疑其财务的健康性,但是却遭到了解雇。由此可见,考虑到财务分析人员的知识结构和决策模型,他们并非不能够发现财务欺诈,实乃因为个人利益考虑不愿意揭发而选择了默认而已。

当然,如果有严厉的事后惩罚措施的存在,可能财务欺诈还不至于如此猖獗。最近几年,Sunbeam公司、Waste公司的高层管理人员都曾涉嫌财务欺诈②,然而在中饱私囊之后并无人因此而入狱,也无人因此而受到刑事处罚。国际"五大"(The Big Five)每一次的审计失败都如履薄冰地延续下来。然后再有下一次……也许我们期待美国总统最新签署的《2002上市公司会计改革和投资者保护法案》(简称2673法案)③能够以"乱世用重典"来威慑财务欺诈。

综上所述,难怪安然丑闻爆发后,美国能源和贸易委员会民主党人士John Dingell发出了如下的严厉质问:"证监会干什么去了?会计师协会干什么去了?公司的审计委员会干什么去了?律师干什么去了?投资银行干什么去了?财务分析师干什么去了?人们的

① 鉴于此,应该改革目前财务分析师的报酬体系,不允许其收入和投资银行家获取证券业务所获得的收入挂钩,否则不能够避免两者之间的合谋。

② 黄明,"美国式会计欺诈和美国式资本主义",《比较》(2)中信出版社,第35—47页。

③ 该法案规定,公司高层管理人员必须对公司财务报告的真实性宣誓并保证,蓄意提供虚假财务报告的管理当局将会被处以20年的监禁和500万美元的罚款。我国的《会计法》也有类似规定。

投资常识何在?①"。可见,财务欺诈的存在,其实告诉我们这样一个问题:在整个公司治理生态中,不是某个环节,而是公司治理生态的每个环节都存在着疑问,而不论其是自愿的或被迫的。为此,上市公司的财务欺诈已不是一个微观经济中的现象,而已经逐渐蔓延至宏观领域。

2. 股票期权激励问题

完善每个公司治理生态环节的确可以抑制财务欺诈,但是公司毕竟还是要以盈利为其主要目的的。这就涉及到财务欺诈产生的另外一个问题:公司追求利润而对管理人员进行激励所带来的财务欺诈动机问题。

由于社会分工、知识结构和个人禀性的制约,导致企业成为一个人力资本和非人力资本(财务资本,下同)缔结的特殊契约:拥有财务资本但不具备管理技能的人逐渐远离企业的日常经营管理,而将企业交给职业经理(管理当局,下同)去进行经营管理,这就是最为普遍的委托代理关系。由于管理当局的努力程度很难观测,再考虑到管理当局的效用函数往往和股东的目标函数不一致,所以需要在监督的基础上对管理当局进行激励。股东对管理当局的激励,从最初的"工资+奖金"模式、"年薪制"逐渐过渡到20世纪80年代开始盛行的"股票期权"激励模式。股票期权激励的存在,恰如一把"双刃剑",如果加以恰当规范,则可能通过赋予管理当局一定的剩余分享权而使其尽可能地与股东的利益保持一致,促使股东财富最大化的目标实现;反之,在利益的驱动下,股票期权可能诱发公司管理当局对盈利进行作假的动机,而且股票期权一旦运用不当,就成为管理当局操纵盈余、进行财务欺诈的根源之一。实际上,在美国资本市场上一系列的财务丑闻,都和企业管理当局操纵股价并将其股票期权在高价位进行套现紧密联系在一起。

应该指出,股票期权作为一种激励措施并非一定导致财务欺诈,其关键是股票期权行权机制。如果允许企业管理当局不加限制地随意选择对股票期权行权的时机,再外加管理当局和投资者本身信息不对称性的客观存在,那么管理当局完全可能在对自己最有利的时机,利用信息不对称操纵股价,在牟取个人暴利的同时使投资者承担巨额的损失。这是应该绝对禁止的,因为此类财务欺诈的危害性不仅在于它导致财富的不恰当转移,给不知情的中小投资者的利益带来致命的损失,而且在于其给资本市场带来的资源浪费、扰乱证券市场运作规律和在市场承受能力最低的时候起到致命的危害作用②。

3. 空口承诺、劣币驱逐良币和业绩泡沫

财务欺诈的形成也许并不能直接归因于股票期权等激励机制的过错。实际上,整个资本市场的非有效性和短视性,往往也会对财务欺诈起到重要的环境诱导作用。这种诱导作用是通过如下的相互联系的环节来诱发财务欺诈的:①为了从资本市场上筹集到扩大再发展所需要的资金,公司往往会在财务预测中通过"空口承诺"描绘企业未来盈利的美好前景③。②资本市场的不确定性和经济周期的繁荣、衰退的更迭性决定了公司管理当局的财务预测并不总是能够顺利实现,许多原本进行"空口承诺"的项目最后可能会陷

① 袁铭良,"安然事件引爆'五大'诚信危机",《新财富》,2002,第71页。
② 黄明,"美国式会计欺诈和美国式资本主义",《比较》(2),中信出版社,第35—47页。
③ 关于财务预测,不可避免地会出现"空口承诺"的问题,但是目前来看,美国的GAAP缺乏有效的规范措施。

入亏损的境地，这种现象往往会迫使管理当局利用财务会计准则的弹性、选择财务欺诈来人为营造出一种企业平稳(甚至是高速)发展或持久性盈利的假象(当然并不排除管理当局也有出于自身套现股票期权的目的)。③在经济处于衰退期，资本市场留给投资者、管理当局和监管方的可资调整的空间被压低到最小限度，最终财务欺诈昭然若揭！

此外，根据博弈论原理，如果一些上市公司的财务欺诈在一系列的公司治理生态疏漏面前存在而没有受到应有的惩罚，必然会使其他公司纷纷效仿，基于"劣币驱逐良币"问题而使高质量的公司退出资本市场，最终不利于资本市场引导资源配置功能的发挥，也不利于资本市场的健康发展。结果，资本市场上充斥着进行财务欺诈的低质量企业，这些企业通过会计操纵营造一个个诱人的泡沫，直到泡沫破裂、财务欺诈曝光为止。

我们应该重新审视资本市场的有效性，投资者应该进行理性投资、资本市场应该远视一点，这些因素的综合作用会在一定程度上抑制财务欺诈的发生。

三、上市公司财务欺诈对美国会计准则制定的启迪

1. 由具体规则导向到原则导向的转变

自从20世纪70年代初FASB成立、以会计目标为逻辑起点制定财务会计概念框架(1978)，并以此为指导制定会计准则开始，美国的公认会计原则(GAAP)就采取了"具体规则导向"的制定思路。具体规则导向的会计准则具有较强操作性的优点，但却非常容易被规避。譬如融资租赁准则(FAS13)规定，凡是租赁期限不短于租赁资产经济寿命的75%或最低租赁应付款的现值不低于租赁资产公允价值的90%的租赁，都可以归类为融资租赁，那么就有一些企业故意将租赁期限限定在租赁资产经济寿命的74%、最低租赁应付款的现值控制在89%以内，从而躲避将融资租赁在财务报表上进行确认(因为融资租赁的确认将会显著提高企业的资产负债率，使企业的财务风险凸显，从而不利于企业的后续债务融资)。在具体规则导向模式下制定的FAS，面临着朝令夕改的尴尬！因为一旦准则涉及的详细而具体的规则出台，正如上述的融资租赁一样，企业的管理当局总能够在绕过、不违反具体的会计规则的前提下，选择与具体规则主旨相反的会计政策，于是FASB却不得不经常忙于修补不完善的具体会计规则，因此美国的会计准则条款越来越详细、复杂，FASB的Interpretations也越来越多，但即使如此也无法扭转或明显或潜在的财务欺诈。更何况美国的会计准则制定从来就不是一个纯技术性的过程，实际上因为会计准则具有的经济后果性而使会计准则的制定逐渐演变为充斥着游说(lobby for/lobby against)活动的政治过程。此起彼伏的游说压力、政治方面的约束乃至准则制定权力的不稳定性(时不时就会受到SEC收回准则制定权力的威胁)，使得FASB改革会计准则制定模式、完善会计准则步履沉重，前途难卜。值得庆幸的是，布什总统新签发的《2002上市公司会计改革和投资者保护法案》给美国的会计准则制定投下一缕改革的"曙光"，按照该法案，责成SEC对美国会计准则制定思路——规则导向或原则导向进行研究，一年内提出研究报告结果。

美国会计准则制定的具体规则导向模式的缺陷使我们想到了国际会计准则委员会(IASC)制定国际会计准则(IAS)时的原则导向模式。原则导向的会计准则虽然在操作性方面存在一定的困难，但是却着重于反映业务的经济实质，因此不容易受到有意的规

避。譬如国际会计准则在租赁准则(IAS17)中,相应进行了原则性的规定"租赁期限占资产使用寿命的大部分、最低租赁应付款的现值几乎相当于租赁资产的公允价值",这样职业判断就难以违反这一原则。

此外,值得注意的是,具体规则导向的准则制定模式的缺陷还在于:①会计准则的制定绝大多数时候总是滞后的,它难以超前反映经济环境的变迁和企业经济业务的不断创新。这是美国会计准则制定目前面临的最大困境,值得我国制定会计准则的有关方面关注。为了抑制上市公司财务欺诈的发生,美国似乎应该从国际会计准则制定中借鉴经验,对具体规则导向的会计准则制定方式作出革新,至少应该在会计准则中适当增添一些原则性的规定,借以防止上市公司层出不穷的会计规避和由此导致的财务欺诈。(2)具体规则导向的会计准则追求(法律)形式更甚于(经济)实质,而这是一个会计准则制定过程中应该竭力避免的问题。

2. 基准处理方法、备选方案及可比性

实证会计研究学者们的研究结果表明,从会计准则制定的成本效益制约和企业管理当局拥有对会计政策的天然选择权利角度去审视,对会计政策进行完全的标准化、对每种经济业务只允许一种方法存在,未必是一种最佳选择。因为管理当局对会计政策的选择具有信号显示作用。这种结论具有一定的局部合理性,这可以通过契约理论得到解释。但是,如果要将上述结论普遍化,则有可能是谬误的(真理和谬误之间往往只有一步之遥)。当前从国际会计准则委员会的核心会计准则之所以得到越来越多国家的支持,就可以得到旁证。允许各种备选方案的广泛存在,然后希冀于通过观察管理当局对会计政策的选择来获取增量信息,这一命题往往是以资本市场有效性为前提的,实际上,美国20世纪60年代到80年代之间的经验数据的检验结果(资本市场有效性)是否适合目前的美国资本市场本身就存在疑问。前提存在疑问,命题自然值得怀疑!尽管我们并不否认个别经济业务可以允许备选方案的存在,但是过多地允许备选方案的存在,使得会计信息的可比性和可靠性名存实亡,绝非上策。

我们看到,由于院外游说和政治对会计准则制定的影响,美国的会计准则针对特定的经济业务往往允许有多种备选方案存在。这给企业管理当局根据自己的切身利益需要选择于己有利的会计政策提供了借口和方便。借鉴IASC的做法,尽量缩小各种备选方案的范围,为每种经济业务的会计处理提供一种基准处理方法(最多允许一种备选方法的存在),对提高会计准则的可比性,促进会计信息的透明度和高质量是非常重要的。这里,有必要回顾国际会计准则委员会的改革历程,也许从FASB和IASC的关系中可以吸取对我国的会计准则制定有所启发的东西。

20世纪80年代和90年代初,国际会计准则委员会意识到,由于经济全球化的加快,国际货币的流动需要遵循可比性、高质量的国际会计准则,为此,1989年就推出了"财务报表的可比性"(ED32)计划,删除了大部分任意选用的会计处理方法,1990年7月公布了理事会(The Board)的"意向书",同意ED32提出修改的29项中的21项,修改后同意3项,并将另外5项推迟做出修改决定。从此,IASC展开了按可比性要求修订(或将格式重排——正文与说明相结合)几乎已公布的全部IASs,其特点是对同类交易和事项既提出IASC的一种基准会计处理(benchmark treatment),同时允许一种备选的处理方法

(allowed alternative treatment)。在提高可比性的前提下,把规范要求和必要灵活结合起来。这项工作从1993年开始,至2000年基本完成。推动IASC的重要力量是对全球资本市场的发展起重要指导作用的"证券委员会国际组织"(International Organization of Security Commission, IOSCO),它在2000年认可了IASC修订后的30份国际会计准则为核心准则(core standards),作为跨国上市和国际融资应当呈报的财务报告的规范。在此形式下,FASB改变过去不屑参与IASC的傲慢态度,转为积极参与并力争控制IASC的活动。IASC在新的形势下迫于IOSCO和全球经济迅速发展的压力,本来就要进行组织机构和制定准则的应循程序(due process)的改革,美国也表示愿接受核心准则,如外国资本进入美国市场,其财务报告所遵循的准则,现在必须按美国的GAAP,将来可以按IASC的核心准则(core standards)①。不知美国近年来一系列的财务欺诈是否可能使美国改变对其国内会计准则质量的自以为是的态度,在修订自己国内会计准则的同时尽量与国际会计准则委员会保持合作,促进IAS在全球范围内的广泛采纳。

3. 从股票期权的会计处理看美国的会计准则制定改革

上市公司中期权制度的存在的确在一定程度上为管理当局进行财务欺诈,及管理当局想方设法与独立审计人员、财务分析师进行合谋提供了一定的动力,但是在美国的会计准则中,迄今股票期权仍未能够计入企业的成本,究其原因如下:①既然与股票期权相关的会计准则实施将带来巨大的不利经济后果,那么以硅谷为代表的美国诸多国内公司(如微软、思科)游说反对期权成本化就不足为奇了,因为期权一旦成本化,则高科技公司利润将出现惊人的锐减:如2001年,Dell公司股票期权费用化后利润锐减59%、Intel公司利润锐减79%、思科公司利润则更是不可思议地减少了171%②。②政治压力。美国的国会否决了期权成本化的会计政策,总统布什也在不同场合认定现行的股票期权制度本无问题。难怪美国经济界的风云人物格林斯潘在失望之余发出如此的感慨:"公司丑闻显示,并非现在的管理当局比以前更贪婪了,而是如今管理当局将贪婪付诸实施的途径更多了"③。没有成本的期权制度难道不是鲜活的一个例证吗?

具有讽刺意义的是,口口声声与改组后的国际会计准则理事会(IASB)保持一致的FASB(甚至SEC也规定FASB应该与IAS尽可能保持一致)如何应对IASB对股票期权的迅速反应——IASB决定从2003年开始将股票期权计入企业的成本费用。可以预计,在各个方面的压力和形势的逼迫下,也许FASB将会通过一系列的听证会重新审视股票期权的会计处理和相关的会计准则问题。是迫于政治压力"遵循两种方案共存、允许企业选择其一"的老套路,还是痛定思痛、与SEC协商取得谅解,坚持将股票期权计入成本费

---

① 当然,美国现在承认IASC的核心准则仍是非常苛刻的。实际上,可能当时的目的是诱使IASC的改革基本上按照美国FASB的模式,遵循SEC的建议框架。之后,IASC成立的战略工作组(SWP)于1998年提出《重塑IASC的未来》的研究报告,公开征求意见。美国FASB与FAF和SEC先后发表了作为评论回应的报告(FASB: "International Accounting Standards Setting: A Vision for the Future", December 1998; FASB & FAF: A letter responds to the request for comment on the IASC Discussion Paper, "Shaping IASC for the Future", March 10, 1999; SEC: "International Accounting Standards", Concept Release, February 16, 2000)。SWP根据美国和其他方面的反馈意见修改它的报告,修改后得到IASC理事会批准(2000年3月)。

② 参见邱海旭《股票期权怎么穿帮了》,《三联生活周刊》,2002(33)。

③ 参见邱海旭《股票期权怎么穿帮了》,《三联生活周刊》,2002(33)。

用、维护准则制定的高质量，我们需要拭目以待。也许资本市场的博弈规则和市场的力量将以一种动态演化的方式将股票期权计入成本费用的方案自动实施，因为率先推行股票期权成本费用化会计政策的公司有可能被资本市场辨别为有竞争力的公司，从而赢得投资者的信心，占据先发优势！但是，我们更愿意看到FASB的迅速反应，因为这可能蕴涵着美国会计准则制定模式在《2002上市公司会计改革和投资者保护法案》后的重要变革动向。

会计准则制定的最佳模式应该是什么？是像美国FASB那样采取具体规则导向还是像IASB的原则导向？至少美国上市公司的财务欺诈已经给我们展现了具体规则导向的会计准则的弊端。此外，透过美国上市公司的财务丑闻，我们也再一次领会了会计准则的性质——技术性、经济后果性和政治性的复合产物，我们也发现美国的财务会计概念框架并未在会计准则制定过程中得到前后一致的贯彻实施。当然，我们并不能够就此否定在我国制定自己的财务会计概念框架的必要性，而是应该吸取教训，不仅要制定自己的财务会计概念框架，而且要研究如何使之在制定准则的过程中发挥应有的指导作用，确保我国会计准则的高质量，防范我国上市公司财务欺诈。此外，研究美国上市公司财务欺诈对财务会计确认、计量和报告带来的冲击也十分必要，一系列的财务欺诈可能敦促由目前的重收益计量逐渐转向重资产计价，严防脱离企业基本价值的虚假利润繁荣；财务报表的重心也有必要进行转移，资产负债表将取代利润表成为第一财务报表，不是形式上的，而是实质上的。

第十六章

中国会计准则相关问题

第一节　中国会计规范的变迁与现状

一、会计规范的必要性

不论在计划经济条件下或在市场经济中，在我国称为会计核算而在西方称为财务会计的部分都需要进行规范——主要是规范信息的提供，但同时也就需要规范交易和事项的整个会计处理过程。这主要因为会计核算或财务会计具有一个重要特点：它的信息提供者不是主要的信息使用者。在计划经济条件下，企业基本上是国有的。名义上称之为国营，实际上不可能由国家直接经营，而是由国家委派厂长经理作为组织生产、经营的代理人。国家作为所有者同厂长经理（统称为企业的管理当局）作为经营者由此形成了委托—代理关系。当然在当时的条件下，国家插手企业很深，行政命令很严重，管理当局的权力相对较小，形成政企不分。但所有权和经营权在实行经济核算制的企业（企业有独立的资金，允许自主经营，独立核算，自负盈亏）中至少在形式上或一定程度上也是分离的。经营者直接指挥并控制企业的会计部门及其核算与报告活动，他不但比国家掌握企业更多的经济活动与财务收支的信息，而且根据利己的动机有可能粉饰报表，提供不充分甚至虚假的信息（在我国50年代末期以后，在浮夸风的影响下出现的“书记成本”、“厂长利润”就是虚假信息）。在市场经济中，现代企业的所有权与经营权明显地甚至彻底地分离。投资人与企业管理当局之间，形成了至为明确的委托—代理关系，代理人控制企业财务信息的加工与对外披露，远比委托人了解企业更多的内幕消息，企业管理当局同投资人、债权人等外部利害关系集团在对企业财务信息的占有上，产生了严重的不对称。我们知道，信息是一种产品和资源，不论计划经济或市场经济都不能没有会计信息的真实传递、顺利畅通和有效使用，否则，人们不可能作出影响企业经济活动同时又利于自己的财务决策。信息不对称，势必危害在信息占有上处于劣势的一方，它是违反公平原则的。在计划经济中，国家理所当然地要进行干预，使会计信息服从计划指标并用来检查计划；在市场经济中，信息不对称标志着信息市场失灵，从而导致受会计信息媒介影响的商品、劳务，特别是证券市场失灵，这也需要政府或其他社会公证机构出面干预。上述的干预，表现为需要对企业按真实、公正、充分、可比等原则作出加工和提供会计信息（主要指财务信息，它由会计核算或财务会计）的制度性安排。会计规范，就是这样产生的。由此可见，会计核算规范或财务会计规范是国家或社会防止或纠正市场失灵而作出的制度性安排，它虽然不是直接产生于市场经济本身，但它一旦出现，即成为市场经济正常运转（信息市场公平运转）的一种必不可少的机制①。

二、我国会计规范的变迁

新中国成立伊始，国家治理经济的主要任务是医治战争创伤，改造烂摊子经济，争取财政经济状况的根本好转。于是，在1950年3月中央人民政府作出了《关于统一国家财政经济工作的决定》。《决定》要求集中全国的人力、物力、财力，建立强有力的集中统一的财政经济体制。会计的一个重要任务，就是建立统一的制度，恢复正常的会计秩序。要能通过会计制度，使会计活动如实反映，加强监督，提供可靠的信息，为制止当时的通货膨胀，稳定经济，恢复国民经济，争取财政经济状况的根本好转服务②。

中华人民共和国成立以后，我国的会计规范就采取"制度"的形式。这种形式不但在我国由来已久，为人民所亲见乐闻，而且制度向来被认为是法规的组成部分，具有明显的统一性和强制性。因此这同国家需要直接管理全国会计事务，统一会计制度的制定，更好地适应统一财政经济体制的需要是完全吻合的。而且，通过统一制定的会计制度，又能使会计信息直接满足国家宏观经济管理的需要，这也十分符合当时高度集权的财政、经济体制的形势。

可以说，从这时起，我国的会计规范体制就形成了财政制度决定财务制度，财务制度决定会计制度的格局。

由于1953年起开始执行第一个五年计划，从1951年下半年财政部就在原苏联专家的帮助下，陆续制定了服务于计划经济的会计制度，如"国营企业统一会计报表格式及说明草案"、"国营企业统一会计科目及说明草案"等等（1952）③。而在1953年，除把原先分散在统一会计制度中的共性内容如财产清查、账簿登记与凭证填制、材料核算、成本计算等规定修订为单项"办法"或"规程"外，对于其他核算内容则建立分部门、分行业的制度，如由财政部会同各主管部门分别制定工业、供销及农业、商业、铁路、交通等会计制度，同时，在分部门分行业的制度中，又把基本业务和基本建设加以区分，在基本建设会计制度方面，再划分为建设单位和包工（施工）企业两种不同的制度。这样，我国从第一个五年计划开始，就确定了分部门、分行业一统到底，密切依存于计划管理的会计规范体制。集中的计划经济体制是由原苏联创造的，而且主要存在于苏联等一些社会主义国家，我们要建立并实行计划经济的会计模式，只能借鉴原苏联的会计经验④。在50年代中期，从账户名称、报表格式（如凭单日记账核算形式）、成本核算方法（如成本核算的定额法）、材料核算方法（如材料核算的余额法）等几乎全面地照搬苏联。虽然以后不断地加以修订，力求切合中国情况，但是整个会计模式，包括会计规范，始终是强调集中统一，适应计划经济需要，服从于国家宏观经济管理，主要是服从于财政管理。由于长期受计划经济的深刻影响，社会主义市场经济体制下的国家财政、企业财务与会计的关系尚有待探索。迄今为

① 葛家澍，市场经济下会计基本理论与方法问题研究，北京，中国财政经济出版社，1996。
② 杨纪琬，现代会计手册，中国财政经济出版社，1987。
③④ 项怀诚，新中国会计50年，中国财政经济出版社，1999。

止，在我国的国家财政、企业财务同企业会计之间，存在着某种程度的剪不断、理还乱的关系就可以理解。

80年代末和90年代初，由于邓小平理论的正确指引，党的十四大把建立社会主义市场经济体制确立为我国经济体制改革的目标。为了适应市场经济对会计信息的需求，促进改革的深入和开放的扩大，我国会计规范也作了突破性的改革，即用企业会计准则取代过去分部门分行业分所有制一统到底的会计制度，并按"准则"的内容改革各种重新归并后的会计制度，实行准则与制度两种规范形式同时并用。

以上的论述再次表明，会计规范的内容与形式都取决于不同经济体制下对会计提出的要求，即会计的目标。新中国成立50多年来，我国的经济体制大体分为三个阶段：经济恢复时期；计划经济时期；社会主义市场经济时期。不同的经济体制，总是要求建立与各该经济体制相适应的不同会计模式，特别是建立为各该经济体制服务的有所差别的会计核算（财务会计）规范。

按照我国会计标准制定的设想，企业财务会计规范的未来应是由一系列不同性质与形式的会计法规（其中包括会计准则和会计制度）所构成的体系。这一构想大体如图16-1所示。

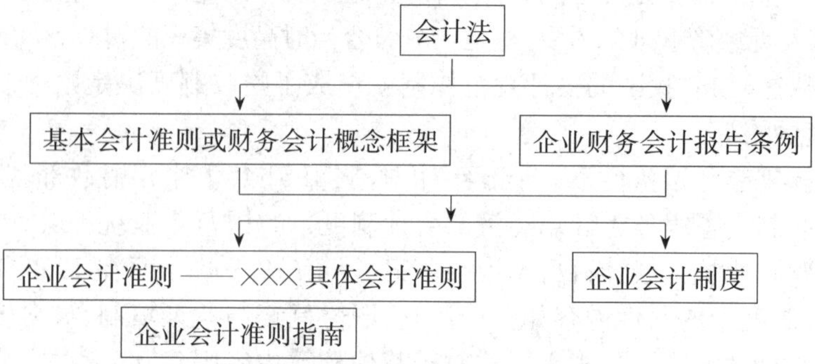

图16-1　我国财务会计规范法规体系构想

从图16-1中可见，会计法是我国会计工作的最高规范形式，其统率着整个会计法规体系。企业基本会计准则（或）和财务会计报告条例属于第二层次①，作为一种"桥梁"，既体现着会计法的基本精神，又对我国的会计准则和会计制度起着规范作用。目前，具体指导我国会计实务的是企业会计准则（具体准则）和会计制度。其中，企业会计准则的适用范围主要是上市公司，而企业会计制度的适用范围主要是股份有限公司。

三、我国制定会计准则的进程

严格意义上说，1992年颁布、1993年实施的《企业会计准则（基本准则）》最主要的作用，是起到了一种思想解放的功效，在颁布后的一段时间内并未对当时的会计实务带来很

① 这里要遵循"实质重于形式"的原则。从法律形式和制定法规机构的层次和权威性角度考虑，基本会计准则和财务会计概念框架（若由财政部颁布）比《企业财务会计报告条例》层次要低一些。然而若从基本准则（必须进行修订）或财务会计概念框架实质上应该起到的作用——"指导、评估准则而又不属于会计准则的特定内容"这个角度审视，两者似乎又不应与会计准则并列。当然，还要重视切实发挥基本会计准则或财务会计概念框架所应具备的功能。

大的触动，会计实务的处理依然“我行我素”。为了改变这一当时的现状，财政部在1993年下半年开始决定集中力量制定具体会计准则。为此，财政部会计司专门成立了国内外会计专家咨询组——国外主要来自德勤会计师事务所，国内的专家包括杨纪琬、张德明、余秉坚、汪建熙、金淑莲、娄尔行、莫启欧、阎达五、黄菊波、葛家澍①。

基本会计准则颁布实施后的2004年2月，财政部又陆续推出了具体准则征求意见稿30份左右(截止到第一份具体会计准则《关联方关系及其交易的披露》颁布前)：

1994年2月：应付项目；

1994年7月：应收账款、存货、投资、借款费用资本化、资产负债表、损益表；

1995年4月：固定资产、无形资产、所有者权益、长期工程合同、研究与开发、现金流量表、银行基本业务；

1995年7月：递延资产、收入、外币折算、所得税、合并会计报表、会计政策及会计政策和会计估计的变更、资产负债表日后发生的事项；

1995年9月：职工福利、捐赠和政府援助、或有事项、关联方关系及其交易的披露、清算；

1996年1月：租赁、期货、企业合并、非货币性交易。

基本会计准则颁布实施后，经过四年左右的努力，1997年5月22日，为了适应社会主义市场经济的需要，我国正式制定了一份企业会计准则，即第一个具体准则——《关联方关系及其交易的披露》。这份具体准则从1997年度起执行。距第一份具体会计准则颁布后的6年间，我国就修订并颁布了16份具体会计准则。

在具体会计准则陆续制定和实施期间，我国先是结合和吸收已经制定的具体会计准则的有关规定，制定并要求于1998年开始实施《股份有限公司会计制度》。后又于2001年颁布了《企业会计制度》，要求从2001年1月1日开始，在股份有限公司中实施②。《企业会计制度》第一部分“一般规定”几乎把有关基本准则的内容都写了进去，这显然是一个进步。与此相协调，似乎企业会计准则的基本准则也需要修改，既要力求与国际惯例中的财务会计概念框架协调，又要参照“企业会计制度”中的“一般规定”。未来的基本会计准则还要全面反映《财务会计报告条例》的内容。

2003年3月，会计准则委员会成功地进行了改组。第二届财政部会计准则委员共有委员20名，包括楼继伟(主席)、冯淑萍(秘书长)、葛家澍、董大胜、许善达、李伟、吴小平、汪建熙、孟建民、贡华章、张为国、张通、詹静涛、陈毓圭、周勤业、耿建新、孙铮、汤云为、朱祺珩、刘玉廷。从本届财政部会计准则委员会的构成来看，其主要成员的构成包括政府有关部门、理论界、会计职业团体、中介机构和企业实务界等，初步具有了广泛的代表性。

除了会计准则委员会各位委员之外，财政部还聘请了150多位咨询专家，成立了咨询专家组。此外，为了提高我国会计准则的制定质量，着手建立了一个财政部会计准则委员

① 国内专家后来于1998年10月改组为财政部会计准则委员会，成员包括张佑才(主任)、杨纪琬、冯淑萍(兼秘书长)、葛家澍、张为国、汤云为、朱祺珩。

② 《企业会计制度》的颁布实施之初，在国内会计界引起了极大的反响，大家普遍担心会计准则和会计制度的隶属关系问题。即到底会计准则和会计制度谁的层次更高，出现矛盾或抵触时，谁服从谁?

会的基本组织架构①,如图 16-2 所示。

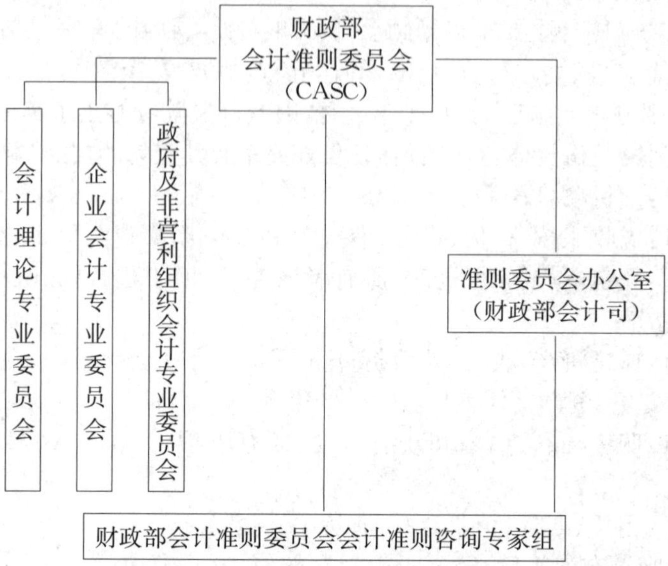

图 16-2　财政部会计准则委员会的组织构架

其中,财政部会计准则委员会主要职责在于:①对会计准则的总体方案、体例结构、立项等提供咨询建议;②对会计准则制定中重大会计处理方法的选择等提供咨询意见;③对财务会计概念框架等有关基础理论提供咨询意见;④对会计准则实施情况提供咨询并反馈有关信息②。

四、我国的会计准则体系

(一) 基本会计准则

基本准则和企业财务报告条例对各项具体准则起指导和规范作用。所谓基本准则,是为所有其他准则提供理论基础、一般原则和共同适用的基本概念的准则,也可以说是准则的"准则"。在我国,企业基本会计准则还应当对行业会计制度起规范作用(行业会计制度还应当参照具体会计准则的规定,适当地进行修改)。在我国,目前有没有基本会计准则呢?1992 年 11 月颁布的、1993 年 7 月 1 日起施行的《企业会计准则》应当说是一个初具规模的基本准则,但还不够完善。不过,它对于 1993 年在我国实行财务会计制度的全面改革;用"企业会计准则"取代过去的分部门、分行业、分所有制的统一会计制度;全面修订反映准则要求的 13 个大行业会计制度,以及指导具体会计准则的制定,都起了重要作用。

作为基本准则的《企业会计准则》共分 10 章 66 条,主要是由会计的基本前提(假设)、一般原则、会计要素(分 6 个要素)及其核算(含确认、计量、记录和在报表中披露)和财务报告(主要讲会计报表)四大部分组成。总体框架基本上借鉴了国外 60 年代(如美国

①② 参见财政部会计准则委员会编写的有关文件。

AICPA所属会计研究部推出的ARS No. 1和ARS No. 3)和80年代(如美国FASB,IASC)的“概念框架(CF)”,同时又结合中国的国情。考虑到具体准则的制定尚需要时间,而行业会计制度又须以准则为规范加以修订,基本准则就不能过于抽象,所以,对于6个会计要素,分成6章,对于它们的会计核算(涉及定义、分类、确认、计量、记录和在报表中列示等方面)分别作了相当详细的规定,这样做当然能提高“准则”的可操作性,但如此规定又显得过细、过死甚至缺乏普遍的适用性(如资产的计价实际上只规定实际成本即历史成本一种计量属性)。

其实,基本准则所规范的内容,就总体来说,应当是粗线条的、有弹性的。特别是,涉及会计程序和方法的规范,应当把有关原则讲清、讲好。而在具体方面则放开、放活,力求对具体准则只作原则性指导,而不“侵犯”其内容。我国1992年颁布的《企业会计准则》要成为名副其实的基本准则,尚需进一步修订。在修订时除应注意改进上述缺陷外,尚需特别注意的一个重要问题是如何突出我国会计核算(财务会计)的目标。

(二) 具体会计准则

在企业会计准则体系中,基本准则起着导向作用,具体准则才是主体。因为只有具体准则才能结合具体的交易、事项和情况规范企业应如何对所发生的会计事项和项目通过确认、计量和记录进行会计处理并进行会计信息披露。具体准则是直接指导会计处理和报表编报的恰当规范或正确的表述。一般地说,具体准则的制定和发布主要是根据需要,因而在各项具体准则之间不一定形成一个勾连环结的体系,更没有相互统属的层次关系。我国在规划具体会计准则的制定时,曾把具体准则分为四类,即:

(1) 各种行业共同经济业务的准则;

(2) 有关特殊业务的准则;

(3) 特殊行业的基本业务的准则;

(4) 有关财务报表的准则。

从我国现有发布的具体准则看,其内容大致分为引言、定义、正文(应予核算或应披露的事项,确认、计量和披露等方面)和附则四个部分。

为了更好地执行准则,一般还附该准则的“指南”。指南是对准则“定义”和“正文”的进一步说明,以及为了帮助使用者理解和运用“正文”中所要求的会计处理与信息披露而列举的简例。因此,“指南应构成具体准则的组成部分,与具体准则具有相同的法定效力”。

截至2001年11月,我国已经制定的具体会计准则如表16-1所示。

表16-1　截至2001年底我国陆续颁布及修订的具体会计准则

序号	准 则 名 称	颁布/修订时间	实施时间
1	《企业会计准则》(基本准则)	1992. 11. 30	1993. 07. 01
2	《关联方关系及其交易的披露》	1997. 05. 22	1997. 01. 01
3	《资产负债表日后事项》	1998. 05. 12	1998. 01. 01
4	《收入》	1998. 06. 20	1999. 01. 01
5	《建造合同》	1998. 06. 25	1999. 01. 01

（续表）

序号	准　则　名　称	颁布/修订时间	实施时间
6	《或有事项》	2000.04.27	2000.07.01
7	《无形资产》	2001.01.18	2001.01.01
8	《借款费用》	2001.01.18	2001.01.01
9	《租赁》	2001.01.18	2001.01.01
10	《现金流量表》(修订)	2001.01.18	2001.01.01
11	《债务重组》(修订)	2001.01.18	2001.01.01
12	《投资》(修订)	2001.01.18	2001.01.01
13	《会计政策、会计估计变更及会计差错更正》(修订)	2001.01.18	2001.01.01
14	《非货币性交易》(修订)	2001.01.18	2001.01.01
15	《中期财务报告》	2001.11.02	2001.01.01
16	《存货》	2001.11.09	2002.01.01
17	《固定资产》	2001.11.09	2002.01.01

五、我国会计准则与会计制度的关系

会计规范是指最后通过财务报告（主要是通过财务报表）来表述的某个特定企业的财务状况、经营业绩和现金流量的会计程序。因此，会计规范的内容，总的说主要是某个企业过去已经发生的，引起资产、负债、所有者权益、收入费用、利得损失和损益的交易事项和情况，或者说指一个企业发生的经济业务和由此引起的资产负债与净资产的变化①。不论会计规范采取什么形式，这一基本内容应是共同的。但是，财务会计有自己特定的、严密的会计程序。这些程序概括起来包括确认、计量、记录、报告（包含表外披露）等基本环节，采取不同的规范形式，组织这些程序的方式，特别是规范的重点会有所不同。强调什么、突出什么？按准则来规范和按制度来规范并不一样。

首先，让我们分析一下确认、计量、记录与报告的关联性和各自的功能。

确认的含义最广。广义的确认可以涵盖计量、记录和报告三个程序。例如 FASB 认为，“确认是将某一项目，作为一项资产、负债、收入、费用等要素正式记入或列入某一企业财务报表的过程”（SFAC No.5，Par.6）。然而狭义的确认，应要求解决两个问题：①在交易事项发生后，何种项目应作为何种要素来记录和报告？②它们应在何时加以记录和报告？简单地说，确认是一种职业判断，要求会计人员把交易事项等现象提到理性高度来决定：其中有无项目应记作财务报表的要素（当然具体地指要素的再分类——账户与报表项目）？如果有，那么应当在何时予以记录和报告？

计量是紧接着确认要解决的会计程序。计量主要的任务是选择何种既相关又可靠的计量属性，这里面临着与确认同样的职业判断问题，即如何选择计量属性？

① 葛家澍，关于会计基本理论与方法问题，经济科学出版社，1988。

确认与计量是会计人员进行会计处理时应当按规范予以思考并通过经验和自己的业务水平来加以判断所作的决策。我们可以把它们称为会计决策。这种决策付诸行动，就表现为科目使用（凭证填制与账簿登记）与报表的编制。

如果把确认与计量称为会计决策，记录与报告就是把会计决策付诸实践的会计行动。会计决策是会计行动的前导，它表现为会计人员在记录和报告之前，应当对经济业务的会计处理具有的盘算、识别与判断的过程，得出了判断之后，人们才开始进行记录与报告的行动。

确认、计量、记录与报告都是财务会计不可或缺的会计程序。它们的功能可以互补但并不相同。确认与计量发生在会计处理之初，并引导着记录与报告。在整个会计行为（包括会计决策和会计行动）中层次较高。严格地说，解决了会计的确认与计量，记录与报告只不过是具有固定程式的技术问题，随之应容易解决。反之，没有经过或不懂得会计的确认与计量的判断过程，记录与报告往往不是真正的理解。

会计的确认，特别是何时确认，可能是财务会计的最复杂的问题之一。最典型的确认时间的难题是收入的确认。财务会计所面临的，同收入确认有关的交易、事项是十分多样的。美国的一本《中级财务会计》按照交易的性质把收入确认的时点绘成下列图 16-3①。

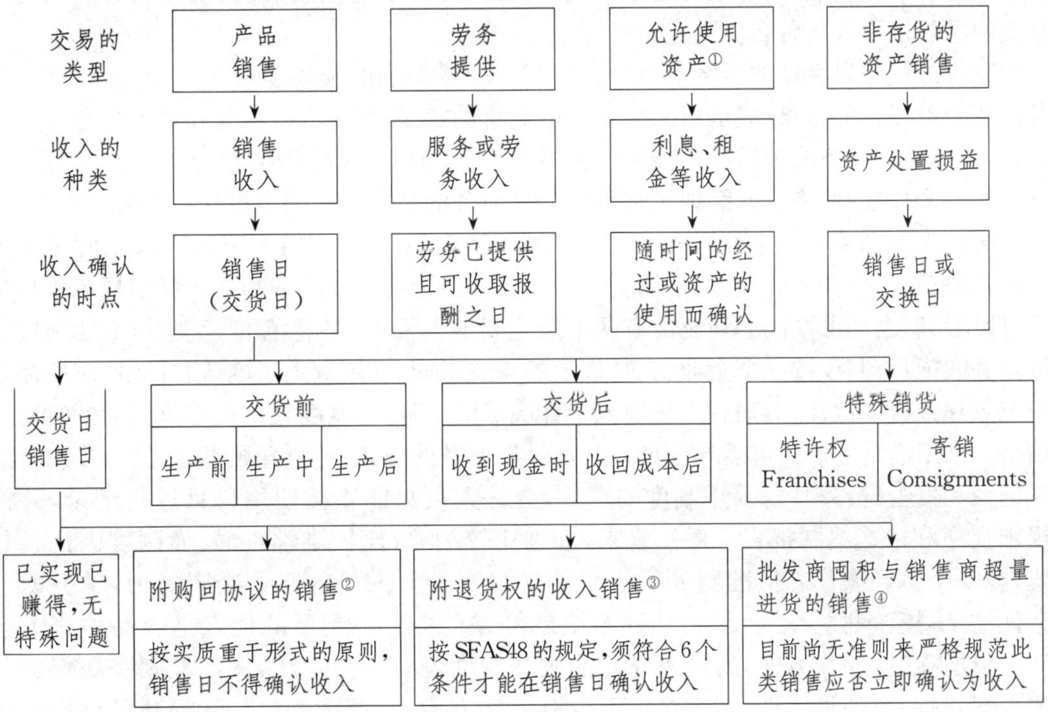

注：① permitting use of an asset
② sales with buyback agreements
③ sales with right of return exists
④ trade loading and channel stuffing

图 16-3

① 参阅 D. E. Kieso & J. J. Weygrandt. *Intermediate Accounting*. John Wiley & Sons, Inc. 1998; pp. 970—974。

图 16-3 所列举的交易类型，确认时点还不可能囊括与收入有关的交易、事项和情况的全部，随着金融创新而带来的交易与销售创新，正如雨后春笋，方兴未艾。

在会计准则中，对于确认的基本标准与主要原则仅就商品销售一项而言，也只能概括为：

一、符合收入的定义，有预期的经济利益流入企业，并能可靠地计量。

二、收入已实现或可实现（取得收取现金的权利）并已赚得（完成收入赚取的全过程）。

三、与销售商品有关的所有权与风险，在实际上已经转移；或实质重于形式。

十分明显，一项交易或事项发生后，若仅同商品销售收入有关，则应否和何时确认为收入，就需要会计人员运用其专业知识和实际工作经验，即职业判断，从交易的类型、收入的种类、销售时有无附加条件而使所销售的商品在似乎钱货两清的表面现象后，与商品有关的所有权及其风险在实质上并未完全转移等方面进行分析与判断，才能决定：收入应否确认、在何时确认，从而应作出怎样的记录，如何正确计入财务报表。因此，可以说，应否确认商品销售收入和何时确认这项收入似乎是人所皆知的会计常识，其实，它乃是一个很复杂、很难回答的问题。收入的确认固然困难，其他要素的确认也未必容易。这就是我们把确认（也还有计量）视为会计决策，列为会计行为中的高层次的理由。

认清了会计的确认、计量与记录、报告在会计行为中的差别，我们就可以看到准则与制度两种规范形式的各自侧重点。

会计准则是以特定的经济业务（交易与事项）或特别的报表项目为对象，它详细分析各该业务或项目的特点，规定所必须引用的概念的定义，然后以确认与计量为中心并兼顾披露，对围绕该业务或项目有可能发生的各种会计问题作出处理的规范。人们学习了一份具体的会计准则，将会熟练地了解特定会计业务的会计处理的全过程。

会计制度则采取另一种形式。它是以某一特定部门、特定行业或所有部门的企业为对象，着重对会计科目的设置、使用说明和会计报表的格式及其编制加以详细规范。从这里可以看到，会计准则同会计制度有两个最主要的差别：一是规范的对象不同，准则按经济业务或项目，制度按一个企业；二是规范的重点不同，准则侧重于确认和计量，制度侧重于记录和报告。这样，准则重点是规范会计决策的过程，而制度是重点规范会计的行动与结果。采用准则的形式可引导会计人员从经济业务的确认、计量开始考虑，进一步决定怎样记录和报告（披露）；若采用制度的形式，会计人员只能直接使用科目进行记录，并按规定程序和格式编制报表。对比起来，准则比较抽象，比较难学难懂；而制度则比较具体，容易了解和操作。但准则的优点是能够提高会计人员的职业判断能力，掌握财务会计的全过程，并能举一反三，增强解决新问题的能力。制度的优点是容易被广大会计人员所接受，操作方便，易懂易学。准则和制度还有一些差异，例如准则一般保留备选方案，有一定的灵活性；制度基本上没有备选方案，强调统一性。从提高可比性的观点看，取消和减少备选方案，可能是准则应当努力改进的方向。FASB 已经把这点作为高质量准则的标准之一①。

总的来说，准则和制度都是会计规范的形式，它们之间的优缺点是可以互补的，而且可以结合起来运用。

① Zeff and Dharan, , *Readings and Notes on Financial Accounting*. MCGraw-Hill, 1997; pp. 74—77.

但考虑会计是国际通用的商业语言，而会计规范作为这种特殊“语言”的语法，也在国际上形成了一定的通用形式，那就是会计准则。可以说，会计准则这种规范形式实际上已构成了国际通用会计惯例的一个组成部分。会计制度这种规范形式在我国的计划经济时期，甚至解放以前流行了五六十年，我国会计人员比较习惯于接受它运用它。这就产生了既要与国际会计惯例接轨，又要照顾中国国情之间的矛盾。当前，深化我国的会计改革，就是要正确处理引进、借鉴国际会计惯例与中国国情相结合，寻求具有中国特色的会计核算规范。

第二节　中国会计准则如何走向高质量

一、高质量是企业会计准则走向国际化的共同要求

当前，世界经济走向全球化的趋势日益加强，资本正在全球加速流动。资本的所有者越来越远离他们投资的企业。投资人只掌握股权，而把经营权委托给他们的代理人——经理层。然而同股权相联系的经济利益迫使投资者不得不关注投资报酬及投资风险，并作出相应的决策。决策离不开信息，远离企业的投资者能够获得的主要信息来自于企业经理层对外提供的财务报告。对于两权分离的现代企业的经营活动，经理层拥有巨大的信息优势。投资人，特别是广大的、分散的中小投资者则成为对企业信息知之甚少的弱势群体。为了维护投资人的利益，促进资本的合理流动，资本市场客观上需要形成一种减少企业经营者和所有者之间信息不对称的有效机制，这就是上市公司管理当局必须公开披露的财务报告。资本流动的全球化，要求在全球具有可比和透明的高质量的财务报告。高质量的财务报告需要很多条件，例如经理人的诚信、注册会计师的职业道德和执业水平等等，而高质量的会计准则(当然也包括高质量的审计准则)则是重要的基础条件。财务报告是在会计准则的规范下编报的，会计准则只有用国际上普遍公认的目标指引方向并以若干基本概念当作前后一致的工具，任何使用者都能作出一致的解释，这样的准则才算具备高质量。虽然具有了高质量的会计准则，若不具备其他主客观条件，未必导致高质量的财务报告；但若缺乏高质量的会计准则，必不能保证财务报告的高质量。

早在 1994 年 12 月，在我国上海举行的会计准则国际化研讨会上，当时国际会计准则委员会(IASC)主席白鸟荣一[日]和秘书长凯尔恩斯[英]在联合发言中就曾指出：“IASC 的长期目标是建立可用于世界各国的企业发布财务报表的高质量的通用会计准则”①。其时，IASC 正在与证券交易委员会国际组织(IOSCO)沟通，制定高质量的核心会计准则(core standards)。六年之后，即 2000 年 5 月 17 日，IOSCO 正式宣布通过对 IASC 的 30 个核心准则(30 份 2000 版 IAS 准则和 11 份 IASC 的解释公告)的评估。与此同时，IASC 进行并完成了重大的战略重组，成立了基本上由技术专家组成的国际会计准则理事会

① 财政部会计司/财政部国际合作司，《完善与发展》，中国财政经济出版社，1994。

(IASB),全权负责批准国际财务报告条例(IFRS)和它的解释公告,其目的是从组织上和制定程序上保证国际财务报告准则的高质量。由于核心会计准则的质量较高,现已被不少国际组织和国家所认可。例如欧盟就同意2005年,其成员国的上市公司的合并报表、非上市公司的个别报表(与合并报表相对应),可以运用IASC的核心会计准则来编报。当然,高质量的会计准则并不等于就是IASC的核心准则。在有些发达国家,特别是最早制定公认会计原则(GAAP)的美国(1937),其国内的有些会计准则也是高质量的,甚至在可靠性、相关性、可比性和透明度及规范的详细、完备程度方面,都超过了IASC的核心准则。由于美国的GAAP经历了比IASC准则历史更悠久的实践检验,其质量同样得到国际公认。

因此,高质量的国际化会计准则,既包括已发表的IASC的核心准则和未来将要发表的IASB的国际财务报告准则,也包括美国GAAP和其他国家被公认为先进的会计标准。

此外,我们也必须看到一个事实,那就是:国家还存在,各国总要维护本国的主权和利益。会计准则从来就不是一个纯技术手段,而具有协调经济利益的作用。由于会计准则可用来保护各国的经济利益,而且各国的经济发展水平和市场化的程度也很不一致,在这种情况下,除了跨国、跨地区公开发行证券的企业,应当按照非歧视原则相互遵守一致的会计准则(如IASC的核心会计准则)外,对于各国的国内企业或仅在本国、本地区发行证券(如我国的A股)的上市公司,要在全球范围内推行统一的会计准则即全球的GAAP,至少在可以预见的将来,还不可能。但是,经济全球化的趋势不可逆转。经济全球化带来的资本在全球加速流动,又要求尽量缩小会计准则之间的差异,并努力提高各国会计准则在相同或相似交易与事项会计处理的可比性和透明度。各国的会计准则尽可能沿着IASC准则的要求趋同(convergence),也是一个不以国家意志为转移的规律。

二、如何进一步提高我国的企业会计准则的质量

我国企业会计准则的制定,已有十余年。十年来,我国除制定了一个基本准则外,还制定并颁布了16个具体准则,总的来说,质量是高的。但也存在一些问题。主要问题是在我国入世以后,中国准则的制定速度、覆盖面和准则的质量应当进一步适应国际化的要求。

1. 制定我国财务会计概念框架的问题

我国应制定自己的财务报告概念框架,其目的在于明确财务报告的使用者及其对会计信息的需求,会计信息质量要求,要素的定义、特征及其在财务报告中的确认、计量与报告。财务报告概念框架是用于发展企业会计准则的一套内在严密、协调一致的方法体系,它能在技术上保证具体准则的连贯性,而不致前后发生矛盾。

我国1992年制定、1993年实施的《企业会计准则》实际上是一份既包括基本方法体系又包括具体核算处理要求的“一揽子”准则。制定时并未明确指明它是一份基本准则,现在看这份准则已落后于形势,即使从当时(1992)看,对比国外的概念框架也相去甚远。

当然,我们都会注意到,2000年6月21日国务院颁布的《企业财务报告条例》(以下

简称《条例》）和 2000 年 12 月 29 日财政部公布的《企业会计制度》的第一章和第二章均先后对《企业会计准则》（1993 年 7 月 1 日开始实施）作出了重要的补充与修正。然而，《条例》和《制度》的匡正，主要仍局限于财务报表要素的定义和一些会计原则，并未涉及财务报告的目标和会计信息质量特征（基本原则虽有涉及，但未区分层次和重要性），也未涉及确认的基本标准和收入、费用确认的补充指南（在已经制定的具体准则中包括了收入，这说明了对收入确认的重视。但其他要素的确认也应有基本标准，那么是否有必要对其他要素逐一都制定一项项具体的会计准则?）。而且，迄今为止，《条例》、《制度》同准则的关系并不明确。如果说条例有了，制度改了，基本准则就可以不动，我们又没有看到条例、制度可以统辖准则的明文规定。在人们的心目中，我国的准则和制度虽都是会计标准，但却是两种不同的形式，而且各有侧重点。既然我们把从“关联方关系及其交易的披露”（1997 年 1 月 1 日开始实施）起陆续颁布实施的准则称为具体会计准则，那么有具体会计准则就应该有指导它的一般或基本准则（国外称为财务会计概念框架）。

如果我国也制定一套符合中国国情（特别是财务报告的目标），又反映国际化进程的概念框架，必能提高具体会计准则的质量。

2. 几个财务会计基本概念问题

还有一些属于财务会计概念框架的问题，不论在制度还是准则中，我国目前所使用的一些概念均同国际惯例有一定的差距。这些差距不是中国特色的反映，而是计划经济（更确切地说是原苏联会计模式）有关观念的影响。例如：

(1) 会计就是“会计”（accounting），而我国的会计文件中却常称之为“会计核算”。会计与核算显然是同义反复的概念。“会计核算”原是从苏联的“经济核算”一词而来。原苏联会计教材认为，经济核算是由会计核算、统计核算和业务核算三部分构成。可是，统计学界却从不曾接受这个观点。统计学的教材始终使用统计、统计学等概念而不用“统计核算”。“业务核算”的提法由于它自己本身成不了一个体系，也没有多少人去用它。只有会计核算这个名词一直被我国的有关法律、法规准则和制度所采纳沿用至今。在使用中，会计核算不仅当作名词，与会计同义；而且还当作动词，与确认、计量和记录同义。这样一些表述方法与国际惯例似乎明显地不相一致。

(2) 财务会计是区别于管理会计的对外报告会计。企业对外报告的会计报表，只包括财务报表（由资产负债表、利润表、现金流量表和全面收益表），不包括成本报表。一方面是因为成本信息属于商业秘密，企业为了保护自身的生存、竞争和发展的能力，可以不予以披露；另一方面是因为企业外部会计信息的使用者关注的一家企业的盈利（经营业绩）、财务状况和现金流量等能够从总体上近似地反映该企业的价值及其增值的指标。成本只具体到企业所生产销售的各类产品（或劳务），所以产品成本仅能够反映企业内部的经营效率而不能够反映企业整体的财务效益，外部信息使用者对成本信息一般不予以关注。

因此，各国总是把对外应予以公开的财务报表称为“财务报表”，但我国的准则和制度却一直沿用“会计报表”这一传统的概念。

(3) 在准则和制度中，我们迄今为止还没有规定财务报表要素应予以确认的标准。确认与计量的定义也很不明确。表（指财务报表）内属于确认，表外（包括附注）属于披露的这一科学界限也未区分。

我们赞成会计的概念应中国化，并力求通俗易懂，但前提是科学严密。概念具有科学、确切的含义是其实质，通俗易懂与否则是其形式。实质重于形式是人们公认的原则。许多外来的会计概念引入我国都曾经历一个"从不习惯到习惯"的过程。过去长期对"借贷"之争就是由于用借贷作为记账符号（即概念）有人感到不习惯。但争来争去，借贷记账法的科学性还是得到了肯定，我国的记账方法最终融入了国际化的商业语言之中。我希望在我国制定会计准则的过程中，注意若干基本概念与国际惯例的接轨，不要使各个学校使用的会计教材（现在已经越来越多的高校使用原版的英文财务会计教材，鼓励双语教学）同国家制定的会计文件，在一些名词和术语的使用上，长期互相不一致，既影响会计的教学质量，也影响各个高校对未来后备人才的培养。

3. 具体会计准则如何借鉴国际惯例问题

现在制定的具体会计准则从覆盖面上看，通用的会计准则部分已较为齐全了。目前最急需制定的是一些特殊行业如金融（包括商业银行、保险和证券业）①、石油天然气、农业、房地产、进出口等行业的具体准则和一些特殊的业务如企业兼并（可能即将出台）、合并报表、所得税、外币折算、衍生金融工具等业务的具体会计准则。后两类准则比较复杂，难度较大。我认为可能需要更多地借鉴 IASs 和美国的 GAAP。国际会计准则委员会已颁布的核心准则和其重组后制定的准则中，有不少属于难度高的、特殊行业和特殊业务的会计准则，但是质量却是比较高的，例如 IAS39。IASs 和今后的 IFRSs 虽不能说是全球的 GAAP，但至少它代表国际会计惯例的新方向。至于美国，由于其经济最为发达，会计准则制定的历史最为悠久，经验也最为丰富。它已经颁布的 ARBs、APB Opinions、FASs 和 FASB Interpretations 中，凡是未经修改、废除和被取代的，特别是近年来制定的与应用现值(Present Value)有关的准则（例如从 1990 年 10 月到 1999 年 12 月，FASB 颁布了 FAS 共计 32 份，涉及确认和计量问题的有 12 份，其中 11 份应用了现值技术 present value techniques)，我们都可以参考和借鉴。在计量问题上，我国仍着重推行实际成本（历史成本），这对于防止会计数字的弄虚作假，保证会计信息的真实性是很有好处的，但从长远看，研究公允价值的采用是国际化的潮流，我们也要注意借鉴。比如企业兼并准则，若不采用公允价值计量可辨认的资产与负债，就难以达成产权交易，商誉（负商誉）也是无法确认的。

4. 我国会计准则的透明度问题

我国已出台的准则，优点是简明概括，不足之处是过于简单且缺乏层次，操作性不够。我国的一份准则一般只有两三页或三四页，而美国的一份准则则往往多达几百段，可订成一厚册。我国的准则，也有"指南"，但美国的准则除了准则本身外，还有"解释公告"、"技术公告"和"紧急工作组的一致意见"等等，最重要的是：准则要把概念交代清楚，确认与计量的标准与方法讲明白。对于复杂的业务，还应适当交代交易与事项的特点，并列示操作案例。考虑到原则性应当同灵活性相结合，对于确认与计量的方法，一般都应有备选方案（但应尽量减少），不强求统一，但要求透明、可比（选择什么方法，必须在附注部分充分披露，若改变会计选择，则要求披露改变后带来的财务影响）。

---

① 2001 年已经出台了《金融企业会计制度》，并从 2002 年 1 月 1 日开始实施。

制定和执行会计准则是有成本的。在制定准则时若投入较多，准则制定比较详细具体，则其可理解性和可操作性就会加强，各企业执行准则的成本和会计师事务所的审计成本就会降低。所以，我们要计算并力求降低会计准则制定与实施的社会总成本。准则制定时如加大投入，增强准则的透明度，提高准则的质量，对于促进我国经济市场化的质量也是非常重要的。

从这里我体会到为什么美国 SEC 前主席 Arthur Levitt 一再呼吁制定高质量会计准则的必要性，可能不单纯是为了防止做假账①。

5. 几点建议

为了提高我国会计准则制定的质量，加快制定的进程，在不改变目前准则制定（组织）构架的前提下，特建议如下：

（1）考虑到财政部是全国制定统一财务会计制度（含会计准则）的主管机构，中国证监会是上市公司的监管机构，中国注册会计师协会代表全国注册会计师界，它们共同关注会计准则的制定、质量与执行，但站在不同角度，获得的信息不对称，经常可能产生不同的看法。为了交流和取得共识，是否在会计准则委员会下成立"联络组"或"协调组"，定期由财政部与证监会、中注协等相关机构进行通报交流；对准则和制度出台的顺序与时间安排，对所应制定准则的基本要求，以及已制定准则在上市公司内外的执行情况的反馈意见等等在互相沟通的基础上经常磋商，加强联系，紧密合作，必能把我国的会计准则制定得更好。

（2）在会计准则委员会秘书处下还可成立"翻译组"。最好拥有一批专职人员及时地翻译 IASC、美国 FASB 已公布和即将出台的新准则（包括征求意见）和准则制定的动态，掌握并传播国际会计惯例的前沿信息。为此，似可出版一份"国际会计动态"的刊物（公开发行或仅限于内部交流均可）。

此外，可否组织力量研究我国具体会计准则与国际会计准则的差异及其原因，以便逐步趋同。通过一定的形式也将此类资料予以公开，以利于对我国具体会计准则的讨论、修订和完善。

（3）可以考虑借鉴国外经验，创造条件，设立紧急问题工作组，对具体会计准则发布解释公告。

（4）在制定会计准则的应循程序（due process）上，应扩大征求意见稿的对象与范围，可以研究一下通过何种形式，在某一个层次和范围内，把对会计准则的赞成和反对意见加以整理后公开（披露），以增加准则制定过程的透明度。

（5）我国已承诺中国的会计准则也要向国际惯例靠拢。为了逐步实现这一过渡，同时也为了节约我国某些高难度会计准则的制定成本，加快整个准则制定的速度，并推动准则国际化的进程，对于那些制定难度比较大、技术性较强、涉及各个国家主权利益并不明显的准则如衍生金融工具、外币折算等准则，是否应更好地借鉴 IASs 和今后的 IFRSs，尽可能减少我国对该准则的制定成本。

6. 会计准则如何走向高质量：列举

财政部正在修改企业合并、分部报告、外币折算、资产减值等具体会计准则的征求意

① Levitt, The Importance of High Quality Accounting Standards, *Accounting Horizons*, March 1998.

见稿。在企业兼并准则中是否可以考虑采用“公允价值”计量属性，并对这一计量属性作出前后一致的定义；外币折算准则可否参照国际会计准则21号，把题目改为“汇率变动影响”，使之比“外币折算”的包容面更广。

此外，在制定“企业兼并”会计准则时，我建议认真研究美国的FASB于2001年7月20日颁布的FAS141“企业兼并”和FAS142“商誉和其他无形资产”中的两项重要革新：一是企业兼并只允许采纳单一的“购买法”（purchase method），禁止使用“权益入股法”（pooling-of-interest method）；二是商誉不再在每年盈利中进行摊销，而代之以重新评估作为资产减值（to be reviewed for impairment）。美国财务会计准则委员会的这一经验是为了既可以提高企业兼并会计与报告的透明度，又能够向投资者提供更加透明的有关商誉经济价值的变化。我想，参考美国的做法，不会对我国企业兼并会计准则的制定带来多大的困难。相反，企业兼并若允许采用权益入股法，则要规定诸多的限制条件，否则极可能使企业合并后的利润虚增，不利于防止和打击利润作假。至于商誉，若要求逐年摊销，对于如何确定一个恰当的年限，由于难于保证相对可靠，在国际上也一直存在着争议。美国APB规定40年的摊销期限固然较长，但若缩短为20年、10年、5年，又有何根据？因为商誉是最无形的无形资产，并无明确的使用“寿命”，也难以凭经验进行较为可靠地估计。商誉并不存在因自然或使用损耗而有一个为企业带来预期的、可能的经济利益的“期限”。这就是说，随着企业经营的发展，被收购公司可能带来不断增长的盈利，该情况下因收购该公司所发生的商誉，其经济价值究竟是不断减少还是不断增值实在很难判断。商誉按照规定年限进行摊销之所以有争议，这也是原因之一。

三、完善我国会计准则体系的思考

在仔细参考了美国的GAAP、英国的财务报告准则（FRSs）、国际会计准则后，我们认为我国未来的会计准则体系主要包括如下三类：①与财务报告有关的准则；②确认与计量准则（含通用业务准则及特殊业务准则）；③特殊行业的会计准则。下面，我们通过表16-2来列举说明我国的会计准则体系[①]。

表16-2 我国会计准则体系构想

主要分类	应包括的准则列举[①]	主要内容[②]
与财务报告有关的准则		
财务报告：一般要求	（1）财务报告的列报#	① 财务报告的构成 ② 财务报告列报的基本要求 ③ 财务报告的结构与内容
	（2）会计政策变更、会计估计变更及会计差错的更正*	① 会计政策变更 ② 会计估计变更 ③ 会计差错的更正

① 带“*”的表示我国已经颁布了相关的准则；带“#”表示我国已颁布了相关的征求意见稿，并即将颁布相关会计准则；其他的代表我国在该领域内尚无相应的会计准则。

(续表)

主要分类	应包括的准则列举	主要内容
与财务报告有关的准则		
企业合并集团报告	(1) 企业合并#	① 购买法(含购买日的公允价值、嗣后的公允价值调整、少数股东权益、披露、商誉、负商誉等) ② 权益联营法
	(2) 合并财务报表	① 子公司定义(含不予合并的子公司) ② 关联方定义 ③ 重要关联交易的披露 ④ 比例合并法
其他报告问题	(1) 关联方关系及其交易的披露*	① 关联方关系的定义 ② 关联方交易的披露
	(2) 资产负债表日后事项*	① 资产负债表日后期间 ② 调整事项 ③ 非调整事项 ④ 资产负债表日后事项的披露
	(3) 终止经营#	① 终止经营的定义 ② 终止经营的计量与贴现 ③ 终止经营的列报 ④ 终止经营披露(含何时披露、在财务报告中的什么地方披露、披露的内容等)
	(4) 每股收益(EPS)#	① 基本 EPS ② 稀释的 EPS(含加权法及库藏股法)
	(5) 分部报告#	① 范围及基本格式 ② 会计政策 ③ 披露
	(6) 现金流量表*	① 格式 ② 方法(直接法、间接法)
	(7) 中期财务报告*	① 中期的划分 ② 中期财务报告内容 ③ 确认与计量 ④ 中期会计政策变更
	(8) 全面收益表[3]	① 全面收益的定义 ② 全面收益表格式
	……	
确认与计量准则		
通用准则	(1) 无形资产*	涉及无形资产的定义、计量、摊销、减值准备、处置及报废、披露等
	(2) 研究开发费用	涉及研究开发费用的范畴、资本化或费用化的选择、披露等
	(3) 固定资产*	涉及固定资产的定义、计量、折旧、减值、披露等

(续表)

主要分类	应包括的准则列举	主要内容
确认与计量准则		
通用准则	(4) 投资*	涉及短期投资、长期投资的划分及划转、短期投资的期末计价、长期股权投资的成本法与权益法、长期债权投资……
	(5) 资产减值#	包括应收账款坏账准备、短期投资跌价准备、存货跌价准备、长期投资减值准备、固定资产减值准备、无形资产减值准备、在建工程减值准备、委托贷款减值准备等
	(6) 存货*	存货的初始计量、发出存货的计价、存货的期末计价、存货成本的结转、存货有关的披露
	(7) 或有事项*	或有事项(或有负债和或有资产)的定义、确认与计量、披露
	(8) 养老金	养老金的确认、计量与披露
	(9) 所得税	应付税款法、纳税影响法等
	(10) 收入*	销售商品、提供劳务、让渡资产使用权取得收入的确认与计量、收入有关的披露等
	(11) 增值税	增值税的计算、确认与计量
	(12) 借款费用*	借款费用的范畴、开始资本化、资本化金额的确定、暂停资本化、停止资本化、相关披露
	……	
特殊业务准则	(1) 租赁*	经营租赁、融资租赁的划分,承租人和出租人对经营租赁和融资租赁的会计处理等
	(2) 建造合同*	建造合同范畴(分立及合并)、合同收入及成本的确认与计量、合同收入与合同费用的确认与计量(完成合同法与完工百分比法)、相关披露等
	(3) 债务重组*	债务重组范畴、方式,债务人和债权人对各种债务重组方式的会计处理、债务人及债权人对债务重组的相关披露
	(4) 外币折算#	外币折算的各种方法如时态法、区分货币/非货币项目法、区分流动/非流动项目法等
	(5) 金融工具	主要为金融工具的披露与列报
	(6) 政府补助与政府援助#	政府补助与政府援助的定义、范畴,相关的会计处理及应披露的事项
	(7) 非货币性交易*	非货币性交易的定义(含补价问题)、非货币性交易的确认与计量
	……	

（续表）

主要分类	应包括的准则列举	主要内容
特殊行业的会计准则		
具有不同特征的行业会计准则	（1）银行业会计准则	从略
	（2）保险行业会计准则	
	（3）石油天然气会计准则	
	（4）音像影视业会计准则	
	（5）电脑软件会计准则	
	（6）农业会计准则	
	（7）小企业会计准则	
	……	

注：① 参考了美国的 GAAP、英国的 FRSs、IAS、我国已经颁布的征求意见稿及准则。

② 这里只是简单概括的主要内容，难免有所遗漏。

③ 全面收益表又称“全部已确认利得及损失表”等。我们之所以将“全面收益表”列入会计准则体系，主要是基于如下考虑：a. 在确定会计准则体系时，应该具备一定的前瞻性，可以根据国际上已有会计准则制定的经验，综合考虑我国未来经济发展的动向及会计环境的可能变化，综合考虑可能的主要方面；b. 尽管全面收益表目前还未被我国的会计准则制定机构——财政部会计司所充分考虑，但是我国社会主义市场经济的发展最终必将凸现该准则的重要性。

第十七章

中国会计准则与IAS、美国GAAP及英国GAAP的比较[①]

第一节　会计准则国际协调的趋势

随着经济全球化成为大势所趋，随着国际会计准则委员会、证券委员会国际组织以及全球范围的会计准则制定机构的不懈努力，会计准则的协调甚至趋同已经逐渐取得共识，会计准则也正在朝这个终极的目标而努力。

(1) 20 世纪 80 年代和 90 年代初，国际会计准则委员会意识到，由于经济全球化的加快，国际货币的流动需要遵循可比性、高质量的国际会计准则，为此，1989 年就推出了“财务报表的可比性”(ED32)计划，删除了大部分任意选用的会计处理方法，1990 年 7 月公布了理事会(The Board)的“意向书”，同意 ED32 提出修改的 29 项中的 21 项，修改后同意 3 项，并将另外 5 项推迟做出修改决定。从此，IASC 展开了按可比性要求修订(或将格式重排——正文与说明相结合)几乎已公布的全部 IASs，其特点是对同类交易和事项既提出 IASC 的一种基准会计处理(benchmark treatment)，同时允许一种备选的处理方法(allowed alternative treatment)。在提高可比性的前提下，把规范要求和必要灵活结合起来。这项工作从 1993 年开始，至 2000 年基本完成。

重组后的国际会计准则委员会不再仅仅满足于对各国会计准则进行协调，而是谋求在全球范围内建立统一的会计准则。为此，IASB 采取了一系列行动，其中较为突出的几点是：①与各个国家的准则制定机构建立了良好的合作关系，尤其是与美、英等发达国家建立了战略合作伙伴的关系，并在准则制定中与它们开展了实质性的合作；②试图改变准则中会计方法可选择性较大的缺点(这是过去对各国准则进行协调的结果)，主要体现为 IASB 打算取消准则中基准处理方法与备选处理方法并存的格局，以提高会计信息的可比性；③全球性会计准则将分两个阶段实施：首先，在未来几年内，确保发达国家之间会计准则的趋同化，即制定一套能够被美国和欧盟所接受的国际财务报告准则；其次，在这个目标实现后，转而考虑非上市公司、中小企业和新兴市场经济国家对国际财务报告准则的

---

① 主要参考了“International Accounting Standards: Similarities and Differences”，2000，并按照其基本的分析模式展开本节的比较。本节的比较遵循“重要性”原则，并非进行全面比较，而只是选择一些主要方面进行比较。

需求。推动 IASC 的重要力量是对全球资本市场的发展起重要指导作用的“证券委员会国际组织”(International Organization of Security Commission, IOSCO),它在 2000 年认可了 IASC 修订后的 30 份国际会计准则为核心准则(core standards),作为跨国上市和国际融资应当呈报的财务报告的规范。

(2) 国际会计准则委员会的改组及其谋求建立全球统一会计准则的举措得到国际社会的积极回应[①]。

① 1996 年 10 月,为了鼓励更多的外国公司在美国资本市场上筹资,同时为了减少不必要的报表调整费用,美国国会要求 SEC 报告国际会计准则的进展情况,并希望能够制定一套国际公认的会计准则,供打算在美国上市的外国公司使用。在经过与国际会计准则委员会对话后,SEC 宣布,支持国际会计准则委员会制定一套可以用于跨国上市公司财务报表的会计准则,但要求准则必须满足三个条件:准则必须包括已制定的会计文献中综合的、普遍接受的核心会计基础概念;准则必须是高质量的,能够导致可比、透明和充分披露的会计信息;准则必须严格地解释和应用。

② 1996 年底,参加世界贸易组织会议的各国部长们,为了推动国际贸易和跨国公司的进一步发展,减少其中的障碍和交易费用,积极鼓励国际通用会计准则的制定。

③ 1999 年 6 月,西方七国财长和银行行长会议发表声明,支持和赞赏民间团体为增加财务信息透明度所做的努力,希望 IASC 的国际会计核心准则早日完成,并呼吁所有参加会计准则制定的机构共同努力,使得高质量、国际性的会计准则可以被遵守。

④ 1999 年,国际会计师联合会与大型会计师事务所以及一些其他重要机构共同成立了一个名为“会计发展问题国际研讨会”的组织,它的一个重要使命就是支持国际会计准则成为一种全球性的会计语言。

⑤ 2000 年,“巴塞尔委员会”重申支持国际会计准则委员会为会计国际协调所做出的努力,并呼吁建立一套在世界范围内通用的会计准则。世界银行也再次强调,世界五大会计师事务所不能接受用有问题的会计准则编制的或缺乏充分披露的财务报表。

2000 年 5 月,国际证券事务监察委员会组织建议各证券委员容许跨国的上市公司在跨境上市时采用国际会计准则。随后,欧共体要求所有上市公司必须在 2005 年按国际会计准则编制合并财务报表,而其中 7 个国家的上市公司将在 2003 年前采用国际会计准则[②]。“G4+1 集团”(G4+1)和英国也对国际会计准则委员会进行了强有力的支持。2001 年 1 月,G4+1 在伦敦召开会议,发布的公报称:“鉴于 IASC 重组成功,新设立的 IASB 将与各国准则制定机构建立积极的合作伙伴关系,为了避免分散资源,全力以赴支持 IASB 在世界范围内促进会计准则趋同化的努力,G4+1 宣告解散,停止一切活动。”在英国,ASB 已初步决定不再制定和发布新的准则,而只发布将国际会计准则用于英国的相关准则。

(3) 跨国公司、资本市场国际化和区域经济合作是推动会计国际化的三股重要力量[③]。

跨国公司是会计准则国际化的最初动力。由于跨国公司在不同国家拥有子公司,而

① 以下①—⑤,引自汪祥耀:“全球会计准则:离我们还有多远”,《会计研究》,2001,第 54—55 页。
② 德国的“二板”市场已经明确表示不用德国会计准则,在德国主板市场上,也只有 30 家公司还在用德国会计准则。
③ 主要参考了杜兴强、章永奎,《WTO 与中国会计的国际化》,厦门大学出版社,2003。

子公司按照所在东道国的会计准则编制会计报表，这样，母公司在编制合并报表时就面临着如何有效地将分布在世界各地的子公司的财务报表合并成口径统一的报表的问题。因此，跨国公司的发展客观上要求在全球范围内存在一个统一的会计准则。

资本市场的国际化是指资本市场所及的范围从一国扩展到多国。目前，资本市场国际化的主要表现形式为跨国上市、跨国兼并和跨国交易所联盟等。由于各国会计准则存在差异，跨国上市或跨国兼并企业需要按当地的会计准则重新编制报表，这就大大增加了交易成本，使跨国上市和跨国兼并的难度加大。因此，跨国上市和跨国兼并业务的增多客观上要求对各国的会计准则进行协调和统一。至于跨国交易所联盟，其能够存在的前提条件是，在这些交易所上市的公司财务信息必须可比。为了保持财务信息的可比性，进行会计准则的协调成为必要。

区域经济合作也会推动会计准则的国际化，比如欧洲联盟。欧洲联盟是一个典型的区域经济合作组织，其基本目标之一是建立一个实现区内商品、劳务、资本和人员四大生产要素自由流动的统一大市场。为了消除欧盟内部阻碍生产要素自由流动的壁垒，迄今为止，欧盟共起草了 13 份指令，其中有 3 份指令（第 4、7、8 号指令）是关于欧盟内部各成员国之间如何进行会计协调的文件。

(4) 在国际会计准则委员会谋求建立全球统一的会计准则过程中，美国的态度至关重要。过去美国总是热衷于比较美国会计准则和国际会计准则的优劣，并希望美国会计准则能够成为全球通用的会计准则。但随着国际会计准则越来越广泛地被国际社会所接受，美国改变了态度，转而支持国际会计准则，并试图在国际会计准则的制定中起主导作用。美国和欧洲的监管部门宣布，双方计划在 2005 年前消除在会计准则方面的分歧，这就使实现全球统一的会计准则向前迈进一大步。美欧双方计划在 2003 年前完成主要分歧的确认工作，在 2005 年前消除这些分歧。美国财务会计准则委员会（FASB）主席称，双方将致力于建立高质量的、全球统一的会计准则。

在国际会计准则得到 IOSCO 的支持后，FASB 改变过去不屑参与 IASC 的傲慢态度，转为积极参与并力争控制 IASC 的活动。IASC 在 IOSCO 和全球经济迅速发展的压力下，本来就要进行组织机构和制定准则的应循程序（due process）的改革，美国也表示愿接受核心准则，如外国资本进入美国市场，其财务报告所遵循的准则，现在必须按美国的 GAAP，将来可以按 IASC 的核心准则（core standards）①。事实上，随着美国近年来一系列的财务欺诈的出现，美国已改变了对其国内会计准则质量自以为是的态度，在修订自己国内会计准则的同时尽量与国际会计准则委员会保持合作，促进 IAS 在全球范围内的广泛采纳。这可能将极大地促进和加快会计准则趋同化的步伐。

---

① 当然，美国现在承认 IASC 的核心准则仍是非常苛刻的。实际上，可能当时的目的是诱使 IASC 的改革基本上按照美国 FASB 的模式，遵循 SEC 的建议框架。之后，IASC 成立的战略工作组（SWP）于 1998 年提出《重塑 IASC 的未来》的研究报告，公开征求意见。美国 FASB 与 FAF 和 SEC 先后发表了作为评论回应的报告（FASB："International Accounting Standards Setting: A Vision for the Future", December 1998; FASB & FAF: A letter responds to the request for comment on the IASC Discussion Paper, "Shaping IASC for the Future", March 10, 1999; SEC: "International Accounting Standards", Concept Release, February 16, 2000)。SWP 根据美国和其他方面的反馈意见修改它的报告，修改后得到 IASC 理事会批准（2000 年 3 月）。

（5）我国会计准则制定从无到有，经历了一个学习和借鉴的过程。经过10年有余的艰苦努力，我国的会计标准体系正在日益完善。然而同时应该看到，我国的会计准则体系与西方发达国家较为成熟的会计准则体系相比，还显得十分的单薄，还有待进一步强化会计准则制定的效率和提高会计准则的质量。我国加入WTO以及我国会计准则制定加强与国际会计准则理事会（IASB）的联系和沟通，给我国的会计准则提供了一次很好的发展机遇。

通过对比我国业已制定的会计准则和国际会计惯例，我们发现，我国的会计准则制定中还存在不少的“特色”问题，譬如有意排斥“公允价值”概念在会计准则中的地位、“会计准则或会计制度中的合并价差”[①]、“债务人在债务重组过程中实际支付的价款低于重组前债务的账面价值的部分，不是计入损益表，而是直接计入资本公积”……这里面固然主要是考虑到我国现实的会计环境约束，但我们一定要真正了解差异的成因，使“特色”名副其实，而不应看到动辄就以特色来解释。此外，我们还应注意到，我国会计准则制定切不可逆国际化潮流而动，而将难以解决的、存在争议的问题一拖再拖，否则最终我国的会计准则制定将极有可能陷入“积重难返”的境地。

第二节　中国会计准则与IAS、美国GAAP及英国GAAP的比较

现以列表方式进行IAS、美国GAAP及英国GAAP与中国会计准则的比较，见表17-1。

表17-1　ISA、美国GAAP、英国GAAP与中国会计准则比较

比较内容	IAS	美国GAAP	英国GAAP	中国会计准则
一、投资准则 IAS28、39；FAS115、APBO18；SSAP1、FRS2、3；《企业会计准则——投资》				
1. 投资的划分及基本计量原则	（1）“为出售目的而持有的证券（股权和债权投资）”——按照公允价值进行计量，未确认的利得和损失计入收益表。 （2）“持有至到期的证券（债券）”——按摊余成本计量。 （3）“企业产生的贷款和应收账款”——按照摊余成本计量。 （4）“可能用于销售的证券（债权和股权）”——以公允价值进行计量，未确认的利得或损失要么在收益表中进行确认、要么在全部已确认利得及损失表中进行确认，且当销售、减损结转到收益表。	（1）“企业产生的贷款和应收账款”分类不存在，归类于“持有至到期的证券”，其他分类相同。 （2）“可能用于销售的证券（债权和股权）”——以公允价值进行计量，未确认的利得或损失在权益中进行确认——其他全面收益。 美国的会计准则在该问题上相当有特色。	（1）投资可分类为长期投资及流动性投资。 （2）长期投资可按照成本、市场价值或净现值等其他合适的基础进行计量。 （3）流动性投资可按照成本与可变现净值孰低进行计量，也可按照现行成本进行计量。	（1）投资按照投资的目的或意图分为长期投资与短期投资。 （2）投资按照取得成本计价，但短期投资期末按照成本与可变现净值孰低进行计量，并计提短期投资跌价准备；长期投资期末也需要计提减值准备。

① 最近关于企业合并的征求意见稿中又将目前已在全世界会计领域内几乎全部废止的“权益联营法”，纳入会计准则规定的备选方案之列。

（续表）

比较内容	IAS	美国 GAAP	英国 GAAP	中国会计准则
一、投资准则 IAS28、39；FAS115、APBO18；SSAP1、FRS2、3；《企业会计准则——投资》				
2. 投资成本的确定	(1) 包括买价及相关税费，但不包括具有垫付性质的、已经宣布但尚未支付的股利，或已到期但尚未支付的利息。 (2) 若以放弃非货币性资产取得投资，则应以放弃的非货币性资产的公允价值为基础确定。	没有明确的规定。	购置成本（含佣金）。	(1) 与国际会计准则的有关规定基本一致，但是对于长期债券投资上发生的费用，则要根据重要性原则进行处理——金额较大时，可逐期摊销；金额较小时，一次性计入当期损益。 (2) 若以放弃非货币性资产取得投资，则应以放弃的非货币性资产的账面价值为基础确定。
3. 短期投资持有期间收益的会计处理	投资后收到现金股利或利息计入当期的投资收益。	投资后收到现金股利或利息计入当期的投资收益。	投资后收到现金股利或利息计入当期的投资收益。	投资后收到现金股利或利息冲减投资成本。
4. 短期投资的期末计价	从“市价法”和“成本与市价孰低”中选择一种。	市价法。	成本与可变现净值孰低。	成本与市价孰低（稳健性考虑），只确认未实现损失而不确认未实现利得。
5. 长期债权投资	(1) 按照摊余成本或重估金额计量，因重估价导致的金额增加，应首先冲减以前确认的重估价损失，余额作为重估价盈余贷记所有者权益。 (2) 由短期投资转入的按成本与可变现净值孰低确定成本。	规定持有至到期的债券按摊余成本计价，不存在计提跌价损失的确认问题。	购置日以成本入账，无统一的摊销要求，但实务中通常按照直线法或实际利率法进行摊销。	平时按照摊余成本（面值＋未摊溢价或面值－未摊折价），当然若已计提了减值准备，则应该按照“摊余成本－减值准备”计量。
6. 长期股权投资	(1) 基本方法：成本法与权益法。 (2) 重大影响是持股比例超过20%或虽持股比例不足20%，但存在其他可对被投资企业的财务经营决策施加影响的途径（强调实质重于形式原则）。	(1) 基本方法：成本法与权益法 (2) 重大影响是持股比例超过20%的情况。 (3) 按“投资成本－被投资企业净资产公允价值×持股比例”	以成本与可变现净值孰低进行计价，若市场价值出现永久性贬值，则减值部分作为已实现损失。	(1) 与IAS对重大影响的规定基本类似，也强调实质重于形式惯例。 (2) 按“投资成本－被投资企业净资产账面价值×持股比例”确认为“股权投资差

（续表）

比较内容	IAS	美国GAAP	英国GAAP	中国会计准则
一、投资准则 IAS28、39；FAS115、APBO18；SSAP1、FRS2、3；《企业会计准则——投资》				
6. 长期股权投资	(3) 按"投资成本－被投资企业净资产公允价值×持股比例"确认为商誉，在不超过20年的期限内进行摊销。 (4) 只对永久性减值计提减值准备。 (5) 采用权益法计算投资企业在被投资企业中应享有的损益份额时，要求首先抵消投资企业和被投资企业之间关联交易的未实现损益。	确认为商誉，但不进行摊销。 (4) 只对永久性减值计提减值准备。 (5) 采用权益法计算投资企业在被投资企业中应享有的损益份额时，要求首先抵消投资企业和被投资企业之间关联交易的未实现损益。		额"，借方差额在10年期限内进行摊销，贷方差额直接计入资本公积（目的是为防范我国上市公司利用股权投资差额人为调节利润，也与我国准则较少采纳公允价值概念有关）。 (3) 既对永久性减值、也对暂时性减值计提减值准备。 (4) 采用权益法计算投资企业在被投资企业中应享有的损益份额，不要求抵消关联交易的未实现损益。
二、固定资产 IAS16、36；ARB43、APBO6；FRS3、11、15；《企业会计准则——固定资产》				
1. 固定资产初始计量	(1) 使固定资产达到预定可使用状态之前一切必要的支出，包括买价、相关税费、附加费用等，也包括预计固定资产报废的清理费用，但不包括非正常损失。 (2) 规定了购买、自行建造、融资租入、非货币性交易取得固定资产的入账价值。	(1) 使固定资产达到预定可使用状态之前一切必要的支出，包括买价、相关税费、附加费用等。 (2) 规定了购买、自行建造、融资租入、非货币性交易取得固定资产的入账价值。	(1) 有形固定资产的初始计量应该按照成本进行计量。 (2) 规定了购买、自行建造、融资租入、非货币性交易等方式取得固定资产的入账价值。	(1) 使固定资产达到预定可使用状态之前一切必要的支出，包括买价、相关税费、附加费用等，但不包固定资产报废时的清理费用。 (2) 对购买、自行建造、融资租入、非货币性交易、投资者投入、债务重组、接受捐赠、盘盈等方式取得固定资产时的入账价值规定更为详细。 (3) 对一揽子购入的固定资产如何分摊入账价值进行了规定。
2. 固定资产折旧	(1) 没有明确规定固定资产的折旧范围。 (2) 折旧方法可选择直线法、工作量法、余额递减法等。 (3) 折旧方法的变更属于会计政策变更，适用"追溯调整法"，而折旧年限的变更属于会计估计变更，适用"未来适用法"。	(1) 没有规定固定资产的折旧范围，只强调土地不计提折旧。 (2) 余额递减法、年数总和法等。 (3) 折旧方法和折旧年限的变更都属于会计政策变更，适用"追溯调整法"，要计算"累计影响数"。	(1) 没有明确规定固定资产的折旧范围。 (2) 直线法、余额递减法等。 (3) 折旧方法的变更和折旧年限的变更属于会计政策变更还是会计估计变更，同IAS。	(1) 规定除了"已提足折旧仍继续使用的固定资产"和"按规定单独计价作为固定资产使用的土地"外所有的固定资产，都应计提折旧。 (2) 直线法、工作量法、双倍余额递减法、年数总和法等。 (3) 折旧方法的变更和折旧年限的变更属于会计政策变更还是会计估计变更，同IAS；同时规定，若同时存在折旧方法和折旧年限的变更，使得无法判断到底属于会计政策变更还是会计估计变更时，可按照会计估计变更简化处理。

（续表）

比较内容	IAS	美国 GAAP	英国 GAAP	中国会计准则
二、固定资产 IAS16、36；ARB43、APBO6；FRS3、11、15；《企业会计准则——固定资产》				
3. 固定资产重估价	(1) 允许初始计量后对固定资产进行重估价，且应保持一定的重估频率，以便使固定资产的账面价值不至于和固定资产的公允价值背离太多。 (2) 估价以公允价值为基础，并影响固定资产的折旧。	不允许重估价。	(1) 允许初始计量后对固定资产进行重估价，且至少应每 5 年对固定资产重估一次或每 3 年进行一次中期重估，以便使固定资产的账面价值不至于和固定资产的公允价值背离太多。 (2) 重估计价基础比 IAS 要复杂和具体，其依据是重置成本和固定资产的可回收额孰低。	不允许重估价。
4. 固定资产减值	(1) 固定资产价值的减损可以抵减之前同一固定资产的重估价盈余，不足抵减的部分必须计入当期损益。 (2) 规定了详细的固定资产减值的判断条件。	(1) 计提固定资产减值准备，但与重估价无关。 (2) 固定资产减值的判断条件与 IAS 接近。	(1) 固定资产价值的减损若由于贡献未来经济利益能力的减少而导致，则应计入当期损益(利润表)。 (2) 否则，固定资产的价值减损则必须计入“已确认的利得及损失”(英国的全部已确认利得及损失表，它类似于全面收益表)中。 (3) 若之后固定资产的账面价值又恢复到历史成本，则减损部分计入收益表。 (4) 固定资产减值的判断条件与 IAS 接近。	(1) 计提固定资产减值准备，但与重估价无关。 (2) 固定资产减值的判断条件与 IAS 接近。
5. 固定资产的定义	(1) 企业为生产商品、提供劳务、出租或行政管理目的而持有； (2) 预计使用寿命超过一年。	无明确定义。	在持续的生产经营活动过程中，企业为生产商品、提供劳务、出租或行政管理目的而持有的有形资产。	(1) 企业为生产商品、提供劳务、出租或行政管理目的而持有。 (2) 预计使用寿命超过一年。 (3) 单位价值较高。
三、存货 IAS2、11；ARB45、SOP81；SSAP9；《企业会计准则——存货》				
1. 存货定义	下列资产之一： (1) 在正常经营过程中持有以备出售的。 (2) 为出售而仍处于生产过程中的。 (3) 在生产或提供劳务过程中将消耗的材料或物件。	存货包括： (1) 在正常经营过程中持有以备出售的有形个人财产。 (2) 为出售而处于生产过程中的有形个人财产。 (3) 在生产中用于出售的物品或提供用于出售的劳务过程中将消耗的有形个人财产。	存货包括： (1) 为销售而购入的物品或其他资产。 (2) 可耗用库存。 (3) 为生产产品出售而购入的原材料和组成件。 (4) 尚未完成的产品和劳务。 (5) 长期合同余额。 (6) 产成品。	指企业在正常生产经营过程中持有以备出售的产成品或商品，或为了出售而仍然处于生产过程中的在产品，或者将在生产过程中和提供劳务过程中耗用的材料、物料等。

（续表）

比较内容	IAS	美国 GAAP	英国 GAAP	中国会计准则
三、存货 IAS2、11；ARB45、SOP81；SSAP9；《企业会计准则——存货》				
2. 存货初始入账价值	存货成本包括采购成本、加工成本及使存货达到目前场所和状态而发生的成本。	存货成本主要是使物品达到目前状态和场所而发生的所有直接和间接支出的总和。	存货成本包括在正常经营过程中为使产品或劳务达到目前的场所和状态所发生的支出，包括采购成本和加工成本。	存货成本包括采购成本、加工成本和其他成本。
3. 存货发出计价	先进先出法，或加权平均法。	先进先出法、加权平均法。	先进先出法、加权平均法。	个别计价法、先进先出法、月末一次加权平均法、移动加权平均法、后进先出法。
4. 存货期末计价	成本与可变现净值孰低。	成本与市价孰低，其中市价指现行重置成本，其上下限为： 上限：不高于可变现净值； 下限：不低于可变现净值减去正常毛利的净额。	存货以单项或同类存货的成本与可变现净值孰低进行计价。	成本与可变现净值孰低，但必须按照单项比较存货的成本与可变现净值。
5. 存货跌价准备	定期对存货的可变现净值进行重估，若存货的可变现净值有所恢复，则减记的金额应予恢复，但以不超过原来计提的减值准备金额为限。	禁止将存货的减值予以恢复。	无明确的规定。	与IAS规定相同，即：定期对存货的可变现净值进行重估，若存货的可变现净值有所恢复，则减记的金额应予恢复，但以不超过原来计提的减值准备金额为限。
四、无形资产 IAS36、38；APBO17、FAS121；FRS10、11；《企业会计准则——无形资产》				
1. 无形资产的定义	无形资产指企业为生产商品、提供劳务、出租或管理的目的而持有的，缺乏实物形态的、可辨认的非货币性资产。商誉不属于无形资产（可能是由于商誉有专门的会计准则规范）。	无明确定义。但APBO17将商誉归类为无形资产。	无形资产指不具有实物形态、但可以辨认的，且企业可通过法定权利予以控制的非财务性长期资产。	无形资产指企业为生产产品、提供劳务、出租给他人或为管理目的而持有的，没有实物形态的、非货币性长期资产。
2. 无形资产分类	无明确分类。	可辨认无形资产及不可辨认的无形资产。	只对归类原则进行了说明——在性质、功能或在经营活动中用途类似的无形资产。	可辨认无形资产及不可辨认的无形资产。

（续表）

比较内容	IAS	美国 GAAP	英国 GAAP	中国会计准则
四、无形资产 IAS36、38；APBO17、FAS121；FRS10、11；《企业会计准则——无形资产》				
3. 无形资产的初始计量	获取无形资产当日的公允价值，可参考该无形资产活跃的市场价格，或进行评估决定。	通常基于公允价值确定。	获取无形资产当日的公允价值，可参考该无形资产活跃的市场价格，或进行评估决定。	外购无形资产按实际支付的价款作为无形资产的入账价值。
4. 无形资产的摊销	摊销期限≤20年；直线法或其他方法，残值一般假定为0，除非有第三方承诺无形资产摊销期满时购买无形资产，或该无形资产存在活跃的市场并可测定其残值。	摊销期限≤40年；对于无形资产的残值无专门的规定。	摊销期限≤20年；当且仅当无形资产摊销期满时，企业能够收到一笔金额，或无形资产残值存在一个很容易获得的市场，企业无形资产的摊销才可以预计残值。	(1) 若法律和合同都规定了期限，则从中选择较低者； (2) 若法律规定了年限，而合同未规定年限，则按法律年限。 (3) 若法律未规定年限，而合同规定了年限，则按合同年限。 (4) 若两者都未规定，则在10年内摊销。 (5) 直线法、无残值。
5. 无形资产的重估价	可基于活跃的市场价格进行重估价。	禁止对无形资产进行重估价。	可基于活跃的市场价格进行重估价。	没有相关规定。
6. 无形资产减值	仅在IAS36中对资产减值进行了统一规范，没有对无形资产减值单独规定。	没有明确规定。	没有详细指南。	对无形资产的减值判断提供了详细的指南，但有些指南缺乏可操作性。
五、建造合同 IAS11；ARB45；SSAP9；《企业会计准则——建造合同》				
1. 建造合同分类	(1) 固定造价合同； (2) 成本加成合同。	无规定。	无规定。	(1) 固定造价合同。 (2) 成本加成合同。
2. 建造合同会计处理	完工百分比法。	(1) 完工百分比法； (2) 完成合同法。	完工百分比法。	完工百分比法。
3. 合同收入	(1) 合同规定的初始收入。 (2) 合同工程变更、索赔款及激励性支付。	无明确规定。	无明确规定。	(1) 合同中规定的专门收入。 (2) 因合同变更、索赔和奖励等形成的收入。

（续表）

比较内容	IAS	美国 GAAP	英国 GAAP	中国会计准则
五、建造合同 IAS11；ARB45；SSAP9；《企业会计准则——建造合同》				
4. 合同成本	(1) 与合同直接相关的费用。 (2) 可直接计入合同及能分配计入合同的费用。 (3) 依据合同条款，可向客户收取的其他费用。 (4) 若可以单独区分，则订立合同时与合同直接相关的费用。	无明确规定。	无明确规定。	从合同签订到合同完成期间发生的、与执行合同有关的直接费用和间接费用。
5. 完工百分比确认合同收入、费用的条件（固定造价合同）	(1) 合同收入能可靠地计量。 (2) 与合同相关的经济利益能流入企业。 (3) 资产负债表日，为完成合同发生的合同成本及合同完工进度可以可靠地计量。 (4) 可直接计入合同的成本能清楚地区分和可靠地计量。	无明确规定。	无明确规定。	(1) 合同收入能可靠地计量。 (2) 与合同相关的经济利益能流入企业。 (3) 资产负债表日，为完成合同发生的合同成本及合同完工进度可以可靠地计量。 (4) 可直接计入合同的成本能清楚地区分和可靠地计量。
六、或有事项 IAS37；FAS5、EITF94-3、SAB92、SOP96-1；FRS3、7、12；《企业会计准则　或有事项》				
1. 或有事项的定义	未涉及。	或有事项指可能会给企业带来利得或损失的现存的不确定性的情况、状况或环境，该不确定性最终将通过一项或多项未来事项的发生与否进行证实。	未涉及。	或有事项指过去的交易或事项形成的一种状况，需要通过未来不确定事项的发生或不发生予以证实。
2. 或有事项对应概念	或有资产； 或有负债； 准备（类似于我国的预计负债）。	或有利得、或有损失②。	或有资产； 或有负债。	或有资产； 或有负债； 预计负债。
3. 或有事项的确认	准备的确认条件： (1) 企业因为过去事项而承担了一项现时的、法定或推定的义务； (2) 履行该义务很可能导致含有经济利益的资源（资产定义的资源观）流出本企业； (3) 该义务的金额可以可靠地估计。	满足以下条件时，或有损失应借记收益： (1) 证实损失发生的未来事项很可能发生； (2) 损失的金额可以可靠地估计。	与 IAS 规定一致。	与或有事项相关的义务同时满足： (1) 该义务是企业承担的现时义务； (2) 该义务的履行很可能导致经济利益流出企业； (3) 该义务的金额可以可靠地计量。 企业不应确认或有资产。

（续表）

比较内容	IAS	美国 GAAP	英国 GAAP	中国会计准则
六、或有事项 IAS37；FAS5、EITF94-3、SAB92、SOP96-1；FRS3、7、12；《企业会计准则——或有事项》				
4. 或有事项的计量	(1) 最佳估计数； (2) 涉及单个项目，最佳估计数按最可能发生的金额确定； (3) 涉及多个项目，最佳估计数可按各种可能发生额及概率计算确定。 (4) 估计最佳数时必须考虑风险及不确定性，遵循重大性原则，有时必须考虑时间价值。	(1) 从损失金额范围内寻找最佳估计金额； (2) 当缺乏最佳估计金额时，该金额范围内的任意一个估计金额都可作为应计金额。	(1) 最佳估计数； (2) 涉及单个项目，最佳估计数按最可能发生的金额确定； (3) 涉及多个项目，最佳估计数可按各种可能发生额及概率计算确定。 (4) 估计最佳数时必须考虑风险及不确定性，遵循重大性原则，有时必须考虑时间价值——并对贴现率提供了详细指南。	(1) 最佳估计数； (2) 涉及单个项目，最佳估计数按最可能发生的金额确定； (3) 涉及多个项目，最佳估计数可按各种可能发生额及概率计算确定。 (4) 不考虑时间价值和贴现因素。
5. "很可能"及与此相关的概念	(1) 基本确定； (2) 很可能； (3) 极小可能； 但未对各个概念给出概率区间。	(1) 很可能； (2) 有可能； (3) 极小可能。	(1) 基本确定(概率区间为 95%—100%)； (2) 很可能(概率区间为 50%—95%)； (3) 有可能(概率区间为 5%—50%)； (4) 极小可能(概率区间为 0—5%)。	(1) 基本确定(概率区间为 95%—100%)； (2) 很可能(概率区间为 50%—95%)； (3) 有可能(概率区间为 5%—50%)； (4) 极小可能(概率区间为 0—5%)。
七、非货币性交易 IAS16、18；APBO29；《企业会计准则——非货币性交易》				
1. 非货币性交易的定义	没有明确的定义。	不涉及或很少涉及货币性资产或负债的交换和非互惠转让。	无相关定义。	交易双方以非货币性资产进行的交换，这种交换不涉及或只涉及少量的货币性资产(补价)。
2. 货币性资产	指库存现金和将以固定的或确定的货币金额收取的资产。	指由合同或通过其他方式规定了货币金额的资产，如现金、以现金方式收回的长期或短期应收账款或应收票据。	指库存现金和将收取的现金金额。	指持有的现金及将以固定或可确定金额的货币收取的资产，包括现金、应收账款、应收票据以及准备持有至到期的债券投资。
3. 不涉及补价的非货币资产交换的会计处理	(1) 同类非货币性交易(含同类固定资产的交换、同类商品或劳务的交换)： 换入固定资产(商品或劳务)的成本应以换出固定资产(商品或劳务)的账面价值来确定。	(1) 同类非货币性交易： 若实质上盈利过程没有完成，则会计处理就不应以公允价值、而应以账面价值为基础。	同 IAS 的有关规定。	以换出资产的账面价值，加上应付的相关税费，作为换入资产的入账价值。

（续表）

比较内容	IAS	美国GAAP	英国GAAP	中国会计准则
七、非货币性交易 IAS16、18；APBO29;《企业会计准则——非货币性交易》				
3. 不涉及补价的非货币资产交换的会计处理	(2) 不同类非货币性资产的交换： 换入固定资产应以公允价值计量，且不同类商品或劳务的交换视同销售，以收到的商品或劳务的公允价值计量。	(2) 不同类非货币性资产的交换： 应以相关的资产或劳务的公允价值为基础进行确认。		
4. 涉及补价，收到补价方	(1) 同类非货币性交易(没有明确规定)。 (2) 不同类非货币性资产的交换： 换入固定资产的入账以公允价值为基础，考虑转让的现金或现金等价物金额所调整的、所放弃的资产的公允价值； (3) 不同类商品或劳务的交换，视同销售，收入的计量以收到商品或劳务的公允价值为基础。	(1) 同类非货币性交易： 补价的接受方应按补价超过所转让的资产份额确认交换利得。 (2) 不同类非货币性交易(没有明确规定)。	同IAS的有关规定。	(1) 换入资产的入账价值＝换出资产账面价值－补价＋(补价/换出资产公允价值)×换出资产账面价值＋应支付的相关税费； (2) 应确认的收益＝补价－(补价/换出资产的公允价值)×换出资产账面价值。
5. 涉及补价，支付补价方	(1) 同类非货币性交易： 支付补价的一方，所放弃资产或劳务的账面价值应以补价进行调整——应以所放弃的资产或劳务的账面价值加上支付的补价来确认换入资产的入账价值。 (2) 不同类非货币性资产的交换： 换入固定资产的入账价值为"转让的现金或现金等价物金额调整所放弃资产的公允价值后的金额"； 不同类资产或劳务的交换视同销售，收入确认以公允价值为基础。	(1) 同类非货币性交易： 在盈利过程未完成的情况下，支付补价企业不应确认交易上的利得； (2) 不同类非货币性资产的交换(没有明确规定)。	没有明确的规定。	应以换出资产的账面价值，加上补价和应支付的相关税费，作为换入资产的入账价值。
八、借款费用 IAS23；FAS34、42、62；FRS15、Companies Act 1985;《企业会计准则:借款费用》				
1. 借款费用范畴	(1) 银行透支利息、长短期借款利息； (2) 与借款相关的溢价或折价； (3) 安排借款时发生的辅助费用；	利息费用的范畴是指根据明确的利率计算的利息、应付款上的利息、与融资租赁相关的利息。	没有对借款费用给出明确的范围。	(1) 因借款而发生的利息； (2) 因借款而发生的溢价和折价的摊销； (3) 因借款而发生的辅助费用；

（续表）

比较内容	IAS	美国 GAAP	英国 GAAP	中国会计准则
八、借款费用 IAS23；FAS34、42、62；FRS15、Companies Act 1985；《企业会计准则：借款费用》				
1. 借款费用范畴	（4）融资租赁费； （5）外币借款利息费用上的汇兑差额。			（4）外币借款上发生的汇兑差额。 注意：我国未包括融资租赁上的利息。
2. 属于借款费用资本化的资产范围	需要经过相当长时期才能达到可使用状态或可销售状态的资产（可能包括固定资产和存货等）。	如果一项资产需要一段时间实现使其达到预定用途的活动，发生在该期间的利息就应作为该资产历史成本的一部分。	与 IAS 规定基本相同。	固定资产。
3. 属于借款费用资本化的借款范围	（1）专门借款； （2）一般借款。	（1）专门借款； （2）一般借款。	与 IAS 规定基本相同。	专门借款。
4. 借款费用的具体确认标准③	（1）基准处理方法是借款费用应于发生的当期确认为费用。 （2）允许选用的处理方法是：可直接归属于符合条件的资产的购置、建造或生产的借款费用，应通过资本化成为资产成本的组成部分，其他借款费用应于发生的当期确认为费用。可见国际会计准则虽然也允许对借款费用进行资本化，但其更倾向于把所有的借款费用确认为当期损益，这一点和我国不同。在对借款费用进行资本化的时候，国际会计准则并没有区分不同的借款费用，而是要求所有借款费用的资本化金额都应与资产支出挂钩。	符合资本化条件的资产的利息费用应当予以资本化，资本化金额应与资产支出挂钩。	没有明确的相关规定。	（1）对于因专门借款而发生的利息、溢折价摊销，在符合资本化条件的情况下，应当予以资本化，资本化金额应与资产支出相挂钩；其他借款利息、溢折价摊销应当于发生当期确认为费用。 （2）对于因专门借款而发生的汇兑差额，在应予资本化的期间内，应全额资本化，资本化金额不必与资产支出挂钩；其他借款的汇兑差额应当于发生当期确认为费用。 （3）因安排专门借款而发生的辅助费用，属于在所购建固定资产达到预定可使用状态之前发生的，应当在发生时予以全额资本化，不必与资产支出挂钩；以后发生的辅助费用应当于发生当期确认为费用。如果辅助费用的金额较小，也可以于发生当期确认为费用。

（续表）

比较内容	IAS	美国 GAAP	英国 GAAP	中国会计准则
八、借款费用 IAS23；FAS34、42、62；FRS15、Companies Act 1985；《企业会计准则：借款费用》				
5. 开始资本化	（1）资产支出已经发生； （2）借款费用已经发生； （3）为使资产达到预定可使用或可销售状态所必须的准备工作正在进行中。	（1）资产支出已经发生； （2）为使资产达到预定可使用或可销售状态所必须的准备工作正在进行中； （3）借款费用已经发生。	与 IAS 规定基本雷同。	（1）资产支出（仅包括与固定资产相关的，如支付现金、转移非现金资产或承担带息债务）已经发生； （2）借款费用已经发生； （3）为使资产达到预定可使用状态所必要的购建活动已开始。
6. 暂停资本化	开发活动发生较长（没有具体标准）的中断（非正常中断）。	实质上暂停了与购置资产相关的所有活动，则应暂停利息资本化；但若中断时间短、外部强加的中断和内在的延误，不应暂停资本化。	与 IAS 规定基本雷同。	（1）为使资产达到其预定可使用或可销售状态而进行的必要准备活动发生了非正常中断； （2）中断的时间较长（大于 3 个月）。
7. 停止资本化	为使符合条件的资产达到其预定的可使用或可销售状态而必要的准备活动实质上完成时，借款费用的资本化应当停止。	当资产完成并已准备好预定用途时，资本化期间应结束。	与 IAS 规定基本雷同。	当所购建的固定资产达到预定可使用状态时，应当停止其借款费用的资本化。为了便于操作，我国会计准则规定可以从以下几个方面判断固定资产是否达到预定可使用状态： （1）固定资产的实体建造或安装工作已经全部完成或者实质上已经完成； （2）所购建的固定资产与设计要求或合同要求相符合或基本相符，即使有极个别与设计或合同要求不相符合的地方，也不影响其正常使用； （3）继续发生在所购建固定资产上的支出金额很少或几乎不再发生。
九、租赁 IAS17；FAS13；SSAP21、FRS5、UITF12；《企业会计准则——租赁》				
1. 租赁分类标准	强调实质重于形式原则，满足以下一项或数项标准的租赁，应当认定为融资租赁：	从承租人和出租人的角度对租赁进行了不同的分类。从承租人的角度，租赁分为：	（1）强调实质重于形式原则——租赁协议实质上转移了与租赁资产所有	强调实质重于形式原则。 满足以下一项或数项标准的租赁，为融资租赁： （1）在租赁期届满时，租赁资产的所有权转移给承租人；

（续表）

比较内容	IAS	美国 GAAP	英国 GAAP	中国会计准则
九、租赁 IAS17；FAS13；SSAP21、FRS5、UITF12；《企业会计准则——租赁》				
1. 租赁分类标准	(1) 在租赁期届满时，租赁资产的所有权转移给承租人； (2) 承租人有购买租赁资产的选择权，所订立的购价预计将远低于行使选择权时租赁资产的公允价值，因而在租赁开始日就可以合理确定承租人将会行使这种选择权； (3) 就承租人而言，租赁开始日最低租赁付款额的现值几乎相当于租赁开始日租赁资产原账面价值； (4) 租赁期占租赁资产尚可使用年限的大部分。 附加标准： (1) 如果承租人撤销该租赁，则撤销所导致的出租人的损失由承租人承担； (2) 资产残值的公允价值波动形成的利得或损失归承租人； (3) 承租人能以大大低于市场租价的租金继续租赁至下一期间。	(1) 资本租赁，在租赁开始日符合以下四项标准中的一项或多项的租赁：①在租赁结束时，资产的所有权转让给承租人；②租赁包含有廉价选择购买权；③租期不短于租赁资产预计经济年限的75%。但是，如果租期开始于租赁资产全部预计经济年限剩下的最后25%，则该标准不适应于对租赁的分类；④在租赁开始时最低租赁付款额的现值不小于在租赁开始日出租人的租赁资产的公允价值减去出租人保留的和预期会实现的任何相关投资税收抵免后的余额的90%。 (2) 经营租赁，所有其他的租赁。美国会计准则从出租人的角度把租赁分为四类： (1) 销售租赁； (2) 杠杆租赁； (3) 直接融资租赁； (4) 经营租赁。	权相关的风险和报酬，那么就可以归类为融资租赁。 (2) 提供了若干判断指南，如租赁开始日最低租赁付款额的现值几乎相当于租赁开始日租赁资产原账面价值。	(2) 承租人有购买租赁资产的选择权，所订立的购价预计将远低于行使选择权时租赁资产的公允价值，因而在租赁开始日就可以合理确定承租人将会行使这种选择权； (3) 租赁期占租赁资产尚可使用年限的大部分。但是，如果租赁资产在开始租赁前已使用年限超过该资产全新时可使用年限的大部分，则该项标准不适用； (4) 就承租人而言，租赁开始日最低租赁付款额的现值几乎相当于租赁开始日租赁资产原账面价值；就出租人而言，租赁开始日最低租赁收款额的现值几乎相当于租赁开始日租赁资产原账面价值。但是，如果租赁资产在开始租赁前已使用年限超过该资产全新时可使用年限的大部分，则该项标准不适用； (5) 租赁资产性质特殊，如果不作重新改制，只有承租人才能使用。
2. 融资租赁(承租人)	对于融资租赁(或资本租赁)，承租人应在租赁开始日以租赁资产公允价值和最低租赁付款额现值中较低者作为租赁资产和负债的入账价值(与我国存在着明显差异，原因在于公允价值概念在我国没有被推广应用)。	承租人应在租赁开始日以租赁资产公允价值和最低租赁付款额现值中较低者作为租赁资产和负债的入账价值。	在租赁开始日，同时作为资产和负债进行确认的金额往往是最低租赁应付款的现值(实务中也可以以融资租赁资产的公允价值替代)。	在租赁开始日，承租人通常应当将租赁开始日租赁资产原账面价值与最低租赁付款额的现值中较低者作为租入资产的入账价值，将最低租赁付款额作为长期应付款的入账价值，两者的差额为未确认融资费用。但是如果该项租赁资产占企业资产总额的比例不大，承租人在租赁开始日可按最低租赁付款额记录租入资产和长期应付款。

（续表）

比较内容	IAS	美国GAAP	英国GAAP	中国会计准则
九、租赁 IAS17；FAS13；SSAP21、FRS5、UITF12；《企业会计准则——租赁》				
3. 融资租赁（出租人）	出租人应在其资产负债表中确认已用于融资租赁的资产，并按等于该项目投资净额的金额将其列作应收款。	（1）最低租赁付款额加上归属于出租人的未担保残值之和应记作租赁投资总额； （2）租赁投资总额与租赁投资总额的两个构成部分的现值合计数之间的差额应记作未实现收益，租赁投资总额的两个构成部分的现值合计数减去租赁资产的成本或账面金额和初始直接费用的差额应确认为当期销售利润（如为直接融资租赁，则租赁投资总额与租赁资产的成本或账面金额之间的差额应记作未实现收益，不存在当期销售利润）。	类似于IAS的规定。	在租赁开始日，出租人应当将租赁开始日最低租赁收款额作为应收租赁款的入账价值，并同时记录未担保余值，将最低租赁收款额与未担保余值之和与其现值之和的差额记录为未实现融资收益。
4. 未确认的融资费用	融资费用应分摊于租赁期的各个期间，从而使各期就负债余额承担一个固定的利率（分摊率）——即实际利率。	在租赁期内，最低租赁应付款应在长期应付款（负债）的减少和计入财务费用之间按照某一利率进行分配，分摊利率使负债余额承担一个固定的利率。	未确认的融资费用应在租赁期内的各个会计期间进行分摊，目的是使各个会计期间未偿还的长期应付款所负担的利率保持恒定。	未确认的融资费用应在租赁期内按照一定的方法进行分摊；企业可以选择直线法进行分摊，也可以选择实际利率法或年数总和法进行分摊。
5. 未实现的融资收益	未实现融资收益的确认，应该按照能够反映出租人在融资租赁中的未收回投资净额在各个会计期间获得固定的投资报酬率的方式进行分摊；与会计期间相关，但不包括服务成本的租赁付款额，应冲销租赁投资净额、减少本金及未实现的融资收益。	在租赁期内，未实现的融资收益按照某一利率进行分配，分摊利率使租赁投资净额承担一个固定的投资报酬率。	（1）未实现的融资收益应在租赁期内的各个会计期间进行分摊，目的使各个会计期间未偿还的长期应付款所负担的利率保持恒定。 （2）备选方法：可先将收益总额中等于出租人在计算净现金投资额时已包括在内的融资费用予以分配，余额再按照某种系统的方法进行分配。	未实现的融资收益应在租赁期内按照一定的方法进行分摊；企业可以选择直线法进行分摊，也可以选择实际利率法或年数总和法进行分摊。

(续表)

比较内容	IAS	美国 GAAP	英国 GAAP	中国会计准则
十、中期财务报告 IAS34；APBO28、FAS130、131；ASB's Statement on Interim Reports				
1. 中期的定义	短于一个完整的财务年度的财务报告期间。	中期财务报告应以季度为基础提供。	一个会计年度前6个月结束后——即半年财务报告。	短于一个完整的会计年度的报告期间(我国采用公历年度)。
2. 中期报告内容	(1) 简明资产负债表； (2) 简明收益表； (3) 反映所有者权益变动的简明报表； (4) 简明现金流量表； (5) 有选择的说明性附注。	(1) 简明资产负债表； (2) 简明收益表； (3) 简明现金流量表； (4) 有选择的说明性附注。	(1) 资产负债表； (2) 收益表； (3) 全部已确认利得及损失表； (4) 现金流量表； (5) 管理者评论； (6) 有选择的说明性附注。 虽然伦敦交易所只要求中期提供收益表，但多数上市公司自愿提供更多的中期信息。	中期财务报告至少应当包括以下组成部分：资产负债表、利润表、现金流量表、会计报表附注；要求提供的资产负债表、利润表和现金流量表应当是完整的会计报表，其格式和内容应与上年度会计报表相一致。
3. 中期财务报告的理论基础④	独立观——企业在中期财务报表中采用的会计政策，应与年度财务报表采用的会计政策相一致(但所得税方面属于一体观)。	一体观——每一个中期应该被看作一个财务年度的一个组成部分。	同 IAS 的规定——独立观。	独立观——采用与年度会计报表相一致的会计政策。
4. 中期报表附注	(1) 中期财务报表采用了与最近期年度财务报表相一致的会计政策和计算方法的声明；或如果这些政策或方法已变更，对变更的性质和影响的说明； (2) 对中期经营的季节性或周期性的说明性评述； (3) 资产、负债、权益、净收益或现金流量有影响的异常项目的性质和金额，这些项目由于其性质、大小或发生的频率而异常； (4) 在本财务年度内的以前中期或以前财务年度已报告过的估计	(1) 季节性收入、成本或费用； (2) 所得税估计或者准备的重大变更； (3) 业务分部的处置、非常项目、不经常或者偶发项目； (4) 或有事项； (5) 会计原则或者估计的变更； (6) 财务状况的重大变化。	接近于 IAS 的规定。	(1) 中期会计报表所采用的会计政策与上年度相一致的说明，如果发生了会计政策的变更，应当说明会计政策变更的内容、理由及其影响数；如果会计政策变更的累积影响数不能合理确定，应当说明理由； (2) 会计估计变更的内容、理由及其影响数，如果影响数不能确定，应当说明理由； (3) 重大会计差错的内容及其更正金额； (4) 企业经营的季节性或者周期性特征； (5) 存在控制关系的关联企业发生变化的情况；

（续表）

<table>
<tr><th>比较内容</th><th>IAS</th><th>美国 GAAP</th><th>英国 GAAP</th><th>中国会计准则</th></tr>
<tr><td colspan="5">十、中期财务报告
IAS34；APBO28、FAS130、131；ASB's Statement on Interim Reports</td></tr>
<tr><td>4. 中期报表附注</td><td>金额变更的性质和金额（如果这些变更对本中期有重大影响的话）；
（5）债务性证券和权益性证券的发行、回购和偿还；
（6）分别为普通股和其他股份支付的股利；
（7）业务分部或地区分部的分部收入和分部成果；
（8）未在中期财务报表中反映的中期期末之后的重要事项；
（9）中期内企业结构变化的影响；
（10）自上一年度资产负债表日以来发生的或有负债和或有资产的变化。</td><td></td><td></td><td>关联方之间发生交易的，应当披露关联方关系的性质、交易的类型和交易要素；
（6）合并会计报表的合并范围发生变化的情况；
（7）对性质特别或者金额异常的会计报表项目的说明；
（8）债务性证券和权益性证券的发行、回购和偿还情况；
（9）向企业所有者分配利润的情况；
（10）业务分部和地区分部的分部收入和分部利润；
（11）中期资产负债表日至中期财务报告批准报出日之间发生的非调整事项；
（12）上年度资产负债表日以后所发生的或有负债和或有资产的变化情况；
（13）企业结构变化的情况；
（14）其他重大交易或事项。</td></tr>
<tr><td colspan="5">十一、债务重组
（由于国际会计准则和英国GAAP缺乏明确的规范，所以只比较美国GAAP和我国具体准则）
FAS15、114;《企业会计准则——债务重组》</td></tr>
<tr><td></td><td colspan="2">美国 GAAP</td><td colspan="2">中国的会计准则</td></tr>
<tr><td>1. 债务重组的范畴</td><td colspan="2">所谓债务重组是指债权人因债务人财务上的困难，出于经济上或法律上的原因，而对债务人做出平常不愿意考虑的让步。</td><td colspan="2">我国修订后的准则对债务重组的定义则是广义的，债务重组是指债权人按照其与债务人达成的协议或法院的裁决同意债务人修改债务条件的事项。由于对债务重组含义的拓展，因此大大扩展了我国债务重组准则的适用范围。</td></tr>
<tr><td>2. 债务重组方式</td><td colspan="2">（1）以低于债务账面价值的现金清偿债务；
（2）以非现金资产清偿债务；
（3）债务转为资本，是指债务人将债务转为资本，同时债权人将债权转为股权。同样，这里也不要求股权的公允市价必须低于债权的账面价值；
（4）修改其他债务条件，如延长债务偿还期限、延长债务偿还期限并加收利息、延长债务偿还期限并减少债务本金或债务利息；
（5）混合重组方式：以上两种或两种以上方式的组合。
注意，美国的相关准则可能出现债务人将来应付款的金额（不包含或有支出）超过重组债务账面价值的情况，而我国的准则不包括。</td><td colspan="2">（1）以低于债务账面价值的现金清偿债务；
（2）以非现金资产（如存货、投资、固定资产、无形资产等）清偿债务——值得注意的是，这里并不要求非现金资产的账面价值或公允价值低于债务的账面价值；
（3）债务转为资本，是指债务人将债务转为资本，同时债权人将债权转为股权，也不要求股权的公允市价必须低于债权的账面价值；
（4）修改其他债务条件，如延长债务偿还期限、延长债务偿还期限并加收利息、延长债务偿还期限并减少债务本金或债务利息；
（5）混合重组方式：以上两种或两种以上方式的组合——以现金清偿一部分债务，以非现金资产清偿另一部分债务；又如，以非现金资产偿还一部分债务，另一部分通过修改其他债务条件进行债务重组。</td></tr>
</table>

（续表）

十一、债务重组 （由于国际会计准则和英国 GAAP 缺乏明确的规范，所以只比较美国 GAAP 和我国具体准则） FAS15、114;《企业会计准则——债务重组》		
	美国 GAAP	中国的会计准则
3. 会计处理——转让非现金资产	（1）债务人以非现金资产偿还债务，应将转让的非现金资产的公允价值与重组债务的账面价值之间的差额确认为债务重组收益，与转让资产本身账面价值之间的差额，确认为资产转让损益。 （2）当债权人收到的为非现金资产时，该资产与重组债权之间的差额要根据是否为债权计提了跌价准备来进行处理，但收到的非现金资产按照公允价值进行计量。	（1）债务人可以以投资、存货、固定资产和无形资产等非现金资产清偿债务。对于债务人来说，如果应付债务的账面价值小于非现金资产的账面价值与支付的相关税费之和，则应确认营业外支出；如果应付债务的账面价值大于非现金资产的账面价值与支付的相关税费之和，则应确认资本公积。 （2）对于债权人来说，应按应收债权的账面价值加上应支付的相关税费，作为所接受非现金资产的入账价值，不应确认重组损益。
4. 会计处理——以低于债务账面价值的现金偿还债务	（1）债务人将重组债务与支付的现金之间的差额确认为重组收益。 （2）债权人将重组债权的账面价值与收到的现金之间的差额，先冲减已为债权计提的跌价准备，然后不足部分作为重组损失。	（1）在以低于债务账面价值的现金清偿债务时，债务人应将重组债务的账面价值与支付的现金之间的差额确认为资本公积。 （2）债权人应将债权的账面价值与收到的现金之间的差额确认为当期损失。债权的账面价值是指债权的账面余额减去相关的备抵账户余额的差值。
5. 会计处理——以债务转为资本清偿债务	（1）在以债务转为资本的重组方式下，债务人应将债权人因放弃债权而享有股份的面值总额作为股本，按应付债务的账面价值与股份面值总额的差额，作为资本公积；账面价值与股份公允价值的差额，确认为债务重组收益，计入收益表。 （2）债权人应将享有股权的公允价值，确认为股权投资的初始投资成本，重组债权账面余额与股权公允价值之间的差额，依据是否为债权计提了跌价准备进行不同的会计处理。	（1）在以债务转为资本的重组方式下，债务人应将债权人因放弃债权而享有股份的面值总额（或股权份额）作为股本（或实收资本），按应付债务的账面价值与股份面值总额（或股权份额）和应支付的相关税费的差额，作为资本公积。 （2）债权人应当按照应收债权的账面价值加上应支付的相关税费，作为股权投资的初始投资成本。
6. 会计处理——修改其他债务条件、不附有或有条件的债务重组	（1）债务人将重组债务的账面价值减记到将来应付款的金额，减记的金额确认为债务重组收益。 （2）债权人要用资产减值的原则处理重组债权。	（1）债务人应将未来应付款项的总额（非折现）与债务重组前应付债务账面价值进行比较，若前者小于后者，应在重组日将重组债务的账面价值减记至将来应付金额，减记的金额作为资本公积处理；如果前者大于后者，债务人在重组日不作账务处理。 （2）债权人应将未来应收款项的总额（非折现）与债务重组前应收债权账面价值或账面余额进行比较，若未来应收款项的总额小于应收债权账面价值，应将二者的差额确认为营业外支出；如果未来应收款项的总额大于应收债权账面余额，债权人在重组日不作账务处理；若未来应收款项的总额大于应收债权账面价值而小于应收债权账面余额（应收债权账面价值等于应收债权账面余额减去备抵账户余额，所以可能出现这种情况），应根据应收债权账面余额与未来应收款项总额的差值冲销坏账准备。

（续表）

<table>
<tr><td colspan="5">十一、债务重组
（由于国际会计准则和英国GAAP缺乏明确的规范，所以只比较美国GAAP和我国具体准则）
FAS15、114；《企业会计准则——债务重组》</td></tr>
<tr><td></td><td colspan="2">美国GAAP</td><td colspan="2">中国的会计准则</td></tr>
<tr><td>7. 会计处理——修改其他债务条件、附有或有条件的债务重组</td><td colspan="2">(1) 含或有支出的将来应付款仍低于重组债务的账面价值，或有支出应计入将来应付款的金额，确认债务重组收益。
或有支出实际发生时，应冲减重组后债务的账面价值；结清债务时，或有支出如未发生，应将该或有支出的原估计金额确认为资本公积。
(2) 若不含或有支出时小于、含或有支出时大于重组后债务的账面价值，则重组后债务的账面价值保持不变（更为详细规范见美国的相关准则）。
(3) 债权人要用资产减值的原则处理重组债权。</td><td colspan="2">如果修改后的债务条款涉及或有条件的：
(1) 债务人应将或有支出包括在将来应付金额中；
或有支出实际发生时，应冲减重组后债务的账面价值；结清债务时，或有支出如未发生，一般应将该或有支出的原估计金额确认为资本公积。
(2) 债权人不应将或有收益包括在将来应收金额中；或有收益收到时，作为当期营业外收入处理。</td></tr>
<tr><td>比较内容</td><td>IAS</td><td>美国GAAP</td><td>英国GAAP</td><td>中国会计准则</td></tr>
<tr><td colspan="5">十二、收入
IAS18、39；FAS125、SFAC No. 5；FRS5；《企业会计准则——收入》</td></tr>
<tr><td>1. 收入概念</td><td>收入是指企业在一定的期间内，由正常经营活动所产生的经济利益的总流入。该流入仅指引起权益增加的部分，而不包括企业投资者出资引起的部分。</td><td>收入是指一个主体因交付或生产商品，提供劳务或从事构成其持续的、主要或中心经营活动的其他业务而形成的（资产）流入、或其他资产价值的增加、或负债清偿（或兼而有之）。</td><td>ASB的概念框架“财务报告原则公告”中，也没有使用“收入”的概念，而是用了“利得”——利得是除业主出资以外的所有者权益的增长，这里的利得与IASC的收益含义相近。</td><td>收入是指企业在销售商品、提供劳务及他人使用本企业资产等日常活动中形成的经济利益的总流入。</td></tr>
<tr><td>2. 销售收入的确认条件</td><td>在销售商品的交易中，如果满足了以下各项标准，则应确认商品销售收入：
(1) 企业已将与商品所有权有关的主要风险和报酬转移给买方；
(2) 企业既没有保留通常与所有权相联系的后续管理权，也没有对已售出商品的实际控制权；
(3) 收入的金额能够可靠地予以计量；
(4) 与该交易有关的经济利益很可能流入企业；
(5) 与该交易有关的已发生或将要发生的费用能够可靠地予以计量。</td><td>美国没有单独的准则规范收入确认，但在SFAC No. 5中指出收入确认应该同时满足下面两项条件：
(1) 已实现或可实现；
(2) 已赚得。</td><td>英国没有单独的准则规范销售收入确认，会计处理一般遵从IAS的相关规定。</td><td>销售商品的收入，只有在符合以下全部条件的情况下才能予以确认：
(1) 企业已将商品所有权上的主要风险和报酬转移给购货方；
(2) 企业既没有保留通常与所有权相联系的继续管理权，也没有对已售出的商品实施控制；
(3) 与交易相关的经济利益很可能流入企业；
(4) 相关的收入和成本能够可靠地计量。</td></tr>
</table>

（续表）

比较内容	IAS	美国 GAAP	英国 GAAP	中国会计准则
十二、收入 IAS18、39；FAS125、SFAC No. 5；FRS5；《企业会计准则——收入》				
3. 提供劳务收入的确认	当提供劳务的交易结果可以可靠地估计时，与此相关的收入应在资产负债表日根据交易的完成阶段加以确认。交易的结果能够可靠地估计： （1）劳务总收入和总成本能够可靠地计量； （2）与交易相关的经济利益很可能流入企业； （3）劳务的完成程度能够可靠地确定。	适用于如下通用的收入确认标准： （1）已实现或可实现； （2）已赚得。	英国没有单独的准则规范劳务收入确认，会计处理一般遵从 IAS 的相关规定。	在同一会计年度内开始并完成的劳务，应在完成劳务时确认收入；如劳务的开始和完成分属不同的会计年度，在提供劳务交易的结果能够可靠估计的情况下，企业应在资产负债表日按完工百分比法确认相关的劳务收入。
十三、会计政策、会计估计变更及会计差错的更正 IAS1、8；ARB43、APBO20、SEC Regulation S-X；UK Company Act 1985、SSAP2、FRS3、UITF14； 《企业会计准则：会计政策变更、会计估计变更及会计差错的更正》				
1. 会计政策的定义	企业编报财务报表时所采用的特定原则、基础、惯例及规则和做法。	企业管理部门根据公认会计原则，为公允地反映企业的财务状况和经营成果，在编制财务报表过程中所采纳的特定原则以及为遵循这些原则而采纳的方法。	无明确的准则规范。	企业在会计核算时所遵循的具体原则以及企业所采纳的具体会计处理方法。
2. 会计政策变更	会计政策变更适用的情况： （1）法律或会计准则等法规、规章要求变更； （2）变更会计政策以后，能够提供有关企业财务状况、经营成果和现金流量等更为可靠、相关的会计信息。 * 会计政策变更可使用未来适用法或追溯调整法。	会计政策变更适用的情况： （1）法律或会计准则等法规、规章要求变更； （2）变更会计政策以后，能够提供有关企业财务状况、经营成果和现金流量等更为可靠、相关的会计信息。 * 会计政策变更一般应采纳追溯调整法，只有个别情况才允许采取未来适用法。	无明确的准则规范。	会计政策变更是指企业对相同的交易或事项由原来采用的会计政策改用另一会计政策的行为。会计政策变更适用的情况： （1）法律或会计准则等法规、规章要求变更； （2）变更会计政策以后，能够提供有关企业财务状况、经营成果和现金流量等更为可靠、相关的会计信息。 * 会计政策变更可使用未来适用法或追溯调整法。 以下不属于会计政策变更： ①本期发生的交易或事项与以前相比具有本质差别而采用新的会计政策；②对初次发生的或不重要的交易或事项采用新的会计政策。

（续表）

比较内容	IAS	美国GAAP	英国GAAP	中国会计准则
十三、会计政策、会计估计变更及会计差错的更正 IAS1、8；ARB43、APBO20、SEC Regulation S-X；UK Company Act 1985、SSAP2、FRS3、UITF14； 《企业会计准则：会计政策变更、会计估计变更及会计差错的更正》				
3. 会计估计	没有对会计估计进行定义，但强调：由于经济环境的不确定性的影响，财务报表诸多项目难以精确计量，而只能进行估计，估计过程中以最近可利用的信息为基础进行判断。	没有明确定义，但强调由于未来事项及其影响不能够可靠地估计，所以编制财务报表需要会计人员估计未来事项的影响。	无明确的规定。	会计估计是指企业对其结果不确定的交易或事项以最近可利用的信息为基础所作的判断。
4. 会计政策变更的披露内容	（1）会计政策变更的原因； （2）会计政策变更对本期及所列报的各期的调整金额； （3）比较信息及以前各期的调整金额； （4）重编的比较信息或重编比较信息不可行的事实。	（1）会计政策变更的性质； （2）对收入金额的影响； （3）解释为什么采取新的会计政策是更可取的。	无明确的规定。	（1）会计政策变更的内容及理由； （2）会计政策变更的累计影响数； （3）累积影响数不能合理确定的理由。
5. 会计估计变更披露内容	企业应该披露预期会对本期及以后各期产生重大影响的会计估计变更的性质、金额，以及不能确定金额的原因与事实。	如果会计估计变更影响连续几个会计期间，则应披露其对利润、净利润及EPS的影响。	无明确的规定。	（1）会计估计变更的内容和理由； （2）会计估计变更的影响数； （3）影响数不能确定的原因。
十四、资产负债表日后事项 IAS10；AU Section560；UK Company Act 1985、SSAP17； 《企业会计准则——资产负债表日后事项》				
1. 资产负债表日后事项定义	资产负债表日和财务报告批准报出日之间发生的有利或不利事项，包括在资产负债表日已经存在的事项和资产负债表日后期间发生的事项。	无明确规范。	结账后事项，指资产负债表日和财务报告被董事会批准报出日之间发生的有利和不利事项。	年度资产负债表日到财务报告被董事会批准报出日之间发生的需要调整或说明的事项。
2. 调整事项	资产负债表日后发生的事项，可以提供新证据，帮助投资者对资产负债表日存在的有关金额做出合理的估计； （1）资产负债表日后诉讼案件的结案；	无明确规定。	可对资产负债表日已存在的情况提供进一步证据的事项，包括因法律或惯例的修订而必须在财务报表中反映的事项。	资产负债表日后获得进一步的证据，有助于对资产负债表日存在状况的有关金额做出重新估计，应作为调整事项，对资产负债表日的损益和财务状况进行调整；

（续表）

比较内容	IAS	美国 GAAP	英国 GAAP	中国会计准则
十四、资产负债表日后事项 IAS10；AU Section560；UK Company Act 1985、SSAP17； 《企业会计准则——资产负债表日后事项》				
2. 调整事项	（2）资产负债表日后证实资产减值； （3）资产负债表日后确定的资产负债表日前购入资产的成本； （4）资产负债表日后确定的利润分配或红利支付额； （5）表明财务报表不正确的欺诈或差错。			（1）已证实资产发生了减损； （2）销售退回； （3）已确定获得或支付的赔偿； （4）资产负债表日后确定的利润分配方案中与报告期间有关的利润分配。
3. 非调整事项	资产负债表日后才发生的、与资产负债表日存在状况无关，但其重要性若不加以说明，则可能影响使用者做出正确估计的事项。该类事项应在财务报表附注中披露，但资产负债表不必进行调整。 （1）投资的市价大幅下跌； （2）重要的资产灾害； （3）对另一个企业的巨额投资。	无明确规定。	与资产负债表日并不存在的情况相关的结账后事项。	资产负债表日后才发生的、与资产负债表日存在状况无关，但不加以说明，则可能影响使用者做出正确估计的事项。该类事项应在财务报表附注中披露。 （1）股票与债券的发行； （2）对一个企业的巨额投资； （3）自然灾害导致的企业资产损失； （4）外汇汇率的较大变动。
十五、现金流量表 IAS7；FAS95；FRS1；《企业会计准则——现金流量表》				
1. 现金定义	库存现金和活期存款	库存货币、存在银行及其他金融机构的可随时提取的存款，以及具有可随时提取存款特征的其他类型户头。	库存现金以及在任何符合条件的金融机构、一经要求就可支取的存款，扣除一经要求就应偿还的在任何符合条件的金融机构的透支。	库存现金以及可以随时用于支付的存款。
2. 现金等价物	期限短、流动性强、易于转化为已知金额的现金，且价值变动风险很小的投资。	符合以下两个条件，流动性强的投资： （1）易于转化为已知金额的现金；	持有的、容易处置的流动资产投资。所谓容易处置应满足： （1）该处置不会影响企业的经营活动；	指企业持有的期限短、流动性强、易于转化为已知金额的现金，且价值变动风险很小的投资。

(续表)

比较内容	IAS	美国GAAP	英国GAAP	中国会计准则
十五、现金流量表 IAS7；FAS95；FRS1；《企业会计准则——现金流量表》				
2. 现金等价物		(2) 即将到期因而不存在利率变动而导致的价值变动的重大风险。	(2) 满足下列两项中的一项：①容易转化为等于或接近其账面价值的现金；②能够在活跃的市场中交易。	
3. 现金流量分类⑤	(1) 经营活动产生的现金流量； (2) 投资活动产生的现金流量； (3) 筹资活动产生的现金流量。	(1) 经营活动产生的现金流量； (2) 投资活动产生的现金流量； (3) 筹资活动产生的现金流量。	(1) 经营活动产生的现金流量； (2) 投资报酬与融资成本； (3) 税收； (4) 资本性支出和财务投资； (5) 购买和处置； (6) 支付的权益性股利； (7) 流动资源管理； (8) 筹资活动。	(1) 经营活动产生的现金流量； (2) 投资活动产生的现金流量； (3) 筹资活动产生的现金流量。
4. 现金流量表编制方法	鼓励采纳直接法编制现金流量表，但也允许按照间接法编制现金流量表。	鼓励采用直接法，但也可采纳间接法。	间接法或直接法。	正表采纳直接法，但要求附表采纳间接法编制。
十六、关联方关系及其交易的披露 IAS24；FAS57；FRS8；《企业会计准则——关联方关系及其交易的披露》				
1. 关联方的定义	在财务和经营决策中，如果一方有能力控制另一方或是对另一方施加重大影响，它们被视为关联方。	与该企业有关的各方，如果一方能够控制或能够显著地影响另一方的管理和经营政策，以至于交易的一方可能无法完全地追求其个人的单独利益。	没有明确定义。	在企业财务和经营决策中，如果一方有能力直接或间接控制、共同控制另一方或对另一方施加重大影响，本准则将其视为关联方；如果两方或多方同受一方控制，本准则也将其视为关联方。
2. 关联方的认定	(1) 直接或者通过一个或若干个中介间接地控制报告企业、或是受报告企业控制、或是与报告企业同受控制的企业(包括控股公司、子公司和伙伴子公司)； (2) 联营企业；	(1) 企业的关联企业； (2) 对该企业的投资采用权益法的实体； (3) 员工利益的信托者，例如养老金和由管理层管理或托管的利润分享信托基金；	(1) 关联企业——纵向关联企业(主要包括存在直接、间接控制，重大影响等)； (2) 关联企业——横向关联企业(受同一母公司控制的各个子公司等)； (3) 一系列被假定的关联方。	(1) 直接或间接地控制其他企业或受其他企业控制，以及同受某一企业控制的两个或多个企业(例如母公司、子公司、受同一母公司控制的子公司之间)； (2) 合营企业； (3) 联营企业； (4) 主要投资者个人、

(续表)

比较内容	IAS	美国 GAAP	英国 GAAP	中国会计准则
十六、关联方关系及其交易的披露 IAS24；FAS57；FRS8;《企业会计准则——关联方关系及其交易的披露》				
2. 关联方的认定	(3) 直接或间接地拥有报告企业的表决权，借此对该企业有重大影响的个人以及与其关系密切的家庭成员； (4) 关键的管理人员，即有权并负责计划、指挥和控制报告企业活动的人员，包括公司的董事和高级职员，以及与其关系密切的家庭成员； (5) 由以上(3)或(4)项提及的个人直接或间接地拥有重大表决权的企业，或上述的个人能够对其施加重大影响的企业，包括企业的董事或主要股东拥有的企业，以及其一位关键管理人员同时是报告企业关键管理人员的企业。	(4) 该企业的主要所有者； (5) 管理层； (6) 该企业主要所有者和管理者的亲密家庭成员。	(规定异常详尽，请参考FRS8)。	关键管理人员或与其关系密切的家庭成员； (5) 受主要投资者个人、关键管理人员或与其关系密切的家庭成员直接控制的其他企业。
3. 关联方的信息披露	(1) 当存在控制关系时，无论关联方之间有无交易都应披露关联方关系； (2) 如果关联方之间发生了交易，报告企业应披露关联方关系的性质以及为理解财务报表所必需的交易类型和交易要素； (3) 对相同性质的项目，除非为理解关联方交易对报告企业财务报表的影响而必须分别列示外，可以汇总反映。	(1) 要求披露前期所采用的交易条件的改变对报告企业会计报表的影响，其他必要的有助于理解交易影响的资料等。	(1) 报告实体被另一方控制时，应披露关联方关系、控制方的名称； (2) 如果不止一个控制方，应披露最终的控制方； (3) 若不能够确定最终的控制方，则应说明该情况。	(1) 在存在控制关系(企业)的情况下，都应当在会计报表附注中披露如下事项： ① 企业经济性质或类型、名称、法定代表人、注册地、注册资本及其变化； ② 企业的主营业务； ③ 所持股份或权益及其变化。 (2) 在企业与关联方发生交易的情况下，企业应当在会计报表附注中披露关联方关系的性质、交易类型及其交易要素，这些要素一般包括： ① 交易的金额或相应比例； ② 未结算项目金额或相应比例； ③ 定价政策。 (3) 关联方交易应当分别关联方以及交易类型予以披露，类型相同的关联方交易，在不影响会计报表阅读者正确理解的情况下可以合并披露。

注：

① 同样属股权和债券投资，对于债券投资，按美国的 GAAP(FAS115)，允许管理当局在下列三类中转换：①持有至到期；②在销售中；③可供销售。显然，这三类投资的经济实质是不同的，第一类属于非金融资产的长期投资，第二类已作为随时变现的金融资产，第三类则可能成为金融资产。因此，要采用不同计量属性并对由于转换造成的利得和与损失按不同的方式进行确认。现列表如下：

类别	项目的初始计量（账面价值）	各类债券投资若转换，计量属性亦转换	各类债券投资若转换的会计分录	转换时发生的计量差额如何报告
①	持有至到期的债券投资(hold to maturity securities)——摊余成本*(amortization cost)	①类摊余成本 ↓ 转换 转换 ↓ ②类公允价值 ①类摊余成本 ↓ 转换 转换 ↓ ③类公允价值	①类转换为②类的会计分录： 借：股权与债券投资（债券部分）——在销售中（公允价值） 贷：股权与债券投资（债券部分）——持有至到期（摊余成本） 贷：持有利得×××	此处，持有利得×××（即转换时计量的差异，假定公允价值大于摊余成本，下同）视为已确认、已实现的持有利得，可直接计入当期利润，由收益表报告。
②	在销售中的债券投资(trading securities)——公允价值(fair value)			
③	可销售的债券投资(available-for-sale securities)——公允价值(fair value)		①类转换为③类的会计分录： 借：股权与债券投资（债券部分）——可销售（公允价值） 贷：股权与债券投资（债券部分）——持有至到期（摊余成本） 贷：持有利得×××	此处，持有利得×××视为已确认、未实现的持有利得，一般列入资产负债表的所有者权益部分，但应作为单独的项目，由资产负债表报告。在美国，按照 FAS130“报告全面收益”，则可列示于全面收益表中的“其他全面收益”部分，由第 4 报表即“全面收益表”报告；在英国，按照 FRS3“报告财务业绩”，可列示于“全部已确认利得及损失表”中，由该表进行报告。

* 摊余成本原应为债券的账面价值，但由于债券通常是折价或溢价发行的（前者是由于债券的票面利率低于市场利率；后者是因为债券的票面利率高于市场利率），而溢价或折价都是随着债券付息时从债券的账面价值中摊销的。以折价为例，发行时票面价值减未摊销折价称为摊余成本。所以，摊余成本是一个动态的数字：本期摊余成本＝期初摊余成本－本期未摊溢价。

② 或有事项与或有损失、或有利得之间存在对等关系，但或有事项与或有资产、或有负债、预计负债（或准备）之间不存在对等关系，从或有事项过渡到或有资产、或有负债、预计负债等概念时，范围会发生缩小，因此中国和国际会计准则在逻辑上存在一定混乱。国际会计准则似乎已经意识到这个问题，因为它没有在准则中定义或有事项，这样就避免了从或有事项过渡到相关概念时发生的范围缩小的问题。但我国会计准则似乎没有意识到这个问题，比如，在解释坏账准备不是或有事项时引述的原因是：“对应收款项计提准备只是根据资产定义对已确认资产账面金额的调整，不会导致企业因此承担某种义务的情况，”也就是说，我国会计准则把不利的或有事项等同于企业可能承担某种义务，但实际上不利的或有事项也可能只是使企业资产发生减值，而不需要企业承担任何义务。

另外，我国会计准则在定义或有资产与或有负债时，还存在着与或有事项脱节的问题。既然首先定义了或有事项，那么就要在定义或有资产与或有负债时说明这两个概念与或有事项的关系。而我国会计准则并没有这样做，只是简单照搬国际会计准则，孰不知国际会计准则并没有定义或有事项，因而不必在定义中体现或有资产、或有负债与或有事项的关系。我国会计准则在定义或有资产与或有负债时，总是首先说明，“由过去的交易或事项形成的……”，这样就会使读者产生疑问：或有资产与或有负债是不是或有事项形成的？为避免产生不必要的误解，我们建议对或有资产与或有负债作如下定义：或有资产是指或有事项形成的潜在资产，其存在须通过未来不确定事项的发生或不发生予以证实；或有负债是指或有事项形成的潜在义务，其存在须通过未来不确定事项的发生或不发生予以证实；或者或有事项形成的现实义务，履行该义务不是很可能导致经济利益流出企业或该义务的金额不能可靠地计量(参考了杜兴强、章永奎，2003.08)。

③ 在对借款费用进行资本化的时候，国际会计准则并没有区分不同的借款费用，而是要求所有借款费用的资本化金额都应与资产支出挂钩。而我国会计准则实际上把借款费用分为三个部分：a. 利息和溢折价摊销；b. 汇兑差额；c. 辅助费用。对于第一类借款费用，资本化金额应与资产支出挂钩，对于第二、三类借款费用，由于金额较小，为了简化会计核算，资本化金额不要求与资产支出挂钩。

④ a. 独立观认为每一中期都是一个独立的会计期间，因此中期财务报告中所采用的会计政策和确认与计量原则应与年度财务报告相一致，其中所应用的会计估计、成本分配和应计项目的处理等也与年度财务报告相一致。独立观的优点是，依据其编制的中期报告信息比较可靠；缺点是中期收入和费用的配比不合理，影响对企业业绩的评价，同时各中期的收益波动也比较大。b. 一体观认为每一中期是年度会计期间的有机组成部分，是会计年度整体不可分割的一部分而非独立的会计期间，因此在中期报告中需要对年度报告所采用的会计政策进行修正，主要表现在：中期财务报告中应用的会计估计、成本分配、各递延和应计项目的处理必须考虑到全年将要发生的情况，会计年度内发生的成本与费用，需要以年度预计活动水平为基础，分配至各中期。一体观的优点是各中期的收益波动比较小。缺点是容易导致盈余操纵，并有平滑收益的嫌疑(杜兴强、章永奎，2003.08)。

⑤ 上述国家及地区会计具体准则在现金流量分类上存在如下差异。

国别 内容	美　国	英　国	国际会计准则	中　国
收到的股利	经营活动	投资报酬和融资成本	经营活动或投资活动	投资活动
支付股利	筹资活动	支付的权益性股利	经营活动或筹资活动	筹资活动
收到利息	经营活动	投资报酬和融资成本	经营活动或投资活动	投资活动
支付利息	经营活动	投资报酬和融资成本	经营活动或投资活动	筹资活动

第十八章

原则导向或规则导向的转变：以美国的会计准则制定模式为例

自 2001 年 11 月起美国发生了安然等一系列会计丑闻，引发了美国社会各界对会计准则制定模式的不满。2002 年 7 月，针对存在的问题，美国国会迅速颁布了《萨班斯——奥克斯利法案》。2002 年 10 月 FASB 对此迅速作出反应，发布了《以原则为基础的美国会计准则制定方式》建议稿，并在网上广泛征求意见。2003 年 7 月，SEC 按照《萨班斯——奥克斯利法案》108 节的要求，以其工作组的名义研究了在美国采用以原则为基础的会计准则制定问题，并向国会提交了名为《以原则为基础的美国财务报告系统》的研究报告，该报告中提出了以目标为导向的准则制定方式。2004 年 7 月，FASB 发布其答复，表示欢迎 SEC 的研究并同意 SEC 在研究报告中所提的建议。2002—2005 年，以 FASB 为主要机构对准则制定改革采取了一系列举措，逐步向建立目标导向（objective-oriented）的准则制定体系这一方向挺进。

第一节　关于会计准则原则导向和规则导向的基本问题

一、准则制定体系研究的历史发展

2002 年，《萨班斯——奥克斯利法案》第 108 节指出，SEC 应实施一项关于采用以原则为基础（principles-based）的会计准则制定体系的研究。该研究应在一年后完成，研究应包括以下四个方面：

（1）以原则为基础的会计准则体系在美国应用的程度；

（2）转向以原则为基础的会计制度所需的时间；

（3）以原则为基础的会计准则体系的可行性（及可能实施的方式）；

（4）执行以原则为基础的会计准则体系的经济分析。

2002 年 10 月，FASB 率先提出了建议稿，拟通过该建议稿及答复者对建议稿的讨论，为 SEC 研究报告提供基本资料。同时，通过该建议稿，FASB 提出了该委员会对以原则为基础的美国会计准则体系的看法。

FASB 认为，现有美国准则制定体系主要是以规则为基础（rules-based）。以原则为基础与以规则为基础的准则制定体系，其不同点主要在于：

（1）原则的运用范围。在原则基础的准则制定体系中，对原则的运用比规则基础的准则体系对原则的运用更为广泛。

（2）解释和执行指南的数量。在原则基础的准则制定体系中，为实施准则而颁布的各种解释和执行指南应更少。执行指南应仅关注准则提及的重大问题，对准则没有提及的其他情况需要运用与准则的宗旨保持一致的职业判断。

（3）准则中出现例外的频率。原则基础制定方式可能无法消除所有的范围例外（本应以某一会计准则进行会计处理的交易及事项却采用了其他会计准则予以处理）、过渡例外（为缓和旧准则向新准则过渡的影响而颁布的有关规定），但应消除所有的运用例外（为了获得期望的会计结果，如对利润的变动性进行限制而产生的某些规定）。相反，规则基础准则制定方式则存在大量的范围例外、过渡例外和运用例外。

SEC工作组(2003)通过对上述FASB建议稿的回复意见及当时的相关研究文献的研究后发现，当时普遍讨论的实际上是纯原则基础（principles-only）的准则制定模式，而不是真正的以原则为基础的准则制定模式。因此，为避免误解，SEC工作组将他们所理解的原则基础的会计准则称为目标导向的会计准则。目标导向的会计准则属于原则基础的一种，但它不是纯原则基础。

除了认同FASB(2002)对原则基础的理解外，SEC(2003)还指出，目标导向的会计准则还应具备以下特征：

（1）明确阐述准则的会计目标（accounting objective），为各类交易确立明确的会计目标和会计模式（accounting model）；

（2）强调管理当局和审计师的责任，以保证财务报告把握会计准则的目标①；

（3）以改进后的逻辑一致的财务会计概念框架为基础，并与财务会计概念框架保持一致；

（4）提供充分的细节和结构，使准则具备可操作性并能一贯地应用；

（5）尽量减少例外，避免百分比测试（界线测试）。

总之，SEC工作人员（2003）认为，理想的原则基础的会计准则（optimal principles-based accounting standard）②应当包括对实质性会计原则的简要阐述，会计目标应作为准则的一个有机组成部分，以详细适当的方式包含在准则中，应很少有例外或不一致的概念。而且，准则应避免界线测试（bright-line tests），并提供合适数量的执行指南。这类会计准则应源于连贯，内在一致的概念框架，并与该概念框架保持一致。

二、规则基础、纯原则基础与目标导向会计准则的区别

SEC工作人员(2003)认为，美国现行的准则制定范式（standard setting paradigm）并不是像人们所理解的那样完全是以规则为基础的。不可否认，有些财务会计准则确实是以规则为基础，如租赁、衍生金融工具和套期保值会计、以股票为基础的报酬、金融资产及负债的终

① SEC工作人员(2003)尽管没有将这一点作为目标导向准则的特征，但在该研究报告中经常提及这一点，并指出，通过强调管理当局和审计师的责任，可以使所编制及审计的财务报告达成准则所订立的目标。是否达到准则目标，是判断管理当局责任和审计师责任的标准。这一点和规则基础不同，在规则基础下，以是否符合准则的内容来判断管理当局和审计师是否遵循了GAAP。因此，笔者将此点作为目标导向的特征之一。

② 即目标导向的会计准则。

止确认准则等,但是,有些财务会计准则却是以目标导向为基础,如 SFAS141 企业合并及随后的准则,而有些则以纯原则为基础,如 SFAS121 颁布之前的长期资产减值的会计处理。

以企业合并为例,《会计原则委员会意见书第 16 号企业合并》是典型的规则基础的会计准则,而《财务会计准则公告第 141 号企业合并》则代之以目标导向为基础的(SEC 所理解的原则基础)会计准则了。两者的主要区别可列表 18-1 如下①。

表 18-1　规则基础的会计准则与以目标导向为基础的会计准则差异举例

	准则要素	规则基础（APB 意见书面书第 16 号）	原则基础（SFAS 第 141 号）②	纯原则基础
1	基本原则:一主体控制了另一主体的经营时,就发生了企业合并	有——准则对企业合并的会计处理和报告进行了规范。	有——准则对企业合并的会计处理和报告进行了规范。	是——准则对企业合并的会计处理和报告进行了规范。
2	准则中清楚地表述了准则的目标	否	是	否
3	明确指出了准则的范围	否	是	否
4	准则中包括了充分的指南(sufficient guidance)	不适用	是	否
5	大量的范围例外	是	否	否
6	界线测试	有——准则中规定了满足权益集合法的 12 项标准。	否——准则取消了界线测试,所有的合并均采用购买法。	否
7	准则中包含了详细的执行指南	是	否	否
8	大量的后续指南	有——准则发布后,有关方面提供了其他详细的指南,其中,SEC 工作人员通过工作人员会计公报(Staff Accounting Bulletins),AICPA 工作人员通过 AICPA 解释,紧急问题工作组(EITF)通过大量一致性意见等发布了额外的指南。	否	未提供
9	企业合并的定义	未给出	是	未给出
10	所达到的可比性	缺乏可比性——由于采用界线测试判断一项合并是否采用权益集合法易导致以下情况:两项交易在实质上是相同的,却采用了完全不同的会计处理方式。	有可比性	缺乏可比性——准则缺乏充分的结构安排和指南,由于缺乏必要的判断框架,据此引起的判断可能导致类似的交易采用了不同的会计处理方式。

① 以下内容引自 SEC(2003)研究报告第三部分“目标导向准则制定的组成部分”第四点。

② 即 SEC 工作人员所界定的目标导向。

三、目标导向的会计准则的制定方式

SEC工作人员(2003)建议，目标导向的会计准则在形式上应包括以下要素：

(1) 准则的简要概述；

(2) 准则。包括：

- 目标
- 准则的实质(或主体内容)
- 生效期和过渡规定
- 结论基础(basis conclusions)
- 适当的实施指南

目标导向的准则制定体系的主要考虑内容为：

(1) 相关性、可靠性和可比性。

准则制订者最主要的任务是如何确定在这三者之间保持平衡，从而确保财务报表中反映的信息能反映交易和事项的实质，并以可理解的方式传递给使用者。

(2) 资产—负债观。

采用资产负债观而不是收入费用观有助于协调资产负债的定义及确认、计量，同时也有助于确定准则的最佳范围。

(3) 最佳范围理论。

在确定准则最佳范围之前，首先要了解交易或事项的实质，然后确定交易或事项如何影响主体的财务状况。交易或事项的实质决定了准则的范围，既要防止准则范围过宽，导致其后出现大量范围例外，又要防止范围过窄，增加准则制定费用。

(4) 执行指南。

很显然，会计人员需要执行指南。关键问题不在于是否应提供这样的指南，而是由谁提供、什么时候提供、提供的数量。在目标导向的准则体系下，应仅由唯一的准则制定者FASB提供权威性指南，在制定准则时就应对具体可操作性的执行指南的数量作出判断。并且在目标导向准则体系下，所提供的指南的数量应少于规则基础体系下的数量。

(5) 遗留的范围例外的处理。

在转换成目标导向的准则时，准则制定者必须权衡缺乏可比性导致的成本和某些公司继续采用这些例外带来的利益。

(6)"真实和公允优先"观点不应作为目标导向准则的必要组成部分。

目标导向的准则应该完全根据会计目标制定，这些会计目标已力求反映真实和公允的观点，并且，不同的人对真实和公允有不同的看法，准则制定者所应确认的就是交易的经济实质及其恰当的会计处理。因此，在目标导向准则体系下，会计处理应服从准则制定者对经济交易的实质的看法，不存在为了真实和公允反映经济交易而需要偏离会计准则的情况。

(7) 目标导向准则的形式。

如前所述，目标导向准则在形式上应包括以下内容：准则摘要及准则主体。其中，准则主体包括目标、准则内容、有效期及过渡性规定、结论依据、与前述讨论一致的执行指南。

(8) 行为变化。

转向目标导向的会计准则制定，不仅需要准则制定者的行为模式发生变化，也需要报表编制者、审计人员及投资者的行为发生转变。他们都需要对某项交易的会计处理是否和准则所述的会计目标一致进行判断。最后，目标导向的准则可以激励财务报表编制者提供更透明的披露。

(9) 执行。

在执行时，独立审计人员和公司审计委员会应把好第一道关，强有力的、一致应用的、有效的执行机制则把好第二道关口。

要使目标导向准则机制发挥作用，主要应采取以下步骤：①全面回顾已有权威文献，以此作为决定议事日程及优先项目的基础；②改进概念框架；③继续与IASB合作，发展趋同性项目；④重新界定GAAP层次；⑤建立权威性执行指南；⑥让人们更容易接触到权威性文献。当然，仅有以上方面还不能确保财务报表的有用性，目标导向的准则制定方法还必须和2002年《萨班斯——奥克斯利法案》的其他改革相结合才能发挥作用。

第二节　目标导向的准则制定模式

一、目标导向的会计准则制定体系对美国会计规范的影响

按照SEC工作组(2003)的设想，美国今后财务会计准则制定将发生以下变动。

(一) 确立FASB为唯一的准则制定机构

目前美国会计准则制定机构在名义上只是FASB，但实际上还包括AICPA、EITF。由于不同会计准则制定机构理解不同，因此，要减少准则之间的不一致性，很重要的一个问题是不能由多家机构共同制定准则，而只能由一家准则制定机构来制定准则。它(FASB)所制定或认可的准则才是权威性文献。在重新界定GAAP层次时，SEC对于FASB以外的其他机构所制定的准则只在两种方式中选择其一：作为非GAAP(非权威性文献)；其二，将其他机构纳入FASB的管辖之下，所制定的准则须经FASB的批准。

对于SEC的上述建议，FASB已经在实施这一想法。2002年，FASB与AICPA的会计准则执行委员会(AcSEC)经磋商后达成一致意见，后者同意给予FASB在准则制定上更直接的控制权力。按照计划，2004年年底，AcSEC将停止发布立场公告(statements of position)，但仍然发布审计和会计指南，由FASB检查这些审计和会计指南，以确保该指南与FASB提供的指南一致。AICPA和AcSEC还承诺，在过渡期结束后，不再发布会计指南(Herz2005)。另外，对于EITF，FASB则在2003年1月派遣两名成员进驻EITF议事日程委员会(EITF's agenda committee)，以保证直接传达FASB的意见来决定EITF应讨论哪些问题和不应讨论哪些问题。同时，在EITF发布一致意见之前应得到FASB的批准和认可。最后，FASB还增加了FASB工作组的立场声明(FASB staff positions，简称FSPs)，由该声明同时发布执行指南(staff implementation guides)①,同样,在指南发布之前也需要得到 FASB 的认可。因此,在 2004 年年底,FASB 最终成为美国唯一的具有真正权威的财务会计准则制定机构②。

(二) 提升概念框架 (CF) 的地位

长期以来,人们对 GAAP 的涵义及内容有不同的解释③。目前最有影响的观点是美国 AICPA 发布的第 69 号审计准则中有关 GAAP 的层次划分方法。

按照 SAS 69 号的划分,GAAP 被分为四个层次:

第一层次:FASB 财务会计准则公告及解释、APB 意见书、CAP 会计研究报告;

第二层次:FASB 技术公报、AICPA 行业审计和会计指南、AICPA 的立场公告;

第三层次:FASB 紧急问题工作小组一致意见(EITF Consensus)、AICPA 的实务公报;

第四层次:AICPA 的会计解释、FASB 的执行指南、FASB 工作组问答、行业实务。

第一层次至第四层次之间存在优先顺序,对某项交易的处理应遵循从上至下的原则;如果第一层次对此有相应规范,就不能采用第二至第四层次,其他优先顺序依此类推。前面四个层次统称为 GAAP。

第五层次:FASB 概念框架、IAS、专业杂志文献、教材等。

只有在前四个层次没有规定的情况下,才能用第五层次指导会计实务的处理。

按照 SEC 工作组研究报告(2003)的构想,概念框架应作为 GAAP 的一个组成部分,不仅应在 FASB 商讨准则制定时直接发挥作用,还应在会计文献指导不清晰的情况下,帮助会计人员解决实务中遇到的难题。允许报表编制者和审计人员直接用概念框架作为准则的补充,可以激励准则制定者制定出更简洁的准则。因此,未来的 GAAP 将由三部分组成:FASB 概念框架;FASB 准则公告及解释、APB 意见书和 CAP 会计研究公报;EITF一致意见及 FASB 工作组立场公告。按照这一构想,概念框架将在未来准则制定中发挥重大作用,不仅将直接指导制定未来准则,要求未来准则与其内在一致,还将作为 GAAP 一部分,指导未来会计实务的处理。不过,概念框架主要任务还是通过指导准则的制定来间接指导会计实务的处理。

FASB(2005)对现有 GAAP 层次作了以下两个修订:第一,FASB 认为,由于公司(而不是审计人员)应对选用与 GAAP 一致的会计处理方法负责,因此,GAAP 不应作为审计文献的一部分,而应作为会计文献的一部分,由会计文献予以规范。FASB 拟发布关于 GAAP 层次的财务会计准则④;第二,SAS 69 是 AICPA 审计准则委员会 1992 年制定的,

① EITF 则发布解释性指南。

② 值得说明的是,在 2002 年以前,SEC 本身也发布准则,如工作组会计公报、会计系列文告、财务报告文告及 SEC 工作组发言和通告等,它们也应是 GAAP 的一部分。但是,自 2002 年以后,SEC 承诺尽可能不发布工作组发言或通告,甚至不发布正式会计文告,以免与 FASB 制定的准则相冲突。因此,尽管 SEC 仍拥有对 FASB 所制定的准则的否决权,但是,在美国,制定会计准则的机构就只有 FASB 了。

③ 见葛家澍、林志军著《现代西方会计理论》,第 65—67 页,厦门大学出版社,2000。

④ 与此对应,AICPA 的审计准则委员会发布了拟修订 SAS 69 的征求意见稿,将非政府主体的 GAAP 的层次划分内容从 SAS 69 中删除。见 Exposure Draft: Proposed Statement on Auditing Standards Amendment of Statement on Auditing Standards No. 69, The Meaning of Present Fairly in Conformity with Generally Accepted Accounting Principles, For Nongovernmental Entities, May 9, 2005.

随着时间的推移，有必要对 GAAP 作一定修订。为避免现有会计实务的变动，FASB 征求意见稿(2005)仍将 GAAP 分为四个层次，分别如下：

第一层次：未被 FASB 的文献所取代的 AICPA 会计研究公报和会计原则委员会意见书、FASB 财务会计准则公告及解释、FASB 财务会计准则 133 号执行问题(Implementation Issues)及 FASB 人员立场(FASB Staff Positions)；

第二层次：FASB 所明确(cleared)的 FASB 技术公报、AICPA 行业审计和会计指南、AICPA 的立场公告；

第三层次：FASB 所明确的 ATCPA 会计准则委员会的实务公报及 FASB 紧急问题工作小组一致意见(EITF Consensus)；

第四层次：FASB 工作组发布的执行指南(问答)、AICPA 的会计解释、广泛流行并被承认的会计实务①。

以上四个层次属于 GAAP。在以上四个层次都未规定的情况下，可以考虑其他会计文献或类似的交易或事项的会计处理原则。其他会计文献包括 FASB 财务会计框架(CF)、AICPA 的问题论文(Issues Papers)、IASB 颁的 IFRS、其他职业组织或规范机构的声明、内含在 AICPA 技术实务援助中的技术信息服务询问及答复、会计教材、手册及论文等②。

同时，FASB 承认，尽管目前明确表明 CF 不是 GAAP 的一个组成部分，但它满足 GAAP 第一层次的特征③。FASB 决定在对现有的会计准则修补并编纂成统一法典(codification)后，再来提升 CF 的层次。在征求意见稿(2005)中，FASB 预期在未来将以上层次的文件编纂成统一权威法律，之后，如 SEC 预想的一样，未来的 GAAP④ 仅分为两部分：权威的和非权威的。凡是包含在统一法律中，均是权威的；未包含在统一法律中，均是非权威的。FASB 主席 Herz 认为，准则制定应该简化，而简化准则制定的最终目标应是一项程序、一种形式的指南(one process and one form of guidance)⑤。因此，改进后的财务会计概念框架必将包含在这一权威性指南之中。

（三）报表编制者、审计人员的职业判断内容将发生变动

在规则基础准则制定体制下，由于在准则中存在大量范围例外、运用例外及过渡例外，因而需要大量的职业判断。这种职业判断的内容不是判断交易的实质然后确定交易

---

① 见 Exposure Draft：Proposed Statement of Financial Accounting Standards，The Hierarchy of Generally Accepted Accounting Principles，April 28，2005。

② FASB 认为，尽管目前仍将 CF 作为第五个层次，未提升其作为 GAAP 的一个组成部分，但是，在第五个层次中，CF 很明显应比其他文献更有影响力。

③ FASB(2005)认定，应循程序(due process)是第一层次的基本特征。从这一点而言，CF 应属于第一层次，但考虑改革的渐进性，FASB 的 GAAP 划分暂时与 SAS69 基本一致。另外，尽管有些 EITF 一致意见也经过了应循程序，但为与 SAS69 一致，仍不将其归入第一层次。

④ GAAP 似乎被分为广义的和狭义的两种涵义。这里属于广义的涵义，它包括 SAS 及 FASB 所确定的五个层次。而狭义的 GAAP，仅包括前四个层次。在 SEC 及 FASB 未来规划中，GAAP 涵义包括所有权威和非权威会计文献，狭义涵义仅包括权威会计文献。而我们通常所说的 GAAP 是指狭义的 GAAP。

⑤ Robert H. Herz，Remarks of Robert H. Herz，Twenty-Fourth Annual SEC and Financial Reporting Institute Conference，June 2，2005.

的会计处理方式，而是确定该交易到底符合哪一规则或例外。在越来越详尽的准则中，进行此类判断并非易事。当准则制定体制转变为目标导向的会计准则制定体制时，以上人员的职业判断内容将相应发生改变。报表编制者主要判断所编财务报告是否反映了交易实质，审计人员则需判断管理人员是否完成了这一任务。两者都需确保财务报告达到了准则所意欲达到的目标和意图。

二、目标导向准则制定模式的进展

SEC工作人员(2003)指出，在规则导向转向目标导向的会计准则制定体系的过程中，主要应采取以下关键步骤(见表第一列)完成。表18-2列示至2005年6月1日止，美国在实施目标导向准则制定体系过程中的进展。

表18-2　至2005年6月1日美国实施目标导向准则制定体系的进展

步骤(无顺序)	进　展
找出概念框架中的不足	2004年FASB与IASB合作研究收入确认项目，这一项目主要解决盈利过程和要素定义不一致的问题，并得出了一些暂时性结论；同样，FASB与IASB合作研究财务会计概念框架项目(conceptual framework improvements)，这一项目目前正在进行之中；2004年FASB发布了公允价值计量(Fair Value Measurements)征求意见稿，讨论相关性和可靠性质量特征如何用来选择合适的计量属性；同时，FASB开始着手研究负债清偿标准、讨论负债与权益的划分及进一步讨论负债及权益的定义问题，并取得了一定的进展。加拿大会计准则委员会(AcSB)代表IASB及其成员(包括FASB)则正在从事以下项目的研究：计量目标——概念、披露框架。
实现美国会计准则和国际会计准则之间的协调	FASB已经与IASB在存货成本、资产交易(asset exchanges)、会计变动等方面取得了一致意见，发布了SFAS151存货成本、SFAS153非货币资产交易等准则，发布了有关会计变动与错误更正的征求意见稿，其他短期合作项目还有每股收益、资产负债表分类、研究和开发、所得税等项目。另外，FASB已经并正与IASB合作研究财务会计概念框架、企业合并、财务业绩报告、收入确认项目。FASB还与IASB就保险合同会计、以股权为基础的支付、金融工具与合并达成研究计划。FASB还与其他国家的会计准则制定者展开了广泛的合作。
重新定义公认会计原则的层次	FASB于2005年发布《GAAP层次》征求意见稿；AICPA审计准则委员会于2005年发布对SAS69号有关GAAP层次修订的征求意见稿。
制定权威的执行指南	2003年FASB引入FASB工作人员立场声明(FSP)，开始发布执行指南。两名FASB成员加入了EITF，并且，EITF的结论需经过FASB批准。FASB发布的指南不再考虑特定行业或特定主体，而是就某一问题提供广泛的可应用的执行指南(broadly applicable implementation guidance)。
增加获得权威文献的途径	FASB已将FASB所颁布的所有财务会计准则及解释、财务会计概念框架和FASB技术公报置于其网站上，供需要者下载阅览。FASB已经将所有的权威会计文献结合起来，建立了财务会计搜索系统(Financial Accounting Research System，简称FARS)，现已刻成CD—ROM出售，既可用于单机，也可用于网络。FASB计划将这些权威会计文献按主题建立一个单一的、权威的、可搜索的电子数据库(single authoritative, electronically searchable database)。

(续表)

步骤(无顺序)	进展
制定新的准则时,转向目标导向的会计准则	新制定的 SFAS141-SFAS154,采用了目标导向形式的要素。
全面审核现行准则,确定准则的类型,并对规则基础的准则进行更替或修订	FASB 正着手进行。如以 SFAS141 号《企业合并》代替 APB 意见书 16 号;以 SFAS149 代替 SFAS133 号《衍生金融工具和套期保值会计》;2004 年发布了修订后的 SFAS123 号《以股权为基础的支付》,并着手研究负债与权益的划分标准等①。但是,FASB 认为,目前更需关注的是那些没有指南或指南不起作用的领域,而不是那些尽管是以规则为基础但仍在发挥作用的准则,因此,FASB 拟与 IASB 合作,在讨论未来议事日程时一起考虑和其有关的现行准则是否以规则为基础的问题。
单一准则制定者	见前面所述。

从表 18-2 可以看出,美国 SEC 和 FASB 正按照 2002 年萨班斯-奥克斯利法案第 108 节的要求,有计划地有条不紊地向目标导向准则制定体系的方向迈进。

三、对目标导向准则制定模式的评论

(一) 目标导向准则体制的合理性

SEC 认为以规则为基础的准则制定方式和纯原则为基础的准则制定的方向是两个极端,这两个极端均有一定缺陷。它提出了介乎两者之间的目标导向准则制定方式,这应当说有一定的合理性②,但实际上却可能很难把握不走两个极端的恰当尺度。

规则基础的准则制定体制主要有以下缺陷:①这类准则由于众多界线测试(如百分比测试)以及不同准则制定者制定的准则内在不一致(甚至同一准则制定者在不同期间制定的准则也内在不一致),从而实际上为财务操纵者避开准则的意图提供了一张地图,报表编制者很容易通过交易操纵从而达到报表编制者想要的结果,但这种做法经常违背准则本身的目标。②由于存在大量的例外,结果导致相似的交易却按照不同的方式处理,Dye(2002)在分析分类性(如划分经营性租赁和资本性租赁)操纵时指出,分类性操纵降低了区别真正不同经济交易的规则有效性。分类性操纵导致经营性租赁和资本性租赁之间的分类不是按其交易实质的差异来分类,而是对是否愿意花费成本构造交易以取得有利分类的企业进行了分类③。Nelson 等(2002)指出,严格的规则增强了管理人员操纵财务报告的能力,从而影响了准则的有效性。③由于存在针对准则的操纵性行为,为了防止这类

① Herz(2002)表示,转向原则基础的会计准则制订的过程应循序渐进。以后 FASB 发布的新准则均是以原则为基础的,但是,对于现有准则,不可能马上被替代。Herz 的评论转引自 Rebecca Toppe Shortridge and Mark Myring, Defining Principles-based Accounting Standards, *The CPA Journal*, Aug. 2004.

② Edward Ketz 认为,最高质量的会计准则是将基本原则和执行指南巧妙结合(artful blend)的会计准则。见 Edward Ketz, BDO on Principles-based Accounting, p. 44, *Accounting Today*, Oct., 2004.

③ Dye, R. Classifications manipulation and Nash Accounting Standards, *Journal of Accounting Research*, pp. 1125—1162, Sep. 2002.

操纵，准则制定机构只好发布大量的详细的执行指南，这又导致了针对这些执行指南的操纵行为，准则制定机构再根据这些操纵行为提出进一步的指南，又导致下一轮的操纵行为，"道高一尺，魔高一丈"，如此反复，形成了恶性循环，不断增加准则应用的复杂性和不确定性①。

相反，纯原则基础的准则制定体制虽较少存在上述问题，但却存在以下缺陷：①由于其提供的指南不够充分，导致准则不具备可操作性，使得报表编制者和审计人员不得不进行大量职业判断。由于在职业判断时没有充分的根据和基础，结果往往导致不同的人存在不同的判断，因此，在纯原则基础的准则制定体制下，过分依赖报表编制者和审计人员的职业判断，将会导致对会计处理的不一致性，并将增加大量与此相关的诉讼。②与规则基础的准则制定机制一样，纯原则基础的准则制定体制同样也存在收益操纵的行为能力②。在规则基础的准则体制下，报表编制者往往利用界线测试达到操纵目的；而在纯原则基础的体制下，报表编制者往往通过与审计人员、报表使用者认定的职业判断不一致来为收益操纵寻找借口。

针对以上两者的缺点，SEC 工作组提出了折中方案，认为应在规则基础与纯原则基础这两个极端之间选取一最佳平衡点(optimal balance)，就可能同时避免这两种体制的缺陷。AAA(2002)也认为，规则基础和原则基础并不是对立不相容的，在两者之间还有很多种其他可能性，从哲学方面考虑和出于实际考虑，FASB 都应该更多地接近原则基础、偏离规则基础来制定准则。从哲学上看，这种准则制定方式与 FASB"建立和改善财务会计准则，用以指导和教育社会公众"的使命一致。作为财务会计信息的主要服务对象——报表使用者也需要财务会计概念框架来正确理解财务会计信息。从实际上看，过分详尽的准则无法应对迅速变化的世界，事实上也不可能为每一类交易提供指南。因此，美国采取目标导向的会计准则体制是合适的③。

但是，平衡点到底在哪里呢？纯原则基础的准则和 SEC 提出的目标导向准则的区别又在何处？SEC 认为，两者之间根本性的不同在于，前者几乎不存在执行指南，而后者存在充分(sufficient)的执行指南，从而能够为报表编制者、审计人员提供共同的理解基础，降低他们的职业判断。问题是，什么样的指南算是充分的执行指南仍是一个难以回答的问题。Doupch 和 Sunder(1980)早在 1980 年就注意到，要求 FASB 制定越来越详细越来越具体的会计准则的压力越来越大，FASB 在抗拒这些压力方面的能力是很微弱的。

（二） 实现目标导向准则体制的障碍——应循程序

在制定目标导向准则时，SEC 始终强调准则应和概念框架保持一致。然而，要真正

① Nelson, M., J. Elliott, and R. Tarpley, Evidence from auditors about managers' and auditors' earnings-management decisions, *The Accounting Review* 77(Supplement), pp. 175—202, 2002.

② AAA 得出结论认为，企业、审计人员、投资人员与监管者之间的紧张状态并不是详细规则或概念性原则所特有的。准则，无论采用何种形式，均不可能解决这些冲突。AAA Response to FASB Invitation to Comment on the FASB Proposal for a New Agenda Project on Issues Related to the Recognition of Revenues and Liabilities, April, 2002.

③ AAA, Response to FASB Invitation to Comment on the FASB Proposal for a New Agenda Project on Issues Related to the Recognition of Revenues and Liabilities, April 2002. http://www.aaa-edu.org.

做到这一点并不容易。其中,最大的障碍来自 FASB 的"应循程序"。

FASB 在刚成立后,针对当时对其前任 APB 的准则制定程序过分封闭的批评,在准则制定过程逐渐形成了应循程序。当时,舆论普遍认为,APB 商讨程序过于封闭,相关利益团体通常无法了解商讨的内容并提出相应对策。针对这一点,FASB 要求其所有的商讨内容均以公开会议的方式进行,并要求除非以前公开会议中讨论过,否则,禁止三个以上 FASB 成员同其他人员讨论技术性问题,同时,FASB 还发布讨论备忘录、初步观点公告(preliminary views)、征求意见稿(exposure draft)及类似文件并邀请有关利益团体表达他们的观点和看法。同时,FASB 还对暂行结论进行实地测试(field test),举行公开听证(public hearings),并对已发布的准则进行回顾。但是,应循程序发展至今,以下两个问题始终无法解决。

1. 应循程序并未真正代表众多利益团体

从理论上而言,上述应循程序保证了利益团体各方的参与,从而保证了这些团体利益之间的平衡。这也正是美国准则制定机构引以为豪的地方。然而,实际上,FASB 当时所设想的利益团体多样性并未实现。

首先,在准则制定过程中,经常没有学术团体的观点,或学术团体的观点未被采纳。的确,FASB 在制定概念框架时,学术团体发挥了重要作用,然而,在其后具体准则制定时,尤其是在发布征求意见稿和采纳准则之间的关键阶段,就很少再听到学术团体的声音。财务经理研究基金会的一份研究报告指出,FASB 建议稿收到的反馈意见中来自学术团体的比例仅为 2%①。

其次,报表编制者通常都在应循程序中占据主导力量,他们的观点通常比别人观点更受 FASB 的重视。更为严重的是,报表编制者通常通过政治程序来影响财务会计基金会(FAF),甚至财务会计准则顾问委员会(FASAC),更有甚者还通过选举程序来影响 FASB 成员。Nobes(2005)指出,准则制定者屈服于政治压力尤其是大公司管理层的政治压力可能是准则偏离原则的一个原因。FASB 主席 Herz 指出,现行 GAAP 中许多特定的会计处理、界线测试及例外影响了公司的发展,并成为公司业务和经营模型的一个输入变量,如与特殊目的实体有关的 3% 规则导致这类实体在美国的大量产生和发展。SFAS13 的界线测试则刺激了大量的形式重于实质的资产负债表外融资业务,因此,公司时不时地会积极阻碍会计准则向原则基础的变动②。

另外,审计人员依从于其服务的公司。审计人员是 FASB 应循程序积极的参与者,然而,他们不再提供自己的意见,而是把他们客户的观点归集起来,然后以一种综合性观点向 FASB 反馈。由于 FASB 已收到会计师事务所客户的具体意见,因此,会计师事务所提供的资料往往没有多大帮助。Miller and Bahnson(2002)认为,由于审计人员审计的对象是付费请审计人员进行审计的公司,这就导致审计人员很难在准则制定过程中对他

① 转引自 Dennis R. Bdersford, Standard Setting Process in Trouble (Again), *Accounting Horizons*, June 1991, pp. 94—97.

② 见 Remarks of Robert H. Herz, Twenty-Fourth Annual SEC and Financial Reporting Institute Conference, June 2, 2005. pp. 11—12.

们的客户提出的意见表示反对，因此，准则制定过程由于报表编制者与他们的审计人员之间的密切关系而存在着共谋的可能性①。

与以上形成鲜明对比的是，作为财务报告服务的重要对象——报表使用者却很少参与应循程序。

林斌等(2004)在对2002年FASB发布的《以原则为基础的美国会计准则制订方式》建议稿的调查答卷进行分析时发现，在反馈收回的135份调查答卷中，以CPA个人和CPA团体为代表的外部审计师意见共24份，以企业高层管理人员和企业为代表给出的报表编制者意见共38份，以投资者和银行、证券分析师等为代表的报表使用者意见16份，以大学教授和学生为代表给出的学术界意见共42份，其他一些准则制定机构给出的意见共15份。这说明，在调查答卷中，有近46%代表报表编制者和审计人员意见，而只有不到12%来自报表使用者的意见。在上述答卷中，由于涉及准则制定体制问题，因此，学术团体参与的比例还比较高，占31%，在其他调查答卷中，所占比例则很少。笔者曾作了一项调查，在严重涉及公司利益的负债及权益的自发反馈信息②中，在反馈者主动提供的130份意见中，代表报表编制者的意见为116篇，占全部反馈意见的88%，代表审计人员的意见为3篇，占全部反馈意见的2%，而代表报表使用者意见的只有唯一的一篇，而这一篇还是反馈者既以报表编制者又以报表使用者的双重身份进行评论的，到底是否站在使用者立场还未为可知。即使将其他类别全部归为报表使用者的反馈意见计算在内，也仅占全部反馈意见的6%。作为报表编制者，绝大多数反馈意见都是站在公司利益的角度来评价SFAS150的，他们普遍认为将目前属于权益的项目归类为负债会给公司带来不利的影响，因而反对该准则的实施或要求推迟该准则的实施时间，或对非公众公司(non-public)予以豁免。几乎没有报表编制者站在该项准则是否对报表使用者有用这一角度来评价准则。由此可见，报表使用者很少参与准则制定程序③。

由此可见，在准则制定过程中，应循程序并未保护所有公众利益④，它实际上保护的是强势集团的利益。FASB也意识到这一问题，为鼓励报表使用者更积极地参与准则制订过程，FASB于2003年2月成立了使用者顾问委员会(User Advisory Council)。按照FASB说法，成立这一委员会的目的是希望委员会能帮助FASB了解投资者及专业投资人员、权益及信贷分析师和评级机构是如何使用信息的。

---

① Miller and Bahnson，李勇等译，高质量财务报告，机械工业出版社，2004。

② FASB发布第150号准则Accounting for Certain Financial Instruments with Characteristics of both Liabilities and Equity后，许多公司自发地反馈信息。由于FAS150要求将强制性可赎回股份(mandatorily redeemable shares)作为负债处理，必然导致发行这些股份的公司负债增加，从而受到这些公司的强烈抵制。

③ Jonas and Young (1998)解释认为在准则制定程序中报表使用者参与不足有以下四个方面的原因：第一，信息决策有用性这一术语过于复杂，难以达到这一目标；第二，准则制定者及其工作人员没有了解财务信息如何影响资本分配的职业背景；第三，报表使用者在准则制定过程中是被动接受者，而不是积极参与者，对他们参与准则制定没有足够的激励；第四，包括会计师事务所等很多选民，吸引了准则制定者更多注意力。见Gregory J. Jonas and Stephen J. Young, Bridging the Gap: Who Can Bring a User Focus to Business Reporting? *Accounting Horizons*, June 1998, pp. 154—159.

④ SEC将准则制订权授权给当时的AICPA，其原因之一是因为AICPA宣称其职业主要是保护公众利益。见Accounting Standard Setting at a Crossroads, Arthur R. Wyatt, Accounting Horizons, Sep. 1991, p. 110.

以上改进措施是否有效取决于报表使用者是否真正参与准则制定过程，并表达自己的需要。Miller(1990)认为，老练的（从而有影响力的）使用者未必支持FASB提供对使用者有用信息的财务报告。由于拥有私人信息，他们能通过寻找无效的资源分配而获得比较利益，如果将私人信息转化为FASB提供的公共信息，他们将失去这一优势，因此，FASB不可能期望从他们那里得到支持，并了解报表使用者的真正需要①。成立使用者顾问委员会以增强使用者参与准则制定的办法未必能发挥预期效用。

2. 应循程序本身的不合理性

FASB在第一号概念公告中指出，财务报告应为现有和潜在的投资者、债权人及其他使用者提供有助于他们作出理性的投资、信贷和类似决策的有用信息②。Miller(1990)认为，在这种使用者利益至上的目标之下，FASB在制定准则时应考虑的是某种会计处理所提供的信息是否确实对报表使用者有用。如果是，就应要求提供该类信息，而不应考虑该项是否会受到大多数选民的支持。由于在准则制定过程中，每个人都会寻求自身利益最大化，报表编制者和审计人员的利益不可能和报表使用者的利益保持一致。因此，要求报表编制者、审计人员及报表使用者广泛参与的准则制定程序，根本无法使财务报告达到上述目标。Doupch和Sunder(1980)也认为，如果经济有用信息的规定意味着使审计人员暴露在更大的诉讼风险之下，又没有相应的更高的补偿，审计人员必然不会在准则制定过程中将经济有用信息视为他们自身的目标。由于报表编制者、审计人员、报表使用人员各自存在不同的利益，将他们都纳入准则制定程序，必然导致FASB最后提供的准则是各方利益斗争后利益协调的产物，不可能实现SFAC提出的财务报告的目标③。就这点来看，只要有应循程序存在，具体会计准则与概念框架就不可能内在一致，建立目标导向的准则制定体系就不可能实现。

这一点其实早就可以看出。1976年，FASB进行了一项调查，了解其选民是否同意特鲁伯罗德报告(Trueblood Report)提出的财务报表基本目标是提供有助于报表使用者进行经济决策的有用信息的观点。在调查中发现，只有37%的人同意采用这一观点，22%的人认为应立即抛弃这一观点，10%的人则认为需进一步研究④。在财务报告的基本目标上都存在如此大的分歧，在制定涉及各方经济利益的具体准则时分歧必然更大。

因此，制定目标导向的会计准则，使具体准则与概念框架保持一致，这是一个理想的目标，不过，同概念框架保持一致，只考虑了会计的技术性问题，而未考虑到会计准则内含的经济后果的性质。要实现这一目标最大的障碍还是会计准则制定过程中的应循程序。SEC自己也意识到这一问题，因此在研究报告中多处强调FASB（包括其EITF）应该顶住压力。

---

① Paul B. W. Miller, The Conceptual Framework as Reformation and Counterreformation, *Accounting Horizons*, Jun. 1990, pp. 23—32.

② 见SFAC, No. 1, Par. 34.

③ Nichlas Dopuch and Shyam Sunder, FASB's Statements on Objectives and Elements of Financial Accounting: A Review, 1980.

④ Armstrong, Marshall, The Politics of Setting Accounting Standards, *Journal of Accountancy*, Feb. 1977, p. 77.

SEC及FASB所作的努力，无疑是值是赞扬和学习的，然而，由于应循程序的存在，阻碍了会计准则从规则基础向原则基础的迈进，即使转向了目标导向的准则，如何在详细（规则）和抽象（纯原则）之间寻求平衡，也是一个难以把握的问题。在准则制定过程中，不修订概念框架中有关财务报告目标的表述①，不修订应循程序或者更强调和重视报表使用者的利益，不可能顺利实现目标导向的准则体制。

Mike Ng调查后发现，当被调查者被问及公司在应用现行会计准则，是否可能采取一种未正确反映交易的经济实质但仍遵循了现行会计准则的方式进行会计记录时，93%的被调查者都认为这种情况可能会发生。然而，当被问及如果采取更原则而不是特定规则的会计准则，是否能强制公司更好地反映交易的实质时，仅只有7%同意，80%反对，另外13%则认为原则基础的准则可能提供较好的结果②。因此，对原则导向的会计准则体系，能否解决规则导向体系中出现的诟病，未来前景并不乐观③。

四、小结

制定目标导向的会计准则体制对我国具有极其重要的意义。为了避开规则基础和纯原则基础准则制定方式的缺陷，我国会计准则制定机构也应采取介乎这两者之间的准则制定模式。一方面，以目标为导向，使具体准则与概念框架（在我国目前为“基本准则”）始终保持一致，能够给报表编制者、审计人员、报表使用者、规则制定机构等提供一个共同的基础，从而促进各方对财务会计信息的理解。只有如此，报表编制者才了解需要提供什么样的信息；审计人员才了解什么样的信息合乎使用者的需要，并符合可靠性特征；报表使用者才了解报表编制者通过财务报告提供了哪些信息、如何理解，财务报告又未能提供从而需通过其他渠道搜集的信息；报表规则制定机构才了解应要求报表编制者提供哪些信息、如何规范才保证所提供的信息更满足使用者的需要等。另一方面，考虑到我国会计人员在业务能力、技术水平方面与美国会计人员之间的差距，我国应更偏向规则基础。如果将规则基础与纯原则基础分别置于左、右两个极端④，美国的会计准则制定更偏向右端（纯原则基础），我国的准则制定则应该更偏向左端（规则基础）。只有提供详细的指南，报表编制者才可能不至于误解准则的目的及真实意图，提供的财务会计信息才可能更符合使用者的需要。特别值得注意的是，美国会计准则体系中界线测试出现的弊端在我国同样也存在，同样也容易被企业所规避，我国在制定准则时也应注意加以避免。

---

① Doupch和Sunder(1980)认为，财务会计是一项报表编制者、审计人员、报表使用者等参与的社会活动，社会活动中参与者均有各自的目标。在财务会计这项活动中，各方参与者的目标可能是一空集。因此，概念框架中有关财务报告目标的表述是不恰当的，在概念框架中直接指明会计准则制定机构的目标可能更为合适。

② Mike Ng, The Future of Standards Setting, The CPA Journal, Jan. 2004.

③ 从SEC(2003)报告中，我们也可以看出这一点。SEC在研究报告中并未正面回答《2002萨班斯——奥克斯利法案》对有关从规则基础到原则基础所需时间跨度的提问，只是委婉指出“我们意识到从以规则为基础转变到目标导向的体系将是费时的(take time)，并且涉及准则制定者的微妙选择(delicate choices)”见SEC Study第三部分Components of Objective-Oriented Standard Setting中F. legacy Scope Exceptions, 2003.

④ AAA认为，准则制定模式可以被视为一连续区间，纯规则基础位于左端点，纯原则基础（概念基础）位于右端点。见AAA. Evaluating Concepts-based vs Rules-based Approaches to Standard Setting. *Accounting Horizons*, Mar. 2003, pp. 73—89.

主要参考文献

AAA, A Statement of Basic Accounting Theory, 1966.

AAA, Committee on foundations of Accounting measurement: Report of the Committee on foundations of Accounting measurement, *Accounting Review*, Supplement to vol. 46, 1971 PP. 1—48.

AAA, Response to FASB Exposure Draft: Using cash flow information in Accounting measurement, *Accounting Horizons*, September 1988.

AAA, Evaluating Concepts-based vs Rules-based Approaches to Standard Setting, *Accounting Horizons*, Mar. 2003, vol. 17, No. 1:73—89.

AAA, Response to FASB Invitation to Comment on the FASB Proposal for a New Agenda Project on Issues Related to the Recognition of Revenues and Liabilities, April 2002, http://www.aaa-edu.org.

AASB, "The Nature and Purpose of Statements of Accounting Concepts", 2001. 6.

Aghion and Bolton, 1992, An Incomplete Contracts Approach to Financial Contracting, *Review of Economic Studies* 59:473—494.

AICPA, SAS69, "Statement on Audit Standards", 1992.

AICPA, "Improving Business Reporting: A Customer Focus", 1994.

AICPA Exposure Draft: Proposed Statement on Auditing Standards Amendment of Statement on Auditing Standards No. 69, The Meaning of Present Fairly in Conformity with Generally Accepted Accounting Principles, For Nongovernmental Entities, May 9, 2005.

Aidan Collins, XBRL: Business reporting in the new economy, Dublin. Accountancy Ireland, 2001. 8.

Alexander Smith, The Abuse of Auditing in Selling Securities, AICPA Year-book, 1912.

AIMR, *AIMR Corporate Disclosure Survey*, 2000.

AIMR, *Global Corporate Financial Reporting Quality and Corporate Communication and Disclosure Practices*, 2003.

Andrew Wallace, *The new language of financial reporting*, Bradford. Balance Sheet, 2001.

APB Statement No4, "Basic Concepts and Accounting Principles Underlying Financial Statements of Business Enterprises", 1970.

APB Statement No. 1, *Statement by the Accounting Principles Board*, 1962. 4. 13.

Armstrong, Marshall, The Politics of Setting Accounting Standards, *Journal of Accountancy*, Feb. 1977, P. 77.

ARS No 10:"Theory of Accounting Measurement"(Yu Ji Ijiri), AAA, 1975.

Arthur R. Wyatt, Accounting Standard Setting at a Crossroads. *Accounting Horizons*, Sep. 1991, PP. 110—114.

ASB, *Accounting Standards* (2002/2003), 2002.

ASB, Statements of Principles for Financial Reporting, 1999.

ATB (Accounting Terminology Bulletin) No. 1, Review and Resume, 1953. 8 (USA).

Ball and Brown, "An Empirical Evaluation of Accounting Income Numbers", *Journal of Accounting Research*, 1968.

Barth, Mary E., Landsman, Wayne R., 1995, "Fundamental issues related to using fair value accounting for financial reporting", *Accounting Horizons*, Vol. 9 Issue 4.

Boulton, Libert and Samek, 2000, Cracking the value code: How successful business are creating wealth in the new economy.

Bushman and Smith, Financial Accounting Information and Corporate Governance, *Journal of Accounting and Economic 30*, 2001.

Canning, *The Economics of Accountancy:A Critical Analysis of Accounting Theory*, The Ronald Press Company, 1929, P. 22.

Chamber, Asset measurement and valuation, *cost and management*, March-April 1971.

Charles Christenson, The Methodology of Positive Accounting, *Accounting Reviews*, 1983.

Christopher W. Nobes, Rules-based standards and the lack of principles in accounting, *Accounting Horizons*, March 2005, PP. 25—34.

CICA, "General Accounting:Section 1000", 1991. 3.

Coase, 1960, The Problem of Social Cost, *Journal of Law and Economics* III:1—44.

David Solomons, The FASB's Conceptual Framework:an Evaluation, *Journal of accountancy*, June 1986.

David and Weil, *Handbook of Modern Accounting*, 1977.

Dennis R. Bdersford, Standard Setting Process in Trouble (Again), *Accounting Horizons*, June 1991, PP. 94—97.

Dye, R, Classifications Manipulation and Nash Accounting Standards, *Journal of Accounting Research*, PP. 1125—1162, Sep. 2002.

Edwards and Bell, The Theory and Measurement of Business Income, 1961 Evans, *Accounting Theory*, 2003.

Edward W. Trott and Wayne Upton, 2001, "Expected Cash Flows", *Understand-*

ing the Issues, www. fasb. org.

Edward Ketz, BDO on Principles-based Accounting, P. 44, *Accounting Today*, Oct. ,2004.

FASB, "Scope and Implication of Conceptual Framework Project", 1976.

FASB, "The Conceptual Framework for Financial Accounting and Report: Elements of Financial Statements and Their Measurement"(DM), 1976.

FASB, SFAC No. 1"Objective of Financial Reporting by Business Enterprise", 1978. 12.

FASB, SFAC No. 2 "Qualitative Characteristics of Accounting Information", 1980. 5.

FASB, SFAC No. 3"Elements of Financial Statements of Business Enterprises", 1980. 12.

FASB, SFAC No. 5"Recognition and Measurement in Financial Statements of Business Enterprises", 1984. 12.

FASB, Statement of Financial Accounting Concepts No. 7:"Using Cash Flow Information and Present Value in Accounting Measurements", 2000. 2.

FASB, FAS 130:"Reporting Comprehensive Income", 1997. 6.

FASB, 2000, Business Reporting Research Project:Electronic Disdribution of Business Information, Norwalk Press.

FASB, Original Pronouncements 2002/2003 Edition Accounting Standards, June, 2002.

FASB, 1997, "A Proposal for a New Concepts Statement: Questions and Answers", www. fasb. org.

FASB, 1999, "Preliminary Views, Reporting Financial Instruments and Certain Related Assets and Liabilities at Fair Value", www. fasb. org.

FASB, 2004, Fair Value Measurement, www. fasb. org.

FASB, " International Accounting Standing Setting: A vision for the future", 1988. 12.

FASB, Statements of Financial Accounting Concepts No. 6, 1982.

FASB, *Electronic Distribution of Business Reporting Information*, 2000.

FASB, FAS 133:*Accounting for Derivative Instruments and Hedging Activities*, 1998. 6.

FASB, *Business Reporting Research Project*:*Electronic Distribution of Business Reporting Information*, 2001.

FASB, Present value-based measurements in Accounting, DM, December 1990.

FASB, Recognition and measourment of financial structures, DM, 1992.

FASB, 1985, Statements of Financial Accounting Concepts No. 6, Par. 25, No. 1, Par. 40—50.

FASB, Exposure Draft: Proposed Statement of Financial Accounting Standards, The Hierarchy of Generally Accepted Accounting Principles, April 28,2005.

FASB: FASB Response to SEC Study on the Adoption of a Principles-based Accounting System, July,2004. www. fasb. org.

FASB Proposal, Principles-based approach to US Standards Setting. Oct. 2002. www. fasb. org.

Fisher, The Nature of Capital and Income, 1906.

Foss, *Towards A Competence Theory of The Firm*, Routledge Publishing House, 1996.

Gilman, Accounting Concepts of Profit, 1939.

Gregory J. Jonas and Stephen J. Young, Bridging the Gap: Who Can Bring a User Focus to Business Reporting? *Accounting Horizons*, June,1998, PP. 154—159.

Hung-Chao Yu:"Introduction to Experimental Economics Studies",参见俞洪绍先生1997年10月在厦门大学会计系的报告稿。

Hendriksen & van Breda, 1992, *Accounting Theory*, 5th ed. (Homewood, IL: Irwin, 1992).

IASC, " Framework for Preparation and Presentation of Financial Statements", 1989.

IASC, *Business Reporting on the Internet*, 1999.

IASC, IAS 39: *Financial Instruments:Recognition and Measurement*, 1998. 12.

ICAEW, *The Future Shape of Financial Reports*, 1991.

Jayen Codercy , Allon Hodgson and Scott Holmes, *Accounting Theory* (3rd ed)Chs 12—17, 1997.

Jensen and Meckling, 1976, "Theory of the Firm: Managerial Behavior, Agency Costs and Ownership Structure", *The Journal of Financial Economics*, Vol. 3, No. 4.

John O'Rourk, Creating financial information in XBRL, *Strategic Finance*, 2001. 6.

John M. Foster, Wayne Upton, 2001, "The Case For Initial Measuring Liabilities at Fair Value", *Understanding the Issues*, www. fasb. org.

John M. Foster, Wayne Upton, 2001, "Measuring Fair Value", *Understanding the Issues*, www. fasb. org.

Jonas and Blancher, Assessing Quality of Financial Reporting, *Accounting Horizons*, 2000. 9.

Jones, Jefferson P. , 1999, Present Value -Based Measurements and Fair Value, *CPA Journal*, Oct, 1999, Vol. 49 Issue 10.

Kieso and Wygant *Intermediate Accounting*, 8th edition, Prentice-Hall, 1995.

Knotrun and Napolitano, "Criteria Employed by the AIMR's FAPC in Evaluating Financial Accounting Standards", *Accounting Horizons*, Vol. 12, No. 2, June, 1998,

PP. 170—176.

Levitt, The Importance of High Quality Standards, *Accounting Horizons*, 1998.

Levitt, *The Number Game*, Speech at New York University, *Center for Law and Business*, 1998. 9. 28.

Lipe, Robert C., 2002, "Fair Valuing Debt Turns Deteriorating Credit Quality into Positive Signals for Boston Chicken", *Accounting Horizons*, Jun 2002, Vol. 16 Issue 2.

Littleton, *Structure of Accounting Theory*, 1953.

Mavrinac and Siesfeld, *Measures that Matter: An Exploratory Investigation of Investors' Information Needs and Value Priorities*, 1998.

Michael Crooch & Wayne Upton, 2001, "Credit Standing and Liability Measurement", *Understanding the Issues*, www.fasb.org.

Mike Ng, The Future of Standards Setting, *The CPA Journal*, Jan, 2004.

Miller and Bahnson,阎达五,李勇等译,高质量财务报告,机械工业出版社,2004.

Moonitz, ARS No. 1"The Basic Postulates of Accounting ", 1961.

Mautz, Accounting Concepts and Principle and Auditing, *Handbook of Modern Accounting*, 1977, ch. 1.

Most, Depreciation in Economic and Accounting Theories, *Accountant* February 25, 1971.

Nelson, M., J. Elliott, and R. Tarpley, Evidence from auditors about managers' and auditors' earnings-management decisions, *The Accounting Review* 77 (Supplement),PP. 175—202, 2002.

Nichlas Dopuch and Shyam Sunder, FASB's Statements on Objectives and Elements of Financial Accounting : A Review,1980.

Nash, 2000, A Discipincd Approach to Added Accounting: Accounting for the Future.

Paton, *Accounting Theory*, The Ronald Press Company, 1922.

Paton and Littleton: *An Introduction to Corporate Accounting Standards*, 1940.

Paul A. Pacter, The Conceptual Framework: Make no Mystique about it", Selected form Zeff/Keller, *Accounting Theory*, 3rd Edition, 1985, PP. 84—85.

Paul Miller and Paul Bahnson, 1996, Four Steps to Useful Present Value, *Journal of Accountancy*, May, 1996.

Paul B. W. Miller, The Concept Framework as Reformation and Counterreformation, *Accounting Horizons*, Jun, 1990, PP. 23—32.

Peasnell, The Function of Conceptual Framework for Corporate Financial Reporting, Selected from Bloomd/Elgers, *Foundations of Accounting Theory and Policy*, 1995.

Previt and Merino, *A History of Accounting in America*, Ohoi University Press, 1979.

Price, Renee A., 1997, The FASB Project on Present Value-Based Measurements: An Educator's Perspective from Participation in an FASB Roundtable Discussion, *Issues in Accounting Education*, Spring 97, Vol. 12, Issue 1.

Rebecca Toppe Shortridge and Mark Myring, Defining Principles-based Accounting Standards, *The CPA Journal*, Aug, 2004.

Robert N. Anthony, *Tell it what it was - a conceptual framework for financial accounting*, 1983.

SAC No. 4, Definition and Recognition of Elements of Financial Statements, 1995. 3.

Samuel Chan, Contemporary Accounting Research Methodology Intensive Program (CARMIP), *Unpublishing Paper*, 2002.

Salomons, Economic and Accounting Concepts of Income, *The Accounting Review*, July 1961.

Schultze, What is An Asset? *Accounting Horizons*, 1993, Vol. 3.

Schipper, K., 2003, "Principles-based accounting standards", *Accounting Horizons* (March): 61—72.

Scott, 1997, *Financial Accounting Theory*, Prentice — Hall Inc.

SEC Study Pursuant to Section 108(d) of the Sarbanes-Oxley Act of 2002 on the Adoption by the United States Financial Reporting of a Principles-based Accounting System, 2003. 7.

Sewell Bray, *The Measurement of Profit*, Oxford University, 1949.

Shleifer and Vishny, 1997, A Survey of Corporate Governanc, *Journal of Finance*, 52.

Sorter, 1969, An Event Approach to Basic Accounting Theory, *The Accounting Review*(1).

Sprague, *The Philosophy of Accounts*, 1907.

Sprouse and Moonitz, A tentative set of broad Accounting principles for business Enterprises (ARS No. 3), 1962. (AICPA)

Sterting, Theory measurement of Enterprise Income, 1970, Sarbanes-Oxley Act of 2002.

United Nations Economic and Social Council Commission on transnational Corporations Intergovernmental working group of Experts on international standards of Accounting on Reporting sixth session 8—18 March 1988, Item 4(6) of the Provisional agenda: "Objectives and concepts underlying financial reporting", report of Secretary-General, Par. 65.

Upton, *Business and Financial Reporting: Challenges from The New Economy*, 2001(FASB Special Report).

Wallman, 1995. 9, "The Future of Accounting and Disclosure in an Evolving World: The Need for Dramatic Change", *Accounting Horizons*.

Wallman, 1996. 6, "The Future of Accounting and Financial Reporting, Part Ⅱ: The Colorized Approach", *Accounting Horizons*.

Wallman, 1996. 12, "The Future of Accounting, Part Ⅲ: Reliability and Auditor Independence", *Accounting Horizons*.

Wallman, 1997. 6, "The Future of Accounting and Financial Reporting, Part Ⅳ: 'Access Accounting'", *Accounting Horizons*.

Watts, 1977, Corporate Financial Statements, A Product of The Market and Political Process, *Australian Journal of Management* (2).

Watts and Zimmerman, The Demand for and Supply of Accounting Theory: The Market for Excuses, *The Accounting Review* (April), 1979, PP. 273—305.

Watts and Zimmerman, Towards a Positive Accounting Theory of Determination of Accounting Standards, *The Accounting Review* (Jan), 1978, PP. 112—134.

Watts and Zimmerman: *Positive Accounting Theory*, Prentice-Hall, 1986.

Watts and Zimmerman, Positive Accounting Theory: A Ten Year Perspective, *The Accounting Review*, Vol. 65, No. 1, January 1990, PP. 131—156.

Watts and Zimmerman, 1983, "Agency Problems, Auditing, and The Theory of the Firm: Some Evidence", *Journal of Law and Economics*, XXVI.

Yuri Iriji, *The Theory of Accounting Measurement*, 1979.

Yuji Ijiri, Cash-flow Accounting and its Structure, *Journal of Accounting, Auditing and Finance*, Summer, 1978.

Zeff and Keller, *Financial Accounting Theory: issues and controversies*, 1985.

Zeff, S. A. The Rise of 'Economic Consequences', *Journal of Accountancy*, 1978. 12.

阿尔弗雷德·钱德勒,"看不见的手",参见《企业的经济性质》(见前 4)61 页—72 页.

财政部会计司:1991,会计改革纲要(讨论稿);
1992,企业会计准则(基本准则);
1994—1997,企业会计准则(具体准则征求意见稿);
1995,会计改革与发展纲要;
1998—2004,企业会计准则(具体准则).

陈　郁,制度变迁、市场演进与非正式的契约安排,载《中国制度变迁案例研究》(第 1 集),上海人民出版社,1996.

陈重丞,"会计学的科学性与阶级性",《新会计》,1951. 8.

程春晖,《全面收益研究》,厦门大学博士论文,1999.

邓传洲,"试论财务会计的现值计量基础",(博士学位论文,1997,未发表)

丁洪范,"论会计核算的研究对象和方法",《大众会计》,1957. 9.

丁洪范,"关于社会主义会计核算的对象",《大众会计》,1957. 3.

杜兴强,《会计信息的产权问题研究》(专著),东北财经大学出版社,2002.

杜兴强、章永奎,《WTO 与中国会计的国际化》,厦门大学出版社,2003.

杜兴强,《现行财务会计模式:继承与发展》(专著),中国财政经济出版社,2001.01;载于《会计信息丛书》(四).

杜兴强(主编),《高级财务会计学》,厦门大学出版社,2004.01.

杜兴强,“公司治理生态与会计信息的可靠性问题研究”,《会计研究》,2004.07.

杜兴强,“我国上市公司管理当局对会计准则的态度及其对策”,《会计研究》,2003.07.

杜兴强,“国有企业会计信息产权的畸形性及其解读”,《会计研究》,2003.02.

杜兴强,“企业家人力资本计量模型探讨”,《中国工业经济》,2003.08(第一).

杜兴强,“公司治理生态、战略系统审计及承诺博弈”,《经济管理》,2003.09.

杜兴强,“注册会计师急性品牌再造综合症的警示与启示”,《审计研究》,2003.4.

杜兴强,“会计信息产权的基本逻辑及其博弈”,《会计研究》,2002.02.

杜兴强,“注册会计师审计中的监督博弈及保险问题”,《审计研究》,2002.03.

杜兴强,“人力资源会计的理论基础及其确认与计量”,《会计研究》,2000.06.

杜兴强,“人力资源会计的确认、计量与报告”,《会计研究》,1997.12.

杜兴强,“公司治理与会计信息披露监管:博弈分析与历史证据”,《财经研究》,2004.09.

杜兴强,“财务报告的充分信息含量问题”,《财经研究》,2002.12.

杜兴强,“会计信息的相关性问题研究”,《财经研究》,2001.12.

杜兴强,“人力资源、核心能力及持续经营假设的解读”,《财会通讯》,2002.12.

杜兴强,“会计信息、公司治理及产权博弈”,《财会通讯》,2003.04.

樊　刚,“两种改革成本和两种改革方式”,《经济研究》,1993.01.

高等财经院校会计教材编写组,《会计原理》,中国财政经济出版社,1963.

葛家澍,《会计基本理论与会计准则问题研究》,中国财政经济出版社,2000.

葛家澍,《中级财务会计》(主编),辽宁人民出版社,2000.

葛家澍,《会计信息丛书》(第四辑,与裘宗舜教授合著),中国财政经济出版社,2001.

葛家澍,《改进企业财务报告问题研究》(与陈少华教授合著),中国财政经济出版社,2002.

葛家澍,《财务会计理论、方法、准则探讨》,中国财政经济出版社,2002.

葛家澍,《会计信息丛书》(第五辑,与裘宗舜教授合著),中国财政经济出版社,2003.

葛家澍,《会计理论——关于财务会计概念结构的研究》(与刘峰教授合著),中国财政经济出版社,2003.

葛家澍,《财务会计概念框架与会计准则问题研究》(与杜兴强博士合著),中国财政经济出版社,2003.

葛家澍,《中级财务会计学》,中国人民大学出版社,2003.

葛家澍,《公司会计准则导论》(译著,主校),中国财政经济出版社,2004.

葛家澍,《知识经济下财务会计理论与财务报告问题研究》(与杜兴强博士合著),中国财政经济出版社,2004.

葛家澍,《关于会计基本理论与方法问题(修订版)》,经济科学出版社,2004.

葛家澍,“试论会计核算这门科学的对象和方法”,《厦门大学学报》,1956年第2期.

葛家澍、李翔华,1986,“论会计是一个经济信息系统”,《财经研究》,第9、10期.

葛家澍、陈仁栋、吴水澎,《会计基础知识》,上海人民出版社,1980.

葛家澍主编,《会计学基础》(高等学校文科教材),中国财政经济出版社,1980.

葛家澍、刘　峰,“会计准则国际化:沟通、协调、规范”,《财务与会计》,1993.2.

葛家澍,“对社会主义会计对象的再认识”,《厦门大学学报》,1961.1.

葛家澍,“必须替‘借贷记账法’恢复名誉——评所谓‘资本主义的记账方法’”,《中国经济问题》,1978年第4期.

葛家澍,“论会计理论的继承性”,《厦门大学学报》,1981年第3期.

葛家澍,1992,“制定中国会计准则如何借鉴国际经验”,《会计研究》,第2期,16—19.

葛家澍,1995,“关于会计准则与会计制度关系等问题”,《会计研究》,第1期,18—27.

葛家澍,“反映真实是会计的基本职能”,《会计研究》,1999.12(与黄世忠合作).

葛家澍,“关于财务会计几个基本概念的思考——兼论商誉与衍生金融工具的确认与计量”,《财会通讯》,2000.01.

葛家澍,“中国会计学会成立以来的我国会计理论研究”,《会计研究》,2000.04.

葛家澍,“会计作假是社会主义市场经济的公害——美国证交会对上市公司玩弄数字的关注及其对我们的启示”,《财务与会计》,2000.05.

葛家澍,“会计信息系统的设计和运行”,《上海会计管理》,2000.06(与刘峰合作).

葛家澍,“论会计基本假设”,《上海会计管理》,2000.06(与刘峰合作).

葛家澍,“论财务业绩报告的改进”,《会计之友》,2000.08—10(与程春晖合作).

葛家澍,“回眸:20世纪西方会计理论的发展与演变”,《财务与会计》,2000.10(与刘峰合作).

葛家澍,“什么是会计理论:规范会计理论的一种观点”,《会计研究》,2000.10.

葛家澍,“关于高质量会计准则和企业业绩报告改进的新动向”,《会计研究》,2000.12.

葛家澍,“关于我国会计制度和会计准则的制定问题”,《会计研究》,2001.01.

葛家澍,“关于会计计量的新属性——公允价值”,《上海会计》,2001.01.

葛家澍,“公司治理与对外报告”,《厦门大学学报》,2001.04.

葛家澍,“国际会计的一个新动向——近几年美国SEC、FASB和IASC在提高会计准则质量方面的努力”,《中国工会会计》,2001.06.

葛家澍,“国际会计准则委员会核心准则的未来——美国SEC和FASB的反应”,《会计研究》,2001.08.

葛家澍,“财务报告质量评估的探讨”,《会计研究》,2001.11(与陈守德合作).

葛家澍,“关于财务会计基本假设的重新思考”,《会计研究》,2002.01.

葛家澍,“会计确认、计量与收入确认”,《会计论坛》,2002.01.

葛家澍,“安然事件的反思——对安然公司会计审计问题的剖析”,《会计研究》,2002.02(与黄世忠合作).

葛家澍,“21世纪财务报告展望——迎接竞争、技术和全球化三股力量汇合的挑战”,

《财务与会计》,2002.01—02.

葛家澍,“我国企业会计准则制订的几个问题”,《财会通讯》,2002.07.

葛家澍,“关于高质量会计准则的几个问题”,《会计研究》,2002.10.

葛家澍,“人力资源会计及人力资源信息披露的彩色模式”,《财会通讯》,2002.11—12(与杜兴强合作).

葛家澍,“安然事件的经济背景分析”,《会计研究》,2003.01.

葛家澍,“美国上市公司财务欺诈及其对会计准则制定的影响”,《财会通讯》,2003.01(与杜兴强合作).

葛家澍,“财务会计的性质、特征与边界”,《会计研究》,2003.03.

葛家澍,“财务会计的基本概念、基本程序与基本特征”,《财会通讯》,2003.07—2004.04(除2003.10外,与杜兴强合作).

葛家澍,“当代财务会计的发展趋势”,《财会通讯》,2003.10(与杜兴强合作).

葛家澍,“回顾与评价——AICPA关于财务会计的研究”,《会计研究》,2003.11.

葛家澍,“建立中国财务会计概念框架的总体设想”,《会计研究》,2004.01.

葛家澍,“财务会计概念框架研究的比较与综评”,《会计研究》,2004.06.

葛家澍,“现行财务会计与报告模式的缺陷与改进”,《财会通讯》,2004.05—06(与杜兴强合作).

葛家澍,“人力资源会计相关问题探讨”,《财会通讯》,2004.07—08.

葛家澍,“无形资产会计处理:综评与拓展”,《财会通讯》,2004.09—10.

葛家澍,“会计信息的相关性与可靠性问题研究”,《财会通讯》,2004.11—12(与杜兴强合作).

郭永清,《会计国际化:全球范围内的考察与中国的经验》,立信会计出版社,2003.

管锦康,“论社会主义会计学的对象、任务和方法”,《大众会计》,1957.11.

顾　准,“社会主义会计的几个理论问题”,《会计通讯》,1979.2、3、4.

贺南轩,“记账方法没有阶级性”,《财务与会计》,1979.2.

黄　明,“美国式会计欺诈和美国式资本主义”,《比较》(2),第35—47页.

康芒斯,《制度经济学》(上下册),商务印书馆,1997.

〔美〕R.科斯、A.阿尔钦和D.诺斯等,《财产权利与制度变迁——产权学派与新制度学派译文集》,上海三联书店、上海人民出版社,1994.

科斯,《企业的性质》,1937,转载于《企业的经济性质》(中译本),上海财大出版社,2000.

科斯,《社会成本问题》,1960,转载于《财产权利与制度变迁——产权学派与新制度学派译文集》,上海三联,上海人民出版社,2000.

拉卡托斯,《批判与知识的增长》,华夏出版社,1987.

李宝震:“论社会主义会计的原则”,《会计研究》,1980.1.

李维安,《公司治理教程》,上海人民出版社,2002.

林志军,《巴其阿勒会计》,立信图书用品社,1988年第80—81页.

林斌等,“会计准则的定位:一项调查的分析性研究”,《会计研究》,2004,3.

刘炳炎,“论会计核算的对象和方法”,《中南财经学院学报》,1957.2.

刘　峰,《会计准则研究》,东北财经大学出版社,1996.

刘　峰、黄少安,“科斯定理与会计准则”,《会计研究》,1992.6.

娄尔行,“会计是一门有阶级色彩的经济管理科学”,《会计通讯》,1980年增刊第4期.

娄尔行、张为国,“确保合理分配是会计的一项分配”,《会计研究》,1991年.

罗伯特·赖特,《国家的作用:21世纪的资本主义前景》,上海译文出版社,1994.

孟凡利,“试论会计的国家差异与国际化”,《会计研究》,1994.2.

米勒、班森,《高质量财务报告》,机械工业出版社,2003.

邱海旭,“股票期权怎么穿帮了”,《三联生活周刊》,2002(33).

裘宗舜,“会计阶级性浅议”,《会计研究》,1980.2.

上海财经学院会计核算原理教研组,“关于社会主义会计核算对象问题的综合报道”,《经济研究》,1957.3.

苏联专家,“论会计核算的阶级性”,《工业会计》,1952年第4期,中国人民大学簿记核算教研室译.

陶　德,“‘怎样建立新中国会计理论基础’读后”,《新会计》,1951年第4期.

谈　惠,“关于会计学的几个理论问题的讨论”,《经济研究》,1963年第2期.

汤云为、薛云奎,中国会计研究评述,《会计研究》,1998,第9期,1—7.

汪祥耀,《英国会计准则研究与比较》,立信会计出版社,2002.

王文龙,“试论会计是生产力的问题”,《财务与会计》,1979.4.

王澹如、陈今池编译,会计理论(原著为E. S. Hendriksen·Accounting Theory Third edition 1977),立信会计图书用品社,1987.

魏明海,“论会计透明度”,《会计研究》,2001.9.

文硕译,《会计思想史》,中国商业出版社,1989.

吴水澎,“会计是阶级斗争的工具吗?”,《中国经济问题》,1980.5.

《帕累托·维尔弗里多》(1848－1923),《作为经济学家的帕累托》和《帕累托效率》,均见《新帕尔格雷夫经济大辞典》第3卷;K-P,经济科学出版社,1996,第856—813页.

夏高波,“新中国会计往哪儿去”,《新会计》,1951.3、4.

夏冬林、马贤明,“中国会计改革之路”,《会计研究》,1993.

邢宗江、黄寿辰,“怎样建立新中国会计理论的基础”,《新会计》,1951年第1期.

亚当·斯密,《国富论》(中译本),陕西人民出版社,2001.

叶荫松,“记账有没有阶级性与贺南轩同志商榷”,《财务与会计》,1979.8.

阎达五、陈亚民,“会计国际化发展中的矛盾与对策”,《会计研究》,1991.6.

杨纪琬等,《中国现代会计手册》,中国财政经济出版社,1998.

杨纪琬,“进一步加强会计核算工作”,《财政》,1961.5.

杨纪琬、阎达五,“开展会计理论研究的几点意见兼论会计学的科学属性”,《会计研究》,1980.1,《会计原理》,中国财政经济出版社,1979.

杨时展,“论我国会计工作者的思想解放问题”,《财会通讯》,1992.11.

杨雄胜,“思想解放必须脚踏实地”,《财会通讯》,1993.3.

易庭源,“复式记账原理研究”,载《会计核算原理参考资料》,东北财经学院编,1956年.

余绪缨,“社会主义经济核算的客观基础问题”,《中国经济问题》,1961.3.

余绪缨,“要从发展的观点看会计学的科学属性”,《中国经济问题》,1980.5.

余绪缨,“以社会主义市场经济为指导,对几个会计理论问题的重新认识”,《厦门大学学报》,1993.1.

赵玉珉,“会计核算对象问题的初步体会”,《教学与研究》,1957.4.

章乃器,“应用自己的簿记原理记账”,《大公报》(上海),1950年1月29日.

章乃器,“再论应用自己的簿记原理记账”,《大公报》(上海),1950年3月31日.

张维迎,《博弈论与信息经济学》,上海人民出版社,1996.

张维迎,“所有制、治理结构与委托代理关系”,《经济研究》,1996.9.

张维迎,《企业理论与中国企业改革》,北京大学出版社,1999.

章永奎,《表外披露会计问题研究》,厦门大学博士论文,2004.

周其仁,“市场里的企业:一个人力资本和非人力资本的特别合约”,《经济研究》,1996.6.

朱国璋著,《近代会计理论介绍(增订本)》,台湾中华书局,1975.

朱元午,“会计的国际化趋向和国际会计的道路”,《会计研究》,1991.1.

图书在版编目(CIP)数据

会计理论/葛家澍,杜兴强等著.—上海:复旦大学出版社,2005.11(2024.4重印)
(博学·21世纪高等院校会计专业主干课系列)
ISBN 978-7-309-04776-9

Ⅰ.会… Ⅱ.①葛…②杜… Ⅲ.会计学-高等学校-教材 Ⅳ.F230

中国版本图书馆CIP数据核字(2005)第114701号

会计理论
葛家澍 杜兴强 等著
责任编辑/王联合

复旦大学出版社有限公司出版发行
上海市国权路579号 邮编:200433
网址:fupnet@fudanpress.com http://www.fudanpress.com
门市零售:86-21-65102580 团体订购:86-21-65104505
出版部电话:86-21-65642845
上海新艺印刷有限公司

开本787毫米×1092毫米 1/16 印张28.75 字数680千字
2024年4月第1版第10次印刷
印数18 901—20 000

ISBN 978-7-309-04776-9/F·1068
定价:68.00元
